Für Jakob

Alo und Nikolaus Miller
Das Tal der Loire

Ihre Farbe ist der rote Mohn, ist die Kornblume, ist die Lupine.
Wie Läufer begleiten die Blumen den Fluß. Man könnte auch sagen,
daß die Loire der französische Sommer ist. Sie braucht Sonne.
Wenn der Himmel bedeckt ist, erinnert man sich der Geschichte,
die ihre Dunkelheit, ihre bösen, ihre blutroten Flecken hat.

(Wolfgang Koeppen)

Impressum

Alo und Nikolaus Miller
Das Tal der Loire

erschienen im
REISE KNOW-HOW Verlag Peter Rump GmbH
Osnabrücker Str. 79
33649 Bielefeld

© REISE KNOW-HOW Verlag Peter Rump GmbH 1999
2., komplett aktualisierte Auflage 2002
Alle Rechte vorbehalten.

Gestaltung
Umschlag: M. Schömann, P. Rump (Layout);
    Günter Pawlak (Realisierung)
Inhalt: Günter Pawlak (Layout);
    Kordula Röckenhaus (Realisierung)
Fotos: die Autoren
Karten: Cathérine Raisin; der Verlag

Lektorat (Aktualisierung):
    Katharina Herrmann, Sandra Wanning

Druck und Bindung
    Fuldaer Verlagsagentur

ISBN 3-8317-1034-1
Printed in Germany

Dieses Buch ist erhältlich in jeder Buchhandlung
der BRD, Österreichs, der Niederlande und der
Schweiz. Bitte informieren Sie Ihren Buchhändler
über folgende Bezugsadressen:
BRD
    Prolit GmbH,
    Postfach 9, 35461 Fernwald (Annerod)
    sowie alle Barsortimente
Österreich
    Mohr- Morawa Buchvertrieb GmbH
    Sulzengasse 2, A-1230 Wien
Niederlande
    Willems Adventure
    Postbus 403, NL-3140 AK Maassluis
Schweiz
    AVA-buch 2000
    Postfach, CH-8910 Affoltern

Wer im Buchhandel trotzdem kein Glück hat,
bekommt unsere Bücher auch direkt bei:
Rump Direktversand Heidekampstraße 18,
D-49809 Lingen (Ems) oder über
unseren **Büchershop im Internet:**
www.reise-know-how.de

Alo und Nikolaus Miller

Das Tal der Loire

REISE KNOW-HOW im Internet

Aktuelle Reisetipps und Neuigkeiten
Ergänzungen nach Redaktionsschluss
Büchershop und Sonderangebote
Weiterführende Links zu über 100 Ländern

www.reise-know-how.de
info@reise-know-how.de

Wir feuen uns über Anregung und Kritik.

Inhalt

Exkurse

Vorwort

Als eine der großen europäischen Kulturlandschaften war das Loiretal Bildungssuchenden immer schon eine Reise wert. Es verweilen Durchreisende für ein paar Tage, um zum Auftakt oder Abschluss ihres Atlantikurlaubs im „Garten Frankreichs" ein Schloss, ein gutes Restaurant oder einen Stadtbummel einzuplanen. In den letzten Jahren haben vor allem Radfahrer und „grüne" Fans der französischen Provinz die noch erstaunlich intakte Flusslandschaft für sich entdeckt. Mittlerweile stößt auch die unterirdische Welt der Höhlen auf gesteigertes Interesse.

Sicher: unter den Sehenswürdigkeiten rangieren die weltberühmten Schlösser nach wie vor an erster Stelle, zumal sie durch Freilichtspiele, Konzerte und viele andere Veranstaltungen zusätzlichen Reiz gewonnen haben. Doch es ist kein Geheimnis mehr, dass das Loiretal viel, viel mehr zu bieten hat: historische Stadtkerne, traditionelles Handwerk, originelle Museen, unbekannte Weinberge und eine verführerische Gastronomie.

Wir Autoren hatten unsere schönsten Aha-Erlebnisse immer dann, wenn wir hinter die glänzenden Fassaden blickten und die unauffälligen Dörfer oder Flusshäfen durchstreiften. Als uns der Schüleraustausch ins Berry verschlug, entdeckten wir ein unbekanntes, fast raues Stück Frankreich und waren 15 Jahre lang bald jeden Herbst damit beschäftigt, 14- bis 16-jährigen Gymnasiasten das Loiretal in abwechslungsreichen, nicht allzu kulturlastigen

Stachelschwein (Emblem Ludwigs XII.)

Tagesausflügen nahezubringen. Unsere Kollegen und Freunde haben jedes Zusammensein in eine Degustation verwandelt und uns im Laufe der Zeit mit Töpferei und Regionalliteratur ebenso vertraut gemacht wie mit den Loireweinen und den dazu passenden Ziegenkäsesorten. Das Buch ist ein Resümee unserer Entdeckungen und will selbst zu Entdeckungen anstiften, indem es die Region in ihrer ganzen Vielfalt darstellt und auch die wenig beachteten Randgebiete und Seitentäler mit aufnimmt.

Die bedeutenden und berühmten Kunst- und Kulturschätze sind Burgen und Schlösser, Klöster und Kathedralen. Sie werden in der gebotenen Ausführlichkeit erläutert. Daneben aber lenken wir die Aufmerksamkeit auf gallische Grabhügel und Römerstraßen, Manoirs und Taubentürme, alte Wehre und Kanäle, Höhlendörfer und Manufakturen. Diese weniger bekannten Monumente gestatten Einblicke in vergangene und heutige Lebensformen und bringen mit ihren Traditionen zugleich die Menschen näher. Das bisher von Loire-Reisenden eher vernachlässigte Berry hat mit seinen vergleichsweise bescheidenen Herrensitzen und dem weitgehend dörflichen Lebensrhythmus den Charme der France profonde (Hinterland, Provinz), der gerade neben der spektakulären Pracht der großen Sehenswürdigkeiten beeindruckt. Ähnliches gilt für die Sologne, die Gâtine-Höhen der Touraine, das weiße wie das schwarze Anjou. im Übrigen hat jede der fünf größeren Städte Orléans, Bourges, Tours, Angers und Nantes ihren ganz eigenen, unverwechselbaren Charakter, der auf den empfohlenen Rundgängen erfahrbar wird.

Salamander (Emblem Franz' I.)

Ebenso wie die historischen Monumente sind uns ökologische Themen wichtig (Flussauen, Teichlandschaften, Hochwasser, Atomkraftwerke), und auch die Schattenseiten der jüngsten Geschichte (deutsche Okkupation im letzten Krieg, Landflucht und Bauernsterben, Verrottung der Wasserstraßen) sollen nicht ausgespart bleiben.

Dem Reisenden wollen wir mit diesem Buch die Möglichkeit geben, je nach Interesse Akzente zu setzen. Der Routenteil ist daher so konzipiert, dass er ohne zu gängeln bei der Planung und Durchführung der Reise hilft. In Ost-West-Richtung werden die Provinzen Orléanais, Sologne, Berry, Vendômois, Touraine und Anjou so präsentiert, dass von lokalen Zentren aus sternförmig Ausflüge oder Rundreisen zusammengestellt, aber auch abwechslungsreiche Hin- und Rückreisewege gewählt werden können. Die Ortsbeschreibungen enthalten auch Stadtrundgänge (Orléans, Bourges, Tours, Saumur, Angers, Nantes) und aufschlussreiche Wanderungen.

Jedes Routenkapitel beginnt mit einem Überblick, der die Mikroregion vorstellt und Schwerpunkte setzt. Dann folgen die Sehenswürdigkeiten, je nach Bedarf mit Karten und Graphiken versehen und in ihrer Bedeutung auch subjektiv gewichtet. Dabei werden die Burgen und Schlösser in speziellen Info-Kästchen so präsentiert und bewertet, dass die individuelle Auswahl leicht fällt.

Wir wünschen Ihnen viel Freude bei der Planung und Durchführung Ihrer Loire-Reise.

Alo und Nikolaus Miller

Hinweise zur Benutzung

Die offiziellen **Kategorien für Hotels, Gästezimmer und Campingplätze** sind für die einzelnen Unterkünfte mit Sternchen angegeben und werden im Kapitel Praktische Reisetipps, Unterkunft erläutert.

Reduzierte Eintrittspreise stehen in Klammern hinter den regulären Preisen.

Kunstgeschichtliche Fachbegriffe werden in einem kleinen **Architektur-Glossar** im Landeskunde-Kapitel erläutert.

Die im Buch aufgeführten **Preise in Euro** basieren z. T. auf Franc-Angaben und können von den tatsächlichen Preisen abweichen.

13/do Foto: mi

Praktische Reisetipps von A bis Z

137lo Foto: mi

136lo Foto: mi

Loiredamm bei Saint-Mathurin

Ein kleiner Gourmet

Kathedrale von Tours

An- und Rückreise

Mit dem Auto

Autofahren in Frankreich

Autofahren ist in Frankreich weitgehend denselben Regelungen wie in Deutschland unterworfen. Auf Vorder- und Rücksitzen besteht **Anschnallpflicht,** die **Höchstgeschwindigkeit** beträgt auf Autobahnen 130 km/h, auf National- und kleineren Straßen 90 km/h, in Ortschaften 50 km/h.

Achtung: Geschwindigkeitsüberschreitungen oder andere Verfehlungen werden mit hohen **Bußgeldern** geahndet und müssen an Ort und Stelle bezahlt werden.

Über all den guten Weinen und Weinproben sollte man auch nicht die **Promillegrenze** (0,5) vergessen. Ein Überschreiten wird rigoros bestraft und kommt den Alkoholsünder teuer zu stehen. Die **Benzinpreise** liegen etwas über den deutschen.

Autobahnen (A) sind gebührenpflichtig (péage) und deshalb oft erfreulich wenig befahren. Als Überlandstrecken sind daher die **Nationalstraßen** (N), aber auch manche **Departementstraßen** (D) stark frequentiert.

Routen

Von West- und Norddeutschland fährt man im Normalfall über Paris, wo vom Autobahnring die A 10 („L'Aquitaine") Richtung Loiretal abzweigt. Diese Autobahn führt nach Orléans und über Blois weiter nach Tours. Nach Angers und Nantes zweigt von der A 10 schon bald hinter Paris die westlicher orientierte A 11 („L'Océane") ab, die über Chartres auch ins „kleine" Loir-Tal führt.

Von der deutschen Grenze bis zum Loireknie (Orléans) beträgt die Fahrzeit etwa 6-8 Stunden, an **Autobahngebühren** muss man etwa mit 30 € rechnen.

Wer **Paris meiden** und seine Loirereise im östlichen Orléanais beginnen möchte, biegt vor Reims auf die A 26 ab und kommt über Chalons, Troyes, Sens auf die N 60. Für Liebhaber des Berry empfiehlt sich unter Umständen auch die Anfahrt über das Burgund (Beaune-Autun).

Im Loiretal führen die Hauptverkehrswege von Ost nach West die Flüsse entlang. Es empfehlen sich auf der Hin- und Rückfahrt unterschiedliche Routen: neben der zentralen Loire-Route kommen v.a. der Cher, die Indre und der kleine Loir als Alternativrouten in Betracht.

Autoreisezug

Zur Verkürzung der Anreise empfehlen sich für Norddeutsche die Autozüge der Deutschen Bahn, die ab Hamburg/Bremen/Berlin/Hildesheim nach Lörrach, ab Rostock nach Stuttgart fahren.

Mit der Bahn

Mit der Bahn geht es zunächst nach **Paris,** wo man von der Gare du Nord oder Gare de l'Est mit der Métro oder dem Taxi zur Gare Montparnasse kommt. Einmal umgestiegen, erreicht man mit dem **TGV** sehr schnell das Loiretal (in 50 Min. Vendôme, einer Stunde Tours, 90 Min. Angers). Die französischen Hochgeschwindigkeitszüge sind preiswerter als die deutschen. Allerdings können Fahrräder im TGV nicht mitgenommen werden.

Im Loiretal verbinden drei Linien die Hauptorte im regelmäßigen Zugverkehr:

- Orléans-Blois-Amboise-Tours-Saumur-Angers-Nantes (alte Loire-Linie)
- Orléans-Vierzon-Bourges (Sologne-Linie)
- Bourges-Vierzon-Chenonceau-Tours (Chertal-Linie)

Für Bahnfahrer in und nach Frankreich gibt es einige **Sonderangebote;** Bedingungen und Preise erfragt man am besten in einem auf Bahnfahrkarten spezialisierten Reisebüro.

Bei der französischen Bahngesellschaft SNCF erhält man die aktuellen Fahrpläne, auf denen auch die kleinen Stationen verzeichnet sind. Interessant ist im übrigen die Übersicht „Les châteaux de la loire en train".

- **Französische Eisenbahnen,**
c/o Rail Europe Deutschland,
Lindenstr. 5, 60325 Frankfurt a.M.,
Tel. 0180/5.21.82.38, Fax 069/ 97.58.46.35

Mit dem Flugzeug

Die **Flugpreise** können mit den Bahnpreisen nicht konkurrieren. Was die Flugverbindungen anbetrifft, so gibt es **Direktflüge** täglich nur von Düsseldorf nach Nantes (Birg Air). Interessante Angebote gibt es aber ab Deutschland nach Paris, von dort am besten mit dem TGV weiter ins Loiretal.

Diplomatische Vertretungen

Französische Botschaften

- Kochstr. 6/7, 10969 Berlin,
Tel. 0 30/20 63 90 00
(ab Sept. 2002: Pariser Platz 5, 10117 Berlin)
- Technikerstr. 2, 1040 Wien,
Tel. 00 43/1/50 27 50
- Schlosshaldenstr. 46, 3006 Bern,
Tel. 0 31/3 51 24 24

Vertretungen in Frankreich

- **Konsulat der Bundesrepublik Deutschland,** 34, avenue d'Iena (16e), 75116 Paris,
Tel. 0033/1/ 53.83.45.00, Fax 47.20.01.60
- **Konsulat der Republik Österreich,** 17, av. Villars, 75007 Paris, Metro: Invalides
Tel. 0033/1/40.63.30.63.
- **Botschaft der Schweiz,** 142, rue de Grenelle, 75007 Paris,
Tel. 0033/1/49.55.67.00, Fax 45.51.34.77

Ein- und Ausreise- bestimmungen

EU-Bürger benötigen einen gültigen **Personalausweis** oder **Reisepass.** Kinder unter 16 Jahren müssen entweder im Pass eines Elternteils eingetragen sein oder einen Kinderausweis mitführen.

Wer sich länger als drei Monate in Frankreich aufhalten will, benötigt eine **Aufenthaltsgenehmigung** (Carte de séjour), die man entweder bei den Diplomatischen Vertretungen im Heimatland oder bei der Präfektur der entsprechenden Region bekommt.

Ein- und Ausfuhr unterliegen keinen Beschränkungen mehr, solange die Mengen im privaten Bedarfsrahmen bleiben. Bei Verdacht auf Handel wird Zoll kassiert.

Einkaufen

Boulangerie und Epicerie

In jedem Dorf gibt es eine **Bäckerei,** die selbst am Sonntag morgen geöffnet hat und die Franzosen mit der frischen Baguette versorgt. Neben der klassischen Stange gibt es auch die schmalere *Ficelle,* die spitz zulaufende *Banette* und das *Pain de Campagne* (Landbrot). Fast jede Boulangerie ist zugleich auch **Pâtisserie** und liefert das Croissant oder *Pain au chocolat* (Gebäck mit Schokoladestreifen), daneben auch kleine Törtchen (*petits fours, tartes*) und Pralinen (*chocolats*).

Auf dem Land findet man außerdem noch die kleinen Tante-Emma-Läden, in denen sämtliche Lebensmittel auf engem Raum gestapelt und auch örtliche Informationen erhältlich sind.

Supermarkt

Am Stadtrand stößt man überall auf einen großen *Supermarché* oder *Hypermarché,* der die ganze Woche über bis spät abends geöffnet hat. Es sind riesige Konsumtempel, die meist auch eine preiswerte Tankstelle einschließen und in ihren verschiedenen Abteilungen hervorragend sortiert sind. Besonders bemerkenswert ist

Lokale Produkte auf dem Markt

das reichhaltige Angebot an Käse *(Fromagerie),* Wurstwaren *(Charcuterie),* Fisch *(Poissonnerie),* Wein und Büchern. Schon auf dem Parkplatz besorgt man sich den Einkaufswagen, an der Kasse bezahlt man in der Regel mit Kreditkarte.

Märkte

Die **Wochenmärkte** gehören zu den Sehenswürdigkeiten der Region. Man findet dort die kulinarischen Spezialitäten frisch und preiswert und erlebt die Einheimischen in charakteristischer Situation. Sie kommen mit ihren Feld-, Garten- und Hausmacherprodukten aus der näheren Umgebung in das Städtchen und machen sich ein Vergnügen daraus, hinter den Ständen wechselseitig ihre Feinschmeckerwaren zu verkosten.

In den touristischen Hochburgen gibt es im Sommer auch den abendlichen **Schlemmermarkt** *(marché gourmand).* In den Käse- und Weinzentren ist jeder Jahrmarkt *(foire)* eine wirtschaftlich bedeutsame Leistungsschau, die mit ausführlichen Degustationen verbunden ist.

Kulinarischer Höhepunkt des Jahres ist für das ganze Loiretal die **Gastronomiemesse** von Romorantin *(Journées gastronomiques)* Ende Oktober.

Produits régionaux

Es gibt sie auf den Märkten, in speziellen Supermarktregalen und in schmucken, nicht gerade billigen Läden mit der Aufschrift „Produits régionaux".

Diese regionalen Spezialitäten sind in der Regel **Feinkostprodukte:** Gebäck, Käse, Pasteten, Wein.

Hinzukommen **Korb-** *(vannerie)* **und Töpferwaren** *(poterie).* Am besten aber kauft man sie direkt bei den Herstellern, deren Adressen in einer Auswahl im Reiseteil stehen.

Weindegustation

Die Winzer und Winzergenossenschaften *(Caves coopératives)* bieten in der Regel kostenlose **Weinproben** *(dégustations)* an. Es empfiehlt sich, das reiche Angebot vor Ort zu prüfen, zumal man bei den Degustationen auf eine Fülle von Weinen stößt, die außerhalb ihres Herkunftsgebietes kaum erhältlich sind – schon gar nicht in Deutschland, wo das Angebot an Loire-Weinen (Muscadet, Sancerre und die Sekte ausgenommen) ausgesprochen dürftig ist.

Hinzu kommt, dass eine ganze Reihe bekannter **Weinorte** wie etwa Sancerre oder Chinon schon wegen ihrer Lage und anderer Sehenswürdigkeiten einen Besuch lohnen, ganz zu schweigen von den in Tuffstein gehauenen Kellern in der Touraine und im Anjou.

Schließlich bietet sich bei den Weinproben die beste Gelegenheit zum **Gespräch mit den Winzern,** die sich – anders als in renommierteren Gebieten wie dem Bordelais oder Burgund – Zeit für jeden Kunden nehmen. Rufen Sie aber nach Möglichkeit vorher an, damit Sie nicht zur Unzeit kommen und vor verschlossenen Toren stehen.

Tipp: Wenn Ihnen im Restaurant ein Wein besonders gut gefällt, Namen und Ort des Herstellers notieren und beim nächsten Ausflug als Ziel einplanen.

Elektrizität

Man trifft heute in Frankreich fast ausschließlich auf 220-Volt-Anschlüsse. Die Steckdosen sind jedoch nicht vereinheitlicht, so dass ein **Adapter** gelegentlich gute Dienste tut. In manchen Hotels funktioniert die Steckdose im Bad nur für den Rasierapparat, nicht aber für den Fön, der daher im Zimmer eingesteckt werden muss.

Essen und Trinken

Picknick

Im „Garten Frankreichs" können sich **Selbstversorger** überall mit frischen Produkten eindecken. Es genügt eine Baguette, ein Stück Käse und/oder Rillettes (siehe Landeskunde, Küche und Keller) – und schon hat man die Grundlage für ein Picknick beisammen. Man findet übrigens am Straßenrand häufig Picknickbänke in attraktiver Lage.

Bars, Cafés

In Bars oder Cafés erhält man zum Glas Wein, Bier (teuer!) oder zur Tasse Kaffee ein Sandwich. Es ist in der Regel möglich, sich Backwaren mitzubringen und lediglich Getränke zu bestellen. Eine teurere Café-Variante ist der **Salon de thé,** in dem es zu besonderen Tee- und Kaffeesorten feine Konditoreiwaren gibt.

Restaurants

Bistros, Brasserien, Crêperien, Pizzerien und andere Schnellimbiss-Varianten sind nur in die Städte vorgedrungen, wo vom Algerier bis zum Portugiesen auch die Immigranten ihre kleinen Lokale eröffnet haben.

Sonst findet man im Loiretal überall das traditionelle **Hotel-Restaurant,** in

Ziegenkäseverkauf in Asnières

Ök4&b Foto: mi

Die preiswerteste und zugleich authentischste Variante regionaltypischer, bodenständiger Restaurants sind die so genannten **Ferme-Auberge,** deren tagfrische Einheitsmenüs dem Gast die Wahl abnehmen. Den Kochlöffel schwingt hier die Bäuerin, und auf den Tisch kommt bis auf wenige Zutaten das, was aus der Scheune und vom Acker des Hofes stammt.

Typisch für die Loiregegend sind außerdem die **Guinguettes,** luftige Fischlokale direkt am Fluss, und die schummerigen Höhlenrestaurants, in denen Fouaces/Fouées (siehe Landeskunde, Küche und Keller) frisch aus dem Holzofenfeuer kommen.

Voranmeldung ist in jedem Fall ratsam, auch und vor allem bei den Ferme-Auberge, die oft nur am Wochenende geöffnet sind.

dem mehrgängige Menüs angeboten werden, aber auch à la carte bestellt werden kann.

Die **Menüs** bestehen aus Vorspeise *(entrée),* Hauptspeise *(plat principal),* Käse *(fromage)* und/oder Nachspeise *(dessert)* und kosten ab 9 € aufwärts. Das begleitende Getränk muss in der Regel extra bezahlt werden, besonders preisgünstig sind während der Woche die Mittagsmenüs.

Neben den klassischen Hotel-Restaurants bieten exquisite **Gourmet-Restaurants** eine verfeinerte (und auch teurere) Variante der Regionalküche.

Gastlichkeit im Schlossrestaurant

Feiertage und Feste

Nationale Feiertage

- 1. Januar: **Jour de l'An** (Neujahr)
- Ostermontag: **Pâques**
- 1. Mai: **Fête du Travail** (Tag der Arbeit)
- 8. Mai: **Armistice** (Waffenstillstand 1945)
- Christi Himmelfahrt: **Ascension**
- Pfingstmontag: **Pentecôte**
- 14. Juli: **Fête Nationale**
(Sturm auf die Bastille 1789)
- 15. August: **Assomption**
(Mariä Himmelfahrt)
- 1. November: **Toussaint** (Allerheiligen)
- 11. November: **Armistice**
(Waffenstillstand 1918)
- 25. Dezember: **Noël** (Weihnachten)

Die bedeutendsten Feste und Festivals

- **April:** Printemps de Bourges (Pop- und Schlagerfestival in Bourges)
- **Pfingsten:** Florilège vocal de Tours (Chorsängerwettstreit in Tours)
- **Juni:** Festival de Sully-sur-Loire (Klassische Musik im Schloss Sully)
- **Juni-Okt.:** Festival international des jardins (Internationale Gartenbaukunst in Chaumont)
- **August:** Festival de Montoire (Tänze aller Kulturen in Montoire-sur-Loir)
- **Oktober:** Journées gastronomiques (Kulinarische Messe in Romorantin-Lanthenay am letzten Wochenende)

Jahrmärkte und Festivals

Vor allem im Sommer jagen sich die Feste. Sie reichen von den traditionellen Jahrmärkten *(foires),* auf denen die regionalen Gemüse-, Wurst- oder Weinspezialitäten präsentiert und prämiert werden, bis hin zu den neuerdings immer zahlreicheren Festivals, die erstrangige Künstler aus der ganzen Welt ins Loiretal locken. Beachten Sie die Anschläge in den Dörfern und fordern Sie beim Office de Tourisme den Prospekt **Visites et Découvertes** mit den aktuellen Daten an. Eine Auswahl der bekanntesten Feste und Festivals sind im Reiseteil aufgeführt.

Son et lumière

Im Sommer bieten vor allem die großen Schlösser **Multi-Media-Spektakel** *(Son et lumière)* an. Es handelt sich um abendliche Open-Air-Veranstaltungen, die vor der erleuchteten Schlosskulisse „Höhepunkte der Geschichte" vergegenwärtigen. Mit historischen Kostümen, echten Pferden, entrückender Musik und computergesteuerten Lichtspielen werden meist Episoden aus der Renaissance inszeniert. Le Lude steht für das traditionelle Son et lumière und bezieht seinen Reiz aus der Tatsache, dass bei über 300 Mitwirkenden der ganze Ort zum Gelingen der Veranstaltung beiträgt. Anderswo (Amboise, Azay-le-Rideau, Blois, Chambord, Chenonceau, Cheverny, Loches, Valençay) werden namhafte Regisseure verpflichtet, die mit weniger Personal und viel Technik experimentieren und professionelle Märchenshows produzieren. Informationen und Karten bei den örtlichen Fremdenverkehrbüros.

Tipp: Auch in lauen Sommernächten Pullover mitnehmen.

Geld

Seit dem 1.1.2002 ist die Landeswährung der **Euro.** Deutsche wie Österreicher müssen für ihre Frankreichreise kein Geld mehr wechseln. Es bleibt abzuwarten, ob die Banken im europäischen Ausland spezielle Gebühren erheben.

Kreditkarten sind weitverbreitet und werden auch an Tankstellen und in Supermärkten aktzeptiert. Da sich die **Geldautomaten** durchgesetzt haben, bein denen man auch mit einer **EC-Karte** und entsprechender Geheimnummer Geld abheben kann, erübrigt sich in der Regel der zeitraubende Besuch einer **Bank.**

Gesundheit

Die medizinische Versorgung entspricht im wesentlichen derjenigen Deutschlands. In den äußerst zahlreichen **Apotheken** (*pharmacies*) sind oft billigere, aber gleichwertige Medikamente zu bekommen.

Die Adressen von niedergelassenen **Ärzten** (Allgemeinmediziner = *généraliste*, Kinderarzt = *pédiatre*, Zahnarzt = *dentiste*) erfragt man am besten an der Touristinformation, im Hotel oder auf dem Campingplatz.

Für die Bezahlung von Ärzten benötigen Kassenpatienten einen **Auslandskrankenschein.** Andernfalls bezahlt man bar und sollte sich dann detaillierte **Quittungen** (Diagnose, Medikamente) geben lassen. Nach Vorlage dieser Quittungen wird der ausgelegte Betrag von der heimischen Krankenkasse zumindest teilweise erstattet.

Informations-stellen

Bei den französischen **Fremdenverkehrsämtern** erhält man Verzeichnisse über Hotels, Gästezimmer, Campingplätze, Restaurants sowie detaillierte Broschüren über Sehenswürdigkeiten, Museen, Sport- und sonstige Freizeitmöglichkeiten. Da die Materialien für die jeweiligen Departements erstellt werden, ist es sinnvoll, die Schwerpunkte der Loirereise anzugeben oder sich direkt an die regionalen Tourismusbehörden zu wenden.

In Deutschland

- **Maison de la France**
Westendstraße 47, 60325 Frankfurt a.M.,
Tel. 0 69/97 58 01 28, Fax 01 90/59 90 61

In Österreich

- **Französisches Fremdenverkehrsamt**
Argentinierstraße 41a, 1040 Wien,
Tel. 01/5 03 28 90, Fax 01/5 03 28 71

In der Schweiz

- **Französisches Fremdenverkehrsamt**
Löwenstraße 59, Postfach 7226,
8023 Zürich, Tel. 01/2 21 30 85,
Fax 01/2 12 16 44

Im Loiretal (von Ost nach West)

- **Orléanais:** Comité départemental du tourisme du Loiret, 8 rue d'Escures, 45000 Orléans, Tel. 02.38.78.04.04, Fax 02.38.77.04.12
- **Berry:** Comité départemental du tourisme du Cher, 5 rue de Séraucourt, 18000 Bourges, Tel. 02.48.67.00.18, Fax 02.48.67.01.44
- **Blésois/Vendômois:** Comité départemental du tourisme Loir-et-Cher, 5 rue de la Voûte du Château, B.P.149, 41005 Blois Cedex, Tel. 02.54.57.00.41, Fax 02.54.57.00.47
- **Touraine:** Comité départemental du tourisme de Touraine, 9 rue Buffon, B.P.3217, 37032 Tours Cedex, Tel. 02.47.31.42.60, Fax 02.47.31.42.76
- **Anjou:** Comité départemental de tourisme de l'Anjou, Place Kennedy, B.P.2147, 49021 Angers Cedex 02, Tel. 02.41.23.51.51, Fax 02.41.88.36.77
- **Loire Atlantique:** Comité départementa/ du tourisme de Loire-Atlantique, 2 allée Baco, B.P. 20502, 44005 Nantes Cedex 1, Tel. 0251. 72. 95.30, Fax 02.40.20.44.54

Die Adressen der örtlichen Fremdenverkehrsämter (**Office de Tourisme** oder **Syndicat d'Initiative**) befinden sich im Reiseteil.

Im Internet

- **www.cg42.fr/homes.htm**
  Gut sortierte Informationen zur Loire allgemein, zu Wirtschaft, Geschichte, Museen, Gastronomie und Unterkunft
- **www.cr-pays-de-la-loire.fr/**
  Informationen zu Staat und Gesellschaft (Institutionen), Wirtschaft, Tourismus, Sport und zu aktuellen Themen
- **www.tourisme-info.com/loire-valley**
  Informationen zu Unterkunft, Weinstraße, Schlössern, Kunsthandwerk und Ausstellungen

Kartenmaterial

Für **Autofahrer** sind die beiden Michelin-Karten Nr. 232 (Pays de Loire) und 238 (Centre) im Maßstab 1:200.000 unentbehrlich.

Für **Radfahrer** und vor allem **Wanderer** empfehlen sich die Topographischen Karten des „ign" (Institut Géographique National) im Maßstab 1:25.000 oder 1:100.000, die zum Teil (Nr. 3615 über die Sologne) auch nützliche Adressen und Erläuterungen enthalten.

- **Literaturtipp:** *Wolfram Schieder: Richtig Kartenlesen, Reise Know-How Praxis.*

Kinder

Für einen Urlaub mit Kindern sind die zahlreich vorhandenen **Campingplätze** und **Ferienhäuser** (Gîtes) ideal. Es gibt sogar spezielle Kinder-Gîtes, in denen 4-16jährige ihre Ferien mit französischen Gastfamilien verbringen können.

Viele Restaurants bieten preiswerte **Kindermenüs** an, die Radverleiher haben **Kinderräder** im Angebot, und die **Touristenbähnchen** *(petit train)* machen die Besichtigung einer Altstadt, Burganlage oder Parklandschaft auch für die Kleinen zum Erlebnis.

Im Übrigen haben die Franzosen in den letzten Jahren nicht nur ihre **Freizeitparks** *(parc de loisir)* vervielfacht, sondern zahlreiche Sehenswürdigkeiten und Museen ansprechend „animiert".

Bei den **Eintrittspreisen** gibt es mehr oder weniger familienfreundliche Regelungen: der Besuch für Kinder ist meist bis zum Alter von 4 oder 6, im Bestfall bis zu 12 Jahren gratis; die ermäßigten Tickets (Preise in Klammern) kosten die Hälfte bis zu zwei Drittel des Normalpreises.

Für Kinder besonders geeignet

- **Orléans:** Jeanne d'Arc-Museum
- **Saint-Aignan** und **Doué-la-Fontaine:** Tierparks
- **Montrichard:** Flugschau auf dem Donjon
- **Tours:** Historische Wachspuppenrevue (Musée Grévin) und Handwerksmuseum (Musée du Compagnonnage)
- **Gizeux:** Lebendes Eselsmuseum
- **Saumur:** Staatliche Reitschule
- **Doué-la-Fontaine:** Höhlendörfer
- **Orbières:** Erdschraube
- **Noyant-la-Gravoyère/Segré:** Fahrt durchs Schieferbergwerk (Mine Bleue)
- **Saint-Laurent-de-la-Plaine:** Freiluftmuseum der alten Berufe

Notfälle

Den **Ärzte- und Apothekennotdienst** erfährt man aus der Lokalpresse oder beim örtlichen Polizeikommissariat *(commissariat de police)*. Weitere **Notrufnummern:**

- **Polizei:** 17
- **Feuerwehr:** 18

Öffnungszeiten

Banken

Montags bis freitags 9-12 und 14-16.30 Uhr.

Geschäfte

Die Ladenschlusszeiten sind in Frankreich variabel. Als normale Geschäftszeiten gelten Dienstag bis Samstag 9-12/14-19 Uhr. Supermärkte haben jedoch durchgehend und bis 20 Uhr oder sogar 22 Uhr geöffnet. Manche Geschäfte (Bäckereien, Epicerien, Tabak, Zeitschriften) sind auch am Sonntagmorgen geöffnet. Dafür ist der Montag in der Regel Ruhetag.

Museen und Sehenswürdigkeiten

Sie haben in der Regel montags oder dienstags, außerdem an Feiertagen geschlossen. Meistens gibt es eine Mittagspause zwischen 12-14 Uhr, die nur in der Hauptsaison (Juli/August) wegfällt. Auch Öffnungs- und Schließzeiten variieren nach der Saison.

Postämter

In größeren Städten meist 8-19 Uhr, in kleineren Orten 9-11.30/14-17.30 Uhr, samstags 8-12 Uhr.

Restaurants

Außerhalb der Saison oft sonntags abends und montags geschlossen.

Touristenbüros

In der Regel wochentags von 9-18 Uhr, zum Teil mit Mittagspause. In kleinen Orten sind die **Syndicats d'Initiative** oft nur während der Saison zu eingeschränkten Zeiten geöffnet.

Post

Briefmarken kauft man am besten in Tabakläden und nicht in der Post, wo die einheimischen Sparbuchinhaber Schlange stehen.

Das aktuelle **Porto** beträgt für Postkarten ca. 0,42 €, für Briefe ca. 0,45 €.

Reisezeit

Von Frühjahr bis Spätherbst herrscht gutes Reisewetter. Dauerregen ist so gut wie unbekannt, die Temperaturen sind gemäßigt, nur im **Hochsommer** kann die „Hundshitze" (weit über 30 Grad) tagelang den Aktivitätsdrang dämpfen. Doch nicht nur aus diesem Grund ist Juli/August nur die „zweitbeste" Reisezeit. Zwar haben die Sehenswürdigkeiten ihre längsten Öffnungszeiten und die Gefahr, einen Ruhetag zu erwischen und vor verschlossenen Türen zu stehen, ist sehr gering. Doch der Andrang vor den Königsschlössern, in den Altstädten, auf den schattigen Restaurantterrassen ist enorm.

Wer primär eine Bildungsreise plant und die berühmten Sehenswürdigkeiten besichtigen will, sollte daher nach Möglichkeit in der **Vor- oder Nachsaison** reisen.

Wer an die Ferienzeiten gebunden ist und seinen Sommerurlaub ganz oder zum Teil im Loiretal verbringen will, kommt aber mit den Nachteilen der **Hauptsaison** gut zurande. Man muss nur die „Highlights" möglichst früh aufsuchen und wird die vielen anderen, oft ebenso sehenswerten Monumente ohne nennenswerten Andrang erleben. Im Übrigen sind die sommerlichen Animationsangebote für Touristen (Son et lumière, Schlemmermärkte, Bootsausflüge etc.) keineswegs zu verachten. Rechtzeitige Vorbestellung von Karten, Tischen, Zimmern etc. ist aber ratsam.

Sport

Es gibt im Loiretal eine umfassende Palette von Sportmöglichkeiten, die in den Broschüren der regionalen Fremdenverkehrsämter aufgeführt sind. Besonders viele Angebote findet man dort unter den Rubriken Angeln (*pêche*), Golf (*golf*), Fliegen (*loisirs aériens*), Reiten (*équitation*) sowie Wandern (*randonnée*).

Kanu/Kajak (canoë-kayak)

Für Kanu und Kajak ist die Loire ganzjährig ein schönes Paddelrevier: sie hat eine gute Strömung, kaum lästige Wehre, allerdings viele Brücken, die man vor dem Durchfahren besehen sollte. Auch die Nebenflüsse Cher, Indre, Loir, Creuse, Vienne und Thouet kommen in Frage. Es gibt übrigens auch lesenswerte Kanuführer:

● *Martin Schulze:* Die Loire. Unterm weiten Himmel, Pollner-Verlag 1995.
● *Rainer Höh:* Kanu-Handbuch, Reise Know-How Praxis.

Rad fahren (cyclisme)

Frankreich ist ein Eldorado für Radfahrer. Nirgendwo in Europa gibt es so viele kleine, gut asphaltierte Sträßchen, die abseits der großen Verkehrswege beschauliche Strecken garantieren. Zur Planung der Radtour genügen die Michelin-Karten, nach denen man sich die Route möglichst aus weißen Departementstraßen zusammenstellt. Unterwegs ist trotzdem Vorsicht geboten: einheimische Kraftfahrer benutzen diese verkehrsarmen Landstraßen gerne als Abkürzer, ohne ihre Geschwindigkeit dem „Schleichweg" anzupassen.

Wer **die Loire entlangfahren** will, bekommt im Einzugsbereich der Städte sowie zwischen Blois und Tours Schwierigkeiten, findet aber vor allem im unteren Bereich schöne Dammstraßen (Tours – Ussé, Gennes – Blaison – Gohier, Angers – Saint-Florent-le-Vieil).

Es gibt im Übrigen zahlreiche **Reiseveranstalter,** die einen organisierten „Radurlaub im Loiretal" anbieten und das Gepäck von Hotel zu Hotel transportieren.

Wie überall in Frankreich gibt es auch im Loiretal ein dichtes Netz von **Radläden,** die alle handelsüblichen Ersatzteile führen und vor Ort Räder verleihen. Kommerzielle **Verleihstellen** findet man in allen Kleinstädten und auf vielen Campingplätzen, eine kleine Auswahl von Adressen bieten wir im Routenteil.

Was die **Preise** anbelangt: Ein einfaches Fahrrad (vélo traditionnel) kostet etwa 7 € pro Tag, 23 € die Woche, etwas teurer kommt ein Tourenrad (vélo randonneur) oder Mountainbike (vélo tout terrain = V.T.T.). Die Räder sind in der Regel in recht ordentlichem Zustand.

Wer sein Fahrrad **per Bahn** an die Loire versenden will, muss ungefähr 4 Tage rechnen und sollte vorher eine Versicherung abschließen. Trotz der Kartonschutzhüllen kommt es gelegentlich zu Beschädigungen. Innerhalb Frankreichs verlangt die SNCF (Société nationale des chemins de fer) pauschal 9 € für die Radbeförderung. Man muss aber das Rad nicht am Gepäckschalter abgeben, sondern kann es bei den Nahverkehrszügen (Fahrradsymbol) kostenlos selbst vom Bahnsteig weg verladen. So ist es kein Problem, einen Teil der Strecke mit der Eisenbahn zurückzulegen. Genauere Informationen in der Broschüre „Guide train & vélo der SNCF" (siehe Anreise, Mit der Bahn).

Besonders **empfehlenswerte Gebiete** für Radausflüge sind die Sologne, das Blésois, die Gâtine, das Indre-Tal, das Chinonais und das Layon-Tal. Einige Exkursionsvorschläge finden Sie im Routenteil.

Karten mit Streckenvorschlägen erhält man auch in Hotels oder auf Campingplätzen, die zur **Vélotel-Vélocamp-Kette** gehören und sichere Radabstellräume zur Verfügung stellen.

Kartenstudium auf dem Loiredamm

Wandern (randonnée)

Eine Vielzahl von Wanderwegen führt durch das landschaftlich abwechslungsreiche Loiretal. Es gibt drei Arten von Wegen: die weiß-rot markierten **Weitwanderwege** (*Grande Randonnée* = GR), die gelb-rot markierten **Regionalrouten** (*Sentier de Pays* = GRP) und die gelb markierten **Kurzwanderungen** (*Promenade et Randonnée* = PR).

Einige Wanderungen sind im Routenteil dieses Buches beschrieben oder angegeben. Darüber hinaus findet man die wichtigsten Wege auf den Karten des Institut Géographique National (ign) und in Sonderpublikationen der örtlichen Syndicats d'Initiative. Im Buchhandel erhältlich sind u.a. folgende Publikationen:

- **Topo-Guides GR 3** (Ost-West-Durchquerung) und **GR 31** (Sologne-Sancerrois) mit Karten und genauen Etappenbeschreibungen, hrsg. v. Fédération Française de la Randonnée Pédestre, 8 avenue Marceau, 75008 Paris.
- **Sentiers historiques de Touraine** (9 Broschüren), hrsg. v. Comité de Touraine de la randonnée pédestre c/o Office de tourisme de Tours, 78 rue Bernard Palissy.
- **Sentiers du Cher** (Loseblattsammlung von 96 Wanderungen im Berry), hrsg. v. Conseil général du Cher.

Sprache

Die wenigsten Franzosen sprechen oder verstehen Deutsch. Lediglich in den Museen und Schlössern werden zunehmend deutsche Übersetzungstexte bereitgestellt, manchmal auch Führungen in deutscher Sprache angeboten. Sonst kann man nur in manchen Tourismusbüros und in vornehmen Hotels und Restaurants mit sprachlichem Entgegenkommen rechnen.

Da auch das Englische als Verständigungsmittel nicht immer geeignet ist, sind Grundkenntnisse im Französischen ratsam. Im Übrigen gilt im Gîte d'étape wie bei der Weinprobe: die besten Tipps erhält man nur auf Französisch.

Im gleichen Verlag wie dieses Buch ist ein nützlicher **„Kauderwelsch"-Band Französisch** (auch mit Begleitkassette) erschienen. Er bietet neben dem Grundwortschatz und einer Einführung in die Grammatik zahlreiche Beispielsätze für reisetypische Situationen. Der Minimalwortschatz ist v. a. beim Einkauf sehr nützlich:

- **Französisch Wort für Wort**
ISBN 3-89416-492-1, 176 Seiten

Telefonieren

Zum Telefonieren benötigt man eine **Télécarte** (50 oder 120 Einheiten). Man bekommt sie in der Post, an Kiosken oder in Tabakläden (die sich oft auch in Bars befinden). **Münzfernsprecher** gibt es fast keine mehr. Unter der Woche ist Telefonieren ab 21.30 Uhr billiger.

In Frankreich wählt man überall die betreffende zehnstellige Nummer (die immer mit einer Null beginnt), gleich ob man sich im selben Ort oder in einer anderen Region befindet; eine Ortsnetz-Vorwahl gibt es also nicht mehr.

Nach Frankreich lautet die Vorwahl einheitlich 0033-Rufnummer ohne 0.

Von Frankreich gelten folgende Auslandsvorwahlen:

- **Deutschland:** 0049-Ortskennzahl ohne 0
- **Österreich:** 0043-Ortskennzahl ohne 0
- **Schweiz:** 0041-Ortskennzahl ohne 0

Unterkunft

Hotels

Symbol der Hotelkette Logis de France

Wer auf der Durchreise hier und dort Station machen oder wegen der Vielfalt der Sehenswürdigkeiten das Stammquartier häufiger wechseln will, wird im Loiretal am besten in Hotels wohnen. Sie unterliegen der Kontrolle der Direction du Tourisme und sind nach ihrer Ausstattung in vier **Kategorien** unterteilt:

*	Einfach (nicht immer Dusche/ WC, 20-40 €)
**	Recht komfortabel (35-60 €)
***	Sehr komfortabel (45-100 €)
****	Luxushotel (100 €)

Die **Preisangaben** beziehen sich hier wie im Routenteil auf Doppelzimmer.

Das **Frühstück** muss extra gerechnet werden und kostet 5-7,50 €. In der Hauptsaison ist Halbpension oft obligatorisch.

Im Mittelklassebereich zeichnen sich die **Logis de France** (Emblem: gelber Kamin auf grünem Grund) durch familiäre Atmosphäre und ein gutes Preis-Leistungs-Verhältnis aus.

Die **Relais du Silence** (Silence-Hotels) garantieren zu etwas gehobeneren Preisen eine lärmfreie, naturnahe, manchmal bezaubernde Lage. Dies gilt auch für die Häuser mit Charakter (alte Herrenhäuser, Klöster, Schlösser), die sich in den Ketten **Relais et Châteaux** oder **Châteaux et Hotels Indépendants** zusammengeschlossen haben und dem Loirereisenden für kurze Zeit den Genuss fürstlichen Wohnens bescheren.

Speziellen Service für Radfahrer bieten Hotels und Campingplätze mit dem Label **Vélotel-Vélocamp** an.

Neben den allgemeinen Hotelverzeichnissen der Fremdenverkehrsämter empfiehlt es sich daher, bei folgenden Adressen speziellere **Kataloge** anzufordern:

- **Fédération nationale des Logis de France,** 83 avenue d'Italie, 75013 Paris, Tel. 01.45.84.70.00, Fax 01.45.83.59.66
- **Relais du Silence,** 17 rue d'Ouessant, 75015 Paris, Tel. 01.44.49.79.00, Fax 01.44.49.79.01, http://www.relais-du-silence.com/

●**Châteaux et Hôtels Indépendants,**
15 rue Malebranche, 75005 Paris,
Tel. 01.40.07.00.20, Fax 01.40.07.00.30,
http://www.chatotel.com, chatotel
●**CRTL Association Vélotel-Vélocamp,**
9 rue Saint-Pierre Lentin, 45041 Orléans

1 Ähre	einfach
2 Ähren	komfortabel
3 Ähren	sehr komfortabel (mit Terrasse)
4 Ähren	außergewöhnliche Ausstattung (Spülmaschine, TV, Telephon).

Gästezimmer

Die so genannten **Chambres d'hôtes** wollen keine unpersönlichen „Fremdenzimmer" sein. Die Vermieter verstehen sich als Gastgeber, die den Fremden in ihrem Bauern-, Winzer- oder Herrenhaus ein authentisch eingerichtetes Zimmer überlassen, sie unter Umständen auch an ihre Tafel bitten *(table d'hôte)* und ihnen auf ihrem Terrain interessante Freizeitangebote machen. Eine Liste dieser Privatunterkünfte erhält man bei den regionalen Fremdenverkehrsämtern.

Ferienhäuser

Wer sich selbst versorgen will, mietet am besten eine Ferienwohnung auf dem Lande. Die so genannten **Gîtes ruraux** sind oft in Bauernhöfen, Weingütern oder charakteristischen Dorfhäusern untergebracht und ermöglichen direkten Kontakt mit den Einheimischen abseits der Touristenzentren. Der französische Staat fördert diese Form des bevölkerungsnahen Tourismus und verbindet mit dem Prädikat *Gîte de France* Mindestanforderungen an Komfort (Bad/WC, Herd, Kühlschrank, Geschirr, Sitzgruppe). Die Klassifizierung:

Die **Preise** liegen pro Woche bei durchschnittlich 135 € für zwei Personen und 300 € für Gruppen bis zu 8 Personen. Kataloge (annuaires) über die regionalen Fremdenverkehrsämter anfordern oder direkt bei:

●**Maison des Gîtes de France et du Tourisme Vert,** 59 rue Saint-Lazare, 75439 Paris Cedex 09, Tel. 01.49.70.75.75, Fax 01.42.81.28.53

Campingplätze

Es gibt im Loiretal über 200 Campingplätze, die von den Gemeinden eingerichtet wurden. Man kann sich von den regionalen Tourismusbehörden eine Liste zuschicken und/oder vor Ort in einem Syndicat d'Initiative oder im Rathaus (mairie) nach einem *Camping municipal* fragen.

Darüberhinaus bieten auch einige Landwirte **Camping auf dem Bauernhof** *(camping à la ferme)* an.

Alle Zeltplätze sind nach ihrer **Ausstattung** mit einem bis vier Sternen bewertet und in der Regel von April bis Ende Oktober **geöffnet.**

Zahlreiche Campingplätze haben spezielle Einrichtungen für **Caravans,** die oft auch zu mieten sind. Auf vielen Campingplätzen gibt es **Räder** zu leihen, speziellen Service bieten die sog. Vélocamps (siehe unter Hotels).

Gästezimmer in Cormery

Landes-
kunde

047lo Foto: mi

049lo Foto: mi

Dolmen von Bagneux

Sandbänke bei Sandillon

Der Heilige Martin von Tours

Fluss und Landschaft

Geologie und Geografie

Schichtstufenlandschaft

Das Loiretal gehört geologisch zum **Pariser Becken,** einer ozeanischen Zone, die sich infolge der Erdplattenbewegung nach Westen und Süden abgesenkt und dabei gedehnt hat. Sind die alten Gebirgsketten ringsum (Zentralmassiv, Morvan, armorikanisches Rumpfgebirge) aus Granit, Gneiss und Schiefer aufgebaut, so setzt sich diese Senke aus weichen Gesteinsschichten zusammen, die schüsselförmig ineinanderliegen und verschiedenen Erdzeitaltern zuzuordnen sind. Die Ablagerungen und Versteinerungen dieser Schichtstufenlandschaft stammen von drei Meeresüberflutungen, denen jeweils Perioden des Meeresrückzugs folgten.

So ist das mehrere 100 Meter dicke **Kalkplateau des Berry** ein Relikt des Jurameeres, das vor 160 Millionen Jahren das Becken gefüllt hat. Neben Ammoniten und Meersternen findet man in dieser Gesteinsschicht Korallen, die auf ein heißes, vermutlich subtropisches Klima schließen lassen.

Der helle Kalktuff, typischer Baustein des Tals der Schlösser, ist ein Produkt des Turonischen Kreidemeeres, das vor 90 Millionen Jahren in die besonders tief abgesenkte **Touraine** eingedrungen ist und bis ins Saumurois hinunter an den ausgehöhlten Steilufern der Loire hervortritt. Das poröse Gestein enthält Quarz- und Glimmerkörner aus dem armorikanischen Massiv und – als Fossilien – Seeigel, Muscheln, Ammoniten.

Die jüngste Atlantikausdehnung war vor 20 Millionen Jahren das Muschelkalkmeer, das sich **zwischen Loire und Loir** in der entsprechenden Gesteinsschicht nachweisen lässt und schon Skelette von Haien, Krokodilen und Rinozerossen einschließt. Wiederum deuten die Fossilien auf tropische Klimaverhältnisse.

Man erkennt die Struktur der Schichtstufenlandschaft am besten an den steilen **Talabbrüchen.** Charakteristisch für die mittlere Loire sind ja die senkrechten Tuffsteinwände und stufenweise abfallenden Kalkterrassen (coteaux), auf denen oft Wein angebaut wird.

Weniger fruchtbar sind die mit Sand und Lehm bedeckten **Kalkplateaus** (gâtines), meist ausgedehnte Flächen von Wald und Heide. Wo sich beim Meeresrückzug Seen gebildet und die obersten Kalkschichten zu Humus zersetzt haben (champagnes bzw. champeignes), ist Ackerland entstanden, das vornehmlich für den Getreideanbau genutzt wird.

Die fruchtbarsten Böden findet man in den **flussnahen Niederungen** (varennes), die regelmäßig überschwemmt werden und auf abgelagertem Schlick für Obst- und Gemüse reichlich Nährstoffe parat haben.

Demgegenüber sind die aus dem angehobenen Zentralmassiv während des Tertiär herbeigeschwemmten Sandmassen landwirtschaftlich ziem-

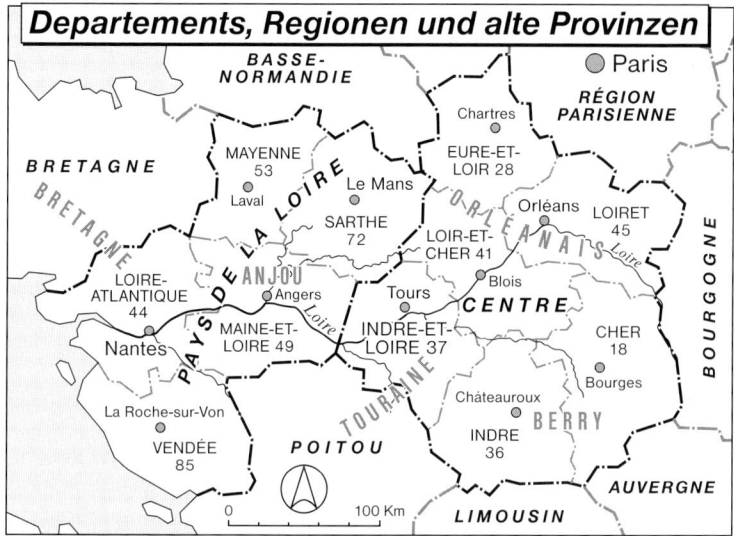

Departements, Regionen und alte Provinzen

Seit der Revolution gliedert sich das Loiregebiet in 11 Departements (z.B. LOIRET 45, INDRE 36), deren Nummern in Autokennzeichen und Postleitzahlen auftauchen. Im Zuge der Dezentralisierung wurden aus ihnen jüngst zwei große Regionen (**CENTRE, PAYS DE LA LOIRE**) gebildet. Diese modernen Verwaltungseinheiten decken sich nur teilweise mit den alten Provinzen (z.B. ANJOU, ORLÉANAIS).

lich unergiebig. Auf wasserundurchlässigem Ton ist ein von Wald und Heide bedecktes **Sumpfland** entstanden.

Flussverlauf

Die Loire ohne Loiretal – so könnte man den **Oberlauf** bezeichnen, der in diesem Führer nicht weiter behandelt wird. Neben vielen anderen Flüssen entspringt ja auch die Loire im Zentralmassiv, dem „Wasserturm Frankreichs". Die **Quelle,** die aus dem 1551 Meter hohen Vulkankegel des Gerbier de Jonc hervorsprudelt, wird wenig später angezapft. So fließen neun

Zehntel des Quellwassers über das Stauwerk La Palisse in die Ardèche und schließlich in die Rhône, und nur ein Zehntel quält sich – wie der weitgehend parallel fließende Allier – in nördlicher Richtung fast 250 Kilometer durchs Gebirge. Auf dem langen Weg durch die Schluchten wird der Gesteinsschutt zu immer feinerem Sand zerrieben. Bei Nevers verändert der Fluss sein Gesicht: das Gefälle nimmt ab, das Bett verbreitert sich auf 250 Meter, der von links einmündende Allier verdoppelt die Wassermenge.

Im **Pariser Becken** wird die Loire zum Königsfluss. Sie beginnt zu strömen, dehnt sich majestätisch im breiten Bett, das als blonde Sandfurche durch das weite Schwemmland zieht und plötzlich – bei Orléans nach Westen schwenkt. Warum diese unmotivierte Richtungsänderung? Man nimmt an, dass die Loire in grauer Vorzeit weiter nach Norden floss und im Bett des heutigen Loing auf die Seine zusteuerte, mit der sie sich wohl kurz vor dem noch inexistenten Paris vereinigte. Dass sie im ausgehenden Tertiär ihr berühmtes Knie bekam und sich plötzlich dem Atlantik zuwandte, ist mit zwei geologischen Phänomenen erklärt worden. Zunächst schwemmte die Hebung des Zentralmassivs mit dem Wasser eine ungeheure Menge Sand und Geröll ins Pariser Becken. In der folgenden Erdperiode ergoss sich infolge der Absenkung des armorikanischen Sockels das Meer bis in die Sologne, wo es der vor den Ablagerungen verharrenden Loire den Weg nach Westen bahnte. Diese Gegebenheiten änderten auch den Lauf des Cher, der Indre, der Creuse und der Vienne, die ihrerseits dem „Wasserturm Frankreichs" entspringen.

Die eigentümlich langen Einmündungen der Nebenflüsse, die in der Nähe der Loire noch eine ganze Weile parallel zu ihr fließen, haben aber einen anderen Grund. Die **Sandablagerungen** verzögern den Zufluss des Loiret, des Cosson, der Cisse, des Cher, der Indre, des Authion, die vor den aufgewölbten Loireufern nur schwer aus ihren flachen Seitentälern herausfinden.

Im **Unterlauf** weitet sich das Loiretal auf 10 Kilometer, wenn es – unter dem Namen **Anjou-Tal** – mit dem Authion eine gemeinsame Schwemmlandebene bildet und bei Angers die gesammelten Wassermassen des Nordens und Südens aufnimmt. Der weitverzweigte Strom verlässt nun das Pariser Becken, zwängt sich noch einmal in ein bis zu 1 Kilometer enges Bett, um sich durch eine Lücke im armorikanischen Rumpfgebirge meerwärts in einen 40 Kilometer langen Gezeitentrichter zu ergießen.

1012 Kilometer hat die Loire zurückgelegt. Sie ist der längste Fluss Frankreichs und entwässert – durch ihr weitgespanntes Netz von Zuflüssen – ein Fünftel des Landes.

Ökologie

Hochwasser und Niedrigwasser

Die Loire gilt als Europas „letzter großer Wildfluss", der – weitgehend unreguliert – durch variierende Wasserstände gekennzeichnet ist.

Im Sommer erlebt man die Loire als trägen Wasserlauf, der in seinem breiten Bett mal an einen See erinnert, mal als mäandrierender Priel zwischen den wachsenden Sandbänken zu verschwinden droht.

Nach der Schneeschmelze oder starken Herbstgewittern im Zentralmassiv schwillt derselbe Fluss zum reißenden Strom, der seine Inseln reihenweise unter Wasser setzt und hier oder da auch über die Ufer tritt. Die meisten und bedrohlichsten **Überschwemmungen** haben ihren Ur-

©Göbь Foto: ml

Wasserpegel in Jargeau

Landeskunde

sprung in den Bergen. Ozeanisch bedingt ist das vergleichsweise harmlose Winterhochwasser, Ergebnis langer Regenfälle, die hinter der Atlantikküste niedergehen und die zahlreichen Wasserläufe des Anjou speisen.

Je nach Jahreszeit schwankt der **Wasserstand** somit ganz erheblich. Beträgt die Wasserführung im Jahresdurchschnitt 1600 Kubikmeter pro Sekunde, so sind es bei Niedrigwasser im Sommer nur 400, zurzeit des Hochwassers bis zu 6000 Kubikmeter pro Sekunde. Im Sommer 1976 wurden in Orléans sogar nur 17, im vorherigen Jahrhundert aber schon einmal 9000 Kubikmeter pro Sekunde gemessen.

Flussbett, Sandbänke, Inseln

Wechselnde Wassermenge und unterschiedliche Fließgeschwindigkeit modellieren das **Flussbett,** das man sich nicht als gleichbleibende Rinne vorstellen darf. Denn der mittransportierte Gesteinsschutt, auf dem langen Weg zu Sand zerrieben, verschiebt und verlagert sich ständig, so dass einerseits Tiefen *(mouilles),* andererseits Sandbänke *(grèves)* entstehen.

Das Wasser strömt über Schwellen *(seuils)* von einer Tiefe zur nächsten, mäandriert im teilweise trockenfallenden Bett, in dem sich manche Sandbänke zu **Inseln** aufbauen. Denn in dem mehr oder weniger feuchten, warmen bis heißen Sand keimen angeschwemmte Samen zu Pflanzen aus, die stabilisierend wirken, bei der nächsten Flut aber auch schon wieder zerstört sein können. Am widerstandsfähigsten sind die Weidentriebe, deren kräftige Wurzeln den Sand stauen und über die Hochwasserperioden hinweg wie Anker wirken. So entstehen mandelförmige Sandzungen, die flussaufwärts von Weidenwäldchen, flussabwärts von Gräsern besiedelt sind und – drei Meter über dem Pegel – als veritable Inseln gelten können.

Sie spalten den Fluss in mehrere Arme, von denen manch einer als abgeriegeltes **Altwasser** zurückbleibt, das sich nur bei Hochwasser wieder für kurze Zeit mit dem Strom vereinigt. Zu diesem ungemein wandlungsfähigen Flussbett gehören auch die **Ufer,** die, von künstlichen Eindeichungen abgesehen, je nach Gefälle und Gewässerverlauf ganz von selbst Gleit- (Innenkurve) oder Prallhänge (Außenkurve) bilden.

Deiche und Überschwemmungen

Die Loire ist nie zu einer modernen Wasserstraße ausgebaut worden. Die „Befriedung" des Wildflusses beschränkte sich auf Deichbauten, die den natürlichen Flusslauf nicht beeinträchtigen, aber das Hochwasser aus weiten Bereichen des Tals fernhalten.

Die ersten Dämme, die so genannten *turcies,* waren mit Erde zugestrichenes Astwerk. Schon im 12. Jh. ließ *Henri II. Plantagenêt* auf diese Weise die Ufer befestigen. Sein beispielhafter Anjou-Damm *(Grande levée)* wurde bis zum 15. Jh. auf 5 Meter, bis zum 18. Jh. auf 7 Meter erhöht.

Am Mittellauf der Loire machte man dieselbe Erfahrung: auch wenn die Dämme jahraus, jahrein das Hoch-

wasser zurückhielten, irgendwann stiegen die Fluten auf einen neuen Höchststand und schwappten dann mit einer nie gekannten Gewalt über den Deich. 1846, 1856, 1866 folgten im 10-Jahres-Rhythmus drei **Überschwemmungskatastrophen,** die mit dem herkömmlichen Hochwasser nichts mehr zu tun hatten. Gravuren zeigen eine zwei Meter hohe Wasserfurie in Tours. In Chapelle-sur-Loire wurde der Friedhof weggerissen und 100 Tote auf Bäume und Dächer ver-

Anjou-Damm bei Saint Mathurin

frachtet. Die Eisenbahnlinie Orléans-Tours war kurz nach ihrem Bau schwer beschädigt. Und wieviele Landwirte wurden ruiniert? Noch einmal erhöhte man die Deiche, obwohl inzwischen offensichtlich geworden war, dass mit den Dämmen nicht nur die Sicherheit, sondern auch das Ausmaß der nächsten Katastrophe steigt. Heute rechnet man für den Fall des Falles mit 300.000 Obdachlosen, 100.000 Hektar unter Wasser, 10 Milliarden Francs Schaden.

Staudämme und AKWs

Man hat ausgerechnet, dass das heutige, zum Teil eingedeichte Flussbett zu eng wird, wenn die Durchflussmengen auf über 6000 Kubikmeter pro Sekunde anschwellen. **Hochwasserschutz** muss also darin bestehen, die überschießenden Wassermassen rechtzeitig abzuleiten oder solange zurückzuhalten, bis der Pegel entsprechend abgesunken ist.

Schon im 19. Jahrhundert hat der Ingenieur *Comoy* einerseits **Überläufe** *(déversoirs)* an der unteren Loire, andererseits Staudämme *(barrages)* am Oberlauf vorgeschlagen, um so den Abfluss zu regulieren und die stark schwankenden Wasserstände auszugleichen. Doch damals wurden lediglich eine Reihe entlastender Überläufe installiert.

Die Zeit der **Staudämme** schlug erst in der zweiten Hälfte des 20. Jh., als nach dem Pionierwerk von Grangent (1956 bei Saint-Etienne) hintereinander die Staustufen Naussac (1983 im Quellgebiet des Allier) und Villerest (1984 oberhalb von Roanne) in Betrieb genommen wurden.

Grund: die seinerzeit errichteten **Atomkraftwerke** (Chinon, Belleville, Dampierre, Saint-Laurent) benötigten Kühlwasser, das auch im Sommer in ausreichender Menge zur Verfügung stehen musste. Plötzlich war die Loire zu einer abhängigen Variablen des französischen Energieprogramms geworden, und das staatliche Stromversorgungsunternehmen EDF betrieb alle – planmäßig aufeinander abgestimmten – Projekte in eigener Regie.

Landeskunde

Atomkraftwerk bei Chinon

052b Foto: mi

Die Umweltschutzbewegung

In seiner von der Regierung in Auftrag gegebenen Richtplanung für das Loire-Becken forderte der regionale Zweckverband EPALA (Etablissement Public d'Aménagement de la Loire et de ses Affluents) 1986 **vier weitere Staudämme,** die erstens vor Überschwemmungen schützen, zweitens die kontinuierliche Wasserversorgung gewährleisten und drittens mit einer „Aufwertung" der Natur verbunden werden sollten.

Das Vorhaben stieß auf den erbitterten **Widerstand der Umweltschützer,** die sich zu der Initiative „Loire Vivante" zusammenschlossen und vom WWF (Worldwide Fund for Nature) unterstützt wurden. Statt neuer Bauwerke empfahlen sie die Bereitstellung von Überflutungszonen und eine Verbesserung des Alarmsystems. Zur Behebung des periodischen Wassermangels schlugen sie vor, an der Quelle nicht länger Wasser in die Rhone umzuleiten. Schließlich mussten sie nur die umweltschädigenden Wirkungen des Regulierungs-Programms auflisten, um die ökologischen Begleitmaßnahmen (Kläranlagen, Schutz des Lachses, Naturpark) als Augenwischerei zu entlarven: Was ist von einer besseren Wasserversorgung zu halten, wenn die Eutrophierung (Algenverseuchung) der Stauseen das Trinkwasser der ganzen Region gefährdet? Ist das Bekenntnis zu Kläranlagen nicht der Freibrief für Industrie und Landwirtschaft, den Fluss weiter mit Tritium und Düngemitteln zu belasten? Was bringen die Fischleitern und Fangver-

Die Loire-Schifffahrt – Mythos und Wirklichkeit

Von den wenigen Fischerbooten abgesehen, sieht man bis kurz vor der Mündung keine Schiffe auf der Loire. Ab Angers und bis Chalonnes häufen sich die Ausflugsboote, zwischen Angers und Nantes befördern ein paar Lastkähne Sand beziehungsweise Rohöl, aber erst unterhalb des Seehafens Nantes kann man von einem beachtlichen Schiffsverkehr sprechen. So ist die Flussschifffahrt heute ein Mythos, eine Erinnerung an sagenhafte Zeiten, die nicht einmal allzu lange zurückliegen. Denn erst Ende des 19. Jh., mit dem Aufkommen der Eisenbahn, war die *marine de Loire* dem Untergang geweiht.

Seit römischen Zeiten von Militär und Adel als Wasserstraße genutzt, wurde die Loire zum französischen „Königsweg" *(voie royale)* des Handels und der Industrie. Denn zwischen dem Pariser Becken, dem Rhonetal und dem Westen des Landes war Frankreichs längster Fluss die zentrale Achse, die sich mit den Nebenflüssen zu einem nationalökonomisch bedeutsamen Verkehrsnetz ausgestalten ließ. Nantes war mit dem Dreieckshandel im 16. Jh. zu einem bedeutenden Warenumschlagsplatz geworden. Zur selben Zeit entwickelte sich Orléans mit seinen Kontoren, Zuckerraffinerien und Essigfabriken zur profitablen Verladestation.

Nach dem Ende des Dreißigjährigen Krieges brachten der Briare-Kanal (1642), der Canal d'Orléans (1682) und der Canal du Loing (1723) die Anbindung an die Hauptstadt Paris. Bis Mitte des 19. Jh. liefen in den Flusshäfen täglich 40 bis 50 Schiffe ein. Sie brachten Leder und Seife aus Spanien, Zucker und andere Kolonialwaren aus Nantes, Salz und Trockenfisch aus der Bretagne, Schiefer und Kalkdünger aus dem Anjou, Tuffstein und Perlen aus Saumur, Seide und Spielkarten aus Tours, Holz und Kohle aus der Auvergne, Wolle und Porzellan aus dem Berry, Flachs und Wein aus der Touraine, Getreide und Obst aus der Beauce und so weiter und so fort.

Schifffahrt auf einem Wildfluss – das war keine einfache Sache. Der stark schwankende Wasserstand beschränkte die Saison auf ein gutes halbes Jahr. Das Fehlen einer sicheren Fahrrinne, die Schwellen im Flussbett und das allenthalben drohende Niedrigwasser erforderte nicht nur viel Erfahrung und Fingerspitzengefühl, sondern auch gewissenhafte Markierung und vor allem einen flachbödigen Bootstyp. Aus Eiche gezimmert und mit Rahsegel bestückt, trieben diese *chalands* oder *gabares* im Westwind flussaufwärts. Die Durchfahrt unter den Brücken erforderte äußerst geschickte Manöver, denn die Segel mussten kurz vor dem steinernen Bogen geschwind eingeholt, die Masten blitzartig nach hinten umgekippt und beide hinter der Brücke ebenso schnell wieder gesetzt werden. Die Frachtkähne fuhren meist in Zügen, deren Einheiten mit abnehmender Segelfläche so gestaffelt waren, dass der Wind auch noch die vorderen Boote erreichte. Es gab auch Schiffe ohne Segel, die ausschließlich flussabwärts fuhren und – ganz der Strömung überlassen – regelmäßig freigebaggert werden mussten, wenn sie wieder einmal auf Sand liefen. Diese leichteren *sapines* oder *salembardes* waren schnell zusammengezimmerte „Tannenschiffe“, die man am Zielort zu Brennholz zerhackte. Getreidelt wurde nur im Hafen, auf bestimmten Kurzstrecken und in den Kanälen, die meist beidseitig von Treidelwegen gesäumt waren. Bevor 1842 der Einsatz von Pferden erlaubt wurde, bediente man sich der Zugkraft von Hafenarbeitern, die – wie Tiere angeschirrt und oft mit einigen Flaschen Wein bezahlt – die Frachtkähne schleppten. Als die Dampfschiffe aufkamen, war auch schon die Eisenbahn zur unschlagbaren Konkurrenz geworden.

Die Flussschiffer, französisch *mariniers,* waren gut verdienende Kaufleute, die wegen ihrer unabhängigen Existenz hohes Ansehen genossen. Sie trugen blaue Hemden, Samthosen, scharlachrote Flanellgürtel und einen breitkrempigen Filzhut. Wenn sie in

Teller im Marinemuseum Chateauneuf

den Gasthäusern auftauchten, erwiesen sie sich als trinkfeste, kulinarisch bewanderte, äußerst selbstbewusste Zeitgenossen, die vor derben Späßen nicht zurückschreckten und streitbar ihre Interessen verfochten. Die meiste Zeit des Jahres unterwegs, begnügten sie sich mit einem kleinen Häuschen in der Nähe des Heimathafens, wo sie unter ihresgleichen blieben und bei ihrer Rückkehr große Feste zu feiern pflegten. Wenn sie aufbrachen, verstauten sie ihre Habseligkeiten in einer großen Truhe, in der nicht nur Kleidung, Schnaps und Pfeifen, sondern auch Passierscheine und Rechnungsbücher verwahrt lagen. Das Schiff – der ganze Stolz seines Besitzers – war mit einer unverwechselbaren Wetterfahne geschmückt und hatte im hinteren Bereich eine Kajüte, in der sich der Hauptteil des Schifferlebens abspielte. Zur Besatzung gehörte noch ein Matrose und in der Regel die Ehefrau, die voll ihren Mann stand und einen weiteren Matrosen ersetzte. So wurden die Kinder entweder mitgenommen oder bei Großmuttern „zu Hause“ gelassen.

bote, wenn die zunehmende Verschmutzung des Hafens von Nantes die Lachse am Eintritt in die Loire hindern? Ist das Projekt eines Naturparks nicht der reine Hohn angesichts der drohenden Entwässerung der Feuchtwiesen, dem Vertrocknen der Auenvegetation, dem Verlust der Vogelnistplätze?

Mittlerweile sind die Proteste abgeflaut. Die Regierung hat das am stärksten kritisierte Staudammprojekt Serre de la Fare (Oberlauf der Loire) aufgegeben. Doch **die vertagten Projekte** Chambonchard (Cher), Naussac II (Allier) und Le Veurdre (Zusammenfluss Allier/Veurdre) dürften – in leicht modifizierter Form – realisiert werden.

Vielleicht kommt der Loire ja die aktuelle Debatte über die **„Renaturierung der Fließgewässer"** zugute. Nach den katastrophalen Überschwemmungen am Rhein und anderwärts sind die negativen Folgen der Flussbegradigung, des Staustufenausbaus, der Verwandlung natürlicher Wasserläufe in ausbetonierte Kanäle ins öffentliche Bewusstsein gerückt.

Klima

Das Loiretal bildet die Wetterscheide zwischen Nord- und Südfrankreich und ist bekannt für sein gemäßigtes, **mildes Klima.** Charakteristisch ist der Wechsel zwischen Sonne und Wolken, der Morgennebel und eine bescheidene Niederschlagsmenge. Es regnet regelmäßig, aber in geringen Mengen, denn die wassergesättigten Wolken ziehen mangels gebirgiger Er-

hebungen ungehindert nach Osten ab. Im Winter sind Schneefälle die Ausnahme.

Flora und Fauna

Neben dem milden Klima sind die fruchtbaren Kalk- und Schwemmlandböden der Hauptgrund für die traditionellen **Obst-, Gemüse- und Weinkulturen,** denen auf den Sand-Lehmböden ausgedehnte **Wälder** (Eiche, Kiefer, Kastanie, Birke) und **Heideflächen** gegenüberstehen.

Schaf- und Ziegenzucht einerseits, die **Jagd** auf Wildschweine, Rotwild, Rebhühner andererseits prägen – hier wie anderswo – das auf Nützlichkeit ausgerichtete Verhältnis zur Tierwelt.

Eine außergewöhnliche Flora und Fauna gibt es in den **flussnahen Biotopen,** deren Artenvielfalt auch mit der Funktion der Loire als Verkehrs- und Wanderachse zu tun hat.

Auenwälder

Ein besonderes Merkmal intakter Flüsse sind die zeitweise überfluteten Auen. An der Loire gibt es noch Feuchtwiesen und Auenwälder, die als artenreichste Lebensräume Mitteleuropas anderswo längst verschwunden sind. Das Auf und Ab des Wasserspiegels ist die Existenzbedingung dieser Ökosysteme, die ein Fließgewässer erst richtig zum Atmen bringen. Verschiedene **Weidenarten** (Salix purpura, Salix alba, Salix trianda) sind als Weichhölzer prägend für die Loire-Aue. Zu ihr gesellen sich vor allem Eschen, Ulmen, Eichen und Pappeln, die jedoch als Harthölzer bei längerer oder ständiger Überflutung absterben.

Mediterrane und tropische Pflanzen

Die Loire transportiert nicht nur Wasser und Sand. Pflanzensamen werden angeschwemmt oder immigrieren auf den Federn und Pfoten, sogar in den Eingeweiden der Tiere, die aus eigener Kraft oder auf den Fahrzeugen der Menschen den Fluss hinauf- oder hinabwandern. Im Flussbett findet man daher neben den verbreiteten Arten der gemäßigten Klimazone eine ganze Reihe ausgesprochen wärmeliebender Pflanzen, die aus südlichen Regionen angeschwemmt wurden.

Aus dem Zentralmassiv sind Ginster, Wolfsmilch und andere **mediterrane Gebirgspflanzen** zugewandert, die im feuchten oder trockenen Sand bei insgesamt recht mildem Klima günstige Bedingungen vorfinden.

Mit den Überseeschiffen hat sich von der Mündung her sogar eine **tropische und subtropische Flora** verbreitet. Es sind rund 50 Arten, die aus Afrika oder Amerika stammen und bei Niedrigwasser im heißen Schlick (bis zu 56°C) gut gedeihen.

Fische

Unter den rund 20 Fischarten, die sich immer noch munter in der Loire tummeln, sind nicht nur Forellen, Plötzen, Zander, Brassen, Welse und andere **Süßwasserfische,** sondern auch Meeresfische, die aus dem Atlantik den Fluss hochwandern, um im Oberlauf vor allem des Allier zu laichen.

Neben dem Aal, dem Neunauge und dem Maifisch ist hier der **Lachs** zu nennen, der nach seiner ausgiebigen Grönlandtour am Ende seiner Tage ins heimatliche Gewässer zurückkehrt. Freilich braucht er von der Mündung bis zum Laichplatz nicht mehr wie früher drei, sondern bis zu zwölf Monate. Verschiedene Staustufen bremsen und erschöpfen die gar nicht mehr so prächtigen Tiere (unter 7 kg), die sich leicht an den Fischleitern verletzen und – einmal verwundet – im nicht mehr ganz so sauberen Wasser infizieren.

Vögel

Neben den Teichen der Sologne und dem Lac de Rillé sind die Sandbänke und Inseln ein ideales Rückzugsgebiet für etwa 200 Vogelarten,

Landeskunde

05 4lo Foto: mi

die zum Großteil auf der Durchreise im Loiretal Station machen. Bevor sie an den afrikanischen Küsten überwintern, beziehen die grazilen **Fluss- und Zwergsseeschwalben** zu Hunderten ihre Nistplätze im warmen Loiresand, wo auch der **Flussregenpfeifer** seinen Nachwuchs ausbrütet. Auf manchen Inseln gibt es beachtliche Kolonien von **Lachmöwen,** unter denen hier und da auch Schwarz- und Weißkopfmöwen mitbrüten. **Uferschwalben** und **Eisvögel** bevorzugen die steilen Böschungen; **Braunkehlchen, Schafstelzen, Rohrammern, Schilfrohrsänger** und der seltene **Wachtelkönig** frequentieren die Feuchtwiesen; und in der Weichholzaue sieht man die mächtigen **Kormorane,** die allgegenwärtigen **Graureiher** und die winzigen **Steinkäuze.**

Neben den Vögeln sind im amphibischen Auenbereich übrigens noch **Biber** und **Otter** zu beobachten.

Geschichte

Frühgeschichte

Besiedlung

Vor knapp 1 Million Jahren tauchten im Loiretal die ersten Menschen auf. Es waren **Sammler und Jäger,** die auf den Plateaus und Terrassen lagerten und aus abgewetzten Flusssteinen Faustkeile verfertigten. Zum Jagdvieh zählten Mammuts, Rentiere und Gemsen, die während der Eiszeiten aus den vergletscherten Gebieten Europas in die geschützten Täler gezogen waren. Die Loireregion war nicht nur dank ihres milden Klimas, sondern auch wegen der leicht auszuhöhlenden Kalkfelsen ein bevorzugter Lebensraum. Viele Ausgrabungsfunde, Stein- und Knochenwerkzeuge, stammen daher aus Höhlen.

Die primitiven Faustkeile der Altsteinzeit wurden in der **Jungsteinzeit** durch lange Klingen und zierliche Pfeilspitzen abgelöst. In dieser neolithischen Epoche, etwa 4000 Jahre vor Christus, kamen über die Donau und das Mittelmeer zivilisiertere Völker aus dem Nahen Osten. Sie rodeten Wälder, bauten Getreide an, züchteten Haustiere und benutzten sogar verziertes Tongeschirr. So entstanden am Waldrand, meist auf Sandhügeln in der Schwemmlandebene, die ersten flussnahen Dörfer.

Aus dieser Zeit stammen auch die **Menhire und Dolmen** (Hünengräber), die Zeugnisse eines unbekannten Totenkults sind und vermutlich die Grenzen von Ortschaften markierten.

Das Auftauchen von **Bronzeäxten** und -schwertern, 1500 vor Christus, lässt erstmals auf regen Handel schließen. Spanien und Böhmen waren Zentren der Bronzeherstellung. Später verbreiteten sich von Anatolien her **Eisenprodukte,** die mit der Entdeckung heimischer Erzvorkommen eine neue Ära einleiteten.

Es war zugleich die Zeit der **keltischen Stämme,** die im 5. Jh. vor Christus von Osten einwanderten und sich mit den Ureinwohnern vermischten. Im Orléanais ließen sich die Carnuten

Landeskunde

Dolmen von Bagneux

nieder, im Berry die Biturigen, in der Touraine die Turonen, im Anjou die Andecaven.

Gallo-römische Epoche

Neben den zahllosen Ortsnamen keltischen Ursprungs erinnern Grabhügel, Tonscherben, Münzen, Armreife und Statuetten an die **Gallier,** von denen gelegentlich (Neung-sur-Beuvron, Moulins-sur-Cephons) noch die eine oder andere befestigte Siedlung (*oppidum*) erkennbar ist. Der Nabel Galliens (*umbilicus Galliae*) befand sich im Wald von Orléans, wo sich die Druiden-Priester zu ihrer Jahresversammlung trafen. Sie waren für die Schlichtung von Streitfällen zuständig, brachten den Göttern Opfer dar und bestimmten den verdienstvollsten zu ihrem lebenslangen Oberhaupt.

Dies und anderes weiß man aus lateinischer Überlieferung und speziell von *Caesar*, dessen Bericht (De bello gallico) natürlich keine ganz zuverlässige Quelle ist. Der römische Feldherr hatte bei seinem Eroberungszug jeden Widerstand in kurzer Zeit niedergemacht. 52 vor Christus lag Genabum (das spätere Orléans) in Schutt und Asche, im selben Jahr wurde bei Dijon der Arvernerfürst *Vercingetorix* geschlagen, ein Jahr darauf bei Louerre auch *Dumnacus,* der Chef der Andecaven.

So war der mittlere Teil des transalpinen Gallien seit 51 v. Chr. **römische Provinz.** Die mehr oder weniger zerstörten oppida erhielten nach römischem Modell zwei sich überkreuzende Aufmarschalleen, ein Forum, ein Theater, Thermen und Verwaltungsgebäude. Auf dem Land entstanden Landgüter (villae), auf denen Getreide und Wein angebaut wurden. Für den Transport von Gütern und Militär baute man große Pflasterstraßen, die von Chartres über Orléans nach Bourges, von Bourges nach Tours, von Tours nach Poitiers und von Tours nach Angers führten. Zusammen mit

Gallo-römisches Amphitheater in Gennes

den Wasserstraßen entstand so ein landeserschließendes Verkehrsnetz.

Wenn man im Loiretal auf **„gallo-römische"** Monumente stößt, ist immer zu bedenken, dass Gallien zwar Teil des römischen Reiches, aber nicht gänzlich sein Produkt war. Die Lagerhäuser von Thésée, das Aquädukt von Luynes, der Ziegelpfeiler von Cinq-Mars-la-Pile, das Amphitheater von Gennes, all diese Zweckbauten sind eindeutig römische Architekturdenkmäler. Aber der Pferdegott, die Tänzerstatuetten und andere Kultobjekte aus dem Schatz von Neuvy-en-Sullias sind Produkte einer Religiosität, die keltische mit römischen Glaubensinhalten vermischte.

Im Lauf der Jahrhunderte eignete sich die römische Führungsschicht der Großgrundbesitzer gallische Elemente bis zur Ununterscheidbarkeit an, und die breite Masse der pagani konnte der lateinischen Klassifizierung entnehmen, dass sie – je nach Wortableitung – eben nur Bauern (paysans) und Heiden (païens) waren. Das eine sollte so bleiben, das andere sich sehr bald ändern.

Christianisierung

Keine historische Figur verkörpert besser das Ende der antiken Welt als der **Heilige Martin von Tours.** Als Sohn eines römischen Tribuns 316 in Ungarn geboren, kam er fünfzehnjährig zum Kriegsdienst nach Gallien. Wie jeder weiß, teilte der junge Soldat vor Amiens seinen Mantel mit einem frierenden Bettler, der ihm nachts darauf im Traum als Christus erschien. Weniger bekannt ist die Tatsache, dass Martin als frisch bekehrter Missionar bei der Zerstörung heidnischer Kultstätten viel Militanz bewies. Angetreten, das Hinterland der Loire zu christianisieren, gewann der Gottessoldat zahlreiche Jünger, die er in den Klöstern von Ligugé und Marmoutier um sich scharte, bevor er 371 in der gallo-römischen Hauptstadt Tours zum Nachfolger des heiligen *Gatian* gewählt wurde. Doch die nachhaltigste Wirkung Martins ging von seinen sterblichen Überresten aus. Denn sein Grab entwickelte sich zu einer der größten Pilgerstätten jenes christlichen Abendlandes, das sich mit dem Zerfall der pax romana als neue politische Idee abzeichnete.

Immer mehr germanische Völkerscharen drangen nach Gallien ein, zogen weiter, bekämpften sich wechselseitig, dienten sich den römischen Streitkräften als eine Art Fremdenlegion an. Im Südwesten konnten sich die **Westgoten,** im Südosten die **Burgunder,** im Osten die **Franken** festsetzen.

Freund und Feind sortierten sich aber erst, als 451 die **Hunnen** vor Orléans auftauchten. Bischof *Ananius (Aignan),* ein gelernter Ingenieur, ließ die Verteidigungsanlagen der Stadt verstärken und verhandelte solange mit dem Belagerer *Attila,* bis die römischen Legionen, durch westgotische, burgundische, fränkische Hilfstruppen unterstützt, die „Geißel Gottes" zum Abzug zwangen. Als Sieger der Schlacht galt nicht die römische Armee, sondern der später heiliggesprochene Bischof, der als „Defensor civitatis" zum Leitbild eines streitbaren Oberhirten wurde.

Nachdem *Chlodwig,* der fränkische Haudegen, 507 in Vouillé seinen westgotischen Konkurrenten *Alarich II.* aus dem Felde geräumt hatte, pilgerte er im Jahr darauf nach Tours, wo er am Martinsgrab den Übertritt zum christlichen Glauben bekanntgab. Das römische Imperium hatte zu bestehen aufgehört, und Gallien existierte nun fort als **Frankenreich,** das unter christlichem Vorzeichen – als „älteste Tochter der Kirche" – das römische Erbe angetreten hatte. Die alten civitates wurden zu Diözesen, das römische Recht erstreckte sich auf die immer beachtlicheren Kirchengüter, und die Könige – zuerst **Merowinger,** dann **Karolinger** – behaupteten sich als Vorkämpfer der Christenheit.

In dieser Zeit entstanden überall Abteien, die durch die Gründung untergeordneter Prioreien die landwirtschaftlichen Nutzflächen erheblich ausweiteten. Der Ertrag dieser Besitzungen manifestierte sich auch in einer **geistlichen Kunst,** die aufwendige Handschriften, Mosaiken oder Kuppelbauten hervorbrachte. Besonderen Ruhm genoss das Skriptorium der Sankt-Martins-Abtei, eine Kopier- und Schreibschule des hochgebildeten *Alkuin,* den *Karl der Große* von seiner Aachener Pfalzschule 796 als Abt nach Tours und Cormery berufen hat. Der „römische Kaiser" kam übrigens 800, im Jahr seiner Krönung, selbst an die Loire, wo er auch den gelehrten *Theodulf,* Bischof von Orléans und Abt von Fleury (Saint-Benoît), besucht haben dürfte.

Landeskunde

Stammbaum der französischen Könige

Ludwig XVI. *(1774-1793)*
Marie Antoinette

Ludwig XV. *(1715-1774)*
Marie Leszinska

Ludwig XIV. *(1643-1715)*
Maria Theresia von Österreich

Ludwig XIII. *(1610-1643)*
Anna von Österreich

Heinrich IV. *(1589-1610)*
Margarethe von Valois
Maria von Medici

Bourbonen

Heinrich III. *(1574-1589)*
Luise von Lothringen

Karl IX. *(1560-1574)*
Elisabeth von Österreich

Franz II. *(1559-1560)*
Maria Stuart

Heinrich II. *(1547-1559)*
Katharina von Medici

Franz I. *(1515-1547)*
Claude de France

Zweig Angoulème

Karl VIII. *(1483-1498)*
Anne de Bretagne

Ludwig XI. *(1461-1483)*
Charlotte von Savoyen

Karl VII. *(1422-1461)*
Marie d'Anjou

Karl VI. *(1380-1422)*
Isabeau von Bayern

Ludwig XII. *(1498-1515)*
Anne de Bretagne

Zweig Orléans

Karl V. *(1364-1380)*
Jeanne de Bourbon

Valois

Kapetinger

Die Loire-Monarchie

Der Aufstieg der Plantagenêts

Nach der fränkischen Reichsteilung kam es im Loiretal immer häufiger zu Raubzügen der **Normannen** (Nordmänner = Wikinger), die es vor allem auf die reichen Abteien abgesehen hatten. Die Martinsstadt Tours (853, 857, 903), Marmoutier (853), Cormery (853), Fleury (853, 865) und auch die Festung von Blois (854, 862) wurden geplündert, gebrandschatzt und teilweise oder ganz zerstört.

Der Westfrankenkönig konnte keine Sicherheit stiften, und der Übergang der Macht auf das Geschlecht der **Kapetinger** änderte nichts daran, dass die monarchische Zentralgewalt im 10. Jh. auf eine bescheidene Krondomäne zusammengeschrumpft war. Sie beschränkte sich faktisch auf das Dreieck Paris – Chartres – Orléans, so dass außerhalb dieses königlichen Stammlandes die **Feudalherren** das Sagen hatten. Nicht nur in der Bretagne und der Normandie, auch in Burgund und Aquitanien gab es mächtige Herzöge, die in ihrer Region für Schutz und Ordnung sorgten, Vasallen auf sich verpflichteten, Bischöfe und Äbte einsetzten und nach königlichem Vorbild Hof hielten.

Im Loiretal hatten sich die **Herzöge von Blois/Tours und Anjou** als überlegene Burgherren erwiesen. Zwischen diesen Feudalfürsten entbrannte der Kampf um die Touraine, die den ostwärts drängenden Herren von Anjou erst sicher war, als die Rivalen von Blois auch Chartres und die Champagne hielten und somit den König bedrängten.

Man kann sich die wechselnden Frontlinien vergegenwärtigen, wenn man in Langeais, Montbazon, Loches, Montrichard oder Vendôme auf **Fulco Nerras** Donjonbauten (siehe Architektur-Glossar) stößt. Dieser vierte *Fulco* (987-1040), Herzog von Anjou, auch „Schwarzer Falke" genannt, war schon deshalb der bedeutendste Schlächter von allen, weil er – beständig im Krieg – als einziger ein halbes Jahrhundert an der Macht war. Unendlich grausam und fromm, war er beim Blutvergießen immer eigenhändig dabei, um in regelmäßigen Abständen als Kreuzzugspilger für seine Sünden Abbitte zu tun. Er gründete (Beaulieu bei Loches) und attackierte (Saint-Florent bei Saumur) Abteien, wie es ihm passte. Er stürzte seine angeblich ungetreue Gattin von der Burg zu Angers und half durch Verbrennen nach, als das „Gottesurteil" schiefging und die Verdächtige unversehrt aus der Maine schwamm. Er köpfte einen einflussreichen Vasallen des Königs vor dessen Augen und fiel vor dem schockierten Souverän auf die Knie, als der Bischof von Chartres dem Provokateur die Exkommunikation androhte. Alles in allem ein tatkräftiger Bursche, der die Erfolgsprinzipien seiner Zeit sehr genau erfasste und das Haus Anjou auf den vorläufigen Zenit seiner Macht führte.

Doch der Herzog von Anjou sollte noch zu einem echten Rivalen des Königs aufsteigen. Das Unglück begann mit einer klug ausgetüftelten Hoch-

Landeskunde

zeit, die der Monarchie endlich wieder eine feste Basis südlich der Loire zu verschaffen schien. Nach 15 Ehejahren ließ allerdings *König Ludwig VII.* seine Verbindung mit *Eleonore von Aquitanien* annullieren, was die Bischöfe 1152 im Konzilium von Beaugency auch ausnahmsweise gestatteten. Daraufhin heiratete die resolute *Eleonore* kurzerhand **Heinrich II. Plantagenêt** (1154-1189), einen Nachfahren des Herzogs *Fulco,* der sich die Helmzier seines Vaters *(planta genista* = Ginsterbusch) zum Beinamen gewählt und ansonsten vor allem sehr viel Land geerbt

hatte. Jetzt konnte der Herzog von Anjou, Maine, der Touraine und Normandie seinen Hoheitsbereich auch noch um die Aquitaine erweitern – und wurde 1154 sogar König von England. Formalrechtlich war er immer noch Lehensfürst des Königs, de facto aber ein übermächtiger Konkurrent, dessen Herrschaft von Schottland bis zu den Pyrenäen reichte. Erst *Philipp II. August* gelang es, der französischen Krone verlorenes Terrain zurückzugewinnen, nachdem *Richard Löwenherz (Plantagenêts* dritter Sohn) sich auf die französische Lehensoberhoheit verpflichten und *Johann Ohneland* (Richards jüngerer Bruder) sich vor dem Lehensgericht den Festlandsbesitz nehmen ließ.

Königsgräber in Fontevraud

Landeskunde

Der Hundertjährige Krieg

Der Machtkampf wurde zu einer **Auseinandersetzung zwischen Frankreich und England,** das nach dem Dynastiewechsel von den Kapetingern zu den Valois Ansprüche auf den französischen Thron erhob und mit seinem Söldnerheer aufs Festland zurückkehrte. 1346 erstritten die Plantagenêt-Erben in Crecy ihren ersten Sieg, und 1360 war Frankreichs Südwesten bis zur Loire hinauf englisch. So besiegelte es der Frieden von Bretigny, der aber nur auf dem Papier stand, denn die **Rivalität zwischen Burgund und** **Orléans** gab dem englisch-französischen Konflikt soviel Zunder, dass ein Hundertjähriger Krieg daraus wurde. Es kam so weit, dass der französische Thronerbe, der spätere *Karl VII.,* aus der Hauptstadt Paris nach Bourges fliehen musste. Sein „gemütskranker" Vater *Karl VI.* hatte nach der verheerenden Niederlage von Azincourt 1415 die Tochter an den englischen König gegeben, die Mutter *Isabeau von Bayern* den eigenen Sohn zum Bastard erklärt. So wurde der Dauphin zum „König von Bourges", mitleidig belächelt, an sich selbst zweifelnd. Er

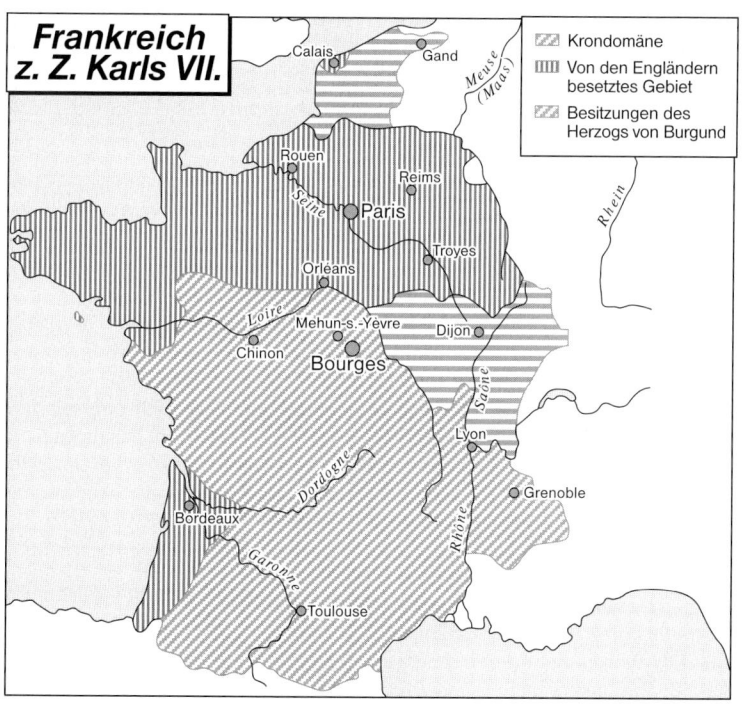

Frankreich z. Z. Karls VII.

- ▨ Krondomäne
- ▥ Von den Engländern besetztes Gebiet
- ▨ Besitzungen des Herzogs von Burgund

Calais · Gand · Meuse (Maas) · Rouen · Reims · Seine · Paris · Rhein · Orléans · Troyes · Loire · Mehun-s.-Yèvre · Dijon · Chinon · Bourges · Saône · Lyon · Dordogne · Rhône · Grenoble · Bordeaux · Garonne · Toulouse

wechselte zwischen seinen Burgen in Méhun-sur-Yèvre, Loches und Chinon hin und her und hörte die niederschmetternden Frontberichte, die den Feind – auf dem Weg in den aquitanischen Süden – schon vor Orléans sahen.

Da geschah das Wunder: ein 17-jähriges Bauernmädchen fühlt sich berufen, den um den Thron gebrachten König zur Salbung und Krönung nach Reims zu führen und wird zur Nationalheldin Frankreichs. Göttliche Stimmen zu hören und einer höheren Sendung zu folgen, war im ausgehenden Mittelalter nichts Außergewöhnliches. Auch die sakramentale Königsweihe in der Kathedrale von Reims war keine originelle Idee, sondern übliche Praxis der französischen Monarchie. Das Besondere an **Jeanne d'Arc,** deutsch **Johanna von Orleans,** die „als Mann gekleidet gehen, Waffen tragen, Hauptmann im Felde sein" konnte, war vor allem die Tatsache, dass sie bis zum Dauphin gelangte, ihn für sich gewann und mit der Befreiung Orléans die Wende im Krieg herbeiführte – kurz, dass sie Erfolg hatte. Und diese Erfolgsgeschichte spielte sich an der Loire ab, wo man immer wieder auf ihre Spuren trifft: Menetou-sur-Cher (Anreise), Chinon (Erkennung des Königs), Tours (Kauf von Rüstung und Standarte), Blois (Standartenweihe), Orléans (Befreiung der Stadt), Loches (Unterredung mit dem König), Jargeau (siegreiche Feldschlacht), Beaugency (Befreiung der Brücke), Méhun-sur-Yevre (Unterredung mit dem König), Saint-Benoît (gemeinsames Gebet vor

den Reliquien), Sully (endgültige Überzeugung des Königs) – alles Stationen, die zwischen dem 1. März und dem 1. Juli 1429 durchlaufen oder besser durchritten wurden.

Der Rest der Geschichte – Krönung des Königs in Reims und Verbrennung der „Hexe" in Rouen – hatte die Krondomäne und die noch englisch besetzte Normandie zum Schauplatz.

Jeanne d'Arc war tot, der Dauphin kehrte als König zurück, und, was das Wichtigste war, die Monarchie er-

Jeanne d'Arc-Standbild in Jargeau

schien erstmals als einigendes Band des französischen Volks. Lilie und Oriflamme (dreigezacktes Fähnchen) symbolisierten fortan die **Königsnation,** die im Abwehrkampf gegen „die Engländer" aus der Zeit der Feudalfehden herauszuwachsen begann und in *Karl VII.* ihren ersten Repräsentanten hatte. Er war „der Wohlberatene", umgab sich mit bewährten Kampfgefährten, dem bürgerlichen Finanzgenie *Jacques Coeur* und einer offiziellen Favoritin namens *Agnès Sorel.*

Renaissance

Der französische Königshof war seit dem Ende des 12. Jh. ständig unterwegs und unter *Karl VII.* in eine Exilsituation geraten. *Ludwig XI.* hätte nach Paris, in die Hauptstadt, zurückkehren können, blieb aber im Loiretal, wo er die alte Königsresidenz Loches in ein Staatsgefängnis verwandelte und sich selbst vor der Bürgerstadt Tours niederließ. Hatte der Vater das zurückeroberte Territorium (Paris, Normandie, Gascogne) nicht mehr dem Adel, sondern direkt der Monarchie unterstellt, so bewirkte der Sohn die weitere Arrondierung (Burgund, Anjou, Maine, Provence) durch eine Politik der Angst und Bestechung, mit der er drohenden Fürstenverschwörungen zuvorkam. Die dafür nötigen Finanzmittel besorgte er sich durch verschärfte Steuereintreibung und Verkauf von Ämtern und Adelstiteln, die dem aufstrebenden Bürgertum wohl noch wichtiger waren als ihre Stadtpaläste (*hôtels*). Neben den **Handwerkern** profitierten v. a. **Kaufleute** und **Finan-**

ziers von den repräsentationsbedürfnissen der Monarchen, von denen es sich bald jeder schuldig war, ein noch königlicheres Schloss zu errichten.

Die Renaissance ist im Loiretal mehr als eine Stilform. Sie ist das zur Schau gestellte Selbstbewusstsein einer Monarchie, die endlich Sicherheit gewonnen hat und vor allem an den eigenen Ausbau denkt. Was hat es aber mit dem **„Italianismus"** auf sich, der Ende des 15. Jh. mit *Karl VIII.* im Loiretal Einzug hielt und als Charakteristikum der französischen Renaissance gilt? Dass die Italiener künstlerisch viel zu bieten hatten, war vielleicht weniger wichtig als der Umstand, dass sie das internationale Geld- und Handelsgeschäft bestimmten. Entscheidend waren letztlich die Italienpläne des Königs, die Ansprüche, die er auf Neapel und Sizilien, die früheren Apanagen des Herzogs von Anjou erhob. Die aus dem Süden mitgebrachten Kunstschätze und Künstler waren dann Ersatz für den geplanten Machtzuwachs, der fürs erste an der Heiligen Liga (Habsburg, Aragon, Papst, Venedig, Mailand) scheiterte.

Als der „König von Amboise" wenig später in seinem halbfertigen Schloss tödlich verunglückte, stellte sich heraus, dass sein wichtigster Beitrag zur weiteren Abrundung der Königsnation die Heirat mit *Anne de Bretagne* gewesen war. Die Erbtochter des bretonischen Herzogs sicherte der Krone einen Besitztitel, der die Stornierung von gleich zwei politischen Verlobungen (*Anne – Maximilian von Habsburg, Karl VIII. – Margarete von Österreich*) und damit eine doppelte Brüskierung Habsburgs wert war. Im Übrigen erwies es sich als vorausschauend, dass der Heiratsvertrag die Bretonin gleich noch an den nächsten französischen König band, da damit die Bretagne dauerhaft an die französische Krone fiel.

Dieser hieß *Ludwig XII.*, kassierte in Italien zwei Niederlagen, baute sich in Blois ein vorbildliches Renaissanceschloss und geriet später in den Schatten seines glanzvollen Schwiegersohns *Franz I.* Dass dieser kluge und sportliche Gesellschaftslöwe vier Italienfeldzüge wagte, dabei für ein

Zeittafel

800.000 v.Chr.	Erste menschliche Spuren
4000 v.Chr.	Dörfer, Ackerbau, Megalithdenkmäler
500 v.Chr.	Einwanderung der Kelten
58-51 v.Chr.	*Cäsars* Eroberungszug
371-397	Episkopat des Heiligen *Martin* in Tours
451	Bischof *Ananius* schützt Orléans vor den Hunnen
496	Taufe des Frankenkönigs *Chlodwig*
651	Gründung der Abtei Fleury (Saint-Benoît)
796	*Alkuins* Berufung zum Abt von Tours
843	Aufteilung des karolingischen Reiches
9. Jh.	Wikingereinfälle
987	Beginn der Kapetinger-Dynastie
987-1040	*Fulco Nerras* Kriegszüge
Um 1100	Gründung der Abtei von Fontevraud
1152	Annullierung der Ehe *Ludwigs VII.* mit *Eleonore von Aquitanien*
1154	*Heinrich II. Plantagenêt* wird König von England
1188-1214	*Philipp II. August* erobert die Touraine und das Anjou zurück
1195-1265	Bau der Kathedrale von Bourges
1337	Kriegserklärung *Eduards III.* von England
1415	Niederlage von Azincourt
1429	*Jeanne d'Arcs* Mission
1453	Ende des Hundertjährigen Kriegs
1491	Heiratsvertrag *Karls VIII.* mit *Anne de Bretagne*
1494-1559	Italienfeldzüge und Bau der Prachtschlösser (Amboise 1492-1515, Blois 1498-1519, Chambord 1519-1547)
1516	*Leonardo da Vinci* in Amboise
1528-33	*Jean Calvin* Student in Orléans
1560	Verschwörung von Amboise
1572	Bartholomäusnacht in Paris
1588	Ermordung des Ligaführers *Heinrich von Guise*
1598	Toleranzedikt von Nantes
1642	Fertigstellung des Canal de Briare
1648-53	Adelsaufstand der Fronde
1685	Aufhebung des Edikts von Nantes
1723	Eröffnung des Canal du Loing
1789	Revolution in Paris
1793	Beginn der Vendée-Kriege
1843-46	Eisenbahnlinien Paris-Orléans und Paris-Tours
Anfang 20. Jh.	Ende der Loire-Schifffahrt
1940	Vorrücken der Wehrmacht bis zur Loire-Grenze
1963	Erstes Kernkraftwerk bei Chinon
1986	Naturschützer kämpfen gegen Flussregulierung
1989	TGV Atlantique
2001	Störfälle in den AKWs Belleville und Dampierre

Jahr (1525/26) in Gefangenschaft geriet und dann auf alle Ansprüche verzichtete, ist weitgehend vergessen. Man feiert ihn als eine Art Märchenkönig, der sich an *Leonardo da Vincis* Ideen berauschte und in Blois und Chambord seine verrücktesten Träume verwirklichte. In der französischen Geschichtsschreibung macht er vor allem deshalb eine so gute Figur, weil seine Selbstherrlichkeit noch nicht durch die protestantische Herausforderung getrübt wurde. In geringerem Maße galt dies auch für seinen Nachfolger *Heinrich II.,* der sich in der Toskana erneut auf ein militärisches Kräftemessen mit Habsburg einließ und über seine Gemahlin Einfluss auf die florentinische Politik zu gewinnen suchte. Sie hieß *Katharina von Medici* und sollte als Witwe und Königinmutter in den kommenden Religionskriegen eine Schlüsselrolle spielen.

Neuzeit

Die Religionskriege

Der Genfer *Jean Chauvin* (1509-1564), lateinisch **Calvin,** hatte zwischen 1528 und 1533 an der von Humanisten frequentierten Orléaner Universität studiert. Schon 1534 wurde ein calvinistisches Plakat an die Tür des Königsgemachs geschlagen, 1545 in Tours ein reformiertes Abendmahl gefeiert. *Calvins* Lehre, eine durch ihn geprägte, besonders strenge Form des reformatorischen bzw. protestantischen Christentums, später Calvinismus genannt, fand Anhänger im städtischen Bürgertum und – politisch besonders fatal – auch im Hochadel.

Die Condés, Châtillons und andere Adelsfamilien profilierten sich mit dem neuen Glauben als Partei und riefen sofort die allerkatholischsten Verteidiger der Monarchie auf den Plan. Es waren dies *Herzog Franz* und *Kardinal Karl von Guise,* entfernte Verwandte der schottischen Königin, die den 16-jährigen *Franz II.* mit der Tochter *Maria Stuarts* verheirateten und die Regierungsgeschäfte de facto in die Hand bekommen konnten. Als eine Gruppe führender **Hugenotten** (französische Protestanten, zumeist Calvinisten) den minderjährigen König dem katholischen Einfluss entziehen und die Gewährung der Religionsfreiheit erreichen wollte, vereitelte der Hof die angeblich geplante Entführung des Monarchen nach Amboise, wo die Verschwörer am 17. März 1560 gruppenweise abgemetzelt wurden.

Die **Verschwörung von Amboise** hinderte die Königinmutter *Katharina von Medici* nicht daran, vermittelnde Religionsgespräche zu arrangieren und den Hugenotten in verschiedenen Edikten die örtlich begrenzte Religionsausübung und befestigte Sicherheitsplätze einzuräumen. Als *Franz II.* schon im selben Jahr früh verstarb und ihm der erst 10-jährige *Karl IX.* nachfolgte, wurde *Katharina* über Jahre hinaus zur eigentlichen Regentin. Sie misstraute Hugenotten wie Katholiken, berief den Humanisten *L'Hôpital* zum Kanzler und hielt sich ein fliegendes Schwadron *(escadron volant)* von 200 „Ehrendamen", die mit nicht ganz

Landeskunde

katholischen Mitteln für die Krone Überzeugungsarbeit leisteten.

Dass die lang vorbereitete Vermählung ihrer Tochter *Margarete von Valois* mit dem Hugenotten *Heinrich von Navarra* 1572 zur **Pariser „Bluthochzeit"** ausartete, ist nur mit einem plötzlichen Positionswechsel der Königinmutter zu erklären. Um den gefährlich mächtig gewordenen Admiral *Gaspard de Coligny* auszuschalten, ergriff sie in Paris die Gelegenheit zur Liquidierung der ganzen Hugenottenführung – für den katholischen Pöbel ein Aufruf zum Pogrom.

Die größere Gefahr drohte der Monarchie jedoch von katholischer Seite. Während die Hugenotten in den Süden flohen und sich an der Loire in Höhlen versteckten, gründete *Heinrich von Guise* (der „Zernarbte") eine **katholische Liga,** die *Heinrich III.,* Katharinas dritten Sprössling, auf eine straff antiprotestantische Linie verpflichtete und zugleich mit dem gegnerischen Spanien bündelte. Die Situation spitzte sich zu, als mit dem Tod des letzten erbberechtigten Valois sich der protestantische *Heinrich von Navarra* als möglicher Thronfolger abzeichnete. 1588 kam es unter dem Einfluss der radikalen Geistlichkeit und einem ligistischen Magistrat in Paris zu einem reaktionären Volksaufstand, der *Heinrich III.* aus dem Louvre nach Blois zurücktrieb. Der gedemütigte Monarch sah keine andere Wahl, als den Ligaführer in sein Loireschloss zu bestellen und dort – wo er noch König war – ermorden zu lassen. „Madame, zu dieser Stunde bin ich der Souverän",

übermittelte er seiner bettlägerigen Mutter, die kurz darauf verstarb. Der König überlebte sie nur um Monate, dann erwischte ihn vor Paris der Dolch eines fanatischen Dominikanermönchs.

Absolutismus

Die Wiedereroberung der „königsfreien" Hauptstadt war nun die Aufgabe von *Heinrich von Navarra,* der für die Königswürde zum katholischen Glauben übertrat, um neben den Protestanten auch die königstreuen Katholiken auf seiner Seite zu haben. Als König *Heinrich IV.* erließ er dann umgehend das berühmte **Toleranzedikt von Nantes** und versprach außerdem jedem Untertanen ein Huhn in den Topf. Für diese wirtschaftliche Seite des Befriedungsprogramms war vor allem sein Minister *Sully* zuständig, ein hugenottischer Gefolgsmann, der die kriegsgeschädigte Landwirtschaft wieder aufpäppelte, die Seidenweberei zu einer führenden Luxusindustrie ausbaute, zwischen Loire und Seine ein System von Kanälen plante und Schritt für Schritt die hohe Staatsschuld reduzierte. Ein nicht unerheblicher Ausgabenposten waren übrigens die Gelder, mit denen *Heinrich IV.* – zur restlosen Bewältigung des Bürgerkriegs – die katholischen Ultras an sich band. Nicht ganz erfolgreich, denn auch er wurde von einem fürchterlich Rechtgläubigen erstochen.

Wieder kam es unter einem minderjährigen Thronfolger zur Regentschaft der Königinmutter, *Maria von Medici,* die mit dem heranwachsenden *Lud-*

de: dass die absolutistische Monarchie keine staatsfreien Räume mehr duldete. Es dauerte seine Zeit, bis die „Großen Herren" das kapiert hatten und das ewige „frondieren" ließen. Selbst *Ludwig XIV.* musste noch vor einer Fronde (Adelsbewegung gegen das Königtum) fünf Jahre lang in Gien Sicherheit suchen, ein Kindheitserlebnis, das den späteren Sonnenkönig in seiner rigorosen **Zentralisierungspolitik** bestärkte.

Doch dieses kurzzeitige Exil änderte nichts daran, dass der Hof das Loiretal längst verlassen hatte. Das Königsschloss von Blois war jetzt ein Ort der Verbannung, der zuerst *Maria von Medici,* dann *Gaston von Orléans* vom Pariser Machtzentrum fernhielt. Andere Renaissancejuwele dienten den Königen als Sommerresidenzen oder Jagdschlösser. Es kam auch zu klassizistischen Neubauten (Chanteloup, Cheverny, Menars, Montgeoffroy, Richelieu) im „Garten Frankreichs", der unter Frankreichs Provinzen immer noch auf besonderes Interesse zählen konnte. So fanden die landwirtschaftlichen wie alle anderen loiretypischen Produkte sogar einen gesteigerten Absatz, weil die gut entwickelte Schiffsverbindung nach Paris den Abnehmerkreis vergrößerte. Außerdem entstanden unter *Colbert* in der Textilbranche neue Manufakturen, die Strickwaren (Orléans), Tuch (Romorantin, Tours), Leinen (Angers, Beaufort) oder Taschentücher (Cholet) herstellten und die Schafzucht des Berry ebenso beflügelten wie den Flachs- und Hanfanbau auf den Loireinseln.

wig XIII. bald in ernsthaften Clinch geriet. Im Windschatten dieses Konflikts gelangte 1624 *Kardinal Richelieu* in den Rat des Königs, der ihn zeitlebens als leitenden Minister behielt. Der aus dem Chinonais stammende Machtpolitiker ließ die alten Beamten durch zentral eingesetzte Intendanten überwachen, nahm den Hugenotten ihre politische Sonderstellung und bekämpfte vor allem den **rebellischen Hochadel.** Der *Marquis von Cinq-Mars* war einer von vielen, an denen durch Exekution und Schleifen der Burg das immer gleiche Exempel statuiert wur-

Canal d'Orleans, 1682 vollendet

ßen und Messern, nähten sich Kreuze ans Hemd und wählten sich Hauptmänner aus ihren Reihen oder aus dem Adel, der ein letztes Mal zum Kampf antrat. So bildete sich binnen kurzem eine „königlich-katholische Armee", die den Revolutionstrupps gegenüber zunächst einen Heimvorteil hatte, aber am 17. Oktober desselben Jahres in Cholet ein Debakel erlebte. 100.000 aufgeschreckte Bauern folgten den geschlagenen Royalisten über die Loire, wo sie vergeblich auf englische Hilfe hofften. Es dauerte aber noch sieben lange Jahre, bis der brutale Guerillakrieg zwischen „Weißen" (Monarchisten) und „Blauen" (Republikanern) abflaute.

Die feindselige **Distanz zur Republik** hielt sich bis in die Zeit des Vichy-Regimes, wo die mit den Deutschen kollaborierenen Pétain-Anhänger sich auf die bäuerliche Vendée verlassen konnten. Umgekehrt entwickelte sich die republikanisch-demokratische Gesinnung zuverlässig nur in den wenigen Industriegebieten des Anjou (Schieferbergbau) und Berry (Eisenhütten). Der Bau der Eisenbahn hat paradoxerweise wenig zur Industrialisierung der Region beigetragen und mit der Loireschifffahrt sogar die Zuckerraffinerien und andere traditionelle Gewerbe ruiniert. Nationale Versöhnung brachte v. a. der Erste Weltkrieg, der konservative Bauern und landflüchtige Arbeiter in den Schützengräben Verduns vereinte.

Der **Zweite Weltkrieg** kam selbst bis an die Loire, die zur Demarkationslinie zwischen der „besetzten" und

Unter der Republik

Die Pariser **Revolution** nahm man im Loiretal zunächst als ein fernes Ereignis war. Die Aufhebung der Feudalrechte, die Abschaffung der Mönchsorden, der Verkauf der Kirchengüter wurde in den Städten begrüßt, auf dem Lande ohne Empörung aufgenommen.

Erst die angekündigte Aushebung von 300.000 Soldaten führte v.a. im Anjou zu Protesten, die am 12. März 1793 in Saint-Florent-le-Vieil in einem **königstreuen Aufruhr** gipfelten. Im Hinterland der Mauges beziehungsweise Vendée bewaffneten sich Tausende von Bauern mit Sensen, Spie-

Richelieu in Richelieu

„freien" Zone wurde. Eine Grenze, die 1940 von der deutschen Wehrmacht gezogen, regelmäßig von Wachsoldaten und Résistance-Kämpfern überquert wurde und beim Herannahen der Alliierten 1944 hart umkämpft war. Vor allem in Blois und Tours, aber auch in Amboise und Orléans zerstörten die Luftangriffe ganze Stadtviertel, deren Wiederaufbau dann 20, 30 Jahre in Anspruch nahm.

Heute leben noch 45% der Bevölkerung auf dem Land, wo die kleinbäuerlichen Betriebe von EU-konformen Getreidefarmen, Obstplantagen, Hortikulturen, Champignonerien oder Weinkellereien abgelöst worden sind.

Wer dort keine Beschäftigung findet, arbeitet in einem der vielen mittelständischen Unternehmen, nicht selten Zulieferbetriebe des Pariser Industriegürtels, oder pendelt selbst Richtung Hauptstadt. Durch die Autobahnen, den TGV Atlantique und die dadurch hohe Mobilität ist die Landflucht an der Loire abgefedert worden.

Dass sich das Tal nur ansatzweise industrialisiert hat und die Städte nicht wirklich groß geworden sind, kommt im Übrigen dem **Tourismus** zugute. Die reichlich vorhandenen Zeugnisse vergangener Größe sind ein beachtliches Kapital, mit dem sich allerdings trotzdem nicht so gut wuchern lässt wie mit dem nahegelegenen Meer, das die Aufenthaltsdauer der vielen Durchreisenden relativ gering hält.

Carrefour de la Résistance

Architektur

Romanische und gotische Kirchen

Von der kleinen Dorfkirche bis zur fünfschiffigen Kathedrale stößt man im Loiretal auf unzählige Kirchen, deren schönste der romanischen und gotischen Epoche zuzuordnen sind.

Chor, Kirchenschiffe

Die Elementarform ist ein einfaches Kirchenschiff mit einer Apsis als halbrundem Kopfteil. Dieser Chorraum birgt das Allerheiligste und befindet sich oft über dem Grab eines Missionars. Um den Strom der Pilger zu bewältigen, baute man ab dem 10. Jh. Chorumgänge und Radialkapellen, die in der Krypta wie in der Oberkirche die Gläubigen in Prozessionen um die Reliquien herumführten und den Altarraum für die Kleriker reservierten. Die Sankt-Martins-Basilika in Tours war die erste große Pilgerkirche mit diesem Grundriss. Im Übrigen schließt die Form der Basilika auch jenseits des Chors erweiterte Räume ein. Das Hauptschiff erhält Seitenschiffe, zwischen Langhaus und Apsis wird ein Querschiff eingeschoben, und über der Vierung erhebt sich eine Kuppel.

Kapitelle, Fresken

Der romanische Kirchenraum wirkt nüchtern und klar gegliedert, wobei die Säulenreihen mit den aufsitzenden Rundbögen formbestimmend sind. Als Schmuckelement fungieren hier die Kapitelle, die ornamental und zunehmend auch figürlich ausfallen. Die plastisch ausgearbeiteten Szenen sind oft derb-naiv, zeigen bizarre Monster und zeugen von unbekümmerter Erzählfreude. Andererseits folgen die Kapitelle – es sind nicht selten mehr als 200 – theologisch ausgetüftelten Bildprogrammen, die nur mit gründlicher Bibelkenntnis zu entschlüsseln sind. Ähnliches gilt für die Freskenzyklen, die oft jahrhundertelang übertüncht waren und in letzter Zeit v.a. in Dorfkirchen des Berry- und Loire-Tals entdeckt werden. Die Farben leuchten besonders intensiv, wenn „al fresco"

Der Kirchturm von Cunault

(auf feuchtem Grund) gemalt wurde, was der Zeichnung noch heute ihren erfrischend zügigen, skizzenhaften Charakter verleiht.

Gewölbe

Ursprünglich schloss ein Dachstuhl das Kirchenschiff nach oben ab. Die ersten Gewölbe waren Tonnen, die schon zu romanischer Zeit von kuppelgewölbten Baldachinen abgelöst wurden. Sie sind eine aquitanische Entwicklung, während das Kreuzrippengewölbe aus der Ile de France stammt. Eine Kombination von beiden ist der so genannte Plantagenêt-Stil, ein anjoutypischer Übergang zur Gotik, der das Kirchenschiff ungeheuer dehnt. Die flächendeckende Durchsetzung der Gotik vollzog sich dann mit den großen Kathedralenbauten, die seit dem 12. Jh. (Angers 1190 Bourges 1195, Tours 1239, Orléans 1287, Nantes 1434) in Angriff genommen wurden und dann jahrhundertelang die Handwerker beschäftigte. Dabei bestand die sensationelle Neuerung nicht im Spitzbogen als solchem, sondern im Strebewerk, das die Schub- und Druckkräfte des Gewölbes nach draußen verlagert und somit innen unsichtbar macht. Die Wirkung

Landeskunde

Die Kathedrale von Bourges

des hochdrängenden Innenraums, der Eindruck von Schwerelosigkeit wird noch gesteigert durch die Auflösung der „Wand", die nur noch aus vertikalen Linien zu bestehen scheint. Die abwechselnd starken und schwachen Pfeiler sind nämlich umstellt von Rundstäben, die sich über den abzweigenden Arkadenbögen bis unters Gewölbe fortsetzen, wo sie in Gurtbögen, Diagonal- und Schildrippen übergehen.

Glasfenster

Zur besonderen Spiritualität der gotischen Kathedrale tragen die Glasfenster bei. Die spitzbogigen Lanzettfenster und aufgefächerten Rosetten filtern das einströmende Licht, das im Säulenwald eine fast mystische Wirkung entfaltet. Vor allem im Chor sorgen die oft dominierenden Blau- und Rottöne für die gewünschte sakrale Aura. Der Formenreichtum zeigt sich im Maßwerk, dessen Fischblasenornamentik im 15. und 16. Jh. flammenartig zu wuchern beginnt. Man nennt diese gotische Spätform deshalb Flamboyant-Stil.

Sehenswerte Beispiele

- **Romanische Kapitelle:** Saint-Benoît, Selles-sur-Cher, Ile-Bouchard, Cunault
- **Romanische Fresken:** Brinay, Lavardin, Montoire-sur-Loir, Lavardin, Saint-Aignan, Liget, Tavant
- **Plantagenêt-Stil:** Fontevraud, Grézillé, Angers
- **Gotische Kathedralen:** Orléans, Bourges, Tours, Angers, Nantes
- **Gotische Glasfenster:** Bourges
- **Flamboyant-Stil:** Amboise (Schlosskapelle), Tours (Kathedrale)

Vom Wehrturm zum Lustschloss

Der französische Begriff **château** bedeutet „Burg" oder auch „Schloss" und deckt so in seiner Unschärfe eine Entwicklung ab, die im Loiretal von den feudalen Donjons über die großen Burganlagen zu den berühmten Renaissanceschlössern geführt hat.

Donjon

Ein Donjon (Bergfried) ist ein **Wohn- und Verteidigungsturm,** der dem Burgherrn und seinen Vasallen als letzter Zufluchtsort vor Belagerern Schutz bietet. Seit dem 10. Jh. wurde der quaderförmige Bau, zunächst aus Holz, später aus Stein, auf eigens aufgeworfenen Erdhügeln errichtet. Mit einer einziehbaren Leiter gelangte man in den 1. Stock des unten fensterlosen Wehrturms, in dessen Mauern verschiedene Treppen die durch Balkendecken getrennten Stockwerke verbinden.

Im unbeleuchteten **Erdgeschoss** befanden sich Magazine und Verliese, im **1. Stock** die durch Schießscharten erleuchteten Empfangs- und Wohnräume, im **Dachgeschoss** der Waffensaal mit dem umlaufenden Holzwehrgang.

Da die militärische Funktion im Vordergrund stand, war der **Wohnkomfort** bescheiden. Das Mobiliar bestand aus Truhen und Bänken, Teppiche trennten die Schlafbereiche, in den zugigen Maueröffnungen klemmte Ölpapier, und neben dem wärmenden Kaminfeuer sorgten Fackeln für das nötige Licht.

Kleines Architektur-Glossar

●**Apsis:** Halbkreisförmige Altarnische

●**Arkade:** Mauerbogen auf Säulen oder Pfeilern in fortlaufender Reihe

●**Barbakane:** Der eigentlichen Burg vorgelagertes Befestigungswerk zum Schutz eines Tores

●**Caquetoir:** Kirchenvorbau, meist eine Holzgalerie

●**Chor:** Altarraum und Sanktuarium, apsisförmiger Abschluss und Haupt des Kirchenschiffs, eventuell auch mit einem Chorumgang als Weiterführung der Seitenschiffe

●**Dienste:** Pfeilern oder Wänden vorgelagerte Rundstäbe, die als Viertel-, Halb- oder Dreiviertelsäulchen das Kreuzrippengewölbe zu tragen scheinen

●**Donjon:** Bewohnbarer Wehrturm, Frühform bzw. alleinstehender Hauptturm der französischen Burg, dem deutschen Bergfried verwandt

●**Flamboyant:** Flammenartig stilisiertes Maßwerk, typisch spätgotisch

●**Galerie:** Vorhalle oder offener Gang eines Wohnhauses

●**Gewände:** Schräge Schnittfläche einer Fenster- oder Türöffnung, bei gotischen Kirchenportalen meist mit Skulpturen geschmückt

●**Gurtbogen:** quer zur Richtung des Gewölbes verlaufender, verstärkender Bogen

●**Joch:** Gewölbeabschnitt im Abstand der Stützen, durch Gurtbögen unterteilt

●**Kapitell:** Oberer Abschluss einer Stütze (Säule, Pfeiler), bevorzugter Schmuckträger

●**Konsole:** Aus der Mauer vorkragende Steine, die als Auflager oder Postament dienen

●**Kragsteine:** Aus der Fläche heraustretende Steine

●**Kreuzgang:** In Klöstern nach der Hofseite offener, meist überwölbter Gang um den Kreuzhof, von dem alle angebauten Räume erreichbar sind

●**Kreuzrippengewölbe:** zwei sich rechtwinklig schneidende Tonnengewölbe, bei dem die Schnittstellen mit Rippen verstärkt sind

●**Krypta:** Unterkirche

●**Lanzettfenster:** schmales, hohes, spitz zulaufendes Fenster

●**Lisenen:** Flache vorgelegte Bänder zur vertikalen Gliederung von Fassaden und Innenwänden

●**Loggia:** Nach vorn, meist zur Hofseite hin offener überdeckter Raum

●**Logis royal:** Palast mit königlichen Wohngemächern, Hauptwohngebäude des Schlosses

●**Lukarne:** Erkerartige Dachgaube mit reich verzierter Fensterumrahmung

●**Maschikuli:** Vorkragende Mauerblende an Wehrgängen, mit Gusslöchern nach Art der Pechnasen

●**Maßwerk:** Gotische Bauornamente, mit dem Zirkel konstruiert (Zweipass, Dreipass, Vierpass, Fischblase), vornehmlich in Fensteröffnungen

●**Pechnase:** Erker an der Ringmauer oder anderen Wehrbauten mit senkrechtem Schacht zum Begießen und bewerfen des Feindes

●**Pilaster:** Aus der Wand hervortretender Halbpfeiler

●**Pfefferturm:** Runder Wachturm mit spitz zulaufendem Dach

●**Radialkapelle:** Eine der um die Apsis strahlenförmig angelegten Kapellen

●**Treppenturm:** Meist außen angefügter Turm mit Wendeltreppe

●**Triforium:** Bogenarkaden, die über den Hochschiffarkaden und unter der Fensterzone der Basilika einen Laufgang bilden, der – häufig unbegehbar – nur zur optischen Gliederung dient (Blendtriforium)

●**Tympanon:** Bogenfeld über einem Portal, oft durch Malerei oder Reliefs ausgeschmückt

●**Vierung:** Schnittraum zwischen Langhaus und Querschiff einer Kirche

●**Wehrgang:** Auf der Ringmauer der Burg umgeführter Gang für Wächter und Verteidiger, offene oder überdachte Brüstung mit Zinnen und Schießscharten

Landeskunde

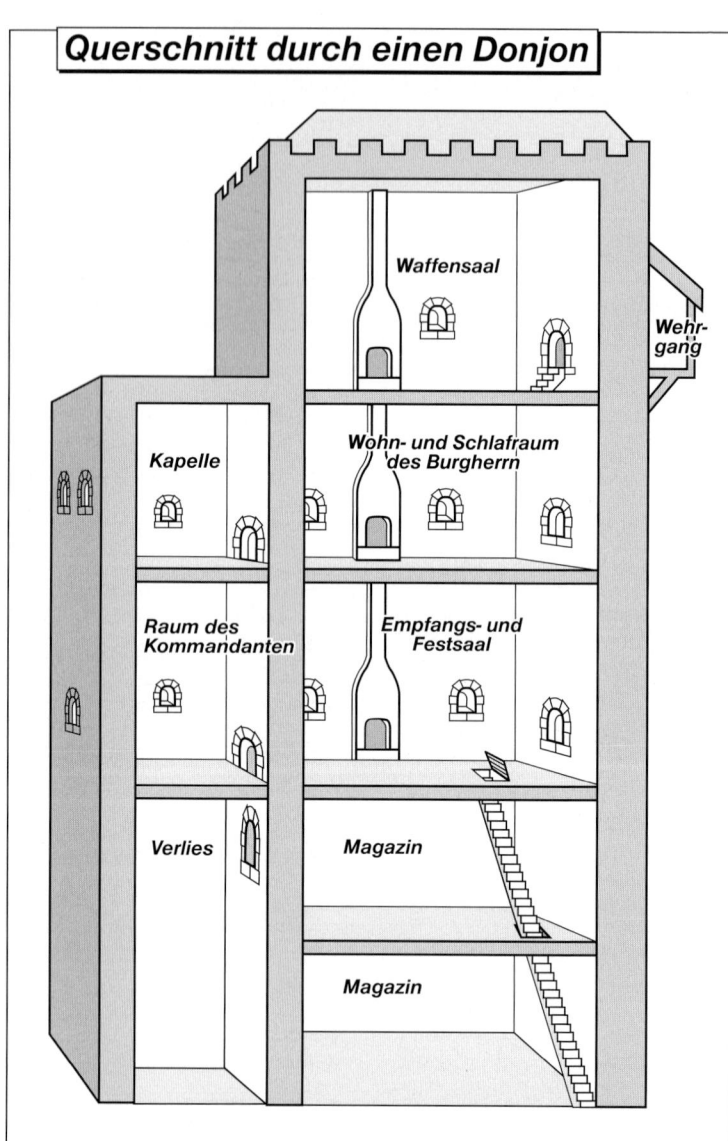

Querschnitt durch einen Donjon

Waffensaal

Wehr-gang

Kapelle

Wohn- und Schlafraum des Burgherrn

Raum des Kommandanten

Empfangs- und Festsaal

Verlies

Magazin

Magazin

Landeskunde

Burg

Die militärtechnischen Fortschritte (Armbrust, Belagerungsmaschinen) des 12. Jh. kann man an den Burgen ablesen. Wichtigste Neuerung ist die **Ringmauer,** die mit einer ganzen Reihe von Türmen bewehrt ist und den ursprünglich isolierten Donjon als Hauptturm in die komplexe Anlage integriert. Sie umfasst auch Wohnungen für das Personal, eine Kapelle, die Küche, Scheunen und Ställe. Jenseits der Mauer halten ein breiter Graben und das eine oder andere Außenwerk *(barbacane)* die Belagerer auf Distanz.

Der Zugang zur Burg ist nur möglich über einen mit Zugbrücke und Fallgitter ausgestatteten **Torbau,** der selbst eine kleine Festung ist.

Rund um die Mauer und sämtliche Türme verläuft ein **Wehrgang,** von dem die patrouillierenden Wachsoldaten die Angreifer frühzeitig erkennen und mit Wurfgeschossen stören konnten. Der Zinnenkranz erlaubte den Verteidigern, in schnellem Wechsel zu schießen und wieder Schutz zu suchen. Eine bessere Flankendeckung gewährten ab dem 13. Jh. die für Bogenschützen konstruierten Schießscharten. Im 14. Jh. wurden die umlaufenden Holzgalerien durch steinerne Pechnasen ersetzt, im 15. Jh. die Türme teilweise abgesenkt und als Abschussplattformen mit Kanonen ausgestattet.

Schloss
(Gotik – Renaissance – Klassizismus)

Mit der Sicherheit stieg der Komfort, und so entstanden hinter den Verteidigungsanlagen neue **Wohn- und Repräsentationsbauten** – vor allem nach dem Ende des 100-jährigen Krieges. Der Burgherr residierte jetzt in einem geräumigen und lichten Palast *(logis),* dessen Wände durch große Glasfenster unterbrochen und mit Wandteppichen geschmückt waren.

Mit der endgültigen Trennung der öffentlichen (Empfangssaal) und privaten Räumlichkeiten (Gemächer) gestaltete sich auch die **Möblierung** entsprechend differenziert (Thron, Festtafel, Himmelbett, Betstuhl usw.). Dass die gotischen Residenzen nach innen – und dazu zählen die Hoffassaden – immer wohnlicher und schmucker

Festungsmauern in Loches

06-l4o Foto: rni

Renaissanceschloss von Villandry

wurden, änderte aber nichts an ihrer wehrhaften Außenfront, die weit über das 15. Jh. hinaus noch mit Türmen, Wehrgang und Pechnasen gesichert war.

Der Wandel vom Burgpalast zum Lustschloss vollzieht sich fast unmerklich. Denn auch die **Renaissanceschlösser** des 16. Jh.s zeigen noch die mittelalterlichen Merkmale, die aber ihre Verteidigungsfunktion verloren haben. Sie sind reines Ornament, Zitate aus der feudalen Vergangenheit und dienen der heroischen Selbstdarstellung eines Adels, der sich im Glanz des Königshofes sonnt. Sämtliche Herrenhäuser, Manoirs oder Gentilhommièren, orientieren sich an den Schlossbauten Ludwigs XII. (Frührenaissance) und Franz I. (Hochrenaissance), die noch an die französische Gotik anknüpfen, aber mit den italienischen Künstlern neue ästhetische Maßstäbe einführen. Pilaster und Lisenen gliedern die glatten Fassaden, auf den steilen Dächern vermehren sich die Lukarnen, die Wendeltreppen machen geräumigen Treppenhäusern Platz, Galerien, Loggien und freistehende Treppen öffnen die Schlösser auf den Ehrenhof, und die geometrisch angelegten Gartenräume verlängern die Renaissancearchitektur in die Landschaft hinaus. Was das typisch Französische dabei ist: der „italianisierende" Stil erfasst auch die mittelalterlichen Bautraditionen, verwandelt die Ecktürme in Erker, die Pechnasen in Girlanden, die Burggräben in Wasserspiegel.

Die neue Schlossarchitektur reflektiert den höfischen Lebensstil, ist Ausdruck von Eleganz und Luxus. Mit dem Übergang zum **Klassizismus** verschieben sich die Akzente: der dekorative Prunk weicht dem Ideal einer strengeren Harmonie. Antike (dorische, ionische, korinthische) Säulenformen, Dreiecksgiebel und Symmetrie in den Proportionen gehören zu den wichtigsten Stilprinzipien, die seit dem 17. Jh. in Versailles und in Paris zu bahnbrechenden Neubauten führen, im Loiretal aber eine untergeordnete Rolle spielen.

Château-Bewertung im Routenteil

*	sehenswert
**	bedeutend
***	herausragend
♥	Sympathiepunkt der Autoren
÷	Königsschloss

Beispiele

- **Donjon:** Beaugency, Lavardin, Langeais, Montrichard, Montbazon, Loches
- **Burganlage:** Fougères-sur-Bièvre, Luynes, Mars-la-Pile, Loches, Chinon, Montreuil-Bellay, Angers
- **Burgpalast (Gotik):** Sully-sur-Loire, Talcy, Langeais, Loches, Chaumont, Amboise, Saumur
- **Lustschloss (Frührenaissance):** Amboise, Blois (Flügel Ludwigs XII.), Azay-le-Rideau, Chenonceau
- **Lustschloss (Hochrenaissance):** Blois (Flügel Franz' I.), Chambord, Villandry
- **Klassizistisches Schloss:** Cheverny, Valançay, Ménars, Blois (Flügel Gaston d'Orléans), Chanteloup, Richelieu

Wasser- und Windmühlen

Bis ins 19. Jh. lebten 80% der Bevölkerung auf dem Lande und ernährten sich zu 80% von Korn- und Mehlprodukten. Zu den äußerst zahlreichen Getreidemühlen kamen noch Filz-, Tuch-, Gerb- und Papiermühlen, die seit dem Mittelalter durch Wasser oder Wind angetrieben wurden. Überall im Loiretal gibt es geeignete Wasserläufe, eine beständig wehende Meeresbrise aber v.a. im Anjou, wo doppelt so viele Wind- wie Wassermühlen errichtet wurden. Erst mit dem Aufkommen der dampfbetriebenen Minoterien (Mehlfabriken) begann in der zweiten Hälfte des 19. Jh. das Sterben der traditionellen Mühlen.

Wasserräder

Die Wassermühlen unterscheiden sich durch die Größe des Rades (1,5-6 m Durchmesser) und die Zuleitung des Wassers, das entweder ins Rad stürzt **(oberschlächtig)** oder dem Rad einen Stoß versetzt **(unterschlächtig).**

Die Drehung überträgt sich über den Wellbaum auf das **Mahlwerk.** Dieses besteht aus zwei geriffelten, mit Eisenringen eingefassten Feuersteinscheiben, die obere drehend (Läufer), die untere fest (Bodenstein). Diese Mechanik ist acht Jahrhunderte lang unverändert geblieben und gilt auch für die Windmühlen.

Windmühlen

Das Mahlwerk wird hier durch die Rotationsbewegung der **Mühlenflügel** in Gang gesetzt. Sie bestanden aus

Landeskunde

Die Trikolore der Baustoffe

Die Dörfer, Städte, Schlösser der Loire sind Farbkompositionen aus charakteristischen Baustoffen. In unterschiedlichen Schattierungen und Varianten trifft man dabei immer wieder auf ein unverwechselbares Bleu – Blanc – Rouge.

Blau ist der **Schiefer,** der fast ausschließlich in Trélazé abgebaut und jahrhundertelang per Schiff und Fuhrwerk zu allen bedeutenden Baustellen verfrachtet wurde. Prestigeträchtig waren aber nur die fein gespaltenen Platten (*ardoise*), die als feuer-, gefrier- und bruchfestes, vor allem auch elastisches Material die Dachdecker zu neuen, dekorativen Leistungen anspornten.

Der blauschwarze, anthrazitfarbene oder graubraune Rohschiefer (*schiste*) hat das „Schwarze Anjou", seine armorikanische Lagerstätte, nie verlassen – es sei denn in Richtung England. Ein finsteres Dorf wie Saint-Jean-des-Mauvrets gibt es nicht im Pariser Becken, und selbst eine von hellen Kalksteinringen unterbrochene Burgmauer aus Schiefer ist und bleibt die Spezialität von Angers, der „schwarzen Stadt". Nur das „blaue Gold" der Dachplatten findet man überall im Loiretal, wo es der Adel und das reiche Bürgertum gerne mit dem hellen Kalktuff kombiniere.

Weiß ist der berühmte Schlossbaustein, den man fälschlich als **Tuffstein** bezeichnet. In Wirklichkeit handelt es sich um **Glimmerkreide,** keine Kreide im strengen Sinn, denn das poröse Gestein enthält nur 40 bis 80% Kalziumkarbonat. Die Quarz- und Glimmerkörner deuten auf angeschwemmten Gesteinsschutt, Erosionsmaterial, das vom armorikanischen Rumpfgebirge stammt und mit dem Kreidemeer ins Saumurois und die Touraine gelangte. Das poröse Sedimentgestein lässt sich hervorragend bearbeiten, freilich nicht nur vom Steinmetz, sondern auch vom Wetter. Man ist deshalb dazu übergegangen, den Kalktuff vornehmlich für die Schmuckelemente zu verwenden und an-

sonsten auf solideres Material zurückzugreifen. In Blois sind die Schlossfundamente aus dem harten, kaum porösen und deshalb gefrierfesten Kalkstein der Beauce und nur die Gesimse, Balkone, Fenster- und Türumrahmungen aus weißem *tuffeau.* Neben dem weißen gibt es – aus seichteren Bereichen des bis zu 250 Meter tiefen Kreidemeeres – auch den härteren gelben tuffeau, der zur reichen Palette der zweitrangigen Kalksteinsorten zählt.

Rot ist der **Backstein,** eine Spezialität der Sologne, wo man in schlosseigenen Ziegeleien die Tonerde brannte und rote Landschlösser (La Ferté-Saint-Aubin, Le Moulin) baute. Rauten- und Schachbrettmuster aus grün- oder schwarzemaillierten Steinen tragen dem Bedürfnis nach Ornamenten Rechnung, die seit dem 16. Jh. nicht nur Schlösser, sondern auch städtische Bürgerhäuser zieren. Während die Landbevölkerung damals in stroh- und schilfgedeckten Holzhütten hauste, entstanden in den Städten schmucke Fachwerkhäuser, deren Ziegelfüllung mit geometrischen Effekten spielt. Erst seit dem 19. Jh. wurde der industrielle Ziegel zum Volksbaustoff, der in der Sologne ganze Dörfer rosa färbt und sich sonst im Loiretal für Kamine sowie Fenster- und Türumrahmungen durchgesetzt hat.

Schiefer und Kalktuff in Le Plessis-Macé

Landeskunde

Segeltuch, zuletzt aber aus schmalen Brettchen (Berton-System ab 1850), die sich jalousienartig öffnen und schließen.

In jedem Fall muss das leicht schräg gestellte Windrad mithilfe des **Mühlenschwanzes** (oft mit der Leiter identisch) nach dem Wind ausgerichtet werden. Eine Operation, die kräftige Männer oder Zugtiere erfordert und im 20. Jh. Traktoren überantwortet werden kann.

Unter den Windmühlen des Loiretals unterscheidet man drei Bautypen, von denen die **Turmmühle** (moulin-tour) das älteste noch erhaltene Modell darstellt. Sie kam im 14. Jh. von Westen her und erwies sich als besonders resistent. Der leicht konische Rundturm (5-6 m Durchmesser) ruht auf solidem Fundament und besteht aus dickem, mehrgeschossigem Mauerwerk. Unten lagern die Getreidesäcke, im ersten Stock wird das Mehl gesiebt und abgefüllt, darüber arbeiten die Mahlsteine, und das Getriebe befindet sich direkt unterm Dach in einer Kappe, die sich zusammen mit den Flügeln dreht.

Vor allem nördlich der Loire war die **Bockmühle** (moulin-chandelier) allgegenwärtig. Sie tauchte Ende des 15., Anfang des 16. Jh. auf und wurde in *Diderots* Enzyklopädie als klassische Windmühle vorgestellt. Die ganze Mechanik ist nun im Mühlenhaus untergebracht, das sich – anders als beim mittelalterlichen Vorgängermodell – auf einem festen Zapfen dreht. Da beide Bestandteile, der rotierende wie der fixe, aus Holz gefertigt sind, ließ

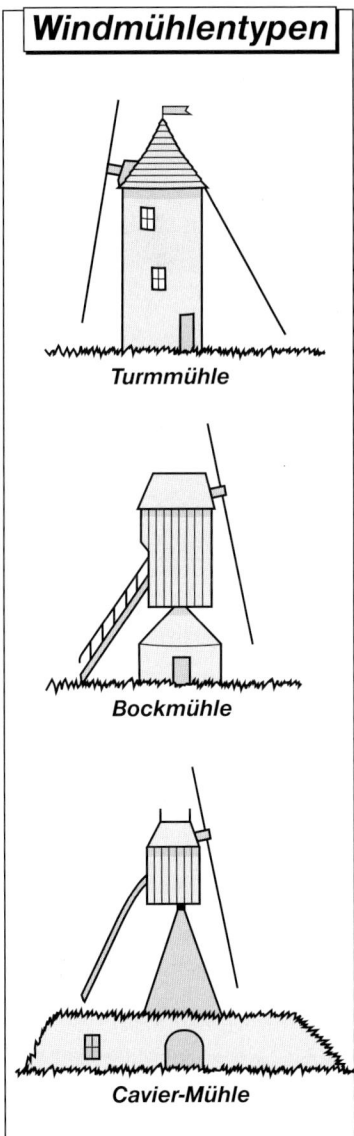

Windmühlentypen

Turmmühle

Bockmühle

Cavier-Mühle

Moulin Pavé in Brissac

gen Turm *(massereau)* und einem aufgeschütteten Erdwall *(masse),* der – sofern nicht vorhanden – die Höhle ersetzt.

Sehenswerte Beispiele:

- **Wassermühlen:** Romorantin, Les Mauves (Meung-sur-Loire), Pont-de-Ruan (Indre), La Salle (Montreuil-Bellay), Sarré (Gennes)
- **Turmmühlen:** Cartier (Doué-la-Fontaine), Les Basses-Terres (Les Rosiers), La Roche (La Possonière)
- **Bockmühlen:** Saint-Thomas (Talcy), Patouillet (Saint-Ellier/Brissac)
- **Caviermühlen:** Le Moulin Bleu (Bourgueil), La Herpinière (Turquant), Gouré (Louresse/Rochemenier), Le Bourgdion (Saint-Rémy), Pavé (Brissac), La Montagne (Thouarcé)

Küche und Keller

Spezialitäten von A-Z

sich die Ständermühle leicht demontieren und befördern. Oft kam die ganze Konstruktion auf ein kleines Schiefer- oder Tuffsteintürmchen, das die Zeiten am ehesten überdauerte.

Ein Spezifikum des Anjou ist die **unterkellerte Mühle** *(moulin-cavier).* Sie entstand Mitte des 16. Jh. südlich der Loire in der Höhlenregion von Doué-la-Fontaine. Die Mahlsteine wurden jetzt aus dem Mühlenhaus in den „Keller" verfrachtet, das Mahlwerk somit vom Motor getrennt. Die Mühle besteht daher aus drei Teilen oder Etagen: der rotierenden Kabine *(hucherolle),* dem konischen oder zylinderförmi-

- **Andouillette:** Kuttelwurst. Aus dem Dickdarm des Schweins gewonnen und gebraten serviert (Orléanais, Tours).
- **Asperges de Sologne:** Spargel der Sologne. Flussnah auf sandigen Böden angebaut, werden sie als Beilage, im Omelette oder als Soufflée serviert. Sehr bekannte Spargelgebiete sind Tigy und Vineuil (Orléanais, Blésois).
- **Beurre blanc:** Schaumige Buttersauce, mit feingehackten Schalotten und Weißwein eingerührt. Zur klassischen Zubereitung von Flussfischen, insbesondere von Hecht *(brochet).*
- **Boudin:** Blutwurst. Nebenprodukt der traditionellen Schweineschlachtung (Touraine, Anjou).

Landeskunde

●**Cotignac:** Apfel- und Quittengelee. Schnitten, in Original-Spanschachteln verpackt (Orléans).

●**Chèvre chaud:** Ziegenkäse gebacken. Meist auf geröstetem Brot, dazu mit Nussöl angemachter Salat (Berry).

●**Chèvre frais:** Ziegenfrischkäse. Erinnert in seiner Konsistenz noch an Quark, zartes Ziegenaroma.

●**Crottin de Chavignol:** Klassischer Ziegenhartkäse. Wörtlich „Mist", fast beißend intensiv im Geschmack, eine Feinschmeckerentdeckung aus dem Sancerrois (Berry).

●**Fouace/Fouée:** Fladenbrot. Aus Weizenmehl im Holzofenfeuer gebacken, mit schöner Kruste und wenig Krume, ideale Grundlage für rillettes oder chèvre frais.

●**Friture:** Junge Loirefische als ganze fritiert. Mit Petersilie und Zitrone garniert, ideales Sommergericht zu einem leichten Weißwein.

●**Gibier de Sologne:** Wild aus der Sologne. Neben Hirsch, Reh und Wildschwein auch Wildente, Fasan, Rebhuhn. In der Jagdsaison mit frischen Wildpilzen zubereitet (Sologne).

●**Galipettes:** Riesenchampignons. Mit feinen Kräutern garniert und eventuell gefüllt, auf den Speisekarten der Höhlenrestaurants (Saumurois).

●**Macarons:** Makronen. Wörtlich „Mönchsnabel", nach altem Rezept gebacken, Spezialität aus Cormery (Indretal).

●**Matelote:** Aalragout in Rotweinsauce. Mit Champignons und kleinen Zwiebeln geschmort.

●**Poire tapée:** Dörrbirne. Im Backofen entwässerte, anschließend flachgeklopfte Birnen, die – über Nacht (in Wein) eingeweicht – wieder genießbar werden. In Rivarennes (Touraine) wiederbelebte Konservierungstechnik aus der Zeit der Loireschifffahrt.

●**Pomme tapée:** Dörrapfel. Nach derselben Prozedur hergestelltes Trockenobst, Spezialität aus Turquant (Saumurois).

●**Poulet en barbouille:** Hühnchen im eigenen Blut. Mit Rotwein, vornehmlich rotem Sancerre, lange im Topf geschmort (Berry).

●**Rillettes:** Eingekochtes „Schweinernes". Durch etwa fünfstündiges Schmoren und Umrühren entstandenes Konzentrat von Schlachtresten, nach Abkühlen ein billiger und schmackhafter Brotaufstrich (Tours, Anjou; siehe unten, Exportartikel).

●**Rillons:** Eingekochte Schweinsbruststücke. Sie werden im selben Schlachtkessel geschmort, sind aber eine Stunde vor der musigen Rillettes fertig (Tours, Anjou).

●**Tarte Tatin:** Verkehrter Apfelkuchen. Tarte mit karamelisierten Äpfeln, auf der Oberseite gebacken, angeblich eine versehentliche Erfindung der Fräulein Tatin aus Lamotte-Beuvron (Sologne).

Exportartikel

Die Nahrungsmittelproduktion zählt zu den wichtigsten „Industrien" des Loiretals. Drei regionale Produkte haben Absatz in Paris und im europäischen Ausland gefunden. Dabei sind sie zu Massenartikeln geworden und verkaufen sich in der Regel als Feinkost.

Champignon

In und um Saumur stehen rund 800 km unterirdische Galerien für die **Champignonzucht** zur Verfügung. Jährlich werden 100.000 Tonnen gewonnen, das sind 70% der französichen Produktion. Und Frankreich ist – hinter den USA und der Volksrepublik China – der drittgrößte Champignonproduzent weltweit. „Champignon de Paris" heißt die Ware, weil sie zuerst im Pariser Raum angebaut wurde, und das Loiretal gehört geographisch (Pariser Becken), vor allem aber ökonomisch dazu.

Der **Champignon** hat weder Wurzeln noch Blätter, kann kein Chlorophyll erzeugen, braucht daher kein Licht, sondern nur viel Feuchtigkeit und eine konstante Temperatur. Den zum Wachstum nötigen Kohlenstoff entnimmt er dem Kompost oder Pferdemist.

Früher zog man die Pilzkultur direkt auf dem Boden. Heute wird der Kompost oder mit Stroh gebundener Mist in Holzkisten oder Metallcontainern gestapelt. Häufig sieht man auch Plastiksäcke, die zwar nicht gestapelt werden können, aber eine optimale Ausnutzung der Gesamtfläche der Keller ermöglichen. **Die Beete** werden mit Wasser und Kohlenstoffgemisch angereichert, damit die Fermentierung in Gang kommt. Der Mist wird gewendet und unter Dampf bei 60° pasteurisiert.

So erhält man den Nährboden für die **Champignon-Brut,** die aus speziellen Labors kommt. Auf sterilisierten Weizen- und Roggenkörnern wird dort aus ausgewählten Sporen das Pilzmyzelium gewonnen.

Der Champignonzüchter bringt diese Saat in sein Mistbeet, das er mit Kalkerde feucht hält. Die natürlichen Bedingungen der Tuffsteinhöhle (konstante Temperatur von 14°C, 90% Luftfeuchtigkeit, gute Belüftung) begünstigen die **Entwicklung des Pilzmyzeliums,** das sich verzweigt und vermehrt. So wachsen die Champignons in mehreren Schüben, die jeweils abgeerntet werden. Der Ertrag geht dabei allmählich zurück, und die Ernte endet in der Regel mit der sechsten Lese.

Rillettes

Die im Loiretal, in der Touraine und im Anjou produzierte **Schweine-Rillettes** ist zu unterscheiden von Gänse-Rillettes, die aus der Gascogne kommt. Es handelt sich um ein regionales Produkt, das in den Kontext der *cochonaille,* der deftigen Schweinsgerichte, gehört. Den Einheimischen läuft das Wasser im Mund zusammen, wenn sie an speziellen Markständen *boudin* (Blutwurst), *andouillette* (Kuttelwurst) und *rillons* (Fleischstücke in Schmalz) aufgetürmt finden.

Die *rillettes* sind das bekannteste, mittlerweile schon **industriell hergestellte** und in ganz Europa vertriebene *cochonaille*-Produkt. In den Supermärkten findet man die sauberen Schächtelchen aus Le Mans und anderswo. Sie verschließen eine inzwischen lukrative, schwer durchschaubare Abfallverwertung.

Um welche „Schweinerei" es sich dabei handelt, kann man ahnen, wenn man Zeuge der **traditionellen Rillet-**

tes-Herstellung wird. Tief im Anjou (Brissac oder Louerre) kann man im Sommer bei Dorffesten die blutverschmierten Bauernschlachter vor ihren lecker stinkenden Kesseln sehen. Die Arbeit ist hier noch eine Zeremonie. Fünf Stunden lang rühren sie durcheinander, was sonst keiner isst: Kopf, Füße, Kutteln, Schwarte, Knochen usw.

Rillettes war und ist der billige **Aufstrich.** Früher war sie Bestandteil des Proletarierfrühstücks, das die Landarbeiter im dörflichen Bistro einnahmen. Baguette oder Fouaces besorgten sie sich beim Bäcker, die Rillettes hatten sie selbst hergestellt, dem Café-Patron zahlten sie nur ihr morgendliches Glas Rotwein. Heute „adeln" die Restaurateure die proletarischen Rillettes zu feinen Häppchen, die auch schon auf Partys als Amuse-Gueules auftauchen. Sie eignen sich jedoch v.a. für Degustationen und – im Alltag wie im Urlaub – die unterwegs eingenommene Brotzeit.

Ziegenkäse

Die „Milchkuh der Armen" war immer schon die Ziege. Im Loiretal betrieben die mittellosen Bauern, die keine Weinberge besaßen, auf den unfruchtbaren Plateaus eine kärgliche Weidewirtschaft. Heute gehört der

Ziegenkäse in allen Formen

Landeskunde

Ziegenkäse der Loire-Departements Loiret, Cher, Indre und Loire-et-Cher zu den besten und bekanntesten von ganz Frankreich. Er ist zu einem **Feinkostartikel** geworden, der fleißig exportiert und zum Teil nach dem Vorbild der Weine schon mit einer *appellation* versehen wird.

Die originellsten Herkunftsbezeichnungen sind aber immer noch die unverwechselbaren **Formen:** Pyramide (Valençay), Rolle (Sainte-Maure), Scheibe (Selles-sur-Cher), Herz (Coeur du Berry), kleiner Zylinder (Crottin de Chavignol).

Wird Ziegenmilch länger als 24 Stunden aufbewahrt, so kommt es zu einer Oxydation des Milchfetts, die den typischen bockelnden Geschmack verursacht. Er bleibt bei der traditionellen **Käseherstellung** erhalten. Die frische, ungekühlte Milch wird bei etwa 20°C mit sehr wenig Lab (Enzym zur Käseherstellung) eingelabt. Nach einer relativ langen Ausdickungszeit von acht bis zwölf Stunden wird dann der Bruch ohne weitere Bearbeitung in die besagten Formen geschöpft. Durch kleine Löcher kann die Molke abtropfen, und beim Sainte-Maure sorgt der Strohhalm dafür, dass der sich konsolidierende Käse Luft und Halt bekommt. Wenn er nach einem Tag die Form verlässt, wird er gesalzen und eventuell auch geascht. Die Asche ist aus Rebstöcken gewonnene Holzkohle, dient der Konservierung und macht den Käse auch etwas milder, indem sie die Milchsäure neutralisiert.

Ein viel wichtigerer Geschmacksfaktor ist aber das **Alter.** Vom frischen *(frais)*, noch an Quark erinnernden ein- oder zweitägigen Käse über den cremig-festen *(demi-sec)* bis zum mehrere Monate alten harten *(sec)*, sich wie ein Bonbon lutschen lässt. In diesem Zustand erinnert der Crottin de Chavignol tatsächlich an die Ziegenlosung, der er seinen Namen verdankt.

Berühmt ist seine glückliche Verbindung mit dem Sancerre, den man vor Ort als idealen Begleiter entdeckte. Doch auch andere **Loireweine passen zum Ziegenkäse** – allerdings fast nur die weißen. Lediglich die weniger geschmacksintensiven chèvres frais vertragen sich gut mit einem roten Sancerre oder Saumur Champigny. Ansonsten gilt: je älter der Ziegenkäse, desto kräftiger muss auch der begleitende Weißwein sein.

Weinappellationen

Wenn Loirewein über die Region hinaus nach Paris oder gar bis nach Deutschland gelangt, ist er meistens ein fragwürdiges Phänomen: der pappsüße Anjou-Rosé, der wässrige Muscadet, der überteuerte Sancerre. Die positiven Entdeckungen muss der Weinliebhaber im Loiretal selber machen. Dort stößt er auf eine Vielzahl oft winziger Appellationen mit unterschiedlichen Böden und Rebsorten.

Im Unterschied zum **Vin de Table** (Tafelwein – Herkunft unbestimmt) und **Vin de Pays** (Landwein – aus der Region, aber ohne Mengenbegrenzung) folgt ein **AOC-Wein** (*Appellation d'Origine Contrôlée* – kontrollier-

einigen Jahren Lagerung trinkbar werden, vom duftigen Rosé bis zu kräftigen, hervorragend alternden Roten, vom trockenen Sekt bis hin zu schweren Süßweinen.

Sancerre und Pouilly-Fumé

Auf den ans Burgund grenzenden Hügeln des Sancerrois wurde noch bis Anfang des 20 Jh. Pinot Noir angebaut, die Edelrebe, die in Burgund meist unvergleichlich bessere Resulate erzielte als an der Loire, wo sie in gewöhnlichen Jahren nur einen recht dünnen Wein ergab. Glücklicherweise machten einige Winzer in den zwanziger Jahren Versuche mit der bis dahin kaum bekannten Sauvignon-Rebe – und siehe da, die stark kieselhaltigen Kalkböden gaben ihr das gewisse Etwas, das den Sancerre von einem „normalen" Sauvignon unterscheidet.

te Ursprungsbezeichnung) strengen Auflagen, was Rebsorten und Mengen anbelangt. Die so genannten **VDQS-Weine** (*Vin Délimité de Qualité Supérieur* – geographisch und mengenmäßig begrenzter Qualitätswein) sind ebenfalls ursprungskontrolliert und daher in den letzten Jahren oft zur AOC-Klasse aufgestiegen. Dabei weist kein anderes französisches Anbaugebiet eine solche Vielfalt an Appellationen und infolgedessen eine derart reiche Angebotspalette auf: sie reicht vom leichten, spritzigen Weißwein bis zu Tropfen, die überhaupt erst nach

Die Franzosen sprechen von *silex* (Feuerstein) und phantasiebegabte Leute behaupten, im Bukett des Sancerre den Geruch von Feuersteinen, mit denen man Funken schlägt, wiederzufinden. Ein weiterer glücklicher Zufall wollte es, dass der **Sancerre-Sauvignon** hervorragend zum loka-

Weinprobe in Azay-le-Rideau

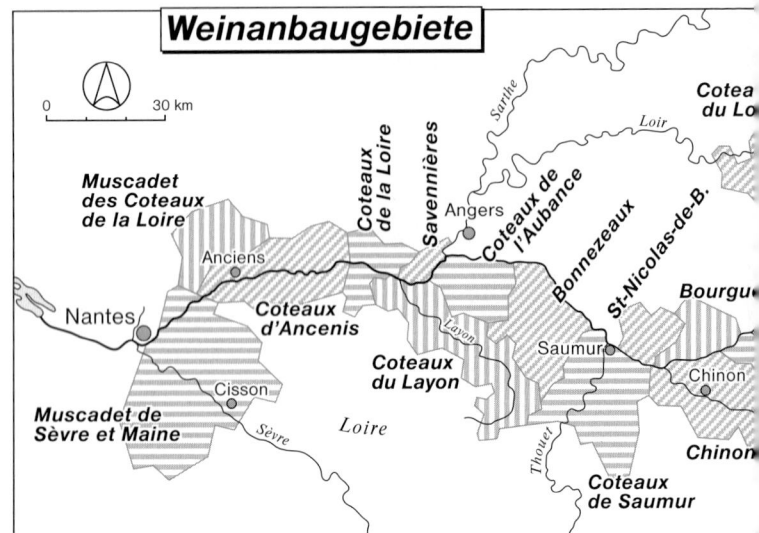

Weinanbaugebiete

len Ziegenkäse, dem Crottin de Chavignol passte. Von nun an ging es ständig aufwärts. In den 70er Jahren wurde der Sancerre zum richtiggehenden Modewein in Paris und anderswo, mit der Folge, dass sich der Preis innerhalb weniger Jahre verdoppelte und die Anbaufläche stark ausgeweitet wurde.

Neben dem weißen ist auch der **rote Sancerre** wieder in Mode gekommen, nicht zuletzt dank der Hartnäckigkeit von Winzern wie *Jean Vacheron*. Er hat immer daran festgehalten, dass roter Sancerre mehr sein kann als ein dürftiger Abklatsch eines Burgunders, vorausgesetzt, man baut ihn auf jenen guten Lagen an, die die meisten Winzer für die weißen reservieren.

Gegenüber von Sancerre, am östlichen Loireufer, liegt Pouilly-sur-Loire,

die Heimat des **Pouilly-Fumé,** dessen Beinamen nichts mit einem angeblichen Rauchgeschmack sondern mit dem grauen Belag zu tun hat, der sich auf den reifen Trauben bildet. Ihn vom Sancerre zu unterscheiden, ist nur ausgewiesenen Kennern möglich, allenfalls kann man sagen, dass er in der Regel etwas kräftiger und länger lagerfähig ist. Normalerweise unterscheiden sich zwei Pouilly-Fumés verschiedener Winzer deutlicher voneinander als der Sancerre und der Pouilly-Fumé desselben Winzers.

Menetou-Salon, Reuilly, Quincy

Die teilweise recht hohen Preise für Sancerre und Pouilly-Fumé haben das Augenmerk der Weinfreunde auf die

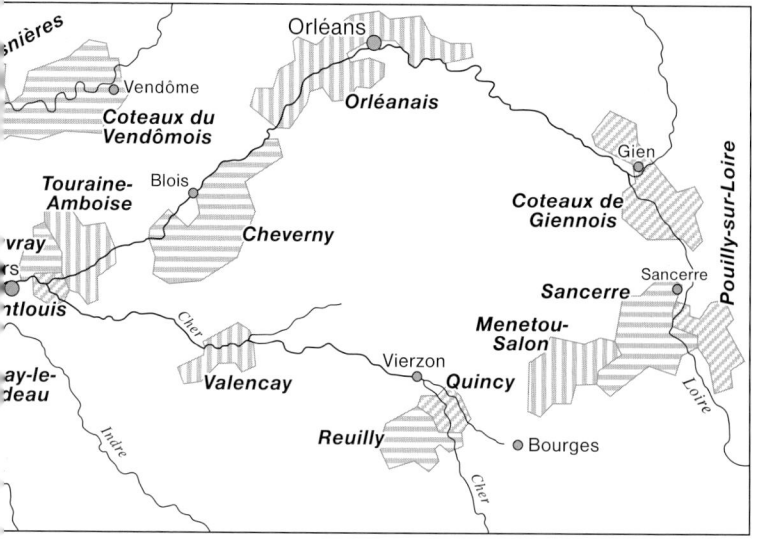

umliegenden kleineren Appellationen gelenkt. Dabei ist der räumlich wie geschmacklich nächste Verwandte des Sancerre ohne Zweifel der **Menetou-Salon,** der zunehmend als gleichrangiger Sauvignon entdeckt wird. Die etwas weiter westlich gelegenen Hänge weisen die gleichen Kalkmergelböden auf wie die Hügel des Sancerre. Zentrum des Menetou-Salon ist das Winzerdorf Morogues, dessen Rotweine übrigens ein Geheimtipp sind.

Noch unbekannter sind westlich von Bourges die winzigen Anbaugebiete von **Reuilly** und **Quincy.** Man keltert hier knochentrockene Weine, überwiegend Sauvignon blanc. Besonders interessant ist der Pinot Gris Rosé von Reuilly, ein hell-rosiger Wein von feinem Geschmack.

Giennois, Orléanais

Weniger berühmte Tropfen entstehen zwischen Cosne-sur-Loire und Orléans, wo auf dem alten Weinbaugebiet von Gien durchaus Entdeckungen zu machen sind. Es sind VDQS-Weine, die nur Anwärter auf AOC-Prädikate sind und in allen Farben angeboten werden. Im Bereich der **Coteaux de Giennois** stößt man auf Gamay, Pinot und Sauvignon blanc, unter den **Vins de l'Orléanais** gibt es den Gris Meunier (Rosé) und einen Auvernat Blanc, hinter dem sich der Chardonnay verbirgt.

Kleine Touraine-Weine

Die großen Schlösser haben ihre Weinberge, die eher kleine Gewächse hervorbringen: Amboise, Azay-le-Rideau, Cheverny, Valençay. Wobei

„Touraine" hier im weitesten Sinne zu verstehen ist und Teile des Blésois und Bas-Berry einschließt. Neben einfachen, aber korrekten Weinen aus „Allerweltsreben" wie Sauvignon, Chardonnay oder Gamay gibt es auch einige Spezialsorten.

Dazu gehört zum Beispiel der **Romorantin,** der in der Gegend um Cheverny hergestellt und als „Cour-Cheverny" etikettiert wird. Die Rebe bringt angenehm frische, fruchtige Weine mit einer ganz eigenen Note hervor, die ein bisschen an grüne Veltliner erinnern.

Eine weitere heimische Rebe ist die **Pineau d'Aunis,** die zur Rosé- und Rotweinherstellung verwendet wird.

Etwas derbe, aber kräftige und eigenwillige Rote ergibt die **Cot,** die vor allem um Valençay angebaut wird, allerdings nicht mehr oft, da sie recht empfindlich ist und die meisten Winzer robustere und ertragreichere Sorten bevorzugen.

Vouvray, Montlouis, Jasnières

Der **Vouvray** ist mit seiner Rebsorte Chenin blanc, auch Pineau de Loire

genannt, in Frankreich, ja Europa ein Unikum. Je nachdem, wie sonnig das Jahr war, werden vier unterschiedliche Typen von Vouvray hergestellt: *sec, demi-sec, moelleux* und *mousseux*. Schon der trockene Vouvray lässt erkennen, was die Besonderheit dieses Weins ausmacht: eine kräftige Säure und zugleich ein Hauch von Süße, Aromen von Honig, Akazienblüten, Mandeln und Früchten (Apfel, Quitte, Pfirsich, Mango), die nach einigen Jahren Lagerung miteinander verschmelzen und im Idealfall einen sehr komplexen, perfekt ausbalancierten Wein ergeben. Deutlicher wird dies noch beim *demisec,* den man keinesfalls mit den in Deutschland als „halbtrocken" angebotenen Weinen vergleichen kann; die Säure sorgt nämlich dafür, dass die Süße immer dezent bleibt. In den (seltenen) Jahren, in denen es die Sonne besonders gut meint, kann auch ein süßer *(moelleux)* Vouvray hergestellt werden, der sehr spät, oft erst im November, gelesen wird. Manchmal sorgt der Pilz *botrytis cinerea* für die so genannte Edelfäule und damit noch für eine zusätzliche Konzentration des Safts und Aromas.

Wie der Sancerre hat der Vouvray sein Pendant am anderen Loireufer, **Montlouis,** und auch hier ist bei gleicher Rebsorte und gleichen Böden die Unterscheidung fast unmöglich. Das Anbaugebiet von Montlouis hat weniger Südhänge und liefert erheblich geringere Mengen.

Noch bescheidener ist die Produktion des anderen, nördlichen Pendants zum Vouvray, des **Jasnières,** benannt nach einem Dörfchen am Ufer des Loir. Dieser Wein genießt – wie der ringsum angebaute **Coteaux du Loir** – wegen seiner oft dominierenden Säure einen eher zweifelhaften Ruf. Er gehörte aber einmal zu den berühmtesten Weißweinen Frankreichs, und in guten Jahren wird er diesem Ruf noch heute gerecht.

Chinon, Bourgueil, Saumur-Champigny

Die besten Rotweine der Loire wachsen im Grenzgebiet der Touraine und des Anjou auf einem schmalen Streifen von nicht einmal fünfzig Kilometern. Die Rebsorte ist die **Cabernet franc,** die auch in Bordeaux angebaut wird, dort aber immer mit Cabernet Sauvignon oder Merlot gemischt wird. Für sich allein bringt sie sehr fruchtige Weine hervor, die in empfindlichen Gaumen ein pelziges Gefühl hinterlassen. Allerdings fallen die Weine sehr unterschiedlich aus, je nach dem Alter der Rebstöcke und dem Boden, auf dem sie wachsen.

So liefern die auf dem sandigeren Grund in Talnähe wachsenden Reben

einen leichten, schnell trinkbaren **Chinon** mit dem typischen Aroma von Veilchen, Himbeere und schwarzer Johannisbeere, während an den Hängen der schwerere, tanninreiche Chinon gedeiht mit einem Bukett, das sich oft erst nach langer Lagerung voll entfaltet. Viele Winzer bieten daher auch unterschiedliche Weintypen an: den leichten, fruchtigen, der gut zu den klassischen Gerichten der Region (Aal in Rotwein etwa oder Schweinefleisch mit Pflaumen) passt und einen lagerfähigen, der ausgereift den idealen Begleiter zu Wildgerichten aus der Sologne (Fasan, Wildente) abgibt. Neben den genannten Faktoren beeinflusst natürlich auch der Jahrgang Charakter und Qualität des Chinon, und zwar mehr als bei anderen Weinen.

Der Bruder auf der anderen Seite der Loire heißt **Bourgueil** oder **Saint-Nicolas-de-Bourgueil,** und auch hier erschließt sich nur Kennern der winzige Unterschied.

Deutlicher ist dagegen die Differenz zum roten **Saumur,** der nach dem wichtigsten Winzerdorf den Beinamen **Champigny** erhielt. Im Unterschied

Landeskunde

zum Chinon und Bourgueil trinkt man ihn immer jung, oft sogar leicht gekühlt, was die Entfaltung seines fruchtigen Buketts nicht beeinträchtigt.

Saumur brut und andere Schaumweine

Noch bekannter und absatzträchtiger als der Saumur-Champigny ist der **Saumur brut,** ein Schaumwein, der wie der Champagner durch eine zweite Gärung in der Flasche hergestellt wird. *Jean Ackermann* brachte das Verfahren 1811 aus der Champagne nach Saumur, wo die Tuffsteingalerien sich hervorragend für die Lagerung eigneten. Und wie beim Champagner werden auch hier nur die besten Trauben für den Schaumwein verwendet, was für den „Crémant de Loire" jedoch nicht mehr so sicher gilt wie für den „Saumur d'Origine".

An Finesse und Fülle des Geschmacks übertrifft der Saumur brut auf jeden Fall den **Vouvray mousseux,** der – respektlos gesagt – Resteverwertung ist. Denn während die Schaumweinhersteller von Saumur auf ihren stillen Weißwein nicht viel geben, machen die Vouvray-Winzer im Normalfall nur die Weine zu Sekt, die für einen echten Vouvray nicht die erforderliche Qualität aufweisen.

Aubance, Layon, Savennière

Die lieblichen Weine des Anjou waren vor nicht allzu langer Zeit die einzigen Loireweine, die – und zwar massenhaft – nach Deutschland exportiert wurden. Es waren dies Roséweine, v.a. der **Cabernet d'Anjou,** der aus Cabernet Franc und Cabernet Sauvignon gekeltert wird.

Seitdem der Absatz sich rückläufig entwickelt, produzieren die Winzer aus denselben Rebsorten verstärkt Rotwein, der auf den wärmereflektierenden Schieferböden des armorikanischen Massivs feuriger ausfällt als auf den Kalkböden des Saumurois. Man schuf dafür erst 1986 die neue Appellation **Anjou Villages,** die vor allem die Ufern der Aubance und des Layon abdeckt.

Winzer bei der Arbeit

Es sind dieselben Anbaugebiete, die unbestritten die besten Süßweine der Loire hervorbringen, alle aus der weißen Chenin blanc gekeltert. Die sauterneartige Geschmacksfülle dieser Foie-gras-Weine ist auf die Schieferböden und ein außergewöhnliche Mikroklima zurückzuführen. Die milde Atlantikluft sorgt für einen langen Herbst mit Morgennebeln, der die Entwicklung der Edelfäule begünstigt. Im Allgemeinen fallen die **Coteaux du Layon** noch üppiger und konzentrierter aus als die **Coteaux de l'Aubance.** Die besten Weine des Layon stammen von den Südhängen der Appellationen **Quarts-de-Chaume** und **Bonnezeaux** und sind von nahezu unbegrenzter Lagerfähigkeit: der 59er ist gerade trinkreif, und es gibt noch einige hervorragende Weine aus dem 19. Jahrhundert.

Ähnlich wie beim Vouvray sorgt die für die Chenin blanc typische Säure dafür, dass die Weißweine des Anjou niemals pappig süß werden. Man kann sie natürlich auch trocken ausbauen, wie dies – auf der anderen Seite der Loire – in **Savennière** geschieht. Es dauert einige Jahre, bis sich die typischen Fruchtaromen dieser frischen, säurebetonten Weißweine voll entfalten. Dies gilt besonders für die Steillagen der Grand-Cru-Appellationen „La Roche aux Moines" und „Coulée de Serrant".

Muscadet

In Deutschland wie in der Bretagne ist der Muscadet der beliebteste und bekannteste Loirewein. Aus der Melon-Traube gekeltert, wird er vorzugsweise zu Muscheln und anderem Meeresgetier serviert, ein unkomplizierter Weißwein ohne ausgeprägten Eigengeschmack, der am besten jung getrunken wird. Auf Grund der massenhaften Nachfrage wurde er zu einem billigen Allerweltswein, der nur durch einen speziellen Qualitätsnachweis wieder an Glaubwürdigkeit gewann: die **mise en bouteille sur lie.** Gemeint ist die Abfüllung auf der Hefe, die dem Wein Frische und Aroma bewahrt und am leichten Perlen im Glas erkennbar ist. Da die moderne Chemie aber auch diesen Effekt künstlich erzeugen kann, ist eine Gruppe von besonders seriösen Winzern um *Louis Metaireau* auf die Idee verfallen, sich die Abfüllung *sur lie* notariell beglaubigen zu lassen.

85% des Muscadet werden südöstlich von Nantes hergestellt und tragen deshalb die Herkunftsbezeichnung **Sèvre-et-Maine.** Noch im Anjou liegen auf der Höhe von Ancenis die weniger bekannten Weinfelder der **Coteaux de la Loire.**

Landeskunde

Orléanais

076lo Foto: mi

077lo Foto: mi

Loire-Deich in Briare

Restaurantterrasse am Loiret

Caquetoir von Brinon-sur-Sauldre

Der Wald von Orléans

Überblick

Drei **Wasserstraßen** umschließen Frankreichs größten Staatsforst (34.565 ha). Neben der Loire sind dies der Canal de Briare und der Canal d'Orléans, die im 17. Jh. als Loire-Seine-Verbindung dazu bestimmt waren, den „Garten Frankreichs" näher an die Hauptstadt Paris heranzurücken. Mittlerweile fast funktionslos, wurden sie zwei Jahrhunderte lang rege von Lastkähnen befahren, die Holzladungen aus dem Wald schifften oder auch Korn aus der Beauce brachten.

Auf den Kanälen und vor allem **im Forst** kam es regelmäßig zu Überfällen, so dass immer neue Räuberstories den alten Mythos lebendig hielten. Denn seit Cäsar, der hier den «Nabel Galliens» lokalisierte, haben durchziehende Eroberer – ob Römer, Hunnen, Engländer, Preußen oder Nazis – im Wald von Orléans rebellische Elemente vermutet, und selbst die Einheimischen bekamen abseits der Loire in der Regel Angst vor Hugenotten, Résistancekämpfern oder Action-directe-Terroristen, von Hexen und Teufeln ganz zu schweigen.

Der in diesem ersten Routenkapitel beschriebene Loireabschnitt umfasst keine 100 km. Briare, Gien, Sully und Saint-Benoît sind herausragende **Sehenswürdigkeiten,** die eigene Tagesausflüge lohnen und sich nicht hintereinander „abhaken" lassen. Abwechslungsreiche Kombinationen bieten sich an, wenn man hier oder dort Quartier bezieht: von der Kanalstadt Briare eine Radtour zum Château La

Bussière, von der Königsstadt Gien auf einen der Weitwanderwege (nach Châtillon-sur-Loire, in den Wald von Orléans, in die Sologne), vom Schloss Sully ein Abstecher zum Carrefour de la Résistance, von der Abtei Saint-Benoît nach Grignon an den Canal d'Orléans oder vom Rhododendron-Erlebnis Châteauneuf an den Waldsee Etang de la Vallée und weiter zum Parfüm-Schloss Chamerolles.

Immer dann, wenn am „Königsfluss" das Besichtigen anstrengend zu werden droht, erweist sich der Wald von Orléans als Geheimtipp für **gemütliche Entdeckungstouren.** Von unzähligen Forststraßen und Wanderwegen durchkreuzt, besteht dieser nicht enden wollende Forst im Grunde aus lauter Lichtungen, in denen harmlose Teiche, Felder oder Dörfer liegen. Man kann hier einen ganzen Urlaub verbringen oder eine Woche „verplempern", bevor die Loire-Reise „so richtig" beginnt.

Kanal in Briare

Briare-le-Canal ♐ I/B3

Sehenswertes

Wer von Nordosten kommend die Loire anpeilt, erreicht den Strom vor ihrem Orléaner Knie an einem eigentümlichen **Verkehrsknotenpunkt.** Hier kreuzen sich nicht nur die Straßen von Montargis, Nevers, Orléans, sondern auch mehrere Wasserwege. Briare – das sind Bogenstege, Schleusenbrücken, Schifferhäuschen und Kontore inklusive Eisfabrik, vor allem aber – unter dem Schloss der Aktionäre (Château des Seigneurs du Canal) – drei Kanäle:

Der eigentliche **Briare-Kanal,** 1642 fertiggestellt, noch unter *Sully* in Auftrag gegeben, daher nach dessen König *Heinrich IV.* benannt.

Der **„alte" Loire-Seitenkanal,** 1838 eröffnet, hinter der Baraban-Schleuse mit dem Briare-Kanal verbunden und flussaufwärts bei Châtillon die Loireseite wechselnd.

Der „neue" **Loire-Seitenkanal,** 1896 vollendet, vor den Cognardière-Weinkellern vom Briare-Kanal abzweigend und auf der Höhe der Ortschaft über den „alten" Seitenkanal und die Loire hinweg auf die andere Flussseite führend.

Sein spektakulärstes Teilstück: die 662 Meter lange, 11 Meter breite **Pont-Canal** (Kanalbrücke), die mit ihren bronzeverzierten Obelisken und elektrischen Lampen seinerzeit die Pariser Belle-Epoque-Brücke Pont Alexandre III. vorwegnahm. Fälschlicherweise wird die neuartige Stahlkonstruktion gerne *Gustav Eiffel* zugeschrieben, obwohl sein Baubüro in Briare nur für das Mauerwerk verantwortlich war.

Den wirtschaftlichen Unternehmungsgeist der 2. Hälfte des 19. Jh. spiegelt Briare nicht nur in seinen Kanalbauten wider. Auch die **Kirche** ist ein Produkt dieser industriellen Pionierzeit und sehenswert wegen der zahlreichen Mosaiken, die in der lokalen Fayencenmanufaktur entstanden sind.

Auf dem ehemaligen Fabrikgelände informiert heute das **Mosaik- und Emailmuseum** über Geschichte und Verfahren der Kachelherstellung. Auch einige bemerkenswerte Kunstwerke (*Grasset, Vasarely*) sind ausgestellt.

● **Musée de la Mosaïque et des Emaux,** 1, boulevard Loreau, Tel. 02.38.31.20.51, Öffnungszeiten: Juni–September 10-18.30 Uhr, sonst 14-18 Uhr, Januar-Mitte Februar geschlossen. Eintritt: 3,81 €, ermäßigt 3,04 €, Kinder 1,83 €.

Ausflüge

Vom Hafen starten Ausflugsboote zu einer **Kanal-Rundfahrt,** die auf der Brücke zu einem erhebenden Erlebnis wird. Ein reizvoller Spaziergang führt ebenfalls vom Hafen zwischen „altem" Seitenkanal und Loire zur Kanalbrücke und weiter.

Auf dem GR3-Wanderweg kommt man schnell (1 Stunde) nach **Châtillon-sur-Loire,** ein Fachwerkstädtchen mit theatralischer Schleusenkulisse (Ecluse de Mantelot).

> **Château La Bussière** *
> ● **Stil:** Gotik (14./17. Jh.)
> ● **Besonderheit:** Wasserschloss aus Backstein
> ● **Höhepunkt:** Park und Gemüsegarten
> ● **Museum:** Süßwasseraquarium und Sammlung von Fischereigerätschaften.
> ● **Auskunft:** Tel. 02.38.35.93.35.
> ● **Öffnungszeiten:** April–Mitte November außer Dienstag 10-12/14-18 Uhr.
> ● **Eintritt:** 5,33 € (nur Gärten 3,81 €).
> ● **Tipp:** Fliegern bietet sich eine traumhafte Luftansicht.

Mit dem Fahrrad oder Wagen lohnt ein Abstecher (12 km nördlich, ab Brière über N 7) nach **La Bussière,** Bilderbuch-Wasserschloss mit Aquarien in den Wirtschaftsgebäuden und Parkanlagen von *Le Nôtre* (18. Jh.).

Statt der N 7 empfiehlt sich für Radfahrer die idyllische Nebenstrecke über **Ouzouer-sur-Trézée** (Kirche 13. Jh., Fachwerkhäuser). Sie führt bis dorthin den Briare-Kanal entlang (D 47) und auf dem Weg nach La Bussière (D 45) am **Château Pont-Che-**

vron (klassizistisches Schloss mit gallo-römischen Mosaiken und Rosengarten) vorbei.

Von La Bussière ist es (über Adon) nicht mehr weit nach **Rogny-les-Sept-Ecluses,** wo sieben Schleusen 34 m Höhendifferenz zwischen Briare-Kanal und Loing-Tal überbrücken. Von Rogny geht es dann parallel zum Briare-Kanal zurück nach Ouzouer-sur-Trézée.

●**Jardin du Château de Pont-Chevron**
Tel. 02.38.31.92.02, Mai–Mitte September außer Dienstag 14-18 Uhr.
Eintritt: 3,81 € Kinder 2,28 €.

Praktische Hinweise

Information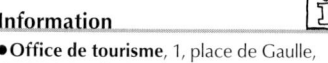

●**Office de tourisme**, 1, place de Gaulle, 45250 Briare-le-Canal, Tel. 02.38.31.24.51, Fax 02.38.37.15.16. Alle nötigen Informationen zum Bootfahren und Wandern.

Hotel

●**Le Pont-Canal****, 19, rue du Pont-Canal, Tel. 02.38.31.24.24, Fax 02.38.31.92.12. Einfach und korrekt (3,60 €), mit Restaurant (Sonntagabend und Montag geschlossen).

Gästezimmer

●**Domaine de la Thiau*****, Straße nach Gien, Tel. 02.38.38.20.92, Fax 02.38.67.40.50. Das historische Gebäude (18. Jh.) liegt, 300 m von der Loire entfernt, in einem 3 ha großen Park. Doppelzimmer 38-49 € mit Küchenecke (10% Reduktion ab 3 Nächte), kinderfreundlich, zwei Montainbikes.
●**M. Lefranc*****, 13, rue du port la Giloutière, Châtillon-sur-Loire, Tel. 02.38.31.10.61. Ehemaliges Schifferhäuschen am Briare-Kanal, Doppelzimmer 41 € Table d'hôte 18 € (nur auf Vorbestellung).

Camping

●**Le Martinet****, Tel. 02.38.31.24.50, Fax 02.38.31.39.10, geöffnet 1.März–31.Oktober. Schattig zwischen Loire und altem Seitenkanal, von 160 Zeltplätzen 40 „grand confort", Fahrradverleih, Minigolf.
●**Camping municipal****, Ouzouer-sur-Trézée, Tel. 02.38.31.94.60, geöffnet April–Oktober. Am Wasser gelegen.

Restaurant

●**Le Glacier,** 3, quai Tchekoff, Tel. 02.38.37.03.54. Crêperie mit schöner Auswahl von Buchweizengalettes. Montag Ruhetag.

Spezialitäten

●**La Bretonnerie,** Ouzouer-sur-Trézée (7 km nordöstlich am Canal de Briare), Tel. 02.38.31.93.60. Auf dem Bauernhof gibt es „Schweinernes" (Saucissons, Rillettes, Boudin, Patés), außerdem Ziegenkäse und Cidre. Bei genügend angemeldeten Gästen (vorher anrufen!) gibt es zwischen 16-19 Uhr einen rustikalen Imbiss (*goûter*) für 10 € (Kinder 5 €).
●**Ferme de Maisonneuve,** Chanoy (2 km südlich von Châtillon-sur-Loire), Tel. 02.38.31.03.45. Brebis-Käse. Auf Voranmeldung Besichtigung der Schäferei (*bergerie*) mit Käseverkostung.
●**Cave de Rivotte,** Route de Gien, Tel. 02.38.31.39.76. Kellerbesichtigung mit Degustation und Verkauf von Weiß-, Rot- und Roséweinen der Appellation „Côteau du Giennois".

Bootfahren

●**Les Bateaux touristiques,** Maison Eclusière (Schleusenhaus)-Port de Plaisance (Yachthafen), Tel. 02.38.37.12.75. Kleine und große Kanalrundfahrt, letztere mit Essen. Auch Touristenbahn (45 Min.) hier reservieren.
●**Bateau Yoline,** Port de Plaisance, Tel. 02.38.37.16.53. Verschiedene Rundfahrtangebote.
●**Briare Plaisance,** 14, rue des Bordes, Tel./Fax 02.38.37.16.53. Ausflugsfahrten, Hausboote und Kanu/Kajak. Auch Fahrradverleih.

Orléanais

● **Seine et Loing,** Châtillon-sur-Loire, Tel. 02.38.31.08.37. Hausbootverleih, Fahrradverleih.

Fliegen

● **Aérodrome de Briare/Châtillon-sur-Loire,** RN 7 (4 km südlich), Tel. 02.38.31.48.07.

Wandern

Neben dem GR 3 schöne Spaziergänge vom Hafen über Brücken die Wasserwege entlang. Siehe Faltblätter des Office de tourisme.

Anreise/Weiterreise

● **Mit dem Auto:** Von Montargis führen zwei Nationalstraßen (N 60 nach Châteauneuf-sur-Loire und Orléans, N 7 nach Briare) direkt an die Loire. Ab Briare folgt die N 7 der Loire stromaufwärts Richtung Cosne/Sancerre, La Charité, Nevers (Abzweigungen nach Bourges). In umgekehrter Richtung führt die D 952 stromabwärts von Briare über Gien nach Châteauneuf-sur-Loire (die in diesem Kapitel beschriebene Route).
● **Mit der Bahn:** Ab Paris (Gare de Lyon) nach Gien und umsteigen nach Briare.
● **Mit dem Bus:** Rapide de Val de Loire, Linie 3 von/nach Gien – Sully – Saint-Benoît – Châteauneuf – Orléans.

Gien ⤢ I/A2

Gien bietet die klassische Ansicht eines **Loirestädtchens:** der sandig helle Strom, die mächtige Bogenbrücke, dichtgedrängte Bürgerhäuser und darüber – das Schloss.

Es fehlen rundherum nur die Rebstöcke, die noch Ende des 19. Jh. bis an die Stadtgrenze reichten. Die Reblaus trieb damals viele Winzer in die Porzellanmanufaktur und andere Fabriken. Heute umfasst der **Weinberg** der „Côteaux du Giennois" wieder 70 Hektar, die sich unter dieser Appellation locker im Département de la Nièvre verteilen.

Geschichte

Auch wenn die Historiker unterschiedlicher Ansicht darüber sind, ob *Caesars* „Genabum" mit Orléans oder dem lautlich verwandteren Gien zu identifizieren ist: archäologische Funde belegen, dass der wildreiche Siedlungsort der Vorgeschichte **zu römischer Zeit** ein wichtiger Brückenkopf und Verkehrsknotenpunkt wurde.

Als Gallien unter den Franken in verschiedene Reiche gegliedert wurde, gehörte Gien bereits zum Orléanais. Seit *Karl dem Großen* war es eine befestigte Stadt, in der die Landbevölkerung der Umgebung Zuflucht suchte. Die ersten **Burgherren** trugen den Titel Graf von Gien. Mit rivalisierenden Feudalherren lieferten sie sich immer wieder Fehden, die den mittelalterlichen Stadtfrieden stark beeinträchtigten und erst durch das Eingreifen *König Philipp Augusts* beendet wurden.

Ab 1199 war Gien der Krone unterstellt und erlebte nun einen wirtschaftlichen Aufschwung: die Gegenwart der Monarchen zog Kaufleute und Handwerker an, die sich unterhalb des Schlosses niederließen. Die Stadt erhielt Privilegien und eine Steinbrücke, die 1246 vollendet war.

Mit dem **Hundertjährigen Krieg** ging diese Prosperitätsperiode zuende. Die Engländer tauchten vor den Mauern auf und zerstörten 1378 das

Orléanais

Schloss und einige Häuser der Stadt, die wenig später zum Schauplatz der ersten blutigen Kämpfe zwischen den Armagnacs und Burgundern wurde. 1410 verbündeten sich die Gegner des Herzogs von Burgund durch die feierliche Unterzeichnung des Bunds von Gien. Als wenig später *Jeanne d'Arcs* Mission auf der Tagesordnung stand, machte die Retterin der Nation zweimal Halt in Gien. Als Bürgerliche durfte sie übrigens nicht im Schloss, sie musste in der Stadt nächtigen.

Die bedeutende Frau, mit deren Namen das Loirestädtchen vor allem verbunden bleibt, war aber **Anne de Beaujeu.** Sie hatte die Grafschaft Gien von ihrem Vater *Ludwig XI.* zur Mitgift bekommen und vergab zwischen 1481 und 1522 zahlreiche Bauaufträge (Schloss, Brücke, Kirchen), die das Bild der eleganten Residenzstadt bis heute prägen. Nach ihrem Tod fiel Gien an die Krone und bewies auch in schwieriger Zeit seine Königstreue, als *Mazarin* und der junge *Ludwig XIV.* während der Fronde hier Zuflucht suchten.

Blick auf Gien

Sehenswertes

Château de Gien *

- **Stil:** Frührenaissance (15. Jh.)
- **Besonderheit:** Backstein mit Rautenmustern
- **Höhepunkt:** Dachstuhl im Salle Desportes (Tiermaler Ludwigs XIV.)
- **Museum:** Musée internationale de la Chasse (Jagdmuseum)
- **Auskunft:** Tel. 02.38.67.69.69
- **Öffnungszeiten:** Juni-September 9-18 Uhr, sonst 9-12 Uhr und 14-18 Uhr
- **Eintritt:** 5,33 € (1,06 €), deutschsprachiges Faltblatt

Das **Schloss** steht an der Stelle der mittelalterlichen Burg, von der stadtseitig noch ein viereckiger Turm (Tour Charlemagne) erhalten ist. Die aus Italien angereisten Architekten und Bauarbeiter ersetzten die ursprünglichen Ecktürme durch achteckige Treppentürme, die – mit kleinen Rundtürmen geschmückt – in viereckige Mansardengeschosse münden. Unverwechselbar sind die roten und schwarzen Ziegel mit dem Rautenmuster, das im Neubau der ins Schlossareal eingefügten Jeanne-d'Arc-Kirche wiederkehrt und sogar unten in der Stadt anzutreffen ist (Maison des Allix, Bürgerhaus aus dem 15. Jh.).

Das Auto parkt man am besten auf der Anhöhe hinter der Jeanne-d'Arc-Kirche. Nach dem Besuch des beachtlichen **Jagdmuseums** empfiehlt sich ein kleiner Rundgang, der zunächst hinter dem Schloss die alte Befestigungsmauer hinunterführt.

Der Fußweg erreicht – mit schönem Blick auf Fluss und Brücke – die seltsam modernen **Bürgerhäuser,** die nach den deutsch-italienischen Bombardements vom 15. Juni 1940 blockweise wiederaufgebaut werden mussten. Im Schwenk rechts geht es durch eine kurze Fußgängerzone zum kleinen Rathausplatz, wo wieder Treppen zum Parkplatz hochführen.

Vorher (zu Fuß) oder anschließend (mit dem Wagen) kann man, die platanenenbestandene Uferpromenade entlang, die seit 1821 bestehende **Porzellanmanufaktur** aufsuchen. Das dazugehörige Museum führt in die Geschichte der Fayencerie ein und präsentiert neben alten Stücken die klassischen Muster, die z.T. noch im Verkaufsraum angeboten werden.

- **Musée de la Faïencerie,** 78, place de la Victoire, Tel. 02.38.67.00.05. Öffnungszeiten: Mai–September 9-18.30 Uhr, sonst 14-18 Uhr, März–April und Oktober–Dezember auch 9-12 Uhr. Eintritt: 3,04 €, ermäßigt 1,83 und 2,29 €. Eine Führung durch die Manufaktur ist nur in Gruppen möglich und erfordert rechtzeitige Voranmeldung.

Praktische Hinweise

Information

- **Office de tourisme,** Place Jean Jaurès, 45501 Gien, Tel. 02.38.67.25.28, Fax 02.38.38.23.16. Stadtführung.

Hotel-Restaurants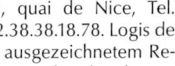

- **La Poularde**,** 13, quai de Nice, Tel. 02.38.67.36.05, Fax 02.38.38.18.78. Logis de France (36-45 €) mit ausgezeichnetem Restaurant (14-38 €). Sonntagabend und montags geschlossen.

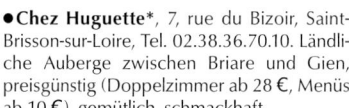
●**Chez Huguette***, 7, rue du Bizoir, Saint-Brisson-sur-Loire, Tel. 02.38.36.70.10. Ländliche Auberge zwischen Briare und Gien, preisgünstig (Doppelzimmer ab 28 €, Menüs ab 10 €), gemütlich, schmackhaft.

Camping

●**Camping touristique de Gien*****, Rue des Iris, Tel. 02.38.67.12.50, Fax 02.38.67.12.18. Schattig und sehr gut ausgestattet am linken Loireufer vor der prächtigen Stadtkulisse. 20 Komfortplätze für (auch zu mietende) Wohnwagen, Fahrradverleih, Kanu/Kajak. Nur November und Dezember geschlossen.

Märkte und Feste

●**Mittwochs- und Samstagsmarkt** in Gien
●**Fête de la citrouille (Kürbisfest),** Saint-Brisson, 3. Septemberwochenende. Sehr originell: Kürbisse in allen Formen und Größen, verschiedenste Sorten und Zubereitungsarten.

Wandern

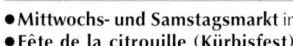

●Auf dem rechten Ufer (GR 3) in den Wald von Orléans.
●Auf dem linken Ufer (GR 3C) in die Sologne.

Anreise/Weiterreise

●**Mit dem Auto:** Von der N 7 (Montargis – Briare) zweigt nach 25 km rechts die D 940 ab (14 km nach Gien). Über die Loire hinweg auf der D 940 weiter in die Sologne und bis nach Bourges. Oder loireabwärts auf der D 952 Richtung Orléans (Route dieses Kapitels). Bis Sully-sur-Loire ist auf dem gegenüberliegenden Ufer die stillere D 951 eine reizvolle Alternative.
●**Mit der Bahn:** Auf der Linie Paris (Gare de Lyon) – Clermont-Ferrand halten die Züge in Montargis, Gien, Cosne und Nevers. Bahnhof Gien Tel. 02.38.67.01.18.
●**Mit dem Bus:** Rapides du Val de Loire, Linie 3 und 7 Richtung Orléans bzw. Bonny/Cernoy-en-Berry, Cariane-Centre Richtung Bourges.

Sully-sur-Loire

 III/D2

Das Städtchen steht im Schatten der Burg, die zu Recht als erstes großes „Loire-Schloss" gilt. Berühmt wurde es durch *Maximilien de Béthune,* Herzog von Sully (kurz *Sully* genannt), dessen Ämter und Titel man einer Statue im Schlosspark entnehmen kann.

Geschichte

Seit dem 10. Jh. hatten Vasallen des Bischofs von Orléans am Zusammenfluss der Sange mit der Loire den Flussverkehr kontrolliert und Kaufleuten Steuern abgepresst. Ende des 14. Jh. errichtete Guy de la Trémoïlle, Großkämmerer des Herzogs von Burgund, auf den überschwemmten Resten der ersten Burg seinen Donjon, einen für Empfänge vorgesehenen Prestigebau.

Maximilien de Béthune, genannt Sully, erwarb ihn 1602 und verwandelte den mittelalterlichen Kern durch umfangreiche Baumaßnahmen in eine repräsentative Anlage. *Sully* (1560-1641) war Großmeister der Artillerie, Oberintendant der Finanzen und Festungsbauten, Großer Straßenmeister von Frankreich, Gouverneur und Generalleutnant verschiedener Gebiete, Hauptmann, Prinz, Graf, Sire. Er war der wichtigste Politiker nach dem Ende der Religionskriege, der erste Mann und regierender Minister von *Heinrich IV.,* der die Monarchie auf eine wirtschaftlich neue Basis stellte. Nach der Ermordung des Königs 1610

Orléanais

zog sich *Sully* auf seinen Landsitz zurück und schrieb seine berühmten Memoiren. Vier Sekretäre halfen ihm bei dem mehrbändigen Werk, das – in der zweiten Person abgefasst – eine ergeben formulierte Lobpreisung seiner herausragenden politischen Leistungen darstellt: Straßen und Kanäle haben Sie gebaut, den Ackerbau und die Seidenraupenzucht gefördert, die Artillerie und einen Plan zum ewigen Frieden aufgestellt. Der selbstbewusste Schlossherr hat sein Buch („Erschienen zu Amsterdam") in einem seiner Türme drucken lassen, sich im Übrigen mit Leibwachen und Pfauen umgeben und streng auf Etikette geachtet.

Schlossbesichtigung

Château de Sully **

- **Stil:** Gotik (14.-17. Jh.)
- **Besonderheit:** Wasserschloss mit Donjon
- **Animation:** Im Sommer Internationales Musikfestival (Jazz, Rock, Klassik)
- **Auskunft:** Tel. 02.38.36.36.86
- **Öffnungszeiten:** April bis September 10-18 Uhr, sonst Mittagspause 12-14 Uhr und Schluss um 17 Uhr
- **Eintritt:** 4,57 € (3,05 €), deutschsprachiger Besichtigungsleitfaden

Der älteste und interessanteste Teil ist der Ende des 14. Jh. erbaute **Donjon,** ein rechteckiger Bergfried mit vier Rundtürmen an den Ecken und einem aus Halbtürmen gebildeten Eingang zur Hofseite hin. Ursprünglich befand sich hier eine Zugbrücke, die über den Burggraben des direkt an der Loire gelegenen Donjons führte. Der hohe Bau beeindruckt auf allen Stockwerken durch 300 Quadratmeter große Säle: im Erdgeschoss der Gardensaal, im 1. Stock der Ehrensaal oder *grant salle,* im 2. Stock ein gewaltiger Dachstuhl, der sich – beispiellos – über 600 Jahre in ausgezeichnetem Zustand erhalten hat. Aus 50- bis 100-jährigen Kastanienstämmen mit dem Beil herausgehauen, wurden die Balken jahrelang imprägniert, bevor sie so verlegt wurden, dass allseitige Luftzirkulation jegliches Ungeziefer fernhält. Das Holz ist älter als *Jeanne d'Arc,* die hier 1429 *Karl VII.* zum Gang nach Reims überreden konnte. Eine Etage tiefer erinnert das Königsgemach an einen späteren Monarchen, *Ludwig XIV.,* der vor der Fronde u.a. in Sully Zuflucht fand. Denkwürdig ist auch der dreijährige Aufenthalt (1716-19) des jungen *Voltaire,* der – wegen bissiger Epigramme aus Paris verbannt – im Ehrensaal seine Theaterstücke aufführen durfte.

Die Wohnung des Schlossherrn war bereits im 15. Jh. aus dem Donjon in ein neues, kleineres Gebäude, das **Petit Château,** verlegt worden. Man errichtete es dreigeschossig neben dem Torturm, der schon zur Bauzeit des Donjon als Grenze und Durchgang zwischen oberem (Schloss-) und unterem (Gesinde-)Hof diente und einst über eine Zugbrücke zu erreichen war. Auf der anderen, der Westseite wurde das Petit Château von einem Rundturm flankiert, der mit seinem spitz zulaufenden Pfefferdach und den Maschikulis unter dem Wehrgang die Architektur der Donjon-Tür-

Orléanais

me wieder aufnimmt. Erst Sully vollendete mit einem sechsten, terrassierten Eckturm das Hofkarree und schloss die freien Seiten mit Galerien. Er ließ vor allem einen Damm vor die Loire ziehen und den neuen, weiteren Rundgraben mit dem Wasser der Sange speisen. Im 18. Jh. wurde dann eine Galerie durch den zweiten Wohnflügel ersetzt, der zwischen Donjon und Torturm ein Pendant zum Petit Château bildet und vor dem Brand 1918 viergeschossig war.

Château de Sully

Die Stadt

Über einen Holzsteg erreicht man die Stadt, die nach verheerenden Bombardements im letzten Krieg zu 70% wiederaufgebaut werden musste. Sehenswert ist der **Montagsmarkt** und die **Stiftskirche Saint-Ythier** mit schönen Glasfenstern (Ende 16. Jh.) aus Orléaner Werkstätten. Die Kirche befand sich ursprünglich innerhalb der Schlossmauern und wurde nach ihrer Zerstörung durch Hugenotten auf Veranlassung *Sullys* – selbst ein überzeugter Protestant – Stein für Stein wiederaufgebaut.

Praktische Hinweise

Information

●**Office de tourisme,** Place de Gaulle, 45600 Sully-sur-Loire, Tel. 02.38.36.23.70, Fax 02.38.36.32.21.

Hotel

●**Hôtel de la Poste**,** 11, rue du Faubourg Saint-Germain, Tel.02.38.36.26.22, Fax 02.38.36.39.35. Alte Poststation, ca. 45 € das Doppelzimmer, auch preiswerte und sehr ordentliche Küche.

Gästezimmer

●**M. Et Mme Meunier**,** 43-45, Chemin de la Chevesserie, Tel. 02.38.36.54.88. Charakteristisches Landhaus, unweit der Stadtmitte still in kleinem Park gelegen. Wenn vorreserviert, auch Table d'hôte möglich. Herzliche Atmosphäre.

Märkte und Feste

●**Großer Markt,**
jeden Montag auf den Boulevards
●**Weekend médiéval**
(Mittelalterliches Wochenende), im Mai
●**Flohmarkt,** 1. Julisonntag

●**Festival International de Musique,** Mitte Juni bis Mitte Juli an den Wochenenden. Erstklassige Jazz- und Klassikdarbietungen im Ehrenhof des Schlosses. Auskunft: Tel. 02.38.36.29.46, Fax 02.38.36.44.34.

Baden

●**Centre Aquatique,** Chemin de la Salle verte, Mitte Juni–Ende August. Wellenbad mit Wasserrutsche.

Golf

●**Golf Club Sully,** Viglain, Tel. 02.38.36.52.08, Fax 02.38.36.39.88. 27 Löcher in der Sologne-Landschaft, täglich außer Dienstag.

Fahrradverleih

●**M. Venon,** 8, rue du Maréchal Foch, Tel. 02.38.36.24.78. Auch Reparatur.

Anreise/Weiterreise

●**Mit dem Auto:** Von Montargis/Bellegarde (N 60, D 948) oder Gien (linkes oder rechtes Loireufer), gute Verbindung nach Bourges (D 948, D 940).
●**Mit dem Bus:** Linie 3 und 4 (Gien-Orléans) der Rapides du Val de Loire.

Das Massaker vom 14. 8. 1944

Welche Zufahrt man auch wählt, die Piste ist breit und durchquert schnurgerade den Forst, um nach zehn monotonen Kilometern in einer Lichtung zu enden. Riesige Sequoias und acht Forststraßen, die sich sternförmig treffen wie in Paris die Boulevards. Dazwischen Ruinen, mit Ketten und Trikoloren umsäumt, und hier und da weiße Kreuze, die hinter dem Ehrenmal dann eine lange Reihe bilden. Die Gedenkstätte heißt „Carrefour de la Résistance" und erinnert an das Massaker vom 14. 8. 1944.

Der Wald von Orléans war damals ein einziges Widerstandsnest. Es gab nach der Niederlage 1940 keine Kohle, keinen Treibstoff, keine Fabrikarbeit mehr. Mit Fahrrad und Anhänger fuhr man in den Wald, um Brennholz zu organisieren oder – besser noch – als Holzfäller oder Waldarbeiter beim Abholzen und Verkoken das Nötige für den privaten Bedarf abzuzweigen. Die ganze Forstwirtschaft grenzte an Sabotage, weil jeder Diebstahl gegen die Requirierungspolitik der deutschen Besatzer gerichtet war und z.B. den Bau des Atlantikwalls behinderte. Außerdem strömten gerade die Dienstverweigerer in den Wald, um der Zwangsarbeit in Deutschland zu entgehen. Ständig in der Gefahr, aufgegriffen und interniert zu werden, waren diese jungen Leute schnell bereit, sich den informellen Résistancegruppen anzuschließen und so an Waffen zu kommen. Mit den systematischen Fallschirmabwürfen der Alliierten bildeten sich immer mehr dieser 15-20-köpfigen Untergrundeinheiten, die gegen Kriegsende unter einem koordinierten Kommando standen: erst am BBC-Empfänger das Codewort abpassen, dann die getarnte Abwurfstelle für den Nachtflieger markieren, schließlich die abgeworfenen Kisten in vorbereiteten Gräben verschwinden lassen. Mit der Landung der Alliierten in der Normandie war im Sommer 1944 der Übergang zur Offensive angesagt.

Sie begann am 12. August 1944 auf der N 60, unweit der Domaine de Chicamour. Von Châteauneuf näherten sich deutsche Militärlastwagen, ein Konvoi auf dem Rückzug. Résistance-Kämpfer treten auf die Fahrbahn, erfüllen ihren Auftrag: den Feind 24 Stunden aufhalten. Schusswechsel, Opfer auf beiden Seiten. Am nächsten Tag ziehen sich die Franzosen wieder in den Wald zurück, bestatten ihre Toten auf der Waldlichtung. Am übernächsten Tag folgt die Rache der Deutschen. 500 Mann umstellen den Carrefour, durchkämmen die Lichtung, führen alle „Waldarbeiter" ab und setzen nach der Erschießung die menschenleeren Forsthäuser in Brand.

Saint-Benoît-sur-Loire   ♫ III/D2

Von Sully führt eine schöne Dammstraße flussabwärts zu einer der bedeutendsten romanischen Klosterkirchen Frankreichs. Der verschwiegene Ort mit dem kleinen Dorfplatz steht ganz im Zeichen seiner **Abtei.**

Nur die Erinnerung an *Max Jacob* verleiht dem sakralen Kunsterlebnis eine bittere Note. Zum Katholizismus bekehrt, zog sich der surrealistische Dichter von Paris wiederholt nach Saint-Benoît zurück, wo er ab 1936 wie ein Mönch lebte. Die innere Emigration rettete Jacob nicht vor den Nazis, die den Schriftsteller zum Tragen des Judensterns zwangen und im März 1944 beim Verlassen der Basilika verhafteten. Er starb noch im selben Jahr im Lager von Drancy.

Geschichte

Abt Léodebod von Saint-Aignan (Orléans) hatte Mitte des 7. Jh. die Benediktinerabtei von Fleury gegründet und vorläufig in einer gallo-römischen Villa untergebracht. Sein Nachfolger ließ die **Gebeine des Heiligen Benedikt** und seiner Schwester *Scholastika* aus der Klosterruine von Monte Cassino rauben und nach Fleury bringen, das nunmehr Saint-Benoît hieß und dank seiner Reliquien die Pilgermassen anzog. Nicht nur Bauern und Tagelöhner, auch Fürsten und Könige kamen und schlugen ihre Lager und Küchen vor der Abtei auf.

Dann, unter *Abt Theodulf* (9. Jh.), wurde der Wallfahrtsort zu einem der großen kulturellen Zentren der **Karolingerzeit.** Auf dem Lehrplan der Klosterschule standen neben der Theologie auch die sieben freien Künste (Grammatik, Rhetorik, Logik, Arithmetik, Geometrie, Musik und Astronomie), ein Scriptorium wurde eingerichtet, und die dort erstellten und kunstvoll illuminierten Handschriften wanderten in eine der reichhaltigsten Bibliotheken des Mittelalters.

Unter dem Eindruck der Normanneneinfälle wurde der Reliquienschatz zeitweise nach Orléans gebracht und die teilweise verwüstete und wiederaufgebaute Klosteranlage von einer Wallmauer umgeben. Nach dem verheerenden Brand von 1026 wurde dann durch *Abt Gauzlin* mit dem Bau der Basilika begonnen.

Die Abtei

Der **Vorhallen-Turm,** einzigartig in der romanischen Architektur, war die Idee des Abtes *Gauzlin,* der damit „für ganz Gallien ein Beispiel" geben wollte. Bevor der Turm zur monumentalen Eingangshalle des später erbauten Langhauses (12./13. Jh.) wurde, war er als freistehender „Verteidigungsturm" ein trutziges Zeichen geistlicher Macht. Dabei wurden die aus den Steinbrüchen von Bulcy (bei Nevers) herangeschifften Quadersteine nach einem verborgenen theologischen Plan angeordnet. Auf quadratischem Grundriss erheben sich 16 mit Halbsäulen besetzte Pfeiler und – auf allen vier Sei-

Orléanais

ten – jeweils drei Arkaden. Diese „zwölf Tore" symbolisieren die „Himmlische Stadt", das „neue Jerusalem" aus der Offenbarung des *Johannes*. Die Kapitellszenen verweisen vielfältig auf dieses letzte Buch des Neuen Testaments, die Apokalypse des *Johannes*. Die Kreuzgratgewölbe des heute lediglich nach drei Seiten offenen Hallenraumes tragen ein analog konstruiertes Obergeschoss mit später (14. Jh.) verkleinerten Fenstern. Ur-

Im Vorhallenturm von St. Benoît

sprünglich hatte der „Turm" – anstelle des Zeltdachs mit Glockenstuhl und Laterne (17. Jh.) – noch ein zweites Obergeschoss.

Beim Eintritt in die **Basilika** fällt gleich der Unterschied ins Auge zwischen dem lichten, mit hohen Spitzbögen gewölbten Schiff (Übergang zur Gotik) und dem dunkler wirkenden Chor mit seinem breiten Tonnengewölbe (Romanik). Das Bauwerk spiegelt die Bewegung von Prozessionen, die aus den Seitenschiffen des Langhauses durch das Querschiff in den Chorumgang führen. Auf unterschiedlichen Niveaus folgen zwei Altarräume, die – jeder auf seine Weise – ästhetisch von besonderem Interesse sind. Der tiefergelegene Hauptaltar steht auf einem Marmorfußboden mit purpurroten, dioritschwarzen, alabasterweißen Kreisen (Sonnenmotiv!), Dreiecken und Rauten, der schon der Vorgängerkirche (9. Jh.) angehörte. Der höhergelegene Altar des Heiligen Benedikt steht – direkt über der Krypta – im Rund der Hauptapsis (11. Jh.), die auf drei Ebenen (Arkaden, Blendtriforium, Fenster) verschieden dimensionierte Rundbogen kombiniert und dabei von allen Seiten Licht bündelt. Sechsmal am Tag ziehen die Mönche in den Chor und steigern die spirituelle Wirkung dieses Raums durch das Singen eines Gregorianischen Chorals.

Unter dem Chor liegt die **Krypta** (11. Jh.). Sie ist selbst eine kleine Apsis, bildet einen Halbkreis von Kapellen, Gewölben, gedrungenen Pfeilern rund um einen ausgehöhlten Mittelpfeiler, der den Reliquienschrein birgt. Die

Überführung der Reliquien ist übrigens im Türsturz des sehenswerten Nordportals dargestellt: links holen Mönche die Gebeine aus dem Grab des Monte Cassino; in der Mitte das doppelte Wunder, durch das die Gebeine des Heiligen Benedikts von denen der Schwester hatten getrennt werden können; rechts der triumphale Einzug in die Abtei.

● **La Basilique,** Tel. 02.38.35.72.43. Führungen sind am Portal angeschlagen, Vesper (mit gregorianischem Choral) wochentags 18.15 Uhr, sonn- und feiertags 15 Uhr. Achtung: während der Messe und in der Karwoche keine Besichtigung möglich.

Oratorium von Germigny-des-Prés

Germigny-des-Prés ⟋ III/C1

Im Nachbardorf steht ein in Frankreich einzigartiges Beispiel karolingischer Architektur. *Abt Theodulf von St-Benoît* ließ sich neben seine Sommervilla um 806 eine Privatkapelle bauen, die in ihrem quadratischen Grundriss den neunjochigen Vorhallen-Turm von Saint-Benoît vorwegzunehmen scheint. Man muss sich das im 15. Jh. angefügte Langhaus wegdenken, um den Zentralbau mit seinen symmetrisch angeordneten Absiden und Schachträumen als geschlossenes Bauwerk zu entdecken. Der armenische Architekt folgte byzantinischen Vorbildern, wie sie *Theodulf* in den westgotischen Kirchen seiner spanischen Heimat vermittelt bekam. Man vermutet, dass das

Orléanais

082o Foto: mi

Oratorium von Germigny eine bewusste Nachahmung der Aachener Pfalzkapelle ist und dass *Karl der Große* bei seiner Loirereise um 800 die kunstvoll verschachtelten Gewölbe bewundert hat.

Die Kuppeln waren damals vollständig mit Mosaiken aus der Schule von Ravenna ausgeschmückt. Das einzig noch erhaltene **Mosaik** befindet sich in der Kalotte der Hauptapsis, wo es 1840 unter den Tünchschichten freigelegt wurde, nachdem Kinder beim Spiel mit einigen herausgefallenen Steinchen beobachtet worden waren. Aus 130.000 blauen, grünen, roten und vor allem goldenen Würfelchen ist dieses dreidimensionale Bild zusammengesetzt, das – Theodulfs Kritik des Bilderkults beherzigend – weder Christus noch Heilige darstellt. Es zeigt, unter der rechten Hand Gottes und von zwei unterschiedlich großen Engelspaaren flankiert, die Bundeslade des Alten Testaments.

●**Oratoire carolingien,** Tel. 02.38.58.27.03. Für Führungen Klingel zum Presbyterium drücken.

Praktische Hinweise

Information

●**Office de tourisme,** 44, rue Orléanaise, 45730 Saint-Benoît-sur-Loire, Tel./Fax 02.38.35.79.00. Im Obergeschoss:
●**Maison Max Jacob,** Öffnungszeiten: 9-12 Uhr und 14.30-18.30 Uhr, geschlossen Montag nachmittag, Mittwoch vormittag, Sonntag. Kleines Museum mit Photos, Manuskripten, Publikationen. Bücher des Dichters stehen zum Verkauf.

Hotel

●**Labrador****, 7 place de l'Abbaye, Tel. 02.38.35.74.38, Fax 02.38.35.72.99. In unmittelbarer Nähe der Abtei stilles Dorfhotel (27-55 €) mit schönem Garten.

Gästezimmer

●**M. et Mme Bouin*****, 2 km Richtung Saint-Aignan-des-Gués (D 148), 6, chemin de la Borde, Tel. 02.38.35.70.53, Fax 02.38.35.10.06. Wohnen auf dem Bauernhof, dessen frische Produkte auf die Gästetafel (1,30 €, Halbpension 42-45 €) kommen. Mireille und Dominique geben gerne Ausflugstipps und verleihen auch Räder.

Camping

●**Le Port****, Tel. 02.38.35.79.00, April bis September. Schattige Plätze am Wasser.

Wanderung

●**Circuit du Mesnil,** siehe Châteauneuf-sur-Loire.

Anreise/Weiterreise

●**Mit dem Bus:** Rapide du Val de Loire, Linie 3 von Orléans oder Gien kommend. Halt in Saint-Benoît oder Germigny.

Châteauneuf-sur-Loire ↗ III/C1

Der Ortsname bezieht sich auf das „neue Schloss", das der Zeremonienmeister *Ludwigs XIV., Louis Phélypeau de la Vrillière,* über den Burggräben eines Vorgängerbaus errichten ließ. Von dem „kleinen Versailles" haben jedoch nur Teile (Pavillons des Vorhofs, Kuppelrotunde, Wirtschaftsgebäude) die Revolution überstanden. Man genießt hier den weiten Blick über **Freitreppe,**

Kanal und Parkanlage auf die dem Fluss vorgelagerten Felder und schlägt dann einen der schönen Spazierwege (beschilderte Rundgänge zwischen 45 Min. und knapp 5 Std.) ein. Sie führen auf Stegen über Wasserläufe, in denen sich Azaleen, Magnolien und Riesenrhododendren (Blütezeit Anfang Juni) spiegeln.

Ausgesprochen sehenswert ist das in den ehemaligen Stallungen untergebrachte **Museum der Loireschifffahrt.** Originalexponate, Modelle und Fotografien dokumentieren den ausgestorbenen Beruf des Loireschiffers in verschiedenen Themenkreisen: Bootstypen und Navigation, Handel und Industrie, Identität und Religion, moderne Entwicklungen. Am Ende der Ausstellung folgt ein Saal über die Geschichte von Châteauneuf-sur-Loire.

●**Musée de la Marine de Loire,** Tel. 02.38.46.84.46. Öffnungszeiten: April–Oktober außer Montag täglich 10-18 Uhr, im Winter 14-18 Uhr. Eintritt: 3,05 € (1,52 €).

Information
●**Office de tourisme,** 3, place Aristide Briand, 45110 Châteauneuf-sur-Loire, Tel. 02.38.58.44.78, Fax 02.38.58.52.83. Faltblatt zu den Rundwanderwegen *(Circuits pédestres).*
●**Office de tourisme,** 45150 Jargeau, La Chanterie, Tel. 02.38.59.83.42, Fax 02.38.59.92.62.

Hotel-Restaurant

●**Hostellerie du Parc**,** 1, square du Général de Gaulle, Tel. 02.38.58.42.16, Fax 02.38.58.46.81. Am Schlosspark gelegen (ab 42 €) mit Restaurant „La Capitainerie" (Sonntagabend und Montag Ruhetag).

Jugendherberge

●**Maison de Loire,** La Chanterie Boulevard Carnot, Jargeau, Tel. 02.38.59.76.60, Fax 02.38.59.97.96. Kleines Museum mit Gruppenunterkunft (2-, 4-, 9-Bettzimmer) für 6 € die Nacht, Garten mit Barbecue und Picknicktischen.

Camping

●**La Maltournée**,** Sigloy, Route de la Plage, Tel. 02.38.58.42.46, Fax 02.38.46.25.22, geöffnet von April–November. Neuer Campingplatz auf dem linken Loireufer, gegenüber von Germigny-des-Prés. Komfortplätze für Caravans, Boot- und Fahrradverleih.

Spezialitäten

●**La Bourdonnière,** 2 km östlich von Jargeau (D 107), Tel. 02.38.59.87.84. Obst und Gemüse (Spargel!) direkt vom Bauernhof.

Feste

●**Carnaval de Jargeau,** im Februar. An zwei Sonntagen Karnevalsumzüge und gastronomische Extravaganzen (Kuttelwurst).
●**Foire aux asperges** (Spargelmarkt), Ende Mai in Tigy.
●**Fête de Rhododendrons** (Rhododendronfest), Pfingsten in Châteauneuf.
●**Foire aux Andouilles** (Kuttelwurstmesse), 2. Junisonntag in Jargeau.

Wandern

Im Schlosspark beginnen gut beschilderte Rundwanderwege (Informationstafel vor dem Museum):
●**Circuit de Chenailles,** 3 Std. 30: Am rechten Loireufer (GR 3) westwärts durch Sandgruben zur Ferme Gabereau und zum Weiler Faujuif, dann über die N 460 (!) und Bahnlinie hinweg zum Château de Chenailles, dort rechts durch den Wald zurück nach Châteauneuf.
●**Circuit des Deux Ponts,** 4 Std. 45: Zunächst auf demselben Weg nach Faujuif, dann an der Loire weiter durch den Parc Henri Coulloud zur Kirche von Saint-Denis-de-l'Hôtel, über die Loirebrücke nach Jargeau und links (GR) immer am Fluss entlang

Orléanais

(Campingplatz, Deich), auch nach der Schleife von Marmaing (Abzweigung GR) bis zur Brücke von Châteauneuf.
●**Circuit du Mesnil,** 3 Std.: Am rechten Loireufer (GR) ostwärts zum alten Hafen und auf dem Promenadeweg von Chastaing ins alte Viertel La Ronce, immer den Fluss entlang durch Heide, Wald und Felder bis zur Gabelung, dort links ab (GR weiter geradeaus) und nach dem Deich auf Teersträßchen nach Le Mesnil, wo an der Kreuzung ein Abzweiger Richtung Germigny-des-Prés führt. Rückweg durch Le Mesnil und beim Kreuz von Saint-Eloi geradeaus Richtung Châteauneuf.

Anreise/Weiterreise

●**Mit dem Flugzeug:** Aérodrome de Saint-Denis-de-l'Hôtel, Tel. 02.3846.33.33. Von Paris täglich mehrere Flüge nach Orléans.
●**Mit dem Auto:** Châteauneuf-sur-Loire ist ein wichtiger Verkehrsknotenpunkt vor Orléans. Von Nordosten (Montargis, N 60) und Südosten (Gien, D 952) kommend, vereinigen sich hier die bedeutendsten Zubringer. Kleinere Straßen führen aus dem Einzugsbereich der Großstadt heraus in den Wald von Orléans (D 10) oder in die Sologne (D 11).
●**Mit dem Bus:** Rapide du Val de Loire, Linie 3 (Halt in Châteauneuf) oder 7 (Halt in Châteauneuf und Jargeau) von Orléans oder Gien kommend.

Canal d'Orléans ♪ II-III/BD1

Geschichte

Es war der wirtschaftliche Erfolg des Briare-Kanals, der den *Herzog von Orléans,* Bruder *Ludwigs XIV.,* dazu veranlasste, den Bau dieser zweiten, kürzeren Loire-Seine-Verbindung zu genehmigen. 1682 vollendet, diente der Kanal über Jahrhunderte hinweg vor allem dazu, Holz und Kohle aus dem Wald von Orléans nach Paris zu transportieren. Erst 1954 war es vorbei mit der wirtschaftlichen Nutzung des Kanals, der heute lediglich noch von Ausflugsbooten befahren wird. Beliebt ist er vor allem bei den Anglern, Wanderern und Radlern, die nur von irgendeiner Brücke oder Schleuse auf den Treidelweg einbiegen müssen, um im Wald von Orléans die wohl idyllischsten Strecken zu entdecken.

Sehenswertes

Coudroy und **Grignon** sind winzige Siedlungen, die entlang der dicht aufeinanderfolgenden Schleusen entstanden. In Grignon steht das zweistöckige Gebäude der Kanaldirektion, mit gepflegtem Park und einer Schmiede. Ein Schleusenhaus kontrolliert den verwilderten Teich, in dem man einst das Holz sammelte. Im Wald von Orléans war hier für den Holzhandel die zentrale Verladestelle. Schiffer und Händler lockten Handwerker und Wirtsleute an. Heute kehren gerne Radfahrer in der Auberge „Aux trois écluses" ein und blicken über das Sauvignon-Glas hinweg direkt ins mittlere Schleusentor und die darüber gebaute Dorfbrücke.

Combreux ist ein kleines Touristenzentrum mit großem Ziegelschloss (16.-17.Jh.). Jenseits der zugewachsenen Schienen der alten Bahnlinie stößt man auf den **Etang de la Vallée,** einen zum Kanal gehörigen Speichersee mit tannenbestandener Halbinsel. Enten, Tretboote und Surfer koexistieren auf der grün schillernden Wasserfläche,

Orléanais

Canal d'Orléans bei Grignon

die am Waldrand auch zum Baden und Angeln einlädt.

Mehrere Ortsnamen enthalten die nähere Bestimmung *aux loges,* was vermutlich aus dem Germanischen stammt und „im Wald" bedeutet. **Vitry-aux-Loges** hat drei Schlösser zu bieten: Vaux (15.Jh., im Norden bergan, Ziegelbau mit Burggräben), La Motte (1866 wiedererbaut, südlich der Schleuse) und Le Plessis (auf der anderen Seite der Brücke, am Ortseingang, riesiger Taubenturm und hohe Wirtschaftsgebäude).

Der Kanal verläuft nun im Oussance-Tal, von Bäumen gesäumt, an so manchem Schleusenwärterhäuschen vorbei. Radfahrer und Wanderer kommen auf dem Treidelweg in das 10 km entfernte **Fay-aux-Loges** mit seiner charakteristischen Kirchturmspitze (13. Jh.). An den einst wichtigen Holz-, Wein- und Essighafen erinnern nur noch ein Waschplatz und eine Tränke.

Die Läden und Lagerhäuser der Weinhändler standen vor allem in **Donnery,** wo sie noch teilweise erhalten sind.

Bei **Mardié** verläuft der Kanal im Schlossgraben des Château de la Perrière (16.-18. Jh.).

So gelangt man – vor den Toren Orléans – nach **Chécy,** der am Treffpunkt zweier Römerstraßen (Orléans-Autun, Orléans-Sens) entstandenen Siedlung, die heute auf eine fast 1000-jährige Weinbautradition zurückblicken kann. Näheres darüber erfährt man im **Böttchereimuseum** unterhalb der imposanten Dorfkirche Saint-Pierre, deren Glockenturm (12. Jh.) über einem karolingischen Vorhallen-Turm (9. Jh.) errichtet wurde.

● **Musée de la Tonnellerie,** 7, place du Cloître, Tel. 02.38.86.95.93, Öffnungszeiten: Palmsonntag–Allerheiligen außer Montag 14.30-17.30 Uhr. Eintritt: 1,52 €, ermäßigt 0,76 €.

Mit dem Rad nach Chamerolles

Für eine beschauliche Radtour empfiehlt sich als Ziel auch eine sehenswerte Wasserburg im nördlichsten Teil des Waldes von Orléans. Den Treidelweg verlässt man auf der Höhe des Etang de la Vallée. Von der Ortschaft Seichebrière führt die Straße am Forsthaus vorbei zur Waldkreuzung Huit Routes, wo man Richtung **Courcy** abbiegt. Dort eventuell in der „Auberge de la Forêt" schon einen Tisch reservieren, bevor es 4 km nach Chamerolles weitergeht.

Château de Chamerolles * ♥
● **Stil:** Renaissance (16. Jh.)
● **Besonderheit:** Backstein-Wasserschloss
● **Höhepunkt:** Renaissancegarten
● **Museum:** Musée des Parfums (Parfümmuseum)
● **Animation:** Im Sommer Konzerte und Theatervorstellungen
● **Auskunft:** Tel. 02.38.39.84.66
● **Öffnungszeiten:** April–Sept. 10-18 Uhr, sonst bis 17 Uhr, freitags nur im Juli/Aug.
● **Eintritt:** 3,82 € (2,28 €)

Das 1986-94 musterhaft renovierte **Lustschloss** erscheint wie neu erbaut und bietet ein interessantes Parfümmuseum, vor allem aber einen zauberhaften **Renaissancegarten,** der mit seinen Holzbalustraden und Bogenspalieren, der „Pflanzenstickerei", dem „Irrgarten" und „Rasenhof" Archivvorbilder getreu umsetzt.

Praktische Hinweise

Information
● **Office de tourisme,**
6, place Jeanne d'Arc, 45430 Chécy, Tel. 02.38.91.32.64, Fax 02.38.91.34.00.
● **Office de tourisme,**
42, rue Saint-Sauveur, 45340 Nibelle, Tel. 02.38.32.23.66, Fax 02.38.32.24.89.

Auberges
● **Aux trois écluses,** Grignon. Idyllisch gelegene Schleusen-Auberge, kleiner Wirtsgarten unter Platanen, Imbiss.
● **Auberge de la Forêt,** Courcy, 2, route de Chilleurs, Tel. 02.38.34.11.19, Montagabend und Dienstag geschlossen. Kleine, abwechslungsreiche Menükarte ab 10 €.

Hotel-Restaurants
● **Domaine de Chicamour,** N 60 Combreux, Tel. 02.38.55.85.42, Fax 02.38.55.80.43. Renoviertes Schloss mit geschmackvoll eingerichteten Zimmern und gepflegter Küche; schöne Terrasse mit Blick in den Park und auf die Pferdeboxen *(Centre équestre).* Der belgische Hausherr handelt sachkundig mit Loireweinen, die im Restaurant auch glasweise angeboten werden; nicht ganz billige, aber sehr animierende Einstiegs- und Probierstation für eine genussvolle Loirereise.
● **Auberge de Combreux**,** Combreux, 35, route du Gâtinais, Tel. 02.38.46.89.89, Fax 02.38.59.36.19. Romantisch von Wein überwucherter Dorfgasthof mit Veranda und Bauerngarten, in dem man neben der Kinderschaukel unter Taubengurren schön zu

Abend isst (Halbpension!). Im Nebenbau nette Zimmer (48-75 €) und Swimmingpool. Die Chefin parliert gerne deutsch.

Gästezimmer

●**Mme Charles*****, D 709 zwischen Fay-aux-Loges und Donnery. Auf dem Bauernhof zwei Zimmer (29-45 €), Aufenthaltsraum mit eigener Küche, auf Vorbestellung auch Table d'hôte mit eigenen Produkten.

Gruppenunterkunft

●**Gite d'étape M. et Mme. Hubert,** Vitry-aux-Loges, La Solassière, Tel. 02.38.59.48.08. Auf altem Bauernhof Übernachtung (15 € pro Person) in Einzel-, Doppel- oder Vierbett-zimmer.
●**Gite d'étape Mme Rouet,** 8, quai du canal, Donnery, Tel. 02.38.59.27.30, Fax 02.38. 59.20.10. Ehemaliges Schleusenhäuschen mit Blick auf Kanal und kleinen Garten, direkt am GR 32 gelegen. Mehrbettzimmer, um 6 € die Nacht.

Camping

●**Camping de la Vallée***,** Etang de la Vallée, Tel. 02.38.59.35.77, April–Oktober. Schattig und gut ausgestattet.
●**Caravaning de Nibelle****,** Route de Boiscommun, Tel. 02.38.32.23.55, Fax 02.38.32.03.87, März–Nov. Schöne Schat-tenplätze im Wald, Schwimmbad, Tennis-platz. Vermietung von Campinghäuschen, Wohnmobilen und Mountainbikes.

Baden

●**Etang de la Vallée,** Ende Juni–Anfang Sep-tember überwacht, großer Planschbereich, (Tret-)Bootverleih, Windsurfen.

Reiten

●**Centre équestre,** Chicamour, Tel. 02.38.55.84.38.
●**Ferme équestre du Carrouge,** Vitry-aux-Loges, Tel./Fax 02.38.59.35.34

Bootsausflug

●**„L'Oussance", Fay-aux-Loges,** 61 b, route de Nestin, Tel. 02.38.46.82.91, Fax 02.38.

46.82.92 Stationen der Kanalfahrt: Fay-aux-Loges, Donnery, Mardié, Chécy, Combleux. Dauer: 2 Stunden.

Wandern

●Treidelweg (GR 32) zwischen Combreux und Chécy.
●Kurzwanderungen (PR, gelb) rund um Combreux, Wandertafel am Parktplatz Etang de la Vallée.
●Von Combreux nach Chamerolles (GR 3).

Anreise/Weiterreise

●**Mit dem Auto:** Von Montargis über N 60 Richtung Châteauneuf-sur-Loire oder von Pit-hiviers über D 921 Richtung Fay-aux-Loges/Jargeau.
●**Mit dem Bus:** Rapide du Val de Loire, Linie 3 (Orléans – Gien/Briare) mit Halt in Chécy.
●**Mit dem Schiff:** siehe unter Bootsausflug.

Kanal und Treidelweg

08-l4o Foto rmi

Orléanais

Orléans – Die heimliche Hauptstadt

Überblick ⌇ II/B1

Orléans, 120 km südlich von Paris, ist ein bedeutendes Wirtschaftszentrum und als **Hauptstadt der Region Centre** Sitz zahlreicher Behörden.

Einmal im Jahr – am 8. Mai – ist hier der Mittelpunkt der Nation. Mit der großen **Jeanne-d'Arc-Parade** erinnert die Stadt an die Tage, als mit dem eigenen Schicksal nichts weniger als die Existenz Frankreichs auf dem Spiel stand. Dabei war die englische Belagerung zwar die längste und fatalste, aber nicht die einzige. Die strategisch bedeutsame Lage am Knie der Loire zog immer wieder Feinde an und machte Orléans zu einer Bastion der französischen Zentralmacht, deren Hauptstadt jedoch das nahegelegene Paris wurde.

Dass die Regionalhauptstadt sich wie eine gemütliche, aber vergleichsweise langweilige Dependance von Paris ausnimmt, ist das Problem dieser Loirestadt, die sich daher auch mit Tours, Angers oder Nantes schlecht vergleichen lässt.

Wer in Orléans Station macht, entdeckt eine reiche Vergangenheit, jugendliches Flair und im Süden eine grüne Oase. Die größten Sehenswürdigkeiten sind ziemlich unbekannt: die Krypta von Saint-Aignan und das Historische Museum. Selten erschließt sich die **französische Geschichte** so bilderbuchartig in markanten Epochen wie auf dem Stadtrundgang durch Orléans.

Die meisten Besucher werden ihren Aufenthalt auf einen oder zwei Tage beschränken. Städteliebhaber können hier aber auch länger verweilen und die zentrale Lage für eine Vielzahl von Ausflügen nutzen: die Loire aufwärts und abwärts, in die Sologne und – in einer Stunde – nach Paris.

Geschichte

Antike Autoren (der römische Feldherr *Cäsar,* die griechischen Geographen *Strabon* und *Ptolemäus*) berichten von einer befestigten keltischen Siedlung namens **Genabum.** Sie befand sich unweit des Druidenheiligtums, das als „Nabel Galliens" bezeichnet wurde und vermutlich auf dem Gebiet des heutigen Saint-Benoît-sur-Loire lag.

Genabum zählte zur Zeitenwende etwa 7000 Einwohner und war Hauptort des Stammes der **Carnuten.** Gegen die vorrückenden Römer kam es hier zu einem Aufstand, den Cäsar 52 v. Chr. mit der Brandschatzung der Stadt beantwortete. Sie wurde sodann zum Stationierungsort einer römischen Garnison und erhielt nach bekanntem Muster zwei sich überkreuzende Aufmarschalleen in Nord-Süd- *(cardo)* und Ost-West-Richtung *(decumanus).*

Im 3. Jh. kam es in der gallischen Bevölkerung zu einer Abspaltung der **Aureliani** von den Carnuten, die fortan Chartres als ihre Hauptstadt betrachteten. Das einstige Genabum aber wurde zur Civitas Aurelianorum, woraus sich der heutige Ortsname herleitet.

Sie erhielt im 4. Jh. eine Umfriedungsmauer und die erste Vorgängerkirche der Kathedrale. Orléans war zur Bistumsstadt geworden, und seine

Bischöfe bewährten sich als streitbare Regenten, als die pax romana zu wanken begann. So wäre die Stadt 451 in die Hände der Hunnen gefallen, hätte nicht *Bischof Ananius* (frz. *Aignan*) nach einer Verstärkung der Befestigungsanlagen geschickt mit *Attila* verhandelt und im letzten Moment römische Hilfe angefordert. Diese **Abwehr**

Die Hl. Johanna vor dem Rathaus

des Hunnensturms war die erste historische Großtat, die in ihrer überregionalen Bedeutung weit über die Stadtgeschichte hinausragt.

Nicht zufällig betrachteten die Frankenherrscher Orléans als **eine Hauptstadt des Reiches,** hielten hier ihr Reichskonzil ab (*Chlodwig* 511), veranlassten die Gründung einer Rechtsschule (*Theodulf*, der Berater *Karls des Großen*, um 800) und ließen sich in der Kathedrale zum König salben (*Karl der Kahle* 840). So wurde Orléans – neben Paris und Chartres – zum dritten Pfeiler der kapetingischen Monarchie und zu einer Bastion jenes königlichen Stammlandes, das sich jahrhundertelang gegen unbotmäßige Feudalherren behaupten musste.

Als diese Krondomäne im **Hundertjährigen Krieg** immer weiter zusammenschrumpfte und der König bereits aus Paris geflohen war, entschied sich die Zukunft Frankreichs in Orléans. Die Stadt war der letzte Brückenkopf, der das Berry und die Auvergne von dem englisch-burgundisch besetzten Norden abriegelte. 10.000 Mann waren zur Verteidigung entschlossen, genausoviele standen auf dem linken Ufer und eröffneten am 17. Oktober 1428 das Bombardement: 220 Kanonenkugeln, jede 116 Pfund schwer, fielen an diesem Tag jenseits der Stadtmauern nieder. Und so ging es fünf Monate lang, bis **Jeanne d'Arc** mit königlichem Segen von Chinon angeritten kam und – zum Ärger der gekränkten Militärbefehlshaber – zum Gegenangriff blies. Mit 4000 Soldaten vertrieb sie die Engländer aus der Saint-Loup-Bastei (Osten), setzte auf die Loire-Insel Saint-Aignan und mittels einer Schiffsbrücke aufs feindliche Ufer über. Die in der Tourelles-Bastei (Süden) verschanzten Belagerer gerieten in die Zwickmühle, als die ausgehungerten, aber neu motivierten Orléaner mit Leitern und Stegen über die zerstörten Brückenbögen kamen. Am 8. Mai 1429 zog Jeanne d'Arc, von der wundergläubigen Bevölkerung als göttliche Retterin gefeiert, in die befreite Stadt ein.

Die **wirtschaftliche Bedeutung** der Stadt entwickelte sich mit der Flussschifffahrt. Die Kanalverbindungen zwischen der Loire und der Seine machten Orléans zu einem wichtigen Umschlaghafen, Lagerplatz und frühen Industriestandort. Ende des 18. Jh. verfeinerten über dreihundert Raffinerien den für Paris bestimmten Rohrzucker aus den Kolonien. Als mit der Einführung der Eisenbahn die Wasserstraße ihre Funktion als wichtigster Transportweg einbüßte, war Orléans zur Provinzhauptstadt degradiert. Ihre ökonomische Basis wurde das Hinterland der Beauce, die als Kornkammer Frankreichs bald eine moderne Landwirtschaft entwickelte.

Zweimal (70er-Krieg, Zweiter Weltkrieg) wurde die Stadt von deutschen Soldaten eingenommen, zuletzt 1940 massiv bombardiert. Der **Wiederaufbau** der zerstörten Viertel (17 ha des historischen Kerns) dauerte bis in die achtziger Jahre, die städtebaulich die wichtigsten Modernisierungen (Umgebung der Kathedrale, Bahnhofsviertel, Fußgängerzone Altstadt) brachten.

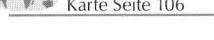
Sehenswertes

Die Zahlen in Klammern verweisen auf die Legendenpunkte des Stadtplans.

Durch die Altstadt

Wer aus dem Sackbahnhof (**1**) tritt und gegenüber im Verkehrsamt Informationen sammelt, befindet sich noch außerhalb der **früheren Stadtmauer.** Man erkennt ihren ungefähren Verlauf auf dem Stadtplan, auf dem die Loirekais mit den Boulevards, auf denen heute der Verkehr strömt, ein Viereck bilden.

Beim Rundgang durch die Altstadt stößt man hier und da noch auf Reste der denkwürdigen Befestigungslinie: eine Turmwand im Garten des ehemaligen **Bischofspalais (11)**, gleich daneben hinter der Kathedrale die **Tour Sainte-Croix,** die **Tour Blanche (14)** in der Rue Saint-Flou, Mauerreste in den Höfen des **Quai du Châtelet.** All diese Spuren liegen in der Ost- und Südseite der viereckigen Stadtanlage, deren Konturen sich weitgehend mit der gallo-römischen Umfriedungsmauer decken.

Der Stadtrundgang beginnt in dieser Randzone der Civitas Aurelianorum, zweckmäßigerweise hinter der Kathedrale oder gleich unten am Loirekai (Parkplatz).

Unweit der Tour Blanche entdeckt man die romanischen Juwele der Stadt. Das Grab des heiliggesprochenen Bischofs *Anianus* lag in unmittel-

barer Nähe, als der Kapetinger *Robert der Fromme* 1029 die **Wallfahrtskirche Saint-Aignan (13)** einweihte. Unter dem gotischen Chor der späteren Stiftskirche ist von diesem romanischen Prachtbau nur noch die Krypta erhalten. Man erkennt den Kapellenkranz und bewundert die z. T. mehrfarbigen Säulenkapitelle am Eingang zum Martyrium, wo die Reliquien des Heiligen verwahrt wurden.

Ein Stück weiter westlich bietet eine weitere Stiftskirche, **Saint-Pierre-le-Puellier (15),** eine romanische Apsis von vergleichbarem Rang.

●**Crypte Saint-Aignan,**
Öffnungszeiten: Juli–August 12-18 Uhr.
●**Collégiale Saint-Pierre-le-Puellier,**
Öffnungszeiten: 10-12.30/13.30-18 Uhr, sonntags 14-19 Uhr. Kunstausstellungen.

Zwischen der Kathedrale und den Loirekais ließen sich damals die Handwerker nieder. Das mittelalterliche Gassengewirr kann man noch in der Fußgängerzone im Bereich der **Rue de Bourgogne** nachempfinden. Sie war die Hauptstraße, auf der Jeanne d'Arc triumphierend in die Stadt einzog. Die skulptierten Steinplatten oder geschmiedeten Schilder sind der Leuchtschrift gewichen, doch immer noch drängen sich hier die kleinen Läden und Wirtshäuser. An einer Ecke erinnert ein haushohes Wandgemälde an die Loireschiffer, die in Orléans ihre Gilde hatten und sich unweit der ankernden Eichenholzboote in der Altstadt einquartierten. Südlich von Paris und an der Schwelle Burgunds und des Berry war der Flusshafen am Loire-

Orléanais

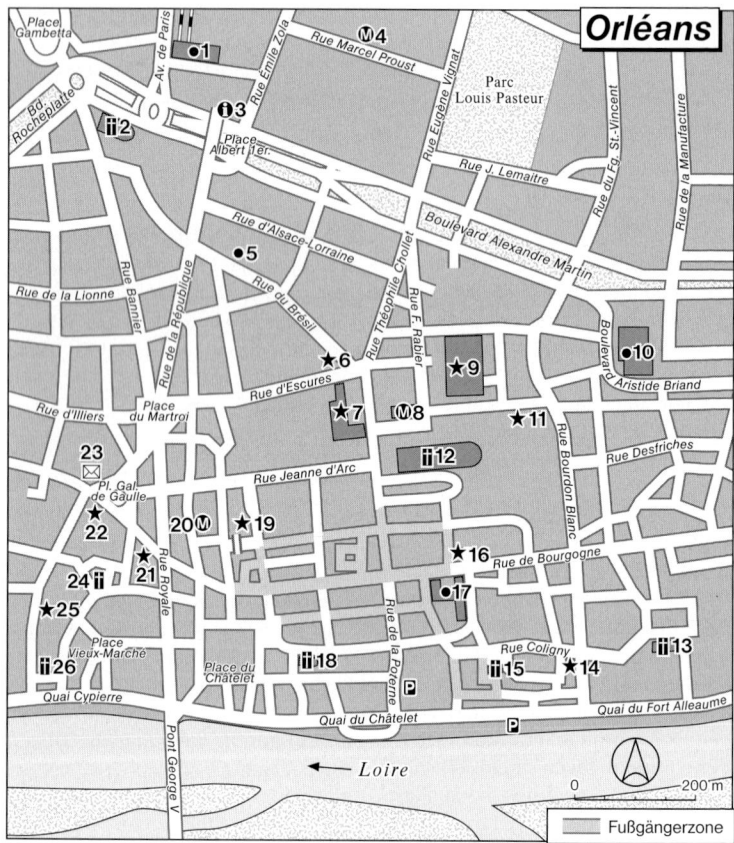

Orléans

knie natürlich ein Tummelplatz für Kaufleute.

Aus ganz Europa zog es außerdem Scholaren nach Orléans, nachdem Bischof *Theodulfs* Rechtsschule 1306 zur Universität erhoben worden war. Von ihr ist nur noch der sog. **Thesensaal (16)** erhalten. Studiert haben hier u.a. der Reformator *Calvin,* der Dichter *Rabelais* und *Charles Perrault,* der französische Märchensammler.

Auf dem Weg durch die Altstadt stößt man auf eine Reihe prächtig geschmückter **Stadtpalais,** die den Aufbruch in eine neue Epoche signalisieren. Diese Renaissancebauten entstanden gut hundert Jahre nach dem Ende des 100-jährigen Krieges im 16. Jh. und dokumentieren das Selbstbewusstsein der reich gewordenen Bürger, die als Kaufleute Erfolg hatten und als Honoratioren hoch angesehen waren. Vorbei an dem schönen Erkervorbau des **Sauxerre-Hauses** (Ecke Rue de Bourgogne/Rue de la Poterne), häufen sich weiter westlich die repräsentativen Renaissance-Fassaden: **Hôtel des Crénaux (19,** mit Glockenturm aus dem 15. Jh.), **Hôtel de la Pomme, Hôtel Cabu (20,** heute Historisches Museum), **Hôtel Euverte Hatte (21,** heute Centre Péguy), **Hôtel Toutin (25), Maison Jeanne d'Arc (22,** heute Jeanne d'Arc-Museum).

Die großen Achsen

Das Stadtbild ist heute von den großen Achsen geprägt, die im 18. und 19. Jh. den mittelalterlichen Kern triumphalistisch aufbrachen. In der Verlängerung der neuen Brücke, der späteren Pont George V (15), schlug man – König *Ludwig XV.* zu Ehren – eine prachtvolle Schneise, die **Rue Royale.** Mit ihren hohen Arkadenhäusern wurde sie die Prunkmeile einer neuen Generation von Bürgern, die unter dem Ancien Régime als industrielle Kapitalisten reich wurden. Auch sie profitierten vom Handel und speziell vom Kolonialwarenhandel, betrieben nun aber am Ort Manufakturen, Zuckerraffinerien und Essigfabriken. Wenn sie nicht gerade den auf dem Schiffsweg nach Paris sauer gewordenen Loirewein zu *vinaigre* (= Essig) verarbeiteten, schickten sie ihre Söhne zum Kolonialimport (Zucker, Rum, Zimt, Kaffee, Kakao) nach Nantes und von dort in die antillischen Kolonien, um kurz vor Paris in großem Maßstab Feinkost zu produzieren. Die **Chocolaterie Royale** (51, rue Royale) ist ein traditionsreiches Beispiel dafür.

Aber nicht nur die Häuser und ihre Luxusgeschäfte, auch die einer Hauptstadt würdige, an Paris gemahnende Perspektive macht das „königliche" dieser Prachtstraße aus. Sie führt vom Fluss hinauf zur zentralen **Place Martroi,** die über einem gallo-romanischen Friedhof (lat. *martyretum* = Friedhof) den Studenten, Touristen und handybereiten Freiberuflern die Auswahl zwischen verschiedenen Straßencafés bietet. Über der bunten Kulisse ragt *Foyatiers* heroisches Jeanne d'Arc-Denkmal (1855) auf.

Das Reiterstandbild der Nationalheldin stammt aus dem republikanischen 19. Jahrhundert – wie die **Rue Jeanne**

d'Arc, die Querachse, die von der Place Charles-de-Gaulle direkt auf die Kathedrale **(12)** zuführt und einen grandiosen Blick auf die Kirche bietet.

Die Kathedrale

Die „hässlichste Kathedrale Frankreichs" kann – soweit stimmt das vernichtende Urteil *Marcel Prousts* – mit den authentischen Sakralbauten der französischen Hochgotik (etwa Chartres oder auch Bourges) nicht konkurrieren. Sie ist jedoch ein einzigartiges Monument der französischen Geschichte, was sich gerade in der fragwürdigen Pseudogotik widerspiegelt, die nirgends deutlicher als hier zu erkennen ist.

Als Jeanne d'Arc 1429 zum Beten in den Chor schritt, war der 1287 begonnene Dombau noch unfertig. Heute sind von ihm nur noch die Chorkapellen (13. Jh.), die Seitenkapellen (14. Jh.) und zwei Joche des Hauptschiffs (15. Jh.) erhalten. Alles andere versank schon 1568 in einem großen Schutthaufen, nachdem fanatische Hugenotten Sprengladungen unter die Vierungspfeiler des Querschiffes gelegt und mit Pferdegespannen den Dachreiter heruntergerissen hatten. Unter *Heinrich IV.* begann dann 1601 – als mächtiges Zeichen seiner Konversion zum Katholizismus – der Wiederaufbau, der dem französischen Königtum zwei Jahrhunderte lang ein symbolträchtiges Anliegen war.

Die oberen Chorpartien und das Schiff gehen auf *Heinrich VI.* und *Ludwig XIII.* zurück; das Querschiff ist das Werk *Ludwig XIV.,* von dem Sonnenembleme und Strahlenkränze in Rosetten und Türen zeugen; Fassade und Türme stammen schließlich aus der Zeit *Ludwig XV.* und *Ludwig XVI.,* während die Lücke zwischen Schiff und Türmen erst nach der Revolution, unter *Karl X.* geschlossen wurde und der heutige Dachreiter nicht vor 1858 auf die Vierung kam. Höchst bezeichnend, dass Architekten von Versailles hier «nach gotischen Regeln» arbeiten mussten und Entwürfe als «ausreichend gotisch» gebilligt wurden. Die anachronistische Stilreinheit erscheint heute in ihrer ganzen Künstlichkeit, wenn man in der Krypta auf die ausgegrabenen Reste der gallo-romanischen (um 375), karolingischen (um 800) und romanischen (11. Jh.) Vorgängerkirchen stößt.

Auch die Ausstattung des Domes zeigt Stilbrüche: das Chorgestühl ist ein hervorragendes Beispiel höfischer Schnitzkunst; die im Chor hängenden Lüster stammen aus dem Schloss von Châteauneuf und kamen während der Revolution in den „Tempel der Vernunft"; und die Glasfenster „Leben der Jeanne d'Arc" (1895) gehören fast schon in die Moderne.

● **Cathédrale Sainte-Croix,** täglich 9.15-12/14.15-18 Uhr. Schatzkammer und Krypta (Sous-sol archéologique) 15. Juni–15. September außer Freitag 15-18 Uhr, Eintritt: 2 €. Aufstieg zur Tour Saint-Paul (Panoramablick) mit *M. Hamel* (Tel. 02.38.53.85.37) absprechen.

Auf der Westseite der Kathedrale erhebt sich der moderne Bau des **Mu-**

seums der Schönen Künste **(8),** dem das sehenswerte **Hôtel Groslot (7)** gegenüberliegt. 1790 bis 1982 Rathaus von Orléans, war das 1555 fertiggestellte Palais des Stadtvogts *Groslot* immer schon ein Schauplatz der politischen Öffentlichkeit. *Franz II.* starb hier 16-jährig während der Konferenz der Generalstände, und auch *Karl IX., Heinrich III., Heinrich IV.* hielten sich wiederholt in dem Palais auf. Marie von Orléans Metallstandbild der Jungfrau kontrastiert mit der „Troubadourgotik" (19. Jh.), die den ursprünglich schlichten Backsteinbau mit seinen Rautenmustern historistisch „aufmotzt".

● **L'Hôtel de ville Groslot,** place de l'Etape, Tel. 02.38.79.22.30, Öffnungszeiten: 10-12/14-18 Uhr (Sommer 9-19 Uhr), samstags 16.30-18 Uhr (Sommer 17-21 Uhr). Man kann den Ehrensalon, den Ratssaal und den Hochzeitssaal besichtigen. Eintritt frei. Um die Ecke ein erquickend stiller „Rathausgarten".

Museen

Musée Historique et Archéologique

Das Historische Museum **(20)** lohnt den Besuch wegen seiner einmaligen **gallo-römischen Bronzestandbilder,** die im Erdgeschoss des schmucken Hôtel Cabu eindrucksvoll zur Geltung kommen. Sie stammen aus dem 1861 flussabwärts beim Aushub einer Sand-

Orléanais

Gallo-römische Bronzestandbilder

086ö Foto: mi

grube entdeckten **Schatz von Neuvy-en-Sullias,** einem Sammelsurium von Bronzeobjekten, das vermutlich Ende des 3. Jahrhunderts vergraben wurde.

Ausgestellt ist unter anderem ein reiterloses **Pferd** (105 cm hoch, 86 cm lang), dem Kriegsgott *Rudiobus* geweiht, einer Mischung aus keltischem *Teutates* und römischem *Mars*. Die auf einer Holzform aus dem kalten Metall herausgehämmerten **Wildschweine** verkörpern die kriegerischen Tugenden des Galliervolkes und stehen mit den Toten in Verbindung. Der wie das Pferd in Bronze gegossene **Hirsch** symbolisiert Erneuerung und Unsterblichkeit und hat mit dem Frühjahrsfest zu tun, das mit der Jagd und der Opferung eines Hirschen begann und in rituellen Tänzen in Tierfellen kulminierte. An dieses gallische Bacchanal erinnern auch kleinere Statuetten von nackten **Tänzerinnen und Tänzern,** die anders als die klassisch-römischen Figuren keinesfalls importiert sind.

Neben den Standbildern sind allerhand **Gebrauchsgegenstände** (Urnen, Schüsseln, Feuerböcke, Fibeln, Schlüssel, Kerzenfüße) und – eine Etage höher – gallo-römische Tonkopffragmente von Dachverzierungen zu sehen.

Im zweiten Stock sieht man u. a. Kapitelle von Saint-Benoît und Stuckverzierungen von Germigny-des-Prés, im dritten Stock mittelalterliche Hausembleme und Porzellan (18.-19.Jh) aus Orléans.

● Place Abbé Desnoyers (Hôtel Cabu), Tel. 02.38.79.25.60. Öffnungszeiten: Di-So 14-18 Uhr, Juli/August 10-18 Uhr.

Centre Charles Péguy

Im Hôtel Euverte Hatte **(21)** kann man einen bemerkenswerten Renaissance-Innenhof bewundern, vor allem aber einen in Deutschland fast unbekannten, sehr französischen Schriftsteller kennen lernen. *Charles Péguy* (1873-1914) wuchs im armen Bourgogne-Viertel auf, beschäftigte sich in seinen laizistisch-mystischen Werken immer wieder mit Jeanne d'Arc und fiel als überzeugter Patriot zu Beginn der Marne-Schlacht. Kindheit und Schulzeit in Orléans sind im Erdgeschoss dokumentiert, während das Obergeschoss einen Einblick in das literarisch-publizistische Engagement eines „Dreyfusarden" (Verteidiger des zu Unrecht verurteilten jüdischen Offiziers Dreyfus) vermittelt, der jedoch sehr bald mit der antiklerikalen und pazifistischen Linie seiner sozialistischen Mitstreiter brach.

● Rue du Tabour (Hôtel Euverte Hatte), Tel.02.38.53.20.23. Öffnungszeiten: 14-18 Uhr, außer Wochenende und Feiertage.

Maison de Jeanne d'Arc

Das kleine, speziell für Kinder geeignete Museum **(22)** rekapituliert die Lebensstationen der Nationalheldin anhand liebevoll konstruierter Modelle. Das erst 1965 aus zum Teil historischem Material errichtete Gebäude steht an der Stelle des Hauses von *Jacques Boucher,* des herzoglichen Schatzmeisters, bei dem Jeanne d'Arc im Mai 1429 vor und nach der Rückeroberung der Festung Tourelles wohnte.

●3, place de Gaulle, Tel. 02.38.52.99.89. Öffnungszeiten: außer Montag täglich 10-12.30, 13.30-18 Uhr.

Musée des Beaux Arts

Das neben der Kathedrale gelegene **Museum der Schönen Künste (8)** bietet in den Obergeschossen eine reichhaltige Sammlung der italienischen, deutschen, holländischen, flämischen und spanischen Meister des 15.-19. Jh. (2. Stock), vor allem aber einen repräsentativen Querschnitt der französischen Kunst des 17. und 18. Jh. (1. Stock). Die anderen Etagen (zwischen 1. Stock und Erdgeschoss: 19. Jh.; Tiefgeschoss: 20. Jh.) wirken trotz einzelner großer Namen *(Gauguin, Dufy, Rouault)* vergleichsweise wahllos zusammengestellt.

●1, rue Fernand Rabier, Tel. 02.38.79.21.55. Öffnungszeiten: Mi 10-20 Uhr, Do-Sa 10-18 Uhr, So und Di 11-18 Uhr, Mo. geschlossen.

Olivet und La Source ⏎II/B1

Den schönsten **Blick auf Orléans** hat man vom linken Loireufer, aus der Perspektive der Belagerer.

Entfernt man sich von der Loire weiter nach Süden, so gelangt man am Ufer des Nebenflüsschens Loiret in eine **Villenoase** mit Bootshäusern aus der Belle Epoque, schönen Restaurant-Terrassen, Enten, Anglern und Spaziergängern, die hier ihre Mühlenrunde *(Promenade des moulins)* drehen.

An der Quelle (= *La Source)* des Loiret ist mit der Universität ein neuer Stadtteil entstanden. Hier bietet der **Blumenpark La Source** eine von Jah-

reszeit zu Jahreszeit wechselnde Blütenpracht, außerdem eine große Volière und ein Schmetterlingshaus, das die exotischsten Falter in tropischer Umgebung zeigt.

●**Parc floral de la Source,** Tel.02.38.49.30.00, Öffnungszeiten: 9-18 Uhr, im Winter 14-17 Uhr. Interessante Sonderausstellungen und thematische Feste (Orchideen, Iris, Gemüsegarten, Chrysanthemen). Familienfreundlicher Freizeitpark mit Touristenbähnchen *(petit train)*, Minigolf, Kinderspielplätzen, Picknickbänken. Eintritt: 3,51 € (mit Schmetterlingshaus 5,95 €), Kinder 1,98 € (2,59 €), unter 6 Jahren gratis.

Am Ufer des Nebenflüsschens Loiret

Orléanais

Praktische Hinweise

Information

- **Office de tourisme,** Place Albert 1er (Nähe Bahnhof), 45000 Orléans, Tel. 02.38.24.05.05, Fax 02.38.54.49.84. Stadtführungen, deutschsprachiger Stadtplan mit Besichtigungsleitfaden „Punkt für Punkt", Touristenbähnchen *(petit train)* vor der Kathedrale (1 Std.).
- **Hôtel de Ville,** Place de l'Etape, 45032 Orléans, Tel.02.38.79.26.47. Auskünfte zum Jeanne d'Arc-Fest.
- **Office de tourisme,** 333, rue du Général de Gaulle, 45160 Olivet, Tel. 02.38.63.49.68, Fax 02.38.64.06.14.

Hotels

- **Saint-Aignan**,** 3, place Gambetta, Tel. 02.38.53.15.35, Fax 02.38.77.02.36. Wenige Minuten vom Bahnhof entfernt, herkömmlicher Komfort, preisgünstig (30-50 €).
- **Jackotel**,** 18, Cloître Saint-Aignan. 02.38.54.48.48, Fax 02.38.77.17.59. Das modern eingerichtete Hotel (40-46 €) liegt beschaulich hinter der Stiftskirche Saint-Aignan. Idealer Startpunkt für den oben beschriebenen Stadtrundgang.
- **Hôtel d'Orléans***,** 6, rue Adolphe-Crespin, Tel. 02.38.53.35.34, Fax 02.38.53.68.20. Trotz zentraler Lage (unweit der Place du Martoi) erstaunlich ruhig und erschwinglich im Preis (ab 60 €).
- **Le Quatre Saisons***,** 351, rue de la Reine Blanche, Tel. 02.38.66.14.30, Fax 02.38.66.14.30. Romantikhotel an der Loiret-Promenade, große Zimmer (38-60 €), Ausflugsboote vor der Terrasse, Gourmetlokal mit Fischspezialitäten (Menüs 15-42 €, Halbpension 60-69 €).
- **Novotel-La Source***,** 2, rue Honoré-de-Balzac, La Source, Tel. 02.38.63.04.28, Fax 02.38.69.24.04. Nicht ganz billig (um 90 €), aber sehr guter Komfort und bezaubernde Umgebung (Park mit Kinderspielplatz und zahlreichen Freizeitangeboten).

Gästezimmer

- **Ferme de la Croix d'Azon**,** Sandillon (D 951), Tel. 02.38.41.12.03, Fax 02.38.41.14.12. 10 km südwestlich der Stadt, auf der Radlerroute nach Jargeau, ein Bauernhof mit Pferden, Mountainbikes, Schwimmbad. Doppelzimmer um 38 €.
- **Château de Champvallins***,** Sandillon (D 951), Tel. 02.38.41.17.20, Fax 02.38.41.17.20. 10 km südwestlich der Stadt, umgeben von einem großen Park, ein Schloss (18. Jh.) mit Kaminbar, Bibliothek, Billardsalon. 70 € für 2 Personen, 15 € für jede zusätzliche Person, 30 € das Abendessen. Der Schlossherr lädt auch zu Aussichtsflügen ein.

Jugendherberge

- **Auberge de jeunesse,** 14, Faubourg Madelaine, Tel./Fax 02.38.62.45.75. Januar geschlossen.

Camping

- **Camping municipal d'Olivet**,** Rue du Pont Bouchet, Tel. 02.38.63.53.94, geöffnet 1. April–15. Oktober. Schattige Plätze am Loiret, auch aller nötige Komfort für Caravans.
- **Camping du Château**,** La Chapelle Saint-Mesmin (N 152), Chemin des Grèves, Tel. 02.38.43.60.46. Am westlichen Stadtrand (Straße nach Blois) direkt am rechten Loireufer gelegen.

Restaurants

Die reichste Auswahl an Lokalen (Brasserie, Crêperie, Couscousserie, Paellerie, Pizzeria, Saladerie etc.) gibt es in der Fußgängerzone Rue de Bourgogne und an der Place du Châtelet. Spezielle Empfehlungen:
- **La Chancellerie,** 27, place du Martroi, Tel.02.38.53.57.54. Traditionsbrasserie mit stark frequentierter Terrasse. Schönes Angebot offener Weine, preiswerte Tagesgerichte Wein inklusive („mets et vins"), aber auch anspruchsvollere Menüs ab 20 €.
- **Le Lautrec,** 26, place du Châtelet, Tel. 02.38.54.09.82. Bistrot und – etwas teurer (15-32 € die Menüs) – ein Restaurant mit aquitanischer Küche.

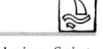

●**La Loire,** 6, rue Jean-Hupeau, Tel. 02.38.62.76.48, Samstag mittags und Sonntag geschlossen. Von der gastronomischen Place du Châtelet ein paar Schritte Richtung Brücke, und man kann zu köstlichen Meeresfrüchten die passenden Loireweine (Sauvignon blanc in allen Varianten) verkosten. Menüs 16-40 €.

●**Les Antiquaires,** 2-4, rue au Lin, Tel. 02.38.53.52.35, Fax 02.38.62.06.95. Östlich der Brücke hinter dem Loirekai ein bewährtes Sternerestaurant mit wochentags günstigem Mittagsmenü und sehr interessanter Weinkarte. Unter den erstaunlich preiswerten Regionalgewächsen (Tipp: ein Gamay aus der Touraine) gibt es auch zahlreiche 1/2-l-Flaschen.

Bars

●**Paxton's Head,** 244-266, rue de Bourgogne, Tel. 02.38.81.23.29, 14-3 Uhr geöffnet. Englisches Pub mit großer Bierauswahl (britisch, belgisch, deutsch) und Do-Sa abend Jazz.

●**Le George V,** place du Châtelet, Tel. 02.38.53.08.79, 22.30-5 Uhr geöffnet. Beliebteste Disco.

Spezialität

●**Chocolaterie Royale,** 51, rue Royale, Tel. 02.38.53.93.43. Pralinen, Kirschtrüffel, Cotignacs (Quittengelee), kandierte Früchte in allen Varianten und prächtig verpackt. Im Salon de thé eine Kaffeepause mit einer Charlotte au chocolat!

Märkte und Feste

●Dienstags- und Samstagsmarkt.

●**Salon des Antiquaires** (Antiquitätenmesse), Anfang März im Ausstellungspark.

●**Commémoration de la délivrance** (Jeanne d'Arc-Fest), wochenlange Festivitäten in der fahnengeschmückten Stadt: 29. April Einzug Jeanne d'Arcs, 7. Mai Übergabe des Banners, 8. Mai Parade.

●**Marché médiéval** (Mittelalterlicher Markt), 7./8. Mai.

●**Festival de Jazz,** Mitte Juni auf dem Campo Santo. Hervorragende Interpreten, sachkundiges Publikum.

Kanu/Kajak

●**Montjoie Canoe,** Levée de la Loire, Saint-Denis-en-Val, Tel. 02.38.64.98.85. Vermietung oder thematisches Flusswandern mit Begleiter. Übernachtungsmöglichkeit im Gîte d'étape.

●**Canoe-Kajak Club d'Orléans,** Base de loisirs de l'Ile Charlemagne, Saint-Jean-le-Blanc, Tel. 02.38.66.14.80. Unter der neunbogigen Brücke George V (problemloser auf der rechten Seite) hindurch, am Kormoranbaum und der Loiret-Mündung vorbei in einem Tag nach Meung-sur-Loire.

Rad fahren

Auf dem linken Loireufer ab Ile Charlemagne (Freizeitzentrum mit Badestrand und Kinderspielplätzen) schöner Dammweg nach Sandillon, Jargeau, Châteauneuf. In der anderen Richtung beginnt bei der Brücke George V, ebenfalls auf dem linken Ufer, der Radweg nach Beaugency.

●**Base de loisirs de l'Ile Charlemagne,** Saint-Jean-le-Blanc, Tel. 02.38.51.92.04.

●**Kit Loisirs,** 1720, rue Marcel Belot, Olivet, Tel. 02.38.63.44.34.

Bootsausflug

●**„Le Sologne",** 315, route de la Reine Blanche, (Restaurant „Le Madagascar"), Olivet, Tel. 02.38.51.12.12. Rundfahrt auf dem Loiret.

Anreise/Weiterreise

●**Mit dem Flugzeug:** Aérodrome de Saint-Denis-de-l'Hôtel, Tel. 02.38.59.18.34.

●**Mit dem Auto:** Von Paris über A 10 (L'Aquitaine), von Fontainebleau über N 152, von Montargis über N 60.

●**Mit der Bahn:** Fast stündlich Züge von Paris (Gare d'Austerlitz) nach Orléans-Les Aubrais. Anschlusszüge *(navettes)* zum Zentralbahnhof Orléans-Centre.

●**Mit dem Bus:** Rapide du Val de Loire Linie 3 (Orléans – Chécy – Châteauneuf – Germigny – Saint-Benoît – Sully – Dampierre – Gien – Briare – Bonny) und Linie 7 (Orléans – Orléans-la-Source – Jargeau – Châteauneuf – Tigy – Sully – Gien – Cernoy). Abfahrt am Busbahnhof *(Gare routière)* nördlich der Ringboulevards, rue Marcel Proust.

Orléanais

Durch die Sologne

Überblick

Die Sologne ist ein dünn besiedeltes Sumpfland, in dem an den sandigen Rändern der berühmte Spargel wächst, sonst aber nur Wald und Heide auf schlechten Böden, die den Bauern bis heute das Leben schwer machen. Im Mittelalter hatten die Mönche großflächig abgeholzt und nicht bedacht, dass der lehmige Untergrund das Grundwasser stauen musste. Mit der systematischen Anlage von Teichen gelang dann die Trockenlegung der malariaverseuchten Sümpfe. Das entwässerte Land diente fast ausschließlich der Schafzucht, die zwar genügend Wolle für die lokale Tuchproduktion lieferte, die mageren Böden aber zur Heide degradierte, bis im 19. Jh. die Aufforstung mit Nadelhölzern begann und es unter Pariser Industriellen Mode wurde, sich in der Sologne Jagdschlösser zu kaufen. Dem armen „Solognot" blieb nur die Karriere als Jagdaufseher oder Wilderer, ein Mythos, der noch heute in Filmen beliebt ist.

Im Loireknie gelegen, ist die Sologne eine ausgedehnte Landfläche, die man nur in Nord-Südrichtung (Orléans – Vierzon) schnell durchqueren kann (A 71 oder N 20). In Ost-West-Richtung (Gien/Sully – Beaugency/Chambord) muss man sich eine Route aus Departementstraßen zusammenstellen. Wer in Gien, Orléans oder Blois/Chambord Quartier bezieht, wird den einen oder anderen Tagesausflug in die Sologne einplanen. Naturliebhaber sollten aber ihren Stützpunkt in der Sologne selbst suchen und sich von Norden (La Ferté-Saint-Aubin) oder Süden (Romorantin-Lanthenay) her auf Entdeckungstour machen. Am besten man quartiert sich gleich im Raboliot-Land ein, denn hier hat man alles auf einmal: die Einsamkeit der Teiche, die Romantik des Sauldre-Kanals und die schönsten Dörfer. Die vielen kleinen Straßen prädestinieren die Sologne zum Eldorado für Radler, das ausgedehnte Wegenetz zum Wanderparadies. Der naturnahe Tourismus wird übrigens von ökologisch engagierten Organisationen mit Informationsmaterialien und lehrreichen Exkursionen nachhaltig unterstützt.

Karte

● Spezialkarte „Sologne", IGN 3615. Mit Wanderwegen, Naturlehrpfaden, Ferme-Auberges, Campingplätzen, Gemeinschaftsunterkünften, Fahrrad- und Wohnwagenverleih.

Exkursionen

● **Sologne Nature Environnement,** 1, avenue de Toulouse, 41600 Nouan-le-Fuzelier, Tel. 02.54.88.79.74, Fax 02.54.88.95.76. Halbtags- und Ganztagsexkursionen, Ausstellungen, Schriften.
● **Sologne Horizon,** 45240 Sennely, Tel. 02.38.76.94.78. Thematische Wanderungen.

La Ferté-Saint-Aubin

☞ II/B2

Orléanais

Château La Ferté-Saint-Aubin *
● **Stil:** Klassizismus (17. Jh.)
● **Besonderheit:** Naturstein-Ziegel-Kombination
● **Höhepunkt:** 40 ha großer Park mit Modellbauernhof und Märcheninsel (für Kinder)
● **Animation:** Im Sommer Darbietungen im Dressurreiten
● **Auskunft:** Tel. 02.38.76.52.72
● **Öffnungszeiten:** 10-19 Uhr
● **Eintritt:** 6,86 €.
● **Tipp:** Gästezimmer im Schloss zu gehobenen Preisen

Jean Renoirs „Spielregel" (La Règle du Jeu, 1939) wurde in der Sologne gedreht. Man erinnert sich an die Ankunft der Gäste im Schloss, die Hasenjagd, die Liebesintrigen, das tragisch-absurde Ende des Fests, als der Wilderer – als Jagdhüter engagiert – den Nebenbuhler des Schlossherrn erschießt. Die **Filmkulisse** steht an der nördlichen Ortseinfahrt, gleich nach Überquerung des Cosson-Flusses, wo bis 1562 noch eine Burg (la ferté = la forteresse) aus dem 11. Jh. wachte. An ihrer Stelle ist dann – in zwei Bauabschnitten – dieses Schloss errichtet worden: zunächst (1600 bis 1620) das „Petit Château" (linker Wohntrakt) und das Eingangstor, dann (ab 1630) das „Grand Château" (rechter Wohntrakt), die Stallungen und die Eingangspavillons. Besonders eindrucksvoll sind die schlichte Gebäude, die keine aufgesetzte Ornamentik schmückt,

Durch die Sologne

sondern das unterschiedlich schillernde Rosa der Sologne-Ziegel, die mit den Bernsteintönen des Apremont-Natursteins einen sanften Kontrast eingehen. Zu besichtigen sind 15 Räume des teilweise noch bewohnten Schlosses, außerdem die Dachböden und im Keller die feudalen Küchen.

Umgebung

9 Kilometer östlich lädt zwischen Marcilly und Ménéstreau-en-Villette (D 108) die **Domaine du Ciran** zu einer andersartigen, naturnäheren Besichtigung. Interessierte können auf dem 300 ha großen **Landgut** wohnen, im Schlossmuseum die traditionellen Tierfallen, Werkzeuge und Haushaltsgeräte identifizieren und auf einem beschilderten Rundweg – mit Gummistiefeln, Fernglas und Wegbeschreibung ausgerüstet – Flora und Fauna der Sologne kennen lernen.

14 Kilometer westlich ist, kurz vor Ligny-le-Ribault (D 61), noch die **Tuilerie de la Bretêche** in Betrieb, eine **Ziegelei,** wie sie früher vor allem im Norden der Sologne sehr häufig anzutreffen war. Mauer- und Dachziegel waren ursprünglich das Privileg der Stadtpaläste und Schlösser, die meist ihre eigene *tuilerie-briqueterie* hatten. Seit dem 19. Jh. wurde der Backstein auch

Eingangspavillons von
La Ferté-Saint-Aubin

auf dem Land zum Hauptbaustoff, der den Solognedörfern bis heute ihr unverwechselbare Rosa verleiht.

Praktische Hinweise

Information

●**Office de tourisme,** Rue des Jardins, 45240 La Ferté Saint-Aubin, Tel. 02.38.64.67.93. Kutschenfahrten im Juli/August.

Hotel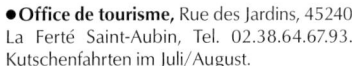

●**Château des Muids***,** N 20 5 km südlich, Tel. 02.38.64.65.14, Fax 02.38.76.50.08. Man wünscht nicht gerade billig (58-92 €), aber zauberhaft in diesem Landschloss (18. Jh.), in dessen Restaurant Wildspezialitäten auf der Karte stehen. Freilaufende Hirsche, aber auch Schwimmbad und Minigolf im Park. Fahrradverleih.

Alter Brique-Ofen in der Sologne

0890 Foto mi

Gruppenunterkunft

●**Domaine de Ciran,** Ménestreau-en-Villette, Tel. 02.38.76.90.93, Fax 02.38.69.44.30. Sologne-Landgut (300 ha Wald, Heide, Teiche), 5 Mehrbettzimmer (um 10 € pro Person) mit Küche und Aufenthaltsraum, auch Campingplatz. Schlafsack mitbringen, außerdem Stiefel und Fernglas zur Naturbeobachtung. Auberge und Verkauf von Milch und Käse. Tagesbesucher zahlen 4,75 € (2,44 €) Eintritt.

Camping

●**Camping municipal du Cosson**,** 1, avenue Lowendal, Tel. 02.38.76.55.90, geöffnet April–September. Freibad gegenüber.

Restaurants

●**Auberge de l'Ecu de France,** 6, rue de Général-Leclerc, Tel. 02.38.64.69.22, Dienstagmittag und Mittwoch geschlossen. Stets wechselnde Karte mit einfachen, aber frisch und delikat zubereiteten Gerichten (Menü um 20 €). Direkt dem Schloss gegenüber!
●**Ferme de la Lande,** Route de Marcilly-en-Villette (D 921), Tel. 02.38.76.64.37, Sonntag mittags und Montag geschlossen. Stimmungsvolles Sologne-Haus (17. Jh.), früher zum Schloss La Ferté gehöriger Bauernhof, mit gehobener Regionalküche (Menüs 21-35 €) à la Entenbrust in Cidre und Honig.

Spezialitäten

●**La Petite Ferme,** 400, route d'Orléans, Tel./Fax 02.38.64.63.73. Auf der Milchschaffarm kann man den Zuchtbetrieb sehen und Brebis-Produkte (Joghurt, Käse, Quiche) kaufen. Degustation zum Aperitif.

Golf

●**Golf des Assises** (27 Löcher), N 20, Tel. 02.38.64.80.87.
●**Golf Club de Sologne** (18 Löcher), Route de Jouy-le-Potier (D 18), Tel. 02.38.76.57.33.
●**Golf de Marcilly** (18 Löcher), Domaine de la Plaine, Tel. 02.38.76.11.73. Familienfreundlich.

Orléanais

Reiten

- **Le Haras de la Papinière,**
Route de Trays, Tel. 02.38.64.60.02.
- **Centre équestre „Les 4 Routes",**
Les 4 Routes, Tel. 02.38.76.92.77.

Fahrradverleih

- **Roue libre,** 161, avenue du Général Leclerc, Tel. 02.38.76.58.28.
- **Boucherie Marchand,** 17, place du 8 mai, Ménestreau-en-Villette, Tel. 02.38.76.90.03.

Anreise/Weiterreise

- **Mit dem Auto:** auf der Nord-Süd-Route über A 71 oder N 20 (Orléans – Vierzon); auf der Ost-West-Route über D 921/D 103 (Jargeau – Beaugency). Nebenstrecken nach Chambord (D 61) und Romorantin-Lanthenay (D 922).
- **Mit der Bahn:** Linie Orléans – Vierzon/ Bourges.

Am Sauldre-Kanal

Die wasserreiche Sologne wird von zahlreichen Flüssen durchzogen. Die beiden längsten, Beuvron und Sauldre, nähern sich im Oberlauf auf wenige Kilometer. Hier, im östlichen Teil der Sologne, spielt *Maurice Genevoix'* erfolgreicher Heimat-Roman „Raboliot" (Goncourtpreis 1925), dessen Titelgestalt, ein populärer Wilderer, für die Sologne steht, „wie sie einmal war". Es ist daher üblich geworden, den schmalen Streifen zwischen den Flüssen Beuvron und Sauldre als **Pays de Raboliot,** Raboliot-Land, zu bezeichnen.

Lamotte-Beuvron   ⤢ II/B3

Das Tor zum Raboliot-Land ist Lamotte-Beuvron, ein **Landstädtchen,** das im 18. Jahrhundert nur ein kleiner Weiler des Tuchweberdorfes Vouzon war. Was mit der Begradigung der Königsstraße (1760) begann, wurde mit der Eröffnung des Bahnhofes (1847) und dem Bau des Sauldre-Kanals (1848 bis 1885) zum „Wirtschaftswunder": Von *Napoleon III.* dazu ausersehen, den landwirtschaftlichen Aufschwung anzukurbeln, entwickelte sich der Verkehrsknotenpunkt zur heimlichen Hauptstadt der Sologne.

Heute erreicht man das Provinzstädtchen schnell auf der Autobahn (A 71 Orléans – Vierzon). In den Läden der von Ziegelresidenzen (19. Jh.) gesäumten Hauptstraße können Wanderer sich gut mit Proviant eindecken, bevor sie im **Park von Saint-Maurice,** ihre Runden drehen (ausgeschilderte Spazierwege von 1 bis 3 Stunden) oder vom Kanalbassin aus dem Treidelweg des Canal de la Sauldre folgen (auf GR 31 Richtung Brinon-sur-Sauldre).

Der Sauldre-Kanal   ⤢ II/BD3

Zwischen Beuvron und Grande Sauldre begann man also Mitte des 19. Jh. mit dem Bau einer Wasserstraße, die unterhalb des Loireknies eine Verkürzung der Transportwege bringen sollte. Dieser Sauldre-Kanal blieb jedoch ein Torso, **verbindet nur Blancafort mit Lamotte-Beuvron** und verbleibt so im Ostteil der Sologne, die er eigentlich durchqueren, für den Warenverkehr öffnen sollte.

Nur bis zum 1. Weltkrieg wurde mit Lastkähnen Mergel aus dem Pays Fort geholt, um die übersäuerten, kalkarmen Böden der Sologne für die Landwirtschaft fruchtbar zu machen.

Doch aus dem Projekt eines Loire-Cher-Verbindungskanals wurde nichts, und so erinnert die **stillgelegte Wasserstraße** an eine Pionierzeit, die ins Stottern kam und außer ein paar Schleusen nur Nadelforst und neue (Industriellen-)Schlösser hinterließ. Die Natur hat sich den Kanal zurückgeholt, und der Wanderer fühlt sich heute auf den Spuren der Wilderer, die damals zum Mythos wurden, weil sie als Rebellen gegen Staatsgewalt und heimatfremden Privatbesitz die Bauern auf ihrer Seite hatten.

Von Dorf zu Dorf

Die schönsten Sologne-Dörfer sind über ein Netz von **Wanderwegen** miteinander verbunden. Dabei ist die Kanalroute von Lamotte-Beuvron nach Brinon-sur-Sauldre die Achse, von der aus beliebige Abstecher nach Norden und Süden möglich sind.

Es lässt sich auch eine **Rundwanderung** konzipieren, die zunächst in einer Nordschleife von Lamotte-Beuvron über Souvigny-en-Sologne nach Brinon-sur-Sauldre führt und auf dem Rückweg vom Kanal weg schließlich nach Süden schwenkt, um über Pierrefitte-sur-Sauldre und Nouan-le-Fuzelier wieder den Ausgangspunkt zu erreichen.

Es empfiehlt sich eine Mehrtagestour, damit man sich in den sehenswerten Dörfern Zeit lassen und unterwegs möglichst oft in **Wirtshäusern** einkehren kann. Es häufen sich hier nämlich die guten Adressen, die traditionelle Gastfreundschaft mit verfeinerter Kochkunst verbinden.

Souvigny-en-Sologne und **Brinon-sur-Sauldre** wirken wie Freiluftmuseen, da keine störenden Stromkabel (man hat sie unter die Straße verbannt) den Blick auf die schön restaurierten Backstein- und Fachwerkhäuser durchkreuzen. Bemerkenswert sind die Kirchen (jeweils 12. bis 16. Jahrhundert) mit dem charakteristischen *caquetoir,* einer aufwändig angebauten Holzgalerie, die vor, während oder nach der Messe für ausgedehnte Schwätzchen (frz. *caqueter* = gackern) den nötigen Regenschutz bietet.

Kirche von Brinon-sur-Sauldre

Orléanais

©Foto: mi

Schmucke Sologne-Dörfer sind auch **Chaon, Pierrefitte-sur-Sauldre** und nicht zuletzt **Nouan-le-Fuzelier,** das sich mit seinem imposanten Kirchturm (Backstein mit Rautenmuster), den gemütlichen Auberges und rührigen Informationsstellen (Office de Tourisme, „Sologne-Nature-Environnement") für naturnahe Urlauber als Stützpunkt empfiehlt. Da die Verkehrsanbindungen mit jenen von Lamotte-Beuvron vergleichbar sind und es von hier aus nur ein Sprung in die Teichregion ist, hat sich Nouan-le-Fuzelier mittlerweile zum heimlichen Touristenzentrum der Sologne entwickelt.

Praktische Hinweise

Information

●**Office de tourisme,** 29, rue du Bourg Neuf, 41600 Nouan-le-Fuzelier, Tel. 02.54.88.76.75, Fax 02.54.88.19.91.
●**Syndicat d'Initiative,** Mairie, 41600 Lamotte-Beuvron, Tel. 02.54.88.00.28, Fax 02.54.88.55.39.
●**Syndicat d'Initiative, Mairie,** 41300 Pierrefitte-sur-Sauldre, Tel. 02.54.88.63.23, Fax 02.54.88.67.15.
●**Union pour la Culture Populaire en Sologne** (UCPS), 9, avenue de Toulouse, 41600 Nouan-le-Fuzelier, Tel. 02.88.71.09.

Hotels

●**Le Tatin****, 5, avenue de Vierzon, Lamotte-Beuvron, Tel. 02.54.88.00.03, Fax 02.54.88.96.73, sonntagabends und Montag geschlossen. Traditionsreiches Familienhotel direkt am Bahnhof. Im kleinen Salon steht der Ofen, an dem die Schwestern Tatin um die Jahrhundertwende ihre berühmte Tarte kreierten. Konventionelle Küche. Zimmer 43-69 €, Menüs 20-45 €.
●**Auberge de la Croix Blanche****, Rue des Etangs, 41600 Souvigny-en-Sologne, Tel.

02.54.88.40.08, Fax 02.54.88.91.06, dienstagabends und Mittwoch Ruhetag. Mitten im Dorf und trotzdem still, kitschig eingerichtete Zimmer (43 €), ausgezeichnete Regionalküche (Wochentagsmenü 12 €, Halbpension 34-42 €).
●**Moulin de Villiers,** Route de Chaon (D 44), Nouan-le-Fuzelier, Tel 02.54.88.72.27, Fax 02.54.88.78.87. Eine ehemalige Mühle im Herz der Sologne, deren Maschinerie noch in den Speisesaal ragt; romantisch an einem Waldteich gelegen; schlichte Zimmer (30-55 €); einfache, schmackhafte Küche.

Gemeinschaftsunterkunft

●**Village Vacances Sologne,** Ferme de Courcimont, Nouan-le-Fuzelier, Tel. 02.54.96.17.06, Fax 02.54.88.17.65. Juli–August für Familien reserviert, steht die Ferienanlage außerhalb der Saison für Schulklassen, Seminare und sonstige Gruppen zur Verfügung.

Camping

●**La Grande Sologne*****, 1, avenue Cauchois, Nouan-le-Fuzelier, Tel. 02.54.88.70.22. Schattiger Zeltplatz mit Pool, Restaurant, Fahrradverleih.
●**Domaine des Alicourts******, Route de Chaon (D 126), Pierrefitte-sur-Sauldre, Tel. 02.54.88.63.34, Fax 02.54.88.58.40, geöffnet Mitte Mai bis Mitte September. Ein Freizeitpark mit künstlichem See (6 ha), unzähligen Sportmöglichkeiten, Spielplätzen, Animation und Veranstaltungen. Auch Vermietung von Campinghäuschen und Wohnmobilen.

Restaurants

●**La Perdrix Rouge,** 20-22, rue du Gâtinais, Souvigny-en-Sologne, Tel. 02.54.88.41.05, Fax 02.54.88.05.56. Wie der Name („Rotes Rebhuhn") schon sagt, liegt der Akzent auf Geflügel und Wild, raffiniert zubereitet. Menüs 12-45 €, sehr guter Weinkeller, altmodisch überladenes Dekor.
●**La Solognote,** Grande-Rue, Brinon-sur-Sauldre, Tel. 02.48.58.50.29, Fax 48.58.56.00, dienstagabends und Mittwoch geschlossen. Gemütlicher Landgasthof mit sympathischen Wirtsleuten und Michelin-Stern; delikate Zu-

bereitung frischer Sologne-Produkte zu moderaten Preisen (Menüs ab 20 €); für Durchreisende zugleich eine angenehme Übernachtungsadresse mit ruhigen Zimmern (50-70 €).

●**Le Croc Noir,** Pierrefitte-sur-Sauldre, 2 km Richtung Salbris, Tel. 02.54.88.63.00, Montag und Dienstag jeweils abends geschlossen. Alte Schäferei (15. Jh.) mit eindrucksvollem Dachstuhl, dient als Ferme-Auberge, wo je nach Saison Wild- oder Spargelgerichte auf den Tisch kommen. Das kräftige Menü kostet etwa 15 € (Kinder 8 €) und umfasst Vorspeise (Rohkost oder Terrine), ein Fleischgericht, Käseplatte und Dessert. Ideale Einkehr für Weitwanderer (GR 31), unbedingt vorbestellen!

●**Le Dahu,** 14, rue Henri-Chapron, Nouan-le-Fuzelier, Tel 02.54.88.72.88, Dienstagabend und Mittwoch geschlossen. Ein solognotisches Bauernhaus, das *M. und Mme Germain* in ein elegantes Restaurant verwandelt haben; feine Gerichte, schöne Weine, stiller Garten. Wochentags Menüs ab 15 €, sonst ab 22 €.

●**Le Raboliot,** 1, av. de la Mairie, Nouan-le-Fuzelier, Tel. 02.54.94.40.00, Fax 02.54.94.40.04. Traditionslokal mit Spezialitäten wie Spargel in Blätterteig, Zander in Hummersauce oder Garenne-Hase in Cheverny-Wein. Menüs 14-34 €, im Bistro ein preiswertes Schnellgericht auf Großmutters Art (*„à l'ancienne"*).

Märkte und Feste

●**Marché du Terroir** (Bauernmarkt), Freitagvormittag in Lamotte-Beuvron.
●**Les Musicalies de Sologne,** Anfang Mai in Pierrefitte-sur-Sauldre.

Reiten

●**Domaine de Saint-Maurice,** Lamotte-Beuvron, Tel. 02.54.88.22.42. Die Landwirtschaftsschule bietet Kindern (2,30 € Halbtages-, 4,60 € Ganztagestarif) neben Ponys zum Reiten auch Schafe, Hasen, Esel in typischer Sologne-Landschaft.
●**Centre de Tourisme Équestre,** Ferme du Vieux Château, Nouan-le-Fuzelier, Tel. 02.54.88.74.73. Auch Ponys und Kutschenfahrten.

Fahrradverleih

●**Garage Bruandet-Paret,** 12, rue de l'Eglise, Souvigny-en-Sologne, Tel. 02.54.88.43.18.

Anreise/Weiterreise

●**Mit dem Auto:** Auf der Nord-Süd-Achse schnell über A 71 oder N 20 (Orléans – Vierzon).
●**Mit der Bahn:** Linie Orléans – Vierzon/Bourges mit Halt in Lamotte-Beuvron oder Nouan-le-Fuzelier.

Die Teichregion von Saint-Viâtre

Saint-Viâtre   ⌔ VII/D2

Saint-Viâtre ist das Tor zu den größten Teichansammlungen im Zentrum der Sologne. Der Ortsname geht auf den Eremiten *Viator* zurück, der im 6. Jh. in die Sologne kam und seit dem 11. Jh. in der Krypta der **Dorfkirche** begraben liegt. In Prozessionen trug man später den Schrein mit seinen Gebeinen zu einem Ende des 15. Jh. am nördlichen Dorfausgang errichteten Ziegelbau *(Chafaud),* wo der Heilige gegen das Sumpffieber um Hilfe angerufen wurde. Sehenswert beim Besuch der Kirche vor allem das Portal aus dem 14. Jh. (Blätterfries, Kapitell mit Holzfäller) und ein vierteiliges Altarbild über das Leben des Einsiedlers.

An der Dorfstraße reihen sich typische Ziegel- und Fachwerkhäuser, von denen eines der ältesten (18. Jh.) das **Maison des Etangs** geworden ist. Es lohnt sich, in diesem kleinen **Museum** die Schaubilder und Modelle zur Tech-

Orléanais

nik des Teichbaus zu studieren, bevor man – am besten mit dem Rad (für etwa 2 Stunden) – zu einer romantischen Teichrundfahrt aufbricht.

●**Maison des Etangs,** Tel. 02.54.88.23.00, Öffnungszeiten: Juli–August außer Donnerstag 10-12/15-18 Uhr; sonst nach Verabredung. Auch Informationsstelle für naturkundliche Exkursionen. Eintritt: 3,05 €.

Teichrundfahrt (Radtour mit Wanderabschnitten)

Man verlässt den Ort in südwestlicher Richtung auf der Departementstraße

Teichmuseum von St. Viâtre

nach Marcilly-en-Gault (D 49). Ein Kilometer hinter Saint-Viâtre führt ein Fußweg zum **Etang des Brosses** („Bürstenteich"), dessen verlandetes Heideufer die zum Besenbinden verwendete *brémaille* liefert.

Zurück zur Straße und weiter bis **Marcilly-en-Gault,** wo noch einige uralte Fachwerkziegelhäuser (16. Jh.) stehen.

Wenn man im Ort rechts Richtung Neung-sur-Beuvron abzweigt, verlässt nach dem Friedhof erneut rechts ein beschilderter Wanderweg (Sentiernature) die Landstraße (D 121). Wenig später biegt von ihr auch eine kleine Straße, die **Route de Bièvre,** rechts ab Richtung La Ferté-Beauharnais. Es ist eine idyllische Strecke, die durch den

Orléanais

Wald von einem Teich zum nächsten führt und auf den am Etang du Brou auch der genannte Sentier-nature stößt.

Links passiert man nun einen der größten Teiche (62 ha), der heute das Wasser von circa 40 (einst 98!) Nachbarweihern aufnimmt, bevor er sich in den Néant-Bach entleert: der **Etang de Bièvre** mit seinem auf dem Damm errichteten Schloss (Anfang 20. Jh.).

Kurz danach sind links auf einem Abstecher zu Fuß noch drei weitere Weiher zu erkunden, bevor auf der Route de Bièvre rechter Hand die von Enten bevölkerte Wasserfläche des **Etang de Marcilly** sichtbar wird. An der Kreuzung muss man sich entscheiden, ob es weiter nach La Ferté-Beauharnais oder zurück nach Saint-Viâtre gehen soll.

Ornithologisch Interessierte fahren auf jeden Fall noch ein Stück geradeaus zum **Etang des Marguilliers,** wo sich neben verschiedensten Entenarten vor allem Lachmöwen und Schwarzhalstaucher beobachten lassen.

Biegt man dagegen auf die Departementstraße nach Saint-Viâtre (D 63) ab, so führt der Weg vorbei an der Bilderbuch-Domäne von **Favelle** mit Teich, Park, Ziegelschloss (16./17. Jh.), Kapelle und Haus des Jagdhüters.

Sumpfiger Teich in der Sologne

Der Teich –
Ökonomie und Ökologie

„Ein Teich ist kein Wasserloch", beginnt *Madame Marseille* ihre Führung durch das Maison de l'Etang, „ein Teich ist eine Kostbarkeit". Vor allem in einer Gegend mit sandigtonigen Böden, die – zur Versumpfung neigend – landwirtschaftlich kaum nutzbar sind! So wird der Bauer zum Teichwirt und kann sich entscheiden, ob er seinen Weiher an einen Fischzüchter verpachtet oder selbst das Metier wechselt.

Noch lukrativer ist **die Jagd,** denn das Wasser lockt Enten, Fasane, Rebhühner, Rehe, Wildschweine und vor allem die reichen Pariser an, die für einen Tag mehr zahlen als das Fischzuchtunternehmen an Jahrespacht.

Früher wurde am Teich auch Wäsche gewaschen, Flachs „geröstet", Schilf geerntet und auf dem Schlick des Teichbodens regelmäßig Hafer oder Roggen angebaut. „Als Kind führte ich unsere 20 Milchkühe und sieben Zugpferde an den Teich zur Tränke", erinnert sich *Madame Marseille*, „so musste ich schon nicht so viel aus dem 20 Meter tiefen Brunnen holen."

Im Prinzip genügt es, die Sand-Ton-Mulden durch einen Erdwall abzuriegeln, und schon sammelt sich das Regenwasser. „Aber Vorsicht", warnt *Madame Marseille* und kommt auf **Grundregeln des Teichbaus** zu sprechen: Den Damm nur aus wasserundurchlässigem Ton errichten! Die ausgehobene Teichgrube wieder mit der abgetragenen Humusschicht bedecken! Seerosen nehmen den Fischen das Licht! Vor allem sich mit den Nachbarn absprechen! Denn der eigene Weiher ist nur ein Glied in der Weiherkette, braucht Zufluss- und Abflussgräben, soll er termingerecht gefüllt und geleert werden. Daher der Rinnenstock (*la bonde*), mit dem sich der Wasserstand regulieren lässt. Kein Zufall, dass er zum Wahrzeichen der Teichregion wurde.

Von St. Michaelis (29. September) an werden die Zapfen gezogen: ein Weiher nach dem anderen entleert sich. **Die Fischer** rollen das große Netz in die schrumpfende

Wassertasche, in die sich Karpfen, Schleien, Hechte panisch drängeln. Damit die Fische nicht über Gebühr leiden und sich nicht lauter Graureiher auf die Beute stürzen, muss immer noch genügend Wasser am Teichboden verbleiben, in dessen silbernes Gezappel die Fischer dann ihre Schöpfnetze tauchen. Früher stand der Sortiertisch gleich auf dem Damm, heute wird der Fang in Containern zur Fischfabrik gefahren, und dann weiter nach Paris oder – zu Weihnachten – nach Deutschland. Die Einheimischen essen zwar lieber Wild oder Seefisch vom Atlantik, kommen aber in Festtimmung zu den Weihern, wenn die Lokalpresse die Fangtermine ankündigt. Sobald die Fischwagen abfahren und der Teichboden bloßliegt, dürfen auch sie Gummistiefel anziehen und – besonderes Kindervergnügen – im Schlick herumwaten auf der Suche nach entwischten Karpfenbabys. Nur ein Drittel der fast 3000 Sologne-Teiche wird kontinuierlich für die Fischzucht genutzt und daher regelmäßig mit Kalk und Kunstdünger versetzt, von Schilf befreit oder rigoros mit dem Bagger entlandet.

Die anderen Teiche haben sich in Biotope verwandelt und bieten mit ihren verschilften Ufern und der teilweise zugewachsenen Wasseroberfläche ideale Nistplätze für etwa **40 Vogelarten.** Neben sieben Entenarten (Stock-, Löffel-, Chipeau-, Krick-, Knäk-, Berg- und Reiherente) brüten vor allem verschiedene Taucher (Schwarzhals- und Haubentaucher), Seeschwalben (Trauer- und Weißbartseeschwalbe) und Kolonien von Lachmöwen, die mit ihrem lauten Alarmgeschrei im Röhricht Wachtposten beziehen. Dann verharren die äußerst seltenen Rohrdommeln (Große und Zwergrohrdommel) in tarnender Pfahlstellung zwischen den Binsen, wo auch der Graureiher zu Hause ist und vereinzelt sogar noch der kleinere Purpurreiher anzutreffen ist. Als Fischräuber sind den Züchtern neben den Graureihern besonders die in der Sologne überwinternden Kormorane ein Dorn im Auge. Sie werden – lässt *Madame Marseille* durchblicken – mit dem Jagdgewehr dezimiert, während die Eisvögel mit der Betonierung der Abflussgräben – ihrer üblichen Nistplätze – ganz „von selber" weniger werden.

Orléanais

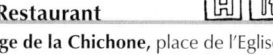

La Ferté-Beauharnais ⤳VII/C2

Liegt weniger idyllisch dort, wo die alte Verkehrsader Orléans – Romorantin – Poitiers die Teichzone durchschneidet. Der zweiteilige Ortsname erinnert einerseits an die längst zerstörte Burg *(la ferté)* aus dem 11. Jh. und meint andererseits den Familienstammsitz der *Beauharnais,* deren **Schloss** erst im 18. Jh. erbaut wurde.

Wesentlich älter als das Schloss sind zwei Häuser aus dem beginnenden 16. Jh., die damals den durchreisenden Kaufleuten wohl als Herberge gedient haben: das **Maison du Carroir** mit seinem schweren Fachwerk (zentrale Kreuzung) und die **Cour de l'Ecu** mit dem magischen Viereck im Ziegelmuster (schräg gegenüber Richtung Lamotte-Beuvron).

Praktische Hinweise

Hotel-Restaurant

●**Auberge de la Chichone,** place de l'Eglise, Saint-Viâtre, Tel. 02.54.88.91.33, Fax 02.38.67.88.43, Sonntag mittags und montags geschlossen. Direkt neben der Kirche dieser typisch solognotische Landgasthof. Kräftige Fleisch- und Fischgerichte für Jäger und Radfahrer. Zimmer 45 €, Menüs 15-30 €.

Teich bei Nouan-le-Fuzelier

Fahrradverleih

●**L'Auberge Solognote,** 3, rue de la Paix, Saint-Viâtre, Tel. 02.54.88.93.16.

Markt

●**Wochenmarkt,** donnerstags auf dem Kirchplatz von Saint-Viâtre.

Romorantin-Lanthenay ⚲ VII/C3

Im Südwesten, wo sich die breiter werdende Sauldre mehrfach verzweigt, liegt die Hauptstadt der Sologne. Der Ortsname „Romorantin" leitet sich aus dem keltischen (*ritos* = Furt) und Gallischen (*morantin* = Sumpf) her. Lanthenay war ein Nachbarort, der 1961 eingemeindet wurde.

Geschichte

Romorantin war eine Dependance der Grafen von Blois, die im 16. Jh. für kurze Zeit **Königsresidenz** wurde. Denn 1499 floh *Ludwig XII.* aus dem pestverseuchten Blois nach Romorantin, wo seine Gattin *Anne de Bretagne* im selben Jahr noch *Claude de France* zur Welt brachte. Als „Reine Claude" sollte sie die Ehefrau *Franz I.* werden, der als *François Angoulême* im hiesigen Schloss des Valois-Seitenzweiges seine turbulente Jugend verbracht hatte. Als König wollte er hier für seine Mutter *Luise von Savoyen* einen neuen Palast, ja eine neue Stadt bauen. Mit dem Entwurf betraute er niemanden anders als *Leonardo da Vinci,* den er an einem Januartag des Jahres 1517 durch Romorantin führte. Doch aus dem Projekt wurde nichts: 1519 starb *Leonardo,* 1520 erreichte die Pest auch Romorantin, und *Franz I.* begann einen neuen Plan namens „Chambord" zu schmieden.

Unter *Heinrich IV.* gewann Romorantin zusehends wirtschaftliche Bedeutung als **Tuchwarenstadt.** Im 18. Jh. arbeiteten auf dem Gemeindegebiet 13 Filzmühlen (*moulins à foulons),* 130 Tuchmachermeister und 135 Weber. Das Maschinenzeitalter begann 1806 mit der Spinnerei & Weberei Normant, die Mitte des 19. Jahrhunderts fast 1200 Arbeiter beschäftigte und erst 1969 geschlossen wurde. Seit 1968 ist Matra der größte Arbeitgeber Romorantins, und der **Autobau** (Renault Espace) hat die Textilfabrikation als wichtigste Branche abgelöst.

Stadtrundgang

Während vom Schloss der Herzöge von Angoulême nur noch Reste übrig sind, zeugen drei gut erhaltene Stadthäuser sehr eindrucksvoll von jener Zeit. Wenn man den Wagen in der Mail des Platanes abgestellt hat, kommt man beim Einbiegen in die Altstadt hintereinander an der **Maison du Carroir doré** (15. Jahrhundert, heute Archäologisches Museum, Rue de la Pierre 21), am **Hôtel Saint-Pol** (Ende 15. Jahrhundert, Rue du Milieu

Hauseck in Romorantin

Orléanais

16) und am **Hôtel de la Chancellerie** (Anfang 16. Jahrhundert, Rue de la Résistance 14) vorbei. Bemerkenswert sind beim ersten Haus die holzgeschnitzten Eckpfeiler, beim zweiten die (sehr selten!) grün emaillierten Ziegel mit Rautenmuster, beim dritten das Fachwerk mit den eingelegten Ziegeln und wiederum die holzgeschnitzten Eckpfeiler (Dudelsackbläser). Eine Anekdote berichtet von der Vergnügungssucht und Eitelkeit des Königs *Franz I.,* der am 6. Januar 1581 beim ausgelassenen Spiel einen aus dem Hôtel Saint-Pol geworfenen brennenden Holzscheit abbekommen und die Narbe fortan hinter einem Bart versteckt haben soll.

Erst auf der Brücke über die Saudre ahnt man den besonderen Reiz der Stadt, die oft als **Sologne-Venedig** bezeichnet worden ist: der Fluss verzweigt sich mehrmals, so dass der Ortskern Inseln einschließt.

Rechts sieht man unterhalb des Schlosses den **Jacquemart-Turm** und – auf dem anderen Ufer – die **Mühlen** des Kapitels und der Stadt, die heute den dreiteiligen Komplex des **Sologne-Museums** bilden.

Links verbindet ein Steg den Stadtpark (Square Ferdinand Buisson) mit der kleinen **Ile de la Motte,** von der aus zwei weitere Inseln zugänglich sind. Eine davon ist die **Ile Marin,** die man über die Brücke direkt erreicht. Ihr Inselcharakter wird freilich erst erfahrbar, wenn man hinter der Stiftskirche **Notre-Dame-et-Saint-Etienne** (11. bis 13. Jh.) auf die Rue de Venise, einen von Fachwerkhäusern gesäumten Seitenzweig der Sauldre stößt. Im 18. Jh. standen hier dicht an dicht die Werkstätten der Tuchmachermeister und Weber.

Wenn man auf dem Rückweg aus dem Stadtpark kommt, kann man im Faubourg Saint-Roch noch die monumentale Fassade der alten **Manufaktur** (heute Matra) und schräg gegenüber im Park der Fabrikantenvilla (heute Rathaus) als Ausstellungsrelikt eine **chinesische Pagode** bewundern.

●**Musée de Sologne,** Tel. 02.54.95.33.66, außer Di täglich 10-18 Uhr, Eintritt: 3,81 €.

Umgebung

Château du Moulin * ♥
- ●**Stil:** Gotik (15.-16. Jh.)
- ●**Besonderheit:** Bruchstein-Ziegel-Kombination mit Rautenmuster
- ●**Höhepunkt:** Gesamtansicht mit Wassergräben
- ●**Auskunft:** Tel. 02.54.83.83.51
- ●**Öffnungszeiten:** 9-11.30/14-17.30 Uhr
- ●**Eintritt:** 4,57 €

Hinter Romorantin führen die Sehenswürdigkeiten in die Feudalzeit zurück. In westlicher Richtung (Mur-en-Sologne südlich ab nach Lassay-sur-Croisne bzw. Richtung Chémery) sind zwei grundverschiedene Baudenkmäler des 15. bzw. 16. Jh. zu besichtigen, das **Château du Moulin** und die **Locature de la Straize:** hier das extravagante Wasserschloss eines Getreuen *Karls VIII.,* dort das bescheidene, aus einem einzigen Raum bestehende Wohnhaus der Tagelöhner.

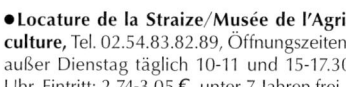

●**Locature de la Straize/Musée de l'Agriculture,** Tel. 02.54.83.82.89, Öffnungszeiten: außer Dienstag täglich 10-11 und 15-17.30 Uhr. Eintritt: 2,74-3,05 €, unter 7 Jahren frei.

In östlicher Richtung (D 724 nach Salbris) kommt man am größten Ziegelschloss der Sologne vorbei: das 1627 auf den Ruinen einer mittelalterlichen Burg erbaute **Château de la Ferté-Imbault** steht Besuchern nicht offen, seine imposante Kulisse kann nur durch das Gittertor betrachtet werden.

Praktische Hinweise

Information

●**Office de tourisme,** Place de la Paix, 41200 Romorantin-Lanthenay, Tel. 02.54.76.43.89. Stadtführungen, Ausflüge in die Sologne.

Camping

●**Tournefeuille****,** Rue Long-Eaton, Tel. 02.54.76.16.60. Schattige Plätze an der Sauldre, städtisches Schwimmbad gegenüber, Fahrradverleih.

Hotel-Restaurants

●**La Pyramide**,** Rue de la Pyramide, Tel. 02.54.76.26.34, Fax 02.54.76.22.28. Ruhiges Hotel mit geräumigen Zimmern (30-37 €). Auch sehr ordentliches Restaurant (Menüs 12-27 €).
●**Grand Hôtel du Lion d'Or****,** 69, rue Clemenceau, Tel. 02.54.76.00.28, Fax 02.54.88.24.87. Die alte Poststation mit dem zum Kräutergarten umgestalteten Renaissancehof gehört heute zur Kette „Relais et Châteaux" mit Zimmern nicht unter 100 €. Eine Adresse v. a. für Gourmets, denn zum Hotel gehört eines der besten französischen Restaurants, zwei Michelin-Sterne, Menüpreise zwischen 69 und 99 €. Küchenchef *Didier Clément* ist berühmt für seine kreative Sologne-Küche, zu der die Ehefrau *Marie-Christine* in Bibliotheken alte Rezepte ausgräbt.

Ferme-Auberge

●**Le Poirier Bizet,** 1,5 km östlich von Mur (D 765) rechts ab, Tel. 02.54.83.94.08, Dienstag und Mittwoch geschlossen. Bodenständige Küche, großzügige Portionen.

Märkte und Feste

●**Wochenmarkt** am Samstag.
●**Journées Gastronomiques de Sologne,** letztes Oktoberwochenende. Die kulinarische Messe der Region Centre ist ein Fest für Gourmets, und Feinschmeckerei ist in der Sologne keine Frage des Geldbeutels. Für 45 FF Eintritt Degustation an allen Ständen. Auskunft Tel. 02.54.96.59.19.

Fahrradverleih

●**O.T.S.I.,** Place de la Paix, Tel. 02.54.76.43.89.
●**J. Arnoux,** 13, rue de Saint-Viâtre, La Ferté-Imbault, Tel. 02.54.96.24.72.

Bootfahren

●Centre régional Jeunesse et Sports, Salbris, Tel. 02.54.97.11.16. Kanu/Kajak auf der Sauldre.

Anreise/Weiterreise

●**Mit dem Auto:** Von Orléans über A 71 und D 724, von Blois auf der D 765, von Vierzon auf der N 76 und ab Villefranche-sur-Cher D 922.
●**Mit der Bahn:** Zwischen Salbris, Romorantin und Valançay verkehrt regelmäßig die gemütliche (70 km/h) Regionalbahn „Le Blanc Argent", Tel. 02.54.76.02.72. Ausflugsfahrten inklusive Mittagessen.

Orléanais

Berry

096lo Foto: mi

097lo Foto: mi

Fachwerkfassaden in Aubigny-sur-Nère

Schlossküche in Valençay

Altes Eckhaus in St. Aignan

Pays Fort und Sancerrois

Überblick

Die Heidelandschaft der Sologne weicht im Osten den Feldern und Weiden des **Pays Fort,** das nach Süden zu großflächig bewaldet ist. Seine tonigen Mergelböden liefern nicht nur Dünger für die Landwirtschaft, sondern auch gute Knetmasse für die Töpferei.

Weiter Richtung Loire folgen die Hügel des **Sancerrois,** dessen kieselhaltige Kalkböden dem Sauvignon blanc seinen unverwechselbaren Feuersteingeschmack mitteilen. Im Übrigen widmeten sich Bauern, die mangels guter Böden nicht mit dem Wein reich werden konnten, immer schon der Ziegenzucht und Käseproduktion.

So ist dieser nördliche Teil des Berry heute eine kulinarisch hochinteressante Ausflugsregion, die mit ihren verschwiegenen Schlössern und dem einmaligen Töpferdorf La Borne zwar keine spektakulären, aber äußerst reizvolle Sehenswürdigkeiten zu bieten hat.

Das Fachwerkstädtchen Aubigny-sur-Nère und die Weinhochburg Sancerre verdienen einen längeren Halt, ansonsten streift man auf kleinen Straßen beliebig von Dorf zu Dorf und fühlt dann die melancholische Stimmung, die *Alain-Fournier* – übrigens auch ein Radfahrer – in seinem Roman so schön beschrieben hat. Man kann – auf dem Weg von Gien nach Bourges oder von Sancerre nach Bourges – die in diesem Kapitel beschriebenen Ziele als Abstecher einbauen. Sie eignen sich aber auch hervorragend für Ausflüge, die einen mehrtägigen Bourges-Aufenthalt besonders lohnend machen.

Aubigny-sur-Nère

⚹ **VIII/B1**

Auf dem Weg von Gien nach Bourges passiert man das Stuartstädtchen Aubigny. Es liegt am Ostrand der Sologne „über" der weitgehend unterirdisch fließenden Nère und trug früher den Beinamen *les-Cardeux* („die Wollweber), weil jahrhundertelang Schafzucht und Wollindustrie die Haupterwerbszweige waren. Heute dreht sich die Wirtschaft um Schmuck und Elektromechanik, doch man fügt sich gerne in den historischen Rahmen und eröffnet Geschäfte möglichst in Fachwerkhäusern, von denen – dank den Bemühungen der Stadtverwaltung – immer mehr unter dem alten Verputz zum Vorschein kommen.

Geschichte

Die ursprünglich gallo-römische Gründung Albiniacum war im Mittelalter Eigentum des Kathedralkapitels von Saint-Martin, dem die Kirche geweiht wurde. Der Kapetingerkönig *Philipp August* zog eine Schutzmauer, um den tourainischen Mönchen von Marmoutier gegen die umliegenden Feudalherren beizustehen. Nachdem die aufblühende Stadt während des Hundertjährigen Krieges zweimal (1359, 1412) von den Engländern gebrandschatzt worden war, ging sie samt umliegender Ländereien als Dankesgeschenk an den katholischen Feldherrn *John Stuart von Darnley*. Er war dem bedrängten *Karl VII.* mit seiner mehrtausendköpfigen Schottenarmee zu Hilfe gekommen und hinterließ nun seinen Erben ein kleines Stück Berry. Es war *Robert Stuart,* der – in der dritten Generation – das Stadtbild am nachhaltigsten prägte. Er organisierte nach der verheerenden Feuersbrunst von 1512 den Wiederaufbau und stellte aus seinen Waldbeständen das Holz bereit, das für die charakteristischen Fachwerkbauten gebraucht wurde.

Straße in Aubigny-sur-Nère

Berry

Sehenswertes

Château des Stuarts *
- ●**Stil:** Renaissance (16. Jh.)
- ●**Besonderheit:** Torbau
- ●**Höhepunkt:** Innenhof
- ●**Museen:** Musée de la Vieille Alliance franco-écossaise (Französisch-schottisches Museum), Musée Marguerite Audoux
- ●**Auskunft:** Tel. 02.48.81.50.00
- ●**Öffnungszeiten:** Juli-Mitte November täglich 14.30-19 Uhr
- ●**Eintritt:** 1,52 €.

Wenn samstags die Besucher zum weithin geschätzten Markt ins Zentrum kommen, sehen sie auf dem Boulevard de la République noch Überreste der mittelalterlichen **Stadtmauer.** Aus dieser Frühzeit stammen auch die romanischen Partien (12. Jh.) der ansonsten gotischen **Kirche Saint-Martin** (13. Jh.).

Die ältesten Häuser, unter ihnen das **Maison du Bailli** und das **Maison François Ier** (beide Rue de l'Eglise), wurden Anfang des 16. Jh. nach dem großen Brand errichtet.

Das zur selben Zeit renovierte **Stuartschloss** (heute Rathaus) birgt zwei kuriose Museen über die französisch-schottische Allianz und die Schriftstellerin *Marguerite Audoux,* die ihr trauriges Leben (Waisenkind, Freundschaft mit einer Nonne, Schäferin, unglückliche Liebe, Schneiderin, materielle Not, Augenleiden) in einer erfolgreichen Autobiographie („Marie-Claire" 1910) verewigte.

La Verrerie   ⤢ VIII/B1-2

Château de la Verrerie* ♥
- ●**Stil:** Renaissance (15./16. Jh.)
- ●**Besonderheit:** Backsteinschloss am Waldsee
- ●**Höhepunkt:** Arkadengalerie
- ●**Auskunft:** Tel. 02.48.81.51.60
- ●**Öffnungszeiten:** 10-12/14-18 Uhr
- ●**Eintritt:** 6,10 €.
- ●**Tipp:** Touristenmenü in der Auberge schließt Schlossführung ein, zwölf aristokratische Gästezimmer.

Die Renovierung des Stuart-Schlosses steht in unmittelbarem Zusammenhang mit dem kurz vorher abgeschlossenen Ausbau des 10 Kilometer südöstlich im Eichenwald von Aumône gelegenen **Lustschlosses** der Familie: La Verrerie. Man kann hier stilistisch verschiedene Bauepochen unterscheiden und wird feststellen, dass weder der nüchterne Langbau (15. Jh.) noch der bemüht verschnörkelte Parkflügel (19. Jh.) es mit *Robert Stuarts* zweistöckiger Arkadengalerie (16. Jh.) aufnehmen kann. Neben der Renaissance-Loggia hat er übrigens auch die alte Kapelle mit bemerkenswerten Fresken ausmalen lassen.

Mit der Besichtigung verbunden ist ein schöner Spaziergang um den teichartig verbreiterten Nère-Bach, der mit seinem schillernden Wasserspiegel erheblich zur Anmut der Gesamtanlage beiträgt.

Blancafort ⇗ VIII/B1

Château de Blancafort* ♥

- **Stil:** Gotik (15. Jh.)
- **Besonderheit:** Rosafarbener Backstein
- **Höhepunkt:** Burgkulisse vor den Gärten
- **Auskunft:** Tel. 02.48.58.60.56
- **Öffnungszeiten:** Ostern–Allerheiligen außer Dienstag täglich 10-12/14-18.30 Uhr, Juli-September 10-19 Uhr
- **Eintritt:** 6,10 €, 4,75 € für Gruppen, Reduktion auch für Kinder

Von Aubigny aus empfiehlt sich, 9 Kilometer nordöstlich, ein weiterer Schlossbesuch. In Blancafort, wo der Canal de la Sauldre beginnt und im 19. Jahrhundert Mergel aus dem Pays Fort in die Sologne verschifft wurde, erhebt sich seit dem 15. Jh. eine respektheischende, noch immer bewohnte **Backsteinburg.** Ihr reizvoll „verdrehter" Viereckdonjon ruht auf den Fundamenten eines noch älteren Vorgängerbaus.

Seit Januar 1999 ist Blancafort übrigens der exakte **Mittelpunkt von Euroland,** wie die Geographen vom Pariser Nationalinstitut ermittelt haben.

Backsteinburg von Blancafort

Berry

099jb Foto: m

Praktische Hinweise

Information

- **Office du tourisme,** rue des Dames, Tel./Fax 02.48.58.40.20, im Winterhalbjahr: Mairie, Tel. 02.48.81.50.09.

Camping

- **Les Etangs***, an der D 7, Tel. 02.48.58.02.37, Fax 02.48.58.38.30, geöffnet April–Oktober. Schön am Teich gelegen, Sportmöglichkeiten.

Restaurants

- **Les Colas,** Richtung D 923, Tel. 02.48.58.33.11. Ferme-Auberge mit Geflügel vom eigenen Bauernhof.
- **Auberge La Maison d'Hélène,** La Verrerie, Tel. 02.48.81.51.60. Im Schlosspark gelegenes Fachwerkhaus, Touristenmenü inklusive Schlossbesuch 20,80 €, zu Luxuspreisen auch romantische Zimmer (112 €-144 €).

Märkte und Feste

- **Wochenmarkt,** Samstag vormittag in der Stadtmitte.
- **Fêtes franco-écossaises** (Französisch-schottisches Fest), Mitte Juli zweitägige Feiern mit historischem Umzug, Reitdarbietungen und großer Schlemmerei auf dem Marktplatz.
- **Festival de Poésie murale,** im Mai das nicht nur in Frankreich einmalige Festival der Gelegenheitsdichter und Graffiti-Poeten.

Radverleih

- **Jeunesse et Sports,** Route d´Oizon (D 923), Tel. 02.48.58.28.51.

Anreise/Weiterreise

- **Mit dem Bus:** Cariane Centre zwischen Gien und Bourges (siehe dort).

La Chapelle-d'Angillon   ♫ VIII/B2

Château de la Chapelle-d'Angillon *

- **Stil:** Renaissance (16./17. Jh.)
- **Besonderheit:** Burggräben und Donjon (11. Jh.)
- **Höhepunkt:** Königsgemach
- **Museum:** Musée Alain-Fournier
- **Animation:** Weindegustation
- **Auskunft:** Tel. 02.48.73.41.10
- **Öffnungszeiten:** außer Sonntag vormittag täglich 9-12/14-20 Uhr
- **Eintritt:** 6,10 €, nur mit Führung

In La Chapelle d'Angillon steht das Geburtshaus des Schriftstellers *Alain-Fournier* (1886-1914), der kaum 28-jährig an der französischen Ostfront gefallen und durch ein einziges Werk, „Le Grand Meaulnes", berühmt geworden ist. Dieser impressionistische, stark autobiographisch gefärbte Roman vermittelt die Stimmung der einsamen Berry-Landschaft und erzählt von einem mysteriösen Schloss, das durchaus an die Burg seines Heimatorts erinnert.

Geschichte

La Chapelle-d'Angillon war seit dem 11. Jh. die Festung des **Fürstentums von Boisbelle,** das bis ins 18. Jh. weder abgaben- noch rekrutierungspflichtig war und als freies Land sogar eigene Münzen prägte. Zu einer wohnlichen Residenz wurde die Burg unter *Maximilien de Béthune,* dem Herzog von Sully.

Der protestantische Politiker, bis zur Ermordung *Heinrichs IV.* (1610) dessen regierender Minister, setzte kein großes Vertrauen in die Dauerhaftigkeit des Edikts von Nantes (1598) und plante für seine Glaubensgenossen ein sicheres Exil auf den eigenen Ländereien. Unweit des Schlosses von La Chapelle-d'Angillon ließ er ab 1605 eine **Fluchtsiedlung** bauen, die er nach seinem König Henrichemont nannte.

Henrichemont ⌕ VIII/B2

Man kann deutlich erkennen, dass die Ortschaft auf dem Reißbrett entworfen wurde. Acht Straßen laufen auf einen großen viereckigen Platz zu. Auf einer der Achsen kann man *Sullys* mit Ziegelpilastern geschmücktes Haus, auf einer anderen den weniger imposanten Münzpalast sehen. Von den ursprünglichen Gebäudekomplexen sind rund um den Platz nur noch drei Karrees erkennbar.

Der majestätische Zierbrunnen kam später hinzu, als Henrichemont zum wichtigsten Marktflecken des Kantons wurde und immer mehr Händler ins Zentrum zogen. Im 19. Jh. eröffneten hier zahlreiche **Gerbereien** ihre Werkstätten, die man – meist zweckentfremdet – noch heute in der Ortsmitte antrifft, während die alten Villen ihrer einst wohlhabenden Besitzer am Ortsrand stehen.

Das Töpferdorf La Borne ⌕ IX/C2

Die besondere Tonerde und das Brennholz der umliegenden Wälder sind gute Voraussetzungen für die Töpferei *(poterie).* Seit Jahrhunderten verarbeitet man in La Borne ein Gemisch von Ton, Sand und Feldspat, aus dem bei einer Hitze zwischen 1250 und 1300°C eine dichte, „verglaste" Keramik gebrannt wird.

Geschichte

Dieses **Steinzeug** *(grès)* kam Ende des 15. Jh. auf, und die ersten Töpfereien von La Borne und Umgebung dürften im 16. Jh. entstanden sein. Zur Blüte gelangte das Handwerk im 19. Jh., als Tonwaren für den häuslichen und landwirtschaftlichen Gebrauch weithin vertrieben wurden. So zählte das Dorf 1861 570 Einwohner, von denen 70 in verschiedenen Werkstätten Krüge, Milchtöpfe, Salzfässer, aber auch Fliesen, Röhren und Dachreiter herstellten. Die Reputation war so groß, dass auf der Weltausstellung 1889 auch (die heute im Hof des Musée du Berry in Bourges ausgestellten) 600-Liter-Gefäße aus La Borne zu sehen waren. Doch mit der Konkurrenz der billigeren, leichteren, unzerbrechlichen Blechwaren und Konserven war der Niedergang der herkömmlichen Töpferei besiegelt.

Während die großen Werkstätten schlossen und die Arbeitslosen in die Städte abzogen, kam ein neuer Typ

Berry

von Töpfern aus den Kunstschulen, aus Paris, aus dem Ausland. Sie haben sich seit der deutschen Okkupation (ab 1940), vor allem aber in den 70er Jahren in La Borne niedergelassen und das Berry-Dorf in eine **internationale Künstlerkolonie** verwandelt.

Dorfrundgang

Rund 50 Töpfer aus 8 Nationen arbeiten heute in La Borne. Sie besorgen sich die Tonerde, gereinigt und weich geknetet, bei einem kleinen Minenunternehmer und stellen in ihren stillen, einsamen Ateliers keine Serienprodukte, sondern ausschließlich Unikate her. Die Übergänge zwischen Gebrauchskeramik und Kunst, zwischen Geschirr und Skulptur sind fließend, und die Tonplastik wird je nachdem auf der Töpferscheibe modelliert (*tournage*) oder aus Tonwülsten (*colombins*) aufgebaut. Roh gebrannt, bekommt das La Borner Steinzeug seine charakteristische Chamois-Farbe (gelb-bräunlich), die nur dann einem glänzenden Grau weicht, wenn beim Brennen Kochsalz in den Ofen gegeben wird. Doch die Künstler von La Borne ziehen der konventionellen Salzglasur die farblich interessanteren Emailglasuren vor, die sie durch einen Überzug von Aschen (Holz,

Brennofen in La Borne

100ko Foto: ms

Stroh, Farn) oder Metalloxyden (Eisen, Kupfer, Kobalt, Chrom, Mangan) gewinnen.

Besucher stellen den Wagen in der Ortsmitte vor der Kapelle ab. Sie dient heute als **Töpferei-Museum** und zeigt traditionelle Herstellungsverfahren und altes Steinzeug. Nebenan in der ehemaligen Mädchenschule ist das **Ausstellungszentrum** der Töpfervereinigung. Hier ahnt man den Rang von La Borne, dessen Töpfer ihr Handwerk in einem sonst unbekannten Ausmaß zur Kunst fortentwickelt haben. *Vassil Ivanoff,* dem aus Bulgarien stammenden, vor einigen Jahren verstorbenen Künstler, ist ein eigenes Museum gewidmet.

Besonders reizvoll ist es natürlich, **von Atelier zu Atelier** zu schlendern und vielleicht sogar hier und dort eine Vase oder Skulptur zu erstehen. Wenn man sich nicht gerade am Sonntagnachmittag in den regionalen Besucherstrom einreiht, kann man die Künstler bei der Arbeit sehen und die kreative Stille des Ortes genießen.

● **Musée de la Poterie,** Kapelle, Juli–August täglich 15-19 Uhr, sonst nur am Wochenende und an Feiertagen, Eintritt: 2,74 €.
● **Centre d'exposition,** nebenan, dieselben Öffnungszeiten, Eintritt: gratis.
● **Musée Vassil Ivanoff,** route des Coquillers, Tel. 02.48.26.95.99, Mai–September außer Dienstag täglich 14-18 Uhr, Eintritt: 2,29 €.

Linards „Kathedrale"

Der renommierteste Töpfer, zugleich Baumeister und Maler, wohnt und arbeitet 4 Kilometer östlich von La Bor-ne und heißt *Jean Linard.* Sein Haus, ein bewohntes Kunstwerk aus Ziegel, Fliesen und Steinzeugskulpturen, liegt im Wald von d'Humbligny und taucht unvermittelt auf, wenn man hinter der Radio- und Fernsehstation Richtung Neuvy-Deux-Clochers (D 49) weiterfährt. Der surrealistische Künstler weiß sich in der Tradition *Gaudis, Hundertwassers* und *Niki de Saint-Phalles,* verehrt aber vor allem die in Frankreich bekannten Originale *Picassiette* und *Facteur Cheval,* die sich – ohne künstlerische Ambitionen – ihren Palais Idéal gebaut haben. Neben dem Haus (mit Ausstellungsräumen) hat Linard seine „Kathedrale" errichtet, die vom kurvigen Kreuzweg bis zur Flaschenrosette einerseits wie eine Parodie anmutet, andererseits aber mit ihrem Himmelsdach, den Spiegelmobiles und zarten Musikeffekten durchaus eine andächtige Stimmung weckt.

Berry

Die Weinstraße von Menetou-Salon

Menetou-Salon lehnt am letzten Ausläufer der nordwärts noch bewaldeten Hügelketten des Pays Fort, blickt also mit seinen Weinbergen frei nach Süden, ins weitgestreckte Flachland der Champagne Berrichonne.

Dasselbe gilt für die Nachbardörfer **Parrassy** und **Morogues,** die deshalb auch noch zur *Appellation contrôlée,* zum 150 Hektar großen Weingebiet von Menetou-Salon, gehören. Obwohl die kontrollierte Ursprungsbezeichnung erst seit 1959 existiert, ist die lokale Weinbautradition jahrhundertealt – *Jacques Coeur*, der reiche Kaufmann aus Bourges soll den hiesigen Tropfen allen anderen vorgezogen haben.

Menetou-Salon ↗ VIII/B3

Château de Menetou-Salon *

- **Stil/Besonderheit:** Imitationsgotik (19. Jh.)
- **Höhepunkt:** Bibliothek (12.000 Bände)
- **Museum:** Sammlung von Oldtimern
- **Auskunft:** Tel. 02.48.64.08.61
- **Öffnungszeiten:** Juli-Mitte August 10-18 Uhr
- **Eintritt:** 8,38 € (5,34 €)

Oberhalb des abschüssigen Dorfplatzes liegt das **Schloss,** das kurzzeitig *Jacques Coeur* gehörte, nach seiner Verhaftung an eine Favoritin *Karls VII.* fiel und später häufig den Besitzer wechselte. Seine heutige Gestalt verdankt es *Prinz August von Arenberg,* dem kapitalkräftigen Präsidenten der Suezgesellschaft, der es 1884 ausbauen ließ. Zahlreiche Pavillons, Galerien, Türmchen, Lukarnen und Balustraden kopieren den pittoresken Baustil des späten Mittelalters. Die repräsentative Eingangshalle ist mit ihrem gewölbetragenden Mittelpfeiler Kapitelsälen alter Abteien nachempfunden. Sehenswert außerdem die Große Bibliothek (12.000 Bände) und eine Sammlung von Oldtimern (vom Turcat-Mery 1911 bis zum Renault Vivaquatre 1933), die der Frühgeschichte des französischen Automobils zuzurechnen sind.

Morogues ↗ IX/C3

Château de Maupas

- **Stil:** Gotik (15. Jh.)
- **Besonderheit:** Reiche Ausstattung
- **Höhepunkt:** Fayencen-Sammlung (887 Stück)
- **Auskunft:** 02.48.64.41.71
- **Öffnungszeiten:** Juli–Oktober täglich 10-12/14-19 Uhr, sonst nur nachmittags
- **Eintritt:** 6,10 €

Die D 59 ist die Weinstraße von Menetou-Salon und führt – mit weiten Ausblicken – den Südhang hinüber nach Morogues. Kurz vor Erreichen des Dorfes liegt unterhalb eines bewaldeten Hügels das dazugehörige **Schloss Maupas.** Man entdeckt darin eine bedeutende Fayencen-Sammlung, wertvolle Wandteppiche und umfangreiches Kupfer- und Zinngeschirr.

In Morogues selbst empfiehlt sich neben der einen oder anderen Degustation auch ein Blick in die **Dorfkirche** (14. Jh.). Sie enthält Kunstschätze, die vermutlich aus der 1757 zerstörten Sainte-Chapelle des Bourger Fürstenpalastes stammen.

Weindegustation

- **Domaine Henri Pellé,** Morogues, Tel. 02.48.64.42.48. Auch nach dem Tod des Besitzers immer noch die erste Adresse für Menetou-Salon, vor allem für den roten.
- **Caves ouvertes** (Tag der offenen Tür), 2. Augustwochenende, der beste Degustationstermin!

Anreise/Weiterreise

- **Mit dem Bus:** Cariane Centre zwischen Gien und Bourges (siehe dort).

Sancerre ⤴IX/D2

14 Gemeinden teilen sich die berühmte Appellation „Sancerre" und produzieren auf ihrem kalkigen Boden vorwiegend Weißwein (Sauvignon blanc), weniger Rot- und Roséwein. Die 1400 Hektar Anbaufläche verteilen sich locker auf eine Hügellandschaft von Wäldern, Hecken und Schafweiden. Auf der höchsten Erhebung (312 m) bildet das Städtchen Sancerre einen Kegel von eng zusammengeschobenen Dächern, der auf der Ost- und Südseite steil zur Loire und ihrem Seitenkanal abfällt.

Sancerre von weitem

Geschichte

An der Grenze zwischen Burgund und Berry erhob sich hier eine strategisch bedeutsame Burg. Während des **Hundertjährigen Krieges** war Sancerre als „Schlüssel zum Berry" ein Angriffsziel der mit den Burgundern verbündeten Engländer. *Karl VII.* zog hier 20.000 Kämpfer zusammen, die er zeitweise selbst befehligte. Damals waren die Grafen von Sancerre noch treue Vasallen des Königs.

Unter ihren reformierten Nachfahren wurde Sancerre dann zu einer **Zitadelle der Hugenotten,** die sich 1573 sieben Monate lang der katholischen Belagerung erwehrten, bis sie – Leder und gemahlenen Schiefer kauend – aufgeben mussten. Der Feind

Berry

101lo Foto: mi

kam jetzt aus dem königstreuen Berry und ließ zur Strafe die Burganlage (mit Ausnahme des Donjon) niederreißen.

Sehenswertes

Der Rundgang durch das Städtchen beginnt an der **Porte César,** die nach Osten hin ein Panorama eröffnet, das von Saint-Satur (Eisenbahnviadukt) und Saint-Thibault weit über die Loire hinweg bis ins Morvangebirge reicht.

Von dieser Esplanade geht es zunächst zur **Nouvelle Place,** wo sich an der Stelle der früheren „Halle" mehrere Restaurants und das Office du tourisme befinden. Hier erhält der Besucher ein Faltblatt, das den Rundgang durch die verwinkelte Altstadt kommentiert.

Über den Gassen erheben sich zwei Türme, der 20 Meter hohe Bergfried (16. Jh.) und der doppelt so hohe **Tour des Fiefs** (14. Jh.). Dieser zylinderförmige Donjon, das einzige Überbleibsel der alten Burg, erlaubt noch heute einen großartigen Rundblick auf die Loire und die Weinberge (leider nur sonntagnachmittags geöffnet).

Wanderung nach Chavignol

In einer Stunde führt ein Wanderweg durch die nächstgelegenen Weinberge zum Geburtsort des *Crottin,* der als besonders intensiv schmeckender Ziegenkäse längst zum Feinkostexportartikel avanciert ist. Man geht die Avenue Nationale zur Landstraße (D 955) hinunter und überquert die Kreuzung Richtung Friedhof. Der Pfad führt abwärts durchs Gebüsch und verläuft, an der Cave touristique vorbei, parallel zur Straße nach Chavignol. Bevor man auf sie stößt, im rechten Winkel links abbiegen und durch die Weinberge hochsteigen. Sancerre erscheint jetzt auf der linken Seite. Man durchquert Amigny in der eingeschlagenen Richtung und geht am Ende der Straße rechts hinunter, bis man links in die Rue Lepic und nach wenigen Metern in einen Hohlweg einbiegt. Dieser alte Winzerpfad führt – mit weiter Aussicht bis nach Sancerre – einen Grat hinauf. Immer geradeaus, sieht man bald Chavignol tief in den Weinbergen liegen. Inzwischen sind aus den armen Käsebauern routinierte Unternehmer geworden, die – jeder Hirtenromantik abhold – den Rohstoff Milch aus ärmeren Gegenden (Bourbonnoux, Creuze) importieren.

Abstecher nach Buranlure und Boucard ⏎IX/CD2

Château Boucard *
- **Stil:** Gotik/Renaissance (15. Jh.)
- **Besonderheit:** Stilles, kaum besuchtes Schloss
- **Höhepunkt:** Burggräben mit Froschskulpturen
- **Animation:** Sommerkonzerte in der Scheune
- **Auskunft:** Tel. 02.48.58.72.81
- **Öffnungszeiten:** 10-12/14-18 Uhr
- **Eintritt:** 6,10 €

Mit dem Auto oder Fahrrad unterwegs, gibt es darüber hinaus noch zwei charmant gelegene Sehenswürdigkeiten zu entdecken, die unweit von Sancerre auf kleinen Departementstraßen (D 86 über Sury-en-Vaux und Menetou-Ratel) zu erreichen sind: der **Gutshof von Buranlure** und das **Schloss Boucard,** beide aus dem 15. bis 16. Jh. stammend.

Praktische Hinweise

Information

●**Office du tourisme,** Nouvelle-Place, 18300 Sancerre, Tel. 02.48.54.08.21. Ein Faltblatt kommentiert den grün markierten Rundgang durch die Altstadt.

Hotel-Restaurants

●**Les Remparts**,** Rempart des Abreuvoir, Tel. 02.48.54.10.18, Fax 02.48.54.36.30. Komfortables Provinzhotel, Zimmer 34-45 €, Halbpension 49 €.
●**Panoramic**,** Remparts Augustins, Tel. 02.48.54.22.44, Fax 02.48.54.39.55, Modernes, gut ausgestattetes Hotel, das seinen Namen zu Recht trägt. Zimmer 42-58 €, Halbpension 65 €.

Gästezimmer

●**M. et Mme Crochet**,** Marcigoué/Bué, Tel. 02.48.54.21.77, Fax 02.48.54.25.10. Auf dem Weingut.
●**Les Girardins**,** Neuilly-en-Sancerre (D 22), Tel. 02.48.26.75.69, Fax 02.48.26.98.56. Diese Pferdefarm, auf halbem Weg nach La Borne, bietet gastronomische Reitausflüge, Schwimmbad, Chambres d'hôte und Table d'hôte.
●**La Brissauderie***,** Jarsot/Jars (D 923), Tel. 02.48.58.70.89, Fax 02.48.58.71.76. Auf dem dazugehörigen Bauernhof wird exzellenter Crottin hergestellt.

Restaurants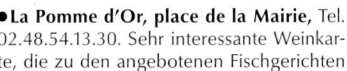

●**La Pomme d'Or, place de la Mairie,** Tel. 02.48.54.13.30. Sehr interessante Weinkarte, die zu den angebotenen Fischgerichten eine spannende Auswahl bietet. Menüpreise von 12 € (mittags während der Woche) bis 34 €.
●**La Côte des Monts-Damnés,** Chavignol, Tel. 02.48.54.01.72, Sonntagabend und Montag geschlossen. Gemütlicher Landgasthof mit herzhafter Regionalküche, Menüs ab 15 €.
●**Ferme de l'Estang, Ménétréol,** Tel. 02.48.54.22.63, Mittwoch Ruhetag. Preiswerte Ferme-Auberge unterhalb von Sancerre. In der rustikalen Stube gibt es zum offenen Wein nicht nur guten Ziegenkäse.

Wein/Ziegenkäse

●**Vacheron et fils, Sancerre,** 1, rue de l'Eglise, Tel. 02.48.54.09.93, Probierstube im Ortszentrum. Der beste rote Sancerre kommt aus dem Hause Vacheron, aber der weiße steht ihm kaum nach.
●**Guy Saget,** Pouilly-sur-Loire (Dept. Nièvre), Tel. 02.86.39.16.37. Abstecher aufs andere Loireufer, wo es einen frischen, fruchtigen Sancerre und einen etwas kräftigeren, lagerfähigeren Pouilly-Fumé gibt.
●**Domaine Tabordet,** Chaudoux/Verdigny, Tel. 02.48.79.34.01. Ebenfalls Sancerre und Pouilly-Fumé im Angebot.
●**Chèvrerie des Garennes,** D 955 (Straße nach Bourges), Tel. 02.48.54.03.85. Degustation und Verkauf von Ziegenkäse, um 17 Uhr Melkzeit.

Märkte und Feste

●**Fête du crottin de Chavignol,** Sancerre Anfang Mai.
●**Foire aux vins de Sancerre** (Weinmesse), Pfingsten.

Anreise/Weiterreise

●**Mit dem Auto:** Von Gien (D 940) oder Sully-sur-Loire (D 948) nach Aubigny-sur-Nère oder von Cosne-sur-Loire (D 955) oder Nevers/Charité-sur-Loire (N 7) nach Sancerre. Weiterfahrt jeweils nach Bourges (D 940 bzw. D 955).

Berry

Bourges – Im Zeichen der Kathedrale

Überblick ♪ XI/D2-3

Die **Kathedrale** allein rechtfertigt den Umweg, der von der Loire weg auf eine südliche Nebenstrecke führt und zu Beginn oder am Ende der Loirereise als Alternativroute in Frage kommt. Schon 40 km vor der Stadtgrenze erscheint die imponierende Silhouette über den Äckern und Weideflächen, wenn man die dünnbesiedelte Ebene der Champagne berrichonne überquert.

Ob man von Osten (Nevers, La Charité-sur-Loire, Sancerre), Norden (Gien, Orléans) oder Westen (Tours, Chateauroux) anfährt, die sternförmig auf Bourges zulaufenden Straßen führen von den Hauptverkehrsströmen (Paris-Poitou, Paris-Burgund) weg auf ein **abgelegenes Zentrum** zu. Bourges liegt – nördlich des Zentralmassivs – zwar in der Mitte Frankreichs, aber diese Mitte liegt am Rand, ist tiefe Provinz. Eine Provinz freilich, die hellwach ist und für eine gelungene *décentralisation* steht, wie die zwei wichtigsten Beispiele zeigen:

Bourges hat ein **Maison de la Culture,** das Theaterproduktionen, Kunstausstellungen, Symposien veranstaltet, die mit den Künstlern auch Publikum aus Paris anreisen lassen.

Dasselbe Phänomen wiederholt sich – in viel größerem Maßstab – beim **Printemps de Bourges,** dem nationalen Chansonfestival, das die Kapitale des Berry im März tagelang zur Hauptstadt der französischen Jugend macht. Aber auch unabhängig von solchen Anlässen ist Bourges mit seiner dezent renovierten Fußgängerzone ein lebendiges Pflaster mit einigen Boutiquen, Bistros, Feinkostläden, einer modernen Kunstgalerie (Musée Estève) und nicht zuletzt einer phantastischen Kulisse.

Geschichte

Bourges war Siedlungsgebiet der Biturigen, des südlicheren Keltenstamms, der den Legionen Cäsars verbissen Widerstand leistete. Als der römische Feldherr die von Wasserläufen und Sümpfen umgebene Erhebung 52 v. Chr. einnahm, lebten dort vermutlich 40.000 Gallier. Südlich der Loire gelegen, wurde dieses **Avaricum** („die wasserreiche Stadt") zur Hauptstadt der aquitanischen Provinz und stand in Verbindung mit Lyon, Orléans, Limoges, Clermont-Ferrand. Mit ihren sich überkreuzenden Aufmarschalleen (Rue Moyenne, Rue Coursalon) war die Römerstadt nach allen Seiten offen, bis sie Mitte des 4. Jh. ihre ellipsenförmige Umwallung erhielt, eine 3 m dicke Mauer mit halbrunden Wehrtürmen.

Ende des 12. Jahrhunderts gestattete *Philipp August* die Bebauung des gallo-römischen Verteidigungsrings, der durch eine weitere Befestigungsmauer ersetzt wurde. Zur selben Zeit begann man mit dem **Bau der Kathedrale,** die in der Reihe der großen gotischen Dombauten (Notre-Dame 1163, Chartres 1194, Bourges 1195, Reims 1211, Amiens 1220) den Vormarsch der französischen Krone nach Süden markiert.

Da der Erzbischof von Bourges in enger Verbindung mit der Ile de France stand, arbeiteten auf der neuen Baustelle Handwerkertrupps, die schon in Paris und Chartres Erfahrungen gesammelt hatten. Initiiert durch den Dombau, kamen aus ganz Europa Steinmetze, Goldschmiede, Buchmaler, Glasmaler, Keramiker, Kalligraphen und andere Künstler der „internationalen Gotik" nach Bourges, das im 13.-14. Jh. seine kulturelle Blüte erlebte. Wesentlichen Anteil daran hatte der Herzog von Berry, der ein halbes Jahrhundert lang (1360-1416) als Kunstmäzen wirkte und u.a. *Paul von Limburgs* Stundenbuch „Très Riches Heures" in Auftrag gab.

Jean de Berry war der jüngere Bruder von *König Karl V.,* dessen Enkel bis heute als **„König von Bourges"** verspottet wird. Denn die Hauptstadt des Berry war dem späteren *Karl VII.* ein Refugium, als Paris und weite Teile der Krondomäne von den Engländern besetzt waren und der Dauphin im Loiretal Schutz suchen musste. Auch als König kam *Karl VII.* noch gelegentlich nach Bourges, wo sein Schatzmeister *Jacques Coeur* zuhause war. Der große Handelsherr entstammte dem Tuchgewerbe, das sich zum bedeutendsten Wirtschaftszweig der Bürgerstadt entwickelt hatte. Seit 1463 hatte Bourges auch eine Universität, an der im Folgenden Jh. angesehene Rechtsgelehrte tätig waren und protestantisches Gedankengut aus Deutschland in *Calvin* einen besonders eifrigen Studenten fand.

Im zentralisierten Frankreich erwies sich die Randlage als wirtschaftlicher

Berry

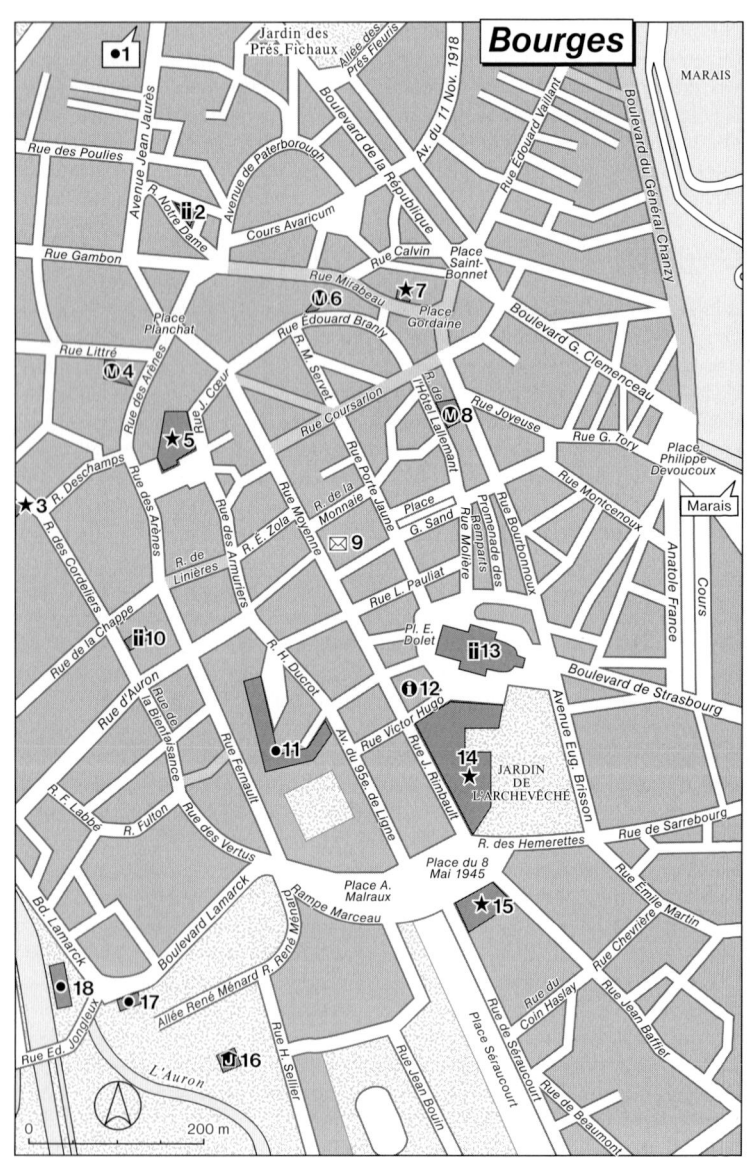

●	1	Bahnhof	●	11	Préfecture
ⅱ	2	Église Notre-Dame	❶	12	Information
★	3	Halle aux Blés	ⅱ	13	Cathédrale
Ⓜ	4	Musée du Berry	★	14	Hôtel de Ville
★	5	Palais J. Cœur	★	15	Maison de la Culture
Ⓜ	6	Musée Estève	🛏	16	Jugendherberge
★	7	Salle Calvin	●	17	Médiathèque
Ⓜ	8	Hôtel Lallemant	●	18	Palais des Congrès
✉	9	Post			
ⅱ	10	Église St.-Pierre	▒▒		Fußgängerzone

Nachteil, der durch den Bau des Berry-Kanals (1819-22) und der Eisenbahn (1847) teilweise kompensiert wurde. Neben der umgebenden **Landwirtschaft** entwickelte sich die **Rüstungsindustrie** zum zweiten ökonomischen Standbein. Fernab möglicher Fronten, war Bourges seit Napoleon eine bedeutende Waffenschmiede, die viele Arbeitskräfte anzog und zu einem stetigen Bevölkerungswachstum führte.

Sehenswertes

Die Kathedrale

Die Ausmaße sind gewaltig: Länge 124 m, Breite 41 m, Höhe 37 m (bis zu den Gewölbeschlusssteinen) bzw. 55 m (bis zum Dachfirst des Hauptschiffs). Der „Meister von Bourges" – ein Mann aus dem Norden, vielleicht der Architekt von Notre-Dame – hat die Vorgängerkirche über die 6 m hohe gallo-römische Stadtmauer hinaus verlängert, so dass der Chor eine für gotische Kathedralen untypische Krypta einschließt. Charakteristisch ist das

„waldhafte" Strebewerk, das in Bourges – durch kein Querschiff unterbrochen – das Langhaus samt Apsis ummantelt. Es besteht aus turmartigen Strebepfeilern und Mauerbögen, die – verwirrend gedoppelt – unter der Hochschiff- auch die Mittelschiffwand abstützen. Am Chor treten zu den radial gespreizten Pfeilern und Bögen die Turmdächer der Kapellen hinzu.

● Cathédrale Saint-Etienne, täglich 9-12 und 14-18 Uhr (im Sommer bis 19 Uhr, im Winter bis 17 Uhr), Turmbesteigung täglich 9-18 Uhr, Führungen durch die Krypta täglich 9-11.15 und 14-16.30 Uhr (Eintritt: 5,49 €). Im Sommer Orgelkonzerte (Les très riches heures de l'Orgue en Berry).

Die Fassade

Einen Kontrast zu den schlanken, durchbrochenen Formen des Strebewerks bilden die massiven, noch romanischen Portalvorbauten und die fast gedrungen wirkenden Türme, die den First des Hauptschiffes nur um höchstens 10 m (Nordturm 65 m) überragen. Sie gehören zur mächtigen **Westfassade,** die mit ihren unterschiedlich dimensionierten Portalen den Querschnitt einer fünfschiffigen Basilika abbildet. Man sollte die breite

Berry

Freitreppe nicht gleich hinaufsteigen, sondern stattdessen noch ein Stück in die Rue Porte Jaune (die Straße der Handschriftenmaler) hinuntergehen, um die wuchtige Doppelturmfassade in den Blick zu nehmen. Die von den Türmen bewirkte Betonung der Seiten wird durch das breitere, prunkvoll angelegte Mittelstück (Hauptportal, Gruppenfenster mit Rose) wieder ausbalanciert. Auch das Widerspiel von horizontalen (Bogenwerk) und vertikalen Linien (Türme, Strebepfeiler) bringt Gegensätze zum Ausgleich, wobei die

Renoviert wird immer!

gebrochenen Linien der Giebel beide Dimensionen verbinden.

Die Fassade besitzt aber auch Tiefe. Besonders auffällig sind Portalbuchten, die den Betrachter förmlich in die Schiffe hineinziehen und mit einem reichen **Skulpturenschmuck** aufwarten. Die zurückspringenden Gewände, die portalteilenden Mittelpfosten, die Bogenfelder und Bogenläufe tragen Figuren, die – zyklisch geordnet – theologische Themen entfalten. So bilden die Gewände ein durchlaufendes Fries, das vom Leben Christi und Episoden aus der Genesis erzählt.

Die einzelnen **Portale** sind dem Leben bedeutender Heiliger (rechts außen: St-Ursin, erster Bischof von Bourges; Mitte rechts: St-Etienne, Patron der Kathedrale; links außen: St-Guillaume, Erzbischof von Bourges im 13. Jh.), der Muttergottes (Mitte links) und dem Jüngsten Gericht (Mitte) gewidmet.

Das **Hauptportal** zeigt im Aufbau seine enge Verwandtschaft mit den Weltgerichtsportalen von Chartres, Amiens und Reims. Im dreigeteilten Bogenfeld sieht man unten die Auferstehung der Toten, in der Mitte den Erzengel Michael als Seelenwäger und oben den Menschensohn und Weltenrichter. Das ganze Tympanon wird umrahmt von sechs Bogenläufen, die Engel, Heilige, Märtyrer, Patriarchen und Propheten aneinanderreihen: die himmlischen Heerscharen.

Das Thema wiederholt sich noch einmal am **Giebel,** wo der Weltenrichter (von Maria und Johannes begleitet) über der Radrosette thront.

Der Innenraum

Nach Betreten der Kathedrale steht man unter der Orgelempore und ist überwältigt. Kolossale Rundpfeiler (17 m bis zum Kapitell) wachsen zu riesenhohen Arkaden auf (21,30 m bis zum Spitzbogen). Der Blick schwenkt höher über das Galerienband zur Fensterzone und hinein in den Baldachin des **Kreuzrippengewölbes.** Dieses scheint über dem Steilraum zu schweben, denn die Schub- und Druckkräfte „verschwinden" nach draußen, wo das Strebewerk – von innen unsichtbar – die Hochschiffwand abstützt. Diese ruht auf abwechselnd starken und schwachen Pfeilern (1,68 m bzw. 1,42 m Durchmesser) und löst sich in lauter vertikale Linien auf.

Durch das Fehlen des sonst üblichen Querhauses gewinnt das **Hauptschiff** von Bourges eine imponierende Einheitlichkeit, die keineswegs in Enge umschlägt. Dazu trägt die Versetzung der Chorpfeiler nach außen (14,90 m statt 14,10 m Abstand) bei, die der perspektivischen Verengung mit der Korrektur der Fluchtlinien begegnet. Doch es ist vor allem die seitliche Öffnung des Raumes, der Wegfall der Galerieempore, die direkte Beleuchtung des Hauptschiffes durch die Seitenschiffe, die den einmalig lichten Einheitsraum von Bourges erzeugt. Stellt man sich rechts zwischen Mittel- und Seitenschiff, so geben die hochgezogenen Hauptschiffarkaden den Blick bis zu den Gewölbeschlusssteinen frei. Blickt man quer durch das Hauptschiff, so schieben sich die hinter-

Berry

einandergestaffelten Räume zu fünf abwechselnd lichten und dunkeln Etagen zusammen.

Die Glasfenster

Ihre größte Wirkung entfaltet die Kathedrale im **Chor,** wo ein Kapellenkranz mit lauter Fenstern das Licht von allen Seiten sammelt. In Bourges erstrahlt das Allerheiligste noch im originalen Licht, weil die Glasfenster – mit

Hauptschiff der Kathedrale

Stifter, meist eine Handwerksgilde. Die thematischen Querbezüge deuten auf ein theologisch ausgetüfteltes Bildprogramm, das vermutlich von Erzbischof *St-Guillaume* (1190-1209), vormals Prior der Zisterzienserabtei von Pontigny (Burgund), entworfen wurde.

Man kann die Bourger Kathedrale als ein Museum der sakralen Glasmalerei betrachten, da neben den frühen Meisterwerken des Chorumgangs auch beachtliche Beispiele aus dem 14.-17. Jh. zu bewundern sind. So findet man in der **Krypta** die Reste des „Apostolischen Glaubensbekenntnisses" (Apostel und Propheten im Dialog), das nicht zufällig an die vom Herzog geförderte Buchmalerei erinnert. Es schmückte einst die zu seinem Palast gehörende Sainte-Chapelle (1391/92 erbaut, 1757 zerstört).

Jean de Berry (sein ruhendes Marmorbild gleichfalls aus der Sainte-Chapelle) hatte um 1405 ein **Glasmaler-Atelier** nach Bourges berufen. Es arbeitete auch für die führenden Familien der Stadt, die damals in der Kathedrale Seitenkapellen erbauen und mit vierbahnigen Maßwerkfenstern ausstatten ließen. Die Stifter „signierten" dort mit ihren Schutzpatronen, die – wie alle Heiligen – farbenprächtig ausgelegt in schmalen Tabernakeln stehen, über denen meist ein wappentragender Kranz von Seraphim schwebt.

Das Kompositionsschema findet man auch im großen **Westfenster** (*Grand Housteau*), das mit dem Verkündigungsfenster der Jacques-Coeur-Kapelle frappierende Gemeinsamkeiten aufweist: in den 6 bzw. 4 Lanzet-

Ausnahme der Axialkapelle – aus dem 13. Jh. (1215-1225), also aus der Bauzeit stammen. Es ist ein entrückendes Blau-Violett-Rot, das sich je nach Witterung und Tageszeit verändert und bei tiefstehender Sonne zauberhaft aufglüht.

Die kleinfigurigen **Medaillonfenster** haben ihr je eigenes Kompositionsmuster, das sich aus unterschiedlichen geometrischen Feldern (Kreise, Sterne, Mehrpässe) zusammensetzt und mit Ranken- oder Gitterornamenten versehen ist. Die Bilder sind von unten nach oben zu lesen und enthalten als eine Art Signatur den Hinweis auf den

Die Rue Porte Jaune

Jacques Coeur – Aufstieg und Fall des königlichen Kaufmanns

Jacques Coeur, etwa 1395 in Bourges geboren, war Sohn eines Kürschners und kam durch Heirat der Nachbarstochter ins Tuchgewerbe. Bald erlangte der junge Kaufmann das Recht, Münzen zu prägen, wurde zwar zwischenzeitlich wegen Betrugs verhaftet, aber gegen eine Geldstrafe freigelassen und in seine Funktion an der Münze von Bourges wieder eingesetzt. Er war noch keine 40, da erkannte *Karl VII.* sein Finanzgenie und berief ihn zunächst zum Magazinverwalter, später auch zum Finanzverwalter. Er war damit Hoflieferant und stand in Tours einem riesigen Warenlager vor. Die Abnehmer waren der König, sein Gefolge, Offizierskreise, die entsprechend edle Produkte nachfragten: Tuche, Pelze, Lederartikel, Spezereien (Zucker, Pfeffer), Waffen.

Doch Jacques Coeur war nicht nur ein Magazinvorsteher. Wenn die Kundschaft nicht bezahlen konnte, war er als Finanzier gefragt. Wer das geliehene Geld nicht zurückzahlen konnte, durfte ihm Schlösser oder Ländereien abtreten. Der König, dessen Finanzkraft durchaus beschränkt war, zahlte in Privilegien, zu denen nicht nur der Adelstitel, sondern ein finanziell interessantes Diplomatenamt oder auch einmal ein Handelsmonopol zählten. So war Jacques Coeur rastlos unterwegs, gründete Kontore, charterte, kaufte, und baute Schiffe. Der königliche Kaufmann beschränkte sich nicht auf den bloßen Handel, sondern ließ überall Werkstätten für sich arbeiten, beteiligte sich am Florentiner Seidengewerbe und wurde der Hauptkapitalgeber von Waffenschmieden. Im Mittelmeer- und Orienthandel war er aktiv, er kontrollierte in Frankreich die Handelswege von Salz, Wolle und Eisen, und bezog im Norden die von den Engländern zurückeroberten Gebiete sofort in sein Wirtschaftsimperium ein. Immer und überall ging es Jacques Coeur um Gewinn.

Um seinen und um den des Staates. Denn er war ja Schatzmeister und damit auch Steuereintreiber und Verwalter öffentlicher Gelder. Schwer zu unterscheiden, wann der Privatunternehmer, wann der Amtsmann handelte. Die Waren, die er lieferte, bezahlte er mit dem Geld, das er den Kunden vorstreckte, um es verzinst in neue Geschäfte zu stecken und für den Hof immer mehr Waren zu liefern. Irgendwann muss der König an der Ergebenheit seines Dieners gezweifelt haben. Vermutlich erhielt sein Misstrauen genügend Nahrung durch empörte Höflinge, die es mit ihrer Noblesse nicht mehr in Einklang brachten, dass sie sich von einem bürgerlichen Geldgeber abhängig gemacht hatten. Im Juli 1451 wurde Jacques Coeur verhaftet, sein Stadtpalast in Bourges konfisziert und Anklage wegen Hochverrats erhoben.

Mysteriöserweise gelang es dem Verurteilten, aus der Burg von Poitiers zu entfliehen und über die Provence und Pisa unter den Schutz des Papstes zu gelangen. Ja, er war ein Mann der Kirche – sein Sohn war Bischof in Bourges geworden, er selbst königlicher Botschafter beim Heiligen Vater gewesen – und sein ungeklärter Tod auf der Insel Chios lässt ihn zuletzt noch als Kreuzritter erscheinen. Doch seine Konfession war anderer Art ...

Berry

ten beidemale die Figurenfolge Hl. Jakobus (Namenspatron) – Erzengel Gabriel – Maria (Verkündigungsszene) und in den Maßwerkfüllungen des Tympanons jeweils Embleme *Karls VII.* Des Rätsels Lösung: seit 1443 sein Sohn Jean für den Stuhl des Erzbischofs vorgesehen war, hat sich *Jacques Coeur* als großzügiger Mäzen für die Verschönerung der Kathedrale eingesetzt.

Wallrundgang

Die Zahlen in Klammern verweisen auf die Legendenpunkte des Stadtplans.

Vom Nordturm der Kathedrale **(13)** bietet sich der beste Blick auf die Stadt: ein Gewirr von Schieferdächern und spitzen Giebeln, die sich dicht aneinanderdrängen, Gassen und Innenhöfe nur ahnen lassen. Die gallorömische Stadtmauer, von *Philipp August* erneuert und teilweise verrückt, ließ den Häusern wenig Platz. Die ältesten – unter ihnen die **Fachwerkhäuser** – stammen aus dem 15. oder 16. Jh., als nach einem verheerenden Brand (1487) der Wiederaufbau auf der Tagesordnung stand.

Seit die Stadtväter die schönsten Ensembles (Place Gordaine, Ecke Rue d'Auron/Rue des Arènes) zu Fußgängerzonen ausgestalten ließen, zieht es die flanierfreudige Jugend aus der Kaufhausschneise (Rue Moyenne) in die verwinkelte **Altstadt** mit ihren schmucken Geschäften.

Irgendwann stößt man immer auf die **Stadtmauer,** die sich als Leitlinie für einen Rundgang empfiehlt. Ihr Verlauf ist leicht zu erkennen, denn ein doppelter Ring von Straßen (Rue des Armuriers/Rue des Arènes, Rue Molière/Rue Bourbonnoux) säumt – einmal oben, einmal unten, durch Treppenpassagen verbunden – den abschüssigen Wall. An der Nordseite der Kathedrale führt die „Promenade des Remparts" ein Stück weit direkt an der überbauten Stadtmauer entlang. Auf dieser Route liegen dann auch die vier Stadtpaläste, in denen heute drei Museen untergebracht sind.

Stadtpaläste

Das **Hôtel Lallemant (8, Musée des Arts décoratifs)** wurde Anfang des 16. Jh. als repräsentatives Wohnhaus einer deutschstämmigen, im Tuchhandel reich gewordenen Familie erbaut. Über eine Rampe gelangten die Pferde in den hochgelegenen Hof des Renaissancepalastes. Interessant ist die Kassettendecke der Kapelle, die mit ihren alchimistischen Symbolen (aufgeschlagenes Buch in Flammen, brennender Rabe auf Totenschädel, zerbrochene Vase in Flammen) Rätsel aufgibt.

Wie ein „L" stoßen die beiden Flügel des **Hôtel des Echevins (6, Musée Estève)** des ehemaligen Rathauses (échevin = Magistrat), aneinander. Der Ende des 15. Jh. im Flamboyant-Stil erbaute Haupttrakt hat einen vorspringenden Treppenturm mit Wächterfiguren in Trompe-l'oeil-Fenstern (also optisch vorgetäuschten Fenstern). Anfang des 17. Jh. wurde der Haupttrakt

um einen klassizistischen Galerieanbau erweitert.

Das 1515 erbaute **Hôtel Cujas (4, Musée du Berry)** verbindet den gotischen Flamboyant-Stil (Innenhofseite) mit Renaissance-Elementen (Ziegeltürme) und gehörte einem Florentiner Kaufmann, bevor es an den renommierten Juristen und Universitätslehrer *Jacques Cujas* überging.

Das **Palais Jacques Coeur (5)** gehört zu den schönsten Profanbauten der Gotik. Der königliche Schatzmeister ließ es auf dem Höhepunkt seines Erfolgs (nach 1443) errichten, konnte es aber nach seinem Fall (1451) nicht mehr beziehen. Über dem Eingang stand eine Reiterstatue *Karls VII.*, rechts und links eingerahmt von Herrn und Frau *Coeur,* die auf gleicher Höhe aus den Trompe-l'oeil-Fenstern grüßen. So gelangt man in den Ehrenhof des Gevierts, das aus nüchternen Galerien (den Geschäftsräumen) und einem repräsentativ geschmückten Haupttrakt (mit Empfangssälen und Privatwohnung) besteht. Besonders eindrucksvoll ist hier der mittlere, achteckige Treppenturm, der mit seinem exotischen Dekor (Dattelpalmen und Orangenbäume) an die Orientreisen des Handelsherrn erinnert. Dass er auch Reeder war, ahnt der Besucher, wenn er im ersten Stock unter Schiffskielplafonds oder vor einer glasgemalten Galeasse (Frachtsegler) steht. Überall Zeugnisse eines auftrumpfenden Bürgerstolzes, der sich in markigen Wahlsprüchen *(A coeurs vaillants rien d'impossible* – „Mutigen Herzen ist nichts unmöglich" bzw. *Di-*

re, Faire, Taire – „Sagen, Machen, Schweigen") äußert und gelegentlich in freche Adelssatire umschlägt. Die närrischen Turnierritter auf einer Kaminverkleidung sind nämlich das Gegenbild des tüchtigen Bürgers, der in seinem Palast moderne Sanitäranlagen vorwegnahm und unterm Dach eine Brieftaubenstation einrichtete.

Palais Jacques Coeur

●**Palais Jacques Coeur,** Tel. 02.48.24.06.87, Öffnungszeiten: täglich 9-12/14-18 Uhr, im Winter bis 17 Uhr, Juli/August durchgehend bis 19 Uhr. Eintritt: 5,49 €.

Abstecher in den Marais

Von der Place Gordaine ist es nur ein Sprung (über den Boulevard Clémenceau in die Rue Voltaire) zu einem Gatter, hinter dem ein Netz von Gräben 1500 **Schrebergärten** entwässert. Bevor die Yèvre in den Auron mündet, scheint sie sich mit der Voiselle und Yèvrette in einem von unzähligen Wasseradern durchzogenen Sumpfgebiet zu verlieren. Der Pfad schlängelt sich unter Eschen und Weiden die schilfbewachsene Böschung entlang. Man begegnet Libellen, Fröschen, Haubentauchern und kann den Hobbygärtnern beim Blumengießen, Kompostanlegen oder Kalfatern ihrer Barken zusehen. Zu den Attraktionen dieses geruhsamen Spaziergangs gehört auch die Kathedrale, die man hoch oben auf dem Stadthügel sieht.

Praktische Hinweise

Kulturhaus und Museen

●**Maison de la Culture:** Frankreichs erstes Kulturhaus (von André Malraux 1964 eingeweiht) ist wegen seines großen Renommees als letztes übriggeblieben. Erstklassige Künstler gastieren hier mit beachtlichen Theateraufführungen, Konzerten, Ausstellungen. Tagsüber unten im Foyer (Mobile von Calder) oder oben im Internet-Café beliebter Intellektuellentreff.

Place André Malraux, täglich 12-24 Uhr geöffnet.

●**Musée du Berry:** Das kleine Heimatmuseum birgt eine bedeutende archäologische Sammlung (Erdgeschoss) von Gebrauchsgenständen und Schmuck aus gallo-römischer Zeit. In der ethnographischen Abteilung (1. Stock) ist Werkzeug verschiedener Handwerksberufe, v. a. der Glasmaler und Töpfer, zu sehen.

4, rue des Arènes (Hôtel Cujas), Tel. 02.4870.41.92, Öffnungszeiten: täglich 10-12/14-18 Uhr, Dienstag und Sonntag vormittags geschlossen. Eintritt frei.

●**Musée Estève:** Einmalige Werkschau (Ölbilder, Aquarelle, Zeichnungen, Collagen, Teppiche) des 1904 in Culan geborenen abstrakten Malers.

12, rue Edouard-Branly (Hôtel des Echevins), Tel. 02.48.24.75.38, Öffnungszeiten: wie Musée du Berry, Eintritt frei.

●**Musée des Arts décoratifs** (Kunstgewerbemuseum): Mobiliar, Gemälde, Tapisserien, Fayencen.

6, rue Boubonnoux (Hôtel Lallemant), Tel. 02.48.57.81.17, Öffnungszeiten: täglich 10-12/14-18 Uhr, Montag und Sonntag vormittags geschlossen. Eintritt frei.

Information

●**Office du tourisme,** 21, rue Victor Hugo, 18000 Bourges, Tel. 02.48.24.75.33, Fax 02.48.65.11.87. Stadtplan, Ausflugsangebote.

Hotels

●**La Bécasse**,** 2 place du Général Leclerc, Tel. 02.48.24.20., Fax 02.48.69.00.67. Zweckmäßiges Hotel direkt am Bahnhof gegenüber, ohne Ambiente, aber korrekt und preiswert (25-38 €).

●**Le Christina**,** 5, rue de la Halle, Tel. 02.48.70.56.50, Fax 02.48.70.58.13. Komfortables Hotel am Rand der Altstadt (38-55 €).

●**Angleterre***,** 1, place du 4 Piliers, Tel. 02.48.24.68.51, Fax 02.48.65.21.41. Stille und zentrale Lage ganz nahe beim Palais Jacques Coeur, gute Qualität-Preis-Relation (62-70 €).

●**Bourbon***,** boulevard de la République, Tel. 02.48.70.70.00, Fax 02.48.70.21.22.

Bahnhofsnahes Luxushotel in ehemaligem Kloster (16. Jh.), geschmackvoll möbliert, mit Park und anspruchsvollem Restaurant (73-115 €, Menüs 22-58 €).

Jugendherberge

●**Auberge de jeunesse Jacques Coeur,** 22, rue Henri Sellier, Tel. 02.48.24.58.09, Fax 02.48.65.51.46. 8- und 6-Bett-, aber auch Doppelbettzimmer, Kochmöglichkeit. Im Sommer organisierte Radausflüge.

Restaurants

●**Le Comptoir de Paris,** Place Gordaine, Tel. 02.48.24.17.16. Traditionsbistro an schönster Stelle in der Altstadt (Fußgängerzone), preiswerte Mittagsmenüs.
●**Bel'Île,** 8, rue Porte Jaune, Tel. 02.48.70.39.59. Hinter der gelben Fassade bereitet ein Bretone hervorragende Buchweizengalettes und Weizencrêpes in reicher Auswahl. Man trinkt dazu Cidre im Steingut.
●**Malik,** 40, rue Bourbonnoux, Tel. 02.48.24.59.85, im August geschlossen, Samstagmittag und Montag ebenfalls. Gelungene Kombination von Naturstein und Fachwerk, mit orientalischen Wandteppichen und algerischer Raimusik. Nach einem Couscous-Gericht (ab 9,09 €) empfiehlt sich tunesisches Gebäck mit Minztee.
●**D'Antan Sancerrois,** 50, rue Bourbonnoux, Tel. 02.48.65.96.26, Sonntag und Montagmittag geschlossen. Unter mittelalterlichem Gebälk gibt es zu angemessenen Preisen gute Regionalküche, vom warmen Ziegenkäse (Crottin de Chavignol) bis zum Huhn im eigenen Blut (poulet en barbouille). Für den passenden Wein (Sancerre, Menetou-Salon) ist gesorgt.

Bar

●**Le Cujas,** place Cujas. Vor pupurroten Tapeten bedienen flotte Kellner von 9 Uhr früh bis 2 Uhr nachts.

Spezialitäten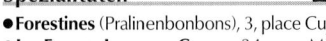

●**Forestines** (Pralinenbonbons), 3, place Cujas.
●**La Ferme Jacques Coeur,** 34, rue Mirabeau: Käse, Foie gras , Wein, Gebäck.

Märkte und Feste

●**Wochenmarkt,** Samstagvormittag.
●**Marché Saint-Bonnet,** Sonntagvormittag, in der Halle täglich außer Montag.
●**Printemps de Bourges,** 10 Tage im April, Frankreichs und vielleicht Europas bedeutendstes Festival der Popmusik. Unter großem Publikumsandrang (Hotels wochenlang ausgebucht) werden unter den Sängern und Gruppen jährlich neue Stars entdeckt. Sie kommen v.a. aus frankophonen Ländern und aus der Dritten Welt.
●**Nuits Lumière**, im Sommer täglich ab 22.30 Uhr. Die Altstadt wird durch dissimulierte Strahler fantastisch erleuchtet, Projektionen in historischen Gebäuden.
●**Fête des Marais,** Anfang September, Volksfest mit Bootsfahrten und Gemüseverkauf.

Radverleih und Tourentipps

●**Cycles-Dias,** 50, rue Barbès, Tel. 02.48.50.08.83.
●**Loca-Bourges,** 118, rue Barbès, Tel. 02.48.21.08.33.
●**Comité du Cher du Cyclotourisme,** 64, boulevard Lamarck, Tel. 02.48.02.14.76.

Wandern

●**Comité Départemental de Randonnée Pédestre,** 4, rue Sainte-Louise.

Wassersport

●**Plan d'eau du Val d'Auron,** 5 km südlich, Kanu/Kajak und Segeln.

Anreise/Weiterreise

●**Mit dem Auto:** Von Paris/Orléans (A 71 oder N 20/D 944), Montargis/Gien (N 7/D 940), Montargis/Cosne/Sancerre (N 7/D 955), Auxerre/La Charité-sur-Loire (N 151), Autun/Nevers (D 978/D 976).
●**Mit der Bahn:** Über Vierzon Verbindung nach Paris und ins Loiretal (Tours – Saumur – Angers).
●**Mit dem Bus:** Cariane Centre zwischen Gien und Bourges. Haltestellen: Argent-sur-Sauldre, Blancafort, Aubigny-sur-Nère, La Chapelle-d'Angillon, Menetou-Salon. Tel. 02.48.24.36.42.

Berry

Das Chertal *Überblick*

Der 320 Kilometer lange Cher hat die Hälfte seines Weges hinter sich, wenn er vor Méhun nach Westen schwenkt – parallel zur Loire, in die er sich erst spät ergießt. Spargelfelder und Weinberge säumen das weite Tal, das die Sandböden der Sologne von den südlichen Kalkhängen scheidet. Ein Grenzland, das seit alten Zeiten das Berry mit der Touraine verbindet und auch das Blésois in sein Verkehrsnetz einschließt. Wo die Provinzgrenzen genau verliefen, weiß heute kaum jemand, zumal die hilfreichen Ortsnamen (Selles-en-Berry, Saint-Aignan-en-Berry) neutralisiert worden sind. Eine schmerzlich wahrnehmbare Grenze verlief hier nur während der deutschen Okkupation (1940 bis 1944), als der Cher einen Abschnitt der Demarkationslinie zwischen besetzter und freier Zone bildete. Doch sonst war das Chertal als zentrale Ost-West-Verbindung immer ein offener Handelsweg. Bereits die Römer bauten hier eine Durchgangsstraße, wie die Ausgrabungen von Gièvres und vor allem Thésée (Tasciaca) belegen, das als Etappenstation schon auf der ältesten Karte des Römischen Reiches auftaucht. Das ganze Mittelalter hindurch war der Cher-Fluss schiffbar, dann wurde er lange von Eisen (aus dem Berry) oder Schiefer (aus dem Anjou) befördernden Flößen befahren, bis Mitte des 19. Jahrhunderts der Berry-Kanal den Warenverkehr übernahm. Dann kam die Eisenbahn, der Ausbau der Straßen und das Autobahnprojekt.

Auch Touristen nutzen die Cher-Route als Durchgangsstrecke. Sie eignet sich als abwechslungsreiche Variante auf dem Hin- oder Rückweg einer Loire-Reise, die auch ins Berry führen soll. Der Umweg über Bourges lohnt sich, weil das Chertal eine reizvolle, freilich auch verkehrsreiche Strecke ist. Man sollte die Nationalstraße immer wieder verlassen, einen Abstecher in die Sologne machen oder gelegentlich auf das linke Cherufer wechseln. Je weiter man sich der Mündung nähert, desto mehr eignen sich die Stationen auch für einen längeren Aufenthalt. Von Saint-Aignan oder Montrichard ist man schnell an der Loire (nördlich) oder im Indre-Tal (südwestlich) und hat damit eine Fülle von Ausflugsmöglichkeiten.

Méhun-sur-Yèvre

⤢ XI/C2

Bevor der Berry-Kanal dem Lauf des Cher folgt, begleitet er – von Bourges bis Vierzon – die Yèvre und durchquert mit ihr ein kleines Städtchen, das nach Limoges als bedeutendster Standort der französischen **Porzellanindustrie** gilt. Von den vier Betrieben erinnern zwei noch an die Gründerzeit. Es war der Französischschweizer *Charles Pillivyt,* der 1854 in Méhun seine Manufaktur eröffnete, nachdem er sich Jahre zuvor im benachbarten Foecy (Kaolin-Vorkommen) bereits an einer ersten Fabrik beteiligt hatte. Heute produziert hier *Philippe Deshoulières,* Frankreichs führender Porzellanhersteller, der sich in der Art-Déco-Tradition der 1886 gegründeten Vorgängerfirma Louis Lourioux sieht. Wer ein Tafelservice oder Einzelstücke erstehen will, findet in den Verkaufsräumen der Betriebe und in verschiedenen Geschäften eine reiche Auswahl vor.

Niemand sollte aber Méhun verlassen, ohne auch die **Schlossruine** gesehen zu haben.

Geschichte

Die malerische Ruine erinnert an ein berühmtes Bild. Im **Stundenbuch des Herzogs von Berry** *(Très riches heures du duc de Berry)* findet man die schöne Miniatur der Brüder von Limburg, die den Palast von Méhun noch in seiner ganzen Pracht zeigt. Der kunstsinnige Königssohn hatte in dem 1386 vollendeten Neubau Buchmaler und Schriftsteller um sich geschart.

Nicht weniger legendär sind die beiden **Aufenthalte Jeanne d'Arcs** (1429, 1430), die in der Stadt logierte, aber im Schloss bei *Karl VII.,* dem Enkel des Herzogs, vorsprach. Man weiß

Berry

von diesem „König von Bourges", dass er Teile des Prachtbaus zusätzlichen Befestigungsanlagen opferte und im Schloss verstarb. Sein Sohn, *Ludwig XI.,* verbrachte in Méhun einen großen Teil seiner Jugend. 1555 beschädigte ein Brand Teile des Palastes, der nach der Französischen Revolution verkauft und vom Erwerber stückweise abgebaut worden ist. Man findet die Bruchsteine noch im Mauerwerk vieler Stadthäuser.

Rundgang

Von der Rue Jeanne d'Arc (die Jungfrau soll in Nr. 87 logiert haben) biegt man links zum Marktplatz, wo gegenüber der Stiftskirche (11. Jh.) in einer ehemaligen Mühle das **Haus des Kunsthandwerks** (Centre régional des métiers d'art) untergebracht ist. Unter einer Glaskonstruktion befindet sich hier das Porzellanzentrum (Pôle de la Porcelaine).

Die Ausstellungsräume öffnen sich zum **Stadtpark,** der von der Schlossruine beherrscht wird. Die Besichtigung des **Tour Charles VII** lohnt nicht des angeblichen königlichen Sterbezimmers, sondern nur des Blickes wegen, der sich von hier auf den zweiten, aufgerissenen Turm bietet.

Umgebung

In unmittelbarer Nähe von Méhun verbergen zwei bescheidene Dorfkirchen großartige Freskenzyklen aus dem 12. Jahrhundert. Sie befinden sich auf dem Weg zum Wald von Allogny

(D 20) in **Allouis** und Richtung Vierzon auf der linken Seite des Cher (D 27) in **Brinay.** Beidemale zeigt die Trennwand zwischen Schiff und Chor interessante Darstellungen der Monatsarbeiten, die aber nur in Brinay komplett erhalten sind.

Auf dem Weg liegt das Winzerdorf **Quincy,** dem sich weiter südwestlich die Lagen von Reuilly anschließen. Es sind kleine, säurereiche Weiß- und Roséweine, die hier auf siliziumhaltigen Kalk- und Sandböden angebaut werden und für kulinarische Entdeckungen gut sind.

Praktische Hinweise

Information

●**Office de tourisme,** place du 14 juillet, Tel. 02.48.57.35.51, Fax 02.48.57.13.40

Porzellanfabriken

●**Philippe Deshoulières,** 5, rue Louis Grandjean, Foecy, Tel. 02.48.52.60.60. Neben dem Verkaufsraum bietet das **Musée Vivant de la Porcelaine** eine anschauliche Einführung in Geschichte und Technik der Porzellanherstellung (Comic, Video, alte Maschinen). Besonders eindrucksvoll sind die Art-Deco-Statuetten des Firmengründers Lourioux. Eintritt: 4,57 € (2,29 €).
●**Pillivuyt,** avenue de la Manufacture, Tel. 02.48.67.31.00.

Spezialitäten

●**Pâtisserie Claude Huet,** 129, rue Jeanne d'Arc. Kartoffelküchlein (galettes de pommes de terre), Pralinen, Petits fours.
●**Domaine Jacques Rouzé,** Brinay, Tel. 02.48.51.08.51. Quincy-Weine.

Markt

●**Wochenmarkt,** Mittwoch vormittags.

Eisenverhüttung im Berry

1779 begann ein Kapitel französischer Industriegeschichte, das im abgelegenen Berry spielte und vom Aufstieg und Niedergang der Eisenhütten *(forges)* handelte. Der spätere König *Karl X.* (1824-1830), damals noch Graf von Artois, ließ in Vierzon-Village (das bald Vierzon-Forges heißen sollte) eine Hütte mit zwei Schmelzöfen und angegliederter Gießerei errichten. Das unternehmerische Motiv mutet heute seltsam an: die Wälder von Vierzon sollten einer sinnvollen Nutzung zugeführt werden. Nicht nur Brennholz war reichlich vorhanden, auch die Wasserkraft (Cher, Yèvre) harrte der industriellen Anwendung, und seit römischer Zeit waren die Eisenerzvorkommen der Gegend zwar bekannt, aber kaum erschlossen. Dass sich nun einige Klosterschwestern über die hässlichen Gruben beklagten, die Bäcker die Trockenlegung der Walkmühlen (moulins à foulon) bedauerten und die damit ruinierten Tuchfabrikanten nach Romorantin abwandern mussten, war – modern gesprochen – der Preis des Fortschritts. Schließlich galt die Eisenhütte von Vierzon damals als «eine der schönsten Europas», Vorbild auch für eine ganze Reihe ähnlicher Anlagen, die in den folgenden Jahren über den Erzlagern des Berry entstanden. Studiert man die Standorte auf einer Karte, so liegen sie zwischen Vierzon, Saint-Amand und La Guerche auf einer Gabel, deren Stiel bis Montluçon hinunterreicht und ziemlich exakt dem Verlauf des Canal du Berry entspricht.

Diese 1837 fertiggestellte Wasserstraße erleichterte den Import von Kohle aus Commentry (bei Montluçon), die als Brennstoff das rar werdende Holz ersetzte. Es waren nicht nur die mittlerweile 24 Hochöfen und 30 Eisenhütten, die massiv zur Abholzung der heute ziemlich kahlen Champagne Berrichonne beitrugen, auch die gleichzeitig aus dem Boden schießenden Porzellanfabriken waren an dem Raubbau beteiligt. Aber schlimm war in den Augen der Eisenbarone etwas anderes: Die Umstellung auf Steinkohle trieb die Energiekosten in die Höhe und brachte ihre Verhüttungsanlagen gegenüber den Konkurrenten aus den nordfranzösischen Zechenrevieren ins Hintertreffen. Dass der Berry-Kanal die Rohstofflager – wie auch die Absatzmärkte – näherbrachte, konnte den Nachteil allenfalls vermindern, nicht aber wettmachen. Der Brennstoff musste also noch schneller und preiswerter herbeigeschafft, eine Eisenbahnlinie (1843-47) tief ins Berry hineinverlegt werden, damit die Hochöfen noch einmal eine – kurze – Zukunft bekamen. Das Todesurteil ließ trotzdem nicht lange auf sich warten: einerseits trugen die erschwerten Förderbedingungen der immer tiefer grabenden Erzbergwerke zur weiteren Verteuerung bei, andererseits öffnete das Freihandelsabkommen mit Großbritannien ab 1860 dem Billigimport von Schienen und anderen Gusswaren Tür und Tor.

1860 begann die Serie von Hüttenstilllegungen, die binnen 50 Jahren sämtliche Hochöfen zum Erlöschen brachte. 1860 war aber auch das Geburtsjahr der Kaiserlichen Kanonengießerei, die ins sichere Hinterland, nach Bourges, kommen sollte und für einen Teil der freigesetzten Eisenkocher Verwendung hatte. Und je mehr es auf den Ersten Weltkrieg zuging, desto flotter wurde die Produktion in den Waffenschmieden und Munitionsfabriken, die der Hauptstadt des Berry zwischen 1911 (45.700 Einwohner) und 1918 (110.000 Einwohner) eine wahre Bevölkerungsexplosion bescherte. Aber nicht nur die Rüstungsbetriebe traten an die Stelle der Eisenhütten, eine neue, metallverarbeitende Industrie entstand im Dreieck der immer noch ländlichen Kleinstädte Bourges, Vierzon, Saint-Florent. Da brachen kleine Drahtziehereien und Nagelfabriken das Pariser Monopol, der Ausbau der Eisenbahnstrecken rief lokale Zulieferer auf den Plan, Vierzon spezialisierte sich auf Landmaschinen, und Rosière wurde zum Synonym für die französische Hausfrau für ihren Herd. So ging es 100 Jahre lang, bis die europäische Integration die Konkurrenzfähigkeit dieser regionalen Branche hart auf die Probe stellte und erneut Entlassungen und Betriebsschliessungen auf der Tagesordnung standen.

Berry

Wandern

● **Canal du Berry:** Hinter dem Park auf den Treidelweg einbiegen und dem Kanal beliebig weit folgen.

Anreise/Weiterreise

● **Mit dem Auto:** Auf der N 76 von Bourges oder Vierzon kommend.
● **Mit der Bahn:** Linie Bourges – Vierzon.

Den Berry-Kanal entlang

Von Vierzon bis Noyers-sur-Cher (kurz vor Saint-Aignan) begleitet den Cherfluss auf seiner rechten Seite ein zweites Wasserband, der Canal du Berry.

Geschichte

Der Bau einer Wasserstraße, die die obere mit der unteren Loire verbinden sollte, war schon 1484 ein Plan der Generalstände von Tours. *Sully* und *Colbert* sahen in dieser Verbindung quer durchs Berry eine wirtschaftsfördernde Maßnahme. Das von der Provinzversammlung 1778 beschlossene Projekt wurde aber erst nach der Revolution in die Tat umgesetzt und profitierte von der gleichzeitigen Eröffnung des Loire-Seitenkanals 1838. Doch der Berry-Kanal erwies sich als viel zu schmal und wurde schnell vom Schienen- und Straßenverkehr außer Konkurrenz gesetzt. 1865 fuhren noch 890, 1940 nur noch 120 Schleppkähne. Seit Januar 1955 außer Betrieb, hat sich der Berry-Kanal zu einem Biotop entwickelt, an dessen Böschungen

sich nach Feierabend die Angler niederlassen.

Vierzon   ⤢ XI/C1-2

Vierzon ist heute als Umsteigebahnhof bekannt und gilt sonst als hässliches Industriestädtchen, das motorisierte Touristen möglichst schnell hinter sich lassen. Freilich gehört das Industriezeitalter hier allmählich der Vergangenheit an, nachdem die Traktorenfabrik, letzte Erbin der lokalen Metalltradition, ihre Belegschaft binnen 15 Jahren auf ein Drittel reduziert hat. Die Stadt, in ihrem historischen Kern und an den Ufern des Yèvre und Berry-Kanals gar nicht so hässlich, beginnt sich auf ihre **industriegeschichtlichen Monumente** zu besinnen. So wären neben den Fabrikruinen, die bisher nur als Centre commercial (Vierzon-Forges) interessierten, v.a. die niederen Reihenhäuschen der Rue des Echelles sehenswert. Der Name erinnert an die Außenleitern, die bei diesen schmal konzipierten Arbeiterheimen ein Stiegenhaus mit Innentreppe ersetzen mussten.

Mennetou-sur-Cher   ⤢ X/B1

Bald hinter Vierzon rückt der Canal du Berry ganz nahe an den tiefer gelegenen Cher heran. Links passiert man die Bänder der Wasserstraßen, rechts eine mittelalterliche Siedlung mit spitzbogigem Stadttor. Von ursprünglich fünf sind drei noch erhalten, unter ihnen dieses untere, das nach der durchreisenden Jeanne-d'Arc benannt wurde.

Wer hier Mennetou-sur-Cher betritt, entdeckt auf einem kurzen Rundgang Häuser ab dem 13. Jahrhundert, unter ihnen die Zehntscheuer und die Fleischbank.

- **Visite guidée de la ville** (Führung durch die mittelalterliche Stadt), Tel. 02.54.85.23.30, Juli-August dienstags und samstags 17 Uhr vor dem Office de tourisme, 1, grande Rue, Tel. 02.54.98.12.29.

Selles-sur-Cher   ⌖ X/A1

Es empfiehlt sich, die N 76 hinter Villefranche zu verlassen und auf kleinen Landstraßen (D 54, D 35) am Nordufer des Kanals beziehungsweise am Südufer des Cher entlangzufahren. Man kommt dann durch **Gièvres** (Antike Keramik in der Mairie) und **Chabris** (Winzerdorf) nach Selles-sur-Cher, dem quirligen Marktflecken, in dem sich – mitten im unteren Chertal – die Straßen nach Bourges (Haut-Berry), Romorantin (Sologne), Valençay (Bas-Berry), Blois (Blésois) und Tours (Touraine) kreuzen.

Die regionale Bedeutung dieses Landstädtchens ist – im Kreuzgang der ehemaligen Abtei – in einem kleinen **Heimatmuseum** dokumentiert, erschließt sich aber am anschaulichsten auf dem **Wochenmarkt,** der die Bauern der Umgebung in Scharen anzieht.

- **Musée du Val de Cher,** Place du Général de Gaulle, Tel. 02.54.95.25.40, Juni – 15. September. Eintritt: 3,05 €.

Zwei Sehenswürdigkeiten sollte man nicht auslassen: die **Eustasius-Kirche** (12. bis 15. Jh.) mit ihren rührenden Skulpturen an der Chor-Außenseite und daneben die **Fromagerie** mit ihrem überwältigend vielfältigen Angebot an Ziegenkäse. Die Appellation „Selles-sur-Cher" trägt freilich nur der kleine runde Käse, sofern er im Ortsgebiet in einer der zahlreichen Chèvrerien und Affinerien hergestellt wurde.

Natürlich hat auch das Käsestädtchen sein **Schloss,** das jedoch – mit seinen mittelalterlichen Burggräben, den Renaissance-Pavillons und einigen an die Seidenraupenzucht erinnernden Maulbeerbäumen – ganz im Schatten von Valençay steht.

Praktische Hinweise

Information
- **Office de tourisme,** Mairie, 41130 Selles-sur-Cher, Tel. 02.54.95.25.44, Fax 02.54.95.25.50

Spezialität
- **La Fromagerie,** 2, rue du Docteur Massacré (Place de l'Eglise), Selles-sur-Cher, Tel. 02.54.88.57.60. Ziegenkäse in allen Varianten.
- **La Chatainerie,** Billy (5 km nördlich, Route de Gy), Tel. 02.54.88.57.91. Ziegenkäse.

Berry

Markt

- **Wochenmarkt,** Selles-sur-Cher, donnerstags und samstags.
- **Foire aux vins et aux fromages de chèvre,** Selles-sur-Cher. Wochenende nach Ostern.

Anreise/Weiterreise

- **Mit dem Auto:** Auf der A 71 oder N 20 von Orléans nach Vierzon, wo die N 76 Bourges mit Tours verbindet.
- **Mit der Bahn:** Rund zehn Direktzüge täglich von Paris (Gare d'Austerlitz) nach Vierzon, Verbindung Vierzon – Tours mit Stationen in Villefranche-sur-Cher, Selles-sur-Cher.

Käseherstellung in Selles-sur-Cher

Valençay ♪ XIII/D3

Château de Valençay **

- **Stil:** Renaissance/Klassizismus (16.-17. Jh.)
- **Besonderheit:** Park mit Damhirschgehege, Pfauen, Straußen, Lamas
- **Höhepunkt:** Möblierung (Großer Salon, Zimmer des Königs von Spanien)
- **Museum:** Musée de l'Automobile (80 Oldie-Modelle)
- **Animation:** Freilichttheater (Son et lumière) an Sommerabenden
- **Auskunft:** Tel. 02.54.00.10.66
- **Öffnungszeiten:** 15. Juni–15. Sept 9-19 Uhr (Museum erst ab 10 Uhr), 16. Sept–15.Nov. und 15.März–14.Juni bis Sonnenuntergang
- **Eintritt:** 5,34 €, Schlossbesuch nur mit Führung, Park/Museum ohne Schloss 2,44 €

Wer erst einmal in Selles-sur-Cher Halt macht, wird es sich nicht nehmen lassen, das Tal kurzzeitig zu verlassen und jenseits der südlichen Anhöhen *Talleyrand* seinen Besuch abzustatten. Das über den städtischen Weinbergen thronende Schloss ist grandios konzipiert und erinnert mit seinen runden Ecktürmen an Chambord, mit dem donjonartigen Eingangspavillon an Chenonceaux.

Geschichte

Der Bauherr, *Jacques d'Estampes,* war nach der Heirat einer Schatzmeisterstochter übermütig genug, sich die großen Loireschlösser zum Vorbild zu nehmen. Um 1540 ließ er über dem niedergerissenen Feudalsitz den heutigen Nordflügel errichten. Erst Anfang des 17. Jh. erweiterte *Dominique d'Etampes* den Familiensitz zu der großen Anlage, die zwei Jahrhunderte später *Charles Maurice de Talleyrand-Périgord* als Repräsentationsschloss diente. „Ich möchte, dass Sie einen schönen Landsitz kaufen, dass Sie dort das diplomatische Korps und die Ausländer von Rang aufs prächtigste empfangen, dass man mit Freuden zu Ihnen kommt und dass eine Einladung dorthin eine Belohnung ist für die Gesandten der Herrscher, mit denen ich zufrieden bin." So ist die Anweisung *Napoleons* überliefert, der sein Chefdiplomat *Talleyrand* 1803 mit dem Kauf Valançays umgehend Folge leistete.

Der ebenso aufgeklärte wie opportunistisch taktierende Bilderbuchpolitiker war schon vor Napoleon Außenminister des Direktoriums, nachdem er die Revolution geschickt überstanden, als Bischof von Autun die Mehrheit des Klerus zur Nationalversammlung hinübergeführt und dann mit der Kirche gebrochen hatte. Als der Kaiser ihm den Spanienkrieg verübelte, zur Strafe die spanischen Herrscher nach Valençay verbannte (1806 bis 1814) und damit auch klarstellte, dass immer noch er und niemand anders über das mitfinanzierte Repräsentationsschloss verfügte, nahm *Talleyrand* diese Demütigung geduldig hin. Nach Napoleons Niederlage war er dann wieder obenauf und brillierte 1814 als französischer Verhandlungsleiter auf dem Wiener Kongress, wo er – auch unter Einsatz seiner schönen Nichte *Dorothée* – für die Bourbonen rettete, was zu retten war. Die „liebe Nichte" avancierte hinterher zur Herzogin von Dino und verdrängte *Madame de Talleyrand* als Schlossherrin von Valançay.

Die ausgiebig renovierte Anlage sah immer noch hohe Besuche und wichtige Post, aber auch den – lebenslang an seinem Klumpfuß leidenden – Hausherrn ein- und ausgehen. Denn *Talleyrand* verbrachte auch im Ruhestand nur eine Hälfte des Jahres in Paris, wo er 1838, nicht ohne sich mit der Kirche versöhnt zu haben, 84-jährig verstarb.

Schlossbesichtigung

Der Besucher erreicht zunächst den älteren **Nordflügel,** der in seiner raffinierten Ausführung (imitierter „Pechnasenkranz", italienische Galerie) zu

Berry

Der Besichtigungsrundgang führt durch prächtig ausgestattete Räume, in denen zahlreiche Erinnerungsstücke die historische Phantasie anregen. Die schönsten Interieurs sind der Führungslinie nach: der **Große Salon** (Empiremöbel, 26 unterschiedlich gemusterte Sessel mit Laubmotiven, Konferenztisch vom Wiener Kongress, Savonnerie-Teppiche, böhmische Kristallüster), der **Blaue Salon** (*Talleyrands* Arbeitszimmer mit japanischen Lacktischen, Savonnerie-Teppich, böhmischem Kristallüster, Importwaren der Indienkompanie) und das **Musikzimmer** (zartgrün-weiße Eichentäfelung) – alle im Erdgeschoss; im Obergeschoss dann das **Zimmer des Königs von Spanien** (Empire-Möbel, Baldachin-Bett, Grisaille-Tapeten), auf dem Weg nach unten die **Ehrentreppe** (Gobelin-Wandteppich) und im Keller die **Große Küche** (Kupfergeschirr).

den Meisterwerken der Renaissance zählt. Im Unterschied zu den herkömmlichen Pfefferbüchsendächern weisen die Kuppelhauben der Ecktürme schon in die klassizistische Epoche. Die ungleichgewichtige Dimensionierung der Flügelhälften (rechts zwei-, links eingeschossiger Bau, rechts großer, links kleiner Eckturm) lässt allerdings eine vorzeitige Ebbe im Budget vermuten.

Hinter dem Eingangspavillon öffnet sich der **Ehrenhof,** heute ein offenes Aussichtsplateau, denn von allen Anbauten des 17. Jh. steht nur noch der prächtige Parkflügel mit den weitgehend unveränderten Wohn- und Empfangsräumen *Talleyrands.*

Schlossküche

Praktische Hinweise

Information

● **Office de tourisme,** 2, avenue de la Résistance, 36600 Valençay, Tel. 02.54.00.04.42 Karten für Son-et-Lumière-Aufführung im Schlosspark.

Hotels

● **Lion d'Or,** place de la Halle, Tel. 02.54.00.00.87, Fax 02.54.00.09.20. Im Herz des Städtchens, der ehemaligen Getreidehalle gegenüber, stand diese Auberge schon den Besuchern Talleyrands offen. Innenhof, Terrasse, Zimmer um 40 €.

● **Auberge Saint-Fiacre,** Veuil (7km südlich, D 15), Tel. 02.40.32.78, Fax 02.54.40.35.66. Im Nahon-Tal gelegener Dorfgasthof (Zimmer um 30 €) mit schönem Wirtsgarten und anspruchsvollen Fischgerichten.

Restaurant

●**Hôtel d'Espagne,** 9, rue du Château, Tel. 02.54.00.00.02, Montag Ruhetag. In der teuren Nobelherberge gibt es ein „Bistrot des Gourmets", das für 15 € ein sehr gutes Touristenmenü anbietet. Nur wenige Schritte vom Schlosstor entfernt.

Camping

●**Les Chênes***,** Route de Loches, Tel. 02.54.00.03.92, Fax 02.54.00.32.39, geöffnet Mai–September. Pool und Fahrradverleih.

Spezialität

●**Pâtisserie Chichery,** 21, rue du Château, montags geschlossen. Zauberhafte Schokoladenprodukte, raffinierte Gâteaus.

Märkte

●**Wochenmarkt,** jeden Dienstag.
●**Foire aux vins et fromages,** Ende Mai.

Wandern

●**Durch den Gâtine-Wald:** Drei Wege (2 ¼, 2$^{1/2}$ und 5$^{1/2}$ Std.) beginnen an der nördlichen Platanenallee beim Office de tourisme (Wandertafel).

Bahnfahrt

●**Blanc Argent:** Triebwagen ab oder nach Salbris/Romorantin, Tel. 02.54.76.02.72, Fax 02.54.76.78.75. Tagesausflug inklusive Mittagessen.

Ausflug ins Hinterland

Château de Bouges *

●**Stil:** Klassizismus (18. Jh.)
●**Besonderheit:** 80 ha-Park
●**Höhepunkt/Museum:** Sammlung von Pferdekutschen
●**Auskunft:** Tel. 02.54.35.88.26
●**Öffnungszeiten:** April–Oktober außer Dienstag 10-12 Uhr und 14-18 Uhr, Juli-August täglich 10-13 Uhr und 14-19 Uhr
●**Eintritt:** 4,57 €

Château de Villegongis * ♥

●**Stil:** Renaissance (16. Jh.)
●**Besonderheit:** Chambord en miniature
●**Höhepunkt:** Burggräben auf der Rückseite
●**Auskunft:** Tel. 02.54.36.60.51
●**Öffnungszeiten:** Rundgang außen immer möglich, Innenbesichtigung nur auf Anfrage
●**Tipp:** Einkehr in die danebenliegende Auberge

Eine „Route touristique" führt Richtung Châteauroux ins Pays de Levroux hinein. Ein abwechslungsreicher Tagesausflug für Zwei- wie Vierradfahrer, die gern ein „italienisches" Schlösschen in **Bouges,** die gallische Siedlung **Moulins-sur-Cephons,** das Leder- und Pergamentmuseum in **Levroux** oder die Miniaturvariante von Chambord, das Schloss **Villegongis** sehen möchten.

●**Musée du Cuir et du Parchemin,** Levroux, Tel. 02.54.35.83.58, Öffnungszeiten: Juli–August 10.30-12 Uhr und 15-19 Uhr.

Saint-Aignan ↗ XIII/C2

Von Selles-sur-Cher hat man Richtung Saint-Aignan die Wahl: auf der linken Talseite (D 17 und südliche Landstraßen) geht es kurvenreich über die Valençay-Weinstraße, auf der rechten Talseite (N 76) zielstrebig, aber verkehrsintensiv den Berry-Kanal entlang.

Im ersten Fall kommt man durch den Weinort **Meusnes,** wo ein Museum an den einst bedeutenden Feuersteinabbau erinnert, und kann bei **Couffi** noch einen Taubenturm aus dem 15. Jh. sehen.

Berry

● **Musée de la pierre à Fusil** (Feuersteinmuseum), Meusnes, Tel. 02.54.71.00.23, ganzjährig geöffnet. Videoeinführung (auch deutsch), Eintritt: 0,76 €.

● **Jacky Preys,** Le Bois Pontois, Meusnes, Tel. 02.54.71.00.34. Degustation verschiedener Valençay-Weine.

Im zweiten Fall gibt es in der Saint-Sylvain-Kirche von **Noyers-sur-Cher** Anjou-Gotik aus dem 13. Jh., bevor sich von der Cher-Brücke aus der schönste Blick auf Saint-Aignan bietet.

Der Fluss zieht seine Schleifen um sattgrüne Ufer und hinterlässt unter der Brücke von Saint-Aignan ein Inselchen mit Sandstreifen. Auf der Anhöhe sieht man über den Altstadtdächern die beiden stadtbeherrschenden Baudenkmäler: das **Schloss** (16. Jh.), das nicht zur Besichtigung offensteht, und die wesentlich ältere Stiftskirche, unbestritten die größte Sehenswürdigkeit des Ortes. Man erreicht sie über Treppen, die aus der mittelalterlichen Altstadt hochführen.

Ein paar Fachwerkhäuser sind dort erhalten, unter ihnen – als schönstes Exemplar – **Bretons Fabrique de Meubles** (Ecke Rue Constant-Ragot/Rue du Four). Bei unserem letzten Besuch sahen wir noch die uralte *Madame Breton* im Dickicht ihrer aufeinandergehäuften Antiquitäten sitzen.

namhaften **Wallfahrtsort** – Saint-Aignan eben – entwickelte.

Nach einem ersten Neubau Anfang des 11. Jh. entstand zwischen Ende des 11. und Anfang des 13. Jh. die **dreischiffige Basilika,** die heute zu den eindrucksvollsten romanischen Sakralbauten des Loiretals gehört.

Stiftskirche

Es waren Mönche des Klosters Saint-Martin in Tours, die Ende des 9. Jh. hier eine Kapelle errichteten, die dank der Reliquien des Orléaner Bischofs und Heiligen *Ananius* sich zu einem

Stiftskirche von St. Aignan

Man betritt sie durch einen wehrhaften **Vorhallenturm,** in dem auch unter bedrohlichen Umständen ungestört Kapitelsitzungen stattfinden konnten. Ein ähnlich wuchtiger, doch etwas höherer **Vierungsturm** sitzt über dem Kreuz von Mittelschiff (Kreuzrippengewölbe), Querhaus (Tonnengewölbe) und Chor (ebenfalls Tonnengewölbe).

So extrem nüchtern der **Innenraum** anmutet, so vielfältig erscheinen die 250 Kapitelle, der einzige und schier endlose, aus Ornamenten (Laubwerk, Früchte, Schnecken) und Szenen des Alten und Neuen Testaments bestehende Schmuck.

Doch der sehenswerteste Teil der Kirche ist unter dem Chor die **Krypta** mit ihren Fresken (12. Jh.). In der Hauptapsis sieht man Christus in einer Mandorla (mandelförmiger Heiligenschein um die ganze Figur) thronen, links von ihm heilt Petrus Lahme, rechts erteilt Jakobus einem ebenfalls Behinderten die Absolution. Dann geht es in den Chorumgang hinein, wo das Thema Krankenheilung – Sündenvergebung – Erlösung in Variationen wiederkehrt.

● **Collégiale,** Tel. 02.54.75.22.85 (Juli–August), geöffnet 9-19 Uhr, aber keine Besichtigung während des Gottesdienstes. Erklärung durch Hörkassetten, Eintritt frei, Besteigung des Glockenturms 0,76 €.

Thésée-la-Romaine ♫ **XIII/C1-2**

Der Cher ist breiter und langsamer geworden und nähert sich nun der Touraine. Von der jahrhundertealten Bedeutung dieses – schon zu römischen Zeiten – provinzenverbindenden Handelsweges kann man sich 8 km hinter Saint-Aignan ein gutes Bild machen. Hier stößt man nämlich auf die außergewöhnlich gut erhaltenen **Ruinen des antiken Tasciaca** (2. Jh.), eine Kombination von Handelsbörse, Gerichtshof und Töpferstadt (19 Brennöfen!), deren Vasen, Krüge, Schüsseln, Schalen – soweit ausgegraben – in der Mairie des heutigen Winzerdorfes Thésée-la-Romaine zu besichtigen sind.

● **Musée archéologique,** Mairie, Thésée-la-Romaine, Tel. 02.54.71.40.20, Öffnungszeiten: Juli–August außer Dienstag täglich 14.30-18.30 Uhr, sonst nur an Wochenenden und feiertags. Eintritt: 3,81 €, Schüler 1,98 €.
● **Ruines gallo-romaines,** 800 m hinter Thésée-la-Romaine, Tel. 02.54.71.40.20, Öffnungszeiten: Juli–August außer Dienstag 10.30-12 Uhr und 15-18.30 Uhr. Im Eintrittspreis des Museums eingeschlossen.

Praktische Hinweise

Information

● **Maison du tourisme,** 41110 Saint-Aignan, Tel. 02.54.75.22.85 (Sommerhalbjahr), Tel. 02.54.75.13.31 (Winter), Fax 02.54.71.10.39. Stadtführungen.
● **Syndicat Intercommunal du Cher Canalisé,** 41110 Saint-Aignan, Tel. 02.54.75.08.51, Fax 02.54.75.20.96. Auskunft und Reservierungen in Sachen Flusstourismus.

Hotel-Restaurant

● **Le Clos du Cher***,** Route de Saint-Aignan, Noyers-sur-Cher, Tel. 02.54.75.00.03, Fax 02.54.75.03.79, Mittwoch abends und Donnerstag geschlossen. Auf der anderen Flussseite ein lauschig eingewachsenes Schlösschen für nicht gerade verarmte Romantiker. Luxuriös möblierte Zimmer (60-88 €), verfeinerte Regionalküche (Menüs 15-53 €).

Berry

Camping auf dem Weingut

●**Claude Gouny,** 58, rue de la Gigotière, D 675, Tel. 02.54.75.07.90, geöffnet Mai–Oktober. Zwischen Saint-Aignan (1 km) und Noyers-sur-Cher (2 km), 500 m vom Wasser entfernt, 25 teilweise schattige Zeltplätze. Weinverkauf.

Ferme-Auberge

●**La Lionière,** Mareuil-sur-Cher (4 km westlich von Saint-Aignan), Tel. 02.54.75.24.99. Knoblauchzicklein, Beignets von Ziegenkäse und andere frische Gerichte vom Bauernhof (14-19 €), auf dem auch Gästezimmer und Ferienwohnungen (Gîtes ruraux) zu mieten sind.

Zoo

●**ZooParc Beauval,** 2 km südlich (D 675), Tel. 02.54.75.50.00, täglich 9 Uhr bis Einbruch der Dunkelheit. Auf 10 ha großzügig angelegter Tierpark mit weißen Tigern, seltenen Affen und 600 exotischen Vögeln, außerdem Flugschau mit Raubvögeln und Robbenzirkus in riesigem Schwimmbad.

Bootfahren

●**Bateaux Roussineau,** Verleih von Ruderbooten/Kanus/Kajaks, Tel. 02.54.75.00.57.
●**Kreuzfahrt an Bord der „Val de Cher",** Tel. 02.54.71.40.38, Juli–August täglich (sonst nur an Wochenenden und Feiertagen) 15 und 17 Uhr ab Saint Agnan. Dauer: 90 Min., Tarif: 8,38 €, Kinder 4,57 €.

Anreise/Weiterreise

●**Mit dem Auto:** Von Bourges/Vierzon über N 76, von Orléans/Romorantin über D 922/D 724, von Blois über D 956/D 675, Weiterfahrt nach Tours über N 76 (über Bléré, linkes Ufer) oder D 176/D 40 (über Montrichard und Chenonceaux, rechtes Ufer).
●**Mit der Bahn:** Linie Vierzon – Tours.

Montrichard ♪XIII/C1

Montrichard ist ein dicht am Fluss gelegener Bergvorsprung, auf dem *Fulko Nerra* im Jahr 1010 einen hölzernen Donjon errichten ließ. Der Graf von Anjou sicherte sich die östliche Touraine mit einer ganzen Reihe von Wehrtürmen und schob seine strategische Position bis ins Chertal vor, wo ihm die Herren von Saint-Aignan und Pontlevoy in die Quere zu kommen drohten. Der Ortsname („Berg Richards"), von den Einheimischen gerne mit einem hörbaren „t" gesprochen (Monte Richard), erinnert an *Richard Löwenherz,* der nach seiner Niederlage von *Philipp II. August* vermutlich im eigenen Donjon inhaftiert wurde („Steig hoch, Richard!").

Der Donjon

Le donjon de l'Aigle **

●**Stil:** Mittelalterliche Festungsarchitektur (12. Jh.)
●**Besonderheit:** Klassischer Donjon Fulko Nerras
●**Höhepunkt:** Aussicht (Stadt, Chertal) vom Turm
●**Museum:** Regionalgeschichte von der Vorzeit bis zur Gegenwart (12 Räume)
●**Animation:** Um 15.30 und 17 Uhr lässt ein Falkner Raubvögel vom Turm fliegen.
●**Auskunft:** Tel. 02.54.32.57.15
●**Öffnungszeiten:**
  März–September 14.-18.Uhr,
  am Wochenende auch 10-12 Uhr
●**Eintritt:** 3,05 € (7,47 € inklusive Flugschau)

Anstelle des ersten Holzturms entstand Anfang des 12. Jh. der stadtbe-

herrschende Steinquader, der neben Beaugency und Loches als Musterbeispiel eines Donjon gilt. In der Mauerdicke des Bergfrieds verbinden verschiedene Treppen die einst durch Balkendecken getrennten Stockwerke. Unten befand sich das Magazin, in der Mitte ein durch Spitzbogenfenster beleuchteter Wohnraum und oben das Dachgeschoss mit dem Wehrgang. Der Zinnenkranz existiert nicht mehr, denn *Henri IV.* hat den Turm, während der Religionskriege ein Nest von Ligue-Anhängern, 1589 in einer Strafaktion um 4 Meter gekürzt. Trotzdem bietet sich von oben ein großartiger Blick auf das Chertal und die Stadt, deren mittelalterlicher Kern (Stein- und Fachwerkhäuser) eine Erkundung wert ist.

Bourré ⤴ XIII/C1

Kurz vor der Stadt häufen sich die **Höhlen,** die als Weinkeller oder zur Champignonzucht dienen und – auf verschiedenen Niveaus in den Hang gegraben – kilometerlange Galerien bilden. Denn seit dem 11. Jahrhundert wurde hier – in unmittelbarer Nähe des schiffbaren Wasserweges – der weiche Stein von Bourré abgebaut. Viele Schlösser und Kirchen der Umgebung sind aus diesem wertvollen Material entstanden. Zwei ehemalige **Steinbrüche** sind zu besichtige

● **Caves champignonnières,** 40, route des Roches, Tel. 02.54.32.35.15 Mitte April – Allerheiligen täglich Führungen um 10, 11, 14, 15, 16 und 17 Uhr. Eintritt: 5,34 €, Schüler 3,05 €. Techniken des Steinabbaus und der Champignonzucht.

● **La Magnanerie/Ecomusée,** 4, chemin de la Croix-Bardin, Tel. 02.54.32.63.91, April–Mitte November außer Di um 11 Uhr und stündlich zwischen 14 und 17 Uhr. Eintritt: 4,57 €, Schüler 2,29 €. Führung durch die Höhle, deren Bewohner die traditionelle Seidenraupenzucht wieder aufgenommen und ein kleines Heimatmuseum eingerichtet haben.

Praktische Hinweise

Information

● **Office de tourisme,**
1, rue du Pont, 41400 Montrichard,
Tel. 02.54.32.05.10, Fax 02.54.32.28.80.

Hotel-Restaurants

● **La Tête Noire***,** 24 rue de Tours, Tel. 02.54.32.05.55, Fax 02.54.32.78.37. Familienhotel mit schlichten Zimmern (30-35 €) und Gartenterrasse vor dem Cher. Im Restaurant gute Entenrillettes und Seezungenfilets.
● **Bellevue***,** 16, quai de la République, Tel. 02.54.32.06.17, Fax 02.54.32.48.06. Komfortable Zimmer (39-75 €) und Panoramarestaurant direkt über dem Cher.

Markt

● Montags und freitags.

Bootfahren

● **Club Nautique,** Tel. 02.54.71.49.48. Verleih von Kanu/Kajak/Minikatamaran für Abfahrten bis Chenonceaux.
● **Hausboote** (coches) auf dem kanalisierten Cher und Berry-Kanal. Tel. 02.54.75.08.51, Fax 02.54.75.20.96. Für 4 oder 6 Personen, ein- oder fünftägig (Bettwäsche mitbringen).
● **Kreuzfahrt** an Bord des „Léonard de Vinci", Tel. 02.54.75.41.53, täglich 10-15 Uhr und 17 Uhr. Dauer: 90 Min., Tarif: 9,10 €.

Anreise/Weiterreise

● **Mit dem Auto:** Straßen in allen Richtungen von/nach Saint-Aignan/Vierzon (N 76), Blois (D 764), Amboise (D 61), Chenonceaux/Tours (D 176), Loches (D 764).
● **Mit der Bahn:** Linie Vierzon – Tours.

Berry

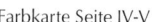

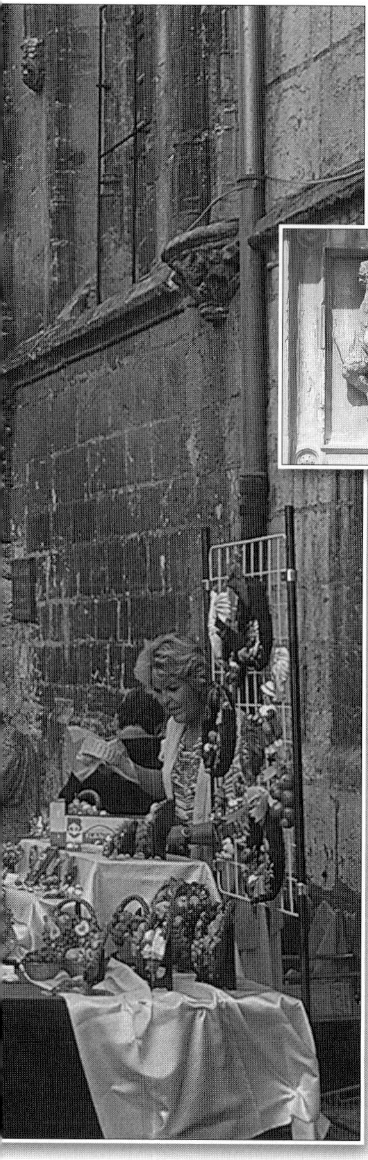

Blésois – Vendômois

110lo Foto: mi

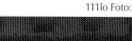

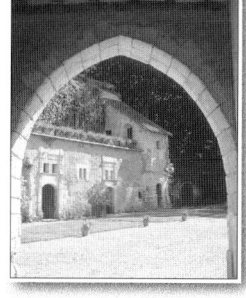

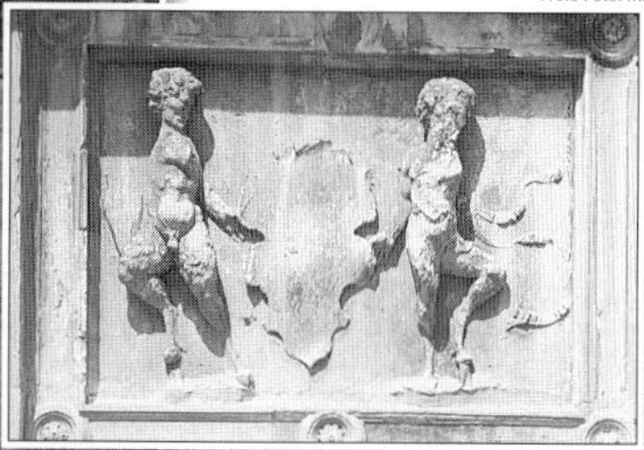

111lo Foto: mi

Straße zur Abteikirche, Vendôme

Detail am Rathaus von Beaugency

La Possonnière

Von Orléans nach Blois

Überblick

Wenn die Loire hinter Orléans nach Südwesten schwenkt, umschließt sie in ihrem weiten Linksbogen die Sologne. Noch zu *Jeanne d'Arcs* Zeiten führten nur drei Brücken (Orléans, Beaugency, Blois) in das sumpfige Waldgebiet hinüber, denn die Burgen und Städte wurden auf dem rechten Ufer errichtet. Hier war fruchtbares Schwemmland und ein weites Plateau, das schon zur Steinzeit von Ackerbauern besiedelt wurde und heute noch als „Getreidespeicher" dient. *Je trouve beau ce* („Ich finde das schön") soll *Rabelais'* Riese Gargantua ausgerufen haben, als seine hornissengeplagte Stute das ursprüngliche Waldkleid der Beauce zu Kleinholz schlug. Im Zeitalter der EU ist aus der Gegend eine einzige landwirtschaftliche Nutzfläche geworden, rentabel, aber wenig schön.

So bleiben die Touristen an der Loire, die sie nur zu einem Abstecher in die Petite Beauce, nach Talcy verlassen. Sonst führt die Route zielstrebig nach Blois, das man auf der Autobahn (A 10), über die Nationalstraße (N 152), per Bahn, auf dem Radweg oder zu Fuß (GR 3) erreichen kann. Mit Ausnahme der D 951 bleiben alle Wege auf dem rechten Ufer. Erst bei Mer/Muides-sur-Loire überqueren Radler und Wanderer die Loire, um die Königsstadt über den Wald von Chambord anzupeilen. Das bedeutende Ziel relativiert alle Etappen, die ihre Reize haben, aber keinen längeren Aufenthalt lohnen. Es sei denn, man startet von Meung oder Beaugency seine Ausflüge ins Orléanais. Mer, Muides-sur-Loire oder Suèvres wiederum kommen als Stützpunkte für eine Blésois-Woche in Frage.

Meung-sur-Loire ♂ V/D1

Château de Meung-sur-Loire *

- **Stil:** Mittelalterlicher Festungsbau (ab 12. Jh.)
- **Besonderheit:** Bischofsburg mit 130 Räumen (davon 20 zu besichtigen)
- **Höhepunkt:** Unterirdische Gewölbe mit Verliesen
- **Animation:** Laienschauspieler bieten märchenhafte Szenen (Son et lumière)
- **Auskunft:** Tel. 02.38.44.36.47
- **Öffnungszeiten:** Mitte Februar-Mitte November 10-12/ 14-17.30 Uhr, Mitte April-Ende September 10-18 Uhr
- **Eintritt:** 6,09 € (3,81 €)

In Orléans nennt man sie hochnäsig die „Esel von Meung". Die gutmütigen Nachbarn hatten während der Hungersnot 1338 auf Eseln das dringend benötigte Brot in die Stadt gebracht. Inzwischen fahren sie mit PKWs nach Orléans, um dort erstens zu arbeiten und zweitens ihr Geld zu lassen. Meung ist heute ein idyllischer Vorort mit stillgelegten **Gerbereien und Mühlen,** von denen gerade noch drei in Betrieb sind. Sie stehen an den Mauves, die bei leichtem Gefälle auf einer Strecke von 17 km gemächlich fließen und seit kurzem den Bibern wieder Lebensraum bieten.

Das mittelalterliche **Burg-Kirchen-Ensemble** war bis ins 17. Jh. die Residenz der Bischöfe von Orléans und zugleich ein gefürchtetes Gefängnis. Bei einem Rundgang durchs Schloss (12.-18. Jh.) schaut man in das Verlies des Dichters und Landstreichers *François Villon,* der – wegen Messkelchklau zum Tode verurteilt – hier 1461 Teile seines antiklerikalen „Testaments" verfasste. Fast 200 Jahre früher entstand am selben Ort – freilich nicht im Kerker – der zweite, spätmittelalterliche Teil des allegorischen Rosenromans *(Roman de la Rose),* in dem die „Heuchelei" der „Liebe" erklärt, wie sich unter geweihten Kutten und frommen Worten die größte Niedertracht verbergen kann. *Jean de Meung* hieß der Autor dieses damals meistgelesenen Werks der französischen Literatur.

Cléry-Saint-André ♂ V/D1

Auf der anderen Seite der Loire erblickt man den massigen Bau (80 Meter lang, 27 Meter hoch) der ehemaligen **Stiftskirche** von Cléry-Saint-André. Die während des Hundertjährigen Krieges von den Engländern zerstörte Vorgängerkirche war ab 1449 als Basilika im Flamboyant-Stil wiederaufgebaut worden. Im Inneren steht das von den Hugenotten geplünderte Grabmal (Kenotaph) *Ludwigs XI.,* der häufig nach Cléry kam, um zur Muttergottes zu beten. Bei einer seiner Wallfahrten begnadigte er den in Meung einsitzenden *Villon.*

Blésois, Vendômois

Praktische Hinweise

Information
- **Office de tourisme,** 42 rue Jehan de Meung, 45130 Meung-sur-Loire, Tel. 02.38.44.32.28, Fax 02.38.44.72.22

Hotel-Restaurant
- **Auberge Saint-Jacques**,** 60 rue du Général de Gaulle, Tel. 02.38.44.30.39, Fax 02.38.45.17.02. Korrektes Dorfhotel (30-40 €), an der Nationalstraße gelegen, aber mit ruhigen Zimmern nach hinten. Traditionelle Küche.

Gästezimmer
- **M. Perrody***,** La Mouche, Tel. 02.38.44.34.36. Flussnah, in einem Park gelegen, ein charakteristisches Landhaus mit zwei Gästezimmern (53-58 €).
- **Mme Bechu,** 30, rue de la Bâtisserie, La Nivelle, Tel./Fax 02.38.44.34.38. In stillem Weiler (1 km nördlich von Meung), mit Garten und großer Terrasse, bietet dieses Haus Doppelzimmer (um 35 €), auch für Kinder (jeweils 10 € zusätzlich), auf Vorbestellung Abendessen (13 €), Radverleih möglich.

Rad- und Kanuverleih
- **LMA 45,** 3 rue Fontaine Ladurée, Tel. 02.38.44.79.26. Eintagestour mit dem Kanu von Meung bis Beaugency (Nordufer).

Wandern
- **Circuit des Mauves:** Spaziergang am mehrfach verzweigten Mühlenbach (Informationsblatt des Office de tourisme).
- **GR 3** nach Beaugency.

Anreise/Weiterreise
- **Mit dem Auto:** Von Paris über die A10, von Orléans über die N 152 (rechtes Loireufer), von Olivet über die D 951 (linkes Loireufer), von La Ferté-Saint-Aubin (Sologne) über die D 18. Auf der N 152 oder D 951 flussabwärts Richtung Blois.
- **Mit der Bahn:** Station auf der Linie Orléans – Blois. Bahnhof Tel. 02.38.44.31.10.

Beaugency ↗V/D1

Die **Brücke** von Beaugency ist legendär, weil sie zwischen Orléans und Blois bis in die Neuzeit hinein die einzige war. In den Zollregistern seit dem 11. Jh. beurkundet, verdankt sie laut Volksglauben ihre Entstehung dem Teufel. Er soll sie in einer Nacht gebaut haben, nachdem der Bürgermeister sich auf einen Handel eingelassen und ihm die Seele des ersten Passanten versprochen hatte. Als es ans „Zahlen" ging, schickte der kluge Ortsvorsteher freilich eine Katze über das Bauwerk des Teufels, der daraufhin seine Wut am Donjon (Tour de César, Ende 11. Jh.) ausließ.

Dieser halb zerstörte, oben „abrasierte" und innen „ausgenommene" **Wehrturm** (30 m hoch, Basis 24x20 m) ist eines der beeindruckendsten Beispiele mittelalterlicher Militärarchitektur in Frankreich. Seine beherrschende Gestalt bietet sich am besten von der Brücke oder vom Dachstuhl des benachbarten Schlosses aus dar.

Château Dunois *
- **Stil:** Frührenaissance (15. Jh.)
- **Besonderheit:** Ruine des mittelalterlichen Donjon (11. Jh.)
- **Höhepunkt:** Blick vom Dachstuhl
- **Museum:** Musée régional des Arts et Traditions de l'Orléanais (Heimatmuseum)
- **Auskunft:** Tel. 02.38.44.55.23
- **Öffnungszeiten:** April–September außer Dienstag 10-12/14-18 Uhr, im Winter schon ab 17 Uhr geschlossen.
- **Eintritt:** 3,35 € (1,52 €)

Das heute ein Heimatmuseum beherbergende **Schloss** wurde im 15. Jh. anstelle der ehemaligen Burg der Herren von Beaugency errichtet. Es war 17 Jahre lang die Residenz eines Waffengefährten von *Jeanne d'Arc,* des Grafen *Dunois,* auch Bastard von Orléans genannt.

Der Atem der Geschichte weht auch gegenüber in der **Kirche Notre-Dame,** die – kaum erbaut – 1152 Schauplatz eines folgenreichen Konzils wurde. Denn mit der hier sanktionierten Scheidung von *Ludwig VII.* ermöglichten die Bischöfe *Eleonore von Aquitanien* eine zweite Ehe mit dem späteren englischen König *Heinrich II. Planta-*

genêt und schufen damit eine wesentliche Voraussetzung für den Hundertjährigen Krieg.

Alle genannten Baudenkmäler stehen auf engem Raum und lassen sich in einer guten Stunde besichtigen. Es empfiehlt sich, den kleinen Stadtrundgang an der malerischen Place Saint-Firmin (Jeanne-d'Arc-Standbild) zu beginnen und mit einem Abstecher zum 1526 erbauten **Rathaus** (Renaissancefassade, Wandteppiche aus dem 17. Jh.) abzuschließen.

●**Hôtel de Ville,** 20 rue du Change, Tel. 02.38.44.54.42, Öffnungszeiten: Montag–Freitag 11 Uhr, 15 Uhr, 16 Uhr, 16.30 Uhr. Eintritt mit Führung: 1,52 €.

Rathaus von Beaugency

Im Ortsteil **Tavers** erinnern zwei **Hünengräber** (Dolmen de Feularde 2 Kilometer nördlich, Dolmen de Ver 2 Kilometer südwestlich) an die prähistorische Besiedlung. Die bei den Ausgrabungen sichergestellten Fundstücke sind im Heimatmuseum von Beaugency (Gallo-römischer Saal) ausgestellt.

Praktische Hinweise

Information

●**Office de tourisme**, 3 place de l'Hôtel de Ville, 45190 Beaugency, Tel. 02.38.44.54.42, Fax 02.38.46.45.31.

Hotels

●**Hôtel de la Sologne****, 6 place Saint-Firmin, Tel. 02.38.44.50.27, Fax 02.38.44.90.19. An dem malerischen Platz, vor der mittelalterlichen Stadtkulisse, ein schmuckes Hotel mit Veranda und Wintergarten. 41-50 €.
●**Hôtel de l'Abbaye*****, 2 quai de l'Abbaye, Tel. 02.38.44.67.35, Fax 02.38.44.87.92. In den Gemäuern eines alten Augustinerklosters (17. Jh.) komfortabel renovierte Zellen zu vornehmen Preisen (78-87 €); prächtige Innentreppe; Louis XIII-Möbel; traditionelle Küche.

Gästezimmer

●**Mme Fournier*****, 115 rue des Eaux bleues (bei der N 152), Tavers, Tel. 02.38.44.56.85, Fax 02.38.44.58.94. In ehemaligem Bauernhof wurden moderne Zimmer (um 42 €) eingerichtet, Swimmingpool mit großer Terrasse, schattenspendende Bäume. Zugleich hervorragende Table d'hôte (15 €).

Jugendherberge

●**Auberge de Jeunesse**, 152 route de Châteaudun, Tel. 02.38.44.61.31. Die Klassenräume einer alten Schule wurden zu Mehrbettzimmern (5, 6, 8) umgerüstet. Fahrradverleih.

Restaurants

●**Le P'tit Bateau,** 54 rue du Pont, Tel. 02.38.44.56.38, Sonntag und dienstagabends sowie Mittwoch geschlossen. Unter Einheimischen sehr beliebte Gaststätte an der Straße zur Brücke. Traditionelle Gerichte von Fisch und Innereien. 13-32 €.
●**Hostellerie de l'Ecu de Bretagne,** Place du Martroi, Tel. 02.38.44.67.60. Familienhotel (Logis de France) mit sehr gutem Restaurant (20-30 €), wochentags Mittagsmenü 15 €). „Friture de Loire", Zander à la crème oder Wildspezialitäten aus der nahegelegenen Sologne!

Radfahren

●Cycles Duvallet, 28 rue du Chat qui Dort, Tel. 02.38.44.52.72. Verleih und Reparatur.

Wandern

●**GR3 Richtung Orléans,** 27 km (7 Std.) entlang der Loire.
●**GR3 Richtung Blois,** 14 km bis zur Brücke Mer – Muides-sur-Loire.

Anreise/Weiterreise

●**Mit der Bahn:** Station auf der Linie Orléans – Blois. Bahnhof Tel. 02.38.44.50.28.

Talcy ☞ V/C1

Château de Talcy * ♥

●**Stil:** Frührenaissance (15.-16. Jh.)
●**Besonderheit:** Donjon als Torhaus
●**Höhepunkt:** Innenhof mit Brunnen
●**Auskunft:** Tel. 02.54.81.03.01
●**Öffnungszeiten:** April–Oktober 9.30-12/14-18 Uhr, sonst 10-12/14-16.30 Uhr.
●**Eintritt:** 3,81 €, nur mit Führung (deutschsprachiges Informationsblatt).

Abseits der Loire (und der Autobahn) führen asphaltierte Feldwege in die Petite Beauce hinein. Man durchquert

113lo Foto: mi

Mühle bei Talcy

stille Bauerndörfer und hält in Talcy vor dem mit der Kirche zusammengebauten, wehrhaft streng anmutenden **Château.** Nach Durchschreiten des trutzigen Donjon umfängt einen die anmutige Kulisse eines intim wirkenden Innenhofs: zwei Flügel im rechten Winkel, einer mit flachbogigen Arkaden, der Ziehbrunnen mit symbolträchtigem Rosenstrauch.

Geschichte

Ein Ort wie in einem Gedicht von *Ronsard* (siehe Kapitel Le Loir), der auch wirklich hier seine schmerzvolle Liebe zu *Cassandra Salviati* in schönen Versen dokumentiert hat:

„Im Jahre fünfzehnhundertsechsundvierzig
    war es,
daß eine grausame Frau in ihres Haares
Geschling mein Herz gefesselt, das dies Haar
    berückt:
so grausam und so schön ward ich beglückt."

Der 21-jährige Dichter hatte die sechs Jahre jüngere Gutsbesitzerstochter auf einem Ball im Schloss von Blois kennengelernt und musste dann zusehen, wie seine Flamme mit einem Krautjunker aus dem Vendômois verheiratet wurde. Vater *Salviati* war ein Florentiner Finanzmann, der sich 1517 in Talcy eingekauft hatte und nicht nur mit seinem Neubau demonstrierte, dass er zum französischen Landadel gehören wollte.

Und noch einmal wurde sein Schloss zum Schauplatz unglücklicher Dichterliebe, die es sogar bis zur Verlobung brachte: *Cassandras* katholische Kusine *Diana* war die Angebetete, *Agrippa d'Aubigné* ihr ebenfalls 21-jähriger dichtender Liebhaber, der zudem das Pech hatte, Hugenotte zu sein. Immerhin fand er – mitten in den Religionskriegen – Zuflucht bei den *Salvatis,* die ja direkt mit *Katharina von Medici* verwandt waren. Die erzkatholische Königinmutter und der erst neunjährige *Karl IX.* trafen übrigens 1562 in Talcy mit dem Calvinistenführer *Prinz Condé* zusammen – ein vergeblicher Vermittlungsversuch.

Blésois, Vendômois

Sehenswertes

Glücklicherweise haben die letzten Besitzer die **Innenräume des Schlosses** weitgehend im Originalzustand des 18. Jh. erhalten. Vor allem die Küche (Feuerstelle mit Bratspieß), der Speisesaal (bemalte Leinentapete, Wasserbehälter und Kühlgefäß) und der Große Salon (Sitzmöbel um drei Spieltische, Savonnerie-Teppich auf dem Fliesenboden, Aubusson-Teppiche in den Boiserien) vermitteln eindrucksvoll das Savoir vivre des damaligen Landadels.

Im **Wirtschaftshof** sind das Taubenhaus (16. Jh., etwa 1500 Nistplätze) und eine Weinpresse (17. Jh.) zu besichtigen.

Praktische Hinweise

Restaurant

●**Auberge du Château,** Tel. 02.54.81.03.14, Sonntagabend bis einschließlich Dienstag geschlossen. Französische Traditionsküche mit Menüs ab 12 €.

Von Mer bis Ménars ♪ V/C2

Die N 152 könnte man Route Pompadour nennen, denn die heutige Nationalstraße entstand im Auftrag der Marquise, die – von Versailles nach Ménars – sich den Umweg über das linke Loireufer sparen wollte.

Das einstige Ménars-la-Ville heißt heute **Mer** und kommt mit seinen wenigen alten Häusern für Touristen nur als Nachtquartier und Abzweigung auf dem Weg nach Chambord in Betracht.

Wenn man jedoch auf dem rechten Loireufer bleibt, beginnt hier eine reizvolle Strecke, die auf unbekannten Wegen bis nach Blois führt. Am südlichen Ortsausgang (Richtung Muides) geht es rechts ab den Tronne-Bach entlang nach **Suèvres,** wo zwei Kirchen (mit romanischem Turm, merowingischem Fischgrätmauerwerk und einer Holzgalerie) und eine Mühlenbrücke stehen.

Am Loireufer folgt man dem Sträßchen über **Le Vivier** (Manoir de la Motte, alter Hafen) nach dem idyllisch im Flussbogen gelegenen **Cour-sur-Loire** (Kirche, Schloss). Von hier führt ein Fußweg unterhalb der Schlossanlagen von Ménars weiter die Loire entlang.

Château Pompadour ★★

●**Stil:** Klassizismus (17.-18. Jh.)
●**Besonderheit:** Länge und Symmetrie
●**Höhepunkt:** Park mit Treppe, Orangerie, Grotte
●**Auskunft:** Tel. 02.54.46.89.89
●**Öffnungszeiten:** Mai–September 10-18 Uhr
●**Eintritt:** 6,40 €
●**Tipp:** Ansicht vom linken Loiredeich (D 951)

Das Schloss von **Ménars** wurde 1759 von *Madame Pompadour,* der langjährigen Mätresse *Ludwigs XV.,* als Alterslandsitz erworben und fiel bereits 1764 als Erbe an ihren Bruder, den *Marquis de Marigny.* Beide ließen große Architekten aus Paris kommen,

Blésois, Vendômois

um das aus dem 17. Jh. stammende Schloss im klassischen Stil zu erweitern und zu verschönern. *Jacques-Ange Gabriel* (Place de la Concorde in Paris, Petit Trianon in Versailles) ersetzte die Seitenpavillons durch lange Flügel und rahmte den Ehrenhof mit Wirtschaftsgebäuden ein. *Jacques-Germain Soufflot* (Pariser Pantheon) erbaute dann die Orangerie, einen „Liebestempel" (Kuppelrundbau) und eine

Grotte. Man kann sie neben dem Wasserstück erkennen und außerdem einen Blick auf zwei Sphinx-Skulpturen werfen, deren Gesichtszüge Konterfeis der *Pompadour* und der *Madame Dubarry* sein sollen. Wer das Schloss nicht besichtigen will, kann beim Uferspaziergang die rückwärtige Fassade, die Terrassen, Rampen und Gartenplastiken sehen.

Praktische Hinweise

Information

● **Syndicat d'Initiative,** Mairie, 41500 Mer, Tel. 02.54.81.02.03.
● **Syndicat d'Initiative,** Place de la Mairie, 41500 Suèvres et Cour-sur-Loire, Tel. 02.54.87.85.27, Fax 02.54.87.85.27. Führungen durch die Ortschaft.

Loire-Ufer in Cour-sur-Loire

Camping

●**La Grenouillère******, Suèvres, Tel. 02.54.87.80.37, Fax 02.54.87.84.21, geöffnet Mitte Mai bis Mitte September. Zelt- und Caravanplätze unter alten Eichen und Apfelbäumen, auch Campinghäuschen, Pool, Spielplatz und viele Freizeitangebote.

Restaurant

●**Les Calanques,** 21 rue Simon-Heme, Tel. 02.54.81.00.55, sonntagabends und Montag geschlossen. Fischspezialitäten ab 15 € (Menü plus Wein).

Märkte und Feste

●**Course de moissonneuses-batteuse** (Mähdrescherrennen), Ende August
●**Fête de la Chasse** (Jagdfest), Mitte September

Anreise/Weiterreise

●**Mit der Bahn:** Mer ist eine Station auf der Linie Orléans – Blois.

Blois ⬀ IV/BC2

Château royal*** ✛

●**Stil:** Renaissance/Klassizismus (16.-17. Jh.)
●**Besonderheit:** Hauptschloss der Loiremonarchie
●**Höhepunkt:** Königsgemächer
●**Museen:** Musée Archéologique, Musée des Beaux-Arts Décoratifs (Museum der Schönen Künste)
●**Animation:** Son et lumière
●**Auskunft:** Tel. 02.54.90.33.32
●**Öffnungszeiten:** 15.März–September 9-18 Uhr, Juli-Aug. bis 19.30 Uhr, Oktober–14.März 9-12.30/14-17.30 Uhr.
●**Eintritt:** 5,34 € (2,29 €) deutschsprachiges Faltblatt.

Die Hauptstadt des Département Loir-et-Cher (65000 Einw.) steigt am rechten Ufer der Loire hügelan. Die Ansicht prägt das Bild von der typischen Loirestadt und ähnelt derjenigen von Gien oder auch Saumur. Die Häuser mit ihren graublauen Schieferdächern staffeln sich in drei Etagen: Unterstadt, Stadthang und Oberstadt mit Schloss.

Geschichte

Schon im **Mittelalter** war Blois ein wichtiger Brückenkopf. Von einer 650 Meter langen Festungsmauer umgeben, hatten die Grafen von Blois hier seit dem 10. Jahrhundert ihren Stammsitz errichtet. Ihre Herrschaft erstreckte sich über Blois weit hinaus nach Chartres, schloss auch die Champagne ein und reichte 1135 sogar bis nach England. An der Loire rivalisierten sie vor allem mit den Grafen von Anjou, die ihnen unter der Führung *Fulco Nerras* im Blésois Gebiete abnahmen. Nach dem Tod von *Thibaud IV.* 1152 begannen sich die Grafen von Blois auf die Champagne zu konzentrieren mit der späteren Folge, dass 1391 Blois an den Herzog *Ludwig von Orléans* verkauft wurde.

Dessen ältester Sohn **Karl von Orléans** geriet nach der Schlacht von Azincourt in englische Gefangenschaft, wo er seine poetische Ader entdeckte. Als der Unglücksrabe nach 25-jährigem Exil 1440 nach Blois zurückkehrte, verwandelte er die Burg in einen Musenhof, wo Künstler und Dichter (u. a. auch *François Villon*) aus- und eingingen. Doch seine politisch folgenreichste Tat bestand darin , dass er mit 71 Jahren noch Vater wurde. Als in Amboise 1498 *Karl VIII.* ohne Thronfolger verunglückte, rückte aus der Orléans-Linie *Karls* Sohn als neuer König nach.

Er hieß *Ludwig XII.* und baute den geerbten Familienbesitz umgehend zum **Königsschloss** aus. *Anne de Bretagne,* Königswitwe und laut Ehevertrag automatisch Gattin des Nachfolgers, umgab sich in Blois mit Ehrendamen, Pagen, Garden und trug erheblich zum repräsentativen Glanz dieses Renaissance-Hofes bei. Die Prachtentfaltung erreichte ihren Höhepunkt unter *Franz I.,* dem Nachfolger *Ludwigs XII.,* dessen Tochter *Claude de France Franz'* unglückliche Gattin wurde. Nachdem sie in 8 Jahren 7 Kinder zur Welt gebracht hatte, starb sie 25-jährig und hinterließ ihren Namen einer nach ihr benannten Pflaumenzüchtung: *Reine-Claude* (Mirabelle). Als Königsschloss trat Blois nun wieder hinter Amboise zurück.

Die berühmteste Episode in der Schlossgeschichte spielte sich ein halbes Jahrhundert später, zur Zeit der **Religionskriege** ab. 1576 wurden in Blois die Generalstände einberufen, um das Verbot der protestantischen Religion zu fordern. 1588 zwang *Herzog Heinrich von Guise,* Generalleutnant des Königreichs und Anführer der katholischen Liga, *König Heinrich III.* zur erneuten Einberufung der ihm ergebenen Generalstände. Bevor der mächtige Günstling des spanischen Königs auf diesem Wege die völlige Unterwerfung oder gar Abdankung des Königs erreichen konnte, wurde er jedoch am 23. Dezember in den Kö-

Blésois, Vendômois

nigsgemächern erdolcht. Der Monarch konnte nach dem politischen Mord, den er seiner Leibgarde befohlen und hinter einem Vorhang beobachtet hatte, erleichtert ausrufen: „Jetzt bin ich König!"

In der Königsstadt entstanden Luxusindustrien wie die Uhrmacherei, die im 17. Jh. Blois europaweit zu einer Qualitätsbezeichnung machten. **Nach der Revolution** wurden in Blois neue öffentliche Gebäude errichtet (Präfektur, Justizpalast, Kornhalle, Asyl), nach dem Eisenbahnanschluss 1846 auch

Saint-Nicolas-Kirche von Blois

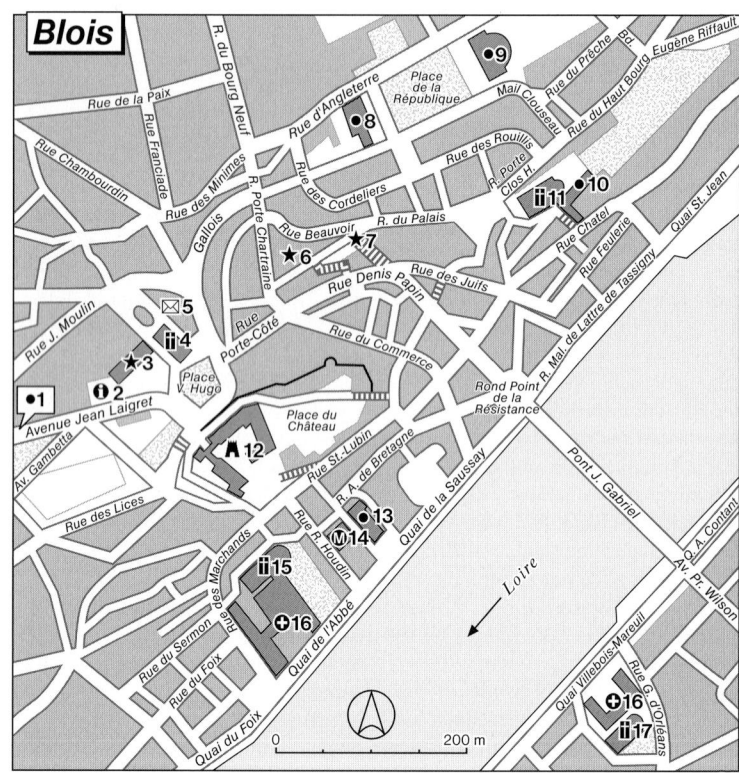

- ● 1 Bahnhof
- ❶ 2 Information
- ★ 3 Pavillon Anne de Bretagne
- ⅱ 4 St.-Vincent-de-Paul
- ⊠ 5 Post
- ★ 6 Hôtel d'Alluye
- ★ 7 Denis Papin Statue
- ● 8 Justizpalast
- ● 9 Kongresshalle
- ● 10 Rathaus
- ⅱ 11 Cathédrale St.-Louis

- ⅱ 11 Cathédrale St.-Louis
- Å 12 Château
- ● 13 Markthalle
- Ⓜ 14 Naturhistorisches Museum
- ⅱ 15 St.-Nicolas
- ❶ 16 Krankenhaus
- ⅱ 17 St.-Saturnin

bedeutende Fabriken (Poulains Schokoladenfabrik, Roussets Schuhfabrik) gebaut.

Die deutschen Luftangriffe im Juni 1940 schlugen ins historische Zentrum Lücken, die nach Kriegsende zu einem großflächigen **Wiederaufbau** führten. Der langjährige Bürgermeister und Kulturminister Jack Lang setzte sich mit Erfolg dafür ein, dass die städtebaulichen Modernisierungsmaßnahmen die historische Perspektive und namentlich den Blick aufs Schloss nicht verstellten, sondern verbesserten.

Sehenswertes

Wenn man von der Schlossesplanade auf den Fluss und die Dächer hinunterblickt, wird die strategische Lage des Burghügels augenscheinlich. Unten sieht man die **Saint-Nicolas-Kirche,** die in zwei Bauphasen (12. und 13. Jh.) aus einer Benediktinerabtei herauswuchs und teils der Früh- (Chor, Querschiff), teils der Hochgotik (Langhaus, Fassade) zuzurechnen ist.

Schlossanlage

Von der Burg sind aus jener Zeit nur zwei Gebäude übriggeblieben: der **Foix-Turm** (auf der Südterrasse) und der Ständesaal (im Eckgebäude rechts neben dem Schlossportal). Dieser Raum lohnte allein den Besuch des Schlosses. Der gesamte Baukomplex vereint aber Sehenswürdigkeiten aus nicht weniger als vier Stilepochen (mittelalterliche Gotik, Spätgotik, Renaissance, Klassizismus) und ist über die Architektur hinaus ein einzigartiges Denkmal französischer Geschichte.

Man sieht den ersten König von Blois, *Ludwig XII.,* hoch zu Ross in einer Nische, wenn man vom Schlossvorplatz auf den Eingangstrakt zusteuert. Dieser in drei Jahren (1498-1501) erbaute **Flügel Ludwigs XII.** erhebt sich ohne Verteidigungsanlagen zwischen den ehemaligen Burghöfen. Nicht nur das Reiterstandbild (eine Nachbildung des während der Revolution zerstörten Originals), auch das Wappentier (Stachelschwein) und die Initialen (L = *Ludwig,* A = *Anne de Bretagne)* verweisen auf den ersten Monarchen von Blois. Der Backsteinbau mit den dunklen Rautenmustern steht noch in der Tradition der französischen Gotik und weist zum Innenhof hin zwei typisch mittelalterliche Treppentürme auf. Die übereinandergebauten Galerien lassen aber schon italienische Einflüsse (Arkadenstützen, Kapitellornamente) ahnen.

Links setzen sich die Arkaden in einem **Galerieanbau** fort, der damals zum Trakt der Königin führte, heute aber – zur Hälfte abgerissen – bei der 1508 geweihten und ohne Schiff erhalten gebliebenen **Kapelle Saint-Calais** endet.

Ihr gegenüber blickt man auf den dreigeschossigen **Flügel Franz' I.,** der keine 15 Jahre nach dem Bauwerk *Ludwigs XII.* entstanden und doch schon einer ganz anderen Epoche, der Hochrenaissance, zuzurechnen ist. Wie sein Schwiegervater begann *Franz I.* den Neubau noch im Jahr der Thronbesteigung (1515), um diese Re-

Blésois, Vendômois

sidenz im Wechsel mit Amboise bewohnen zu können.

Auf der Innen- wie auf der Außenseite der alten **Festungsmauer** baute man eine mehrfach durchbrochene Flucht von Wohnräumen, die das Schloss auf die nordwärts ausgerichteten, schon unter Ludwig XII. angelegten Gärten öffnete. An die französische Gotik erinnern noch die hohen Dächer, Kamine, Lukarnen, Fensterkreuze und Wasserspeier. Pilaster und Kapitelle, Balustraden und Loggien sind aber bereits der lombardischen Architektur des beginnenden 16. Jh. verpflichtet. Besonders italienisch wirkt die unregelmäßig gegliederte, reich verzierte **Loggienfassade,** die man nach Verlassen des Schlosses bei einem Stadtrundgang bewundern kann.

Auf der Hofseite fasziniert der breit angelegte **Treppenturm** mit seinen fein ausgemeißelten Balkonbrüstungen, die das allgegenwärtige Wappentier *Franz' I.* (Salamander) in ein vielfältiges Skulpturenwerk integrieren.

Diese repräsentative Empfangstreppe bildete die Mitte des Nordtraktes, bis der **Flügel Gaston d'Orléans** auf der Westseite die Verkürzung des unbestritten prächtigsten Schlossteiles nach sich zog. Der Bruder *Ludwigs XIII.* war als ständig konspirierender Thronaspirant nach Blois verbannt worden, wo er seinen ganzen Ehrgeiz in ein gigantisches Projekt investierte, für das er den königlichen Architekten *François Mansart* gewinnen konnte. So entstand nach dem Abriss von Anne de Bretagnes Wohntrakt 1635-38 die-

ser klassizistische Bau, der mit seinen strengen Linien bereits die Epoche *Ludwigs XIV.* ankündigt. Doch die Geburt des künftigen Sonnenkönigs machte *Gaston* einen Strich durch die Rechnung. Der geplante Schlossneubau wurde – mit den Krediten – storniert, von dem begonnenen Westflügel wurde gerade noch das kuppelbedeckte Treppenhaus (allerdings ohne Treppe!) fertiggestellt, und der Möchtegern-Thronfolger „musste" zeitlebens im Flügel *Franz' I.* wohnen.

Der Treppenturm

Die Gemächer

Die Besichtigung der königlichen Gemächer beschränkt sich auf den **Renaissancetrakt** des Schlosses, den man über die Prachttreppe erreicht. Aber Vorsicht: die „Authentizität" der Räume verdankt sich den Restaurierungsarbeiten *Felix Dubans,* die vielleicht mehr über den romantischen Historismus des 19. Jh. als über die bewundernd imitierte Renaissance aussagen. Mit Bestimmtheit weiß man nur, dass die Gemächer zur Hofseite eher öffentlichen, zur Gartenseite eher intimen Charakter hatten. Die Möbel sind größtenteils Kopien, und die Wandverzierungen ahmen die Tapeten anderer Schlösser oder Buchmalereien des 16. Jh. nach.

Original erhalten ist das holzverkleidete **Kabinett Katharina von Medicis** mit den berühmten Geheimschränken, die in den Romanen Balzacs und Dumas' zu „Giftschränken" umgedichtet wurden.

Der Rundgang versetzt den Besucher in die Zeit *Heinrichs III.* und führt aus der Wohnung der Königinmutter (1. Stock) hinauf in die **Gemächer des Königs** (2. Stock), die am 23. 12. 1588 Schauplatz der berühmten Bluttat wurden. Die Ermordung des *Herzogs von Guise* beschäftigt noch heute die Phantasie eines jeden Besuchers, der zwischen Ratssaal und Königszimmer hin- und herschlendert, bevor er zum Abschluss der Besichtigung in den **Ständesaal** hinuntersteigt. Seinen Namen erhielt dieser mittelalterliche, von *Duban* bunt ausgemalte Herrensaal von den Generalständen, die *Hein-*rich III. 1576 und 1588 (zwei Monate vor dem Mord) einberufen hatte.

Stadtrundgang

Ein anschließender Stadtrundgang beginnt hinter der Loggienfassade beim **Pavillon der Anne de Bretagne** *(Office de Tourisme),* der einst mitten im Schlossgarten lag und in der Kombination von Ziegel und Werkstein zu den Neubauten *Ludwigs XII.* gehört.

An der Saint-Vincent-Kirche (17. Jahrhundert) vorbei geht es in die Oberstadt, wo man in der Rue Chémonton (Nr. 9, Nr. 18) und Rue Saint-Honoré (Nr. 8) **Stadtpaläste** aus dem 16. Jahrhundert sehen kann, wie sie betuchte Höflinge zum Teil schlossähnlich (Hôtel d'Alluye) erbauen ließen.

Auch im Kathedralenviertel sind schöne **Renaissancehäuser** zu entdecken (Rue Fontaine-des-Elus Nr. 5, Rue des Papegaults Nr. 10, Rue du Puits-Châtel Nr. 5 und 7), wenn man über die charakteristischen Treppengassen *(degrés)* Richtung Loire hinuntersteigt.

Praktische Hinweise

Information

●**Office de tourisme,** Pavillon Anne de Bretagne, 3 avenue Jean Laigret, 41000 Blois, Tel. 02.54.90.41.41, Fax 02.54.90.41.49. Kutschenfahrten (Stadtführung) und Busausflüge hier buchen.

Hotels

Le Savoie**, 6-8 rue Ducoux, Tel. 02.54.74.32.21, Fax 02.54.74.29.58. Moder-

Blésois, Vendômois

nisiertes Provinzhotel auf dem Weg vom Bahnhof zum Schloss. 32-45 €.
- **Anne de Bretagne****, 31 avenue Jean Laigret, Tel. 02.54.78.05.38, Fax 02.54.74.37.79. Logis de France nahe dem Stadtzentrum, 300 m vom Schloss entfernt. Komfortable Zimmer 34-82 €.
- **Mercure*****, 28 quai Saint-Jean, Tel. 02.54.56.66.66, Fax 02.54.56.67.00. Am Loireufer neues Hotel mit umlaufenden Galerien und Schwimmbad. 75-107 €.

Jugendherbergen

- **Auberge de Jeunesse,** 18 rue de l'Hôtel Pasquier – Les Grouets, Tel. 02.54.78.27.21.
- **Centre International de Séjour „Val de Loire"**, 37 rue Pierre et Marie Curie, Tel. 02.54.52.36.00. 1-6-Bett-Zimmer.

Camping

- **Camping des Châteaux******, Lac de Loire, Vineuil, Tel. 02.54.78.82.05, Fax 02.54.78.62.03. Auch ein Zweisterne-Campingplatz befindet sich auf dem riesigen Freizeitterrain, das auf dem linken Loireufer einen künstlichen See umschließt. Kanu/Kajak, Surfen, Segeln, Tennis, Fahrradverleih. Pendelbus zum rechten Loireufer, günstiger Ausgangspunkt für Chambord-Ausflüge.

Restaurants

- **Le Relais des Gardes,** 52 rue de la Foulerie, Tel. 02.54.74.36..56, Sonntag und Montag mittags geschlossen. Crêperie in der Altstadt, reiche Auswahl an Buchweizen-Galettes und Crêpes-Nachspeisen.
- **Le Monarque,** 61 rue Porte-Chartraine, Tel. 02.54.78.02.35, sonntags geschlossen. Das schlossnahe Gasthaus (Zimmer 29-53 €) bietet klassische französische Küche zu sehr vorteilhaften Preisen, was die Menüs (10-24 €), aber auch die Weinkarte anbelangt.
- **Au Rendez-vous des Pêcheurs,** 27 rue du Foix, Tel. 02.54.74.67.48, Sonntag und Montag mittags geschlossen. Ausgezeichnetes Fischlokal unterhalb des Schlosses (Südseite). Die Karte wechselt ständig, 23 € für ein „Menu du marché", frisch vom Markt versteht sich. Und was für Desserts!

Märkte und Feste

- Verschiedene Obst- und Gemüsemärkte, täglich außer Freitag.
- **Les Conteries** (Märchenfestival), Ende März.
- **Grande Fête de la Loire,** Mitte Mai.
- **Foire aux vins** (Weinmesse), Mitte Juni.

Rad fahren

- **Cycles Leblond,** 44 levée des Tuileries, Tel. 02.54.74.30.13. Radladen.
- **Bucquet SA,** 33 avenue Wilson, Tel. 02.54.78.12.94. Verleih und Reparatur.
- **Maison Départemental des Sports – Comité de Cyclotourisme,** 32 rue Alain gerbault, Tel. 02.54.78.55.50, Fax 02.54.74.81.79. Auskünfte über Routen.

Reiten

- **Centre équestre de Blois,** Levée de la Loire, Tel. 02.54.74.59.67.
- **Les Ecuries des Galvinettes,** Vineuil. Tel. 02.54.43.88.25.
- **Le Haras National de Blois,** 62 avenue Maumory, Tel. 02.54.55.22.82. Besichtigung des traditionsreichen staatlichen Gestüts Montag–Samstag 14.30 Uhr, in der Hauptsaison auch 10.30, 15.30 und 16.30 Uhr.

Kajakverleih

- **L'Embarcadère,** Quai Ulysse Besnard, Tel. 02.54.78.31.41.
- **Alizés,** Rue Emile Laurens, Tel. 02.54.56.00.43.

Ballonfliegen

- **Le Loir en montgolfière**: Ab Blois mit dem Heißluftballon über die Schlösser. Anmeldung bei AEREOCOM, Fossé, Tel. 02.54. 33.55.00, Fax 02.54.90.41.49

Anreise/Weiterreise

- **Mit dem Bus:** Zu den Schlössern Chambord und Cheverny werden im Office de tourisme Ausflugsfahrten angeboten.

Entlang des Loir

Überblick

Le Loir entspringt bei Chartres und folgt der Loire lange fast parallel, bis er nach 350 km kurz vor Angers in die Sarthe mündet. Dieser nördliche Nebenfluss (männlicher Artikel und ohne e !) wird gerne als kleiner Bruder der Loire bezeichnet. Das ist nicht nur ein Wortspiel, denn die Landschaft erscheint mit ihren Burgen und Mühlen, Höhlen und Weinbergen tatsächlich als Miniaturausgabe des Loiretals. Die Schleifen sind viel enger gezogen, und der mäandrierende, fischreiche Fluss wirkt auch deshalb besonders romantisch, weil die abseits gelegenen Dörfer vom Fortschritt vernachlässigt wurden.

So ist die alte Pilgerstrecke, ein Teilstück des Jakobsweges nach Santiago de Campostella, heute eine verkehrsarme Nebenroute, die sich zur Abrundung einer Loirereise empfiehlt. Wer von Paris kommend noch Chartres (Kathedrale) besichtigen will, kommt über Châteaudun (Schloss) schnell nach Vendôme. Umgekehrt ist die Loir-Strecke eine gemütliche Rückreiseroute aus dem Anjou. Man kann das Tal in einem Tag „mitnehmen", sollte sich aber lieber etwas mehr Zeit lassen. Im Folgenden ist die schönste Passage zwischen Vendôme und Le Lude beschrieben.

Blésois, Vendômois

Vendôme

⤢ IV/A1

33 km nordwestlich von Blois liegt, umschlossen von Flussarmen des Loir, das Städtchen Vendôme (18.500 Einw.). Dank TGV nur 42 Minuten von Paris-Montparnasse entfernt, ist die verschlafene Kleinstadt fast ein Vorort von Paris geworden. Vendôme ist von Wasseradern und Parks umgeben und bietet dem Besucher eine reiche Geschichte und zahlreiche Monumente, die im überschaubaren Zentrum eng beieinanderliegen.

Geschichte

Vindocinum, der „weiße Berg" hieß Vendôme zur Zeit der Gallier und Römer. Aber erst ab dem 11. Jh. erlangte die Stadt geschichtliche Bedeutung. Über ihre Gründung gibt es eine schöne Legende. *Geoffroy Martel,* Graf von Anjou und Sohn *Fulco Nerras,* habe zusammen mit seiner Frau von seiner Burg aus eines nachts drei Sterne vom Himmel fallen sehen und dann an dieser Stelle die **Abtei** zur Hl. Dreifaltigkeit gestiftet. Martel übergab sie den Benediktinermönchen und stattete sie um 1033 reich mit Finanzmitteln aus. Daraus entwickelte sich eines der bedeutendsten religiösen Zentren Frankreichs: Wallfahrtsort am Jakobsweg und Kardinalssitz. Durch eine Bulle des Papstes *Alexander II.* vom 8. Mai 1063 erhielten de Äbte nämlich die „Kardinalswürde der Hl. Römischen Kirche" und waren direkt Rom unterstellt – ein einmaliges Ereignis in der Kirchengeschichte. Im 13. Jh. erhielt die Stadt ihre Befestigungsanlagen, im 16. Jh. machte die Abtei ein Viertel des Stadtkerns aus und verfügte über eine eigene Befestigung.

Nach der Hochzeit zwischen *Jean de Bourbon* und *Catherine de Vendôme* hielten die **Bourbonen** Einzug in Vendôme, das 1515 von *Franz I.* zum Herzogtum erhoben wurde. Damals hatte die Stadt mehr als 50 Gerbereien und 12 Mühlen innerhalb der Mauern, daher das vielfach verzweigte, allgegenwärtige Wasser.

1589 kam es im Gefolge der Religionskriege zum **Sac de Vendôme.** Die von der katholischen Liga gehaltene Stadt wurde von den Soldaten *Heinrichs IV.* eingenommen, fast alle Häuser wurden geplündert und zerstört, zahlreiche Mönche ermordet, der Gouverneur enthauptet.

Im darauffolgenden Jahrhundert litt die Bevölkerung unter *Richelieus* Steuersystem. Die Französische Revolution brachte keine großen Veränderungen. Erst im 19. und 20. Jh. ging es mit der Stadt wieder wirtschaftlich aufwärts. Seit Ende des Zweiten Weltkriegs wächst die Bevölkerung kontinuierlich, Industrie und Tourismus profitieren von der günstigen Lage.

Sehenswertes

Man gelangt durch die befestigte und mit Skulpturen geschmückte **Porte Saint-George,** Teil der Stadtmauer aus dem 13. Jh., in die von Wasser umschlossene Altstadt. Am besten stellt man das Auto vor dem Stadttor ab und geht zu Fuß ins Zentrum, wo sich vor den Sehenswürdigkeiten die Fußgängerzone ausbreitet.

Einen schönen Zugang bietet auch der kleine Steg an der dreistöckigen **Tour de l'Islette.** Überall fällt der Blumenschmuck auf, Terrassenrestaurants liegen malerisch über dem Wasser, Touristenboote locken zur Stadterkundung auf dem Loir: Abfahrt an der Moulin Perrin in der Fußgängerzone.

●**Bootsfahrt:** Juli/August von 14-19 Uhr täglich, Mai, Juni und Sept. nur an Samstagen, Sonn- und Feiertagen, Auskünfte und Gruppenreservierung Tel. 02.54.77.05.07.

Über der Stadt erhebt sich der romanische Glockenturm der **Trinité-Kirche.** Dieses Gotteshaus ist eines der schönsten Beispiele mittelalterlicher Architektur in Frankreich. Vier Jahrhunderte wurde daran gearbeitet. Die gotische Fassade im Flamboyant-Stil (1506 beendet) ist besonders fein und raffiniert ausgestaltet. Im Innern sind die verschiedenen Bauepochen erkennbar. Querschiff und die vier Pfeiler der Vierung stammen von der romanischen Vorgängerkirche des 11. Jh., die Apsis aus dem 13. Jh., das Schiff aus dem 14. Jh., erst im 15. Jh. kam der gotische Flamboyant-Stil auf. Im geschnitzten Chorgestühl sind mit großer Ausdruckskraft kleine Engel, Musiker oder Bauern bei der Arbeit dargestellt. Schön ist das Fenster der Notre-Dame aus dem Jahre 1140.

Geht man draußen um den Glockenturm herum, gelangt man in den Klosterhof. Dort liegt der Kapitelsaal mit seinen romanischen Fresken (12. Jh.)

und ein Museum, das die Bedeutung der **Benediktinerabtei** aufzeigt, aber auch Prähistorisches, Geologisches und Vogelkundliches enthält.

●**Musée du Cloître,** Tel. 02.54.77.26.13, Öffnungszeiten: außer Dienstag täglich 10-12 Uhr und 14-18 Uhr. Eintritt: 2,44 €.

Blésois, Vendômois

Kirchturm von Vendôme

Wieder im Freien, schlendert man am besten durch die Hauptachse der Fußgängerzone, die Rue du Change, zum **Parc Ronsard.** Dort steht eine Platane aus dem Jahr 1759 am Ufer eines Loirarmes, und der Blick fällt auf ein altes Waschhaus. Man kann sich in dieser vom Wasser geprägten Stadt die Arbeit der Wäscherinnen im 15. Jh. gut vorstellen. Der Platanenhof des Parc Ronsard war früher der Pausenhof der Oratorianer-Oberschule (heute Rathaus) und ein gewisser *Honoré Balzac* spielte hier als Kind. Von 1807 bis 1913 war der Dichter ein eher disziplinloser und schlechter Schüler dieser Schule. Seine Jahre in Vendôme hat er im Roman *„Louis Lambert"* beschrieben.

Zurück Richtung Abtei kommt man zur **Place Saint-Martin,** wo stündlich vom Turm (15. Jh.) der einst platzfüllenden, aber 1859 abgerissenen Kirche das **Glockenspiel** ertönt. Es ist eine in Frankreich sehr bekannte Melodie aus dem Hundertjährigen Krieg.

Vor einem der umstehenden Fachwerkhäuser, vor dem **Haus des Großen St. Martin** (Nummer 24, 15. Jh.), erhebt sich das Standbild eines berühmten Sohnes der Stadt: *Rochambeau,* der die französischen Freiwilligen im amerikanischen Unabhängigkeitskrieg anführte und letzter Marschall des Ancien Régimes war.

Von hier ist es nur ein Sprung zu den **Markhallen** (Metallkonstruktion, Ende 19. Jh.), die man freitags keinesfalls versäumen sollte.

Gegenüber, jenseits des Loir, liegt das **alte Schloss.** Es lohnt sich, in den Ruinen herumzuklettern.

Praktische Hinweise

Information

●**Office de tourisme du Vendômois**, 47-49 rue Poterie, 41100 Vendôme, Tel. 02.54.77.05.07, Fax 02.54.73.20.81. Stadtführungen, Faltblatt zur Wallumrundung (tour des remparts).

Hotel/Restaurants

●**Le Capricorne****, 8 boulevard de Tremault, Tel. 02.54.80.27.00, Fax 02.54.77.30.63. Logis de France gegenüber vom Bahnhof, Restaurant (Menüs 15-34 €) ab Samstagmittag geschlossen.
●**Le Vendôme***,** 15 faubourg Chartrain, Tel. 02.54.77.02.88, Fax 02.54.73.90.71. Modern eingerichtete Zimmer (34-63 €), anspruchsvolles Restaurant (Menüs ab 12 €).

Bar-Brasserie

●**Le Vieux Moulin,** 21/23 rue du Change, Tel. 02.54.72.29.10. Terrasse über dem Loir.

Camping

●**Les Grands Prés***,** Nähe Zentrum, Tel. 02.54.77.00.27, Fax 02.47.25.36.46, geöffnet 15.4.-30.10. Fahrradverleih.

Ferme-Auberge

●**Ferme des Gourmets,** Azé (6 km D 957, Richtung TGV-Bahnhof), Tel. 02.54.80.64.12, Donnerstag–Montag mittags geöffnet. Ökologischer Landbau und Ziegenzucht, eigene Produkte in Küche (Menüs 13-20 €) und Laden, Fahrradverleih.

Anreise/Weiterreise

●**Mit der Bahn:** Von Paris-Gare Montparnasse täglich TGVs. Vom TGV-Bahnhof Villiers-sur-Loir Verbindung zum Stadtzentrum (navette).
●**Mit dem Auto:** Von Chartres/Châteaudun (N 10), Orléans (N 157) oder Blois (D 957) schnell erreichbar.

Montoire-sur-le-Loir und Umgebung ♫XV/D1

Montoire-sur-le-Loir

Man kennt vielleicht das historische Foto, das *Hitler* mit *Marschall Pétain* auf einem Bahnhof zeigt. Es ist der Bahnhof von Montoire-sur-le-Loir, auf dem die beiden am 24. Oktober 1940 die **deutsch-französische Kollaboration** besiegelten, nachdem die Wehrmacht mit gründlichen Bombardements bis zur Loire vorgedrungen war. Wenige Kilometer östlich, in Saint-Rimay, zeigen Einheimische noch heute den Eingang des Tunnels, der den Zug des Führers vor einem möglichen Luftangriff schützen sollte.

Heute ist Montoire wegen seines internationalen **Folklorefestivals** vielen Musik- und Tanzliebhabern ein Begriff.

Sehenswert ist die **Kapelle des Hl. Gilles.** Sie steht in einem abgeschlossenen Garten (Straße Richtung Château-Renault) und bezaubert durch Fresken aus dem 11.-13. Jh. Der Dichter *Ronsard* war hier 1566 bis zu seinem Tod 1585 Prior.

●**Chapelle Saint-Gilles,** Tel. 02.54.85.38.63, täglich 9-19 Uhr geöffnet, Eintritt: 2,50 €.

Thoré-la-Rochette ♫XV/D1

Östlich von Montoire liegen die Weinberge der Coteaux du Loir. Houssay, Lunay, Mazange, Naveil, Villiers-sur-Loir und Villiersfaux sind die **Winzerdörfer,** die den wichtigsten Winzerort Thoré-la-Rochette umgeben.

Unter dem **Schloss von Rochambeau** (18. Jh.) kann man hier in den Tuffsteinkellern den heute wenig bekannten Bruder des Vouvray probieren.

Man erreicht Thoré mit oder ohne Bummelzug, einem Triebwagen aus den 50er Jahren, der von hier nach Trôo und wieder zurückfährt.

Lavardin ♫XV/D1

Gegenüber von Montoire, am anderen Flussufer, liegt Lavardin, offiziell ausgezeichnet als eines der „schönsten Dörfer Frankreichs" mit Burgruine, alten Straßenzügen und der romanischen **Kirche Saint-Genest** (11. Jh.). Auch sie birgt phantastische Fresken (12.-14. Jh.), die lange übertüncht waren.

Hinter der Kirche führt gegenüber der Bäckerei ein Weg nach oben, vorbei an zahlreichen **Höhlenwohnungen.** Er lohnt sich auch wegen der Blicke auf Dorf und Fluss.

La Fosse ♫XV/D1

Wenige Kilometer westlich von Montoire (Straße nach Trôo, dann Richtung Fontaine-le-Coteaux) ist ein außergewöhnlicher **Botanischer Garten** zu besichtigen. Seit 1751 wurden von der Familie *Gérard* auf einem 25 ha großen Areal Tausende von Bäumen, Sträuchern und Hecken gepflanzt. Vor allem im 19. Jh. haben die begeister-

Blésois, Vendômois

ten Botaniker bei zahlreichen Expeditionen exotische und seltene Arten eingeführt, von denen trotz der klimatischen Umstellung viele Fuß fassen konnten.

●**Parc botanique de La Fosse,** Tel. 02.54.85.38.63, Ostern–September am Wochenende und an Feiertagen um 14.30 und 16.30 Uhr, Juli–August auch Mittwoch–Freitag um 15 Uhr. Eintritt: 8,99 €, nur mit Führung.

Trôo ⤢ XV/D1

Der Steilhang, der sich hier 40 m über dem Loir erhebt, wurde jahrhundertelang zu Wohnzwecken ausgehöhlt, so dass ein außergewöhnliches **Troglodytendorf** entstand (Troglodyten sind Höhlenbewohner). In einer Versteinerungsgrotte, die unten an der Straße liegt, bildet das ständig tropfende Kalkwasser Stalaktiten. Man steigt über Treppen, Gassen, Querwege durch das balkonartige Höhlendorf hinauf zur romanischen Stiftskirche Saint-Martin (11.-13. Jh.) und genießt den Ausblick in das fruchtbare Tal mit seinen Feldern und Pappelreihen.

Auf der anderen Seite des Loir sieht man die Dorfkirche **Saint-Jacques-des-Guérets,** die wiederum wegen ihrer großartigen Fresken (12. Jh.) einen Abstecher verdient.

Praktische Hinweise

Information

●**Syndicat d'Initiative,** Mairie, 16 place Clémenceau, 41800 Montoire-sur-Loir, Tel. 02.54.85.23.30. Juli–August mittwochs und samstags um 17 Uhr Stadtführung.

●**Syndicat d'Initiative,** Mairie, 41800 Trôo, Tel. 02.54.72.58.74 Bei Voranmeldung 90minütige Führung durch das Höhlendorf.

Hotel-Restaurant

●**Le Cheval Blanc**,** Trôo (unten), Tel. 02.54.72.58.22, Fax 02.54.72.55.44, Montag und Dienstagmittag geschlossen. Logis de France an der D 917, hübsche Zimmer (24-63 €), Fischspezialitäten (Menüs ab 17,98 €).

Restaurant

●**Le Relais d'Antan,** Lavardin, Tel. 02.54.86.61.36, Dienstagabend und Mittwoch geschlossen. Schattige Terrasse am Loir-Ufer. Konfitüre von der Bauernente, Zan-

Blick von Trôo ins Tal des Loir

der und Aal, hausgemachte Kuchen. Menüs 22-29 €.
- **Le Cheval Rouge,** Montoire-sur-Loir, Tel. 02.54.85.07.05, außer Juli–August Dienstagabend und Mittwoch geschlossen. Traditionsbewusste Küche in feudalem Rahmen (Menüs 15-40 €). Auch Hotel.
- **Le Petit Relais,** Trôo (oben), Tel. 02.54.72.57.92, Montag mittag geschlossen. Gemütliches Restaurant mit wochentags prima Tagesteller (plat du jour) zur Mittagseinkehr.

Imbiss/Wein

- **Domaine de la Gaudetterie,** 5 impasse de la Gaudetterie, Thoré-la-Rochette, Tel. 02.54.72.80.73. Im Höhlenkeller Degustation und eine Flasche Wein für 4 € Eintritt, bei Voranmeldung für 7 € Gabelimbiss (coup d'-Fourchette) mit biologischen Produkten (Rillettes, Hirschpaté, Ziegenkäse, Bauernbrot).
- **Domaine Martellière,** 46 rue de Fosse, Montoire-sur-Loir, Tel. 02.54.85.16.91. Neben Coteaux-du-Loir auch Jasnières-Weine im Angebot.

Festival

- **Festival international de Montoire,** Folkloregruppen aus aller Welt musizieren und tanzen, erste Augusthälfte.

Kanu/Kajak

- **Thoré-la-Rochette,** Campingplatz Bonne Aventure, Tel. 02.54.80.00.70.
- **Montoire-sur-Loire,** Parc des Reclusages, Information im Syndicat d'Initiative. Auch Verleih von Mountainbikes.

Nostalgiebahn
Thoré-la-Rochette – Trôo

- **Train touristique de la Vallée du Loir,** Juni–August an den Wochenenden und Feiertagen, Abfahrt 14.25 Uhr in Thoré-la-Rochette, nach Rückkehr 17.15 Uhr dort Weindegustation. Reservierungen im Office de tourisme Vendôme oder Tel. 02.54.77.05.07, Fax 02.54.73.20.81.

Auf den Spuren Ronsards ✎ XV/C1

Manoir de La Possonnière**
- **Stil:** Renaissance (16. Jh.)
- **Besonderheit:** Höhlenräume
- **Höhepunkt:** Hof und Garten
- **Auskunft:** Tel. 02.54.72.40.05
- **Öffnungszeiten:** Juli–August. Mittwoch–Sonntag 15-19 Uhr. Sonst nur an Wochenenden 15-18 Uhr.
- **Eintritt:** 4,57 € (bis 12 Jahre gratis), nur mit Führung.

In der Dorfkirche von **Couture-sur-Loir** stößt man auf das eindrucksvolle Grabmal von *Loys* und *Jeanne de Ronsard.* Es handelt sich um die Eltern des großen Renaissance-Dichters *Pierre Ronsard,* der im Süden der Ortschaft auf dem Landgut La Possonnière geboren und aufgewachsen ist.

Das **Landschloss** lehnt sich an die Höhen des rückwärtigen Gâtine-Waldes der zur Zeit Ronsards gerade großflächig abgeholzt wurde. Hangwärts sind die Wirtschaftsgebäude als Kellerräume in den Fels getrieben. *Ronsards* Vater hat das ursprünglich befestigte Haus nach seiner Rückkehr aus Italien 1515 in ein Renaissance-Manoir verwandelt. Charakteristisch ist das italianisierende Fassadendekor, das ganz im Stil der Zeit angebracht wurde. Inschriften an den Fenstern zeugen von der christlich-humanistischen Bildung, die Kamindevise („Die Zukunft gehört dem Verdienstvollen") bekundet eine fast schon bürgerliche Grundeinstellung der Familie.

Blésois, Vendômois

11960 Foto: mi

Lebenslauf

Loys de Ronsard hatte *Franz I.* auf seinen Italienfeldzügen begleitet und dabei Interesse an Kunst und Literatur Italiens gewonnen. Sein Sohn *Pierre* erblickte 1524 auf La Possonnière das Licht der Welt. Er wurde mit 12 Jahren Page bei *Charles d'Orléans,* dem dritten Sohn *Franz' I.,* und war nach Aufenthalten in Schottland und Deutschland für eine Diplomatenkarriere ausersehen. Doch infolge einer krankheitsbedingten Taubheit zog er sich wieder ins Vendômois zurück, studier-

te die antiken Dichter und erhielt 19-jährig die Tonsur, um durch Kirchenpfründe sein Auskommen zu sichern. Im April 1545 traf er im Schloss von Blois die Florentiner Bankierstochter *Cassandra Salviati* (siehe Talcy), die ihm jahrelang den Kummer bereitete, den er für seine neuartige Liebesdichtung brauchte. Mit seinen an Horaz, Anakreon und Pindar angelehnten Oden, Hymnen und Elegien (*„Amours de Cassandre"*) begründete er die klassizistische französische Poesie und wurde als gefeierter „Dichterprinz" der Hofpoet der letzten Valois. Er brachte dem König Weihwasser und Kniekissen, verfasste Inschriften und Sprüche, organisierte Maskeraden und Schäferspiele und nahm im Religions-

La Possonnière

konflikt entschieden royalistisch-katholisch Stellung. Obwohl er im Pariser Louvre ein- und ausging, zog er sich zum Dichten lieber ins Loiretal zurück, wo unter den einträglichen Prioreien zuletzt Saint-Cosme bei Tours sein Hauptwohnsitz wurde. Hier starb Ronsard 1585, und hier liegt er begraben.

Sonett LXVI

Ihr Luft und Wind, Berg, Hügel und Gefild,
Ihr Tal und Schlucht und immergrüne Haine,
Gekrümmtes Ufer, Quell, der über Steine
Durch dichtes Buschwerk unaufhörlich quillt;

Ihr Höhlen halb von dunklem Moos verhüllt,
Ihr Gras und Kraut und bunt beblümte Raine,
Ihr blonde Triften, Hänge edler Weine,
Gâtine, Loir, mein Lied, von Gram erfüllt;

Da ich beim Lebewohl, von Schmerz zerfressen,
Das schöne Aug zu grüßen gar vergessen,
Das nah und fern ich immer lieben muß.

So bitt ich euch, Luft, Wind, Gefild und Gipfel,
Sagt, Ufer, ihm, sagt, Quellen, Höhlen, Wipfel,
Sagt, Gras und Kraut, ihm meinen Scheidegruß.

(Aus: Französische Dichtung. Von Villon bis Théophile de Viau, hrsg. v. Friedhelm Kemp und Werner von Koppenfels, München 1990)

Unter den „Liebesgedichten für Cassandra" ist dieses 66. zugleich eine Hymne auf die Landschaft des Vendômois. Es gibt noch andere Loir-Gedichte, eines „Gegen die Holzfäller im Wald von Gâtine" und ein anderes auf die Isle Verte bei Couture, auf der er begraben sein wollte. Ein Gedenkstein, kein Grabstein steht heute an dem idyllischen Ort, an dem er oft mit seinen griechischen und lateinischen Poesiebänden gesessen hat.

Praktische Hinweise

Hotel-Restaurant

●**Le Grand Saint-Vincent****, Couture-sur-Loir, Tel. 02.54.72.42.02, Fax 02.54.72.41.55. Logis de France, Zimmer um 32-41 €, Menüs 8-17 €, Halbpension 37-43 €.

Rund um Jasnières ✎ XV/C1

Die einst berühmte Wein-Appellation liegt zwischen Ruillé-sur-Loir und L'Homme. Doch die Weinstraße längs der Coteaux du Loir, der weniger ruhmreichen Appellation, beginnt schon in Poncé-sur-Loir und führt weiter über Chahaignes bis Vouvray-sur-Loir. Es ist eine reizvolle Strecke, auf der man anderswo längst ausgestorbene Handwerkstraditionen noch quicklebendig erlebt.

Poncé-sur-le-Loir ✎ XV/C1

Château de Poncé * ♥
●**Stil:** Frührenaissance (16. Jh.)
●**Besonderheit:** Tuffsteinbau mit Prachttreppe
●**Höhepunkte:** Irrgarten, Taubenturm
●**Museum:** Musée Ethnographique du Maine (Heimatmuseum)
●**Auskunft:** Tel. 02.43.44.45.39
●**Öffnungszeiten:** April–Sept. 10-12/14-18 Uhr, sonntags nur 14-18.30 Uhr.
●**Eintritt:** 3,66 € (2,74 €)

Blésois, Vendômois

Das reizvolle Dorf wird von einem **Schloss** beherrscht, das eine prächtige Renaissancetreppe (130 Motive, oben eine Ronsard-Büste), einen wunderschönen Park (zwei Ebenen, Heckenlabyrinth) und einen der schönsten Taubentürme Frankreichs (1800 Nischen) zu bieten hat.

Noch interessanter ist aber das Zentrum für Kunsthandwerk, das in den Gebäuden der **Paillard-Mühlen** (18. Jh.) untergebracht ist. Den Töpfern, Glasbläsern, Hutmachern, Schreinern, Malern usw. kann man bei der Arbeit zusehen, ihre Produkte in einer Verkaufsschau erwerben.

●**Centre d'Art et d'Artisanat,** Tel. 02.43. 44.45.31, Dienstag–Samstag 9-12/14-18.30 Uhr, Sonn- und Feiertags nur nachmittags. Eintritt: wochentags 3,96 €, sonntags 2,47 € (weniger Handwerker).

La Chartre-sur-le-Loir ⌖ XV/C1

La Chartre-sur-le-Loir ist mit 11.000 Einwohnern die einzige größere Siedlung in dieser ländlichen, vom Weinbau geprägten Umgebung. Besonders sehens- und riechenswert daher der **Samstagsmarkt.**

In der Nähe ein **Weinbaumuseum** und der künstliche **Lac des Varennes** mit allerlei Wassersportmöglichkeiten.

●**Musée de la Vigne** (Weinbaumuseum), L'Homme, Tel. 02.43.44.43.62, Öffnungszeiten: Juli–August außer Montag täglich 15-18 Uhr, sonntags auch 10-12 Uhr. Eintritt: 1,52 €.

Forêt de Bercé ⌖ XIV/B1

Nördlich der Weinstraße dehnt sich auf einer Fläche von nahezu 5400 ha

einer der schönsten Eichenwälder Frankreichs aus. Man erreicht ihn über die reizvollen Dörfer Flée, Beaumont-Pied-de-Boeuf und **Jupilles.** Letzteres, schon am Waldrand, ist seit *Colberts* Zeiten ein Zentrum der Holzverarbeitung. Denn nicht nur Weinfässer, auch Kriegsschiffe wurden aus der hiesigen Eiche hergestellt. Nach enormem Raubbau fertigte man Geschirr und Schuhe aus dem schneller nachwachsenden Buchenholz. In der ehemaligen Holzschuhfabrik (*saboterie*) befindet sich heute das interessante **Holzmuseum.**

●**Maison du Sabot et de l'Artisanat du Bois,** Jupilles, Tel. 02.43.79.48.69, Öffnungszeiten: Ostern–Allerheiligen außer Montag täglich 14.30-18.30 Uhr, Eintritt: 2,31 € (1,52 €). Dokumentation der Holzschuhfabrikation, anschauliche Demonstration traditioneller Holzverarbeitungstechniken.

Château-du-Loir ⌖ XIV/B1

Am Knotenpunkt zwischen Talstrecke (D 305) und Schnellstraße Tours-Le Mans (N 138) liegt dieses Städtchen, durch dessen Gassen der Yre-Bach sprudelt. Sehenswerte Gebäude sind das **Logis Graslin** (17. Jh.), das blumengeschmückte Rathaus und die **Kirche Saint-Guingalois,** die – wie manch andere im Loir-Tal – *Pierre Ronsard* als Prior sah. Bemerkenswert ist die Orgel und die Krypta aus dem 11. Jh. Von der alten Burg steht nur noch die **Donjonruine.**

Praktische Hinweise

Information

- **Office du tourisme,** 72340 La Chartre-sur-le-Loir, Tel. 02.43.44.40.04.
- **Maison du tourisme,** Parc Henri-Goude, 72500 Château-du-Loir, Tel. 02.43.44.56.68.

Chambre d'hôte

- **Château de la Volonière***,** Poncé-sur-le-Loir, Tel. 02.43.79.68.16, Fax 02.43.79.68.18. Schloss mit komfortablen Gästezimmern (53-68 €, bei längerem Aufenthalt Rabatt), Höhlenrestaurant, Fahrräder.

Camping/Freizeitzentrum

- **Lac de Varennes,** Marçon, Mitte März–Mitte November geöffnet, Tel. 02.43.44.13.72. 50 ha großer See unter den Weinbergen, Baden, Segeln, Bootfahren.

Restaurant

- **Hôtel du Boeuf**,** 21 place de l'Eglise, Marçon, Tel. 02.43.44.13.12, Sonntagabend geschlossen. Kreolische Küche (Menüs 12-35 €)!

Wein

- **Jasnières,** 8 pl. de la République, La Chartre-sur-le-Loir, Tel. 02.43.44.40.44. Weinkneipe.
- **Domaine de la Charrière** (M. Gigou), 4 rue des Caves, Tel. 02.43.44.48.72. Neben dem hervorragenden weißen Jasnières ist der aus der Pineau d'Aunis-Rebe gekelterte rote Coteaux-du-Loir besonders interessant.
- **Cave municipale dans le roc,** Vouvray-sur-le-Loir, Tel. 02. 43.44.14.15. Freitags 16-18 Uhr Degustation gegen kleinen Obulus mit oder ohne Häppchen.

Wandern

- **Forêt de Bercé:** Kommentierte Waldwanderungen mit Führer, nähere Informationen Tel. 02.43.24.44.70.
- **GR 35:** ab Château-du-Loir (Campingplatz Richtung Coemont) sehr schöne Passage (weiß-rot markiert) durch die Weinberge von Vouvray-sur-le-Loir, auf Kurzwanderstrecke (gelb) zum Ausgangspunkt zurück.

Von Vaas nach Le Lude

Vaas · XIV/B2

Folgt man dem Flusslauf weiter nach Westen, so erreicht man die gallische Gründung Vaas. Im Mittelalter entstand hier eine bedeutende Abtei, von der nur die **Kirche** im anjoutypischen Plantagenêt-Stil (12.-13. Jh) übrigblieb.

Auf der anderen Seite des Loir stößt man auf die **Mühle von Rotrou,** deren Wasserad sich schon im 16. Jh. drehte. Ein kleines Museum erläutert den Herstellungsprozess „vom Getreide zum Brot".

- **Moulin de Rotrou,** Tel. 02.43.46.70.22, Öffnungszeiten: Juni–September Samstag–Montag und Mittwoch 14.30-17.30 Uhr, sonst nur an Wochenenden, Eintritt: 2,29 € (0,76 €).

Ausgrabungsstätte Cherré · XIV/A2

An der Straße nach Le Lude (D 305) liegt auf dem Gemeindegebiet von Aubigné-Racan die gallo-römische Ausgrabungsstätte von Cherré. Man erkennt die Spuren des Freilufttheaters, der Markthalle *(marcellum),* eines Tempels und der Thermen. Die Siedlung entstand Ende des 1., Anfang des 2. Jh. und lag an der Römerstraße Tours-Le Mans.

- **Site archéologique de Cherré,** freie Besichtigung, Gruppenführungen Tel. 02.43.46.20.70.

Blésois, Vendômois

Le Lude ⟳ XIV/A2

Château Le Lude **

- ●**Stil:** Renaissance (15.-16. Jh.)
- ●**Besonderheit:** Größtes Schloss im Loir-Tal
- ●**Höhepunkt:** Kabinett mit Petrarca-Fresken
- ●**Animation:** Juni–August spektakuläres Son et Lumière; Kartenreservierung: Tel. 02.43.94.67.27, Fax 02.43.45.27.53
- ●**Auskunft:** Tel. 02.43.94.60.09
- ●**Öffnungszeiten:** April–September Gärten 10-12/14-18 Uhr, Schloss 14.30-18 Uhr.
- ●**Eintritt:** 4,57 € (2,29 €).

Wassermühle am Loir

Endstation am Loir, wenn man nicht noch die Städte La Flèche und Durtal mitnehmen möchte, ist das **Schloss von Le Lude,** das in ganz Frankreich für seine sommerlichen Son-et-lumière-Veranstaltungen bekannt ist. Laser, Projektionen, Feuerwerk, ca. 300 Akteure – alle Mittel werden für das Freilufttheater eingesetzt. Rechtzeitige Reservierung ist unbedingt erforderlich.

Der hufeisenförmige Bau umschließt den Ehrenhof, der an der „offenen" Seite von einer Arkadengalerie abgeschlossen wird. Mit ihren Lukarnen, Kaminen und Girlanden sind die wuchtigen Ecktürme keine Wehrtürme, sondern schmucke Erkerräume eines repräsentativen Wohnschlosses aus der Chambord-Generation. Fertig-

gestellt wurde es von einem Kammerherrn im Dienste der Könige *Ludwig XII.* und *Franz I.,* nach denen verschiedene Flügel benannt sind.

Das Schloss ist auch heute noch bewohnt, und man darf an wenigen Tagen im Juli sogar am Leben der Bewohner teilhaben. Aber auch sonst lohnt sich der Besuch. Der Burggraben und die Parkanlagen reizen zum Spaziergang, es gibt Kutschen und Pferdeställe zu besichtigen. Das Innere ist überall stilvoll möbliert. In den Sa-

lons befinden sich zahlreiche Porträts der Familie, an den Wänden beeindrucken die Wandteppiche. Ein kleiner Innenraum wurde nach einem illustrierten Manuskript von *Petrarcas „Triomphi"* (um 1515) mit Fresken ausgemalt.

Noyant   ⤢ **XIV/A3**

Bei Le Lude wendet sich der Loir ein wenig nach Norden, um dann in einem großen Bogen der Sarthe zuzufließen. Der schöne Teil des Loirtals endet hier, daher empfiehlt es sich, an die Loire Richtung Saumur zurückzukehren. Man kommt dabei durch Noyant, wo Herr *Goulet,* ein fleißiger Sammler, das **Museé Populaire des**

Ausgrabungsstätte Cherré

Arts et Métiers betreibt. Über 6000 Werkzeuge und Gegenstände stellen hier mehr als 20 ausgestorbene oder vom Aussterben bedrohte Handwerke dar.

Praktische Hinweise

Information

● **Office de tourisme,** Pl. Nicolay, 72800 Le Lude, Tel. 02.43.94.62.20, Fax 02.43.94.48.46. Faltblatt zur Stadtbesichtigung.

Hotel-Restaurant

● **Le Vedaquais****, Place de la Liberté, Vaas, Tel. 02.43.46.01.41, Fax 02.43.46.37.60. Zimmer um 38 €, Terrasse, Salon de thé, Eisdiele.

Camping

● **Son et Lumière*****, Le Lude, 300 m vom Ortszentrum, Tel. 02.43.94.67.70, Fax 02.43.94.93.82, geöffnet 14.4.-30.9. Am Loir-Ufer 5 ha große Anlage mit Schwimmbad und Rutsche, Vermietung von Kanu/Kajak und Fahrrädern, Wanderwege.

Anreise/Weiterreise

● **Mit dem Auto:** In Le Lude kreuzen sich die Straßen nach Le Mans (D 307), Tours (D 959), Baugé (D 305) und La Flèche (D 306).

Château Le Lude

Das königliche Blésois

Überblick

Chambord, Cheverny, Chaumont – in unmittelbarer Folge stößt man im südlichen Blésois auf berühmte Namen. Zu den großen Schlössern kommen aber noch die unbekannteren Châteaus, die Manoirs und Gentilhommièren (Herrenhäuser), die den Charme alter Landgüter haben. Dass sich im „Châteauland" – wie Werbestrategen und Tourismusverächter gleichermaßen die Region gerne bezeichnen – die Schlösser auf engstem Raum häufen, hat seinen Grund in der Nähe von Blois. Die Königsstadt zog jede Menge Adelige an, die im Umkreis des Hofes standesgemäße Residenzen brauchten. Wie die Höflinge um den Monarchen zirkulierten, so gruppierten sich die diversen Landschlösser um das Königsschloss von Blois. Man gewinnt aufschlussreiche Einblicke in den Mechanismus der Loiremonarchie, wenn man südlich von Blois die Trabanten besichtigt und von der einen oder anderen Intrige erfährt.

Die folgende Rundfahrt (ab Blois) ist ein Angebot für zwei, drei Ausflugsvarianten – am besten mit dem Rad. Was die vielen Schlösser betrifft, wird man sehr sorgsam auswählen, vieles auslassen, manche Besichtigung abkürzen. Man kann im Wald von Chambord wandern gehen und sich mit der Kulisse des Schlosses begnügen, um anschließend in Beauregard in aller Ruhe die Porträtgalerie zu studieren. In Cheverny kombiniert man vielleicht die Schlossbesichtigung mit dem Aussichtsballon und einer Weindegustation. Nach Chaumont kommt mancher nur der Landschaftsgärten wegen und würde dem berühmten Schloss die unauffälligen Ruinen unten im Cisse-Tal vorziehen. Quartiere und Restaurants gibt es überall, so dass nur zu entscheiden ist, ob die Rundfahrt tatsächlich in Blois oder lieber irgendwo unterwegs beginnen soll. Sie lässt sich natürlich auch an einem Tag durchführen, wenn man bereit ist, auf längere Besichtigungen zu verzichten und gerade mal der Neugierde halber abzusteigen, wenn im einen oder anderen Dorf platanenbestandene Kais (Saint-Dyé-sur-Loire), eine seltsame Kirchengalerie (Cheverny) oder auch imposante Burgtürme (Fougères-sur-Bièvre) dazu einladen.

Chambord ♂ V/C2

Château de Chambord* ♥ ✛**

- **Stil:** Renaissance (16. Jh.)
- **Besonderheit:** Größtes Loireschloss in einem 5500-ha-Park
- **Höhepunkte:** Doppelläufige Treppe, Dachterrasse
- **Animation:** Von Mai–September 11.45 Uhr (Juli–August auch 17 Uhr) Reitszenen in historischen Kostümen, Sommerkonzerte.
- **Auskunft:** Tel. 02.54.50.40.00 und 02.54.50.50.00 (Reservierungen).
- **Öffnungszeiten:** 9.-18.15 Uhr, Juli–August bis 18.45 Uhr (freitags und samstags auch bei Dunkelheit), Januar–März bis 17.15 Uhr.
- **Eintritt:** 6,40 € (5,03 €)
- **Tipp:** Allein der Anblick von außen lohnt die Anfahrt.

---

440 Zimmer, 365 Kamine und Türme, 800 Kapitelle – die Superlative sprechen für sich und drücken vor allem Sprachlosigkeit aus. Man bräuchte die kühnen Metaphern der romantischen Schriftsteller, um den Zauber dieser märchenhaften Architektur zu beschreiben. *Alfred de Vigny* hatte eine orientalische Vision von „blauen Kuppeln", „eleganten Minaretten", „verschlungenen Halbmonden", und *Chateaubriand* verglich die Dachzone mit einer „Frau, deren Haar der Wind in die Lüfte weht". Jedenfalls kann sich auch heute kaum jemand der Wirkung dieses größten aller Loireschlösser entziehen. Die UNESCO zählt es zum Weltkulturerbe, und die Besucherzahlen sind gigantisch (jährlich rund 800.000). Man muss es – wenigstens von außen – gesehen haben. Die mit allerlei Museumsstücken ausgestatteten Gemächer sind nicht ganz so interessant.

Geschichte

Chambord war die Idee und das Werk **Franz' I.** Dieser erste wahre Renaissancemonarch wollte – kaum hatte er die geerbten Königsresidenzen (Amboise, Blois) bezogen und entsprechend ausgebaut – ein Jagd- und Lustschloss, das ihm in seiner persönlichen Herrlichkeit auf den Leib geschneidert sein sollte. Es war bereits der Spleen vom Sonnenkönigtum, den *Franz I.* im Kopfe hatte und mit *Leonardo da Vinci* in Amboise durchsprach. Leider starb der Meister 1519, bevor er das vorgesehene Terrain am Westrand der Solo-

gne in Augenschein genommen hatte. Dann kam dem König 1525 seine Niederlage zu Pavia und die anschließende Gefangenschaft in Madrid dazwischen, wo er allerdings in einem Ritterroman (Montalvos „Amadis", erschienen 1508) sein Traumschloss vorgebildet fand. Auf der Baustelle machte das morastige Gelände zu schaffen, und obwohl nach der Rückkehr des Königs ständig 1800 Arbeiter eingesetzt waren, wurde der Donjon erst 1533, die Dachterrasse 1537, der Appartementflügel erst im Todesjahr von Franz I. 1547 fertig: der König hat vermutlich nur 40 Tage auf Chambord verbracht.

Auch nach ihm wurde das letzlich unfertig gebliebene Schloss höchst selten bewohnt. Nur **Ludwig XIV.** hatte ein Faible für Chambord, das eine Vorwegnahme von Versailles war. Er pflegte hier Feste zu feiern, die neben Jagd- und Tafelfreuden in der Regel auch ein exquisites Theater- und Musikprogramm vorsahen. So fand hier die Uraufführung von Molières Stück „Der Bürger als Edelmann" (mit Lullys Musikeinlagen als Ballett-Komödie einstudiert) 1670 den Beifall des Sonnenkönigs und seiner begeisterten Gäste.

Schloss Chambord mit Brücke

Schlossanlage

Auf der Südseite der Schlossanlage führt die Porte Royale hinein in den 156 x 117 Meter großen **Ehrenhof,** der ringsum von eingeschossigen Wirtschafts- und dreigeschossigen Wohngebäuden umschlossen und mit vier runden Ecktürmen „bewehrt" ist.

In dieses Rechteck ragt von der Nordseite her der quadratisch konzipierte, ebenfalls mit runden Ecktürmen ausgestattete **Donjon,** das Herzstück der Anlage. Und hier wartet Chambord mit seiner ersten Sensation auf: Das Zentrum des Donjons bildet eine **doppelt gewendelte Treppe,** auf der zwei Personen, ohne sich zu begegnen, hinauf- und hinabsteigen können. Während in Blois die Wendeltreppen noch im gotischen Stil aus der Fassade herausragen, wurde das Treppenhaus hier zur zentralen Bauidee. Die ineinander verschlungenen Rampen, vermutlich *Leonardos* Einfall, verbinden kreuzförmige Empfangssäle, die auf drei Etagen jeweils vier Eckappartements abgrenzen. Die Aufteilung setzt sich bis zum Dach hinauf fort, wo sich vier Eckpavillons um die zentrale Laterne gruppieren.

Und dann die zweite Sensation: Die **Dachterrasse** ist eine Miniaturstadt mit verwinkelten Gassen und Plätzen, die sich zwischen den zahllosen Giebeln, Türmchen und Kaminen auftun. Man ahnt die höfischen Intrigen, geheimen Rendezvous und öffentlichen Spektakel (Turniere, Jagdaufzüge), die hier eingefädelt, verfolgt, beklatscht wurden. Dass der Prunk sich in der Dachzone konzentriert, ist ein Charakteristikum der französischen Frührenaissance. Nirgends im Loiretal zeigt es sich aber so extrem ausgebildet wie in Chambord, wo sich der massive Baukörper oberhalb der dritten Etage in einen Wald von Aufbauten aufzulösen scheint. Denn die Lukarnen und Türme entfalten ein Feuerwerk an Schmuckformen, die von den Schiefereinlagen (Kreise, Halbkreise, Rauten, Dreiecke) über allerlei Ornamentmotive (Muscheln, Kandelaber, musizierende Kinder) bis zu den allgegenwärtigen Königsemblemen (Buchstabe F, feuerspeiender Salamander, Krone und Lilie) reichen.

Auf dem Dach von Schloss Chambord

Park und Wald

Interessanter als die Besichtigung der museal eingerichteten Interieurs ist ein ausgedehnter Spaziergang im **Park,** aus dessen Tiefe heraus das Schloss überhaupt erst in seiner sonst unüberschaubaren Größe wirkt. Die Kanäle enthalten abgeleitetes Wasser des Cosson-Baches, der bis an die Schlossmauern herangeführt wurde, nachdem das Projekt einer Loireumleitung aufgegeben worden war.

Der von einer 33 Kilometer langen Mauer umgebene **Wald von Chambord,** Europas größtes Forstgehege (5433 ha), steht als exklusives Jagdrevier noch heute dem französischen Staatsoberhaupt zur Verfügung. Ein kleiner Teil (ca. 1000 ha) ist aber den Touristen zugänglich gemacht worden: zum Wandern (markierte Wege mit Anschluss zum GR3), fürs Picknick (Waldparkplätze mit Holztischen) und zur Tierbeobachtung (Hochstände an der Route François I und der Route de la Commission).

Saint-Dyé-sur-Loire und Villesavin   ⚓ V/C2-3

Auf der Anfahrt von Blois nach Chambord empfiehlt sich ein Halt in **Saint-Dyé,** wo noch alte Häuser an die Pionierzeit erinnern, als im **Hafen** die Baumaterialien (Schiefer aus Trélazé, Werkstein aus dem Chertal) ausgeladen und – später – Weinfässer nach Paris verschifft wurden.

Château de Villesavin *

- **Stil:** Renaissance (16. Jh.)
- **Besonderheit:** Kutschensammlung
- **Höhepunkt:** Taubenturm (1550 Nischen)
- **Auskunft:** Tel. 02.54.46.42.88
- **Öffnungszeiten:** 10-12/14-19 Uhr, zur Hauptsaison ohne Mittagspause.
- **Eintritt:** 4,57 €, nur mit Führung.

Nach der Besichtigung von Chambord geht die vorgeschlagene Blésois-Rundtour in südlicher Richtung weiter. Dort, wo der Boulogne-Wald im Beuvron-Tal endet, stößt man auf **Schloss Villesavin,** das als „Bauhütte" von Chambord bezeichnet worden ist. Es wurde nämlich 1537 von *Jean Le Breton,* dem Oberaufseher der königli-

Alte Kalesche in Villesavin

Blésois, Vendômois

chen Baustelle, für den Eigenbedarf errichtet, wobei er gewiss Arbeiter und Materialien aus Chambord „auslieh" und die Pavillonbauweise von der dortigen Donjonterrasse übernahm. Die geschlossenen Innenhöfe, eine jahrhundertealte Linde, der Kutschenunterstand, ein Taubenturm und ein paar Gartenstühle am Ufer des Beuvron laden zum gemütlichen Verweilen ein.

Ehrenhof von Schloss Villesavin

Praktische Hinweise

Information

●**Centre d'Information de Chambord,** Tel. 02.54.20.34.86
●**Office de tourisme/Maison de la Loire,** 73-75 rue Nationale, 41500 Saint-Dyé-sur-Loire, Tel. 02.54.81.65.45, Fax 02.54.71.62.22. Ausstellungen, Führungen durch den Ort, Fahrradverleih.
●**Office de tourisme,** Mairie, 41250 Bracieux, Tel. 02.54.46.09.15, Fax 02.54.46.41.84.
●**Syndicat d'Initiative,** Mairie, 41500 Muides-sur-Loire, Tel. 02.54.83.81.15, Fax 02.54.87.01.25.

Hotel-Restaurants

●**Manoir de Bel Air**,** 1 route Nationale, Saint-Dyé-sur-Loire, Tel. 02.54.81.60.10, Fax 02.54.81.65.34. Komfortables Provinzhotel mit Zimmern direkt über der Loire (49-88 €). Im Restaurant (Menüs 20-38 €) herrscht

Stimmung, denn die Küche ist tadellos und der Weinkeller gut sortiert.

●**Saint-Michel**,** Chambord, Tel. 02.54.20.31.31, Fax 02.54.20.36.40. Logis de France direkt am Schloss, das man bei Abend- und Morgenspaziergängen ohne Besucheransturm erlebt. Das Privileg dieser Ausnahmestunden ist allein die Übernachtung wert (46-69 €). Und das gutbürgerliche Restaurant hat – trotz der Lage – erstaunlicherweise normale Preise (Mittagsmenü sogar unter 15 €). Es versteht sich von selbst, dass während der Jagdsaison allerlei Wildspezialitäten auf der Karte stehen.

Camping

●**Les Châteaux***,** 11 rue Roger Brun, Bracieux, Tel./Fax 02.54.46.41.84, geöffnet April – Mitte Oktober. Zwischen dem Beuvron und seinem Seitenzufluss Bonne Heure in schattigem Parkgelände gelegen. Pool, Tennis, Fahrradverleih.
●**Le Château des Marais****,** 27 rue de Chambord, Muides-s.-Loire, Tel. 02.54.87.05.42, Fax 02.54.87.05.43, geöffnet Mai – Mitte September. Während im Schloss Hotelzimmer (43-53 €) bereitstehen, ist der Schlosspark für Caravans reserviert (20 €). Beheiztes Schwimmbad mit Rutsche, Tennis- und Kinderspielplatz, Vermietung von Campinghäuschen und Fahrrädern (Vélotel).

Gemeinschaftsunterkunft

●**Ecuries de La Ferté Saint-Cyr,** 8 km vor Chambord in der Sologne, Tel.02.54.87.91.00, Fax 02.54.87.90.36. Auf bewaldetem Gut (40 ha) wurde ein historischer Reitstall (17. Jh.) zu einer Begegnungsstätte für mehr oder weniger sportliche Jugendliche, die hier nicht nur reiten, sondern auch angeln, Tennis, Basketball oder Boule spielen und natürlich auch Räder ausleihen können. 12-18 € pro Person, Halbpension 25-30 €.

Fahrradverleih

●**La Chaussée-le-Comte,** Hôtel du Parc, Route de Chambord, Huisseau-sur-Cosson, Tel. 02.54.56.00.43.
●**Velocation,** 3 rue de Colliers, Muides-sur-Loire, Tel. 02.54.87.05.94.

●**L'Echappée Belle,** Chambord, Tel. 02.54.56.00.43.

Reiten

●**Ecuries du Maréchal de Saxe,** Tel. 02.54.20.31.01, Fax 02.54.20.38.52. Ausflüge zu Pferd und in der Kutsche. Auch Fahrradverleih.

Bootfahren

●**Kanu/Kajak ab Saint-Dyé-sur-Loire,** 73 rue Nationale, Tel. 02.54.81.67.53.
●**Chamborderlebnis auf dem Cosson,** Tel. 02.54.56.00.43. Dauer 1 Std.

Wandern

●Zahlreiche markierte Wege im Chambord-Wald.

Taubenturm von Villesavin

Blésois, Vendômois

Schlösser-vermarktung

„Mit dem Chef nach Chenonceaux" heißt eine 1957 erschienene Erzählung von *Alfred Andersch,* in der eine Gruppe Wirtschaftswunder-Deutscher das Loire-Tal nach Baudenkmälern abklappert. Der heruntergekommene Zustand vieler Loire-Schlösser ist dabei weniger entlarvend als der fachmännische Sortierblick der Rheinländer:

„Anschließend Amboise, danach Chaumont, und zum Mittagessen waren sie in Blois. Herr Schmitz war unermüdlich, und unermüdlich teilte er die Dokumente von Frankreichs Vergangenheit in ‚vergammelte' und gutgehaltene ein. Er rechnete, und er wurde im Laufe des Nachmittags immer melancholischer, weil die Summe seiner Addition dessen, was hier zu tun war, denn doch alles überstieg, was er erwartet hatte. Die Franzosen hatten sich in ihrer Vergangenheit zweifellos mit Bauten übernommen."

Inzwischen ist die Nachkriegszeit auch im Loiretal längst vorbei, die Renaissancejuwele glänzen, und jedes Jahr öffnen bislang unbekannte Schlösser, frisch renoviert, ihre Tore für zahlende Besucher. Rund 1000 Schlösser gibt es zwischen Gien und Angers, ein Zehntel etwa steht zur Besichtigung offen, und wieder nur zehn Prozent von ihnen sind Staatsbesitz. Die meisten Châteaus gehören alteingesessenen Familien oder neuen Privateigentümern, die sich aus Liebhaberei und nicht ohne Spekulation eingekauft haben. Ein Schloss „rentiert" sich nur, wenn es in Schuss gehalten wird und die hohen Restaurierungskosten weitgehend durch staatliche Zuschüsse abgedeckt sind. Ein als *monument historique* klassifiziertes Château ist zu 50% subventionswürdig und kommt den Besitzer vielleicht trotzdem teurer als ein nur schützenswertes Baudenkmal, dessen Renovierung bei 10% Subvention weitgehend ohne Auflagen durchgeführt werden kann. Denn die Entfernung der Steinflechte und das sorgsame Erhalten der Bausubstanz sind keine ausreichenden Maßnahmen, um heute Touristen anzulocken. Sie strömen nur herbei, wenn ihnen vor der historischen Kulisse auch etwas Besonderes geboten wird.

Ein Großteil der Investition geht daher in die Bereiche *accueil* (Empfang) und *animation* (Erlebnis). Vom Parkplatz über das Picknick- und Spielgelände bis zum Souvenirladen und Imbisstrakt will der Besucher umfassend versorgt sein. So konkurrieren die Schlösser mit verschiedenen Freizeitangeboten und Attraktionen, die nur noch wenig mit dem Baudenkmal zu tun haben. Und hier scheiden sich die Geister. Konservative Schlossherren bemühen sich um die historische Dekoration und suchen nach „passenden" Exponaten, wenn sie ihre Zimmerfluchten, Festsäle oder Wirtschaftsgebäude museal ausstatten. Betriebswirtschaftlich lukrativer als die wiederholte Zusammenstellung von alten Möbeln oder Zaumzeug ist aber vielleicht eine Spezialsammlung von Oldies, ein bisher einmaliges Parfümmuseum oder ein internationales Gartenfestival. Kühl rechnende Schlossmanager bemühen sich um kuriosen Ausstellungsobjekten und gehen auch in der Animation neue Wege. So gibt es neben der Veranschaulichung historischer Szenen durch Wachspuppen oder multimedialen Freilichtaufführungen *(Son et lumière)* weitergehende Möglichkeiten, das Schloss zum „Event" werden zu lassen. Die Besucher dürfen im Schloss wohnen, können am fürstlichen Abendessen teilnehmen oder werden vom Schlossherrn zum Flug mitgenommen. Für Liebhaber der Schauerromantik besteht die Möglichkeit, Schlossgespenst zu spielen oder kniffelige Kriminalfälle zu lösen.

Neun Zehntel der Schlösser sind immer noch reine Wohnsitze, die nichts abwerfen und zum Teil auch verfallen. Doch 10% sind genau kalkulierende Unternehmen, die ein touristisches Produkt verkaufen und an Spitzentagen Hunderte von Besuchern zählen. Zu den erfolgreichsten Schlossmanagern gehören übrigens die Konservatoren der staatlichen Prestigeschlösser (Azay-le-Rideau, Blois, Chambord etc.).

Für Schmitz & Co hat sich aber im Grunde wenig geändert.

Cheverny   ♪ V/C3

Château de Cheverny **

- **Stil:** Klassizismus (17. Jh.)
- **Besonderheit:** Prunkvolle Originalmöblierung
- **Höhepunkte:** Gardensaal, Königsgemach
- **Animation:** Fütterung der Meute um 17 Uhr, Son et lumière, Flug mit Fesselballon.
- **Auskunft:** Tel. 02.54.79.96.29
- **Öffnungszeiten:** April bis September 9.15-18.15 Uhr, Juli/ August bis 18.45, im Winter 9.30-12/14.15-17.30 Uhr.
- **Eintritt:** 5,79 € (2,59 €).
- **Tipp:** Zur Hauptsaison früh anstellen, da sehr starker Andrang.

Die eigentümliche Galerie der Dorfkirche (ein Caquetoir aus dem 12. Jh.) ist der Beweis, dass Cheverny noch in der Sologne liegt. Freilich nicht mehr in der eigentlichen Wald- und Sumpfsologne, sondern in einer fruchtbaren Randzone, die mit ihren Weinbergen zum königlichen Blésois gehört. Am Schlossparkplatz spürt man nichts mehr von diesem ländlichen Hintergrund. Wer dem Rummel entgehen will, muss nur nach Troussay oder Fougères weiterfahren. Wer ihn aber in Kauf nimmt, bekommt etwas geboten, was er in Blois, in Chambord, in den meisten großen Loireschlössern vergeblich sucht: den authentischen Einblick in **prunkvolles Wohnen.** Schloss Cheverny ist nämlich bis auf den heutigen Tag im Besitz einer Familie geblieben, die - aus Ehrfurcht und Stolz - die schönsten Räume im Originalzustand belassen hat.

Geschichte

Die *Huraults* ließen sich vor 700 Jahren im Blésois nieder, zuerst in Saint-Denis und Cour-sur-Loire, dann auf der anderen Flussseite in Cheverny. Das ursprünglich noch befestigte Manoir wurde von Graf *Henri,* einem Getreuen *Heinrichs IV.,* nach einem fürchterlichen Ehr- und Ehedrama abgerissen: der häufig abwesende Gatte hatte seine jungvermählte *Françoise* mit einem Pagen erwischt und ihr nur die Wahl zwischen Schwert und Giftbecher gelassen. In fünf Jahren (1624-1629) ließ der Graf dann ein neues Schloss erbauen, das er mit seiner zweiten Gattin *Marguerite* bezog.

Besichtigung

Schloss Cheverny ist eine klassisch-symmetrische Komposition verschieden proportionierter Pavillons und Zwischentrakte mit auffällig variierender Bedachung. Aus größerer Entfernung erinnert die **Fassade** jeden „Tintin"-Liebhaber an *Kapitän Haddocks* Schloss Moulinsart, das - um die Randpavillons verkürzt - tatsächlich nach dem Modell Cheverny gezeichnet wurde.

Im Inneren beeindruckt als erstes die **Ehrentreppe,** die mit ihren geraden Läufen, den überwölbten Pfeilern, dem reichen Skulpturenschmuck (Fruchtgirlanden, Waffengehänge, umschlungene Initialen C-H-M) fast den ganzen Mittelbau einnimmt und die Renaissance-Treppenhäuser von Azay-le-Rideau oder Chenonceau im

Blésois, Vendômois

Stil *Ludwigs XIII.* zu übertrumpfen scheint.

Die besonders sehenswerten Räume befinden sich – hintereinander – im rechten Flügel des Obergeschosses. Da ist zunächst der mit Waffen und Rüstungen vollgehängte **Gardensaal,** im wesentlichen das Werk *Jean Mosniers,* von dem nicht nur das Kamingemälde, sondern auch die Bemalung des Deckengebälks, des holzgetäfelten Sockels und der inneren Fensterläden stammen. Schon im darunterliegenden Speisesaal geben die

vielfarbig dekorierten Deckenbalken und die Don Quichotte-Boiserien einen ersten Eindruck von seiner Meisterschaft. Hier im Gardensaal ist die umlaufende Holztäfelung ein besonders kunstreicher Beleg der Bilderrätselmode, die den Adeligen zum gelehrten Zeitvertreib diente: die Blumenembleme sind sinnreich mit lateinisch beschrifteten Spruchbändern kombiniert und stehen außerdem in Beziehung zu den Allegorien der Künste, die sich – als mythologische Figuren personifiziert – in Grautönen (Grisaille) von den Naturfarben der Blumen abheben.

Die Dekoration dieses übrigens größten Innenraumes erscheint aber noch dezent, wenn man anschließend

Fassade von Cheverny

in das blau-rot-golden prunkende **Königsgemach** eintritt. Auch hier sind das Kaminbild, die Kassettendecke und die Täfelungen Auftragsarbeiten *Mosniers*. Neben den mythologischen Bildgeschichten sorgen jede Menge Blumenornamente für eine kunstvoll überladene Ausstattung, die übrigens niemals einen König gesehen hat.

Wenn man nach der Besichtigung der Innenräume aus der Tiefe des Parks zurückblickt, hat man das berühmte Werbeplakat mit den rotbefrackten Jägern und der Meute vor Augen. Ein Cheverny-Besuch endet daher mit dem obligatorischen Gang zum **Zwinger** (abendliche Fütterung der rund 70 Treibhunde) und einem Blick in den **Trophäensaal** (fast 2000 Hirschgeweihe).

Troussay ⌁ V/C3

Château de Troussay * ♥
- **Stil:** Renaissance (15. Jh.)
- **Besonderheit:** Exquisite Antiquitäten
- **Höhepunkt:** Geschnitzte Kapellentür
- **Auskunft:** Tel. 02.54.44.29.07
- **Öffnungszeiten:** Juni–August 10-19 Uhr, sonst Mittagspause 12.30-14 Uhr und früherer Schluss.
- **Eintritt:** 4,57 € (3,05 €), nur mit Führung.

Jagdhunde von Cheverny

131lo Foto: mi

Wer nichts für Superlative übrig hat, bekommt – nur 3 Kilometer entfernt – eine Alternative geboten. Das zwischen Wald und Wein versteckte Herrenhaus Troussay konserviert in seinen **Wirtschaftsgebäuden** (Weinkeller, Brennerei, Schweinestall, Viehstall, Dienstbotenzimmer, Traubenpflückerzimmer, Kutschenhaus, Sattelzimmer, Pferdestall) eine versunkene Arbeitswelt.

In den Mauern des familiären Renaissancemanoirs selbst findet man künstlerische Kostbarkeiten, die hier fast wohnlich wirken. Es war die Idee des Historikers *Louis de la Saussaye,* das 1828 an ihn gefallene Erbstück aus dem 15. Jh. mit museumsreifen, von der Zerstörung bedrohten **Kunstfunden aus der Umgebung** anzureichern. So stammen das linke Frontkapitell und die geschnitzte Kapellentür (mit die bedeutendste Holzskulptur der französischen Frührenaissance!) aus dem zerfallenen Schloss Bury, das schöne Stachelschwein auf der Rückfassade vom Hôtel Hurault in Blois, die bunten Glasfenster aus den Hôtels de Guise und Sardini gleichfalls in Blois und die Grisaille-Deckenbemalung des Kleinen Salons (wiederum ein Werk *Jean Mosniers)* aus Fossé.

Manoirfassade

im Sologne-Stil. Reizvoller ~~che~~ Zimmer (27-55 €), vier Sp~~~~ werden im Louis-XIII-Ambiente t~~~~ Menüfolgen (Foie gras – Fisch – Wild gemachte Pâtisserie) aufgetischt, wäh~~~~ nebenan im Grill-Lokal preiswerte Schnellg~~~~ richte zu haben sind.

Camping

●**Les Saules****,** Route de Contres (D 102), Cheverny, Tel. 02.54.79.90.01, Fax 02.54. 79.28.34, geöffnet Mitte April–Mitte September. Speziell für Caravans ausgezeichnet ausgestattet, Schattenplätze nicht nur unter Weiden, Vermietung von Fahrrädern und Wohnmobilen.

Weingüter

●**Domaine des Huards,** Cour-Cheverny, Tel. 02.54.79.97.90. Bei *Jocelyne* und *Michel Gendrier* unbedingt Romorantin-Weine probieren.
●**Domaine de la Plante d'Or,** La Démalerie, Cheverny, Tel. 02.54.44.23.09. Kellerbesichtigung, Videofilm (auch deutsch) und Degustation.

Praktische Hinweise

Information

●**Office de tourisme,** 12 rue du Chêne des Dames, 41700 Cour-Cheverny, Tel. 02.54.79.95.63, Fax 02.54.79.23.90..

Hotel-Restaurant

●**Les Trois Marchands**,** Place de l'Eglise, Cour-Cheverny, Tel. 02.54.79.96.44, Fax 02.54.79.25.60. Gemütliches Familienhotel

Fahrradverleih

●**M. Gosnet Jacques,** Place de la République, Tel. 02.54.79.93.21.

Reiten

●**Ecuries de la Colinière,** Rue Colin, Tel. 02.54.44.20.10.

Golf

●**Golf du Château** (18 Löcher), Tel. 02.54.79.24.70.

Fliegen

●**Aéro-Cheverny,** Tel. 02.54.79.25.05. Mit einem per Kabel am Boden befestigten Fesselballon *(ballon captif)* kann man 150 m hochsteigen und von der Gondel aus weit in die Landschaft blicken. Der Preis von rund 15 € schließt den Schlossbesuch mit ein!

Stachelschweinemblem in Troussay

Blésois, Vendômois

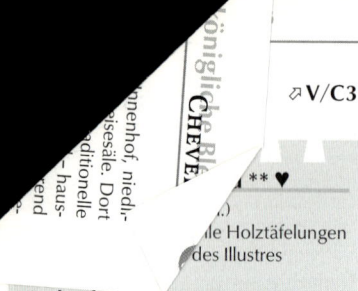

** ♥

le Holztäfelungen
des Illustres

- **Auskunft:** Tel. 02.54.70.40.05
- **Öffnungszeiten:** April–Sept. 9.30–12 Uhr und 14-18.30 Uhr, Juli–August durchgehend, im Winter nur bis 17 Uhr und Mittwoch geschlossen.
- **Eintritt:** 6,10 € (Schloss und Park) bzw. 4,57 € (nur Park).

Gerade 8 km von Blois entfernt, liegt Beauregard am Südrand des Forstes von Russy. Man sieht die Dorfkirche von **Cellettes** aus dem stillen Beuvron-Tal aufragen, wenn man zum Schlossparkplatz hochfährt und zu Fuß in den weitläufigen **Park** spaziert. Er ist eine Sehenswürdigkeit für sich, denn die früheren Besitzer haben ihn mit prächtigen Zedern und einem farbenprächtig bepflanzten „Gartenzimmer" (*chambre de verdure*) ausgestattet. Das nach wie vor bewohnte Schloss betritt man dann hofseitig bei der Arkadengalerie.

Geschichte

Die ursprünglich umfangreichere Anlage entstand 1553 bis 1559 als Erweiterungsbau eines Jagdschlosses von *Franz I.* und diente bis Mitte des 17. Jh. kunstsinnigen Beamten des Königshofes als Residenz. Der Bauherr *Jean du Thiers* war Finanzstaatssekretär *Heinrichs II.,* Humanist und Dichter, mit *Ronsard* befreundet.

Der zweite Schlossherr, *Florimond Robertet,* war *Thiers'* Amtsnachfolger im Dienste *Katharinas von Medici,* die ihm eine ihrer Ehrendamen als Gattin überließ. Der übernächste, *Paul Ardier,* hatte 55 Jahre unter *Heinrich III., Heinrich IV.* und *Ludwig XII.* gedient, als er sich in Beauregard zur Ruhe setzte und die berühmte Galérie des Illustres in Auftrag gab.

Sehenswertes

Die **Galérie des Illustres** (Galerie der Berühmtheiten) folgt einer zeittypischen Form politischen Personenkults, ist aber auf Grund ihres Umfangs und in ihrer historischen Systematik heute einmalig in der Welt. Auf 26 mal 6 Metern sind 327 Persönlichkeiten dreireihig und in Zwölfergruppen so zusammengestellt, dass von *Philipp von Valois* bis *Ludwig XIII.* eine Epochengeschichte der französischen Monarchie entsteht. Jede Regierungszeit *(règne)* ist durch ein Dutzend Porträts (König, Königin, Prinzen, Prinzessinnen, sonstige Berühmtheiten, darunter auch Ausländer) und – in der darunterliegenden Sockelzone – durch Embleme und lateinische Wahlsprüche vertreten. Diese umlaufende Holztäfelung hat der bereits bekannte *Jean Mosnier* bemalt, von dem auch das blau-braun-goldene Dekor der Balkendecke stammt. Es passt harmonisch zum Kachelfußboden, der gänzlich aus blau bemalten Delfter Fliesen besteht – eine außergewöhnliche Kostbarkeit, die mit ihren kleinen, detailge-

treuen Figuren eine „Armee auf dem Marsch" darstellt.

Parallel zur Porträtgalerie befindet sich im Obergeschoss des Mitteltrakts noch eine zweite, die so genannte **Südgalerie,** die heute wertvolle Museumsstücke enthält. An die ursprüngliche Funktion als Bibliothek erinnern an der Balkendecke die Medaillons mit den Dichtern der Pléiade *(Ronsard, du Bellay),* für die sich *Jean du Thiers* begeistert einsetzte.

Das eindrucksvollste Zeugnis seines erlesenen Geschmacks ist nebenan das kleine Arbeitszimmer, das der Hausherr sich von einem italienischen Kunstschreiner in geschnitztem und vergoldetem Eichenholz hat auskleiden lassen. Es heißt **Schellenkabinett** *(Cabinet des Grelots),* weil das Wappen („Drei Schellen in Blau") der *du Thiers* die Kassettendecke ziert und auch in der Täfelung als Schmuckmotiv auftaucht. Eine Reihe von Füllungen sind fein gemalte Stilleben, die von der Musik bis zur Kriegskunst die Wissenschaften der Renaissance verherrlichen.

Der Rundgang endet passenderweise mit einem Blick in die **Schlossküche.**

Galérie des Illustres

Praktische Hinweise

Information

●**Office de tourisme,** 2 rue de Rozelle, 41120 Cellettes, Tel. 02.54.70.30.46, Fax 02.54.70.30.46. Im Winter in der Mairie, Tel. 02.54.70.47.54.

Fest

●**Salon des Plantes** (Pflanzenschau), 2. Märzhälfte im Schlosspark.

Fougères-sur-Bièvre ♪ V/C3

Château médiéval de Fougères **

●**Stil:** Gotik (Ende 15. Jh.)
●**Besonderheit:** mittelalterlicher Donjon (11. Jh.)
●**Höhepunkt:** Innenhof
●**Auskunft:** Tel./Fax 02.54.20.27.18
●**Öffnungszeiten:** April–September täglich 9.30-12/14-18 Uhr, sonst 10-12/14-16.30 Uhr außer Dienstag.
●**Eintritt:** 3,81 € (2,29 €), nur mit Führung.

Auf der Strecke von Cheverny nach Chaumont kommt man durch altes Bauernland und zahlreiche Weiler, die zwischen dem Unterlauf des Beuvron und dem von Süden zufließenden Bièvre-Bach durch Spargelfelder oder Birkenwäldchen voneinander getrennt sind. In Fougères bilden mächtig aufragende Burgtürme eine erstaunliche Dorfkulisse. Die Alten erinnern sich noch an die armen Landarbeiterfamilien, die bis zur Restaurierung 1932 im alten Schloss wohnen durften, und alle wissen von ihren Eltern, dass vorher dort eine Spinnerei untergebracht war.

Die Zeit der Schlossbesitzer liegt vor der Revolution und reicht weit bis ins 11. Jh. zurück. Im Gedächtnis blieb nur ein gewisser *Pierre de Refuge,* der als Schatzmeister *Ludwigs XI.* gegen 1475 vom König die Erlaubnis erhielt, die geschleifte Festung wieder aufzubauen. Mit Ausnahme des viereckigen Donjons, der damals unzerstört geblieben war, stammen alle „mittelalterlichen" Bauteile (runder Eckturm, Portaltürme, Wehrgang) aus dem zu Ende gehenden 15. Jh. Besonders reizvoll ist der wohnliche Innenhof mit den übereinandergestaffelten Schieferdächern und den Galeriearkaden aus dem 16. Jahrhundert.

Wenn man nach der kurzen Besichtigung talwärts zum Beuvron und weiter zur Loire hinunterfährt, passiert man zwei weitere charmante Ortschaften: **Les Montils** und **Candé-sur-Beuvron.**

Praktische Hinweise

Information

●**Office de tourisme,** 8 rue de Bel Air, 41120 Les Montils, Tel. 02.54.44.05.07, Fax 02.54.44.14.67.

Hotel-Restaurants

●**Auberge du Château*,** 31 rue de l'Eglise, Fougères-sur-Bièvre, Tel. 02.54.20.27.80, Fax 02.54.20.23.06, außerhalb der Saison sonntagabends und montags geschlossen. Einfaches Dorfhotel (20-45 €) mit korrekter Regionalküche (fünf Menüs).
●**Relais des Landes***,** Ouchamps, Tel. 02.54.44.40.40, Fax 02.54.44.03.89. In einer ehemaligen Gentilhommière (Herrenhaus, 17. Jh.), umgeben von einem 30 ha großen

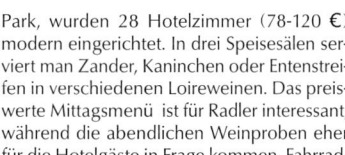

Park, wurden 28 Hotelzimmer (78-120 €) modern eingerichtet. In drei Speisesälen serviert man Zander, Kaninchen oder Entenstreifen in verschiedenen Loireweinen. Das preiswerte Mittagsmenü ist für Radler interessant, während die abendlichen Weinproben eher für die Hotelgäste in Frage kommen. Fahrradverleih.

●**La Caillère**,** 36 route des Montils, Candé-sur-Beuvron, Tel. 02.54.44.03.08, Fax 02.54.44.00.95, Mittwoch Ruhetag. Umgrüntes Hotelchen im Landhausstil, nur zehn Autominuten von Blois entfernt. Dazu feine bis raffinierte Gerichte (Ingwerzander mit Agrumen), die auch auf der Gartenterrasse serviert werden und mittags eine verlockende Radlerpause darstellen. Für Hotelgäste Fahrradverleih und Routentipps (Vélotel). Moderate Preise.

Camping

●**La Grande Tortue***,** 3 route de Pontlevoy, Candé-sur-Beuvron, Tel./Fax 02.54.44.15.20.

Freizeitpark

●**Montitrain,** Les Montils. Picknickwiese mit 800 qm-Teich und Modelleisenbahn, außerdem Boule- und Kinderspielplatz.

Kunsthandwerk, Spezialitäten

●**Domaine du Salvard,** Fougères-sur-Bièvre, Tel. 02.54.20.28.21. Im alten Bauernhof gibt es Cheverny- und Touraine-Weine zu degustieren.

●**Ferme de la Guilbardière,** Monthou-sur-Bièvre, Tel. 02.54.44.01.70. Rohmilch und Fromage blanc auf Bio-Bauernhof.

●**Hervé Henaut,** 45 rue du Vieux Porche, Tel. 02.54.44.09.79. Töpferei.

●**La Court au Jay,** Candé-sur-Beuvron, Tel. 02.54.44.03.13. Im Atelier von M. und Mme Marseault werden getrocknete Blumen kunstvoll arrangiert.

Reiten

●**Association des Ecuries de Launay,** Chemin des Châtaigniers, Les Montils, Tel. 02.54.44.14.57. Auch Ponys.

Chaumont

♫ IV/B3

Château de Chaumont **
- ●**Stil:** Spätgotik (15.-16. Jh.)
- ●**Besonderheit:** Romantische Schlossgeschichte
- ●**Höhepunkt:** Landschaftsgärten
- ●**Animation:** Mitte Juni – Mitte Oktober Internationales Gartenfestival, Kutschenfahrt im Park.
- ●**Auskunft:** Tel. 02.54.51.26.26, Tel. 02.54.20.99.22 (Festival).
- ●**Öffnungszeiten:** Juni–Oktober 9.30 Uhr bis Einbruch der Dunkelheit.
- ●**Eintritt:** 4,88 € (Schloss), 7,32 € (Gartenfestival).

Allerlei **Wappen** (Frankreichs und derer von Amboise) und **Initialen** (von *Ludwig XII., Anne de Bretagne, Charles de Chaumont, Diane de Poitiers*) zieren die Fassade von Chaumont, das in der Geschichte der Loiremonarchie aber nur eine Nebenrolle spielte.

Die besondere Attraktion des angeblich kahlen Bergs (*calvus mons* = chaumon) ist heute das **Internationale Gartenfestival,** das seit 1992 alljährlich mit thematischen Ausstellungen, Kolloquien und einem Pflanzenmarkt aufwartet. Geradezu sensationell sind die rund 30 **Landschaftsgärten,** die einen Querschnitt der weltweiten Pflanzkünste bieten und erstaunliche Varianten der modernen Gartenkultur zeigen.

Geschichte

Der schroffe Burgfelsen wurde von *Graf Eudes I.* von Blois im 10. Jh. gegen *Fulko Nerra,* den kriegerischen Rivalen

Blésois, Vendômois

aus dem Anjou, zur Festung ausgebaut. Das Bollwerk an der Grenze des Blésois ging später durch Heirat an die benachbarten Herren von Amboise und wurde zweimal geschleift, 1154 durch den Grafen von Blois und 1465 durch *Ludwig XI.,* nachdem die Feudalherren – statt untereinander zu streiten – sich gegen die Monarchie verbündet hatten. Nach öffentlicher Abbitte vom König genehmigt, entstand dann das neue Schloss 1465-1510 in zwei Bauphasen. *Katharina von Medici* erwarb es 1560 nur, um es *Diana von Poitiers* im Tausch gegen Chenonceau aufzunötigen. Kein Wunder, dass die Rivalin dem ungeliebten Schloss ihren Familiensitz in der Normandie vorzog.

Ab 1750 gehörte Chaumont einem im Amerikageschäft reich gewordenen Händler namens *Le Ray,* der *Benjamin Franklin* zu seinen Freunden zählte und für den italienischen Keramiker *Nini* ein Atelier bereitstellte.

Zur romantischen Geschichte des Schlosses gehört (ab 1810) vor allem der Aufenthalt der „dicken, feurigen" *Madame de Staël,* die hier ihr Werk „De L'Allemagne" schrieb und sich mit dem „klugen, zierlichen, kühlen, schwerfälligen" *August Wilhelm Schlegel,* dem frechen Korrespondenten (siehe obige Zitate) *Adelbert von Chamisso* und anderen Schöngeistern umgab.

Zugbrücke, Wehrgang über Maschikulis und einem Donjon mit 3,70 Meter dicken Mauern wurde 1465-75 unter *Pierre* und *Charles I. d'Amboise* errichtet.

Unter *Charles II.* und *Kardinal Georges d'Amboise* entstanden dann 1498-1510 **Süd- und Ostflügel,** die sich in ihrem spätgotisch-italienischen Mischstil am zeitgleich erbauten Schloss *Ludwigs XII.* (Blois) orientieren.

Ursprünglich hatte die burgartig geschlossene Anlage auch noch einen Nordflügel: er wich aber im 18. Jh. der großartigen **Panoramaterrasse,** die das Schloss wohnlich zur Loire hin öffnet.

Auch das 19. Jh. hinterließ seine Spuren. Man sieht die ambitionierten **Restaurierungen** an den Hoffassaden und im Inneren, wo gleichzeitig Neogotik und Neorenaissance Einzug hielten.

Beim Gang durch die Räume sollte man wissen, dass sich die beiden berühmten Rivalinnen fast nie in Chaumont aufgehalten haben und dass die Turmzimmerstory, wonach *Katharina von Medici* sich hier vom Astrologen *Ruggieri* die düstere Zukunft habe weissagen lassen, eine freie Erfindung ist. Aufschlussreicher als die Märchen, die sich um die Gemächer ranken, sind die **Porträtmedaillons,** die *Nini* im umgebauten Taubenhaus (innerhalb der Stallungen!) brannte.

Sehenswertes

Man erkennt die beiden Bauabschnitte am architektonischen Bruch zwischen den beiden Flügeln: Der mittelalterlich-militärische **Westflügel** mit

Praktische Hinweise

Information

●**Maison du tourisme,** Rue du Maréchal Leclerc, 41150 Chaumont-sur-Loire, Tel. 02.54.20.91.73, Fax 02.54.20.90.34.

- **Conservatoire des Parcs et Jardins et du Paysage,** Tel. 02.54.20.99.22, Fax 02.54.20.99.24. Auskünfte zum Internationalen Gartenfestival *(Festival International des Jardins).*

Hotel

- **Château des Tertres***,** 11 route de Monteaux, Onzain, Tel. 02.54.20.83.88, Fax 02.54.20.89.21. Hotelzimmer (60-80 €) in einer Gentilhommière (Herrenhaus) aus dem Zweiten Kaiserreich, Park mit seltenen Bäumen, unentgeltlicher Fahrradverleih (Vélotel und Relais de Silence).

Gästezimmer/Reitstall

- **Domaine des Frileuses,** Onzain, Tel. 02.54.20.93.13, Fax 02.54.20.99.56. 500 m vom Schloss entfernt ein Reitgut mit 5 Gästezimmern. Übernachtung 12-25 € pro Person, Essen um 5 €, Pauschalangebote inklusive Reitstunden.

Spezialität

- **La Cabinette,** 3 km nördlich von Onzain (D 45), Tel. 02.54.20.70.32. Ziegenkäse vom Bauernhof.

Markt

- **Wochenmarkt,** in Onzain Donnerstag nachmittags.

Fahrradverleih

- **Centre V.T.T. Touraine Sologne,** Ferme de Loisirs et d'Accueil, Le Plessis, Tel./Fax 02.54.20.90.55.

Reiten

- **Centre Equestre Hippocrène,** Domaine des Frileuses, Tel. 02.54.20.90.04., s.o.

Anreise/Weiterreise

- **Mit der Bahn:** Zwischen Blois und Tours/Amboise halten täglich zahlreiche Züge in Onzain.

Cisse-Tal ⚲ IV/B2-3

Der schönste Blick auf das Schloss von Chaumont bietet sich von Norden, wenn man über die Loire-Brücke zum Bahnhof von **Onzain** (Zugverbindung Blois-Tours) marschiert oder (per Rad oder Auto) über das Cisse-Tal nach Blois zurückkehrt.

Das beschauliche Seitenflüsschen führt am Rande des Forstes von Blois an Ruinen vorbei, die vielleicht fesselnder von der Vergangenheit erzählen als perfekt restaurierte Monumente: An das Schloss von Onzain erinnern nördlich der Kirche noch Wassergräben.

Von der **Abtei de la Guiche** zeugen ein Kellergewölbe, der Speicher, ein Abschnitt des Kreuzgangs sowie – in der Dorfkirche von **Coulanges** – das schön geschnitzte Chorgestühl.

Von **Bury** schließlich, dem Renaissance-Modellschloss, kennt der Besucher von Troussay ja schon die eindrucksvolle Kapellentür ...

Hotel-Restaurant

- **Hostellerie Les Couronnes***,** Route Nationale 152, Chouzy-sur-Cisse, Tel. 02.54.20.49.00, Fax 02.54.20.43.78. Ein Bauernhof wurde zum Sporthotel ausgebaut. Große helle Zimmer (68-100 €), anspruchsvolle Küche (Menüs 15-30 €, Halbpension 108-152 €).

Reiten

- **Les Ecuries du Cheval d'Or,** Chouzy-sur-Cisse, Tel. 02.54.20.40.55.
- **Centre Equestre du Val de Loire,** Chouzy-sur-Cisse, Tel. 02.54.74.01.05. Auch Pony-Club.

Golf

- **Golf de Chouzy** (9 Löcher), Tel./Fax 02.54.33.42.43.

Blésois, Vendômois

Touraine

190lo Foto: mi

151lo Foto: mi

Schloss Montpoupon

Der Boyer-Palast

Zentralbahnhof Tours

Im Cher-Loire-Dreieck

Überblick

Kurz vor Tours, wo sich Cher und Loire auf 10 km nähern, stehen sich zwei Königsschlösser gegenüber. Das eine erhebt sich steil über der Stadt, das andere schwingt sich als Wasserschloss elegant über den Fluss. In Amboise hat man die Haupt- und Staatsaktionen aufgeführt, im Lustschloss von Chenonceaux wurden sie eingefädelt und beklatscht. Niemand hat diesen Zusammenhang brutaler vorexerziert als *Katharina von Medici* im Sommer 1560. Zuerst ließ sie in Amboise ein als Glaubensakt getarntes Hinrichtungsspektakel veranstalten, um jeder Parteibildung innerhalb des Adels einen Riegel vorzuschieben. Dann fuhr sie ins erquickliche Chenonceaux, wo die Hugenottenschlächterei mit einem rauschenden Fest gefeiert wurde: Ballette, Serenaden, Feuerwerke in den Gärten und auf dem Wasser, dazu vieldeutige Maskeraden und Wildschweinjagden.

Die vorgeschlagene Rundfahrt im Cher-Loire-Dreieck ist eine Art Einführung in die Epoche der Renaissance. Zu ihrer weltbejahenden Tendenz gehören neben den galanten Lustbarkeiten und machiavellistischen Machtdemonstrationen auch die physikalischen Experimente eines Leonardo da Vinci (Clos Lucé, Amboise). Die Weinberge von Vouvray und Montlouis sorgen für Abwechslung, und ein Abstecher nach Château-Renault macht sogar mit dem Gerberhandwerk vertraut. Alle aufgeführten Orte eignen sich als Ausgangspunkt der Rundtour, Tours und Montrichard eingeschlossen.

Chenonceaux ♪ XII/B1-2

Chenonceaux ist mit rund 900.000 Besuchern jährlich nach Versailles das meistbesuchte französische Schloss. Hinter dem Einlassgitter strömen die Besucher durch die prächtige Platanenallee zur eigentlichen Schlossanlage, deren Zugang von zwei Sphinxen bewacht wird. Rechts das Bâtiment des Dômes, in dem einst die Bediensteten untergebracht waren und heute das Wachsfigurenkabinett und ein Café-Restaurant auf Touristen eingerichtet sind.

Geschichte

Man hat Chenonceau als „Schloss der Frauen" bezeichnet, denn nacheinander haben es sechs Frauen nicht nur bewohnt, sondern je nach Geschmack und Ambition auch persönlich ausgestaltet. Da war zunächst **Catherine Briçonnet,** die Gattin *Thomas Bohiers,* dessen Devise („Wenn es vollendet ist, wird es an mich erinnern") man auf den Vestibülfliesen lesen, aber kaum ernst nehmen kann. Der Finanzmann hatte das 1513 erworbene Schloss der Familie *Marques* bis auf den Donjon abreißen lassen und war dann als Kriegsschatzmeister *Franz' I.* jahrelang in Italien. So überwachte seine Gemahlin die Bauarbeiten, die 1523 beendet waren, ein Jahr vor *Bohiers* Tod.

Da er dem königlichen Schatzamt riesige Summen schuldete, fiel der Besitz 1535 an die Krone, um 1547 als Geschenk *Heinrichs II.* an **Diana von Poitiers** zu gehen. Die 20 Jahre ältere, aber ewig junge, ebenso schöne wie gerissene Mätresse des Königs ließ sich aus Artischocken und Lilien, Rosen und Wein einen extravaganten Nutz- und Ziergarten anlegen, für die ertragreiche Seidenraupenzucht auch Maulbeerbäume pflanzen und außerdem eine Brücke über den Cher werfen.

Nach dem Tod ihres Beschützers traf sie die Rache der Königswitwe **Katharina von Medici,** die ihre Rivalin mit dem düsteren Chaumont abspeiste und das verführerische Chenonceau zum Schauplatz ihrer Hofintrigen machte. Sie baute im Dorf ein Seidenraupenhaus mit Weberei, errichtete über Dianas Brücke die berühmte Galerie und organisierte ansonsten ein Fest nach dem anderen.

1589, kurz vor ihrem Tod, vermachte sie Chenonceau an **Luise von Lothringen,** die Gemahlin und Witwe

Touraine

Heinrichs III. „Ma Mie, betet für mich und rührt Euch nicht vom Fleck" war die letzte Botschaft des ermordeten Monarchen, die seine Angetraute als Testament interpretierte. Sie ließ das Erdgeschoss des Schlosses schwarz ausschlagen, trug nur noch das weiße Trauergewand und kniete untröstlich in der flussfeuchten Kapelle, bis ihr die Gelenke versteiften.

Dann verlotterte das Schloss, um erst ein gutes Jahrhundert später erneut Glanz zu entfalten, diesmal als Salon von Künstlern und Gelehrten. Es war eine **Madame Dupont**, General-pächtersgattin, die berühmte Geister der vorrevolutionären Epoche um sich scharte und *Jean-Jacques Rousseau* („Man aß recht gut und ich wurde fett wie ein Mönch") als Hauslehrer ihres Sohnes einstellte.

Als letzte Seele von Chenonceaux ist schließlich **Madame Pelouze** zu nennen, die – ganz Kind des historisieren-den 19. Jahrhunderts – die Restaurie-rung des Schlosses zu ihrer Lebensauf-gabe machte.

Schlossbesichtigung

Zunächst führt eine Zugbrücke auf ei-ne von Wassergräben umgrenzte Ter-rasse. Als Relikt des alten Schlosses (15. Jh.) steht hier ein runder **Donjon,**

Die klassische Ansicht von
Schloss Chenonceaux

dessen mittelalterlich wirkende Wehrgänge und Pechnasen nicht anders als die renaissancetypischen Türmchen und Flamboyantskulpturen nachträglich angebrachte Schmuckelemente (16. Jh.) sind.

Auch die Wassergräben haben keine militärische, sondern rein ästhetische Funktion, trennen sie doch nur die Donjonterrasse von den beiden **Gartenparterres,** dem östlich gelegenen, größeren Garten der *Diana von Poitiers* und dem westwärts ausgerichteten Garten der *Katharina von Medici.* Italienischen Vorbildern verpflichtet, sind diese verschnörkelten Anlagen im Grunde Freiluftinterieurs, die das nicht allzu große Lustschloss nach draußen erweitern und für intime und festliche Rendezvous schmucken Raum bieten.

Vorbei am Donjon steht man vor dem Kerngebäude, das auf den Fundamenten einer Mühle in den Cher hineingebaut wurde. Mit seinem quadratischen Grundriss, den vier Ecktürmen, dem regelmäßigen Fassadenaufbau ist dieser zweigeschossige **Boyer-Palast** eines der frühesten und reinsten Exemplare italienischer Renaissance in Frankreich.

Die schlichte Schönheit dieses (im Dachgeschoss besonders prachtvoll verzierten) Bauwerks wird durch die angebaute **Galerie** zwar beeinträchtigt. Andererseits verwandelt dieser Brückenflügel den ganzen Komplex in ein unverwechselbares Wasserschloss.

Das Innere zeigt Ähnlichkeiten mit venezianischen Palästen. Ein Treppenhaus mit geraden Läufen verbindet die Korridore, die beide Stockwerke in

zwei Hälften mit jeweils zwei großen Räumen teilen. Das Erdgeschoss ist nach Osten zu durch zwei Anbauten (Kapelle, Grünes Kabinett plus Bibliothek) erweitert. Auf der Südseite geht das ungewöhnlich gewölbte Vestibül in die 60 Meter lange Galerie über, in der einst die festliche Tafel stand. Alle Innenräume beeindrucken durch raffinierte Lichtspiele, zu denen Erker und Nischen ebenso beitragen wie das reflektierende Flusswasser. Nur die Fliesenböden, mehrere Kamine und drei Holzdecken (Kapelle, Grünes Kabinett, Dachgeschosszimmer) erinnern noch an den Originalzustand.

Treppenhaus von Schloss Chenonceaux

Praktische Hinweise

Information

- **Office de tourisme**, 13, rue du Château, 37150 Chenonceaux, Tel. 02.47.23.94.45.

Hotel-Restaurant

- **Hostellerie de la Renaudière****, 24, rue Docteur-Bretenneau, Tel. 02.47.23.90.04, Fax 02.47.23.90.51, 15. Oktober-15. März geschlossen. Logis de France mit angenehmem Park auf der Rückseite, Zimmer 36-70 €, Menüs 15-32 €.
- **Le Bon Laboureur et Château*****, 6, rue Docteur-Bretenneau, Tel. 02.47.23.90.02, Fax 02.47.23.82.01. Ruhiger Traditionsgasthof mit komfortabel ausgestatteten Zimmern (60-175 €), schattiger Terrasse und lukullischen Menüs (Tauben-Hummer-Salat, Kräuterlamm, Orangensoufflé) zu noch akzeptablen Preisen (23-43 €). Fahrradverleih.

Spezialität

- **Distillerie Fraise-Or**, Chissay-en-Touraine (2 km in Richtung Montrichard), Tel. 02.54.32.32.05. Erdbeerschnäpse und -liköre, Führung durch die Höhlenbrennerei.

Markt

- **Foire aux Boudins** (Blutwurstmarkt), 3. Wochenende im Juli.

Bootfahren

- **Im Schlossgraben und auf dem Cher**, Rundfahrten Juli-August.
- **Mit dem Leihboot cherabwärts**, siehe unter Montrichard.

Spaziergänge

- **Im Schlosspark.**
- **Fluchtweg 1940-44:** über die Galerie gelangte man während der deutschen Okkupation von der besetzten in die freie Zone, schöne Blicke.

Anreise/Weiterreise

- **Mit der Bahn:** SNCF-Linie Vierzon-Tours.

Chanteloup ♬ XII/B1

Pagode de Chanteloup *
- **Stil:** Klassizismus, Chinamode (18. Jh.)
- **Besonderheit:** Schlosspark mit Architekturresten
- **Höhepunkt:** Blick von der Pagode (44 m)
- **Museum:** Materialien zur Schlossgeschichte
- **Auskunft:** Tel. 02.47.57.20.97
- **Öffnungszeiten:** Juli-August 9.30-20 Uhr, Mai/Juni-September 10-18/19 Uhr, im Winter 10-12/14-17 Uhr
- **Eintritt:** 5,34 € (3,81 €).
- **Tipp:** Picknick im weitläufigen Park

Im schier endlosen Wald von Amboise herrscht kein Mangel an Picknickplätzen. Die ideale Zwischenstation auf einer Fahrt von Schloss zu Schloss (Chenonceau-Amboise) ist aber die Pagode von Chanteloup, in deren weitläufigen Anlagen ein *„Déjeuner sur l'herbe"* besonders reizvoll und auch erlaubt ist. Die 44 Meter hohe, siebenstöckige **Pagode** ist ein Produkt der Chinamode (18. Jh.) und bildet mit ihrem Wasserstück den Achsenpunkt einer symmetrisch aufgebauten Schlossanlage, von der sonst nur noch Schneisen, Alleen und zwei Pavillons (einer mit kleinem Museum) übrig geblieben sind.

Das 1713 erbaute **Schloss** war 1761 vom *Duc de Choiseul*, dem Premierminister *Ludwigs XV.*, erworben und nach den Plänen des Architekten *Le Camus* auf Versailles-Format gebracht worden. Als *de Choiseul* nach dem Tod der *Madame Pompadour* die Gunst der neuen Königsmätresse, *Madame Dubarry*, verscherzt hatte, zog er sich – umgeben von Künstlern und Freunden – in sein vornehmes „Exil" zurück.

Nach der Revolution kamen die Kulturbanausen: Napoleons Innenminister, der Chemiker *Chaptal,* betrieb auf dem Schlossareal eine Zuckerfarm und übergab seinen Besitz dann der „Schwarzen Bande", die das Schloss niederreißen und alles Verkäufliche am Markt losschlagen ließ.

Es lohnt sich, die 149 Treppen der Pagode zu erklimmen, denn die **Aussicht** reicht weit über den Wald von Amboise ins Loiretal hinunter und hinüber bis nach Tours.

Ballonfahren

● Ein- oder mehrstündige **Ballonfahrten,** vormittags und abends, Tel. 02. 47.57.20.97.

Amboise ♪ XII/B1

Als ehemalige Königsstadt in ihrer historischen Bedeutung am ehesten mit Blois vergleichbar, bietet Amboise, diesmal auf der linken Loireseite, die klassische Ansicht dar: der Fluss – die Stadt – das Schloss. Der bis ins Chertal hinüberreichende Wald von Amboise gehört auch noch zum Ensemble, das man jedoch nur von Norden (Loirebrücke, Ile d'Or, Uferpromenade) überblickt.

Geschichte

Der Bergvorsprung über der Loire wurde erst zum gallischen *oppidum,* dann zur Merowingerburg und schließlich – Ende des 15. Jahrhunderts – zum Königsschloss ausgebaut. *Karl VII.* hatte den Stammsitz der Herren von Amboise konfisziert und *Ludwig XI.* seine Familie dort einquartiert.

Sein Sohn, **Karl VIII.,** wurde der „König von Amboise". 1470 im alten Schloss geboren, bestieg er als 13-jähriger den Thron, um 1492 den Schauplatz seiner Kindheit in eine Großbaustelle zu verwandeln: über 170 Maurer und bis zu 90 Handlanger

Die Pagode von Chanteloup

141lo Foto: mi

Touraine

mussten Tag und Nacht arbeiten, Sommer wie Winter hindurch. Drei Jahre später – nach dem neapolitanischen Feldzug – brachte der junge König aus Italien nicht nur eine Ladung von Gemälden, Möbeln und Teppichen mit, sondern eine ganze Mannschaft von Architekten, Bildhauern, Tapezierern, Ornamentenmalern und Gärtnern. Doch kaum hatte die Renaissance im Loiretal Einzug gehalten, stieß *Karl VIII.* mit dem Kopf gegen einen niedrigen Türbalken und starb.

Sein Nachfolger *Ludwig XII.* (1498 bis 1515) führte zwar die Bauarbeiten weiter, residierte aber in Blois und überließ das halbfertige Schloss seiner Kusine *Louise von Savoyen.* So wuchs in Amboise erneut ein späterer König auf, **Franz I.,** der dem endlich vollendeten Königsschloss zu Beginn seiner Regentschaft (ab 1515) die prächtigsten Feste bescherte. Die Glanzzeit war kurz, denn den galanten König hielt es nicht lange in Amboise, auch nicht in Blois, weil er den geerbten Königsresidenzen seine Traumschlösser (Chambord, zeitweilig auch Chenonceaux) vorzog.

Das Schloss von Amboise machte nur noch einmal – blutig – von sich reden, als 1560 *Franz II.* von einem Komplott führender **Hugenotten** Wind bekam. Um seiner Entführung und Liquidierung zuvorzukommen, flüchtete er samt Hof aus Blois ins sicherere Amboise, wo die Verschwörer in Gruppen empfangen und je nachdem geköpft, in die Loire geworfen oder – als abschreckendes Beispiel – hoch über der Stadt am Balkongitter aufgehängt

wurden. Man erzählt, dass der sechzehn Jahre alte König mit *Maria Stuart junior,* seiner schottischen Gemahlin, und *Katharina von Medici,* der resoluten Königinmutter, nach dem Abendessen zum Fuß des Schlosses spazierte und trotz des Leichengestankes dem Schauspiel folgte.

Schlossanlage

Château d'Amboise ** ✛

- **Stil:** Frührenaissance (15./16. Jh.)
- **Besonderheit:** Zweites Hauptschloss der Loiremonarchie
- **Höhepunkte:** Verschwörerbalkon, Grab Leonardos
- **Animation:** Son et lumière „A la cour du Roy François", Juni–Sept. ab 22 Uhr.
- **Auskunft:** Tel. 02.47.57.00.98
- **Öffnungszeiten:** März–Oktober 9-18 Uhr, Juli-August bis 19.30 Uhr, sonst Mittagsruhe 12-14 Uhr und frühere Schließzeiten.
- **Eintritt:** 6,25 € (3,35 €), deutscher Leitfaden.

Von der **Schlossterrasse** eröffnet sich ein großartiges Panorama, wenn man stromaufwärts oder stromabwärts (bis Tours hinunter) schaut und dann der Loire den Rücken kehrt, um sich auf der anderen Seite des Hofes der Stadt zuzuwenden. Vier Fünftel der Bauten sind Zerstörungen (Teilabriss, Bombardements) anheimgefallen. Dem berühmten Stich von *du Cerceau* (1607) ist aber zu entnehmen, dass die Anlage allseitig von Gebäuden umschlossen war.

Der „Verschwörerbalkon" mit dem denkwürdigen Eisengitter ist fast in

Reichweite, wenn man auf die Platt-form des **Minimenturmes** tritt. Wie sein südliches Pendant enthält dieser mächtige Rundbau eine 21 Meter brei-te Spiralrampe, die Pferdewagen die Auffahrt zur Burgterrasse gestattete.

Der Rundgang durch das angren-zende **Königslogis** beginnt im Flügel *Karls VIII.,* wo im zweischiffig gewölb-ten Ständesaal die „Ketzer" zusam-mengetrieben und abgeurteilt wurden. Der rechtwinklig anschließende Flügel *Ludwigs XII./Franz' I.* ist nur wegen sei-ner Möbelsammlung interessant.

Das architektonische Schmuckstück der ganzen Schlossanlage ist die **Hu-bertus-Kapelle,** die als einziges Relikt des Königintraktes auf einem Vor-sprung der südlichen Befestigungs-mauer sitzt. Auf den Patron der Jäger verweisen die Geweihverzierungen des Dachreiters und das Eingangsre-lief, das wie der Flamboyantschmuck im Inneren vermutlich von flandri-schen Steinmetzen stammt.

Vom **Grab Leonardo da Vincis,** der seine letzten Lebensjahre in Amboise verbrachte, bleibt nur eine fragmenta-rische Inschrift (LEON ... INC), die man unter der zerstörten Schlosskir-che fand.

Clos-Lucé

Der Backsteinbau mit den achteckigen Türmchen ist ein charakteristisches **Re-naissancemanoir** und wurde 1477, wenige Jahre vor dem Schloss, erbaut.

Ein unterirdischer Geheimgang ver-band die Königsresidenz mit dem Schloss Cloux oder Clos-Lucé, das –

im rückwärtigen Amasse-Tal gelegen – **Leonardo da Vinci** als Atelierwoh-nung diente. Der Florentiner Univer-salgelehrte war auf Einladung des Kö-nigs 1516 nach Frankreich gekommen und hatte die Mona Lisa, zwei andere Gemälde, vor allem aber seine Notiz-bücher mit zahllosen Entwürfen im Gepäck. Mit einem Fixbezug von 700 Goldtalern im Jahr und gegen Bezah-lung jedes einzelnen Auftragswerkes stand *Leonardo* seine vier letzten Jahre im Dienste *Franz I.,* der das Genie fast täglich zu sehen wünschte und mit sei-ner hochgebildeten Schwester *Mar-*

Touraine

Manoir Clos-Lucé mit Innenhof

guerite de Navarre regelmäßig im Clos-Lucé auftauchte. Großartige Projekte wurden durchgesprochen: etwa die Trockenlegung der Sologne, zerlegbare Häuser für den wandernden Hof oder ein Musterschloss mit Wasserallee, Anlegestelle und selbstschließenden Türen. Der Maler, Architekt und Maschinenbauer richtete auch illuminierte Feste aus, die der Hof von der Galerie, dem alten Wehrgang, aus verfolgte.

Hier beginnt der **Rundgang,** der den Besucher der Reihe nach ins Schlaf- und Sterbezimmer (2. Mai 1519), ins Arbeitszimmer, in die Kapelle *Anne de Bretagnes* (Ende des 15. Jh. von ihrem Gemahl *Karl VIII.* erbaut) und in die Salons der Familie von Amboise (18. Jh.) führt, die *Leonardo* noch als Ateliers gedient haben.

Nach dem großen Empfangsraum und der Küche geht es eine Treppe hinunter zur **Maschinensammlung.** Ausgestellt sind 40 Modelle, die IBM nach Leonardos technischen Zeichnungen angefertigt hat. Man sieht Flugmaschinen (Fallschirm, Hubschrauber), Waffen (Dampfkanone, Maschinengewehr, Sturmpanzer), Messgeräte (Anemometer, Kilometerzähler) und andere Erfindungen (Automobil, Drehbrücke, hydraulische Turbine), mit denen der Renaissanceingenieur seiner Zeit etwa 400 Jahre voraus war. Alle Technikobjekte verraten eine gründliche Kenntnis der Mechanik und sind von dem Bemühen geleitet, die Muskelkraft durch Wind, fallendes Wasser, Schießpulver oder Dampf zu vervielfachen, Bewegungen zu kombinieren und auf Maschinen zu übertragen, um automatisierte Wirkungen zu erzielen. Es war die materielle Welt des homo faber, die Leonardos revolutionäre Phantasie entfesselte: denn während zeitgenössische Künstler Heiligenleben malten, widmete er sich gegen Ende seines Lebens fast nur noch dem Ineinanderwirken von Stangen und Kurbeln, Wellen und Rädern, Gewinden, Getrieben, Flaschenzügen und Kugellagern.

●**Clos-Lucé,** Tel. 02.47.57.62.88, Öffnungszeiten: Mitte März-Mitte November 9-19 Uhr, Sommer bis 20 Uhr, Winter bis 17 Uhr. Video, Cafétería im Garten. Eintritt: 6,10 €, Schüler 4,88 €.

Stadtrundgang

Der Gang durch die Stadt beginnt und endet auf der **Uferpromenade,** vor dem Office de tourisme. Der **Turm Féalain** (15. Jh.), schräg gegenüber, gehört zu den letzten Überresten der alten Stadtmauer.

Stadteinwärts stößt man auf die Rue Nationale, die einst die beiden Stadtkerne, das Schlossviertel mit dem Viertel um die **Stiftskirche Saint-Denis** miteinander verband. Die noch romanisch geprägte Kirche (12. Jh.) enthält eine liegende Marmorskulptur (die „Ertrunkene"), die als beachtliches Renaissancekunstwerk gilt.

Beim weiteren Rundgang kann man sich davon überzeugen, wie damals Amboise unterhalb der königlichen Baustelle aufblühte: die **Kirche Saint-Florentin** ist 1484, der **Uhrturm** 1495 bis 1500, das **Hôtel de Ville** kurz vor, das **Hôtel Joyeuse** (sehenswertes

Postmuseum) kurz nach der Jahrhundertwende entstanden. Das letztgenannte Palais war das Haus eines italienischen Künstlers namens *Giocondo,* der wie mancher seiner Kollegen von *Karl VIII.* nach Frankreich geholt wurde.

Bevor man das Renaissancestädtchen verlässt, sollte man an der Uferpromenade zum Kontrast noch einen Blick auf den surrealistischen **Brunnen von Max Ernst** werfen. Wenn man sich auf der Loirebrücke noch einmal umwendet, bietet sich die eingangs beschriebene Bilderbuchansicht.

● **Musée de la Poste,** 6, rue Joyeuse, Tel. 02.47.57.00.11, Öffnungszeiten: April-September 9.30-12/14-18.30 Uhr, sonst nur bis 17.30 Uhr. Eintritt: 3 €, deutschsprachiger Abriss. Dokumente über die Pferde-, Luftund Schiffspost.
● **La Maison enchantée** (Automatenmuseum), 7, rue du Général-Foy. Tel. 02.47.23.24.50, Öffnungszeiten: Mai-September 10-19 Uhr, sonst 14-17.30 Uhr. Eintritt: 5,03 €, Kinder 3,81 €.

Praktische Hinweise

Information

● **Office de tourisme,** Quai du Général de Gaulle, 37402 Amboise, Tel. 02.47.57.09.28, Fax 02.47.57.14.35. Abfahrtsstation der kleinen Touristenbahn (*petit train,* alle 30 Min.).

Hotel-Restaurants

● **La Brèche**,** 26, rue Jules-Ferry, Tel. 02.47.57.00.79, Fax 02.47.57.65.49. In Bahnhofsnähe angenehmes Logis de France (35-53 €) mit Garten und korrektem Restaurant (Halbpension 28-38 €).
● **Le Lion d'Or**,** 17, quai Charles Guinot, Tel. 0247.57.00.23, Fax 02.47.23.22.49. Unterhalb des Schlosses, am Loirekai gelegenes Stadthotel (35-50 €) mit abwechslungsreicher, preiswerter Küche (Menüs 10-30 €).

● **Auberge de de Launay**,** N 152 Limeray, Tel. 02.47.30.16.82, Fax 02.47.30.15.16. Komfortable Zimmer (um 50 €) in renoviertem Bauernhaus (18. Jh.); im lauschigen „Pfarrgarten" frische Gerichte nach alten Rezepten (Menüs 15-36 €, Halbpension ca. 50 €).

Jugendherberge

● **Centre International de Séjour Charles Péguy,** 1, rue Commire, Tel. 02.47.57.06.36, Fax 02.47.23.15.80. Unter der Brücke an der Westspitze der Loireinsel Ile d'Or, auf der auch der Campingplatz** (520 Stellplätze, Tel. 02.47.23.19.80) und die städtischen Sportanlagen (Schwimmbad, Reitplatz, Tennis- und Fußballplätze) gelegen sind. Ein- bis Sechsbettzimmer.

Restaurants

● **Crêperie de l'Ecu,** 7, rue Corneille, Tel. 02.47.30.58.95. In einer ruhigen Straße der Altstadt werden (im Winter bei Kaminfeuer) Buchweizengalettes, Crêpes, Omelettes und Salate angeboten.
● **L'Epicerie,** 46, place Michel-Debré, Tel. 02.47.57.08.94. Unterhalb des Schlosses gibt es im ältesten Haus der Stadt Loirezander oder Entenstreifen mit Foie gras (Menüs 10-28 €, letzteres inklusive Getränke).

Spezialität

● **Chocolaterie Bigot,** Place du Château, Tel. 02.47.57.04.46. Video und Degustation.

Märkte und Feste

● **Foire aux Vins** (Weinmarkt), Ostern und 15. August.
● **Journées Renaissance,** 1. Wochenende im Juli.
● **Foire aux melons** (Melonenfest), 1. Mittwoch im September.
● **Foire de la Sainte Catherine** (Katharinenmarkt), 2. Samstag im November.

Kanu/Kajak

● **Canoë-Kajak Club d'Amboise,** L'Ile d'Or, Tel. 02.47.23.26.52. Loireabfahrt, Begleitung und Einführung durch Moniteurs des F.F.C.K.

Touraine

Fahrradverleih

●**L'Arbrelle,** Route des Ormeaux, Tel. 02.47.57.57.17. 3 km außerhalb an der Straße nach Chenonceaux, auch Restaurant mit Zimmern, Pool und Swinggolf (18 Löcher).

Wandern

●**Parc de la Moutonnerie:** markierte Spazierwege im stadtnahen Teil des Walds von Amboise.

Anreise/Weiterreise

●**Mit dem Flugzeug:** Aérodrome d'Amboise-Dierre, Tel. 02.47.50.63.28. Auch Helikopterflüge über die Schlösser.
●**Mit dem Auto:** Loiretal-Strecke Orleáns-Tours (A 10, N 152), Chertal-Strecke (N 76/D 40) und Querverbindung Vendôme-Loches (N 10/D 31).
●**Mit der Bahn:** Auf der Linie Blois – Tours täglich über 20 Züge. Bahnhof auf der rechten Loireseite.
●**Mit dem Bus:** siehe Tours.

Vouvray ♪XII/A1

Zwischen Amboise und Tours liegen auf halber Strecke die weltberühmten **Weinberge von Vouvray.** Die Appellation bezieht sich auf ein Anbaugebiet von 1850 Hektar, das sich auf dem rechten Loireufer in mehrere Seitentäler erstreckt und von Noizay bis zur Stadtgrenze von Tours reicht. Es waren die Mönche von Marmoutier, die auf den wärmespeichernden Kalk- und Kieselböden vor mehr als 16 Jahrhunderten die ersten Rebstöcke pflanzten und den Weinberg das ganze Mittelalter hindurch kundig ausbauten, so dass die Krone im 14. Jh. gewisse *grands crus* in Besitz nehmen und für die königliche Tafel reifen lassen konnte.

Rund um Vouvray etablierten sich damals die Adeligen in hübschen **Manoirs und Gentilhommièren,** die heute zum Bild dieser traditionsreichen Kulturlandschaft gehören.

Umso herber war der Schock, als 1984 das **TGV-Projekt** konkrete Gestalt annahm und die Winzer erfuhren, dass die Trasse des Hochgeschwindigkeitszuges mitten durch das Chartiertal führen sollte. Durch ihre denkwürdige Revolte haben sie die französische Bahn zu einem teuren Tunnelbau gezwungen, nicht aber die nunmehr fahrplanmäßige Erschütterung ihrer Tuffsteinkeller verhindern können. Ob die Vibrationen der Reifung des (gut alternden) Weines bekommen oder schaden, ist bis heute umstritten.

●**Ecomusée/Espace de la Vigne et du Vin** (Weinbaumuseum), 30, rue Victor- Hérault, Tel. 02.47.52.60.61, Öffnungszeiten: täglich 10-18 Uhr. Dokumentation der Herstellungsverfahren und Traditionen des Vouvray-Weins, Vorführung des Winzerhandwerks von anno dazumal, Degustation und Weinverkauf. Eintritt: 3,81 €.

Brenne-Tal (Radtour) ♪XV/D2-3

Noch vor Vouvray empfiehlt sich ein Abstecher ins idyllische Brennetal. Ab **Vernou** geht es auf einem schmalen Sträßchen das linke Ufer entlang, dann rechts ab in Richtung **Autrèche,** wo in der **Réserve de Beaumarchais** Rehe, Hirsche, Bisons, Wildschweine u.a. gezüchtet werden.

Nur ein kurzes Stück auf der D 31 und dann links Richtung Azouer-en-Touraine über die Autobahn. Zurück

im Brennetal, kommt man auf der D 46 ins Gerberstädtchen **Château-Renault** mit seinem sehenswerten Ledermuseum. Der Rückweg führt dann über die Route de Villedomer, wo sich eine Schleife zum „Großen Tal" (Grand'Vallée) und „Teich des Erzbischofs" (Etang de l'Archevêque) anbietet.

Ab Neuillé-le-Lierre auf der D 46 bis Chancay, wo es zum **Château de Jallanges** abgeht, das sich – kurz vor Vernou – mit seinen Gästezimmern und Fahrradverleih auch sehr gut als Ausgangspunkt der Rundtour eignet.

● **Réserve de Beaumarchais,** Autrèche, Tel. 02.47.56.22.30, Öffnungszeiten: April-September 10-12/14-18 Uhr. Fahrt mit dem Touristenbähnchen. Ferme-Auberge mit Wildschweinspezialitäten. Eintritt: 4,42 € (3,81 €).
● **Musée du Cuir** (Ledermuseum), 105, rue de la République (gegenüber der Post), Château-Renault, Öffnungszeiten: Mitte Mai-Mitte September außer Montag täglich 14-18 Uhr. Eintritt: 3,05 €.

Weinstraße ⚓ XII/A1

In Vouvray führt hinter dem Ecomusée die kleine Weinstraße (Route du Vouvray) in die besten Lagen: Chartiertal-Haut Lieu – Nouytal – Kreuzung La Bonne Dame – Vallée Coquette.

Von Château Moncontour (Weinkeller), das *Balzac* gerne gekauft hätte, geht es weiter nach **Rochecorbon,** das mit seinem Wachturm („Lanterne"), der romanischen Kirche (13. Jh.) und den vielen attraktiven Tuffsteinhöhlen ein Lieblingsdekor für respektable Hochzeiten geworden ist. Die stolzen Residenzen und Lieblingslokale der betuchten Bürger von Tours liegen hoch am rechten Steilufer, an dem die stark befahrene N 152 schnell in die Stadt hineinführt.

Man umgeht sie, wenn man in Rochecorbon – an der Bedoire entlang (Mühle) – noch einen Abstecher nach Parçay einbaut. Hier steht – bereits jenseits der Autobahn – die **Grange de Meslay,** ein befestigter Bauernhof aus dem 13. Jh., in dessen fünfschiffiger Scheune (60x25 m) jeden Sommer ein renommiertes Musikfestival stattfindet.

Das Gut gehörte zur **Abtei von Marmoutier,** die – 375 vom Heiligen Martin gegründet – sich von einem Priesterseminar zu einem auch wirtschaftlich bedeutsamen Mutterkloster mit mehr als 200 Prioraten, Kapellen und Domänen entwickelte. Die **Eremitenhöhlen,** von denen auch der Heilige Martin vor seiner Wahl zum Bischof von Tours eine benutzte, sind heute umtost vom Großstadtverkehr (A 10, N 152). Von der Klosteranlage blieben nach der Revolution nur noch die Mauer, das Haus des Priors (Ende 12. Jh.) und das Eingangsportal (Portail de la Crosse, Anfang 13. Jh.) übrig.

● **Musée de la Coiffe et Broderies de Touraine** (Haubenmuseum), Rochecorbon, Tel. 02.47.52.80.16, Öffnungszeiten: Ostern-Ende September täglich 14-18 Uhr außer Dienstag. Mehr als 200 Hauben und eine Sammlung von Bügeleisen. Eintritt: 4,27 €.
● **Manoir des Basses Rivières,** 24, quai de la Loire, Rochecorbon, Tel. 02.47.52.80.99, Öffnungszeiten: Juli-August außer Dienstag täglich 14-19 Uhr, sonst nur am Wochenenden. Dreistöckiges Höhlenschloss. Eintritt: 3,51 € (3,59 €).
● **Grange de Meslay,** 8 km nordöstlich von Parçay, Tel. 02.47.29.19.29, Öffnungszeiten:

Touraine

143lo Foto: mi

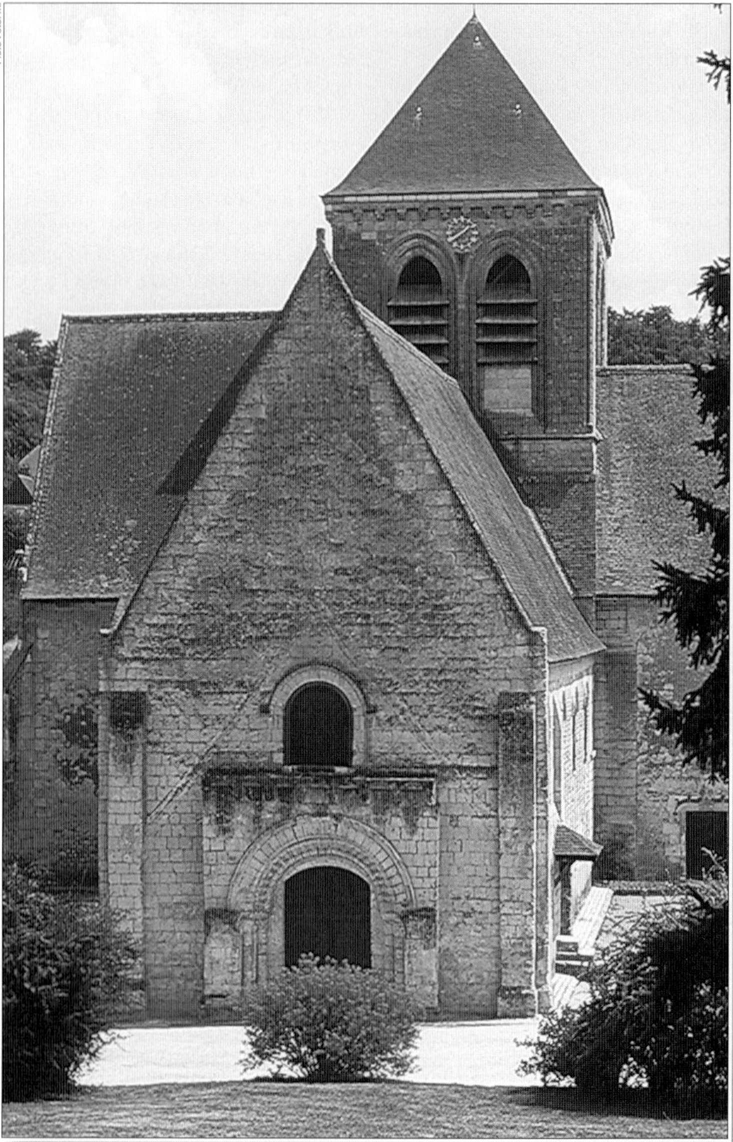

nur am Wochenende und an Feiertagen 15-18.30 Uhr, durchgängig Anfang Juli während des Musikfestivals (*Fêtes musicales*). Konzerte siehe Veranstaltungskalender von Tours.

Praktische Hinweise

Information

●**Office de tourisme,** N 152, 37210 Vouvray, Tel. 02.47.52.68.73, Fax 02.47.52.67.76. Verleih von Mountainbikes.
●**Office de tourisme,** Place du Croissant, 37210 Rochecorbon, Tel. 02.47.51.80.22, Fax 02.47.52.57.57. Verleih von Mountainbikes.

Hotel-Restaurant

●**Hostellerie Les Perce-Neige**,** Vernou-sur-Brenne, 13, rue Anatole-France, Tel. 02.47.52.10.04, Fax 02.47.52.52.19. In den Vouvray-Weinbergen altes Landhaus mit hübschem Park; in die Jahre gekommen und preiswert; Regionalküche im Garten-Restaurant.

Gästezimmer

●**Château de Jallanges****,** Vernou-sur-Brenne D 46, Tel. 02.47.52.01.71, Fax 02.47.52.06.66. Schloss (15.-17. Jh.) im stillen Brenne-Tal; vier Zimmer (100-115 €) und zwei Appartements (115-134 €) in unmittelbarer Nähe der touristischen Highlights zwischen Amboise und Tours; Führung durch den Schlossherrn, Fahrradverleih, Kutschfahrt.

Wein

●**Cave des Producteurs des Grands Vins de Vouvray,** 38, la Vallée Coquette, Vouvray, Tel. 02.47.52.75.03. Täglich 8.30-12/14-18.30 Uhr. Degustation und Kauf von Weinen der Cooperative.

●**Philippe Foreau,** Le Clos Naudin, Vouvray, Tel. 02.47.52.71.46. Der Name André Foreau steht für klassische, sehr trockene und lagerfähige Vouvrays, eine Familientradition, die sein Sohn Philippe fortsetzt.
●**Gaston Huet,** Le Haut Lieu-10 Croix Buissé, Vouvray, Tel. 02.47.52.78.87. Wunderschöne Domaine, auf der Sie den Grand-Seigneur des Vouvray kennen lernen können. Spitzenqualität.

Wurstspezialitäten

●**Charcuterie Hardouin,** N 152, Vouvray, Montag geschlossen. Hervorragende „Cochonnerien" (Andouillettes, Rillettes, Rillons, Rauchwürste etc.), unter Pariser Gourmets ein Geheimtipp.

Märkte und Feste

●**Festival de Vouvray** (Weinfest), Pfingsten.
●**Foires aux Vins** (Weinmärkte), 15. August und Mitte November in Vouvray.
●**Puces Vouvrillonnes** (Flohmarkt), 3. Sonntag im September in Vouvray.

Wandern

●**Spazierwege ab Rochecorbon** (Kirche), zum Teil auf der weiß-rot markierten Strecke des GR 3.

Montlouis und Veretz   ♫ XII/A1

Vouvray gegenüber liegt **Montlouis-sur-Loire,** ein Winzerort mit vergleichbaren Weißweinen, die aber wegen der Nordausrichtung der Hänge im Geschmack wie im Preis etwas zurückhaltender ausfallen. Typisch sind die in den Steilhang gegrabenen Tuffsteinkeller.

Im Westen grenzen die Weinberge an den städtischen Vorort und Eisenbahnknotenpunkt **Saint-Pierre-de-**

Kirche von Rochecorbon

Touraine

Corps, den auch der TGV ansteuert. Seine Trasse überquert bei Montlouis die Loire.

Wenige Kilometer südlich erreicht man das **Château de la Bourdaisière,** in dem sich zwei Könige *(Franz I., Heinrich IV.)* ihrer Mätressen wegen häufig aufhielten. Das heutige Schloss stammt aus dem 19. Jh. und ist die Rekonstruktion des Renaissancebaus, der über der mittelalterlichen Burg errichtet wurde und von dem nur die Wirtschaftsgebäude erhalten blieben. Es war übrigens der *Herzog von Choiseuil,* der Bourdaisière Anfang des 18. Jh. erwarb und als Steinbruch für sein Schloss Chanteloup benutzte.

Noch ein wenig südlicher, gibt es jenseits des Cher eine Reihe historischer Dörfer **(Veretz, Azay-sur-Cher, Athée-sur-Cher)** und wiederum Schlösser, von denen **Nitray** (16. Jh.) schon *Balzac* und *Chopin* beherbergt hat.

●**Maison de la Loire,** 60, quai Albert-Baillet, Tel. 02.47.50.97.52, Öffnungszeiten: April-September außer Montag täglich 14-18 Uhr. Ausstellungen über Flora, Fauna, Geologie, Ökologie des Flusses. Eintritt: 3,05 €.
●**Cave touristique des Vignerons-Montlouis,** 2, place Courtemanche, Tel. 02.47.45.18.19, Öffnungszeiten: Mai-September 10-12/14-19 Uhr. Alte Geräte, Degustation, Verkauf.
●**Château de la Bourdaisière,** Montlouis, Tel. 02.47.45.16.31, Öffnungszeiten: Mai-September 10-19 Uhr, Eintritt: 5,34 € (4,27 €). 10 luxuriöse Gästezimmer (85-168 €), 55 Hektar Park mit 500 Tomatensorten, Reitstall, geheiztem Schwimmbad.
●**Château de Nitray,** Athée-sur-Cher, Tel. 02.47.50.29.74, Öffnungszeiten: Mitte Juni-Mitte September 9-12/14-19 Uhr. Weinmuseum, Film über alte Berufe, Entdeckungsfahrt per Rad (Cher-Ufer, Nachbarschlösser), Park und Rosengarten. Eintritt: 5,34 € (3,81 €).

Praktische Hinweise

Information

●**Office de tourisme,** Place de la Mairie, 37270 Montlouis, Tel. 02.47.45.00.16.

Hotel

●**La Ville,** Place de la Mairie, Tel. 02.47. 50.84.84, Fax 02.47.45.08.43. Familienhotel mit Zimmern (30-40 €), die auf die Loire oder einen Innenhof gehen.

Camping

●**Les Peupliers***,** Montlouis-sur-Loire (D 751), Tel. 02.47.50.81.90, Fax 02.47.45.15.74, geöffnet Mitte März-Mitte Oktober. Vor den Toren der Großstadt Tours hervorragend ausgestatteter Campingplatz auf schattigem Terrain.
●**Les Isles***,** Veretz, Tel. 02.47.50.50.48, Fax 02.47.50.33.22, geöffnet: Juni-September. Vergleichbar, aber wesentlich kleiner.

Feste

●**Foire à l'andouillette** (Kuddelwurstmarkt), Palmsamstag und -sonntag in Athée-sur-Cher.
●**Montlouis en Fête,** Pfingsten.
●**Foires aux vins de Montlouis,** 4. Wochenende im April und um den 15. August.
●**Festival de jazz,** 3. Septemberwochenende in Montlouis.

Tours – Stadt der Bürger

Überblick ♫ XII/A1

Mit dem TGV eine knappe Stunde von Paris entfernt, liegt Tours mitten im Loiretal dort, wo der Cher seiner Mündung ganz nahe gekommen ist. Die nur noch 2-3 km breite Landzunge war der attraktive Siedlungsraum, auf dem hintereinander zwei Städte (Urbs Turonum, Châteauneuf) entstanden und allmählich zusammengewachsen sind. Nur der Autofahrer integriert die Flüsse ins Stadtbild, wenn er Tours auf den Ost-West-Uferstraßen oder Nord-Süd-Tangenten (A 10, Rue Nationale/Avenue Grammont, D 37) durchquert. Wer mit der Bahn anreist und die großen Boulevards betritt, befindet sich von vornherein auf der Halbinsel, die er nicht mehr verlässt, wenn er sich als Fußgänger den historischen Stadtkernen zuwendet. Da ist – auf der Ostseite – das antike Kathedralenviertel und – auf der Westseite – das mittelalterliche Martinsviertel rund um die Place Plumereau. Beide Quartiers sind vom linken Loireufer (Autoparkplätze) oder von den Boulevards (Bahnhof) leicht zu erreichen und bilden Besichtigungsschwerpunkte. Im Übrigen bummelt man auf den alten Vorstadtstraßen (Rue Colbert/Rue du Commerce, Rue de la Scellerie/Rue des Halles) von einer Altstadt in die andere.

Besonders eindrucksvoll ist in Tours nicht das eine oder andere Baudenkmal sondern die quirlige Atmosphäre in den Gassen und auf den Plätzen, die nach jahrelangen Sanierungsarbeiten mit den herausgeputzten Fachwerk- und Giebelfassaden durchaus wohnlich wirken. Hier locken zahllose Läden, Bars und Restaurants, die von

Touraine

der edlen Tapisserie bis zur deftigen Schweinsterrine das Beste aus der Touraine in reicher Auswahl anbieten. Für Entdeckungen gut ist auch die bunte Palette von Museen, unter denen das Compagnonnage- und Gemmail-Museum einmalig und unübersetzbar sind. Man kann durch Tours eine eintägige Schnupperrunde drehen, die beiden historischen Stadtkerne und wichtige Straßenzüge „dazwischen" in zwei bis drei Tagen genauer kennen lernen oder vom ländlichen Ferienhaus wiederholt zum Bummel in „die Stadt" aufbrechen.

Geschichte

Die ältesten Besiedlungsspuren findet man auf dem „Hügel Cäsars" (*Caesarodonum),* wie *Ptolemäus* die **Römerstadt** erstmals im 2. Jh. nannte. Im 4. Jh. trug sie den Namen des hier ansässigen Gallierstamms der Turonen (Urbs Turonum) und war Hauptstadt der großen römischen Provinz, die von der heutigen Touraine übers Anjou bis in die Bretagne reichte.

Zur selben Zeit überzog Galliens bedeutendster Missionar, der später heiliggesprochene **Martin,** die Gegend mit Kirchen und Kapellen. Er war als römischer Legionär aus Ungarn nach Gallien gekommen und hatte als mantelteilender Visionär in einem frierenden Bettler Christus erkannt. Nachdem er vor den Toren der Stadt sein Kloster Marmoutier gegründet hatte, wurde er als Bischof von Tours (371-397) zur legendären Gestalt.

Schon kurz nach seinem Tod lockten Wunderberichte immer mehr Pilger auf den westlich vor der Stadt gelegenen Friedhof. Dieser wurde zu Galliens bedeutendstem **Wallfahrtsort,** als *Chlodwig,* der Gründer des Frankenreichs, in der Grabkirche seine Taufe ankündigte (496). Auch *Gregor von Tours,* der große Geschichtsschreiber (Geschichte der Franken), kam als Pilger zur Martinsbasilika, die er später, nach seiner Wahl zum Bischof von Tours (573), zur Abtei ausbaute.

Diese erlebte ihre Glanzzeit dann Ende des 8. Jh., als *Alkuin,* vom Hofe *Karls des Großen* nach Tours entsandt, in der von ihm reformierten Klosterschule ein wegweisendes **Scriptorium** einrichtete und die sieben freien Künste lehrte (Grammatik, Rhetorik, Logik, Arithmetik, Geometrie, Musik, Astronomie). Seither war Sankt Martin ein religiöses, geistiges und künstlerisches Zentrum, das aus ganz Europa nicht nur Pilger, sondern auch Studenten anzog.

Die mehrmals einfallenden **Normannen** zerstörten Mitte des 9. Jh. die antike Stadt mit der Bischofskathedrale. Neben der Abtei entstand eine neue Siedlung („Châteauneuf" oder „Martinopolis"), die dann 997 von einem verheerenden Brand heimgesucht wurde. Die **Doppelstadt** litt auch unter der Rivalität zwischen den Grafen von Blois und Tours einerseits, den Grafen von Anjou andererseits. 1205 eroberte *Philipp August* die Kapitale der Touraine, deren Stadtkerne bald von einer gemeinsamen Mauer umfasst wurden.

14do Foto: mi

Doch erst *Ludwig XI.* erhob Tours zum **Königssitz** und damit zur Hauptstadt Frankreichs. Er war es auch, der die Seidenindustrie förderte, jahrhundertelang das wichtigste Gewerbe der aufblühenden Bürgerstadt.

Da die protestantische Religion ihre Anhänger vorwiegend unter Handwerkern und Künstlern fand, wurde Tours im 16. Jh. zu einem wichtigen Schauplatz der **Religionskriege.** Als das Königtum das Loiretal verließ, war auch unter den Handwerkern die Abwanderung so groß, dass die Stadt Anfang des 19. Jh. kaum noch 20.000 Einwohner zählte, weniger als Orléans.

Erst die Eisenbahn brachte mit der Nähe zu Paris auch wieder einen wirtschaftlichen Aufschwung, ohne dass es aber im großen Maßstab zur Industrialisierung gekommen wäre. Als die Arbeiterdeputierten von ganz Frankreich sich auf dem berühmten **Kongress von Tours** (1920) in eine kommunistische und sozialistische Fraktion aufspalteten, blieben sie vor den Toren der Stadt, im Eisenbahndepot Saint-Pierre-des-Corps.

Und noch in der zweiten Hälfte des 20. Jh. war es die erklärte Politik des langjährigen konservativen Bürgermeisters Jean Royer, keine Großbetriebe anzusiedeln, die Arbeiter und Linkswähler in die Bürgerstadt zögen. Stattdessen förderte er Handels- und Ver-

Bahnhofsfassade in Tours

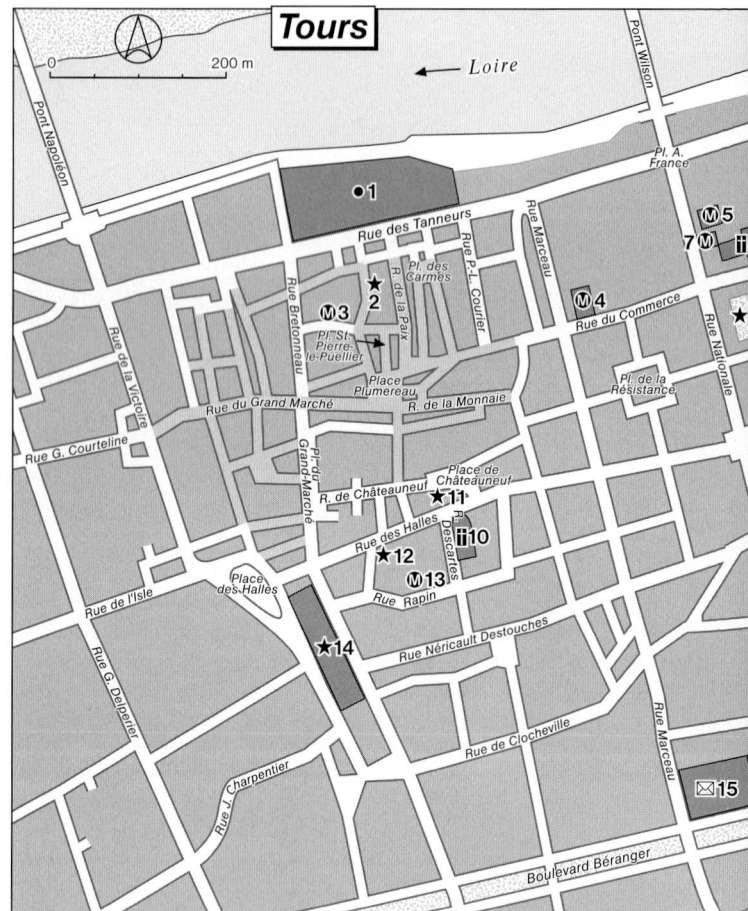

●	1	Faculté des lettres	⚏ 10	Basilique St.-Martin
★	2	Maison de Tristan	★ 11	Tour Charlemagne
Ⓜ	3	Musée du Gemmail	★ 12	Tour de l'Horloge
Ⓜ	4	Hôtel Gouin (Archäolog. Museum)	Ⓜ 13	Musée St.-Martin
Ⓜ	5	Musée du Compagnonnage	★ 14	Markthallen
★	6	Bibliothèque	✉ 15	Post
Ⓜ	7	Musée des Vins de Touraine	★ 16	Palais de Justice
⚏	8	St. Julien	★ 17	Hôtel de Ville
★	9	Jardin de Beaune-Semblançay	● 18	Bahnhof

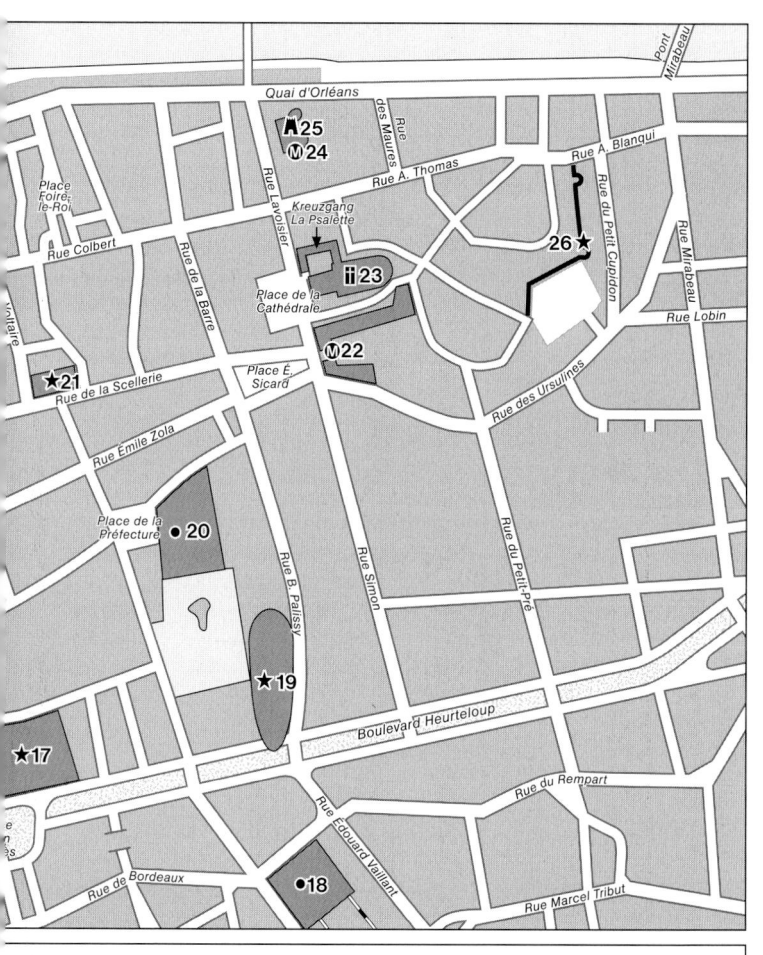

Touraine

★	**19**	Centre International de Congrès Vinci
●	**20**	Préfecture
★	**21**	Theater
Ⓜ	**22**	Musée des Beaux-Arts
ⅱ	**23**	Cathédrale St. Gatien
Ⓜ	**24**	Musée Grévin, Aquarium tropical
♟	**25**	Château (Gouverneurswohnsitz)

★	**26**	Reste der Befestigungsmauer
▨		Fußgängerzone

waltungsbetriebe für Algerienfranzosen, Wissenschaftler und Angestellte und pflegte das bürgerliche Erbe auch durch eine großzügige **Altstadtsanierung,** die sich unter touristischem Aspekt mittlerweile ausgezahlt hat.

Sehenswertes

Die Zahlen in Klammern verweisen auf die Legendenpunkte des Stadtplans.

Das Kathedralenviertel

In diesem ältesten Teil der Stadt bewegt man sich auf römischem Boden. Die antike Urbs Turonum war von einer Mauer umgeben, deren Verlauf noch zu erkennen ist, wenn man hinter der Kathedrale auf die elliptische Form der Rue du Général-Meusnier achtet. Der **Befestigungsring (26),** von dem in der Rue du Petit-Cupidon recht eindrucksvolle Reste (mit Eckturm) aufragen, folgte hier dem Halbkreis der Arena.

Zum Westabschnitt dieser antiken Ummauerung gehören die Fundamente der Kathedraltürme und des ehemaligen **Erzbischöflichen Palais (22,** mit antikem Rundturm), in dem sich, hinter einer gewaltigen, 200-jährigen Zeder, seit 1910 das Museum der Schönen Künste befindet.

Nördlich der Kathedrale stößt man auf andere Ruinen, die Reste der mittelalterlichen Burganlage (Ende 13. Jh.), die vor der Loire ein martialisches Viereck bildete. Zwischen den beiden noch erhaltenen Türmen sind im einstigen **Gouverneurswohnsitz (25)** heute zwei Museen (Musée Grévin, Aquarium tropical **24**) untergebracht.

Besichtigung der Kathedrale

Die wichtigste Sehenswürdigkeit ist die Kathedrale **(23),** deren eindrucksvolle **Doppelturmfassade** man am besten vom Westrand des Vorplatzes aus bewundern kann. Mit ihren aufschießenden Strebepfeilern, den unterschiedlich großen Portalen, der auf Lanzettfenstern schwebenden Rosette, den eleganten, unterschiedlich hoch gesetzten Galerien ist sie ein Musterexemplar gotischer Sakralarchitektur. Typisch für den Spätstil ist die reiche Flamboyant-Dekoration, die mit den Renaissancehauben der beiden Türme (Nord: 70 m, Süd: 69 m) gut harmoniert. Beide Schmuckelemente sind beinahe gleichzeitig (15. bzw. 16. Jh.) am Ende der 300-jährigen Bauzeit entstanden.

Da die Kathedrale auf den Grundmauern des romanischen Vorgängerbaus errichtet wurde, ist das Langhaus auffällig schmal geraten. Auch der unregelmäßige **Grundriss** des Querschiffes erklärt sich aus der Wiederverwendung alter Fundamente. Seit dem 4. Jh. wurden hier immerhin vier Kirchen erbaut und wieder zerstört, bis man 1239 mit dem Bau der heutigen Kathedrale begann. Sie erhielt die Reliquien des Hl. Mauritius und wurde dem Hl. Gatianus geweiht. Neben diesem vermutlich ersten Bischof von Tours bleiben andere große

neben dem tourainetypischen Kapitellschmuck (Wein, Eiche, Kresse, Frisékohl) vor allem die Glasmalereien (1255-60).

Die 15 **Fenster des Chorumgangs** zeigen von links nach rechts und von unten nach oben:

- Legenden des Hl. Thomas und Hl. Stephanus
- Geschichten vom Hl. Dionysos und Hl. Vinzenz
- die Legende des Hl. Nikolaus
- Szenen aus der Schöpfungsgeschichte
- die acht Bischöfe von Tours
- Petrus und Paulus
- das Leben des Hl. Mauritius
- **die Passionsgeschichte**
- die Wurzel Jesses
- die Legende des Hl. Martin
- die neun Chorherren aus Loches
- die Legende des Hl. Martial
- die Geschichte des Apostels Jakobus d. Ä.
- Johannes den Täufer und Johannes den Evangelisten
- die Legende des Hl. Eustachius.

Namen mit dieser bedeutenden Kirche verbunden: *Litorius* (zweiter Bischof, Erbauer der ersten Kirche um 338), *Hl. Martin* (Bischof ab 371, Bau einer Basilika), *Gregor von Tours* (Neubau 590).

Durch das schluchtartige Mittelschiff schreitet man auf den weiter ausgelegten **Hochchor** zu. Dieser stammt aus dem ersten Bauabschnitt (13. Jh.) und ist vermutlich das Werk *Etiennes de Mortagne,* des Architekten der Pariser Sainte-Chapelle. Bemerkenswert sind

Das achte Glasfenster liegt vor der Axialkapelle und vis-à-vis der großen Fensterrose der Westfassade. Es ist kein Zufall, dass es auch thematisch mit den dort dargestellten Motiven (Lamm aus der Apokalypse, dornengekrönter Christus) korrespondiert.

Auf der Höhe des letzten Fensters befindet sich in der südlichen Chorkapelle das **Marmorgrabmal** (Anfang 16. Jh.) der an Blattern 1495 und 1496 verstorbenen Kinder von *Karl VIII.* und *Anne de Bretagne.*

Beim Zurückgehen lohnt sich im Querschiff ein Blick auf die beiden anderen **Fensterrosen,** an denen einmal die mittlere Stützrippe (eine Konsequenz des gewagten Durchmessers!),

Die Kathedrale von Tours

Touraine

●**Cathédrale Saint-Gatien,** täglich 9-19 Uhr. La Psalette (Kreuzgang), April-September außer Sonntag vormittag täglich 9-12/14-18 Uhr, sonst nur bis 17 Uhr und Montag/Dienstag geschlossen, Eintritt: 2,29 €.

Zwischen den Stadtkernen

Auf dem Weg von der einen Altstadt in die andere folgt man der mittelalterlichen Grande-Rue, auf der die Loire-Könige im Defilee einzuziehen pflegten. Die alten Stadthäuser – zum Teil noch aus dem 15. Jh. – wurden auf schmalen Parzellen errichtet und boten im Erdgeschoss jeweils einem Laden oder einer Werkstatt Platz. Über den Köpfen der Passanten klapperten die kunstvoll geschmiedeten Schilder, deren markante Embleme heute größtenteils verschwunden und nur noch in Haus- oder Straßennamen überliefert sind.

das andere Mal die raffinierte Komposition dreier konzentrischer Kreise auffällt.

Kunsthistorisch interessant ist auch am nördlichen Seitenschiff der **Kreuzgang (La Psalette),** dessen Westflügel (1442-46) mit der einstigen Kapitelbibliothek im Obergeschoss noch im typischen Flamboyant-Stil gearbeitet ist, während die Nord- und Ostgalerien (1508-24) mit ihrem reizvollen Treppenturm bereits Merkmale der Renaissance zeigen. Vor dem mächtigen Strebewerk der Kathedrale verblüffen hier die Fratzen der Wasserspeier.

Kathedrale Saint-Gatien

Rue Colbert und Rue de la Scellerie

Die einstige Grande-Rue heißt heute **Rue Colbert** und gibt einem ganzen Viertel den Namen. „Die bewaffnete Jungfrau" (*La Pucelle Armée*, Haus Nr.39) erinnert an die Werkstatt des Waffenschmieds, bei dem *Jeanne d'Arc* 1429 ihre Rüstung anfertigen ließ, und „Das blutende Herz" (*Le Coeur Navré*, Haus Nr. 66) war das Emblem eines Schwertputzers, der mit makabrem Humor für sein Handwerk warb.

Die nach ihm benannte Passage führt auf die malerische **Place Foire-le-Roy,** auf der im Mittelalter Märkte und Feste abgehalten wurden und vermutlich auch der Pranger stand. Damals

tels, dessen Kunst- und Buchdrucker sich in der Tradition *Alkuins* sahen.

Heute wühlen Studenten in den Bücherkästen, um für eine Stunde im **Café Molière** zu verschwinden. Dieses Belle-Epoque-Lokal liegt gleich gegenüber dem **Stadttheater (21)** und reflektiert dessen Pracht in kleinerem Maßstab. Man liest, diskutiert oder zückt die Spielkarten, die – im 17. Jh. in Mode gekommen – dem Viertel die größten Gewinne bescherten.

Moderne Achsen

Rue Colbert oder Rue de la Scellerie – der beschauliche Spaziergang endet an der **Rue Nationale,** die mit hektischem Getriebe in die Altstadt einbricht. Als die Stadt 1765 aus allen Nähten platzte, baute man auf 15 Bögen den 434 m langen **Pont Wilson** über die Loire und schlug nach Süden zu eine Schneise ins mittelalterliche Häusergewirr. Im letzten Krieg zerstörten die deutschen Bombardements das Viertel so gründlich, dass der Wiederaufbau mehr als eine Dekade in Anspruch nahm.

Auf dem linken Loireufer ist hier zu beiden Seiten des Brückenkopfs ein neues geistiges Zentrum entstanden: die **Faculté des Lettres (1,** Westseite) gehört zu Frankreichs renommiertesten Universitäten, und die **Bibliothèque municipal (6,** Ostseite) birgt den bedeutendsten Bücherbestand außerhalb von Paris. Die Perlen (Buchmalereien aus *Alkuins* Kalligraphenschule, Evangeliar Karls des Großen) stammen aus den Kapitelbibliotheken von St. Gatian, Marmoutier und St. Martin und

war der langgestreckte Platz auf seiner Südseite durch zwei Häuser von der Grande-Rue abgetrennt und auf der Nordseite über eine Tür in der Stadtmauer mit dem Flusshafen verbunden. Es war dies der dritte und längste Befestigungsring, der in den Zeiten der Pest (1351) und des 100-jährigen Krieges erstmals Ost- und Weststadt hinter einer Mauer zusammenschloss.

Parallel zur Rue Colbert ist die **Rue de la Scellerie** eine der ältesten Straßen der Stadt. Die Antiquariate und Antiquitätengeschäfte zehren noch von dem Selbstbewusstsein eines Vier-

Touraine

Rue Colbert Nr. 27

sind – exemplarisch ausgewählt – in den erleuchteten Vitrinen des Schatzsaals *(salle du trésor)* zu betrachten.

Die Rue Nationale ist eine moderne Geschäftsstraße, wie man sie in jeder europäischen Großstadt findet. Nur ein historisches Baudenkmal trotzt den bunt beflaggten Warenhäusern: die Abteikirche des schon im 6. Jh. von *Gregor von Tours* gegründeten **Klosters von Saint-Julien (8)**. Mit seinem noch aus romanischer Zeit (11. Jh.) datierenden Glockenturm ist das gotische Gebäude (13. Jh.) Blickfang an der Kreuzung zur Rue Colbert.

In den Gewölben des klösterlichen Weinkellers ist heute das **Musée des Vins de Touraine (7)** untergebracht.

Vorbei an zwei im Kreuzgang ausgestellten Keltern führt eine Treppe hoch zu einem zweiten, dem originellsten Museum von Tours. Es liegt über dem Kapitelsaal im einstigen Schlafsaal der Benediktinermönche und zeigt die Meisterwerke der wandernden Handwerksgesellen **(Musée du Compagnonnage, 5)**.

Südwärts stößt die Rue Nationale auf die von Platanen, Ahorn und Ulmen gesäumte **Promeniermeile** (Boulevard Heurteloup östlich und Boulevard Béranger westlich der Place Jean Jaurès), die eine für das 19. Jh. charakteristische Parishommage darstellt. Der unbebaute Grünstreifen des Walls bot jenseits der historischen Stadtkerne Raum für repräsentative Stadthäuser der Pionierzeit. Rechts und links der Place Jaurès erheben sich der klassizistische **Justizpalast (16,** 1840-43) und das neobarocke **Rathaus (17,** 1904).

Schräg gegenüber erblickt man die triumphale Fassade des **Zentralbahnhofs (18,** 1894-98), die mit ihren Städteallegorien auf Tours' neue Rolle als nationaler Eisenbahnknotenpunkt verweist. Der Architekt von Bahnhof wie Rathaus ist *Victor Laloux,* der erst in jüngster Zeit in *Jean Nouvel* einen ebenbürtigen Konkurrenten gefunden hat. Von dem Baumeister des Pariser Institut du Monde Arabe stammt nämlich das internationale **Kongresszentrum Léonard-de-Vinci (19,** 1989-93), das dem Bahnhof gegenüber modernstes Hauptstadtflair auf den Boulevard zaubert.

Das Plumereau-Viertel

Westlich der Rue Nationale führt die alte Grande-Rue, nun unter dem Namen Rue du Commerce, in die Martinsvorstadt hinein. Dieser zweite Stadtkern – **Châteauneuf** – war vor den Toren der antiken Römersiedlung entstanden, nachdem die Grabkapelle des Hl. Martin sich zu einer berühmten Pilgerstätte entwickelt hatte.

Auf der rechten Straßenseite ist die Nr. 25 ein besonders prächtiges Bürgerpalais (15. Jh., Renaissancefassade 16. Jh.) mit Loggia und Portal über der Freitreppe. Dieses **Hôtel Gouïn (4)** wurde im Jahre 1738 von dem gleichnamigen Bankier gekauft und blieb im Besitz der Familie, bis es 1940 in ein Archäologisches Museum umgewandelt wurde.

Immer geradeaus gelangt man dann in die Fußgängerzone rund um die Place Plumereau. Dieses seit 1982

Touraine

gründlich sanierte Quartier bildet mit seinen **zahllosen Bars und Restaurants** einen vielfach verzweigten, auf Plätze und Gassen verteilten kulinarischen Mittelpunkt der Stadt. Nicht nur Touristen und Studenten der nahegelegenen Faculté des Lettres, auch die in der Innenstadt Berufstätigen oder Einkaufenden treffen sich hier zur Mittagspause oder nehmen noch vor der abendlichen Heimfahrt in einem der Cafés ihren Apéritif.

Sie genießen die restaurierten Fassaden, die trotz ihres unterschiedlichen Alters auf der Süd- und Westseite des quadratischen Platzes eine bewundernswert harmonische Kulisse bilden.

Aus dem späten Mittelalter (15 und 16. Jh.) stammen die schmalen **Fachwerkhäuser,** die alle spitze Giebel, manchmal offene Treppenhäuser und einmal neben der Schieferverkleidung auch Holzskulpturen aufweisen. Die hellen Steinhäuser sind demgegenüber im originalen oder Neo-Renaissancestil erbaut (18. und 19. Jh.).

Auf der Nordseite führt ein spitzbogiges Portal auf das begrünte Areal von **Saint-Pierre-le-Puellier.** Von der Kirche, dem Kreuzgang, dem Kapitelsaal der alten Damenabtei (12.-14. Jh.) gibt es nur noch Reste, unter denen man vor kurzem auch gallo-römische Ruinen (1.-3. Jh.) freigelegt hat.

Von hier ist es nicht weit zum **Hôtel Binet** in der Rue Paul-Louis-Courier

Place Plumereau

Nr. 10 und zur **Maison Tristan (2,** Rue Briçonnet Nr. 16), schöne Profanbauten aus dem 15. Jh., deren höchst unterschiedliche Wendeltreppen besondere Beachtung verdienen.

In einer benachbarten Gasse (Rue du Mûrier Nr.7) steht das wesentlich jüngere **Hôtel Raimbault (3),** das hinter seiner klassizistischen Fassade das einmalige **Musée du Gemmail** verbirgt (siehe Museen).

Beim Rundgang geben die Straßennamen am ehesten preis, was sich hinter der Stadtmauer von Châteauneuf alles abgespielt hat. **Rue du Change:** hier reihten sich bis ins 16. Jh. die Wechselstuben, denn die Chorherren prägten ihre eigenen Münzen, die von den anreisenden Pilgern eingetauscht werden mussten. **Rue des Orfèvres:** hier warteten die Juweliere auf das frische Geld, das gegen wertvollen Schmuck die nicht immer frommen Hände wechselte. **Rue de la Rôtisserie:** hier, am Stadtgraben, brieten die Garköche den Wallfahrern das Fleisch der Großen Schlachtereien, die noch im 18. Jh. den Eingang zur Place du Grand Marché verstellten.

Saint-Martin

Die Umrundung der Place Plumereau endet auf der gegenüberliegenden Südseite an der **Place de Châteauneuf.**

Das Palais der Fürsten der Touraine (14. Jh.) und die ehemalige Kirche Saint-Denis (Ende 15. Jh.) im Rücken, steht man vor dem **Turm Karls des Großen (11,** Tour Charlemagne), der über dem Grab seiner dritten Frau *Luitgart* (gest. 800 in Tours) das nördliche Querschiff der alten Basilika krönte. Diese gotische Pilgerkirche war im 12. (Gewölbe) und 13. Jh. (Chor nach dem Vorbild Bourges) über dem romanischen Vorgängerbau errichtet worden und galt damals als größtes Gotteshaus des Abendlandes. Heute sind die enormen Ausmaße (110 m lang, 5 Schiffe) annähernd zu rekonstruieren, wenn man zum **Uhrenturm (12,** Tour de l'Horloge), dem einzigen Rest der Doppelturmfassade, hinuntergeht. Man muss sich nur klarmachen, dass die Rue des Halles auf der Achse des einstigen Hauptschiffes liegt.

Den direkt an das rechte Seitenschiff angrenzenden Kreuzgang (1508-1619) kann man heute von der Rue Descartes Nr. 3 aus betreten. Von hier aus sind unterhalb des Uhrenturms noch die Fensterumrahmungen der Seitenkapellen zu erkennen. Um die Ecke gewährt in der **Chapelle Saint-Jean (13,** 13. Jh.) das kleine Musée Saint-Martin interessante Einblicke in die Struktur der alten Basilika.

Das sagenhafte Bauwerk war 1802 abgerissen worden, nachdem es, zum Reitstall degradiert, die Revolution nur in erbärmlichem Zustand überdauert hatte. Da der Martinskult nicht erlosch und 1860 die Entdeckung des Heiligengrabes wieder Wallfahrer in Bewegung setzte, entschied man sich für einen Neubau, der freilich die Rue des Halles und ihre aus dem Abrissschutt erstandenen Häuserzeilen zu respektieren hatte. So liegt die neobyzantinische **Basilika St. Martin (10,** 1886-1924) mit ihrer Krypta zwar über dem

Seide aus Tours

Die Hauptstadt der Touraine war jahrhundertelang ein Synonym für Seide. Es war *Ludwig XI.*, der Tours zum Königssitz erkor und mit der Stabilisierung der Monarchie einen wachsenden Bedarf nach kostbaren Stoffen schuf, den eine neue Luxusindustrie vor Ort befriedigen sollte. Der Monarch ließ Seidenarbeiter aus Italien und Lyon kommen und gründete 1470 in der Nähe seines Schlosses von Plessis-lès-Tours die berühmte Manufaktur, die unter seinem Nachfolger *Karl VIII.* Monopolstatus erhielt. In den Vororten von Châteauneuf wurden Maulbeerbäume gepflanzt und die verschiedensten Werkstätten aufgemacht. Denn neben den Züchtern, Spinnern und Webern waren auch Färber, Bandwirker und Posamentierer gefragt und wurden zunehmend mit Aufträgen eingedeckt. Bald ernährte die Branche 40.000 Einwohner einer Stadt, die Mitte des 16. Jh. gerade 85.000 Seelen zählte.

Grundlage der weiterverarbeitenden Seidenindustrie ist die Seidenraupenzucht (frz. *sériculture*). Man betreibt sie in den sog. Magnanerien, gleichmäßig beheizten Zuchthäusern, in denen die Seidenraupenwürmer (lat. *magnare*) auf Holzgestellen liegen und sich durch das frische Laub des weißen Maulbeerbaumes fressen. Nur sechs Wochen lebt die Raupe, die sich viermal häutet und ihr Gewicht um das Zehntausendfache vergrößert. Während der Mast produziert sie den begehrten Kokon, den man schließlich „erntet“. Die eingepuppte Larve wird durch Hitze getötet und der Rohseidenfaden abgewickelt.

„Man verfertigt in Tours so schöne Seidenstoffe, dass man sie nach Spanien, Italien und andere Länder exportiert“, schwärmte noch *Richelieu*, der schon merkantilistisch dachte, bevor unter *Colbert* die Einfuhrbeschränkung Grundprinzip der Wirtschaftpolitik wurde. Als *Ludwig XIV.* wenig später das Toleranzedikt von Nantes aufhob, ging die französische Seidenproduktion allerdings schlagartig zurück. Denn unter den Handwerkern und Manufakturarbeitern waren zahlreiche Protestanten, die nun nach England und Holland in die ausländischen Konkurrenzbetriebe abwanderten. Trotzdem: Taft, Velour, Damast oder Brokat aus Tours blieb eine Edelware, die 1787 per Verfügung des Staatsrats ihre Muster geschützt bekam und noch bei den Weltausstellungen 1867 und 1878 die höchsten Auszeichnungen gewann. Heute hält die Seidenweberei *Roze* – seit elf Generationen im Besitz derselben Familie – die Tradition in Ehren und produziert feste Seidenstoffe wie vor 200 Jahren.

Chor der alten Kirche, schwenkt aber, dreischiffig und wesentlich kleiner, von der Ost-West- auf die Nord-Süd-Achse. Der Baumeister, Spezialist in allen Spielarten der „Neo“-Architektur, heißt übrigens *Victor Laloux* – siehe Rathaus und Bahnhof.

Bevor man zu den bahnhofsnahen Boulevards oder über die Rue des Halles/Rue de la Scellerie ins Kathedralenviertel zurückkehrt, sollte man unbedingt noch einen Blick in die heutigen **Markthallen (14,** Les Halles) werfen.

Stadtteil La Riche

Château Plessis-lès-Tours * ✛
- ●**Stil:** Gotik
- ●**Besonderheit:** Grabenanlage
- ●**Höhepunkt:** Schlaf- und Sterbezimmer Ludwigs XI.
- ●**Auskunft:** Tel. 02.47.70.37.37
- ●**Öffnungszeiten:** wegen Renovierung zurzeit geschlossen.

Fährt man auf der verstädterten Landzunge Richtung Chermündung weiter

Touraine

nach Westen, so gelangt man in die unansehnliche Vorortsiedlung la Riche, in der die Zufahrt zum **Königsschloss Plessis-lès-Tours** ausgeschildert ist. Der erstaunlich schlicht wirkende Ziegelbau mit seinem achteckigen Treppenturm ist das bescheidene Relikt einer dreiflüglig ausgebauten Seigneurie. *König Ludwig XI.* hatte sie 1463 gekauft und in seinen Wohnsitz verwandelt.

Nur einen Kilometer entfernt stößt man auf eine andere, ebenso denkwürdige Ruine. Das **Priorat Saint-Cosme** ist mit seinen bizarren Mauerresten (Kirche 11.-12. Jh.) eine Gedenkstätte für den Dichter *Pierre de Ronsard*, der im Priorhaus (15. Jh.) lebte und im offenen Chorumgang unter einem Rosenstrauch begraben liegt. Der große Lyriker und Sonettdichter hatte zwei Königen, *Heinrich II.* und *Karl IX.*, jahrelang als geistlicher Berater gedient. Mit einer großzügigen Pension ausgestattet, zog sich der „Dichterprinz" 1575 vom Hofleben auf seine Pfründe zurück und hielt sich bis zu seinem Tod 1585 mit Vorliebe in diesem Priorat auf. Zwei Gedichtbände entstanden während dieser Zeit.

●**Prieuré de Saint-Cosme,** Tel. 02.47.37.32.70, Öffnungszeiten: Mitte März–Ende Oktober 9-12.30/13.30-18 Uhr, im Winter nur bis 17 Uhr, Juni-September durchgehend bis 19 Uhr. Eintritt: 3,66 € (1,98 €).

Museen

●**Musée Grévin (24,** Historisches Wachspuppenmuseum): Dieses *Historial de Touraine* ist eine bunte Revue mit 165 Wachspuppen, die Höhepunkte der Loiregeschichte in 31 markanten Szenen veranschaulicht. Eine

originelle, auch für Kinder geeignete „Bildungsreise" durch die Region.

25, avenue A. Malraux (Château), Tel. 02.47.61.02.95, Öffnungszeiten: Mitte März–Oktober 9-12/14-18 Uhr, Juli–August ohne Mittagspause bis 18.30 Uhr. Eintritt: 5,34 € (3,05 €). Und daneben:

●**Aquarium tropical (24):** 1500 Fische aller Kontinente in 35 eher kleinen Wasserbehältern.

25, avenue A. Malraux (Château), Tel. 02.47.64.29.52, Öffnungszeiten:April-Mitte November 9.30-12/14-18 Uhr außer Sonntag vormittag, Juli–August täglich ohne Mittagspause bis 19 Uhr. Eintritt: 4,88 € (2,74 €).

●**Musée des Beaux-Arts (22,** Museum der schönen Künste): Die beachtliche Kollektion von Gemälden stammt größtenteils aus Klöstern (Bourgueil, Marmoutier) und Schlössern (Chanteloup, Richelieu), deren Kunstschätze während der Französischen Revolution beschlagnahmt wurden. Mit dem Museumsleitfaden oder dem detaillierteren Katalog (beides auf Deutsch erhältlich) findet man problemlos durch die prunkvollen Salons (18. Jh.), in denen es zwei Bildtafeln von *Andrea Montegna*, einen frühen *Rembrandt*, meisterhafte *Bouchers*, orientalische Szenen von *Delacroix* und vieles mehr zu entdecken gibt.

18, pl. François-Sicard, Tel. 02.47.05.68.73, Öffnungszeiten: außer Dienstag täglich 9-12.45/14-18 Uhr. Eintritt: 4,57 € (2,29 €).

●**Musée des Vins de Touraine (7,** Weinmuseum): Die altmodisch vollgestopften Vitrinen präsentieren das Thema Wein unter verschiedensten Aspekten: 1. Mythologie, Archäologie, Geschichte, 2. Religionen, 3. Familienriten, 4. Soziale Riten, 5. Ordensbruderschaften, 6. Sankt Vinzenz, 7. Weinkunde, 8. Wirkungen des Weins, 9. Winzerarbeit, 10. Weinlese, 11. Weinkeller, 12. Verwandte Gewerbe, 13. Silber-, Zinn-, Glas- und Keramikwaren.

16, rue Nationale, Tel. 02.47.61.07.93, Öffnungszeiten: außer Dienstag täglich 9-12/14-18 Uhr, im Januar/Februar nach Voranmeldung. Eintritt: 2,44 € (1,52 €).

●**Musée du Compagnonnage (5,** Museum der wandernden Handwerksgesellen): Dieses in Frankreich einmalige Museum dokumentiert die Traditionen der Gesellen, die sich auf Wanderschaft (Tour de France) begaben, um sich an verschiedenen Orten Frankreichs von eingesessenen Meistern ausbilden zu lassen und am Ende ihrer Lehrzeit ein Meisterstück *(chef d'oeuvre)* anzufertigen. Die umfassende Sammlung von solchen preisgekrönten Arbeiten vermittelt einen einmaligen Einblick in eine Berufswelt, die immer weiter abstirbt. Viele der äußerst differenzierten Berufsbezeichnungen gehören nicht mehr zu unserem aktiven Wortschatz, so dass der Gang von Vitrine zu Vitrine auch eine reizvolle Vokabelübung darstellt: Bäcker *(boulanger)*, Konditor *(pâtissier)*, Korbflechter *(vannier)*, Dekorateur *(tapissier)*, Seiler *(cordier)*, Sattler *(sellier, bourrelier)*, Schuhmacher *(cordonnier)*, Stiefelmacher *(bottier)*, Holzschuhmacher *(sabotier)*, Schmied *(forgeron)*, Hufschmied *(maréchal-ferrant)*, Schlosser *(serrurier)*, Böttcher *(tonnelier)*, Wagner *(charron)*, Holzwarenhersteller *(boisselier)*, Schreiner *(menuisier)*, Zimmermann *(charpentier)* usw. Das Museum gewährt auch interessante Einblicke in das Innenleben der lokal organisierten Bruderschaften *(confréries)*. Als Vorläuferorganisationen legaler Gewerkschaften standen diese freimaurererischen Handwerkergeheimbünde in Opposition zu den Innungen *(corporations)* der Meister.

8, rue Nationale, Tel. 02.47.61.07.93, Öffnungszeiten: 9-12/14-18 Uhr, in der Nebensaison dienstags zu. Eintritt: 3,81 € (2,44 €).

●**Musée archéologique (4):** Prähistorische, gallo-römische und merowingische Ausgrabungsfunde (Untergeschoss), Kunstwerke aus Mittelalter und Renaissance (Erdgeschoss) sowie Mobiliar aus dem 18. Jh. (1. Stock).

25, rue du Commerce (Hôtel Gouin), Tel. 02.47.66.22.32, Öffnungszeiten: Mitte März–Ende September 10-12.30/14-18.30 Uhr, Juli-August ohne Mittagspause bis 19 Uhr, im Winter nur bis 17.30 Uhr und freitags geschlossen. Eintritt: 3,35 € (1,83 €).

●**Musée du Gemmail (3):** Ausgestellt sind Mosaiken aus Buntglasfragmenten, die – aufeinandergelegt und in einer Art farblosem Email (franz. émail) verschmolzen – vor einer Lichtquelle wie Edelsteine (lat. gemma) funkeln. Das Verfahren wurde von *Jean Crotti* (1878-1958) entwickelt und stieß bei einer Reihe kubistisch-surrealistischer Maler auf großes Interesse. So kann man im Museum Gemmail-Exemplare sehen, die nach Vorlagen und unter Mitwirkung von *Braque, Picasso* und *Rouault* entstanden sind. Zu den Ausstellungsräumen gehört auch eine unterirdische Kapelle aus dem 12. Jh.

7, rue du Mûrier, Tel. 02.47.61.01.19, Öffnungszeiten: außer Montag täglich 10-12/14-18.30 Uhr, im Winter nur am Wochenende. Eintritt: 4,57 € (3,05 €).

●**Musée Saint-Martin (13):** Restaurierte Überreste und ein Modell der Martins-Basilika.

3, rue Rapin (Chapelle Saint-Jean), Tel. 02.47.64.48.87, Öffnungszeiten: Mitte März–Mitte November außer Montag/Dienstag täglich 9.30-12.30/14-17.30 Uhr. Eintritt: 2,29 € (1,14 €).

Praktische Hinweise

Information　

●**Office de tourisme,** 78-82, rue Bernard Palissy (gegenüber dem Bahnhof), 37042 Tours, Tel. 02.47.70.37.37, Fax 02.47.61.14.22, Internet: http://www.lenet.fr/loire-valley. Stadtführungen März–November täglich 10 Uhr, Touristenbähnchen (petit train) Ostern-September 10-12/14-18.30 Uhr.

Hotels　

●**Balzac**,** 47, rue de la Scellerie, Tel. 02.47.05.40.87, Fax 02.47.05.67.93. Schlichtes Stadthotel mit netter Innenterrasse, gleich beim Theater in der schönen Rue de la Scellerie. Um 43 €.

●**Colbert**,** 78, rue Colbert, Tel. 02.47.66.61.56, Fax 02.47.66.01.55. Gemütlich eingerichtetes Traditionshotel, günstig zwischen den Stadtkernen gelegen, um 35-60 €.

●**Mirabeau**,** 89, boulevard Heurteloup, Tel. 02.47.05.24.60, Fax 02.47.05.31.09. Bahnhofsnahe gelegenes Bürgerhaus mit stilvoll möblierten Zimmern, um 49 €.

Jugendherberge　

●**Auberge de Jeunesse,** avenue d'Arsonal, parc de Grandmont, Tel. 02.47.25.14.45, Fax 02.47.39.00.33. Die Unterkunft liegt im Sü-

Touraine

den, jenseits des Cher, am besten erreichbar mit Bussen der Linie 6 ab Bahnhof (Boulevard Heurteloup).

Restaurants

●**Le Singe Vert,** 5, rue Marceau, Tel. 02.47.20.02.76, sonntags geschlossen. Belle-Epoque-Brasserie mit deftigen Cochonnailles-Spezialitäten (Schweinsterrine, Rillettes, Rillons, Andouilletes) für Leute, die nicht auf den Cholesterinspiegel achten müssen. Berühmt und preiswert!

●**Le Petit Patrimoine,** 58, rue Colbert, Tel. 02.47.66.05.81. Anspruchsvolle Regionalküche, interessante Weinkarte, Menüs um 18 €.

●**Chez Jean-Michel,** 123, rue Colbert, Tel. 02.47.20.80.20, Fax 02.47.66.66.25, Sonntag und Montag mittags geschlossen. Bei Jean-Michel, einem ehemaligen Sommelier, kann man zu gutem Rindfleisch Weinentdeckungen machen. Mittagsmenü 10 €, mittlerer Preis 27 €.

●**Bistrot des Halles,** 31, place Gaston-Pailhou, Tel. 02.47.61.54.93. Beliebtes Bistrot im Stil der Jahrhundertwende, sehr interessantes „Menu terroir" (25 €) mit verschiedenen Weinen zu jedem Gericht.

●**Jean Bardet,** 57, rue Groison, Tel. 02.47.41.41.11. Feinschmeckertempel mit zwei Michelin-Sternen und 3 ha-Park; kreative Gerichte mit terroir-Note; vielfältiges Angebot von jungen Touraineweinen und alten Vouvrays; unterster Menüpreis (nur während der Woche) Wein inklusive 45 €.

Imbiss und Spezialitäten

●**Les Halles,** Place Gaston-Pailhou. In der Markthalle gibt es täglich eine bunte Palette von Lebensmittel auf Feinkostniveau.

●**La livre tournois,** 6, rue Nationale, Tel. 02.47.66.99.99. Degustation regionaler Süßwaren.

Bars

●**Le Vieux Mûrier,** 11, place Plumerau, mittags bis 2 Uhr nachts. Ein Maulbeerbaum steht vor dem kurios vollgestopften Lokal, dessen Patron auch Dichter ist.

●**L'Alexandra,** 106, rue du Commerce. Studententreffpunkt, internationales Flair.

Märkte und Feste

●**Marché aux Fleurs** (Blumenmarkt), Mittwoch und Samstag auf dem Boulevard Béranger.

●**Marché gourmand** (Schlemmermarkt), erster Freitag im Monat 16-22 Uhr, Place de la Résistance. Gastronomische Probierstände.

●**Marché à la Brocante** (Trödelmarkt), Mittwoch und Samstag auf der Place de la Victoire.

●**Florilège vocal de Tours** (Internationales Chormusikfestival), im Mai, renommierter Konzertwettbewerb.

●**Journées de la Rose** (Rosenfest), Pfingsten im Priorat Saint-Cosme/La Riche.

●**Foire à l'Ail et au Basilic** (Knoblauch- und Basilikummarkt), 26. Juli im Plumereau-Viertel.

Fahrradverleih

●**Grammont Motocycles,** 93, avenue Grammont, Tel. 02.47.66.62.89.

●**DML Calypso,** 6, rue George Sand, Tel. 02.47.61.12.28.

Anreise/Weiterreise

●**Mit dem Flugzeug:** Aéroport de Tours-Saint-Symphorien, Tel. 02.47.54.19.46, Fax 02.47.61.62.38.

●**Mit dem Auto:** Von Orléans über A 10 oder N 152, von Bourges über N 76, von Vendôme über N 10; nach La Flèche über D 959, nach Saumur-Angers über N 152, nach Chinon über D 751, nach Sainte-Maure über A 10 oder N 10, nach Loches über N 143.

●**Mit der Bahn:** Ab Paris-Montparnasse täglich 13-15 TGV-Züge nach Tours – Saint-Pierre-des-Corps (Fahrzeit 56 Min.), von dort Pendelverkehr (navette) zum Hauptbahnhof Tours. Normale Linien: Tours – Blois-Orléans, Tours – Vierzon – Bourges, Tours – Saumur – Nantes, Tours – Chinon (Triebwagen), Tours – Loches (Bus). Bahnhof Tours Tel. 02.47.20.53.27, Saint-Pierre-des-Corps Tel. 02.47.44.61.61.

●**Mit dem Bus:** Vom Busbahnhof (Gare routière) vor dem Hauptbahnhof zahlreiche Regionalverbindungen. Fahrpläne im Informationsbüro.

Das Indretal *Überblick*

Südlich von Tours zieht der Indre seine flache Schleife, als bemerke er im letzten Moment, dass vor ihm noch der Cher in die Loire münden muss. Über drei Schnellstraßen (N 143 nach Loches, N 10 nach Montbazon, D 751 nach Azay-le-Rideau) ist das Tal von Tours aus schnell erreichbar. Da diese Verkehrsachsen jedoch alle übers Tal hinauszielen (nach Chateauroux, Châtellerault, Chinon), bleibt die Indre-Route selbst eine stille Strecke, die im Schatten der Ausfallstraßen um die Großstadt herumführt. So ist auch das Rad das geeignete Fahrzeug, um diesen Winkel zu entdecken. Es ist die Touraine, wie sie *Honoré Balzac* geliebt und beschrieben hat: wenn man aus den Dörfern herauskommt, verliert sich der Blick „in dem langen Band des Flusses, der in der Sonne zwischen zwei grünen Ufern dahinfließt, in den Linien der Pappeln, die mit ihren beweglichen Blättern wie ein Spitzengewebe dieses Tal der Liebe schmücken, in den Eichenwäldern, die auf Abhängen zwischen Weingärten liegen und von dem Fluss in immer verschiedenen Windungen umgeben werden."

Man startet von Loches oder Azay-le-Rideau, kann aber auch auf halber Strecke, im Bereich Cormery-Montbazon seine Zelte aufschlagen. Je nachdem, ob man aus dem Chertal anreist oder auf der Rückfahrt von Saumur und Chinon her kommt, wird man dem Indre flussabwärts oder flussaufwärts folgen. Die bedeutendsten Sehenswürdigkeiten liegen am Anfang

Touraine

und am Ende der Route: Loches, das steingewordene Mittelalter, und Azay-le-Rideau, das Renaissancejuwel, lohnen allein die Reise und sind als Burg und Lustschloss zugleich so gegensätzlich, dass der Vergleich seinen besonderen Reiz hat. Einen weiteren Schwerpunkt der Route bilden Saché und die nahegelegenen Romanschauplätze, die nicht nur den Literaturkenner dazu verleiten, sich einmal auf die Spuren *Balzacs* zu begeben. Dabei ist die Hauptsehenswürdigkeit immer das Tal selbst, mit seinen Mühlen, Wehren und den kleinen, efeuumrankten Landschlössern, die sich unauffällig in dieses alte Bauernland einfügen.

Loches ↗ XII/B3

Cité Royale de Loches *** ✛

- **Stil:** Mittelalterliche Festungsarchitektur/ Gotik (11. Jh., 14. Jh.)
- **Besonderheit:** Königsstadt mit Donjon und Mauerring
- **Höhepunkte:** Grab Agnès Sorels, Gefangenengraffitis
- **Museen:** Musée du Terroir, Musée Lansyer (Waffen, Gemälde)
- **Animation:** Son et lumière
- **Auskunft:** Logis Royal Tel. 02.47.59.01.32, Donjon Tel. 02.47.59.07.86
- **Öffnungszeiten:** Logis Royal 9.30-12/14-17 Uhr (März–September 18 Uhr, Juli–Mitte September 19 Uhr ohne Mittagspause), Donjon 9.30-13/14.30-18.00 Uhr (März–September 19 Uhr, Juli–Mitte September ohne Mittagspause).
- **Eintritt:** Logis Royal und Donjon je 3,66 € (1,98 €), kombiniert 4,88 € (2,59 €).
- **Tipp:** Am Ende der Donjon-Führung die Burg über den Stollen (alten Steinbruch) verlassen.

Das Landstädtchen im oberen Indretal hat eine der besterhaltenen Burganlagen des Mittelalters zu bieten. Sie bildet eine komplett ummauerte Königsstadt *(cité royale),* die sich über der bürgerlichen Unterstadt auf einem strategisch günstigen Felsvorsprung erhebt. Von hier aus waren die Verkehrswege, die im Indretal zusammenliefen, optimal zu kontrollieren.

Geschichte

Über dem **Kloster,** das der *Heilige Ours* im 5. Jh. an der Kreuzung zweier Römerstraßen gegründet hatte, baute

Der Burgfelsen mit dem Königslogis

Karl der Kahle im 9. Jh. die erste Festung.

Sie kam über einen Vasallen und durch Heirat in den Besitz *Fulcos des Roten,* dessen berühmter Enkel *Fulco Nerra* hier Anfang des 11. Jh. einen **Donjon** aus Stein errichten ließ. So bauten die Grafen von Anjou die Burg von Loches zum Bollwerk gegen das Haus von Blois aus.

Als nach dem Tod *Heinrichs II. Plantagenêt* sein Sohn *Richard Löwenherz* auf Kreuzzug im Orient weilte, überließ sein jüngerer Bruder *Johann Ohneland* Loches 1193 dem taktisch versierten König *Philipp August.* Doch *Richard,* aus österreichischer Gefangenschaft zurückgekehrt, rettete in einem dreistündigen Überraschungscoup 1194 die Burg noch einmal ruhmreich für die *Plantagenêts,* bevor sie *Philipp August* nach einjähriger Belagerung 1205 endgültig **in den Besitz der französischen Krone** brachte. Der Donjon wurde seinerzeit durch weitere Verteidigungstürme und eine Befestigungsmauer ergänzt und verlor Ende des 14. Jh. seine Funktion als Wohnturm, da ein neues Schloss, das so genannte Königslogis, angemessenere Wohnbedingungen schuf.

Karl VII. hielt sich mit seinem Hof regelmäßig in Loches auf, das ihm gegenüber den bedrohlich anrückenden Engländern ebensoviel Schutz bot wie Chinon. So kam es hier zur zweiten Begegnung des Königs mit **Jeanne d'Arc,** die ihn im Juni 1429 – unmittelbar nach der Befreiung Orléans – dazu überreden konnte, sich in Reims feierlich krönen zu lassen.

Die repräsentative Prachtentfaltung, die das Schloss in den 40er Jahren auszeichnete, war v.a. auf **Agnès Sorel** zurückzuführen. *Karl VII.* hatte die Hofdame *Isabellas von Lothringen* 1443 auf Schloss Saumur kennengelernt und sie offiziell zu seiner Favoritin erklärt. Dass die schöne und kluge Mätresse dem 20 Jahre älteren Monarchen auch noch die wichtigste Beraterin wurde, war allerdings dem Dauphin und späteren *Ludwig XI.* ein Dorn im Auge. *Agnès Sorel* zog sich deshalb von Chinon nach Loches zurück, wo sie der König bei längeren Jagdausflügen in den Turm eingesperrt haben soll. Sie starb, gerade 28 Jahre alt, im Jahre 1450, angeblich an „Bauchausfluss infolge von Schwangerschaft", mit ziemlicher Sicherheit wurde sie aber vergiftet.

Ein halbes Jahrhundert später war Loches Alterssitz der Königswitwe *Anne de Bretagne.* Die Königsresidenz wurde seit *Ludwig XI.* wesentlich sporadischer genutzt als der Donjon, der mit seinen Anbauten jahrhundertelang als Staatsgefängnis diente.

Sehenswertes

Porte Royale und Stiftskirche Saint-Ours

Man betritt die Burganlage über die **Porte Royale,** die mit ihren Balkenschlitzen (Überbleibsel der einstigen Zugbrücken), Pechnasen und Schilderhäuschen an die mittelalterlichen Verteidigungsanstrengungen erinnert. Im Turm gibt es den ersten Kerker, eine Waffensammlung und eine

Touraine

Bauernstube aus dem 19. Jh. zu besichtigen. Dabei kann man von der Plattform der Wachsoldaten einen Blick auf die gestaffelten Ringmauern werfen.

Das **Hauptmuseum** befindet sich nebenan im Haus *Emmanuel Lansyers* (1835-1893), eines Schülers von *Gustave Courbet,* von dem beachtliche Landschaftbilder und wertvolle Mitbringsel aus Japan zu sehen sind.

●**Musée Lansyer,** Tel. 02.47.59.05.45, Öffnungszeiten: April-September 10-19 Uhr. Eintritt: 3,96 € (2,44 €).

Man kommt dann zur **Stiftskirche Saint-Ours,** die zwischen ihren Außentürmen durch zwei ähnlich spitze Pyramiden verblüfft. Sie liegen über dem Mittelschiff und erinnern an die berühmte Klosterküche von Fontevraud, von der sie wohl beeinflusst sind. Erbaut wurden diese Gewölbe im 12. Jahrhundert, als auch die Vorhalle mit ihrem romanischen Tympanon entstand.

Das Königslogis

In der Nordspitze der Burganlage erhebt sich steil über der Stadt das im 14. und 15. Jahrhundert errichtete **Schloss.** Die beiden Bauabschnitte lassen sich gut unterscheiden, wenn man über den westlich vorgelagerten Agnès-Sorel-Turm auf die Terrasse tritt. Während der höhergelegene ältere Flügel ein mit Schießscharten und halbrunden Türmen romantisch restauriertes Beispiel gotischer Festungsarchitektur darstellt, zeigt die spätgotische Fassade des tiefergelegenen, spä-

teren Anbaus italienisch beeinflusste Zierformen.

Hinter der schachtartigen Gasse Saint-Ours erkennt man die erste **Ringmauer,** der auf der Höhe der Stadttore (drei von ursprünglich fünf sind noch erhalten) der zweite Befestigungsring folgt. Jenseits davon dehnt sich die Landschaft der Touraine aus.

Die Besichtigung des **älteren Wohntrakts** ist vor allem eine Begegnung mit *Karl VII.* und seinen beiden Schicksalsfrauen. Die Königin *Marie d'Anjou* – Mutter von 14 Kindern – gehört nicht dazu, wohl aber *Agnès Sorel,* seine Favoritin und Mutter von vier anerkannten Königstöchtern. Man sieht den verliebten und sicherheitsbewussten König, von seinem Hofmaler *Jean Fouquet* porträtiert (Original im Louvre), im ersten Raum, dem Schlaf-, Empfangs- und Beratungszimmer, und folgt ihm dann – in einer historischen Rückblende von gut 15 Jahren – in den größten Saal des Schlosses. Hier haben mit *Jeanne d'Arc,* der anderen Schicksalsfrau, im Juni 1429 zwei entscheidende Unterredungen stattgefunden.

Durch eine reich verzierte Tür betritt man den **jüngeren Wohntrakt,** der eine Reihe interessanter Kunstschätze birgt. Im ersten Raum steht das Grabmal *Agnès Sorels,* das bis zur Französischen Revolution im Chor der Stiftskirche und nach seiner Restaurierung bis 1970 im Agnès-Sorel-Turm stand. Der zeitgenössische Bildhauer hat der *Dame de Beauté* zwei wachende Lämmer (lat. *agnus* in Anspielung an den Vornamen) beigegeben und das Ala-

153lo Foto: ml

basterantlitz entsprechend sanftmütig gestaltet. Treffender ist vielleicht das Porträt *Jean Fouquets,* der die freizügige *Sorel* vom Hofe kannte und deren Gesichtszüge recht gewagt auf eine traditionelle Mariendarstellung übertrug. Die Kunst des Hofmalers lässt sich jedoch an dieser Kopie (Original in Antwerpen) weniger gut erkennen als im nächsten Raum am Beispiel des Passionstryptichons. Es stammt aus der Schule *Fouquets* und bedurfte einer Produktionszeit von 8-10 Jahren, da die Temperafarben in 6 Schichten (mit jeweils 6 Monaten Trockenzeit) aufgetragen wurden.

Jean Fouquets Portrait der Agnès Sorel

Man erreicht am Ende des Schlosses die **Kapelle der Anne de Bretagne.** Die zweimalige Königin zog sich als Witwe nach Loches zurück, wo gegen 1500 speziell für sie dieses kaminbeheizte Betzimmer ausgestaltet wurde: im Flamboyant-Stil, die Wände azurblau gestrichen (Königsfarbe) und mit silbernen Hermelinen (Wappentier der Bretagne) und goldenen Knotenschnüren (3. Orden der Franziskaner) verziert.

Der Donjon

Das älteste und beeindruckendste Bauwerk der Festung erhebt sich auf der gegenüberliegenden, strategisch schwächsten Seite des Burgfelsens: *Fulco Nerras* Donjon. Dieser 1070 vollendete Bergfried wurde in der Touraine zum Vorbild für eine Reihe ähnlicher Festungstürme (Langeais, Montbazon, Montrichard). Es handelt sich um einen **Verteidigungs- und Wohnturm,** der dem Burgherrn und seinen Vassallen vor möglichen Belagerern optimalen Schutz bot.

37 (ursprünglich über 38) Meter hoch, 25 Meter lang, 15 Meter breit, ist er ein massiver Quader mit einer nach oben hin sich verjüngenden Mauerstärke von 3,50 bis 2 Meter. In den Hauptturm gelangt man nur über den niedrigeren **Vorbau,** in dessen Außenwänden eine Steintreppe in den ersten Stock führt.

Dort betrat man den **Empfangs- und Festsaal,** über dem sich noch zwei weitere Wohnetagen erhoben. Die Zwischendecken sind heute verschwunden, aber die Kamine und

Touraine

Fensteröffnungen lassen den Stockwerkaufbau noch gut erkennen. Der sicher-, weil hochgelegene Empfangs- und Festsaal war ein Durchgangsraum in alle Richtungen.

Nur von hier gelangte man auch in das zweigeteilte, fensterlose **Erdgeschoss,** das als Nahrungsmittellager (mit Brunnen, Mühle, Öfen), gegebenenfalls auch als Verlies diente.

Dem zentralen Hauptsaal vis-à-vis lag über dem Treppenhaus das **Zimmer des Garnisonskommandanten.**

Ebenfalls im Vorbau war eine Etage höher die **Kapelle** vom Schlafzimmer des Burgherrn aus zugänglich.

Im dritten und obersten Stock erreichte man als letzten und einzigen Raum den **Waffensaal,** in dem die Wurfgeschosse bereitlagen und Wachsoldaten sich zur Patrouille ablösten. Sie traten von hier auf den vorgekragten Holzwehrgang, von dem außen im Mauerwerk nur noch die Rüstlöcher zeugen.

Im 15. Jh. kamen weitere Befestigungswerke hinzu. Die **Barbacane** sicherte als zusätzlicher Vorbau das selbst schon vorgelagerte Treppenhaus.

Der **Runde Turm** bildete im Schnittpunkt mehrerer Mauern einen neuen Bergfried mit finsteren Verliesen. Der Martelet-Turm, vermutlich nach *Geoffroy Martel,* dem Sohn *Fulco Nerras* benannt, wurde über unterirdischen Steinbrüchen erbaut und diente bis 1926 als besonders schauerliches Gefängnis. Man führt die Besucher in die Folterkammer („Befragungskammer") und in die Zellen hochgestellter Staatsfeinde, die während ihrer Haftzeit Anfang des 16. Jh. dort erstaunliche Graffitifresken *(Ludovico Sforza,* Herzog von Mailand und Gönner *Leonardo da Vincis)* und Altar- bzw. Kreuzwegskulpturen (die Bischöfe von Puys und Autun) angefertigt haben.

Spaziergänge unterhalb des Burgfelsens

Die **Umrundung des ersten Mauerrings** vermittelt einen lebhaften Eindruck von den Dimensionen der Festungsanlage. Nach Verlassen der Porte Royale nimmt man rechts die Rue du Château und folgt dicht der Mauer, um unterhalb des Königslogis' in den vorgelagerten Ring des Fort Saint-Ours einzubiegen. An den Häusern des königlichen Stall- und des königlichen Schatzmeisters vorbei, geht es die Rampe hinunter zur Rue Quintefol. Ihr muss man rechts nur wenige Meter folgen, um – erneut rechts ab – den Burggraben zu erreichen. Der Fußweg heißt Boulevard Philippe Auguste und führt in großem Bogen hinter dem Donjon herum.

Zurück an der Porte Royale, führt die Rue du Château geradeaus in die Unterstadt hinunter. Eine Reihe schmucker **Bürgerhäuser** aus dem 16. Jh. ziehen die Aufmerksamkeit auf sich: das Haus der Agnes Sorel (Nr.19), das Hôtel Haincque (Nr.12), das Haus des Kentauren (Nr.10), die Chancellerie (Nr.8). Schnell ist der erste Platz erreicht, an dem ein Straßencafé von der prächtigen Kulisse profitiert.

Das **Rathaus,** ein 1535 errichteter Renaissancebau, steht – dank einer

Sondergenehmigung *Franz' I.* – direkt neben der **Porte Picois.** Wie alle Stadttore stammt sie aus dem 15. Jh., als der doppelte Befestigungsring gezogen wurde.

Ein Stück weiter unten öffnet sich die Gasse auf einen weiteren Platz, die Place du Marché. Von hier sind es nur ein paar Schritte zur **Tour Saint-Antoine** (1529-75), vermutlich ein zusätzlicher Wachturm, und zur **Porte des Cordeliers,** dem nördlichen Stadttor. Wenn man dahinter kurz den Indre überquert, kann man vom Stadtgarten aus noch einmal einen einzigartigen Blick auf den Burgfelsen werfen.

Praktische Hinweise

Information

●**Office de tourisme,** Place de la Marne/ Place Wermelskirchen, 37600 Loches, Tel. 02.47.91.82.82, Fax 02.47.91.61.50.

Hotel-Restaurants

●**France**,** 6, rue Picois, Tel. 02.47.59. 00.32, Fax 02.47.59.28.66. Burgnahes Logis de France mit begrüntem Innenhof. Funktionell ausgestattete Zimmer (38-56 €), ambitionierte Küche (Menüs ab 13 €), zur Hauptsaison nur Halbpension (43 €).
●**George Sand***,** 39, rue Quintefol, Tel. 02.47.59.39.74, Fax 02.47.91.55.75. Altmodisches Familienhotel direkt am Indre, schönere und teurere Zimmer (56-99 €) nach hin-

Restaurantterrasse über dem Indrewehr

154b Foto: mi

Touraine

Märkte

● **Wochenmärkte,** am Mittwoch und Samstag.
● **Foire de Pâques** (Ostermarkt), Karfreitag bis Ostermittwoch.
● **Marché au Clair de Lune** (Mondscheinmarkt), 3. Donnerstag im Juli, 2. Donnerstag im August, jeweils 17-24 Uhr.

Fahrradverleih

● **Jean-Michel Jourdain,**
7, rue des Moulins, Tel. 02.47.59.02.15.
● **Philippe Douard,**
Les Jolletières, Tel. 02.47.59.06.61.

Anreise/Weiterreise

● **Mit der Bahn:** Triebwägen zwischen Tours und Loches.
● **Mit dem Bus:** ab/nach Tour täglich mindestens 8 Bahnbusse, abends Mitnahme von Rädern möglich (Abfahrt Gare SNCF). In die nähere Umgebung fahren Busse von Privatfirmen (Abfahrt Gare routière).

Indrois-Tal

Beaulieu-lès-Loches ⤤ XII/B3

Die Sehenswürdigkeiten von Loches bringen es mit sich, dass kaum jemand den Weg in den alten Vorort Beaulieu-lès-Loches findet. Hier, auf dem rechten Ufer der Indre, hat *Fulco Nerra* 1007 die **Abtei Sainte-Trinité** gegründet. Von der ursprünglichen Kirche, einem der größten Bauwerke des 11. Jh., sind der Chorumgang, die Querhausmauern und der Glockenturm erhalten.

Die **Ortschaft,** in der es auch alte Stadthäuser aus dem 15. und 16. Jh. zu entdecken gibt, ist zugleich Ausgangspunkt für eine kleine Rundfahrt, die durch den Wald von Loches ins kleine Nebental des Indrois führt. Verschie-

ten. Auch beliebtes Restaurant, gediegen eingerichtet und mit romantischer Terrasse am Wehr. Die einfallsreiche, feine Küche ist im Sommer die obligatorische Halbpension (55-75 €) wert.

Camping

● **La Citadelle***,** Avenue Aristide Briand, Tel. 02.47.59.05.91, Fax 02.47.59.00.35, geöffnet Mitte März–Mitte November. Am Indrefluss mit Blick auf die Burg, auch für Kinder gut ausgestattet.

Blick aus einer Altstadtwohnung: Marktplatz und Burg von Loches

dene Ausfallstraßen durchschneiden den Forst und bilden mit der querenden Forststraße Kreuzungen, an denen markante **Obelisken** (Pyramiden) stehen.

Chartreuse du Liget   ↗ XII/B3

Am Ostrand des Waldes liegt, von einer langen Umfriedungsmauer eingehegt, inmitten eines Sonnenblumenfeldes die Karthause von Liget. Der englische König *Heinrich II. Plantagenêt* stiftete das **Kloster** 1178, um die Ermordung seines Kanzlers *Thomas Becket,* Erzbischof von Canterbury, zu sühnen. An den raumgreifenden Kreuzgang

Die Kapelle Saint-Jean
vor dem Wald von Loches

schließen sich rundum die Zellen der Mönche an, die sich mit ihren kleinen Gärten selbst versorgten.

Die heutigen Besitzer gewähren Zutritt und übergeben Interessierten auch den Schlüssel zur **Kapelle Saint-Jean,** die – zurück auf der Landstraße – kaum einen Kilometer weiter westlich am Waldrand liegt. Der zeitgleich mit dem Kloster in der zweiten Hälfte des 12. Jh. entstandene Rundbau zeigt mit die schönsten Wandmalereien dieser Epoche.

Auf der Weiterfahrt nach Montrésor stößt man noch auf eine weitere Dépendance des Klosters. Es ist die **Corroirie,** ein umfangreiches Landgut, das von Laienbrüdern bewirtschaftet wurde und auch Sitz der Klosterverwaltung war.

156du Foto: mi

Touraine

- **Chartreuse du Liget,** Tel. 02.47.92.60.02, Öffnungszeiten: 9-12/14-19 Uhr (im Winter bis 17.30 Uhr). Eintritt: 0,45 €.
- **La Corroirie,** Tel. 02.47.92.64.23, Öffnungszeiten: Juni–Mitte August 14-16 Uhr. Eintritt frei.

Montrésor ↗ XIII/C3

Château de Montrésor *

- **Stil:** Spätgotik (15. Jh.)
- **Besonderheit:** Burgmauern der alten Festung (11. Jh.)
- **Höhepunkt:** Dorfansicht mit Burghügel
- **Auskunft:** Tel. 02.47.92.60.04
- **Öffnungszeiten:** April–Oktober täglich 10-12/14-18 Uhr.
- **Eintritt:** 5,34 € (2,29 €)

Hinter der Karthause senkt sich die D 760 ins Tal des Indrois und erreicht an der Brücke Montrésor, das verträumt aus den grünen Auen aufsteigt. Der Felsvorsprung wurde 1005 von *Fulco Nerra* mit einem seiner neuartigen **Donjons** ausgestattet und war Lehensbesitz des Königs von England, bis *Philipp August* 1188 – lange vor Loches – die Burg einnahm.

Das heutige **Schloss** wurde Ende des 15. Jh. von *Imbert de Bastarnay,* dem Großvater *Diane de Poitiers,* auf den Ruinen der alten Festung errichtet. Als Grablege der Familie geplant, kam bis 1541 die spätgotische, mit schönstem Renaissancedekor ausgestattete **Stiftskirche Saint-Jean-Baptiste** hinzu. Am beeindruckendsten ist freilich die Lage des Dorfes, dessen zeitvergessenen Charme man neben Anglern und Hobbygärtnern in den Uferanlagen genießen kann.

Nouans-les-Fontaines ↗ XIII/C3

Die D 760 führt talaufwärts 8 km weiter nach Nouans-les-Fontaines (keltisch *noan* = sumpfige Ebene), ein verschlafenes Nest mit bemerkenswerter **Dorfkirche.** Von den Rundbogen der Westfassade abgesehen, ist der Bau typische Plantagenêt-Gotik, wie sie in der Touraine selten zu sehen ist. Die Apsis, deren elegante Lanzettfenster im Vormittagslicht am schönsten erstrahlen, birgt das Juwel dieser Kir-

Montrésor, Dorfstraße unterhalb des Schlosses

che: die „Kreuzabnahme" von *Jean Fouquet*. Sie ist auf Holz gemalt, das einzige monumentale Altargemälde (1,47 x 2,36 m) dieses weltlich orientierten Hofmalers (um 1420-1480), der durch seine Porträts und Miniaturen berühmt wurde. *Fouquets* Tafelbild, ein Meisterwerk der frühen französischen Malerei, ist keine traditionelle „Kreuzabnahme", auch keine „Pietà", da die Jungfrau Maria in eine größere Gruppe Trauernder eingerückt wurde. Am rechten Rand der raffinierten Komposition (Schwarz-Weiß-Kontraste, Verfielfachung der Madonnenfiguren, Faltenwürfe) sieht man den Stifter knien.

Montpoupon ⤢ XII/B2

Château de Montpoupon *
- **Stil:** Gotik/Renaissance (13./15./16. Jh.)
- **Besonderheit:** Zentrum der Hetzjagd
- **Höhepunkt:** Gesamtansicht des „Märchenschlosses"
- **Museum:** Musée du Veneur (Jagdmuseum)
- **Auskunft:** Tel. 02.47.94.23.62
- **Öffnungszeiten:** Mitte Juni–September täglich 14-18 Uhr, Juli–August schon ab 10 Uhr, sonst nur an Wochenenden 10-12/14-18 Uhr.
- **Eintritt:** 5,79 € (3,81 €)
- **Tipp:** Aire de pique-nique und Auberge am Waldrand.

Wer eine größere Rundtour plant oder das Indrois-Tal vom nahegelegenen Chertal aus anfährt, wird auf halber Strecke zwischen Montrichard und Loches vor Montpoupon haltmachen. An der Grenze der alten Provinzen (Berry, Touraine) gelegen, besteht dieses romantisch anmutende **Bilderbuchschloss** aus einem faszinierenden Stilmix. Die Pfeffertürme sind noch Relikte der mittelalterlichen Festung (13. Jh.), über der ein wohnliches Schloss mit gotischen Fenstern und Ziergiebeln (15. Jh.) errichtet wurde, bevor die Anlage mit einem schmukken Eingangspavillon (16. Jh.) ihr Renaissance-Element erhielt. Man besichtigt v. a. die Wirtschaftsgebäude, in denen das **Jagdmuseum** an umstrittene Traditionen erinnert.

Schloss Montpoupon

Chemillé und Genillé ⟋XIII/C3 ⟋XII/B2

Zurück im Indrois-Tal, stößt man bei Chemillé-sur-Indrois auf einen kleinen **Stausee** (35 ha) mit touristischer Infrastruktur.

Charmanter sind die Flussauen weiter abwärts Richtung Genillé, wo man von **Höhlenwohnungen** den schönsten Blick auf den Indrois genießt. Man kommt auf der D 10, die sich dem Fluss entzieht und wieder nähert, noch durch zwei alte Dörfer und kehrt dann durch den Forst nach Loches zurück.

Praktische Hinweise

Information

● **Office de tourisme,** Mairie, 37460 Chemillé-sur-Indrois, Tel. 02.47.92.60.75.
● **Office de tourisme,** 17, place Agnès Sorel, 37460 Genillé, Tel. 02.47.59.57.85, Fax 02.47.59.59.78.

Camping

● **Le Lac**,** Chémillé-sur-Indrois, Tel. 02.47.92.77.83, Fax 02.47.92.67.98, geöffnet Ostern-15. Oktober. Wenig Schatten, aber Badestrand, Tretboote, Surfmöglichkeit, auch Bars und Boulespielplatz.

Wandern

● **Kapelle Saint-Jean-du-Liget:** Waldweg zum Etang du Pas-aux-Anes.

Cormery und Montbazon ⟋XII/A2

Der Indre nähert sich der Großstadt Tours auf 10 km. Bei **Montbazon** donnert der Fernverkehr (Autobahn A 10) übers Tal, das man hier einst vom **Donjon** aus überwacht hat. Der 28 m hohe Bergfried datiert kurz vor 1000 und ist – dem berühmten von Loches durchaus ähnlich – unter *Fulco Nerras* 20 Festungstürmen einer der besterhaltenen.

Acht Kilometer weiter östlich gab es schon seit dem 8. Jh. die **Einsiedelei**

Die Abtei von Cormery

159b Foto: mi

von **Cormery,** einen Ableger der Martinsabtei zu Tours. Man baute sie im 11. Jh. zu einer mächtigen Benediktinerabtei aus, von der noch ein Torturm (Tour Saint-Paul), das Haus des Priors (rechts davon), das Refektorium (links zum Fluss hin) und ein Stück Kreuzgang zeugen.

Die Klosterruinen verlocken heute zu einem Rundgang auch durch den stillen **Ortskern,** in dessen Läden neben typischen Metzgereiwaren die so genannten „Mönchsnabel", nach altem Rezept gebackene Makronen, angeboten werden.

Mühle von Veigné und Echandon-Tal (Radtour) ⚲ XII/AB2-3

Man erreichte einst das idyllischere linke Ufer über die Furt von Veigné. Die vierstöckige **Mühle** (19. Jh.) ist heute ein kulturelles Begegnungszentrum mit Bibliothek, Ludothek, Ausstellungen, Konzerten und Vortragsveranstaltungen.

Richtung Cormery folgt ein Sträßchen dem Indre, den man bei einer der nächsten Abzweigungen nach rechts verlässt, um ins Echandon-Tal zu kommen. Rund um **Tauxigny** überrascht die Vegetation mit Ginster, Kiefern und wilden Orchideen.

Auf der D 82/D 21 geht es auf ein Plateau mit Bauernhöfen, bevor man bei **Chanceaux-près-Loches** in den Wald eintaucht. So erreicht man Loches und kann dann auf dem rechten Indreufer nach Cormery zurückfahren.

Praktische Hinweise

Information

●**Office de tourisme,** 13, rue Nationale, 37320 Cormery, Tel. 02.47.43.30.84.
●**Pavillon du tourisme,** B.P.2, 37250 Montbazon, Tel. 02.47.26.97.87, Fax 02.47.34.01.78.
●**Syndicat d'Initiative,** Le Moulin, 37250 Veigné, Tel. 02.47.26.90.53.

Hotel-Restaurant

●**Moulin Fleuri**,** Route du Ripault, Gués de Veigné (D 87), Tel. 02.47.26.01.12, Fax 02.47.34.04.71, Montag Ruhetag. Preiswerte Zimmer (49-91 €) in restaurierter Mühle (16. Jh.) direkt am Indre; frische Produkte und raffinierte Menüs im vornehm-graugetäfelten Restaurant (mittlerer Preis 40 €); phänomenale Auswahl von Loireweinen (alte Jahrgänge).

Camping

●**La Plage***,** Veigné, Tel. 02.47.26.23.00, Fax 02.47.26.94.31, geöffnet Juni–September. Schattiger Zeltplatz am Indre, Bademöglichkeit, Fahrradverleih.
●**La Grange Rouge***,** Montbazon, Tel. 02.47.26.06.43, Fax 02.47.26.03.13. Geöffnet Mai–Mitte September. Stadtnah am rechten Indreufer, mit Freizeitpark.

Spezialitäten

●**Makronen:** 8, rue Nationale, 16, rue de Montrésor oder 1, rue de Commerce, Cormery.
●**Rillettes, Rillons, Boudins, Andouillettes:** 9, rue de Montrésor oder 17, rue du Commerce, Cormery.

Märkte

●**Wochenmärkte in Montbazon,** Dienstagvormittag und Freitagnachmittag, Place des Anciens Combattants.
●**Wochenmarkt Cormery,** Donnerstagvormittag, Place du Mail.
●**Foire des Moines** (Mönchsmarkt) in Cormery, 2. Wochenende im Juli.

Touraine

Kanu/Kajak

●**Val de l'Indre Canoë-Kayak,** Moulin de Veigné, Tel. 02.47.26.90.53. Einführungskurse, Abholservice (navette).

Anreise/Weiterreise

●**Mit dem Auto:** Von Tours erreicht man Cormery (N 143) oder Montbazon (N 10) in weniger als einer halben Stunde.
●**Mit dem Bus:** Cormery ist Haltestation auf der Linie Tour – Loches, täglich mindestens 8 Bahnbusse, abends Mitnahme von Rädern möglich.

Auf den Spuren Balzacs ♫ XVII/CD1-2

Zwischen Montbazon und Azay-le-Rideau erreicht man den Talabschnitt, der in Balzacs lyrischem Roman „Die Lilie im Tal" als romantischer Schauplatz verewigt wurde. 10-15 Mühlen und etwa gleichviele Landschlösser liegen auf der Strecke, die sich zum Teil mit der Route deckt, die Balzac – von Saché nach Tours und zurück – oft zu Fuß gegangen ist.

Wer sich noch nicht auf dem rechten Flussufer befindet, sollte die Brücken von **Monts** überqueren und die Schleife nach **Artannes** ausfahren, bis er beim **Manoir de l'Alouette** auf die Rue du Bol de Lait stößt. Sie erinnert an die Schale Milch, die Balzac hier trank, aber nie bezahlte. Er war an diesem heißen Tag vermutlich unterwegs zu den Potard-Mühlen, die heute nach ihm benannt sind.

Von der Brücke nach **Pont-de-Ruan** bietet sich dann die 3-Mühlenszenerie, die im Roman vielleicht noch ein Stück

romantischer wirkt. Rechter Hand kann man bei der 1959 stillgelegten Lambert-Mühle noch den alten Antrieb mit dem 1891 montierten Schaufelrad studieren.

●**Le Moulin Lambert,** Öffnungszeiten: Juli–August 10-13/14-19 Uhr. Informationsmaterial und lokale Produkte.

Saché ♫ XVII/D2

Der Romanschriftsteller wohnte nur 2 km entfernt auf einer Anhöhe, die man auf dem rechten Ufer über die D 84 und auf dem linken Ufer über den Weitwanderweg GR 3 erreicht.

Am Kirchplatz verblüfft ein „Stabile" (mehrgliedrige, unbewegliche Metall-

Das Räderwerk der Moulin Lambert

Die Mühlen von Pont-de-Ruan

„Stellen Sie sich drei Mühlen zwischen anmutig ausgebuchteten, baumgekrönten Inseln vor, umgrünt von einer blühenden Wasserwiese (...) Wie sollte man sie anders bezeichnen, jene Wasserpflanzen, die lebensfroh und farbenprächtig den Fluß überkleiden, die aus den Fluten emportauchen, sich auf ihnen wiegen, sich ihren Launen anpassen und die in der Gischt des vom Mühlrad gepeitschten Flusses schwanken? (...) Hier und da erheben sich Kiesbänke, das Wasser bricht sich daran und bildet lange Fransen, in denen die Sonne leuchtet. Amaryllis, Seerosen, Seelilien und Schilfrohr bedecken die Ufer mit ihren herrlichen Stickereien. Eine morsche Brücke aus verfaulten Balken, deren Pfähle blumenüberwachsen sind, deren Brüstung frisches Gras und samtweiches Moos polstern, neigt sich zum Wasser und steht doch fest. Altersschwache Kähne, Fischernetze, der eintönige Gesang eines Hirten, Enten, die zwischen den Inseln hin und her schwimmen oder auf dem groben Sand, den die Loire mit sich führt, ihre Federn glätten; Müllerburschen, die Mütze auf einem Ohr, mit ihren Maultieren beschäftigt: Jede dieser Einzelheiten verlieh dem Bild einen überraschenden Reiz. Denken Sie sich jenseits der Brücke zwei oder drei Bauernhöfe, einen Taubenschlag, Turteltauben, etliche dreißig baufällige Hütten, die durch Gärten, Geißblatt-, Jasmin- und Klematishecken getrennt waren, und vor allen Türen blütenbunte Düngerhaufen, Hühner auf allen Wegen: Da haben Sie Pont-de-Ruan, ein hübsches Dorf, von einer alten, eigenartigen Kirche überragt, einer Kirche aus der Zeit der Kreuzzüge, wie sie Maler für ihre Bilder suchen. Denken Sie sich das ganze umrahmt von alten Nußbäumen und jungen Pappeln mit mattgoldenem Laub, und mitten in diesen weiten Wiesen, über denen der warme, dunstige Himmel sich wölbt, freundliche Fabriken, dann werden Sie eine Vorstellung haben von den tausend landschaftlichen Schönheiten dieses Landes."

(Aus Balzacs „Die Lilie im Tal", übers. v. René Schickele, Frankfurt/Main 1996)

Touraine

Foto: mi

Das von Balzac beschriebene Mühlenidyll heute

plastik) *Alexander Calders* (1898-1976), der – ein Jahrhundert später – gleichfalls in Saché sein Atelier einrichtete. Unterhalb der alten Fachwerkauberge (12. Jh.) zeigt ein Wegweiser zum **Schloss,** in dem ab 1830 eine ganze Reihe berühmter Romanwerke entstanden sind. Inzwischen wurde der Landsitz in ein Balzac-Museum umgewandelt.

●**Musée Balzac,** Tel. 02.47.26.86.50, Öffnungszeiten: Mitte Mai–Juni 10-18 Uhr, Juli–August 10-18.30 Uhr, sonst 9.30-12/14-18 Uhr (im Winter nur bis 17 Uhr). Eintritt: 3,66 € (1,07 €).

In Tours 1799 geboren, war **Honoré de Balzac** bald nach Vendôme in ein Internat (1807-13) und schließlich fünfzehnjährig – dem Vater hinterher – nach Paris geschickt worden. Nach einem abgebrochenen Rechtsstudium brachte die Schriftstellerei nicht den erwünschten Erfolg, so dass sich der unternehmungslustige Tourainer in ruinöse Geschäfte stürzte und sehr schnell 100.000 Francs Schulden hatte, die er jahrzehntelang durch fleißiges Romanschreiben (90 Romane und Novellen in 20 Jahren!) abzuzahlen suchte. Hier in Saché fand er den Ort, wo er – von seinen Gläubigern unbehelligt – in Ruhe arbeiten konnte. Das Schloss gehörte Monsieur *Jean de Margonne,* einem Geliebten von Balzacs Mutter, der sich mehr als diese um den armen Honoré kümmerte.

Der hohe, schmucklose Bau steht auf einem weitläufigen Hanggrundstück über dem Indre. Zunächst durchquert man die authentisch restaurierten **Wohnräume** der Familie de Margonne. Im Obergeschoss befindet sich die „Mönchsklause", ein bescheidenes Schlaf-, Wohn- und

Calders Stabile in Saché

162l6 Foto: ml

Arbeitszimmer, das eine Ahnung von Balzacs unfreiwilliger „Schreibwut" vermittelt. In den eigentlichen Museumsräumen gehören korrigierte Druckfahnen und zeitgenössische Karikaturen zu den interessantesten Ausstellungsstücken.

„Frapesle" und „Clochegourde"

In der Umgebung von Saché fand Balzac die geeigneten Schauplätze für seinen hinreißend-schwülstigen Entsagungsroman „Die Lilie im Tal". Der Ich-Erzähler, *Félix de Vandenesse,* blickt zurück auf ein Liebesabenteuer, das ihn, zwanzigjährig, mit der sieben Jahre älteren *Madame de Mortsauf* zusammenführt. Der Romanheld hat sich im „Château de Frapesle" einquartiert, dessen Vorbild man einen Kilometer hinter Saché (D 17, Straße nach Thilouze) in einem Wäldchen entdecken kann. Es ist das begrünte **Schloss von Valesne** (16. Jh.), das *Balzac* gut kannte, weil sein Förderer, *Monsieur de Margonne,* dort wohnte. Von hier aus pflegt *Félix* auf die andere Talseite aufzubrechen, wo *Madame de Mortsauf,* die „Lilie im Tal", auf ihn wartet. Das Romanschloss „Clochegourde" ist von der Lage her eindeutig als das **Château de la Chevrière** zu identifizieren, in dem übrigens auch *Calder* eine Zeitlang gelebt hat. Was aber die Beschreibung der Architektur anbelangt, so findet man die Details von „Clochegourde" an der Südfassade des Schlosses von **Vonne,** das weiter östlich an der D 84 steht. Dies also ist der idyllische Landsitz, der für die unglücklich Verheiratete zum Tugendgefängnis wird. Schließlich beschreibt der Roman, wie die kurz erblühte „Lilie im Tal" an ihrer heftigen, jedoch platonischen Leidenschaft zerbricht.

Praktische Hinweise

Gästezimmer

● **La Sablonnière***, Saché (D 84), Tel. 02.47.26.86.96. Zwischen Azay-le-Rideau und Saché schön am Fluss gelegen, 43-49 €.
● **Manoir de Bécheron***, Saché, Tel. 02.47.26.86.26. Ehemaliges Wohn-Atelier des Bildhauers *Jo Davidson,* Fahrradverleih, 55-62 €.

Ferme-Auberge

● **Les Doilés,** Thilouze (D 8), Tel. 02.47.26.87.87. Am Rande des Plateaus von Sainte-Maure gibt es neben Käsespezialitäten v. a. hervorragende Entenprodukte (Foie gras, Gésiers, Rillettes, Confit, Magret). Verkauf direkt vom Bauernhof, Mittagessen unbedingt vorbestellen.

Touraine

Azay-le-Rideau ♫ XVII/C2

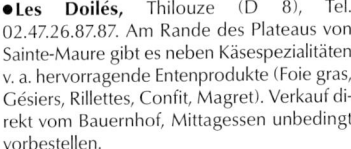

Château Azay-le-Rideau * ♥**
● **Stil:** Frührenaissance (16. Jh.)
● **Besonderheit:** Anmutiges Wasserschloss
● **Höhepunkt:** Treppenhaus mit Loggien
● **Auskunft:** Tel. 02.47.45.42.04
● **Öffnungszeiten:** April–Oktober 9.30-18 Uhr, Juli–August bis 19 Uhr, sonst 9.30-12.30/14-18 Uhr.
● **Eintritt:** 5,34 € (3,51 €)
● **Tipp:** Frühmorgens herrscht am meisten Atmosphäre, noch kein Andrang.

„Wie ein geschliffener Diamant" erschien es Balzac, vom Indre „eingefasst". Denn die glatten, aus Quadersteinen gefügten Wandflächen spiegeln sich ringsum in Seitenarmen des Flusses, die als kunstvoll angelegte Wasserflächen mit Burggräben nur noch scheinbar etwas zu tun haben. Alles, was im Mittelalter Verteidigungfunktion hatte, ist hier reines Ornament, verspieltes Statussymbol des stolzen Besitzers: die Türme – schwebende Erker, der Wehrgang – eine Reihe von Lukarnen, die Pechnasen – eine schmucke Girlande. So gilt Azay-le-Rideau mit Recht als elegantestes, harmonischstes, anmutigstes Loireschloss.

Die beiden über Eck stehenden Flügel des vermutlich größer geplanten Schlosses sind von 1518 bis 1528 vom Schatzmeister *Franz' I.* erbaut worden. Als der König sich über den ungewöhnlichen Reichtum seines Beamten zu wundern begann, verschwand dieser spurlos und hinterließ ein Musterbeispiel der französischen Renaissance, das mit den gleichzeitig vollendeten Lustschlössern von Blois (Flügel Franz I.) und Chenonceaux (Boyer-Palast) gut mithalten kann.

Damals war neben dem italianisierenden Fassadenschmuck (Pilaster, Kapitelle, Medaillons, Muscheln) vor allem die Ehrentreppe eine große Neuheit. Sie springt nicht mehr wie in Blois in den Hof vor, sondern bildet mit ihren Loggien ein dreistöckiges **Treppenhaus,** das wie in Chenonceau in den Palastbau integriert ist und statt der traditionell gewendelten gerade Läufe aufweist.

Der **Besichtigungsrundgang** beginnt unter dem Kreuzrippengewölbe der Küche und führt durch museal ausgestattete Räume, in denen bemerkenswerte Wandteppiche aus dem 16. und 17. Jh. hängen.

Nach einer Runde durch den **Englischen Garten,** dem das Renaissanceschloss sein romantisches Ambiente verdankt, empfiehlt sich noch ein Bummel durch das **Städtchen.** In seinen Gassen wird Kunsthandwerk und Feinkost angeboten und auch die Kirche Saint-Symphorien (11. und 12. Jh.) ist sehenswert.

Villaines-les-Rochers ⟫XVII/C2

Ein Abstecher führt 5 Kilometer südlich (D 57) nach Villaines-les-Rochers. Das Dorf ist ein Zentrum der **Korbflechterei,** die von 80 Familien in Heimarbeit betrieben wird.

Die Flechter verwenden hauptsächlich zwei Weidenarten (Grisette, Noir de Villaines), die auf den schlammiglehmigen Böden des Villaines-Tals wachsen. Die Ruten werden im Januar geschnitten und, nach Größe sortiert, in Wassergräben frischgehalten, bis sie im Mai/Juni entrindet, getrocknet und gebündelt werden. Bevor die Flechtarbeit beginnt, müssen die Ruten wieder 2-3 Stunden eingeweicht, d. h. biegsam gemacht werden. Als Werkzeug benutzen die auf einer Werkbank sitzenden Flechter eine Baumschere, einen Stichel, einen Holzschlegel, ein Haumesser und einen Spalter.

Man kann ihnen in ihren höhlenartigen Werkstätten bei der Arbeit zusehen

und ihre Produkte in den Ausstellungsräumen der Genossenschaft begutachten und käuflich erwerben.

- **Coopérative de Vannerie,** 1, rue de la Cheneillère, Tel. 02.47.45.43.03, Öffnungszeiten: wochentags 9-12/14-19 Uhr, sonntags im Sommer ab 10 Uhr, im Winter nur nachmittags.

Praktische Hinweise

Information

- **Office de tourisme,** Place de l'Europe, 37190 Azay-le-Rideau, Tel. 02.47.45.44.40, Fax 02.47.45.31.46.

Hotel

- **Le Biencour**,** 7, rue de Balzac, Tel. 02.47.45.20.75, Fax 02.47.45.91.73. Historisches Gebäude (18. Jh.) in der Fußgängerzone, ruhig und schlossnah, mit hübschem Innenhof. Zimmer 32-58 €.

Gästezimmer

- **Mme Wilmann***,** Clos Philippa, Tel. 02.47.45.26.49. Schönes Altstadthaus mit Garten. Um 42-52 €, auch Table d'hôte.
- **Mme Obligis-Jolit***,** Le Vaujoint, Cheillé, Tel. 02.47.45.48.89. 3 km Richtung Rivarennes (am GR 3) mit Garten, Spielplatz, Grill. Um 38-42 €, auch Table d'hôte.

Jugendherberge/ Gruppenunterkunft

- **Maison des Jeunes,** Parc du Sabot, Tel. 02.47.45.37.59. Fahrrad- und Bootsverleih, gute Routenberatung.
- **Gite d'Etape „Bourg Cocu",** Cheillé, Tel. 02.47.45.38.97. Am GR 3, zwei Schlafsäle für 8/10 Personen (à 7,50 €), Küche, Garten, Grill und Spielplatz.

Camping

- **Le Sabot***,** Tel. 02.47.45.42.72, geöffnet Ostern-Oktober. Schattenplätze am Indre, auch Pool und Fahrradverleih.

Restaurants

In der Altstadt gibt es zahlreiche Imbisslokale, die eine preiswerte, schnelle, meist korrekte Kost bieten. Als stilvolle Restaurants sind zu empfehlen:

- **Le Grand Monarque,** 3, place de la République, Tel. 02.47.45.40.08. Im teuersten Hotel am Platz, ehemalige Poststation, speist man unter Balken oder im schattigen Garten. Klassische Regionalküche (Zander, Spargel) um 40 €, preiswertes Mittagsmenü.
- **L'Aigle d'Or,** 10, rue Adelaïde-Riché, Tel. 02.47.45.24.58, Sonntagabend und Mittwoch geschlossen. Das Gourmetrestaurant von Azay-le-Rideau, Menüs 24-54 €, Mittagsmenü 16 €.

Spezialitäten

- **Traiteur Esclasse,** 22, Rue Nationale, Tel. 02.47.45.40.50. Für seine Rillettes und Rillons wurde der Meistertraiteur schon mit Preisen ausgezeichnet. Sämtliche Gerichte, ob hausgemachte Terrinen oder zubereitete Salate, werden auf Wunsch auch ins Ferienhaus geliefert.

Märkte

- **Foire aux Vins** (Weinmesse), April.
- **Marché Gourmand** (Schlemmermarkt), Juli-August jeden dritten Freitag, 16-24 Uhr in den Gassen der Altstadt.
- **Foire aux Pommes** (Apfelmarkt), letztes Oktoberwochenende.

Fahrradverleih

- **Cycles Leprevost,** 13, rue Carnot, Tel. 02.47.45.40.94.

Anreise/Weiterreise

- **Mit dem Auto:** Über A 10 (Ausfahrt Tours – Saint-Avertin) und D 751 (25 km), weitere Verbindungen nach Langeais (D 57), Chinon (D 751), Ile-Bouchard (D 757) und Montbazon (D 17).
- **Mit der Bahn/dem Bus:** Triebwagen oder SNCF-Bus von Tours nach Chinon.

Touraine

Die drei Mündungen

Überblick

Westlich von Tours münden die wichtigsten linken Nebenflüsse in die Loire. Auf kaum 30 km drängen sich hier die lange hinausgeschobenen Mündungen des Cher, des Indre, der Vienne. Vor allem Cher und Indre eskortieren kilometerlang den Hauptfluss, benutzen auf der letzten Strecke alte Seitenarme der Loire und bilden extrem schmale, schier endlose Halbinseln. Sie gehören zu den flussnahen Niederungen, den so genannten *varennes,* die aus abgelagertem Schlick bestehen und im Winter regelmäßig überflutet werden. Diese sandig-lockeren Schwemmlandböden sind – vereint mit dem milden Klima – für den Obst- und Gemüseanbau besonders geeignet. So gilt das Bild vom „Garten Frankreichs" vor allem für diesen Teil der Touraine, wo sich die Obstplantagen mit Weinbergen, die Gemüsefelder mit Treibhäusern, die Parkanlagen mit Schrebergärten abwechseln.

Man sieht die fruchtbare Zone grün und silbern schimmern, wenn man vom früher waldreichen Kalkplateau der Gâtine nach Süden blickt, wo sich das Loiretal, von Champeigne-Hügeln umstellt, in die Seitentäler verzweigt. Die nördlichen Anhöhen gehören zu dem Muschelkalkgebiet, das einen eigenen Ausflug lohnt und auf der rechten Talseite eine Ausweichroute zu der stark befahrenen Route Nationale (N 152) darstellt. Die beschaulichen Strecken, die sich v. a. auch für Radfahrer anbieten, befinden sich auf dem linken Loireufer und sind Dammstraßen,

die bis in die Spitzen der Halbinseln führen. Neben der Flusslandschaft sind zwei gegensätzliche Châteaus, die Burg Langeais und das Schloss Villandry, besonders sehenswert. Dabei gibt es Kunstwerke zu entdecken, die das Thema Garten im weiteren (Mille-Fleurs-Teppiche) oder engeren Sinne (Ornamentgärten) eindrucksvoll variieren.

Cher- mündung ♫ XVII/CD1

Die Stadt Tours liegt am Cher-Loire-Zusammenfluss, der aber am westlichen Stadtrand immer noch auf sich warten lässt. Aus der Altstadt kommend, fährt man im Stadtteil La Riche unter der Brücke hindurch weiter stadtauswärts. Die D 88 umrundet die eingedeichte, aber immer wieder überflutete **Landzunge,** vorbei an Treibhäusern, dammhohen Häusern, unterspülten Bäumen.

Auf der Südseite erreicht man die Brücke von **Savonnières,** davor liegt ein kleiner Badestrand. Knapp 10 km von Tours entfernt, ist Savonnières der ideale Ausgangs- oder Endpunkt einer Rundfahrt im Gebiet der Cher- und Indremündungen. Allein die Straßenterrasse vor dem gemächlich fließenden Cher lohnt den Halt in diesem malerischen Dorf, das neben einem schönen romanischen Kirchenportal (12. Jh.) auch noch **Tropfsteinhöhlen** mit unterirdischen Seen, zahlreichen Versteinerungen und einem gallo-römischen Friedhof zu bieten hat.

●**Grottes Pétrifiantes** (Tropfsteinhöhlen), Savonnières, Tel. 02.47.50.00.09, Öffnungszeiten: April–September außer Donnerstag täglich 9-19 Uhr. Eintritt: 4,88 € (3,35 €).

Praktische Hinweise

Information

●**Office de tourisme,** 37510 Savonnières, Tel. 02.47.50.12.66, Fax 02.47.43.59.16.

Gästezimmer

●**La Grange aux Moines***,** Berthenay (D 88), Tel. 02.47.50.06.91. Auf der Cher-Halbinsel bietet die ruhig gelegene „Mönchsscheune" (18. Jh.) Zimmer mit Bad und WC (ab 45 €), außerdem Abendessen (17 €), Schwimmbad und Fahrradverleih.

Blick vom Donjon auf Gemüsegarten und Hof

Touraine

Fest

● **Fête de la Batellerie** (Fest der Schifffahrt), letztes Juniwochenende, mit Trödelmarkt.

Kanu/Kajak

● **Base estivale,** Tel. 02.47.50.15.71. Mit Abholservice *(navette).*

Anreise/Weiterreise

● **Mit dem Auto:** Von Tours – La Riche unter der Loire-Cher-Brücke hindurch (D 88) oder über die Brücke südwärts auf die Route de Savonnières (D 7).
● **Mit der Bahn:** Auf der Linie Tours – Saumur halten einige wenige Züge auch in Savonnières, nächster Halt in Langeais.

Villandry ♪ XVII/C1

Château de Villandry ** ♥

● **Stil:** Renaissance (16. Jh.)
● **Besonderheit:** Schönste Renaissance-gärten Frankreichs
● **Höhepunkt:** Gemüsegarten
● **Auskunft:** Tel. 02.47.50.02.09
● **Öffnungszeiten:** Schloss 9-18 Uhr (Juli-August bis 18.30 Uhr), Gärten 9-18 Uhr (April–Oktober bis 19 Uhr), Mai–September bis 19.30 Uhr.
● **Eintritt:** Gärten 5,03 € (3,35 €), Schloss und Gärten 7,01 € (4,88 €).
● **Tipp:** Die Schlossbesichtigung lohnt nur wegen des Panoramablicks vom Donjon.

Im Gemeindegebiet Savonnière liegen die bedeutendsten und prächtigsten Renaissancegärten des Loiretals und vermutlich von ganz Frankreich. Das dazugehörige **Schloss** (16. Jh.), ein Bau *Jean Le Bretons* (siehe Villesavin), umschließt hufeisenförmig einen kahlen Hof und stößt mit seinem Westflügel an den alten Burgturm (14. Jh.), von dessen Plattform sich der beste Blick auf die sensationellen Anlagen bietet.

Die **Renaissancegärten** sind eine Rekonstruktion, die *Dr. Carvallo* nach dem Kauf des verwahrlosten Schlosses 1906 in Auftrag gab. Der Spanier, Renaissancefan und begeisterter Anhänger „französischen Geistes", hat sie nach den Stichen *Du Cerceaus* („*Les Plus Excellents Bastiments de France*" 1607) entworfen und dabei auch die Gartenbaukunst der Klöster, vermutlich auch spanische Traditionen einfließen lassen.

Heute sind auf Villandry sieben **Gärtner** das ganze Jahr über voll beschäftigt, um die Anlagen im Sinne der Nachfahren in Schuss zu halten. In drei beheizten Gewächshäusern, einem Tunnel und zahlreichen Mistbeetfenstern werden 90% der Blumen- und Gemüse-, fast ausschließlich Einjahrespflanzen gezogen, die dann entsprechend der Anbaupläne (Frühjahr, Sommer) gesetzt werden. Die Bewässerung (im Sommer von 19 bis 23 Uhr) wird mit 27 Sprenklern, das Beschneiden teils mit elektrischen Gartenscheren (Buchsbäume), teils mit der Hippe (Eiben, Linden), das Jäten des Unkrauts (der Buchsbaum verträgt keine chemischen Mittel) überall von Hand durchgeführt.

Die Gartenparterres

Auf dem untersten Parterre befindet sich der berühmte **Gemüsegarten.** Vier einander kreuzende Spazierwege zerteilen ihn in 9 gleichgroße Quadrate, die von Obstspalieren und Blumen-

16-Ifo Foto: mi

Touraine

rabatten eingefasst sind. Die Unterschiede ergeben sich aus den geometrischen Buchsbaummustern, die mit kontrastreich kombinierten Gemüsesorten gefüllt sind. Mit Ausnahme der (erst im 18. Jh. verbreiteten) Kartoffel wachsen in den Beeten von der Artischocke bis zum Radieschen, vom Schnittlauch bis zur Zucchini alle wichtigen Arten, mehr als 25 verschiedene im Frühlings- wie im Sommerplan. Der Fruchtwechsel ist dabei ebenso zwingend wie Farb- und Formaspekte. So können keine Karotten gepflanzt werden, wo das Jahr zuvor Stangensellerie, gleichfalls ein Doldengewächs, wuchs. Tomaten dürfen nicht neben der ähnlich roten Paprika, die hochwachsenden Auberginen aber sehr wohl neben Salat auftauchen. Die ästhetische Gesamtgestaltung lässt neben klösterlichen (Kreuzmuster, Rosenstöcke) vor allem italienische Einflüsse (Einfassungen, Gartenlauben, Springbrunnen) erkennen.

Eine Stufe höher erstreckt sich die Terrasse der Ziergärten vom Schloss bis zum Dorf hinüber. Den „Ersten Buchsbaumsalon" bildet auf der Schlossseite der **Liebesgarten:** die von beschnittenen Eiben verzierten Buchsbaumhecken sind nämlich von rechts nach links, von unten nach oben Alle-

Schloss Villandry von höherem
Gartenparterre aus

gorien auf die leidenschaftliche (zerbrochene Herzen), ehebrecherische (Fächer, Hörner, Liebesbriefe), zärtliche (Herzen, Masken) und tragische (Dolche, Schwerter) Liebe.

In der Verlängerung dieser vier, auch farbensymbolisch abgestimmten Karrees wächst eine Komposition von **Kreuzornamenten** (Malteserkreuz in der Mitte, dahinter die Kreuze des Languedoc und Baskenlandes).

Durch einen Kanal getrennt, folgt lotrecht der „Zweite Buchsbaumsalon", den Mustern (Leiern, Harfen, Kerzenhalter) nach zu schließen der **Musikgarten.**

Auf der Dorfseite schließen sich – im rechten Winkel vorspringend – die drei Pflanzenkreise des **Heilkräutergartens** an.

Auf der obersten Stufe erreicht man den klassisch inspirierten **Wassergarten,** mit seinem Lindenkreuzgang, den Rasenflächen und dem großen Becken in der Mitte wie geschaffen zum Ausruhen. Dabei spielt der Nutzaspekt eine entscheidende Rolle, denn das Wasserreservoir speist sämtliche Springbrunnen und Sprenkler der Schlossanlagen. Von der Brüstung bieten sich zauberhafte Ausblicke auf die tiefergelegenen Terrassen.

Praktische Hinweise

Hotel-Restaurant

●**Le Cheval Rouge,** Rue Principal, Tel. 02.47.50.02.07, Fax 02.47.50.08.77. Logis de France mitten in Villandry-Ort, geräumige, z. T. stille (rückwärtige) Zimmer um 41-45 € (Halbpension 53 €).

Ferme-Auberge

●**Domaine de la Giraudière,** 1 km südlich Richtung Druye (D 121), Tel. 02.47.50.08.60, täglich 12-15 Uhr und 19-21 Uhr. Im restaurierten Stall oder auf der Terrasse des historischen Bauernhofs (17. Jh.) gibt es frische Salate mit Ziegenkäse, Entenfleisch etc. (Menüs ab 7,50 €).

Luynes und Cinq-Mars-la-Pile

Man muß bereits in Tours auf die rechte Loireseite wechseln, will man nicht bis zur Brücke von Langeais warten. Die N 152 verläuft auf dem Damm, wo man zwischen wechselnden Baumgruppen und Sandbänken die Loire schillern sieht. Rechts ab führen kleinere Straßen in die Dörfer hinein.

Luynes   ↗XVII/D1

Château de Luynes *

●**Stil:** Mittelalterliche Burganlage (12. Jh.)
●**Besonderheit:** Reiche Ausstattung (Mobiliar, Teppiche, Gemälde)
●**Höhepunkt:** Blick ins Loiretal
●**Auskunft:** Tel./Fax 02.47.55.67.55
●**Öffnungszeiten:** Mitte März–September 10-18. Uhr
●**Eintritt:** 6,86 € (3,05 €), Führung 45 Min.

Sobald rechts die hässlichen Vorstadthäuschen den Überflutungsräumen weichen, erblickt man auch schon eine Anhöhe mit mittelalterlicher Burgkulisse. In **Port-de-Luynes,** dem alten Flusshafen, geht es rechts ab zur dazugehörigen Ortschaft.

Vorbei an den alten Hallen und Fachwerkhäusern (15. Jh.) sollte man durch die Weinberge zum Friedhof fahren: von dort bietet sich die **Burganlage** (12. Jh.) mit ihren hohen Mauern und mächtigen Rundtürmen besonders imposant dar.

Aber auch auf der anderen Seite der Festung gibt es – zwei Kilometer nordöstlich – ein beeindruckendes Bauwerk zu bestaunen: das **Aquädukt** (1. oder 2. Jahrhundert), das auf neun Meter hohen Pfeilern Wasser in die hochgelegenen Villen des gallo-römischen *castrum* brachte. Von den ursprünglich 99 Bögen sind noch 44 erhalten.

vorkommt. Ein Grabmal römischer Soldaten? Eine gallische Grenzmarke? Eine Art Leuchtturm aus der Frühzeit der Flussschifffahrt? Man weiß es nicht.

Weniger rätselhaft ist die erste Hälfte des Ortsnamens, die sich auf den unglücklichen Schlossherrn, *Marquis Henri d'Effiat* (1620-1642), und damit auf *Vignys* Roman „Cinq-Mars oder Eine Verschwörung unter Ludwig XIII." bezieht. Gleich hinter der Kirche geht es rechts zu der alten **Burg** (13. Jh.) hoch, die nach der Hinrichtung des Richelieugegners auf Befehl des Kardi-

Cinq-Mars-la-Pile   ⚐ XVII/C1

Château féodal de Mars-la-Pile * ♥
- **Stil:** Festungsarchitektur (13. Jh.)
- **Besonderheit:** Turmruinen mit tiefergelegener Vorburg
- **Höhepunkt:** Spaziergang durch die Burggräben
- **Auskunft:** Tel. 02.47.96.40.49
- **Öffnungszeiten:** 9 Uhr bis Eintritt der Dunkelheit, außer Dienstag
- **Eintritt:** 2,29 € (1,22 €).
- **Tipp:** Gästezimmer (Chambres d'hôte***) in den Wirtschaftsgebäuden.

Bei **Saint-Etienne-de-Chigny** (Höhlenwohnungen, flussnahe Schrebergärten) schwenkt die D 76 von Luynes zurück zur Nationalstraße, die man in Cinq-Mars-la-Pile erneut verlässt.

Am östlichen Ortseingang erhebt sich ein 20 Meter hoher, massiver **Ziegelpfeiler** *(la pile),* dessen vielfarbiges Dekor so auch im römischen Ostia

Der Burggraben von Cinq-Mars-la-Pile

16536 Foto: rn

Touraine

nals geschleift wurde. Der äußerst reizvolle Rundgang durch die Anlage führt zu den beiden Turmruinen, in die Burggräben und auf die Gartenterrasse, von der man direkt auf die Vorburg, das spätere Judenghetto (*juiverie*), blickt.

Praktische Hinweise

Information

●**Office de tourisme,** 9, rue A. Baugé, 37230 Luynes, Tel. 02.47.55.77.14, Fax 02.47.55.52.56.
●**Office de tourisme,** Mairie, 37130 Cinq-Mars-la-Pile, Tel. 02.47.96.43.43.

Langeais ↗XVII/C1

Château de Langeais ** ♥ ✛
●**Stil:** Spätmittelalterliche Burg (15. Jh.)
●**Besonderheit:** Donjon (10. Jh.)
●**Höhepunkt:** 1000-Blüten-Teppiche
●**Animation:** Wachsfigurenszenen, Demonstration der Zugbrücke 10 und 16 Uhr
●**Auskunft:** Tel. 02.47.96.72.60
●**Öffnungszeiten:** April–September 9-18.30 Uhr, in der Hauptsaison bis 21 Uhr
●**Eintritt:** 6,10 € (3,81 €)

Das Schloss steigt – wie selten im Loiretal – direkt aus den Gassen auf. Die Straßenkurve folgt dem aufgeschütteten Burggraben, und die Touristen erreichen die Zugbrücke über eine Treppe – die einzige Verfälschung an dem sonst unveränderten, äußerst solide gebauten, noch ganz wehrhaften Schloss. Es beeindruckt durch seine hohen Mauern, die mächtigen Türme mit ihren Pfefferdächern, seinen vorgekragten, 130 Meter langen, über 171 Pechnasen führenden Wehrgang – äußerst militärisch und doch sehr schmuck.

Geschichte

Fulco Nerra, der Graf von Anjou, errichtete Ende des 10. Jh. hier eine Festung, um seine Macht auf den Einflussbereich des Grafen von Tours und Blois auszudehnen. Die Burg war in einem langen Hin und Her zwischen

Blick vom Wehrgang auf Langeais

den Königen von England und Frankreich heftig umkämpft: *Richard Löwenherz* erstürmte sie, *Philipp August* holte sie wieder zurück. Unterhalb der 1428 geschleiften Festung ließ schließlich *Ludwig XI.* von seinem Schatzmeister *Jean Bourré* ab 1465 den Neubau errichten, ein machtvolles Signal an die Adresse des frondierenden Grafen der Bretagne.

Doch der beste Schutz der Krondomäne war ihr Ausbau durch den Heiratsvertrag, der *Anne de Bretagne* an den (nächsten und übernächsten)

Puppen stellen die Königshochzeit nach

König von Frankreich band. Ein weitreichender Schachzug, an dem neben *Karl VIII.* (als erstem Bräutigam) auch *Ludwig von Orléans* (der spätere *Ludwig XII.*) und der mit ihm verwandte *Dunois* (der Schlossherr von Langeais) mitwirkten. Am 6. Dezember 1491 kam es unten im Gardensaal zur Vertragsunterzeichnung und oben im Großen Saal zur kirchlichen Vermählung.

Wachspuppen vergegenwärtigen die Szene heute und zeigen, wie verblüffend kleinwüchsig die Hauptdarsteller waren und wie prunksüchtig sich die Braut trotz ihrer knappen Finanzen mit Goldbrokat und zahllosen Zobelfellen behängte.

Schlossbesichtigung

Man erreicht den Eingang von der **Hofseite,** die mit ihren Lukarnen und Türmchen wesentlich freundlicher wirkt als die mittelalterliche Burgfront.

Die Besichtigung der Innenräume lohnt wegen der stimmigen **Möblierung,** die *Jacques Siegfried* (Schlossbesitzer 1886-1904) zu verdanken ist und einen hervorragenden Einblick in Geschmack und Kunst des ausgehenden 15. Jahrhunderts vermittelt. Die Kamine im Gardensaal sind mit Burgzinnen versehen, gleich hinter dem Verkaufsraum im Kleinen Salon sind besonders schöne Täfelungen, und unter den Gemälden ist das Tryptichon „Sitzende Heilige" von ca. 1500 besonders wertvoll.

Die **Wandbehänge** stammen zum Großteil aus Flandern (15. und 16. Jh.)

Touraine

und beeindrucken durch prächtige Blumen- und Pflanzenornamente (zahlreiche so genannte 1000-Blüten-Teppiche).

Als Schauplätze der historischen Königshochzeit ziehen der **Gardensaal** (Erdgeschoss) und der **Große Saal** (1. Stock) besondere Aufmerksamkeit auf sich. Man folgt der Führungslinie immer weiter nach oben und kehrt über den 130 m langen Wehrgang (Ausblick!) zurück in den Hof.

Im angrenzenden Garten sieht man als Überbleibsel der frühmittelalterlichen Festung noch die Ost- und Nordseite von *Fulco Nerras* **Donjon.** Er soll der älteste unter den noch erhaltenen Wehrtürmen Frankreichs sein.

Praktische Hinweise

Museum in der Umgebung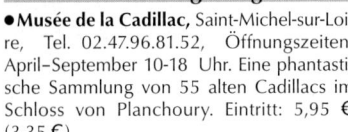

●**Musée de la Cadillac,** Saint-Michel-sur-Loire, Tel. 02.47.96.81.52, Öffnungszeiten: April–September 10-18 Uhr. Eine phantastische Sammlung von 55 alten Cadillacs im Schloss von Planchoury. Eintritt: 5,95 € (3,35 €).

Information

●**Office de tourisme,** place du 14 juillet, 37130 Langeais, Tel. 02.47.96.58.22, Fax 02.47.96.83.41.

Hotel-Restaurants

●**La Duchesse Anne**,** 10, rue de Tours, Tel. 02.47.96.82.03, Fax 02.47.96.68.60. Logis de France an der Hauptstraße, aber mit Garten nach hinten. Ordentliche Zimmer (32-45 €), traditionelle Küche mit wochentags sehr preiswertem Mittagsmenü (Halbpension 40 €).
●**Errard Hosten***,** 2, rue Gambetta, Tel. 02.47.96.82.12, Fax 02.47.96.56.72. Mit wildem Wein bewachsener Gasthof mitten in der Altstadt, im Restaurant klassische Küche auf hohem Niveau (Zander in Beurre blanc, Touraine-Taube, Rinderfilet mit Foie gras). Zimmer 68-84 €, Menüs um 30 € (Halbpension 64-90 €).

Camping

●**Le Lac**,** Tel. 02.47.96.85.80, Fax 02.47.96.69.23, geöffnet Juni–Mitte September. Schattenplätze, Bademöglichkeit in der Nähe.

Imbiss/Spezialität

●**Salon de thé,** gegenüber dem Schloss, Montag Ruhetag. Gemüsetartes und Sandwiches, v. a. aber ausgezeichnete Pralinen.

Märkte

●**Wochenmarkt,** jeden Sonntagvormittag.
●**Foire de Pâques,** Osterjahrmarkt mit Trödelmarkt am Ostersonntag.
●**Marché gourmand** (Schlemmermarkt), Wochenenden um den 10.8. von 17-24 Uhr.
●**Foire aux pommes** (Apfelmarkt), 2. Wochenende im Oktober.

Fahrradverleih

●**Station Touraine-Anjou,** 24, rue de Tours, Tel. 02.47.96.81.17.
●**Gare SNCF.**

Anreise/Weiterreise

●**Mit dem Auto:** Verbindungen nach Tours/Saumur (N 152) und Azay-le-Rideau (D 57) mit Schnellstraße Tours – Chinon (D 751).
●**Mit der Bahn:** Täglich zahlreiche Züge Richtung Tours und Saumur/Angers.

Savigné-sur-Lathan – Im Land des Muschelkalks ♫XIV/B3

Nördlich von Langeais beginnt das Muschelkalkgebiet *(Pays des faluns)*, das – zwischen Loire und Loir – ein geologisch höchst aufschlussreiches Plateau bildet. Es besteht aus sandstein- und quarzhaltigen Kalkablagerungen, die auf die letzte Atlantikausdehnung (vor 20 Millionen Jahren) zurückgehen. Dieses so genannte Muschelkalkmeer birgt unzählige Fossilien, vor allem Muscheln und Korallen. Man hat aber auch die versteinerten Skelette von Haien, Krokodilen, Rinozerossen und anderen Wirbeltieren ausgegraben. Die Funde erlauben interessante Rückschlüsse auf das tropische Klima, das in diesem vorzeitlichen Atlantikgolf herrschte.

Im Museum von Savigné-sur-Lathan kann man – in altmodischen Vitrinen säuberlich sortiert – eine umfangreiche **Fossiliensammlung** bestaunen. Die verschlafene Ortschaft ist auch sehenswert wegen ihrer gut erhaltenen Burggräben, in die das Lathan-Flüsschen eingeleitet wurde. *Jacques du Bellay,* der Herr von Savigné, ließ 1559 aus dem reichlich vorhandenen Muschelkalk Mauern und Türme gegen die Hugenotten errichten.

● **Musée du Savignéen,** Tel. 02.47.24.95.14, Öffnungszeiten: Juli–Mitte September außer Dienstag täglich 14.30-18 Uhr, sonst nur an Wochenenden. Fossiliensammlung und Heimatmuseum. Eintritt: 3,81 € (1,52 €).

● **Musée des Trains et Transports** (Zugmuseum), Tel. 02.47.24.60.19, Öffnungszeiten: 10-11.30/14.30-18 Uhr außer Montag. Auf über 250 qm kann man en miniature und schön animiert ganz Frankreich überblicken, außerdem die historische Departement-Eisenbahn Savigné – Tours (1907-1949) und andere Provinzbahnen erleben. Eintritt: 5,79 € (4,27 €).

Die Seen von Hommes und Rillé ♫XIV/AB3

Der Muschelkalk bildet fruchtbare Inseln, auf denen Spargel, Wein und andere Kulturen gedeihen. Man hat ihn im Tagebau gefördert, um Kalkdünger zur Meliorierung (Verbesserung) der Böden zu gewinnen. Auf dem Ge-

Im Museum von Savigné-sur-Lathan

Touraine

meindegebiet von **Hommes** (Schloss-ruine 1 km westlich) entstanden so zahlreiche Gruben, von denen heute mehrere einen 25 Hektar großen See fassen.

Wesentlich größer ist der **Lac de Rillé** (Lac de Pincemaille), ein 250 ha großer Stausee, der das Wasser des Lathan-Flusses auffängt und ins Authi-on-Tal (Anjou) leitet. Etwa ein Fünftel des Sees steht Wassersportlern als Freizeitzentrum zur Verfügung.

Der größte Teil aber ist ein **Vogel-schutzgebiet.** Ab August wird das Wasser abgelassen, so dass auf den ausgedehnten Sumpfflächen die ver-schiedensten Brutvögel reichlich Nah-rung finden. Der niedere Wasserstand und der Überfluss an Plankton fördert auch den Fischreichtum.

Gizeux   ⌀ XIV/A3

Château de Gizeux *
- **Stil:** Gotik/Renaissance (14.-16. Jh.)
- **Besonderheit:** 400 qm Fresken (17. Jh.)
- **Höhepunkt/Museum:** Musée vivant de l'âne (Eselsmuseum)
- **Auskunft:** Tel. 02.47.96.50.92
- **Öffnungszeiten:** Mai–September wochentags 10-18.30 Uhr, sonntags 14-18 Uhr
- **Eintritt:** 6,10 € (bis 10 Jahre gratis).

8 km südlich von Rillé wartet eine großräumige **Schlossanlage** mit einer bemalten Galerie und einem „leben-den **Eselsmuseum"** auf. Letzteres be-gann mit den 60 Tieren der Nationa-len Eselsgesellschaft und bekommt all-jährlich Nachwuchs.

Ausflugsrundfahrt (Fahrrad-tour)   ⌀ XIV/AB3 ⌀ XVII/C1

Der Ausflug nach Savigné-sur-Lathan lässt sich als Rundfahrt planen, die auf wenig befahrenen Sträßchen übers Kalkplateau führt. Von Langeais kommt man auf der D 15 nach **Ma-zières-en-Touraine** (Kirchturm), das man auch schön von Cinq-Mars-la-Pile aus erreicht: am westlichen Ortsende führt dort die Rue des Caves an Troglodytenkellern und Schrebergär-ten vorbei den Racault-Bach hoch, wo früher sieben Mühlen klapperten.

In Mazières-en-Touraine die D 34 meiden und zunächst Richtung Am-billou, dann bei L'Angevinère auf die D 49 abbiegen, die über **Cléré-les-Pins** (Schloss Champchevrier) nach Savigné-sur-Lathan führt.

Nach der Besichtigung des Städt-chens auf der D 66 nach **Channay-sur-Lathan,** wo man im ehemaligen Steinbruch selbst nach Fossilien gra-ben kann (Schlüssel in der Mairie).

Auf kleinen Sträßchen weiter zum **Lac de Rillé,** anschließend zurück Richtung Savigné-sur-Lathan und kurz vor dem Städtchen rechts nach Hom-mes (Schlossruine) abzweigen.

Im Süden der Ortschaft die D 69 ansteuern und über Avrillé-les-Pon-ceaux nach **Les Essards.** Die mittelal-terliche Rodungssiedlung ist ein ange-nehmer Halt vor der Rückfahrt nach Langeais.

Praktische Hinweise

Camping/Freizeitzentrum

● **Base de loisir Pincemaille-Rillé*****, Mairie Tel. 02.47.24.64.68, geöffnet Mai–August. Segeln, Surfen, Kayak, Tauchen, Tennis, Minigolf, Bogenschießen, Mountainbikeverleih.

Nostalgiebahn

● **Train à vapeur historique de Rillé** (Historische Dampfeisenbahn): an Sonn- und Feiertagen 14.30-18.30 Uhr, Juli–August zusätzlich mittwochs und samstags.

Indremündung

Für Radausflüge in schöner Natur ist das südliche Loireufer besonders geeignet. Jenseits der Hängebrücke von Langeais (1950) erreicht man die schmale Dammstraße, die für den Durchgangsverkehr nicht in Frage kommt. Aber auch im Wald von Chinon und oberhalb von Villandry gibt es die für den *Cyclotourisme* geeigneten Sträßchen, die auf der Michelin-Karte weiß eingezeichnet sind.

Dammstraße ⌖ XVII/C1-2

Flussaufwärts führt sie relativ schnell nach Villandry und über Savonnière auf die Cherhalbinsel. Flussabwärts ist sie eine lange hinausgezögerte, immer stiller werdende Sackgasse, die sich in den Weilern der Indremündung verliert. Kleingärtner entlocken den fruchtbaren Schwemmböden die schönsten Gemüse. Früher wurde im regelmäßig überfluteten Mündungs-

spitz noch Hanf angebaut und zu Schiffsseilen verarbeitet.

Die lindengesäumten Kaimauern von **Bréhémont** erinnern an die Tage der Flussschifffahrt, und in **Rupuanne** gibt es an einigen Häusern sogar noch alte Hanföfen zu entdecken.

Auf der Höhe von Ile-Saint-Martin wendet man sich nach Süden, wo der Wald von Chinon aus der Flussniederung steigt und – vor dunkelgrünem Hintergrund – das Schloss von Ussé aufleuchtet.

Touraine

Sandbänke unter der Brücke von Langeais

Rigny-Ussé ↗ XVII/C2

Château d'Ussé *
- **Stil:** Gotik/Renaissance (15./16. Jh.)
- **Besonderheit:** „Dornröschenschloss"
- **Höhepunkt:** Kapelle, flämische Tapisserien (18. Jh.)
- **Auskunft:** Tel. 02.47.95.54.05
- **Öffnungszeiten:** Ostern–20. November 9-12/14-18.30 Uhr, Juli–August ohne Mittagspause.
- **Eintritt:** 8,99 € (2,90 €), Führung 45 min

Mit seiner Vielzahl von spitzen Türmen, Lukarnen, Dächern und dem (an Langeais erinnernden) umlaufenden Wehrgang entspricht es dem romantischen Idealbild einer **mittelalterlichen Burg.** So ist es kein Zufall, dass Ussé dem Zeichner *Gustave Doré* (1832-83) für seine Illustrationen zu „Dornröschen" als Vorlage diente und angeblich schon *Charles Perrault* (1628-1707) zur Nacherzählung des altfranzösischen Märchenstoffes angeregt hat. Die Burg

Die Führung beginnt im Schlosshof

ist ab 1460 für einen Waffenbruder Jeanne d'Arcs errichtet worden und war
durch häufigen Besitzerwechsel vielen
Veränderungen unterworfen. Charakteristisch ist der Mischstil aus französischer Gotik und italianisierender Renaissance, von dem die isoliert stehen-
de Schlosskapelle ein besonders reizvolles Beispiel gibt.

Im Inneren ist nur das **Königszimmer** noch im Originalzustand (18. Jh.)
erhalten. Ein König hat hier allerdings
nie übernachtet. Zu einem anmutigen
Wohnsitz wurde das Schloss erst im
17. Jh., als man des Talblicks wegen
den Nordflügel abriss.

Rivarennes, Lignières und Marnay ⚐ XVII/C1-2

Der schmale Streifen zwischen der
Chinonwald-Kuppe und den Flüssen
ist ein besonders obstfreundlicher
Winkel im „Garten Frankreichs". **Rivarennes** wurde berühmt für seine *poi-
res tapées* (Klopfbirnen), die schon bei
den Flussschiffern als Proviant beliebt
waren und in der zweiten Hälfte des
19. Jh. v. a. bei der britischen Marine
reißenden Absatz fanden, bis 1931 die
Konkurrenz der amerikanischen Dörr-
birnen der lokalen Spezialität den Gar-
aus machte.

Großflächigen Obstanbau findet
man heute auf der anderen Seite des
Indre, bei **Lignières-en-Touraine,** ein
sehenswerter Marktflecken (Häuser
aus dem 15. und 16. Jh., Chorfresken
in der Kirche), der auf über 300 ha von
Obst-, vorwiegend Apfelplantagen

umgeben ist. Im Übrigen wird hier
auch Wein angebaut, denn die Appellation „Azay-le-Rideau" erstreckt sich
weit über das Gemeindegebiet hinaus
nach Norden.

In der nahegelegenen Mühle von
Marnay ist das Dufresne-Technikmu-
seum untergebracht.

●**Musée de la Poire Tapée,** Rivarennes, Tel.
02.47.95.47.78, Öffnungszeiten: Juni–August
außer Montag täglich 15-18 Uhr, sonst nur
am Samstag. Eintritt: 1,52 € (0,75 €).
●**Musée Maurice Dufresne,** Marnay, Tel.
02.47.45.36.18, Öffnungszeiten: 9.15-18 Uhr,
in der Saison bis 19 Uhr. Einzigartige Sammlung (3000 Ausstellungsstücke) von alten
Fahrzeugen und Landwirtschaftsmaschinen
in einem vom Indre durchquerten Park. Eintritt: 7,62 € (3,81 €).

Praktische Hinweise

Hotel-Restaurant

●**Le Clos d'Ussé,** Rigny (50 m zum Schloss),
Tel. 02.47.95.55.47. Preiswerte Zimmer (25-
49 €), frisch zubereitete Gerichte, Weindegustation, Tipps für Radler.

Camping

●**La Blardière,** Rigny, Mairie Tel. 02.47.
95.55.85, Fax 02.47.93.21.87, geöffnet Mitte
März–Mitte Oktober, Schattenplätze.

Gästezimmer

●**Mme Chevalier*,** Bréhémont, Tel. 02.47.
96.65.79. Mit Garten und Fahrradverleih. Um
31 €.
●**Mme Muller-Fouin,** route de Chinon, Rivarennes, Tel. 02.47.95.42.63. Garten, Spielplatz, Grill. Um 30 €.

Fahrradverleih

●**Centre VVT Touraine Val de Vienne,**
Bréhémont, Tel. 02.47.96.69.43.

Touraine

Viennemündung

Wenn man vor Rigny-Ussé oder noch ein Stück später vor Huismes den Indre überquert, befindet man sich bereits auf der Vienne-Halbinsel. Denn nach Cher und Indre bildet die Vienne als dritter südlicher Nebenfluss der Loire im Mündungsgebiet eine dritte, nicht mehr ganz so spitz zulaufende Landzunge. Der abseits gelegene Winkel heißt Le Véron und ist ein Sumpfgebiet mit Kalkhügeln, auf denen bereits Chinon-Wein gedeiht. Zwei Landschaftstypen trifft man nebeneinander. In den Feuchtwiesen, die durch Entwässerungsgräben teilweise in Viehweiden verwandelt wurden, kann man zwischen Hecken von Eschen, Ulmen, Eichen unter anderem Graureiher, Eisvögel und Wiedehopfe beobachten. Die kalkhaltigen Böden zeigen wiederum eine fast mediterrane Vegetation mit Kiefern, Orchideen und Aromapflanzen. Früher drehten sich im Véron die Flügel von etwa 30 Windmühlen, von denen heute noch einige Ruinen zeugen.

Atomkraftwerk Avoine ⌀XVI/B2

Kurz hinter der Einmündung des Indre wurde 1963 der Prototyp der ersten französischen AKW-Generation errichtet. Mittlerweile ist Chinon A1 ein **Museum** (La Boule), das neben den leistungsstärkeren Nachfolgereaktoren von 1982-87 (B1, B2, B3, B4) Frankreichs historischen Einstieg ins Atomprogramm dokumentiert. Von der ehemaligen Leitzentrale geht es an den Wärmeaustauschern vorbei auf die Betonplatte, unter der ein gründlich perforierter Graphitblock 17.000 Uranstäbe birgt. Zehn Jahre lang war der Reaktor in Betrieb, dann löste die Schnelle-Brüter-Technologie das Uran-Graphit-Gas-Verfahren ab.

● **Centrale nucléaire,** Tel. 02.47.98.97.07 und 02.47.98.77.77. Atommuseum in der „Kugel" La Boule. Voranmeldung nötig.

Bourgueil ⌀XVI/B1

Den besten Blick auf die Silberkuppel (55 m Durchmesser) des Atomkraftwerks hat man von der Loirebrücke, die von der Halbinsel nach Bourgueil hinüberführt. Der Ort ist berühmt für seinen fruchtigen **Rotwein,** der – verwandt und doch unverwechselbar – mit dem Konkurrenten aus Chinon gut mithalten kann.

Die Weinberge reichen von Saint-Patrice bis Saint-Nicolas-de-Bourgueil und gehen auf die 990 gegründete **Benediktinerabtei** zurück, von der nur noch drei Gebäude aus dem 13. bis 18. Jh. erhalten sind. 5 km südlich kann man im Château des Réaux fürstlich wohnen.

● **Ancienne Abbaye bénédictine,** Tel. 02.47. 97.72.04, Öffnungszeiten: Juli–August 14-18 Uhr täglich außer Dienstag und Mittwoch, sonst nur an Sonn- und Feiertagen. In den Mönchszellen ein Heimatmuseum mit über 1500 Exponaten. Eintritt: 4,42 € (2,90 €).
● **Musée de la Cave et du Vin** (Cave de la Dive Bouteille), Chevrette, Tel. 02.47.97.72.01, Öffnungszeiten: Mai–September 10-12.30/ 14-19 Uhr außer Montag (Hochsaison ohne Ruhetag). In ehemaligem Steinbruch alte Weinpressen, Degustation. Eintritt: 2,74 €.

Château des Réaux *

- **Stil:** Frührenaissance (15. Jh.)
- **Besonderheit:** Schachbrettmuster (Tuffstein-Ziegel)
- **Höhepunkt:** Festliches Abendessen
- **Auskunft:** Tel. 02.47.95.14.40, Fax 02.47.95.18.34
- **Öffnungszeiten:** ganzjährig geöffnet, Besichtigung aber nur von außen möglich
- **Tipp:** Die Gäste (Zimmer 90 €, Menü 40 €) werden in die Schlossfamilie aufgenommen, ein Musterbeispiel des alternativen Schlosstourismus

Candes-Saint-Martin ⚲XVI/B2

Wenn man über die Vienne-Brücke Candes-Saint-Martin (gallisch *candate* = Mündung) anfährt, erblickt man ein von Wasser umgebenes Dorf, das sich an seine festungsartige **Stiftskirche** drängt. Diese wurde 1175 bis 1225 um die Martins-Kapelle gebaut, die Anfang des 12. Jh. das baufällig gewordene Sterbehaus des großen Bischofs und Missionars ersetzte. Bemerkenswert sind neben den Figurenplastiken vor allem die Gewölbe, wobei die Mittelsäule der Vorhalle einer Fächerpalme ähnlich sieht.

Folgt man dem Weg hinter der Kirche hinauf zum Plateau, so bietet sich das großartige **Panorama** des Loire-Vienne-Zusammenflusses.

Praktische Hinweise

Information

- **Office de tourisme du Véron,** Le Pommier Rond (direkt vor dem AKW), 37420 Avoine, Tel. 02.47.58.45.40, Fax 02.47.58.41.90. Faltblätter mit Fahrrad- und Wanderrouten.

- **Office de tourisme du Pays de Bourgueil,** 37140 Bourgueil, Tel. 02.47.97.91.39, Fax 02.47.97.91.39.

Hotel-Restaurant

- **Manoir de la Giraudière****, Beaumont-en-Véron, Tel.02.47.58.40.36, Fax 02.47.58.46.06. 5 km nördlich von Chinon wurde ein Landschloss (17. Jh.) mit altem Taubenturm (16. Jh.) in ein Logis de France umgewandelt. Modern eingerichtete Zimmer (30-90 €) und ein Restaurant mit guter Regionalküche (Menüs ab 15 €).

Camping

- **La Plage***, Chouzé-L'Ile Bourdon, Tel. Mairie 02.47.95.10.10, Fax 02.47.95.02.79, geöffnet 15. 6.–15. 9. Schattenplätze direkt am Sandstrand der Loire.

Imbiss/Wein

- **Le Moulin Bleu,** Chevrette, Tel. 02.47.97.73.13, Dienstagabend und Mittwoch Ruhetag. Windmühle (15. Jh., nach der Revolution blau gestrichen), in der zu kleinen Menüs gläserweise Bourgueil-Wein probiert werden kann.

Märkte

- **Foire à l'Ail** (Knoblauchmarkt).
- **Foire aux Vins** (Weinmesse), Bourgueil, 1. Märzwochenende in der Cave de la Dive Bouteille.
- **Fête des Vignerons** (Winzerfest), Saint-Nicolas de Bourgueil, 3. Julisonntag.
- **Marché gourmand** (Schlemmermarkt), Bourgueil, Juni–August im Wechsel mit Azay-le-Rideau und Langeais jeden dritten Freitag 14-24 Uhr.

Fahrradverleih

- **M. Corrivaud,** 6, rue Pasteur, Bourgueil, Tel. 02.47.97.70.10.

Anreise/Weiterreise

- **Mit der Bahn:** Port-Boulet (5 km vor Avoine bzw. Bourgueil) ist SNCF-Station auf der Linie Tours – Saumur.

Touraine

Das Viennetal *Überblick*

Chinon ist die Königsburg, die *Karl VII.* und *Jeanne d'Arc* gesehen hat. In ihrer historischen Bedeutung nur mit Loches vergleichbar, liegt die mittelalterliche Anlage hoch über der Vienne auf einem langgestreckten Bergsporn. Das rückwärtige Plateau (Nordosten) ist ein ausgedehntes Waldgebiet, das bis zu Loire (Rigny-Ussé) und Indre (Azay-le-Rideau) hinüberreicht. Zur Vienne-Mündung hin (Nordwesten) dehnt sich die Sumpflandschaft des Véron. Der Stadt gegenüber liegt im Südwesten die so genannte „Rabelaisie", ein altes Bauernland, das durch *François Rabelais* in die Literatur eingegangen ist. Und folgt man der Vienne und ihrem linken Zufluss Veude noch ein kleines Stück aufwärts, so stößt man auf die vielsagende Namen Saint-Maure und Richelieu, die den Ruf der Region auf ihre Weise geprägt haben: Heimat des Ziegenkäse und Stammland des französischen Absolutismus.

So gibt es in diesem Teil der Touraine derart viel zu entdecken, dass die Weiterfahrt ins Anjou um ein paar Tage aufgeschoben werden muss. Da Saumur aber nur um die Ecke und Tours nicht weit zurückliegt, bietet sich Chinon und Umgebung auch sehr gut als Stützpunkt für einen ausgedehnten Loireurlaub an. Von hier aus kann man in alle Richtungen zu Tagesausflügen ausschwärmen und ist wochenlang mit unterschiedlichsten Sehenswürdigkeiten „versorgt": nach der Königs-

burg (Chinon) das Atomkraftwerk (Avoine), nach den Klopfbirnen (Rivarennes) die Fossilien (Savigné-sur-Lathan), nach den Weinkellern (Bourgueil, Chinon) die Abtei (Fontevraud) usw. Im Folgenden beschränken sich die Vorschläge auf das Chinonais, das man – vom Abstecher nach Sainte-Maure einmal abgesehen – in einer Rundfahrt schön erschließen kann. Sie führt von Chinon über die Weinberge von Cravant nach Ile-Bouchard und vom Zielpunkt Richelieu übers Veude-Tal zurück nach Chinon. Für die Besichtigung der Stadt selber sollte man mindestens einen Tag einplanen.

Chinon ⤢ **XVI/B2**

Man sieht die gewaltige Burganlage erst im letzten Moment und auch nur teilweise, wenn man von Norden übers Plateau kommt. Um die unverwechselbare **Stadtansicht** zu genießen, sollte man sich daher nach Süden auf das andere Flussufer begeben: die Häuser stehen dichtgedrängt zwischen dem platanenbestandenen Kai und dem Burgfelsen, aus dem die bizarre Silhouette von Türmen und Mauerresten herauszuwachsen scheint. Besonders eindrucksvoll bietet sich die Ruine im Abendlicht dar.

Chinon vom linken Vienne-Ufer aus

Touraine

Geschichte

Caino war ein befestigter Flusshafen, als der heilige *Mexme* im 5. Jh. unterhalb des gallo-römischen *castrums* ein Kloster gründete. Die Festung fiel im 10. Jh. an die Grafen von Blois, im 11. Jh. an deren Feinde, die Grafen von Anjou, bald Könige von England. Es war *Heinrich II. Plantagenêt,* der das Fort zu einer mehrteiligen Burg ausbaute und zahlreiche Türme errichten ließ, bevor er dort 1189 verstarb. Die Verteidigungsanlagen, von *Richard Löwenherz* und *Johann Ohneland* unwesentlich ergänzt, wurden dann durch *Philipp II. August* in einjähriger Belagerung gründlich geprüft und nach dem erfolgreichen Sturmangriff vom 24. Juni 1205 noch einmal verbessert. Fortan war Chinon **französische Königsburg,** die vor allem *Karl VII.* während der dunklen Jahre der bedrohten Dynastie eine sichere Zufluchtstätte war.

Der „König von Bourges" residierte mit seinem kleinen Hof in Chinon gerade zwei Jahre, als **Jeanne d'Arc** am 6. März 1429 die Stadt erreichte. Das achtzehnjährige Bauernmädchen verbrachte zwei Tage betend und fastend in einem Gasthof, bis sie in den Königspalast eingelassen wurde. Und so kam es zu der historischen Szene, die nicht zufällig die Phantasie verschiedener Dramatiker angeregt hat: *Jeanne d'Arc* tritt in einen von 50 Fackeln erleuchteten Saal, in dem 300 prächtig gekleidete Adelige versammelt sind und ein Höfling den König mimt. Doch die seltsame Jungfrau erkennt den Monarchen in der Menge und überbringt ihm ihre Botschaft: „Ich sage dir, im Namen des Herrn Christus, dass du der Erbe Frankreichs und wirklicher Königssohn bist". Damals eine

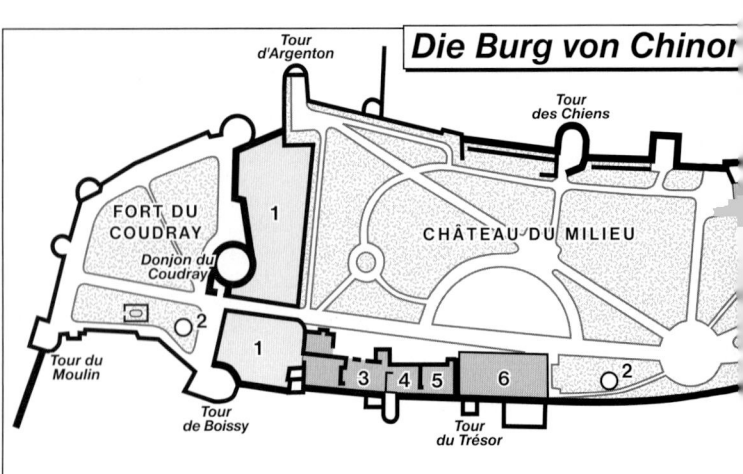

Die Burg von Chinon

politisch bedeutsame Botschaft, weil das französische Königtum nicht nur von außen bedroht, sondern in der Person des Thronfolgers eine fatale Unsicherheit barg: wegen des lockeren Lebenswandels seiner Mutter *Isabelle von Bayern* zweifelte er selbst an seiner königlichen Herkunft.

Mit dem Umzug der Loirekönige in diverse Lustschlösser begann der jahrhundertelange **Zerfall** der alten Königsburg, die 1634 in den Besitz Richelieus überging. Er holte sich von *Ludwig XIII.* die Erlaubnis zum Abriss, der sich aber als zu mühevoll erwies. Doch sukzessive verschwanden die baufällig gewordenen Teile des Schlosses und auch die Umfriedungsmauern der Stadt, die im 19. Jh. mit neuen Straßen und einem modernen Bahnhof das Ende der Flussschifffahrt wettmachte.

Der Weinbau, der Tourismus und das Atomkraftwerk von Avoine sind heute die ökonomischen Trümpfe dieser vergleichsweise reichen französischen Kleinstadt.

Burgbesichtigung

Château de Chinon *** ✛

- **Stil:** Mittelalterliche Festungsarchitektur (12.-15. Jh.)
- **Besonderheit:** Reste einer Burganlage
- **Höhepunkte:** Thronsaal, Blick vom Boissy-Turm
- **Museum:** Musée Jeanne d'Arc
- **Animation:** Nachtbesichtigungen, Son et lumière
- **Auskunft:** Tel. 02.47.93.13.45
- **Öffnungszeiten:** Mitte März–September 9.30-18 Uhr (Juli–August 9-19 Uhr), im Winter 9.30-12/14-17 Uhr (im Oktober ohne Mittagspause).
- **Eintritt:** 4,42 € (2,44 €).
- **Tipp:** Der Besucherparkplatz befindet sich an der Straße nach Tours (Nordseite). Eindrucksvoller nähert man sich der Burg über die Steige, die aus der Altstadt (Südseite, Rue Jeanne d'Arc) hochführt.

Touraine

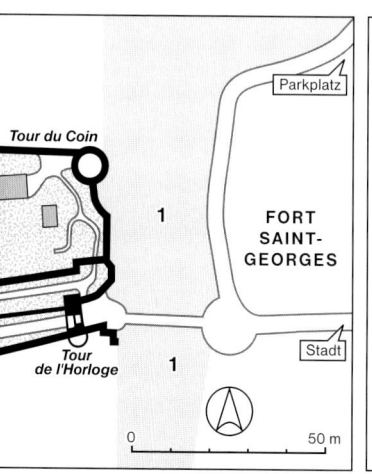

1 Burggraben
2 Brunnen
3 Königsgemächer
4 Küchen
5 Waffenlager
6 Großer Saal

Man betritt die Burg über eine steinerne Brücke, die anstelle der alten Zugbrücke zu dem spitzbogigen Haupteingang strebt. Der darunterliegende Burggraben trennt die überwucherte Ruine des östlich vorgelagerten **Fort Saint-Georges** vom **Château du Milieu,** dem zentralen Teil der Festung. Die langgestreckte Anlage besteht nämlich aus drei Abschnitten, von denen jeder im Grunde eine eigene Burg darstellt. Die Besichtigung beschränkt

sich auf das „Mittelschloss" und das **Fort du Coudray,** das sich jenseits eines zweiten Burggrabens als dritter Festungsteil anschließt.

Über dem monumentalen Eingangstor erhebt sich der nur 5 m breite, aber 22 m hohe **Uhrenturm** (Tour de l'Horloge, 14. Jh.). In diesem besterhaltenen Bauwerk des Château du Milieu ist auf drei Etagen ein kleines **Jeanne-d'Arc-Museum** untergebracht.

Immer den Südwall entlang, erreicht man die Ruine des **Thronsaals** (Grande Salle), in dem die berühmte Begegnung zwischen *Jeanne d'Arc* und *Karl VII.* stattfand. Man sieht nur noch die Giebelwand mit dem Kamin sowie Spuren einer Steintreppe, die außen ins Obergeschoss führte. Dort verband eine Holzgalerie den Thronsaal mit den Königlichen Gemächern, die wie jener von *Karl VII.* Anfang des 15. Jh. erbaut wurden.

Heute kann man nur durch die restaurierten Säle des **Erdgeschosses** (Gardesaal, Küche, Wirtschaftsraum, Weinkeller) gehen und neben einem Burgmodell vor allem eine Reihe von Wandteppichen (Flandern, Aubusson) aus dem 16. und 17. Jh. bewundern.

Die Besichtigung des Königspalastes endet im **Boissy-Turm** (13. Jh.), der bereits zum Fort du Coudray, dem ältesten Teil der Festung, gehört. Übereinander befinden sich zwei Säle mit spitzbogigen Rippengewölben und einer Apsis, die den oberen Raum vermutlich als ehemalige Kapelle ausweist.

Der schönste Blick auf die Dächer Chinons und die Flussschleife mit der

dunkelgrünen Ile de Tours bietet sich von hier wie auch vom **Mühlenturm** (Tour du Moulin, 12. Jh.), der in der Südwestecke der Burganlage auf einem alten Zwischenwall (10. Jh.) sitzt. Mit seinen sechseckigen Sälen diente er als erster Wohnturm.

Später ließ *Philipp II. August* den weiter zurückgesetzten **Donjon** (13. Jh.) errichten und zu diesem Zweck den Burggraben ausheben. Steigt man in der Mauerdicke (3,25 m) dieses Bergfrieds die Steintreppen hoch, so gelangt man vom runden Erdgeschosssaal, in dem Graffitis an das Los inhaftierter Tempelritter (14. Jh.) erinnern, bis ins zweite Obergeschoss, wo 1429 sechs Wochen lang *Jeanne d'Arc* logiert haben soll. Im Souterrain war der Zugang zu den unterirdischen Gängen, die verschiedene Burgteile miteinander verbanden.

Ein mittlerweile verschütteter Stollen führte unter der Nordmauer zum **Logis du Roberdeau,** in dem *Karl VII.* seine Geliebte *Agnès Sorel* untergebracht hatte.

Zurück auf dem Château du Milieu, kann man auf der Nordseite des Gartens noch an der **Tour d'Argenton** (15. Jh.), einem weiteren Verlies, und am **Hundeturm** (Tour des Chiens, 13. Jh.), dem Zwinger, vorbeischauen.

Stadtrundgang

Hinter dem Rathausplatz (Place Général de Gaulle, bei der Fontäne links) führt die Rue Voltaire direkt in die **Altstadt** hinein. Am Eingang ist das Office de tourisme untergebracht, in sei-

ner unmittelbarer Nähe führen die mechanischen Puppen des Wein- und Küfereimuseums ins Winzerhandwerk ein.

Gleich um die Ecke befinden sich die berühmten **Caves Painctes** („Bemalte Keller"). Von diesen ehemaligen Steinbrüchen erzählt schon *Rabelais,* der hier als Mönchsscholar oft zechte und unter tanzenden Satyrn *Bonum vinum laetificat cor humanum* sang. Die Satyrfresken sind inzwischen verschwunden, aber fünfmal im Jahr versammelt

Touraine

In der Altstadt von Chinon

sich hier die traditionsbewusste Weinbruderschaft zu ihren Kapitelsitzungen.

Weiter auf der Rue Voltaire erreicht man die Kreuzung Grand Carroi, wo die Schlosssteige (Rue Jeanne d'Arc) von der alten Hauptstraße (heute Rue Voltaire / Rue Haute Saint-Maurice) abzweigt. Hier befand sich das **mittelalterliche Stadtzentrum.** An der Ecke steht ein besonders schönes Fachwerkhaus, dem in der Rue Voltaire das Maison Rouge (Nr. 38-42), ein vorgekragtes Exemplar aus Ziegeln folgt.

Aus hellem Tuffstein hingegen ist die **Maison des Etats-Généraux** (Nr. 44), in der 1199 *Richard Löwenherz* seinen Kriegsverletzungen erlegen sein soll und 1428 die von *Karl VII.* einberufenen Generalstände tagten. Das zur Renaissancezeit renovierte Gebäude ist auch innen sehenswert (Saal der Generalstände, schiffsrumpfförmiger Dachstuhl) und beherbergt zudem ein interessantes Heimat- und Schifffahrtsmuseum.

Noch ein Stück weiter ereicht man das Hôtel du Gouverneur (Nr. 48), in dem der königliche Stadtverwalter residierte, sowie das Hôtel du Baillage (Nr. 71), die Vogtei, in der unter anderem auch Rabelais' Vater seiner Anwaltstätigkeit nachging. Man sollte bei der **Kirche Saint-Maurice** (12.-16. Jh.) umkehren und auf dem gleichen Weg oder – weiter unterhalb über die Rue Beaupère und Rue du Commerce – zum Rathausplatz zurückbummeln, um diesmal bei der Fontäne rechts die Rue Rousseau hochzugehen.

Sie ist die Verlängerung der Rue Voltaire und bietet noch einmal ein Stück Altstadt mit Giebelhäusern, die im Erdgeschoss oft als Boutiquen oder Restaurants hergerichtet sind. So erreicht man die **Stiftskirche Saint-Mexme,** die seit der Klostergründung durch den gleichnamigen Heiligen sieben Bauepochen (5.-15. Jahrhundert) erlebt hat und trotz der revolutionsbedingten Beschädigungen zu den wertvollsten romanischen Kirchen der Touraine zählt.

Nordöstlich der Stiftskirche führt ein steiler Weg an Höhlenwohnungen vorbei zu der **Felskapelle Sainte-Radegonde** (6./11. Jh.), in der man erst vor kurzem eine Wandmalerei („Die königliche Jagd", 13. Jh.) entdeckt hat, die vielleicht *Johann Ohneland* mit Mutter und Gemahlin zeigen.

Wer nicht auf demselben Weg zum Ausgangspunkt zurückkehren will, kann von hier noch einen kurzen Abstecher zum Vienne-Ufer machen. Hinter der Place Jeanne d'Arc öffnet sich die **Uferpromenade** zu einer großen Parkanlage, die direkt der kleinen Flussinsel Ile de Tours gegenüberliegt. Mit Blick auf die Angler flaniert man anschließend den Platanenkai bis zur Rabelais-Statue zurück, wo sich hinter der Fassade neureicher Bürgerhäuser (19. Jh.) die Place du Général de Gaulle auftut.

●**Musée animé du Vin et de la Tonnellerie** (Wein- und Küfereimuseum), 12, rue Voltaire, Tel. 02.47.93.25.63, Öffnungszeiten: April-September 10.30-12.30/14-19 Uhr. Mechanische Puppen, alte Gerätschaften, Weindegustation. Eintritt: 3,81 €.

●**Musée du Vieux Chinon et de la Batellerie** (Schifffahrtsmuseum), 44, rue Haute-

Saint-Maurice, Tel. 02.47.93.18.12, Öffnungszeiten: Juni–September 10-18 Uhr. Der „Chormantel des Hl. Mexme", ein kunstvoll bestickter arabischer Stoff aus dem 11. Jh., ist das wertvollste Stück, daneben verdienen die Schiffsmodelle aus der Zeit der Flussschifffahrt Beachtung. Eintritt: 2,29 € (0,76 €).

- **Chapelle Sainte Radegonde,** Tel. 02.47.93.17.85, Eintritt: 1,83 € (0,76 €).

Praktische Hinweise

Information

- **Office de tourisme,** 12, rue Voltaire, 37500 Chinon, Tel. 02.47.93.17.85, Fax 02.47.93.93.05. Stadtführung oder Stadtrundfahrt *(Petit train touristique* ab Place Général de Gaulle). Außerdem Fahrradverleih.

Hotel-Restaurants

- **Agnès Sorel,** 4, quai Pasteur, Tel. 02.47.93.04.37, Fax 02.47.93.06.37. Schöne, geräumige Zimmer, z.T. mit Blick auf die Vienne (42-91 €). Verleih von Fahrrädern aller Art, auch für Kinder.
- **Chris'Hôtel**,** 12, place Jeanne d'Arc, Tel. 02.47.93.36.92, Fax 02.47.98.48.92. Komfortable Zimmer (40-65 €) mit Blick auf Burg oder Fluss, Fahrradverleih.
- **Hostellerie Gargantua**,** 73, rue Voltaire, Tel. 02.47.93.04.71, Fax 02.47.93.08.02. Die ehemalige Vogtei (15. Jh.), zum Teil noch mittelalterlich möbliert, bietet mitten in der Altstadt stille Zimmer mit Charakter (60-91 €). Auch angesehenes Restaurant.
- **Château de Marçay***,** über D 116, Tel. 02.47.93.03.47, Fax 02.47.93.45.33. 6 km südlich von Chinon ausgezeichnetes Restaurant, dessen erstaunlich preiswerte Mittagsmenüs (um 25 €) im Sommer auf der Schlossterrasse serviert werden. Blick auf den über dem Dorf gelegenen Park. Im Schloss (12.-15. Jh.) vornehme Salons, die als Speisesaal und Cafélounch zur Verfügung stehen. Wer in den eleganten Zimmern teuer übernachtet (199-266 €), kann auch das Swimming-Pool benutzen.

Jugendherberge

- **Centre d'Animation et d'Accueil,** rue Descartes, Tel. 02.47.93.10.48, Fax 02.47.98.44.98. 1-9-Bettzimmer, Küche, Fahrradverleih.

Camping

- **L'Ile Auger**,** Quai Danton, Tel. 02.47.93.08.05, geöffnet 15. März–15. Oktober. Schattenplätze an der Vienne, der Stadt gegenüber, auch Fahrradverleih.

Imbiss

In der Altstadt findet man zahlreiche Imbisslokale mit preiswerten Angeboten unterschiedlichster Art (Bistro, Brasserie, Crêperie, Pizzeria etc.). Besonders gut gefiel uns das Feinkostbistro in einem der schönsten Fachwerkhäuser der Stadt:

- **La Maison Rouge,** 38, rue Voltaire, Tel. 02.47.98.43.65. Spezialitätenteller zum offenen Chinon-Wein.

Wein

- **Cave de Monplaisir,** quai Pasteur, Tel. 02.47.93.20.75. In dem gigantischen Tuffsteinbruch (über 2500 qm) lagern mehr als 500 Fässer und Zehntausende von Flaschen. Täglich 10-12.30/14-19 Uhr Weinverkostung aus breitem Angebot.
- **Couly-Dutheil,** 12, rue Diderot, Tel. 02.47.97.20.20, wochentags 9-17 Uhr. Einer der größten und besten Winzer der Appellation, der neben verschiedenen Roten („Clos de l'Echo" ist Spitzenqualität) auch den seltenen Weißen produziert.
- **Logis de la Bouchardière,** Cravant-les-Côteaux, Tel. 02.47.93.04.27, geöffnet 8-12/14-18.30 Uhr. In sechs Generationen stellt die Familie Sourdais sowohl fruchtigen, schnell trinkfertigen Chinon aus jungen Reben wie auch den lange lagerfähigen „Les Cornuelles" aus sehr alten Rebstöcken her – beide zu äußerst günstigen Preisen.

Märkte und Feste

- **Marché Rabelais,** 2. Augustwochenende, in der Altstadt und auf dem Schloss. Das jährliche Stadtfest verwandelt die historische Kulisse in einen authentischen „Mittelaltermarkt" *(Marché médiéval):* unzählige Hand-

Touraine

werkerstände und Gauklershows, großer Umzug in historischen Kostümen. Hunderte von Einwohnern sind Akteure, Tausende von Besuchern kommen aus der Umgebung.

● **Marché à l'ancienne,** 3. Samstag im August. Die Einwohner vom linken Vienneufer gestalten diesen Markt der Jahrhundertwende, morgens Umzug.

● **Chapitres de la Confrérie des Bons Entonneurs Rabelaisiens** (Kapitelsitzungen der Weinbruderschaft), fünfmal im Jahr (vorletzter Januarsonntag, ein Samstag im März/April, erster Junisamstag, vorletzter Septembersamstag, erster Dezembersamstag) in den Caves Painctes. Für Geschäftsleute und Touristen wird das Zeremoniell zu gesonderten Terminen wiederholt, Auskunft 02.47.93.30.44, Fax 02.47.93.36.36.

Anreise/Weiterreise

● **Mit der Bahn:** Mehrmals täglich SNCF-Triebwagen (und Busse) von Tours über Azay-le-Rideau nach Chinon. Am Bahnhof Fahrradverleih. Ausflugsfahrten mit dem historischen Dampfzug (Train à Vapeur de Touraine) siehe unter Richelieu.

Auf den Spuren von François Rabelais ♪ XVI/B2

Le Pays de Rabelais oder Rabelaisie nennt man die Westhänge des unteren Négron-Tales, wo der Dichter vermutlich 1494 geboren wurde und später wichtige Episoden seines Romanwerks ansiedelte.

Wenn man Chinon Richtung Loudun verlässt und von der D 759 sofort auf die kleinere D 117 abbiegt, erreicht man den **Landsitz La Devinière,** auf dem sich Rabelais' Geburts-

haus befindet. Das Untergeschoss zeigt noch Züge eines Weinbauernhofs. Oben kann man das restaurierte Schlafzimmer und ein kleines Museum besichtigen.

● **La Devinière/Musée Rabelais,** Tel. 02.47.95.91.18, Öffnungszeiten: Mai–September 10-19 Uhr, sonst 9.30-12.30/14-17 Uhr (18 Uhr im April). Eintritt: 3,66 € (1,98 €).

Lebenslauf

François Rabelais entstammte einer Familie, die aus bäuerlichen Verhältnis-

Im Hof von La Devinière

801lo

rin) geriet er bald in Konflikt mit der Kirche, die ihm noch den Wechsel in den Benediktinerorden und ins Laienpriestertum genehmigte, aber seine literarischen Sündenfälle schärfstens verurteilte. Doch Rabelais hatte selbst unter den Klerikern hochrangige Förderer und konnte vor allem auf *Franz I.* zählen, der bereits vor ihm einen anderen Mann von Welt, *Leonardo da Vinci,* zum persönlichen Berater bestellt hatte. Das parodistische Romanwerk „Gargantua et Pantagruel" umfasste fünf Bände, als der ebenso gelehrte wie unterhaltsame Schriftsteller 1553 in Paris starb.

Seuilly und Lerné

Das Geburtshaus gehört zur Gemeinde Seuilly, einem Straßendorf mit Höhlenwohnungen und dem Benediktinerkloster (12. Jh.), in dem *Rabelais* zur Schule ging. Im Gargantua-Roman verteidigt es der Klosterbruder *Jean* gegen die plündernden Horden des *Pikrocholos.* Dieser ist der König von Lerné, des tuffsteingelben Nachbardorfes, das sich der Romanleser als Hochburg der Fladenbäcker vorstellen muss. Rabelais persifliert den Abendmahlsstreit, wenn er zwischen den Leuten von Lerné (Heimat der *fouaces*) und den Hirten und Feldarbeitern von Seuilly (Weingebiet) aus lächerlichem Anlass einen grausamen Krieg ausbrechen lässt. Nach dem erfolglosen Angriff auf Seuilly stürmt *Pikrocholos* die Festung La Roche-Clermont, aus der ihn später der Riese *Gargantua* vertreibt.

sen in den juristischen Beamtenstand aufgestiegen war, und sah sich als Drittgeborener für die geistliche Laufbahn bestimmt. Er trat in den Franziskanerorden ein und erhielt in verschiedenen Abteien (Angers, Fontenay-le-Comte) eine gründliche scholastische, aber auch humanistische Ausbildung. Die Wissbegier lockte ihn weit über die Theologie hinaus an die Universitäten (Paris, Montpellier), wo er Rechtswissenschaft und Medizin studierte. Als weitgereister Humanist und praktizierender Arzt (Lyon, Rom, Tu-

François Rabelais

Touraine

Schlemmerei-geschichten

Im Chinonais berufen sich Köche, Winzer und Geschäftsleute aus der Feinkostbranche sehr gerne auf Rabelais, der als oberster Patron der Schlemmerei herhalten muss. Dass der Humanist mit seinen Trinkersprüchen und deftigen Beschreibungen die scholastische Theologie und andere Zeiterscheinungen bespöttelt, ist ohne ausführlichen Kommentar heute nicht mehr nachvollziehbar. Trotzdem ist der Humor des Autors immer noch von durchschlagender Wirkung. Hier zwei Beispiele aus dem „Gargantua"-Roman, der in der Neuübersetzung von Wolf Steinsieck (Stuttgart 1992) auch deutschen Lesern einen urigen Genuss verschafft. Besonders Andouillette-Verächter und Fouace-Liebhaber (siehe Spezialitäten A-Z) werden Appetit auf Rabelais bekommen:

Über Kutteln

Nunmehr erfahrt ihr, unter welchen Umständen und auf welche Art und Weise Gargamelle niederkam, und wenn ihr es nicht glaubt, dann soll euch der Dünnpfiff treffen!

Am Nachmittag des dritten Februar bekam sie Durchfall, weil sie zu viele Kutteln gegessen hatte. Kutteln sind fette Eingeweide von Mastochsen. Mastochsen sind Ochsen, die am Futtertrog und auf Grummetwiesen gemästet werden. Grummetwiesen sind Wiesen, die zweimal im Jahr Gras tragen. Von solchen fetten Ochsen hatten sie dreihundertsiebenundsechzigtausendundvierzehn schlachten lassen, um sie Fastnachtsdienstag einzusalzen; dann hätten sie im Frühjahr Pökelfleisch in rauen Mengen und könnten so zu Beginn der Mahlzeiten eine gesalzene Vorspeise verputzen, um sich dann besser über den Wein herzumachen. Kutteln gab's reichlich, wie ihr euch denken könnt, und so köstlich, dass jeder sich danach die Finger leckte. Die Oberteufelei an der Sache war nur, dass man sie nicht lange aufbewahren konnte, ohne dass sie schlecht wurden. Und so entschloss man sich, sie restlos zu vertilgen. Hierzu wurden alle Landmänner aus Cinais, Seuilly, La Roche-Clermault und aus Vaugaudry eingeladen, nicht zu vergessen die aus Coudray-Monpensier, aus Gué de Vède und andere Nachbarn, will sagen, allesamt Schluckspechte, prima Kumpel und bumsfidele Kegelschieber. Der gute Grandgousier hatte seine helle Freude daran und gebot, voll in die Schüsseln zu steigen. (Beginn des 4. Kapitels)

Ile-Bouchard ⤢ XVII/C3

Über Fladenbrote

Zu dieser Zeit – es war die Zeit der Weinernte, zu Beginn des Herbstes – waren die Hirten der Gegend damit beschäftigt, die Reben zu bewachen und zu verhindern, dass die Stare die Trauben auffraßen.

Zur selben Zeit kamen die Fladenbäcker von Lerné über die große Kreuzung und brachten zehn oder zwölf Ladungen Fladenbrote in Körben auf einem Lasttier in die Stadt.

Besagte Hirten baten sie höflich, ihnen gegen Entgelt, und zwar zum Marktpreis, einige abzugeben. Denn ihr müsst wissen. Trauben mit einem frischen Fladenbrot zum Frühstück sind eine himmlische Speise, vor allem die Pinottraube, die Sauvignon-, die Muscadet- und die Bicanetraube und die Dünnpfifftraube für diejenigen, die an Verstopfung leiden, denn sie lassen sie so gestreckt gehen wie einen Sauspieß, und häufig widerfährt es ihnen, dass es sie dünkt, sie furzten nur, dabei scheißen sie sich schon in die Hose, und daher heißen sie Weinbergdünger.

Die Fladenbäcker waren in keiner Weise geneigt, diesen Bitten nachzukommen; schlimmer noch: sie beschimpften sie wüst und nannten sie Hungerleider, Zahnlücker, ausgebuffte Rotköpfe, Lumpen, Bettscheißer, Dreckskerle, Heuchler, Faulpelze, Fressbeutel, Fettwänste, Maulhelden, Nichtsnutze, Bauernlümmel, Nervensägen, Schmarotzer, Großschnauzen, Jungfernknechte, Witzbolde, Schlaffsäcke, Missgeburten, Töpel, Einfaltspinsel, dumme Hunde, Scherzkekse, Laffen, Habnichtse, beschissene Ochsentreiber, Scheißhirten, und gaben ihnen noch andere Schimpfnamen gleicher Machart. Sie fügten hinzu, dass es ihnen gar nicht zustehe, so schöne Fladen zu essen, und dass sie sich mit derbem Vollkornbrot zufrieden zu geben hätten. (Beginn des 25. Kapitels)

Auf beiden Seiten der Vienne führen Straßen nach Ile-Bouchard. Während auf dem linken Ufer die Veude einmündet (Straße nach Richelieu), passiert man auf dem rechten die Hänge von Cravant, mit die besten Chinon-Weinlagen.

„Insel Bouchard" ist ein dreiteiliges **Landstädtchen** (rechtes Vienneufer, Insel, linkes Vienneufer), das idyllisch zwischen Brücken, Barken und Böschungen aufragt. Man kann den Anglern zusehen, gut essen gehen und die mit Blattwerk, Fabelwesen und Bibelszenen verzierten Kapitelle (12. Jh.) der Prioratskirche Saint-Léonard bewundern.

● **Prieuré Saint-Léonard,** 100 m vom alten Bahnhof (Heimatmuseum), Öffnungszeiten: 9-18 Uhr.

Tavant ⤢ XVII/C3

Ein vergleichbares Juwel romanischer Kunst ist 2 km westlich die **Prioratskirche Saint-Nicolas,** ein Ableger der Abtei Marmoutier, mit kunstvollem Portal- und Kapitellschmuck.

Eine Sensation sind die **Fresken** (12. Jh.) im Chor, vor allem aber in der Krypta. Kunsthistoriker bewundern die „skizzenhafte Poesie" und den „wilden Schwung" dieser spät entdeckten, noch ganz frisch wirkenden Wandmalereien. Auf Volkskunst deutet die Farbpalette (Rostrot, Ocker, Grün), die das teure Blau nicht zufällig auszusparen scheint. Das Bildprogramm wirkt

Touraine

Praktische Hinweise

Gästezimmer/Ferme-Auberge

●**M. et Mme Meunier*****, Moulin de Saussaye, Tel. 02.47.58.50.44. Am Manse-Flüsschen unter Weiden, mit Garten und Babyausstattung. Frische Produkte vom Bauernhof, Fisch- und Käsespezialitäten. Gästezimmer 30-38 €, Menü 9-23 €.

Restaurant

●**Auberge de l'Ile**, 3, place Bouchard, Tel. 04.47.58.51.07. Auf der Dorfinsel, mit Terrasse über der Vienne, ein gemütlicher Familienbetrieb mit kleiner, aber durchdachter Karte. Die moderne, leichte, regional angehauchte Küche ist von seltener Qualität und erstaunlich preisgünstig (um 48 €, Mittagsmenü 15 €).

Sainte-Maure ♫ XVII/D3

improvisiert und zeigt biblische (David im Kampf mit dem Löwen und Harfe spielend, Adam und Eva bei der Arbeit, Kreuzabnahme), allegorische (Kampf der Tugenden gegen die Laster, die von Schlangen attackierte Wollust) und kosmologische (Atlanten, Sternzeichen Schütze) Motive durcheinander.

●**Eglise romane,** Schlüssel bei Mme Ferrand (route de l'Eglise), Öffnungszeiten: 10-12/ 14.30-18 Uhr, außer Dienstag. Eintritt: 2,44 €.

Folgt man der Weinstraße von Cravant (D 21) oder ab Ile-Bouchard dem rechten Vienneufer weiter nach Osten, so erreicht man Sainte-Maure-de-Touraine. Der Ortsname der gallo-römischen Gründung geht auf eine Heilige zurück, deren Reliquien in der **romanischen Kirche** (11. Jh.) verehrt werden. Er bezieht sich zugleich auf das zwischen zwei Tälern (Indre, Vienne) gelegene Plateau, das schon dem Feudalstrategen *Fulco Nerra* einen **Donjon** wert war.

Inzwischen ist „Sainte-Maure" aber vor allem eine weltweit bekannte **Ziegenkäseappellation,** den internationalen Feinschmeckern als Käserolle mit einem Strohalm in der Mitte ein Begriff.

Anglerrevier vor Ile-Bouchard

177fo Foto: mi

• **Musée de traditions populaires** (Heimat- und Käsemuseum), im Schloss (15. Jh., mit Donjonruine), Tel. 02.47.65.66.20, tägl. 10-11.30/14.30-17.15 Uhr. Eintritt: 3,81 €.

Praktische Hinweise

Information

• **Office de tourisme,** Rue du Château, 37800 Sainte-Maure-de-Touraine. Tel. 02.47.65.66.20, Fax 02.47.34.04.28. Adressen von Ziegenkäsereien, organisierte Wanderungen und Radausflüge.

Ziegenzucht auf dem Plateau
von Sainte-Maure

Hotel-Restaurant

• **Les Hauts de Sainte-Maure***,** 2, avenue Charles-de-Gaulle, Tel. 02.47.65.50.65, Fax 02.47.65.60.24. Alte Poststation mit komfortablen Zimmern (45-65 €) und raffinierter Küche (25-40 €, Mittagsmenü um 18 €).

Märkte

• **Wochenmarkt,** jeden Freitag.
• **Foire aux Fromages** (Käsemarkt); 1. Wochenende im Juni.

Anreise/Weiterreise

• **Mit dem Auto:** Von Tours sehr schnell erreichbar über die A 10 und N 10, andererseits über D 760 Querverbindung nach Chinon bzw. Loches.
• **Mit der Bahn:** SNCF-Linie Paris – Bordeaux.

Richelieu ♪ XVII/C3

Südlich der Vienne folgt man der Veude flussaufwärts bis Richelieu. Das idyllische Mühlental steht im Kontrast zu der strengen Idealstadt, die der gleichnamige Kardinal zusammen mit einem gigantischen Schlossneubau in Auftrag gab. Das Projekt wurde von dem Pariser Architekten *Jacques Lemercier* (Palais Royal, Sorbonne) auf dem Reißbrett entworfen und ab 1631 aus dem Boden gestampft.

Geschichte

Armand Jean du Plessis (1585-1642) alias **Richelieu** erwarb das Familiengut 1621. Er war damals schon Bischof von Luçon und Staatssekretär und sollte ein Jahr später die Kardinalswürde erlangen. Seit 1624 schuf er als leitender

Touraine

Minister *Ludwigs XIII.* die Voraussetzungen für Frankreichs zentralistisches Regime, indem er den Hochadel endgültig entmachtete. 1626 erstickte er die Erhebung *Gastons von Orléans,* 1632 die Revolte *Heinrichs II. von Montmorency,* 1641/42 die Aufstandsversuche des *Grafen von Soissons* und des *Marquis von Cinq-Mars.* Auch mit der Aufhebung der politischen Sonderstellung der Hugenotten nach der Eroberung von La Rochelle (1628) bezweckte er nichts anderes als die Durchsetzung der monarchischen Staatsraison, die schließlich einer nicht weniger rücksichtslosen Wirtschafts- (Merkantilismus) und Außenpolitik (Hegemonialstreben in Europa, Aufbau eines Kolonialreichs) Bahn brach. Der König honorierte die staatspolitischen Leistungen des Kardinals gegen alle Widerstände der Königinmutter und erhob – als frühes Zeichen der Anerkennung – die Besitzungen Richelieus 1431 zur Grafschaft. Der so Geehrte ließ auf dem Sitz seiner Vorfahren, fernab des Königshofes, sich und seiner Politik ein Denkmal setzen. Man hat in der Anlage mit Recht eine Vorstufe zu Versailles gesehen. Auch die Residenz des Sonnenkönigs, architektonisches Abbild des französischen Absolutismus, war als Hofstadt konzipiert. Außerdem schuf sich der machtbewusste Kardinal rund um die Stadt eine Art Fürstentum, indem er alle bedeutenden Schlösser der Umgebung aufkaufte und – verfallen oder zerstören ließ. Chinon gehörte dazu, Ile-Bouchard, Loudun und Champigny-sur-Veude.

Hofstadt und Schlosspark

Rundum von Wällen umgeben, hat Richelieu die Form eines Rechtecks von 700 x 500 Meter. Es wird längs von der 12 m breiten **Grande Rue** durchquert, die als Hauptachse die beiden Stadttore, Porte de Chinon (Norden) und Porte de Chatellerault (Süden), miteinander verbindet und in der Mitte von der Rue Traversière durchschnitten wird. Die ins Straßengitter eingepassten Häuserblöcke bestehen aus zweigeschossigen Tuffstein-Hôtels im Stile *Louis XIII.*

In der Nähe der Stadttore öffnet sich die Grande Rue zu quadratischen **Plätzen,** wobei zur symmetrischen Ordnung ein hierarchisches Moment hinzutritt. Denn die südlich gelegene Place du Marché ist nicht nur wegen des dritten, seitlich gelegenen Stadttors (Porte de Loudun) belebter als die nördliche Place des Religieuses. Sie hat vor allem wegen der öffentlichen Gebäude (Markthalle, Stadtkirche Notre-Dame) ein größeres Gewicht und ist nicht zufällig auf das ehemals südlich gelegene Schloss hin orientiert.

Dieses muss man sich als Krönung der Anlage heute dazudenken. Die Erben Richelieus haben es nämlich nach der Revolution an einen Händler verkauft, der den Prunkbau niederreißen und gewinnbringend ausschlachten ließ. Von der einstigen Pracht zeugen fast sarkastisch anmutende Überbleibsel (Pavillons und ein Kuppelbau mit kleinem Museum), am ehesten aber noch der gigantische **Park** (475 ha) mit seinen geometrisch angelegten Alleen und Beeten.

●**Parc du Domaine de Richelieu,** Tel. 02.47.58.10.09, Öffnungszeiten: Mai–Mitte September täglich 10-19 Uhr, sonst Dienstag geschlossen. Eintritt: 1,52 €.

Champigny-sur-Veude ♪ XVII/C3

Champigny-sur-Veude ist eines der Schlösser, die *Richilieu* aufkaufte und zerstören ließ. Es ist ein besonders bemerkenswerter Fall, weil der geplante Abriss nicht ganz vollständig gelang. *Richelieu* hatte das ungeliebte Konkurrenzschloss von *Gaston d'Orléans,* dem Bruder des Königs, erworben, um es dem Erdboden gleichzumachen. Auf die Intervention des Papstes *Urban VIII.* hin musste er neben den Wirtschaftsgebäuden auch die Sainte Chapelle stehen lassen.

Diese **Schlosskapelle** (1508-43) ist ein noch gotisch konzipierter, aber schon im Renaissancestil reich ornamentierter Saalbau, der als Grablege der vormaligen Schlossbesitzer diente. Über der Marmorstatue des Herzogs von Bourbon-Monpensier (17. Jh.) leuchten Europas besterhaltene Renaissanceglasfenster (16. Jh.). Sie zeigen Szenen aus dem Leben des *Heiligen Ludwig.*

●**Chapelle Saint-Louis,** Tel. 02.47.95.71.46, Öffnungszeiten: April–September außer Dienstag täglich 14-18 Uhr. Eintritt: 3,05 € (1,52 €).

Praktische Hinweise

Information

●**Office de tourisme,** 6, Grande Rue, 37120 Richelieu, Tel. 02.47.58.13.62. Fahrradverleih.

Hotel-Restaurant

●**Le Puits doré****, 24, place du Marché, Tel. 02.47.58.10.59, Fax 02.47.58.24.39. Garten, Pool, Tennisplatz. Zimmer um 40 €, Halbpension 35 €.

Spezialität

●**Domaine de la Pataudière,** Champigny-sur-Veude, Tel. 02.47.58.12.15. Dezember–Februar Trüffelernte mit Degustation oder Abendessen.

Märkte

●**Wochenmarkt,** Freitag vormittag.
●**Bauernmarkt,** am 1. und 3. Montag des Monats.
●**Jahrmarkt,** am 2. und 4. Montag des Monats.

Anreise/Weiterreise

●**Mit der Bahn:** Mitte Mai–September an den Wochenenden Ausflugsfahrten mit dem **historischen Dampfzug** *(Train à Vapeur de Touraine)* von Chinon nach Richelieu (oder umgekehrt) mit Halt in Ligré (Wein-Käse-Degustation), Rivière und Champigny-sur-Veude. Bahnhof Richelieu Tel. 02.47.58.12.97.

Touraine

Anjou

179lo Foto: mi

180lo Foto: mi

Cavier-Mühle von Bourgdion

Der Dolmen La Madeleine

Das Schuppendach der Klosterküche

Im Saumurois *Überblick*

Von Chinon nach Saumur ist es mit dem Auto gerade eine halbe Stunde, und doch braucht man Tage für die Sehenswürdigkeiten, die auf dem Weg liegen. Fontevraud und Montreuil-Bellay sind als historische Denkmäler so bedeutend, dass ein Loire-Reisender an ihnen kaum vorbeifahren kann. Aber auch die weniger berühmten Dörfer am linken Loireufer oder – weiter südlich – im Thouet-Tal haben Interessantes zu bieten. Hier steht eine Windmühle (Turquant), dort ein Atelier für Wetterfahnen (Le Coudray-Macouard), im selben Ort eine Magnanerie (Seidenraupenhaus), und überall stößt man auf Wein- und Champignonkeller, die mit ihren kleinen Restaurants und Verkaufsräumen zu einem lukullischen Halt animieren. Die ehemaligen Steinbrüche sind nicht nur wegen ihrer neuen Nutzung interessant. Die raumgreifenden Tuffsteinhöhlen wirken manchmal theatralischer als die stilvollen Plantagenêt-Gewölbe der Kirchen und Schlösser, die aus dem einst geförderten Baustoff entstanden. Und schließlich Saumur – eine besondere, ausgesprochen vornehme Stadt, die mit ihrem feinziselierten Schloss, den wohldressierten Pferden und einem nicht minder edlen Schaumwein für sich einnimmt.

Wer Saumur als Standort wählt, kann zwei bis vier Ausflüge zu den umliegenden Sehenswürdigkeiten einplanen: das linke Loireufer entlang nach Montsoreau, durch die Weinberge von Champigny, zur Abtei von Fontevraud, durch das Thouet-Tal nach Montreuil-Bellay. Aber alle Ausflugsziele eignen sich ebenfalls als Standquartiere, von denen dieselben Exkursionen geplant werden können. Saumur ist freilich mit seinen verschiedenen Museen und Veranstaltungen, den zahlreichen Einkaufs- und Einkehrmöglichkeiten gerade für den Durchreisenden von großem Reiz. Er kann hier auf der Hin- oder Rückfahrt einen „Ruhetag" einlegen und sich nach einem Stadtrundgang nach gusto mit dem allgegenwärtigen Pferdethema (Pferdemuseum, Kavalleriemuseum, Nationale Reitschule) beschäftigen, um auf jeden Fall noch Wein (perlenden Saumur brut und roten Saumur Champigny) einkaufen zu gehen.

Montsoreau und die Weinroute   ⚐ XIV/B2

Château de Montsoreau *

- **Stil:** Gotik/Frührenaissance (15. Jh.)
- **Besonderheit:** Lage direkt am Loireufer
- **Höhepunkt:** Panoramablick auf die Viennemündung
- **Auskunft:** Tel. 02.41.51.70.25
- **Öffnungszeiten:** Mai–September 10-12/14-18.30 Uhr, März–April und Oktober–November 13.30-17.30 Uhr, Dienstag geschlossen.
- **Eintritt:** 4,57 €.

„Zwischen Candes und Montsoreau weidet kein Schaf und auch kein Kälbchen" – so heißt es im Volksmund, denn die beiden Orte sind zusammengewachsen. Das Schloss von Montsoreau (15. Jh.) liegt unmittelbar hinter der von hier aus gut einsehbaren Viennemündung. Heute trennt die Uferstraße das steil abfallende Schloss von der Loire, die man mächtig unter übereinandergestaffelten Dächern vorbeiziehen sieht, wenn man kurz die alte Dorfstraße hochgeht.

La Herpinière   ⚐ XIV/A2

In Montsoreau zweigt links die Straße nach Fontevraud ab. Weiter die Loire entlang führt die D 947 durch **Höhlensiedlungen,** die – in das 90 Meter hohe Plateau gegraben – seit alters von Loireschiffern, Tuffsteinhauern und Winzern bewohnt waren.

Über die manchmal mehrstöckig angelegten Höhlenbehausungen lagen die Gärten und **Weinberge,** die zu der heute noch namhaften Appellation Saumur Champigny gehören.

Mitten zwischen den Rebstöcken steht da auch noch eine **Windmühle,** La Herpinière (15. Jh.), die anjoutypisch über Höhlen errichtet wurde und daher dem Typus der Keller-Mühle *(moulin-cavier)* zuzurechnen ist. Sie birgt eine kleine Ausstellung von Werkzeugen und historischen Gebrauchsgegenständen.

- **Moulin La Herpinière mit Musée de l'Outil,** Tel. 02.41.51.75.22. Mai, Juni, September und Oktober täglich 10-12/14-18 Uhr, Juli/August täglich 10-20 Uhr. Verkauf biologischer Mehlsorten: Weizen *(blé),* Roggen *(seigle),* Buchweizen *(sarrasin).*

Anjou

Turquant ⤢ XIV/A2

Die Mühle gehört zum Gemeindegebiet von Turquant, das am linken Steilufer der Loire charakteristische Höhlenformationen aufweist. Schon am Ortsausgang von Montsoreau häufen sich – kurz vor der Loirebrücke – die unterirdischen Galerien. **Le Saut-aux-Loups** heißt der ehemalige **Tuffsteinbruch,** der seit dem 15. Jh. Baumaterial lieferte und Anfang des 20. Jh. für die Champignonzucht entdeckt wurde.

Das bemerkenswerteste Beispiel eines troglodytischen Ensembles ist, wenig später, **La Grande Vignolle** (16. Jh.), dessen unterirdische Säle sich in 15 Meter Höhe zum Wasser hin öffnen.

Sehenswert sind auch die Höhlenbehausungen, die am westlichen Ortsausgang **(Val-Hulin)** oder auf halbem Wege nach Parnay (Rue Valbrun) die Straßen in die Weinberge säumen. Dort schmückt das Plateau keine Windmühle, sondern eine **romanische Kirche.**

●**La Champignonnière du Saut-aux-Loups,** Montsoreau, Tel. 02.41.51.70.30, Öffnungszeiten: März–Mitte November täglich 10-18.30 Uhr. Neben den klassischen Champignons (frz. *champignons de Paris)* werden seit neuestem auch Austernpilze, Blaufüße und Shiitaki angebaut. Eintritt: 4,27 € (2,74 €).

Montsoreau über der Loire

●**La Grande Vignolle,** Turquant, Tel. 02.41.38.16.44, täglich 10-18 Uhr. Mit Restaurant und Weindegustation. Im Sommer pittoresker Rahmen für kulturelle Darbietungen.

Parnay ⟋XIV/A2

In Parnay stößt man auf eines der seltenen **Höhlenschlösser** des Loiretals. Mit seiner in die Steilwand integrierten Architektur (15. und 18. Jh.) beweist das Château du Marconnay, dass Höhlen nicht nur wirtschaftlich genutzte, sondern auch vornehme Repräsentationsräume hergaben.

Gegenüber, auf der **Insel von Parnay,** nisten Hunderte von Lachmöwen, Flussseeschwalben, Zwergseeschwalben und Flussregenpfeifer, die man vom Ufer aus mit Ferngläsern beobachten kann. Im Frühjahr zählt die Insel zu den bedeutendsten **Vogelkolonien** des ganzen Flusslaufs.

●**Château du Marconnay,** Parnay, Tel. 02.41.67.24.14, Öffnungszeiten: April–September außer Montag täglich 14-18 Uhr, sonst nur am Wochenende. Weindegustation und -verkauf. Eintritt: 3,05 € (2,29 €).
●Für zusätzliche Auskünfte oder Gruppenführungen zur Insel von Parnay: **Vogelschutzbund** (Ligue pour la Protection des Oiseaux), Tel. 02.41.59.18.15 oder 02.41.87.20.21.

Souzay ⟋XIV/A2

Kurz vor Saumur lohnt noch ein Halt in Souzay. Beim Spaziergang durch die Gassen entdeckt man Winzer- und Schifferhöhlen, aber auch – direkt vor der Loire – das Schloss der Marguerite von Anjou.

Durch die Weinberge von Champigny ⟋XIV/A2

Oberhalb von Souzay führt die D 205 hoch nach Champigny, wo der Blick weit über die Weinberge schweift. Der Winzerort gab einer ganzen Appellation von **Rotweinen** (siehe Kapitel Weinappellationen) ihren mittlerweile berühmten Namen. Auf der Höhe von Champigny kreuzen sich die Straßen. Auf der D 405 geht es nun weiter südwärts ins Nebental des Thouet hinab.

Dort warten in **Saint-Cyr-en-Bourg** die riesigen Weinkeller der Cave coopérative auf degustationsfreudige Besucher.

Saumoussay liegt pittoresk über dem Seitenflüsschen – kein Tuffsteinhafen mehr, sondern nur noch ein unbedeutendes Winzerdorf.

Schließlich lässt sich die Weinroute in südöstlicher Richtung fortsetzen und führt dann im Appellationbereich des Saumur Rouge über **Saix** nach Fontevraud. Wer die Runde als Fontevraud-Ausflug von Saumur aus plant, sollte allerdings für die Abtei zusätzlich zwei bis drei Stunden Besichtigungzeit einrechnen.

Praktische Hinweise

Information

●**Syndicat d'Initiative,** 49730 Montsoreau, avenue de la Loire, Tel. 02.41.51.70.22, außerhalb der Saison in der Mairie, Tel. 02.41.51.70.15.

Hotel

●**Hostellerie Diane de Méridor****, Montsoreau, 12, quai P. de Commines, Tel.

Anjou

02.41.51.70.18, Fax 02.41.38.15.93. Ruhig gelegenes Logis de France, Dienstag Ruhetag, 43-54 €.

Camping

●**Camping de l'Isle Verte***, Avenue de la Loire, Tel. 02.41.51.76.60. Schattig und am Fluss, mit Fahrradverleih (Tel. 02.41.38.14.11) nebenan. Geöffnet von Mai–September.

Restaurant

●**Le Saut-aux-Loups,** Montsoreau, Route de Saumur (D 947), Tel. 02.41.51.70.30. Ein kleines Höhlenrestaurant, das sich nach der Besichtigung der Champignonnière (März bis Mitte November tägl. 10-18.30 Uhr) anbietet. Spezialität sind die sog. *galipettes:* mit Rillettes oder Ziegenkäse gefüllte Riesen-Champignons, die im Holzkohleofen gebraten werden. Etwa 10 € à la carte, nur mittags geöffnet (Montag geschlossen).

Spezialitäten

●**Troglo'Tap,** Turquant, Val Hulin, Tel. 02.41.51.48.30. In der umfangreichen „Haut-Midi"-Höhle werden nach altem Rezept „Klopfäpfel" *(pommes tapées)* hergestellt. Besichtigung und Degustation 4,57 €. Montag geschlossen.
●**Cave coopérative des vignerons de Saumur,** Saint-Cyr-en-Bourg, Rue de Saumoussay, Tel. 02.41.83.43.23. Öffnungszeiten: Mai–September 10 Uhr und 14.30-17.30 Uhr.
●**Musée du Saumur Champigny,** Chacé, Place de la Mairie, Tel. 02.41.52.94.66. Termin nach Voranmeldung. Degustation und Weinverkauf in kleinem Höhlenmuseum.

Markt

●**Marché aux Puces** (Flohmarkt), Montsoreau, jeden zweiten Sonntag am Loirekai unterhalb des Schlosses.

Wassersport

●Das Baden in der **Loire** ist verboten. Für verschiedene Wassersportarten (Kanu, Wasserski, Windsurfen) wurde in Montsoreau ein **künstlicher See** *(plan d'eau)* geschaffen. Informationen und Anmeldung zu Surfkursen im Syndicat d'Initiative.

Wandern

●Der Weitwanderweg **GR 3** führt am südlichen Steilufer der Loire durch Montsoreau. Ein kleiner Führer mit Wanderungen rund um Montsoreau ist im Syndicat d'Initiative erhältlich.

An- und Abreise

●**Mit dem Bus:** zwischen Saumur und Fontevraud fahren ganzjährig Busse via Montsoreau. Informationen im dortigen Syndicat d'Initiative.

Fontevraud ♫ **XIV/B2**

Die **königliche Abtei** von Fontevraud war der größte Klosterkomplex des christlichen Abendlandes. Im Grunde bestand sie aus vier Klöstern: Grand-Moûtier für Chorschwestern, Madeleine für Laienschwestern, Saint-Lazare für Krankenschwestern und Saint-Jean-de-l'Habit für Priester und Laienbrüder. An die 150 Prioreien (in Frankreich, England, Spanien) gehörten zum Mutterhaus, das auf 56.000 Quadratmetern Baufläche bis zu 700 Personen einen völlig autonomen Lebensraum bot.

Nach der Revolution wurde diese reichste Abtei der Monarchie zum „nationalen Gut" erklärt und von 1804 bis 1963 als **Strafanstalt** genutzt. Damit in Fontevraud bis zu 1700 Gefangene Platz fanden, zog man in der Abteikirche und in den Schlafsälen Zwischendecken ein.

Letzter Superlativ: die einstmalige Abtei wurde 1975 zum größten und teuersten **Restaurationsprojekt** der französischen Denkmalpflege, das –

Geschichte

Die Bedeutung der Abtei liegt einerseits in der Persönlichkeit ihres Gründers, andererseits im Kalkül der Plantagenêt-Herrscher begründet. Der Wanderprediger **Robert d'Arbrissel** hatte Anhänger beiderlei Geschlechts, darunter auch Dirnen und Aussätzige, um sich geschart, für die er 1101 einen Doppelorden mit Unterabteilungen für gefallene Frauen und Leprakranke, aber auch für adelige Damen erfand. An die Spitze der Klostergemeinschaft stellte er eine Äbtissin, der sich – getreu des Christusworts an Johannes („Sohn, siehe da deine Mutter") – auch die Mönche unterordnen mussten.

Bald wurden immer die Edelsten unter den Nonnen ins Leitungsamt gewählt, nicht selten Töchter, Nichten oder Tanten des Königs. Sie garantierten den Schutz und die großzügigen Schenkungen der Grafen von Anjou. *Heinrich II.* und seine Gattin *Eleonore von Aquitanien* förderten den Fontevristen-Orden, schickten zwei ihrer Kinder *(Johann Ohneland, Johanna von England)* zur Erziehung in die Abtei und wählten die Klosterkirche zur Grablege der **Planagenêts.** So hat die Familie, die man als „Atriden des Mittelalters" bezeichnet hat, hier ihre letzte Ruhe gefunden.

Der von *Eleonore* geschürte Unmut der Söhne über den despotischen Vater bot der französischen Krone die Chance, im Rivalitätskampf gegen das mächtige Haus Anjou Boden gutzumachen. Aber erst nach dem Tod *Heinrichs II.* gelang dem französischen

so klagen manche Bürgermeister in der Region – vielen anderen, vom Verfall bedrohten Monumenten die Gelder entzog.

●**Abbaye royale** (Königliche Abtei), Tel. 02.41.51.71.41, Fax 02.41.38.15.44, Öffnungszeiten: Juni–3. Sonntag im September 9-18.30 Uhr, sonst 9.30-12/14-17.30 Uhr. Eintritt: 4,88 € (3,20 €).

Anjou

Le Grand Moûtier

König *Philipp August* das „Rollback". Es war mehr als Symbolik, dass nun der Sieger seinerseits die Abtei mit Schenkungen bediente. Später ließen die **Bourbonen-Könige** ihre Töchter in Fontevraud erziehen, und unter *Gabrielle de Rouchechouard* (1670-1704, 32. Äbtissin, Schwester von *Madame de Montespan,* der Mätresse *Ludwigs XIV.)* glich die Abtei einem Hofstaat.

Besichtigung der Klosteranlage

Hinter der monumentalen Pforte durchquert man zunächst den **Ehrenhof,** der links von den ehemaligen Reitställen, rechts (im Hintergrund) vom Palast der Äbtissinnen eingegrenzt wird. Jenseits des Besucherempfangsraums tritt man in einen zweiten, den ehemaligen **Gefangenenhof.** Bevor man an der Kirche (links) den Ausgangspunkt des Besichtigungsrundgangs erreicht, sollte man vom Balkon des Innenhofes (Mitte) einen ersten Blick auf Frankreichs größten Kreuzgang werfen.

In der **Abteikirche** kamen siebenmal täglich die Nonnen und Mönche zum gemeinsamen Gebet zusammen. Der Chor mit seinem Kapellenkranz, ein typisches und besonders gelungenes Beispiel sakraler Loireromanik, wurde 1105 begonnen und war vollendet, als *Robert d'Arbrissel* dort 1117 bestattet wurde. Das einschiffige, von Kuppeln überwölbte Langhaus entstand dann zwischen 1150 und 1160 und dokumentiert als nördlichstes Bei-

spiel aquitanischer Sakralarchitektur die Reichweite des Plantagenêt-Imperiums.

Man trifft hier auf die **Grabmäler** der englischen Könige, Paradebetten mit liegenden Skulpturen, die um 1200 aus Stein *(König Heinrich II., gest. 1189; Königin Eleonore, gest. 1204; König Richard Löwenherz, gest. 1199)* und ein halbes Jahrhundert später aus Holz *(Isabella von Angoulême,* die Witwe von *Johann Ohneland,* gest. 1246) gefertigt wurden. Die beiden Witwen hatten sich übrigens lange vor ihrem

Die Klosterküche mit ihrer geschuppten Dachpyramide

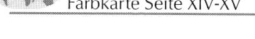

Tod nach Fontevraud zurückgezogen und starben dort im Nonnenkleid.

Der zentrale **Marienkreuzgang** gehört zum „Großen Kloster" (Grand Moûtier), in dem die kontemplativen Chorschwestern untergebracht waren. Ist die südliche Galerie (1519) trotz ihrer weitgespannten Arkaden und geschmückten Pilaster noch gotisch zu nennen, so muss man die anderen Galerien (1530-60) mit ihren Doppelsäulen und ionischen Kapitellen dem klassizistischen Stil zuordnen.

Auf der Ostseite des weiten Vierecks befindet sich, durch ein Portal und Doppelfenster mit dem Kreuzgang verbunden, der **Kapitelsaal.** Hier unterbrachen die Schwestern ihre stillen Gebetsstunden, um sich zusammen ein Kapitel aus der benediktinischen Ordensregel anzuhören. Die um 1563 entstandenen Wandgemälde zeigen Bibelszenen, in die Äbtissinnenporträts original einkomponiert oder nachträglich aufgemalt wurden. In den feingearbeiteten Bodenfliesen finden sich neben den gekrönten Vogelschwingen der Bourbonen und dem Salamander von Franz I. auch die Initialen der Äbtissinnen („R.B." und das geflügelte „L"), die damals den Kreuzgang erbauen ließen.

Gleich neben dem Kapitelsaal liegt die **Wärmehalle,** der einzige geheizte Raum, in dem die Nonnen ohne steife Finger Handarbeiten verrichten konnten. Wegen ihrer adeligen Herkunft kam für sie nur Sticken und Schreiben in Frage.

In der Kreuzgangecke führt über den Kerkern (Kellergewölbe) eine mo-

numentale Renaissancetreppe (ab 1542) vom Unteren **Schlafsaal** in einem Zuge in den Großen Schlafsaal, von dem aus über eine weitere Treppe der Obere Schlafsaal zu erreichen war.

Südwärts schließt sich, auf romanischen Grundmauern, das 45 m lange Refektorium (um 1515) an. Die dazugehörige **Klosterküche,** noch aus romanischer Zeit (1144 bis 1189), ist ein abgetrennter, originell durchdachter Bau. Unter der achteckigen, geschuppten, mit Türmchen geschmück-

Die Klosterküche von innen:
Dunstabzugsromantik

ten Dachpyramide scheint sich eine Kapelle mit Absidenkranz zu verbergen. Die halbrunden Nischen (ursprünglich acht, nach dem Anbau der neuen Küche nur noch fünf) waren jedoch Feuerstellen, über denen versteckte Abzugsrohre den Dunst in die außen aufragenden Schornsteine leiteten.

An den Klostergärten vorbei führt der Weg unterhalb des Grand Moûtier zum **Sankt-Benedikt-Spital** (Infirmeries Saint-Benoît, um 1600), das mit seinem kleineren Kreuzgang und der Kapelle im Plantagenêt-Stil (12. Jh.) eine selbstständige Priorei für kranke und alte Nonnen war.

Ein wenig abseits liegt die **Priorei Sankt-Lazarus** (Saint-Lazare), die mit ihrer schlichten Plantagenêt-Kapelle (um 1160), dem winzigen Kreuzgang (9x15m), einem Kapitel-, Schlaf- und Speisesaal gleichfalls ein komplettes Kloster war.

Wo ursprünglich Krankenschwestern mit der Pflege von Leprakranken betraut und später genesungsbedürftige Nonnen untergebracht waren, befindet sich heute das Hotel des **Kulturzentrums** (Centre Culturel de l'Ouest), das regelmäßig Konzerte und Tagungen organisiert.

Praktische Hinweise

Information

●**Office de tourisme,** 49590 Fontevraud-L'Abbaye, Chapelle Sainte-Catherine, Tel. 02.41.51.79.45. Außerhalb der Saison in der Mairie, Tel. 02.41.51.71.21.

Hotel

●**Hostellerie du Prieuré Saint-Lazare**,** Abbaye Royale, Tel. 02.41.51.73.16, Fax 02.41.51.75.50. Im Inneren der Abtei wurden Mönchszellen in angenehme Hotelzimmer verwandelt, 45-75 €, für 75 € Halbpension im Hotel-Restaurant. Januar/Februar geschlossen.

Chambre d'hôte/Table d'hôte

●**M. et Mme Courant,** 140, avenue des Roches, Tel. 02.41381199. Komfortable Gästezimmer***, 36-41 €.
●**M. et Mme Daugé,** Domaine de Mestré, Tel. 02.41.51.72.32, Fax 02.41.51.71.90. Günstig gelegenes Landschloss (zwischen Montsoreau, Fontevraud und La Herpinière), stilvolle Zimmer (48 €), auch Abendmenü (22 €).

Restaurant

●**La Licorne,** Allée Sainte-Catherine, Tel. 02.41.51.72.49, Fax 02.41.51.70.40. Gediegene Traditionsküche in historischem Bürgerhaus (18. Jh.), wochentags Mittagsmenüs ab 17 €.

Fest

●**Fête des Galipettes** (Fest der Riesen-Champignons), 1. Wochenende im Juni.

Anreise/Weiterreise

●**Mit dem Bus:** Ab oder nach Saumur/Montsoreau.

Montreuil-Bellay

♫ **XIV/A2**

Der Thouet ist der südliche Zufluss der Loire, dessen Mündung erheblich zum Stadtbild von Saumur beiträgt. Das idyllische **Thouet-Tal** trennt die Weinberge von Champigny im Osten vom Plateau von Doué-la-Fontaine im Westen. Angler sind hier auf der Jagd nach Gründlingen, Hechten, Zandern, Karpfen. An markanter Stelle des Tals erhebt sich die Burg von Montreuil-Bellay, die – 18 km südlich von Saumur – auf der N 147 schnell zu erreichen ist.

Unterhalb der Nationalstraße führen ruhigere Landstraßen (D 160, D 162) an beiden Ufern des Thouet entlang. Am rechten kann man kurz vor Erreichen des Burgstädtchens die letzte Wassermühle, Moulin de la Salle, in Betrieb sehen. Der Ausflug lässt sich zu einer Rundfahrt ausgestalten, die auch an der Abteiruine von Asnières vorbeiführt und in Coudray-Macuard wahlweise den Besuch einer Seidenspinnerei oder einer Wetterfahnenwerkstatt einschließt.

Geschichte

Die Luftaufnahme von Montreuil-Bellay zeigt eine geschlossene Burganlage, die hoch über den Thouet-Ufern aufragt und auch zur Stadt hin durch einen tiefen Graben abgesichert ist. Die strategische Lage an der Grenze des Anjou zum Poitou hatte schon *Fulco Nerra* zum Bau eines Wach- und Wohnturms (1026) veranlasst, den sein Vasall *Berlay* (späterer Familienname *Bellay*) zur Festung ausbaute. Als dessen Nachfahr *Giraud II.* gegen seinen Lehnherrn *Geoffroy Plantagenêt* intrigierte, ließ dieser erstmals den Donjon niederreißen. Immer wieder war Montreuil-Bellay umkämpfter Schauplatz der historisch entscheidenden Konflikte: im 100-jährigen Krieg, zur Zeit der Adelsfronde, während der Religionskriege und in der nachrevolutionären Phase der Vendée-Kriege.

Burgbesichtigung

> **Château de Montreuil-Bellay ** ♥**
> - **Stil:** Gotik (15. Jh.)
> - **Besonderheit:** komplette Burganlage
> - **Höhepunkte:** Küche, Stiftsherrenhaus
> - **Animation:** Verkauf des Gutsweins (weiß, rot, rosé)
> - **Auskunft:** Tel. 02.41.52.33.06
> - **Öffnungszeiten:** April–Okt 10-12/ 14-17.30 Uhr außer Dienstag.
> - **Eintritt:** 6,86 € (3,05 €), nur mit Führung
> - **Tipp:** Nächtlicher Fackelrundgang mit Umtrunk in der mittelalterlichen Küche (im August auf Vorbestellung).

Wenn nicht gerade Markttag ist (Dienstag), kann man oben auf der städtischen Esplanade parken, wo man diesseits des Burggrabens das Kassenhäuschen erblickt. Man durchquert treppauf treppab die noch aus dem 13. Jh. stammende **Vorburg** *(barbacane)* und betritt dann die Festung durch einen von runden Ecktürmen eingerahmten Torbau.

An der Innenseite befindet sich das Alte Schloss (ab 1420 erbaut), das man

Anjou

1850 Foto: mi

jedoch rechts liegen lässt, um links in den **Ehrenhof** einzubiegen. Bis 1808 stand hier, die Festungswälle überragend, *Fulco Nerras* Donjon mit seinen 17 Metern Durchmesser, zwei Brunnen und einem unterirdischen Gang.

Man hält sich links und betritt einen isolierten, an die Festungsmauer angelehnten Bau. Es ist die **mittelalterliche Küche** (vor dem 15. Jh.), die sicherheitshalber abseits der Wohngebäude errichtet wurde und – ähnlich wie in

Das Stiftsherrenhaus von Montreuil-Belay

Fontevraud – über der zentralen Feuerstelle ein pyramidenförmiges Gewölbe aufweist. Später wurde der verkohlte Steinboden durch Terrakottaplatten ersetzt und statt in der Mitte in zwei seitlichen Kaminen gekocht. Über eine Galerie, die vom Ehrenhof damals noch einen Hinterhof abtrennte, trug man die warmen Gerichte anschließend in den Wohntrakt hinüber.

Im einstigen Hinterhof erblickt man das **Stiftsherrenhaus,** das nach Art der flämischen Beginenhäuser aus separaten Wohneinheiten besteht. Unter den vier Spitzdächern befindet sich jeweils ein Treppenturm, über den die Kleriker in ihr Schlafzimmer, ihren Vorratskeller und – in einem Fall sogar – ins Schwitzbad gehen konnten.

Gegenüber erhebt sich die Hoffassade des **Neuen Schlosses** (1485-1505) mit seinen unterschiedlich proportionierten Achtecktürmen. Im schmaleren führt die Wendeltreppe in das Tonnen- und Spitzbogengewölbe des Weinkellers hinunter. Oben besichtigt man dann die Kapelle (Fresken aus dem 15. Jh.), das Esszimmer (bemalte Deckenbalken), das Zimmer der *Anne de Condé,* den Salon (Hochzeitstruhe der Königin *Margarethe von Valois)* und den Musiksalon La Trémoïlle. Man verlässt das Schloss über die Ehrentreppe, deren majestätische Schraube von einem Palmengewölbe gekrönt wird.

Innerhalb des Mauerrings liegt auch die **Kollegiatskirche Notre-Dame** (1472-84). Auf der linken Seite des weiten Kirchenschiffs befindet sich die Kapelle, von der aus der Schlossherr den Gottesdienst verfolgte. Man verlässt dann die Burg über die erst 1862 erbaute Brücke.

Weitere Sehenswürdigkeiten

Bei der anschließenden Erkundung des Städtchens stößt man auf Häuser, die bis ins 14. Jh. zurückgehen.

In der Nähe der Porte Saint-Jean, wo einst die Zugbrücke über den Stadtgraben führte, steht das **Aquarium der Loirefische.** Es vermittelt einen guten Überblick über die regionale Süßwasserfauna.

● **L'Aquarium,** 44, porte Saint-Jean, Tel. 02.41.52.35.90. Öffnungszeiten: Juli/August täglich 10-12/14-18.30 Uhr, Nebensaison nur nachmittags außer Montag. Eintritt: 3,81 € (1,52 €).
● **Moulin de la Salle,** Tel. 02.41.52.30.62. Öffnungszeiten: Juli–Mitte September werktags 15-18.30 Uhr. Eintritt: 3,05 € (1,52 €).

Asnières   ⇗ XIV/A2

Ein lohnender Abstecher führt zur **Abteiruine** von Asnières, in der die Herren von Montreuil-Bellay begraben wurden. Nach 4,5 km auf der Straße nach Doué-la-Fontaine (D 761) geht es im Wald von Cisay rechts ab noch 2 km bis zu einem abgeschiedenen Weiler. Zwischen Traktoren, Ziegen und bunten Bauerngärten erhebt sich die eindrucksvolle Ruine, deren Chor ein besonders schwereloses Beispiel von Anjou-Gotik darstellt.

● **Abbaye d'Asnières,** Tel. 02.41.67.04.92, Öffnungszeiten: Juli/August außer dienstags 10-12/14-18 Uhr.

Coudray-Macouard   ⇗ XIV/A2

Nur wenige Kilometer weiter erreicht man Coudray-Macouard, ein charakteristisches Tuffsteindorf auf dem rechten Thouet-Ufer. Die **Seidenindustrie,** im Loiretal durch die spezielle Nachfrage des Adels und reichen Bürgertums bis zur Revolution in hoher Blüte, wurde hier vor kurzem wiederbelebt. In der Magnanerie kann man – vom Pflanzen des Maulbeerbaums über die

In Asnières

Seidenraupenzucht bis zum Spinnen und Weben – die zum Seidentuch führenden Produktionsabläufe studieren.

Außerdem gibt es im Ort eine Werkstatt, in der nach alter Tradition **Wetterfahnen** (girouettes) hergestellt werden.

- **La Magnanerie,** Tel. 02.41.67.91.24. Öffnungszeiten: 15. Mai–15.Oktober 10-18 Uhr außer montags, Juli/August täglich. Eintritt: 3,85 €, ermäßigt 2,30 €.
- **Atelier de la Girouetterie** (Wetterfahnenwerkstatt), Tel. 02.41.67.98.30. Öffnungszeiten: Juli/August 10-12/14-18 Uhr, Samstag/Sonntag nur nachmittags. Preisspektrum der Wetterfahnen: 150-600 €.

Praktische Hinweise

Information

- **Office de tourisme,** 49260 Montreuil-Bellay, Place du Concorde, Tel. 02.41.52.32.39. Außerhalb der Saison in der Mairie, Tel. 02.41.52.33.86. Fahrradverleih und Hinweise über Kanu/Kajak auf dem Thouet.

Hotel

- **Splendid'Hôtel **,** 139, rue du Dr Gaudrez, Tel. 02.41.53.10.00, Fax 02.41.52.45.17. Ruhig gelegenes Logis de France, Doppelzimmer 25-65 €, mit Swimming-Pool und Restaurant „Relais du Bellay".

Chambres d'hôte

- **M. et Mme Guezenec***,** Place des Augustins, Tel. 02.41.52.33.88.
- **Mme Grivault**,** 108, rue du Château, Tel. 02.41.52.38.69.

Camping

- **Les Nobis***,** Rue Georges Girouy, Tel. 02.41.52.33.66, Fax 02.41.38.72.88, geöffnet April–September, am Thouet, Schattenplätze.

Restaurants

- **Auberge des Isles,** 312, rue du Boelle, Tel. 02.41.52.30.63, Sonntag/Montag Ruhetag. Menüs 9-26 €, empfehlenswerte Fischgerichte. Schöne Terrasse über dem Thouet-Flüsschen.
- **La Grange à Dîme,** Rue du Château, Tel. 02.41.50.97.24, Montag/Dienstag geschlossen. Bistrot mit Fouaces-Spezialitäten.

Markt

- Wochenmarkt am Dienstag.

Anreise/Weiterreise

- **Mit dem Bus:** Richtung Doué-la-Fontaine, Brissac-Quincé, Angers.

Saumur ⌖XIV/A2

Bietet sich Saumur vom rechten Loireufer aus (Norden) von seiner berühmten Postkartenseite, so ist die Zufahrt aus dem Thouet-Tal (Süden) höchst unspektakulär.

Bevor man unter dem unverwechselbaren Burgfelsen ankommt, besichtigt man im Vorort Bagneux erst einmal den **Dolmen,** der hier im Stadtgebiet höchst kurios hinter einer Mauer wartet. Man klingelt, wird eingelassen und steht dann vor diesem vier- bis sechstausend Jahre alten Steinkoloss. Er besteht aus 15 monumentalen Platten, die – geologisch eindeutig – von den benachbarten Terrefort-Höhen stammen und, tischförmig aufgestellt, eine 18 m lange Grabkammer mit Vorbau bilden. Die größte der vier Deckplatten wird auf 40 Tonnen geschätzt, das ganze Dach auf etwa 109 Tonnen.

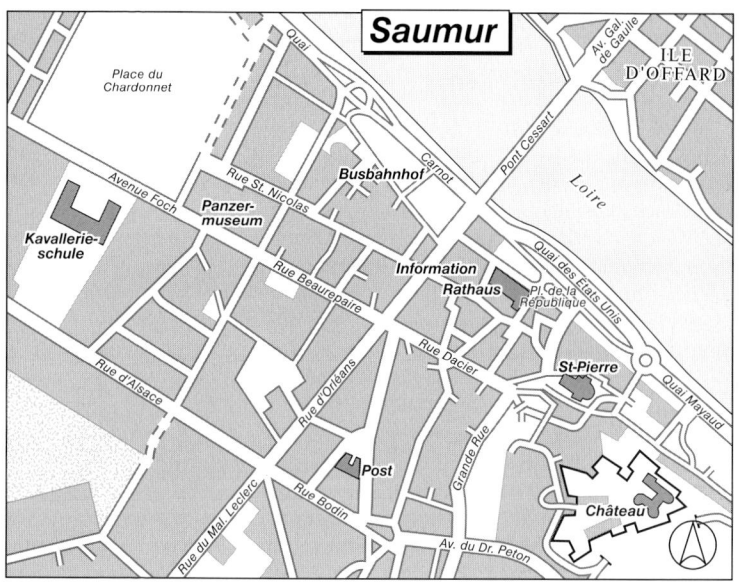

Saumur

Place du Chardonnet

Quai

Av. Gal de Gaulle

ILE D'OFFARD

Carnot

Pont Cessart

Loire

Rue St. Nicolas

Busbahnhof

Avenue Foch

Panzermuseum

Kavallerieschule

Rue Beaurepaire

Information

Rathaus

Pl. de la République

Quai des Etats Unis

Rue d'Alsace

Rue d'Orléans

Rue Dacier

St-Pierre

Quai Mayaud

Grande Rue

Post

Rue du Mal. Leclerc

Rue Bodin

Château

Av. du Dr. Peton

●**Dolmen von Bagneux,** 56, rue du Dolmen, Tel. 02.41.50.23.02, Öffnungszeiten: 9-19 Uhr, in der Nebensaison Mi geschlossen. Mit Bar.

Geschichte

Die Geschichte der Stadt beginnt wesentlich später mit den Mönchen von Saint-Florent, denen *Karl der Kahle* zum Schutz ihrer bedrohten Reliquien hier 848 ein befestigtes **Kloster** gab. 1026 errichtete *Fulco Nerra* auf dem Burgfelsen die erste Festung, die 1203 von *Philipp II. August* erobert und der französischen Krone einverleibt wurde. Unter *Ludwig dem Heiligen* ging Saumur an das Haus Anjou, dessen letzter Herzog, der „gute *König René*" auf Grund seines „Liebesschlosses" bis

heute eine populäre Figur geblieben ist.

Doch es war die **Reformation,** die der Stadt ihre ganz besondere, bürgerliche Zukunft eröffnete. *Heinrich III.* hatte den Reformierten Saumur als Schutzzone eingeräumt und den Berater und Freund *Heinrichs von Navarra* zum Stadtgouverneur ernannt. Dieser *Duplessis-Mornay,* unter den fanatischen Katholiken bald als „Hugenottenpapst" verschrien, machte die Loirestadt zu einem „zweiten Genf". Aus Holland, Schottland, Deutschland, der Schweiz kamen Gelehrte und Studenten, und auch wirtschaftlich brach für die Stadt eine Blütezeit an. Am Kai lagen die flachen Frachtschiffe, die man mit Wein und Tuffstein belud, so-

Anjou

bald Zucker, Kokosnuss, Perlmutt und andere Rohstoffe entladen waren. In der Altstadt verarbeiteten sie Hunderte von Handwerkern zu allerlei Schmuck und Gebrauchsgegenständen, unter denen Ketten und Rosenkränze besonders ortstypisch waren. Das Geschäft belebte sich noch durch den Devotionalienhandel, der auf dem Weg zur Wallfahrtskirche Notre-Dame-des-Ardilliers blühte. Denn Zehntausende von Pilger zog es jährlich in dieses „Lourdes des 16. Jahrhunderts", das in der Protestantenhochburg eine gegenreformatorische Funktion bekam. Die damalige Kapelle wurde 1614 den Oratorianern anvertraut, die dort 1649 als Pendant zur protestantischen Akademie eine Theologenschule eröffneten. Obwohl *Duplessis-Mornay* von *Ludwig XIII.* schon 1621 abgesetzt wurde, herrschte bis zum Widerruf des Edikts von Nantes in der Stadt der Geist der Toleranz. Mit der Zerstörung des protestantischen Tempels und dem massenhaften Abzug der Hugenotten 1685 ging es mit Saumur auch wirtschaftlich bergab.

Knapp 100 Jahre später gewann Saumur mit der Einrichtung der **Kavallerieschule** eine völlig neue, nationale Bedeutung, die auch positive ökonomische Auswirkungen hatte. Die Verteidigung des Loireübergangs durch die Kadetten von Saumur verzögerte den Vormarsch der deutschen Truppen 1940 zwar nur kurzfristig, trug aber bis heute zum Ruhm der militärischen Eliteausbildung von Saumur bei. Der Hauptstadt der Reiterei blieb ihr prestigeträchtiges *Cadre Noir* auch

nach 1945 erhalten, als dort eine Panzerdivision stationiert wurde.

Der wirtschaftliche Schwerpunkt verlagerte sich schon im 19. Jh. von der traditionellen Rosenkranzproduktion zur **Champignonzucht** und **Schaumweinherstellung,** die heute das Image der Stadt prägen. Daneben entstanden Masken-, Spielzeugwaren- und neuerdings auch Elektronikfabriken, die wie die traditionellen Branchen vor allem qualifizierte Arbeitskräfte benötigen. Saumur ist heute eine aufstrebende Provinzstadt mit über 30.000 Einwohnern.

Altstadtrundgang

Über den Thouet hinweg geht es vor der Loirebrücke rechts ab zur Place de la République. Hier beginnt zweckmäßigerweise der Rundgang durch die Altstadt.

Das **Rathaus,** dessen linke Hälfte aus dem 16. Jh. stammt, ist ein mit Türmchen und Maschikulis versehener Festungsbau, der als integraler Bestandteil der Burgmauer ursprünglich ein flussnaher Brückenkopf war. Von 1599 bis 1685 befand sich im Hof die protestantische Akademie.

Es empfiehlt sich, Richtung Place Saint-Pierre zu schlendern, in die Rue Dacier einzubiegen und durch die Querstraßen Rue des Païens, Rue du Temple, Grande Rue zu streifen. Hier entdeckt man erinnerungsträchtige **Stadthäuser** (*hôtels*) aus jener Zeit, als sich berühmte Professoren, Studenten und auch gelegentlich der König in Saumur einquartierten.

Die **Kirche Saint-Pierre,** ein typisches Beispiel von Plantagenêt-Gotik, ist wegen ihrer aus dem 16. Jahrhundert stammenden Wandbehänge (Leben des Heiligen Petrus, Leben des Heiligen Florent) sehenswert.

Schlossbesichtigung

Château de Saumur ***
- **Stil:** Gotik (14.-15. Jh.)
- **Besonderheit:** „Märchenschloss" im Stil einer berühmten Miniatur
- **Höhepunkte:** Stadtpanorama, Pferdemuseum
- **Museen:** Musée du Cheval (Pferdemuseum), Musée des Arts décoratifs (Kunstgewerbemuseum)
- **Animation:** In der Hauptsaison Soirées musicales im Park
- **Auskunft:** Tel. 02.41.40.24.40
- **Öffnungszeiten:** Juni–September 9.30-18 Uhr (im Juli–August Mittwoch und Samstag auch abends geöffnet), Oktober–Mai 9.30-12/14-17 Uhr (im Winter Mittwoch geschlossen)
- **Eintritt:** 5,79 € (4,12 €) inklusive Museen

Von der Place Saint-Pierre führt die Stiege Montée du Fort auf den Schlossberg, wo die Rue des Remparts in großem Bogen den Wall umrundet. Über eine Fußgängerbrücke gelangt man hoch über dem Graben zum Empfangsgebäude, hinter dem eine Parkanlage mit Aussichtsplattform großartige Perspektiven eröffnet. Unten die vielfach geneigten Schieferdächer, der träge Strom, die ans Nordufer schwingende Cessart-Brücke – oben das offene Quadrat der Burganlage, die mit ihren Ecktürmen, Schornsteinen und Lukarnen der berühmten

Septemberminiatur im „Stundenbuch" des *Herzogs von Berry* (um 1410) verblüffend nahekommt. Es war ja dessen Bruder *Ludwig I.* von Anjou, der gerade 40 Jahre zuvor (um 1370) dieses wehrhafte und doch märchenhafte Schloss konzipiert hatte, als wollte er seinem anderen Bruder, *König Karl V.,* ein Muster an Verschwendung vor Augen stellen. Der quadratische Grundriss rührt übrigens schon vom feudalen Vorgängerbau (um 1230) her, während von der ersten Festung, *Fulco Nerras* Donjon, nichts mehr übrig ist. So steht man heute vor Saumurs drit-

Anjou

Im Brunnenhaus

ter Burg (14.-15 Jh.), wie sie *Ludwig I.* begonnen, sein Sohn *Ludwig II.* vollendet und der Enkel *René von Anjou* zum *château d'amour* ausgestaltet hat.

Eine gepflasterte Rampe führt zum Torbau, hinter dem man den terrassenartigen Burghof betritt, um neben dem Brunnenhaus (13. Jh., 65 m tief) erneut das Stadtpanorama zu genießen. Den Nordflügel schmückt eine große Ehrentreppe (einziges erhaltenes Exemplar aus dem 14. Jh.), dem in der Nordostecke ein weiterer Aufgang gegenüberliegt. Auf ihm gelangt man in die

Die offene Front des Schlosses

früheren Wohnräume der Herzöge von Anjou (1. Stock), in denen sich heute das Kunstgewerbemuseum befindet. In seiner Systematik und Vollständigkeit ist das unter dem Dachstuhl gelegene Pferdemuseum besonders sehenswert. Wieder zurück im Hof, kann man abschließend über schmale Kellertreppen noch in die Verliese des Südostflügels hinabsteigen.

Schlossmuseen

●**Musée des Arts décoratifs** (Kunstgewerbemuseum). Es zeigt Mobiliar aus dem Mittelalter und der Renaissance, Email aus Limousin, eine Sammlung französischer Fayencen und Wandteppiche aus Flandern und französischen Gobelin-Werkstätten.
●**Musée du Cheval** (Pferdemuseum): Die umfangreiche Sammlung von Sätteln, Zaum-

zeug und Steigbügeln illustriert eine wohl einmalige Kulturgeschichte der Reitkunst von der Antike übers Mittelalter bis in die Neuzeit. Nach einem ersten historischen Durchgang folgen eine Reihe von Themenschwerpunkten: die Kavallerieschule, das Pferderennen, der Frauensattel, die Reiter-Wächter *(gardians)* der Camargue, die Pferdepost. Abschließend werden die asiatischen, afrikanischen , amerikanischen Traditionen der Reitkunst in eigenen Abteilungen dokumentiert.

Durchquert man hinter dem Schloss den Jardin des Plantes, so kommt man auf der Rückseite des Schlossberges zur ältesten und schönsten Kirche der Stadt. **Notre-Dame-de-Nantilly** stammt mit Ausnahme der angefügten Kapelle noch aus romanischer Zeit (12. Jh.) und ist auch wegen der schönen Wandteppiche aus Flandern (15.-16. Jh.) und aus den Werkstätten von *Aubusson* (17. Jh.) sehenswert.

Westliche Peripherie

Verlässt man die Innenstadt in westlicher Richtung, so kommt man an der **Place du Chardonnet,** einem großen Paradeplatz vorbei, auf dem alljährlich Ende Juli die so genannten *carrousels* abgehalten werden. Es sind Dressur- und Panzervorführungen des Cadre Noir, der schwarz-gold uniformierten Eliteeinheit der Kavallerieschule. Die klassizistischen Gebäude (1767-1770) stammen noch aus den Anfängen, als die besten Reiter der königlichen Armee, meist von adeliger Abkunft, nach Saumur geschickt wurden und der Stadt einen neuen Aufschwung bescherten. Heute ist die Reiterei nur noch eine prestigeträchtige Nebenab-

teilung der Panzerdivision, und so ist es nur logisch, dass man nebenan kein Pferde-, sondern ein – in Europa einmaliges – Panzermuseum antrifft.

● **Musée de la Cavalerie,** Avenue Foch, Tel. 02.41.83.93.06, Öffnungszeiten: Dienstag– Donnerstag sowie an Sonn- und Feiertagen 9-11/14-17 Uhr, Samstag nur nachmittags. Vorübergehend geschlossen.
● **Musée des Blindés** (Panzermuseum), 1043, route de Fontevraud, Tel. 02.41.53.06.99, Öffnungszeiten: täglich 9.30-18.30 Uhr (im Winter 10-17 Uhr). Eintritt: 3,80 € (2,30 €).

Ecole Nationale d'Equitation

Die **Staatliche Reitschule** wurde von der militärischen Offiziersausbildung abgetrennt und außerhalb der Stadt auf das Plateau von Terrefort verlagert. Dort befinden sich auf einem 300 ha großen Gelände seit 1984 die größte Reithalle Europas (80x30m-Manege, 1500 Sitzplätze), fünf weitere Reithallen von olympischen Ausmaßen sowie 25 Zureitplätze. 200 Angestellte, 60 Pferdeknechte, 50 Ausbilder, 5 Hufschmiede und 2 Tierärzte sind mit der Dressur von 400 Pferden beschäftigt. Man kann sie in ihren Boxen sehen, wo sie über eine Trinkstelle, ein Mistförderband und eine Dusche mit wärmenden Infrarotlampen verfügen. Jedes Pferd „arbeitet" täglich mindestens eine Stunde mit immer demselben Reiter, der es 3-5 Jahre lang im traditionellen Saumur-Stil trainiert und die *courbette, croupade, cabriole* usw. beharrlich in den Spiegeln der Manege korrigiert.

Man bekommt die verschiedenen Formen der klassischen französischen

Anjou

Reitkunst an den meist ausverkauften **Galaabenden** des Cadre Noir in besonders eindrucksvollem Rahmen vorgeführt.

●**Ecole nationale d'équitation** (Staatliche Reitschule), Terrefort, Tel. 02.41.53.50.60, Öffnungszeiten: April–September Montag nachmittag–Samstag vormittag 9.30-11/ 14-16 Uhr. Führung durch die Stallungen, vormittags außerdem Dressurtraining des Cadre noir in der großen Manege. Eintritt: vormittags 5,34 €, nachmittags 3,81 €. Für Galaabende rechtzeitig Karten vorbestellen.

Saint-Hilaire-Saint-Florent

Auf dem Weg zur Reitschule kommt man auf der D 751 durch Saint-Hilaire-Saint-Florent, ein langgestreckter Vorort, der unterhalb des Plateaus von Terrefort das linke Ufer des mündungsnahen Thouet säumt. Einst berühmt wegen seines Klosters, ist das Straßendorf heute Standort renommierter **Sektkellereien.** Der weinigspritzige *saumur brut* reift unter der Straße (D 751) in kilometerlangen Galerien, die aus den Zeiten des systematischen Tuffsteinabbaus herrühren und ausgezeichnet die Temperatur halten. Der Flame *Jean Ackerman* hatte die Keller für die Champagnerproduktion entdeckt und wechselte nach seiner zweijährigen Lehrzeit in Reims 1811 nach Saumur. 1851 gründete ein Böttchersohn, *Etienne Bouvet,* ein anderes Traditionshaus, das bald die Nr. 1 der Sektbranche war und zur Beleuchtung seiner acht Kilometer Keller eine eigene Stromfabrik unterhielt, sowie aus Repräsentationsgründen ein Velodrom und ein Theater betrieb. Inzwischen ist

Bouvet-Ladubay ein Subunternehmen des Champagnerkonzerns Taittinger und bietet den Besuchern neben einer Kellerführung mit Degustation auch ein Maskenmuseum und eine Galerie für zeitgenössische Kunst.

●**Bouvet-Ladubay,** Rue Ackerman, Tel. 02.41.83.83.83, Fax 02.41.50.24.32, Öffnungszeiten: Juni–September 9-18.30 Uhr, sonst 9-12/14-18 Uhr. Eintritt: 1 €.

●**Galérie d'art contemporain,** Rue Ackerman, Tel. 02.41.83.83.82 Öffnungszeiten: Außer Montag und Dienstag täglich 9-12/14-18 Uhr; Sonntag erst ab 10 bzw. 14.30 Uhr. Gratis.

●**Musée du Masque** (Maskenmuseum), Tel. 02.41.50.75.26, Öffnungszeiten: Ostern-15. Oktober täglich 10-12.30/14.30-18.30 Uhr, sonst nur Samstag/Sonntag nachmittags. Eintritt: 3,81 € (2,29 €).

Die Tuffsteinhöhlen werden seit 150 Jahren auch zur **Champignonzucht** genutzt. Am Ortsende steht eine davon als Champignonmuseum dem Publikum offen. Eingangs erinnern Schrämmaschinen, Tuffsteinblöcke und Fossilien an das Handwerk der Bergleute *(perreyeurs),* die lange vor den Champignonzüchtern im einstigen Steinbruch arbeiteten und dabei Ammoniten aus dem Mesozoikum (vor 80-100 Millionen Jahren) zu Tage förderten. Nach einem Weinkeller erreicht man die Champignonkeller, in denen die alten und modernen Produktionsmethoden anschaulich demonstriert werden.

●**Musée du Champignon,** Saint-Hilaire-Saint-Florent, Tel. 02.41.50.31.55, täglich 10-19 Uhr Führung durch die unterirdischen Galerien, Eintritt: 6,10 € (3,81 €). Pilgergerichte im kleinen Höhlenrestaurant.

Führung durch die Champignonkeller

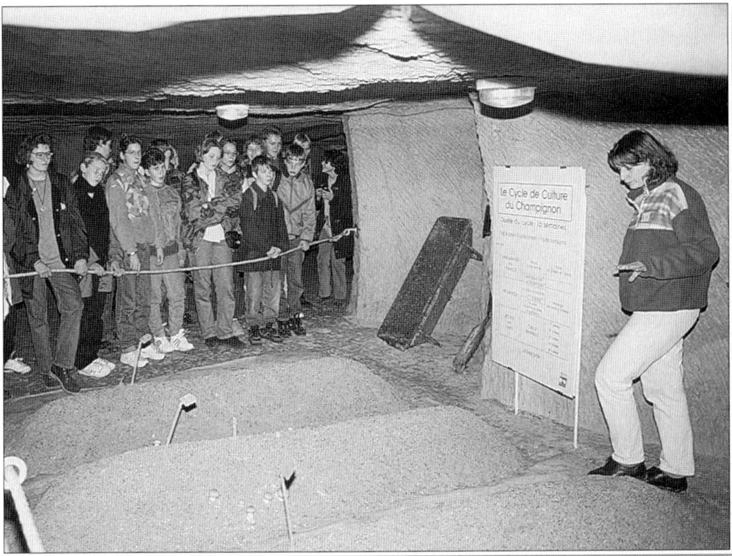

Praktische Hinweise

Information

●**Office de tourisme,** 49400 Saumur, Place de la Bilange, Tel. 02.41.40.20.62, Fax 02.41.40.20.69. Touristenbähnchen und Kutschenfahrten.

Hotels

●**Volney**,** 1, rue Volney, Tel. 02.41.51.25.41. Einfaches, gemütliches, günstig gelegenes Stadthotel. 25-45 €.
●**Anne d'Anjou***,** 32, quai Mayaud, Tel. 02.41.67.30.30, Fax 02.41.67.51.00. Eleganter Palais (18. Jh.) am rechten Loireufer; stilbewusst möblierte Zimmer und begrünter Innenhof. 50-85 €.

●**Château de Beaulieu,** Route de Montsoreau, Tel. 02.41.67.69.51, Fax 02.41.50.42.68. Gästezimmer (50-58 €) im Schloss (18.Jh.), Bibliothek, Seminarräume, Park mit Schwimmbad, auch Table d'hôte (30 € das Menü).
●**Le Clos des Bénédictins**,** Saint-Hilaire-Saint-Florent, 2, rue des Lilas, Tel. 02.41.67.28.48, Fax 02.41.67.13.71. Modernes Relais du Silence in der Nähe der Staatlichen Reitschule; Park mit Schwimmbad und Saumurblick; verpflichtende Halbpension für 62-85 €, die sich für Feinschmecker lohnt: hausgemachte Foie gras mit Layon-Wein, Zander mit Saumur brut und ähnliche Kombinationen!

Jugendherberge

●**Centre international de séjour,** Rue de Verden (auf der Ile d'Offard), Tel. 02.41.40.30.00, Fax 02.41.67.37.81, Mitte Januar–Mitte Dezember, 12-16 €, mit 7 € das Essen. Neben dem Campingplatz, Schwimmbad, Sportmöglichkeiten, Fahrradverleih.

Anjou

Camping

● **L'Ile d'Offard******, Rue de Verden, Tel. 02.41.40.30.00, Fax 02.41.67.37.81, ganzjährig geöffnet, mit Schattenplätzen.
● **Chantepie******, La Croix, Saint-Hilaire-Saint-Florent, Tel. 02.41.67.95.34, Fax 02.41.67.95.85, geöffnet Mai–September.

Restaurants

● **Le Trente Février**, 9, place de la République, Tel. 02.41.51.12.45. Vegetarische Pizzeria. Sonntags (außerhalb der Saison mittwochs) geschlossen.
● **Les Palmiers**, 18, rue Saint-Nicolas, Tel. 02.41.67.89.63. Saladerie/Crêperie. Sonntag und Montagabend geschlossen.
● **Les Ménestrels**, 11, rue Raspail, Tel. 02.41.67.71.10. Lukullische Hochburg von Saumur, ständig wechselnde Karte mit kreativen Gerichten, Menüs zwischen 25 und 52 € (Degustationsmenü).
● **Le Chapy**, Allonnes (rechtes Loireufer), Tel. 02.41.52.02.63. Ferme-Auberge an der D 10, Geflügel- und Lammzucht sowie Gemüse- und Kiwianbau, Menüs 12-15 €, im Winter Erzählerabende.

Spezialitäten

● **Maison du Vin**, 25, rue Beaupaire, Tel. 02.41.51.16.40, Fax 02.41.51.16.14, Montag geschlossen. Informationen über den Saumur und seine Produzenten, Degustation ausgewählter Weine.
● **Huilerie de la Croix verte**, St-Lambert-des Levées (rechtes Loire-Ufer), 29, rue Bouju, Tel. 02.41.67.43.00. Traditionelle Nussölfabrikation. Besichtigung und Verkauf.

Märkte und Feste

● **Wochenmärkte:** mittwochs Rue du Clos Grolleau, donnerstags Avenue du Général de Gaulle, freitags Quartier du Chemin vert, samstags Place de la République und Place Saint-Pierre.
● **Blumenmarkt:** samstags Place Bilange.
● **Fête de la Loire et Salon des Vins** (Weinfest), Saint-Hilaire-Saint-Florent, 2. Maiwochenende.

Reiten

● **Centre équestre Le Petit Souper,** Saint-Hilaire-Saint-Florent, Tel. 02.41.50.29.90, Fax 02.41.50.84.55.
● **Poney-Club,** Boulevard de la Marne, Tel. 02.41.67.68.37.

Bootfahren

● „La Saumuroise"/„Pascal Carole", 45 bis, rue L. Palustre, Tel. 02.41.50.23.26. Ein- bis zweistündige Panoramafahrten mit (gabare) oder ohne (toue) Segel.

Fliegen

● **Aéro-club de Saumur,** Route de Marson, Tel. 02.41.50.20.27. Täglich zwischen 15 und 19 Uhr 45-Minuten-Flug über die Loireschlösser.
● **Saumur Vol à Voile,** Aérodrome, Rue du Clos-Pointu, Tel. 02.41.50.82.44. Im Juli/August 20-30 Minuten Segelflug über die Loire; an den Wochenende Segelflugkurse.

An- und Weiterreise

● **Mit dem Bus:** Richtung Fontevraud, Cholet (über Doué-la-Fontaine) und Angers (auf dem rechten wie linken Loireufer).
● **Mit dem Zug:** Richtung Tours, Vierzon/Bourges und Angers/Nantes. Informationen SNCF Tel. 02.41.67.50.50.

Zwischen Saumur und Angers

Überblick

Zwischen Saumur und Angers gibt es – mit Ausnahme von Cunault – keine erstrangigen Kunstdenkmäler. Die interessantesten „Bauten" sind Höhlen, die sich als unterirdische Behausungen zu ganzen Weilern aneinanderreihen und auch kunstvolle Skulpturen enthalten. Denn die Anhöhen links der Loire sind eine einzige, gründlich ausgehöhlte Lagerstätte von Tuffstein und Muschelkalk, und die Flusshäfen unten (Chênehutte, Gennes, Le Thoureil) waren vor allem Verladestationen für den Abtransport des edlen Gesteins. Auf der anderen Seite ist das bedeutendste Bauwerk sicher der Große Deich, der das Sumpfland zwischen der Loire und dem Authion in einen riesigen Garten verwandelt hat. Dort im „Tal" unten spottet man über die Troglodyten (Höhlenbewohner) des Plateaus, die ihrerseits noch heute mit den Bewohnern der Überflutungsräume Mitleid haben. Dabei äußert sich in den Spitznamen eine gehörige Portion Achtung vor den anderen, auf die man immer angewiesen war und mit denen man in ein und derselben Loireregion zusammenlebt.

Sie lässt sich von Gennes aus sternförmig in zahlreichen Ausflügen erschließen. Die meisten Sehenswürdigkeiten liegen auf dem Plateau, vor Doué-la-Fontaine, bei Louerre und rund um Saint-Georges-des-Sept-Voies. Der Ortsname thematisiert die vielen Sträßchen, die sich oberhalb des Stromes, abseits der Hauptverkehrswege kreuzen und zur Entdeckung des

Anjou

„weißen Anjou" besonders geeignet sind. Doch auch unten an der Loire wird man sich eher auf dem linken Ufer aufhalten: hier reihen sich Höhlen, Kirchen, Flusskneipen *(guinguettes)* in kurzer Abfolge und sehr abwechslungsreich aneinander, und die D 751 (Saumur – Gennes) ist eine gemütliche, die D 132 (Gennes – Blaison-Gohier) sogar eine ausgesprochen idyllische Strecke – von Anglern gesäumt und für bedächtige Radfahrer ideal. Aber auch die rechte Uferstraße (D 952) hat ihre Reize, die man am ehesten bemerkt, wenn man von Saint-Rémy-la-Varenne über die Brücke kommt und Saint-Mathurin im gleißenden Mittagslicht auf dem Damm stehen sieht. Wer Zeit hat und neugierig ist, erforscht sogar das alte Überflutungsgebiet mit seinen Obstgärten und Maissieben, hinter denen Kanäle und Brücken auftauchen.

Doué-la-Fontaine und seine Höhlendörfer ♫ XXI/D2-3

Das Festungshaus *Ludwigs des Frommen* (9. Jh.), mit dem Donjon von Langeais immerhin das älteste von ganz Frankreich, liegt unauffällig am Südrand des Städtchens, das heute als Zentrum der **Rosenzucht** bekannt ist. Man muss nicht unbedingt zu den Zehntausenden gehören, die Mitte Juli zu den Journées de la Rose anreisen und in der Arena den Duft von 100.000 Rosen einatmen. Man sollte sich aber auch nicht mit dem Anblick der Felder begnügen, die bei der Anfahrt wie zum Gruß ausgespannte Farbbänder leuchten. Doué bietet nämlich einen Rosenpark *(Jardin des Roses),* in dem Spaziergänger rund 250 Sorten in aller Ruhe betrachten können. Die Anlagen befinden sich auf dem Gelände des ehemaligen Soulanger-Schlosses (17. Jh.), in dessen Gestallungen mittlerweile ein Museum der alten Läden *(Musée des Commerces anciens)* untergebracht ist.

Die beachtlichsten Sehenswürdigkeiten von Doué-la-Fontaine sind ihrem Ursprung nach Steinbrüche. Zu ihnen zählt die **Arena,** kein gallo-römisches Baudenkmal, sondern eine im 15. Jh. aufgegebene und dann mit Sitzreihen ausgestattete Muschelkalkmine.

Auch der **Zoologische Garten** (an der Straße nach Cholet) verdankt seine großartige Kulisse den von Bergarbeitern herausgemeißelten Canyons, Grotten und Inseln, die über 500 (meist exotischen, zum Teil sehr seltenen) Tieren eine vergleichsweise „natürliche" Umgebung bieten.

Aber die meisten Gruben, birnenförmige „Dome", liegen versteckt unter Tage. Nur schmale Einstiegslöcher deuten oberflächlich auf den Durchstich zum Sedimentgestein, das zunächst bogenförmig, dann senkrecht ausgehöhlt wurde. So entstand auch der **Höhlenkomplex der Rue des Perrières,** der heute – nach gründlicher Restauration – als einmaliges Begegnungszentrum (Jugendherberge, Versammlungsräume) zur Verfügung steht.

● **Musée des Vieux Commerces,** Soulanger, Tel. 02.41.59.28.23, Öffnungszeiten: Mai–Oktober täglich 9.30-12/14-19 Uhr, sonst Montag und Donnerstag vormittag geschlossen. Hier wurden auf zwei Stockwerken rund 20 Geschäfte detailgetreu so wiederaufgebaut, wie sie zwischen 1850 und 1950 in französischen Provinzstädten existierten. Unter anderem wird auch die traditionelle Destillation von Rosenwasser vorgeführt. Eintritt: 5,33 € (3,55 €).

● **Les Arènes,** Tel. 02.41.59.22.28, Öffnungszeiten: außer Montag täglich 10-12/14-18 Uhr. Eintritt: 1,52 €.

● **Parc zoologique,** 103, route de Cholet, Tel. 02.41.59.18.58, Öffnungszeiten: Mai–September 9-19 Uhr, sonst 10-18 Uhr. Schöne Freigehege in ehemaligem Steinbruch, während der Schulferien starker Besucherandrang. Eintritt: 10,67 € (5,34 €).

● **Les Cathédrales souterraines,** 545, rue des Perrières, Tel. 02.41.59.71.29, Öffnungszeiten: außer Montag täglich 10-12.30/13.30-19 Uhr. Eintritt: 3,50 € (2,50 €).

1990o Foto: rü

Rochemenier ⟋XXI/C2

6 km nördlich (über D 69 Richtung Gennes) erreicht man das **Höhlendorf** Rochemenier. Es entstand im 17. und 18. Jh., als die Bauern zur Verbesserung der übersäuerten Böden immer mehr Muschelkalk abbauten. Aus der Grube wurde ein Hof, der die weitere Aushöhlung des Plateaus gestattete. Mehrere Vorteile erklären die fortdauernde Anlage unterirdischer Nutz- und Wohnräume: das geförderte Gestein ließ sich verkaufen, man benötigte kein fremdes Baumaterial, die Höhlenwohnung war windgeschützt und brandsicher, in den sommers kühlen, winters temperierten Räumen sparte man Energie, die Wohnung ließ sich mit dem Nachwuchs beliebig erweitern. Schließlich umfasste das troglodytische Ensemble mehr als 250 Höhlen, das waren 40 Bauernhöfe. Zwei davon sind heute zu besichtigen:

Die Gerätschaften und Möbel, aber auch Anlage, Größe und Form der Höhle verweisen auf die Funktion des Raumes. So sind die **Scheunen (1, 2)** oberflächennah und gut belüftet, während die **Weinkeller (3)** tief ins Gestein getrieben wurde. Die **Ställe (4, 10, 12)** waren nur für wenige Rin-

Anjou

Nutzhöhlen in Rochemenier

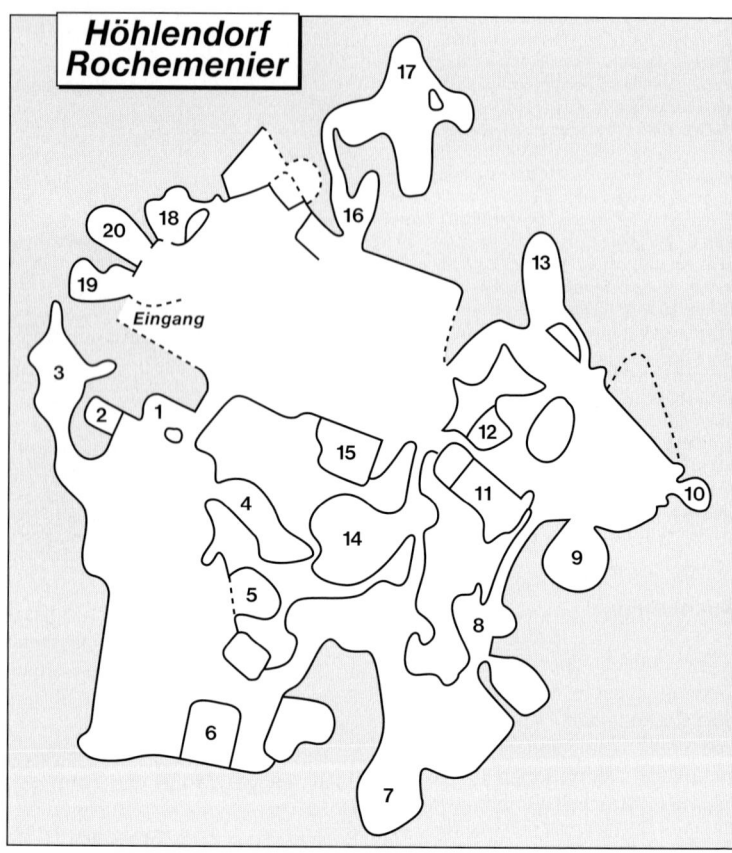

Höhlendorf Rochemenier

1. BAUERNHOF	2. BAUERNHOF	
1-2 Scheunen	**8** Weinkeller	**14-16** Ausstellungsräume
3 Weinkeller	**9** Backofen	**17** Kapelle
4 Stall	**10** Stall	**18-19** Renovierte
5 Schlafzimmer	**11** Wohnung	Wohnungen
6 Essraum	**12** Pferdestall	**20** Ausstellungsraum
7 Schafstall	**13** Nachtwache	

Veillées – Mündliche Erzähltradition

In den Höhlenwohnungen steht heute ein Fernseher, der das traditionelle Erzählen überflüssig macht. Nur gelegentlich fällt noch die alte Formel: „Wie war es denn früher?" Dann sieht sich der Großvater in einer schon ungewohnten Rolle und erinnert sich zögernd an die *veillées*. Ja, früher gab es die Nachtwachen, in tiefgelegenen Höhlen, zur Winterszeit, so zwischen Allerheiligen und Karneval. Fast täglich wurden sie abgehalten, wenn nicht in diesem Weiler, dann im Nachbardorf. Und vor allem die Jungen nahmen lange Strecken in Kauf, gingen im Mondschein spaßend durch finstere Wälder, von Sarraut nach Rochemenier, von Soulanger nach Denezé, denn die Nachtwache brachte Stimmung ins eintönige Bauernleben.

Die Höhle hatte etwa 20 Meter Durchmesser und in der Regel keinen Kamin. Der Boden war mit Strohballen ausgelegt, als Sitzgelegenheiten dienten Holzbänke, Verfrorene trugen Fußwärmer, alle rückten eng zusammen – und blieben nicht untätig. Die

Frauen und Mädchen spannen Hanf, strickten Strumpfhosen, flochten Weidenkörbe, während die Männer und Buben Spindeln bastelten, Spazierstöcke schnitzten, Besen banden. Im Advent war das Nüsseknacken (*la cassée*) eine Zeremonie, zu der junger Wein ausgeschenkt und manchmal Fouaces oder Galettes aufgetischt wurden. Alle brachten also je nachdem kleine Tische und Werkzeug mit, um rund um die Lichtquelle ihren angestammten Platz einzunehmen. Zuerst waren es verharzte Hanfstränge, dann Talgkerzen, schließlich Öllampen, in deren flackerndem Schein werkelnde Schatten die Felswände belebten.

Die nächtliche Gemeinschaft bestand aus mehreren Familien, die in einem Höhlenweiler zusammenwohnten oder in einem teilweise troglodytischen Dorf Nachbarn waren. Die *veilleurs* versammelten sich an dem magischen Ort, hantierten, knabberten, schwatzten, sangen. Manchmal war auch ein Geiger oder Akkordeonspieler eingeladen, dann tanzte man die Polka und stampfte kräftig mit den Holzschuhen. Es wurde aber vor allem viel erzählt, denn die geheimnisvoll-feierliche Atmosphäre animierte die Phantasie, der allerlei Legenden, Feenmärchen und Gruselgeschichten entsprangen.

der, ein paar Ziegen, einen Maulesel bestimmt und befanden sich neben dem Brunnen und der Tränke, während für die Schafe nachts ein abgeschlossener **Innenhof (7)** bereitstand.

Einige Höhlen weisen gemauerte Fassaden auf und tendieren zum „angelehnten" Haus **(6)**. Die Kamine der **Wohnräume** befinden sich grundsätzlich neben den Fenstern, damit der nötige Luftzug auf eine Ecke beschränkt blieb. 12° C betrug die durchschnittliche Temperatur, die nur in den Ställen und Gemeinschaftsräumen

durch die Körperwärme um wenige Grade stieg. So begnügte man sich in der kaminlosen **Nachtwache (13)** mit einem strohbedeckten Boden und warmer Kleidung.

Der gemeinschaftlich genutzte **Saal** befindet sich nicht zufällig unter der Straße, denn er gehörte der Gemeinde. Über den Wohnungen lagen nämlich die **Privatgärten,** und die Schornsteine (siehe **5**) ragten aus den Gemüsebeeten.

Die **Höhlenkapelle (17)** liegt nur teilweise unter der wesentlich älteren, von den Hugenotten gebrandschatzten Dorfkirche. Der Lichtschacht deutet noch darauf hin, dass die unterirdische Ersatzkirche aus einem Steinbruch entstand.

● **Village troglodytique,** Tel. 02.41.59.18.15, Öffnungszeiten: April–Oktober 9.30-19 Uhr, sonst an Wochenenden und Feiertagen 14-18 Uhr, Dezember–Januar geschlossen. Eintritt: 3,81 € (2,13 €).

La Fosse   ⌁ XXI/D2

Der **Höhlenweiler** ist ein Ortsteil von **Forges** und liegt 4 km nördlich von Doué-la-Fontaine (D 214). Anfang des 20. Jahrhunderts wurde der vor kurzem wieder instandgesetzte Komplex noch von 3 bis 4 Bauernfamilien genutzt. Nutz- und Wohnräume gruppieren sich wie in Rochemenier um einen tiefliegenden Hof. Von außen sieht der Besucher nur Schornsteine aus den Gärten ragen. Vom früheren Arbeitsalltag zeugen der zweistöckige Brunnen, die Hanfdarre und die Getreidesilos.

● **La Fosse,** Forges, Tel. 02.41.59.00.32, Öffnungszeiten: März–September 9.30-12.30/ 14-18.30 Uhr außer Montag, Juli–August ohne Mittagspause. Eintritt: 4,12 € (2,29 €).

Denezé-sous-Doué   ⌁ XXI/D2

Das Dorf liegt zwischen Doué-la-Fontaine (5 km) und Gennes (10 km) an der D 69. Vor gut 40 Jahren entdeckte hier das Forscherpaar *Fraysse* die mittlerweile schon beschädigte und arg bedrohte **Caverne sculpté.** Kuriose Skulpturen durchziehen zu Hunderten

eine seit 1977 zugänglich gemachte Höhle und zwei weitere, noch freizulegende Räume.

Denn zweimal (1665, 1740) haben entsetzte Kirchenmänner den „heidnischen Tempel" zuschütten lassen: die teilweise nackten, entstellten, Grimassen schneidenden Figuren verrieten einen unerhört libertären Hintergrund. Man geht heute davon aus, dass die Steinschneider von Denezé zur Zeit der Religionskriege und unmittelbar

Karikaturen in der Caverne sculpté

nach dem Verbot der Gilden (1539) als freiheitliche und ökumenische Bruderschaft in den Untergrund gingen. In geheimbündlerischen Sitzungen entstand – unter stillschweigendem Komplizentum des ganzen Dorfes und über Jahre hinweg – ein frühes, immer noch rätselhaftes Beispiel von Volkskunst. Detailgetreue Modeerscheinungen (Halskrause, busenfreies Dekolleté, Damenunterhose, Witwenband) erlauben eine ziemlich genaue Datierung. Die Darstellung zweier Indianer erinnert an lebendige Trophäen, die damals aus den amerikanischen Kolonien nach Nantes gebracht wurden.

Geradezu parodistisch wirkt die bis zu den Schenkeln unbekleidete Pietà mit dem Witwenband und einem lebendigen Leichnam auf dem Schoß. Vermutlich die anspielungsreiche Karikatur eines Michelangelo-Gemäldes, von dem wir nur aus einem zeitgenössischen Pamphlet wissen, weil es nach seiner Ankunft im Schloss von Blois sofort vernichtet wurde. Das Geschenk des Papstes an *Katharina von Medici* war nämlich von Hugenotten skandalös verunstaltet worden: die heilige Jungfrau nackt und mit den Gesichtszügen der Königinmutter, Christus als der junge, todkranke *Franz II.*, in der Ecke das Kreuz in ein Beil verwandelt. Alles deutet darauf hin, dass die Steinschneider von Denezé gut informiert waren.

●**Caverne sculpté,** Tel. 02.41.59.15.40, Öffnungszeiten: Juni–August 10-19 Uhr mit Nachtöffnung am Mittwoch, sonst Ostern–Allerheiligen 14-18 Uhr. Eintritt: 3,20 € (2 €).

Praktische Hinweise

Information

●**Office de tourisme,** 49700 Doué-la-Fontaine, 30, place du Champ de Foire, Tel. 02.41.59.20.49. Außerhalb der Saison in der Mairie, Tel. 02.415911.04.

Hotels

●**Hôtel de France,** 17, place du Champ de Foire, Tel. 02.41.59.12.27, Fax 02.41.59.76.00. Logis de France mit ordentlichen Zimmern (35-50 €) und traditioneller Küche. Sonntagabend und montags geschlossen
●**Auberge de la Rose,** 12, place de Gennes, Tel. 02.41.59.13.65, Fax 02.41.59.38.83. Preiswerte Zimmer (25-30 €) und tadellose Küche.

Jugendherberge

●**Centre troglodyte des Perrières,** 545, rue des Perrières, Tel. 02.41.59.71.29, Fax 02.41.59.06.13. Eindrucksvolles Höhlenensemble mit komfortablen Schlafräumen, audiovisuell ausgestattetem „Amphitheater" und Versammlungssaal für 100 Personen.

Restaurants

●**Le Caveau,** 4 bis, place du Champ de Foire, Tel. 02.41.59.98.28. Fouaces-Spezialitäten im Höhlenlokal.
●**Auberge Bienvenue,** 104, route de Cholet, Tel. 02.41.59.22.44. Gegenüber vom Zoo ein feines Lokal mit wochentags sehr günstigen Menüpreisen.
●**Les Caves de la Genevraie,** Rochemenier, Tel. 02.41.53.34.22. Nach dem Besuch des Höhlendorfs eine gemütliche Fouaces-Brotzeit in troglodytischem Ambiente; die auf Holzkohle gebackenen Fladenbrote werden mit Rillettes, Champignons, Ziegenkäse zu Anjou-Weinen serviert. Menü um 17 €, unbedingt reservieren.

Spezialität

●**La Sablière,** rue Petite Riffaudière/rue Jean Mermoz, Tel. 02.41.59.96.83. In der ehemaligen Muschelkalkgrube *(sablière)* destilliert

Anjou

man heute Rosenwasser, das – neben anderen regionalen Produkten – zum Verkauf steht. Außerhalb der Höhlen ist der Rosengarten zu besichtigen. Eintritt: 2,90 € (1,83 €).

Märkte und Feste

- **Wochenmarkt:** montags.
- **Journées de la rose** (Rosenfest) im Juli.

Anreise/Weiterreise

- **Mit dem Bus:** wochentags nach Montreuil-Bellay und Angers.

Zwischen Louerre und Saint-Georges-des-Sept-Voies

Auch nördlich von Doué-la-Fontaine stehen die Dörfer noch auf troglodytischem Untergrund. Louerre und Saint-Georges-des-Sept-Voies sind die größten Gemeinden dieses früh besiedelten und immer noch mühsam bestellten Bauernlandes. Am besten erschließt man es auf einer Radrundfahrt durch die zahlreichen Weiler, die ja oft aus Steinbrüchen erwuchsen.

Louerre ⊿ XXI/C2

Hinter der Dorfkirche entdeckt man einen öffentlichen Waschplatz, in dessen betagtem Becken die **Quelle der Aubance** blubbert. *La Source de l'Aubance* ist auch der treffende Namen des Dorfbistros, in dem die Bauern über die einst florierende Angorahasenzucht debattieren, wenn sie nicht gerade das anstehende **Blutwurstfest** (*Fête de la Boudinerie*) planen. Es steigt

Anfang Juni in **La Trésorerie,** dem Weiler mit den schönsten Höhlen.

Im Übrigen hat dieses typische Anjoudorf nicht nur seinen troglodytischen Untergrund, sondern auch einen **„Menhir".** Der 1892 aufgestellte Gedenkstein erinnert an die letzte Schlacht der Gallier, die ein gewisser *Dumnacus* ungefähr hier gegen *Cäsar* verloren haben soll.

Dorfkirche mit Waschplatz

Grézillé ⚓ XXI/C2

Château de Pimpéan * ♥

- **Stil:** Gotik (15. Jh.)
- **Besonderheit:** Weingut
- **Höhepunkt:** Fresken in der Schlosskapelle
- **Animation:** Degustation und Sommerkonzerte
- **Auskunft:** Tel. 02.41.68.95.90
- **Öffnungszeiten:** Juni–September 10-18 Uhr, im August nur bis 17 Uhr.
- **Eintritt:** 4,60 € (2,28 €).

Vor Grézillé, dem gleichfalls halbtroglodytischen Nachbardorf, erhebt sich auf einer Anhöhe das **Château de Pimpéan**. Es ist ein respektables Weingut mit großartigen Fresken in der zweijochigen Kapelle (15. Jh.). Die Dominanz von Braun- und Gelbtönen (das frühere Blau hat sich unter dem Einfluss des Kalks in ein Grün verwandelt) deutet auf einen flämischen Meister. Vermutlich hat *Coppin Delft,* ab 1459 im Dienste von *König René,* nicht nur in Angers und Saumur, sondern auch in der Seigneurie von Pimpéan gearbeitet und hier die Dreifaltigkeit und sieben Engel mit Marterwerkzeugen (erstes Joch) sowie Szenen aus dem Leben Mariens (zweites Joch) auf die jeweils acht Kappen des Plantagenêt-Gewölbes verteilt.

Saint-Georges-des-Sept-Voies ⚓ XXI/C1

Le Prieuré

Von Grézillé ist es nicht weit bis Le Prieuré. Es liegt auf dem Gemeinde-

gebiet von Saint-Georges-des-Sept-Voies, das mit seinen „sieben Wegen" 14 zerstreute Weiler umschließt. So wundert es nicht, dass die **Prioreikirche** – in dem nach ihr benannten Ortsteil – mitten zwischen den Feldern liegt. Der Turm mit seinen schönen Kapitellen ist ein romanisches Schmuckstück (11. Jh.). Aus dem Kloster (heute Bauernhof) gelangten die Mönche durch die kleine Seitentür direkt in den Chor (Plantagenêt-Stil, 13. Jh.). Das später angefügte, sehr viel bescheidenere Schiff war für das gläubige Bauernvolk bestimmt.

Orbières

Orbières, ein anderer Ortsteil von Saint-Georges-des-Sept-Voies, ist ein Troglodytenweiler. Dort, wo Anfang

Die „Erdschraube" von innen

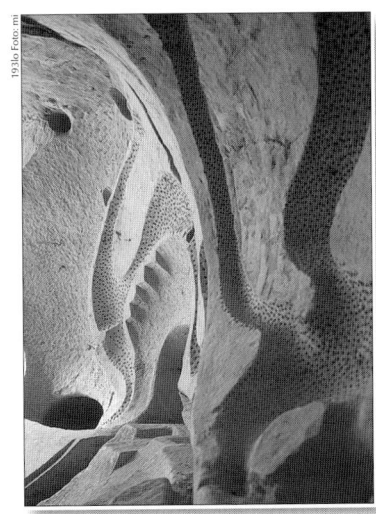

Anjou

1936 Foto: mi

1940: Foto: mi

des 20. Jahrhunderts noch fünf Familien in Höhlen wohnten, hat der Künstler *Jacques Warminski* in den 90er Jahren seine **Hélice terrestre** („Erdschraube") in den Tuffstein gebohrt. Es handelt sich um eine gigantische Plastik, die nicht als Gegenstand betrachtet, sondern nur gehend, steigend, raumgreifend erlebt werden kann. Der Skulpteur, zugleich Architekt, kannte die Höhlenkultur des ganzen Mittelmeerraums und hat nach gründlichen Studien seine inzwischen berühmte „Archi-Skulptur" geschaffen. Kunststudenten aus ganz Europa verbrachten ihr Praktikum bei dem 1997 verstorbenen Meister von Orbières, dessen Jün-

Die Außenseite der „Erdschraube"

ger heute für sachkundige Führungen zur Verfügung stehen.

Über 1000 Tonnen Gestein hat *Warminski* aus der Tiefe geholt, mit einfachsten Werkzeugen, Eimern, einer Schubkarre. Der Besucher muss seine Schritte bedächtig setzen, denn der Boden ist gewölbt wie jede Fläche der Höhle, die sich als Komposition von Hohlformen erschließt. Es geht über Stufen hinunter und hinauf, durch Tunnel und Schläuche, die zugleich Resonanzkörper sind. Ein Raum ist eine perfekte Kugel, deren Radius (1,57 m) exakt auf mittlerer Ohrhöhe liegt und jeden Laut verblüffend unmittelbar als Echo zurückschickt. Verlässt man das unterirdische Labyrinth, so erreicht man die zweite, konvexe Hälfte des

Kunstwerks. Sie liegt wie ein Amphitheater mitten in den Feldern und besteht aus betonierten Formen, die dem Betrachter konkav schon im Tuffstein begegnet sind. Man steht oder sitzt unter freiem Himmel und kriecht im Geiste noch einmal durch die Höhle.

●**Hélice terrestre,** Orbières, Saint-Georges-des-Sept-Voies, Tel. 02.41.57.95.92, Öffnungszeiten: Mai–September 11-20 Uhr, sonst 14.30-18.30 Uhr, Juli–August Mittwoch und Samstag bis Mitternacht, Führung durch Kunststudenten, auch ein besonderes Kindervergnügen.

Praktische Hinweise

Information und Fahrradverleih

●**Comité d'Animation touristique,** 2, rue de l'Aubance, Louerre, Tel. 02.41.59.38.55.

Restaurant

●**Le Clos des Roches,** Grézillé – Le Bourgneuf, Tel. 02.41.45.59.36. Das Höhlenrestaurant bietet Fouaces-Menüs.

Gîte d'étape / Table d'hôte

●**La Gauvenière***,** Saint-Georges-des-Sept-Voies, Tel. 02.41.57.92.75. Unweit des Weitwanderwegs GR 3 eine Gemeinschaftsunterkunft mit großem Aufenthaltsraum, Terrasse, Küche, Waschmaschine. Zugleich eine Table d'hôte mit vegetarischen Gerichten.

Fest

●**Fête de la Boudinerie** (Blutwurstfest), Caves de la Trésorerie, Louerre, 1. Juniwochenende.

Reiten

●**Ecole d'équitation,** La Couture, Saint-Georges-des-Sept-Voies, Tel. 02.41.57.94.76, Fax 02.41.57.94.76.

Cunault ↗ XXI/D2

Chênehutte-les-Tuffeaux, der ehemalige Flusshafen, wirkt heute ebenso ausgestorben wie das gallische Dorf **Robrica,** das während der „Rekonstitutionstage" noch einmal künstlich auflebt. Die romanische Kirche an der nördlichen Ortsausfahrt und weiter oben das zum Feinschmeckerlokal umgebaute Priorat (12./13. Jh.) animieren manche Durchreisende zu einem kurzen Halt.

Beliebter ist 1 km weiter, in **Préban,** die Cave aux Moines. In den 6 km langen Galerien werden neben Champignons als besondere Spezialität auch Schnecken gezüchtet.

Doch die mit Abstand größte Sehenswürdigkeit ist, kurz vor Gennes, die **Klosterkirche von Cunault.** Sie hat arg unter dem revolutionären Vandalismus gelitten (siehe Tympanon) und war vorübergehend eine bizarre Kombination von Scheune (Chor) und Pfarrkirche (Langhaus), bis der Dichter *Prosper Mérimé* 1842 Alarm schlug und das architektonische Juwel unter Denkmalschutz gestellt wurde. Es ist ein fast intimes und neben dem mächtigen Fontevraud wohl das schönste romanische Bauwerk im Anjou. Von Benediktinern der burgundischen Abtei Saint-Philibert (Tournus) als Priorei errichtet, lockte es mit seinen attraktiven Reliquien zahlreiche Pilger an. Im Schrein des Heiligen *Maxentiolus* (vermutlich ein Schüler des *Hl. Martin von Tours)* sollen sich sogar Staubpartikel aus Bethlehem und eingetrocknete

Anjou

Tropfen von Mariens Muttermilch befunden haben.

Ältester Teil der Kirche ist der auf der Nordseite aufragende **Glockenturm** (11. Jh.), der als Rest eines Vorgängerbaus in das später errichtete **Langhaus** (12. Jh.) integriert wurde. Dieses ist eine dreischiffige Halle mit verschiedenen Gewölben: Tonnengewölbe im Mittelschiff, Kreuzgratgewölbe in den Seitenschiffen und achtkappige Plantagenêtgewölbe in den hinteren drei Jochen, die den beliebten Sommerkonzerten *(Heures musicales de Cunault)* ihre wunderbare Klangkulisse verschaffen.

Von fast mystischer Wirkung ist auch das diffuse Licht, das aus den Seitenschiffen in den Säulenwald einströmt. Weit oben grinsen und fletschen Drachen und andere Ungeheuer auf den 223 **Kapitellen,** die sonst – nicht immer leicht erkennbar – Bibelgestalten, Heilige und Ritter darstellen. Wieder draußen, sollte man nicht versäumen, auch die Kapitelle der Turmarkaden zu studieren: besonders hübsch die konträre Darstellung der beiden Frauen (Jungfrau Maria und das Meerweib).

Glockenturm von Cunault

●**Heures musicales de Cunault,** Juli und August sonntags 17 Uhr. Orgelkonzerte, aber auch Vokal- und Kammermusik. Kontaktadresse: Association des Amis de Notre-Dame de Cunault, 22, rue Beauregard, 49350 Trèves-Cunault. Programm und Reservierung in den Tourismusbüros der Region.

Praktische Hinweise

Information

●**Syndicat d'Initiative,** 49350 Chênehutte-Trèves-Cunault, Tel. 02.41.67.92.55. Führungen durch die archäologische Fundstätte Robrica.

Gîte d'étape

●**La Métairie*,** Trèves, Tel. 02.41.67.92.43, Fax 02.41.67.95.92. Einfache Gemeinschaftsunterkunft auf dem Bauernhof, Etappe auf dem Weitwanderweg GR 3 d, zugleich Reitstall (Centre de tourisme équestre).

Camping

●**Beauregard****, Cunault, Tel. 02.41.38.08.57, Fax 02.413808.58. Unterhalb der Klosterkirche am Fluss, Schattenplätze, bescheidene Ausstattung.

Restaurant

●**Le Prieuré,** Chênehutte-les-Tuffeaux, Tel. 02.41.67.90.14, Fax 02.41.67.92.24. Feinschmeckerlokal im schön restaurierten Priorat (12.-13. Jh.), mit Terrasse und Park hoch über der Loire, gepflegte Preise. Relativ günstig ist während der Woche das Mittagsmenü, sonst 37-85 € mit Wein.

Anreise/Weiterreise

●**Mit dem Bus:** Richtung Saumur oder Angers.

Gennes ⤴ XXI/D2

Im Rücken bewaldete Hügel, blickt man vom Turm (13. Jh.) der **Sankt-Eusebius-Kirche** weit über die Loire, wo 1940 die Soldaten der Offiziersreitschule Saumur die deutsche Reichswehr unter großen Opfern und schließlich vergeblich am Überqueren des Stroms hinderten.

Unten schwingt sich die lange Metallbrücke über ein Schwimmbad, den Campingplatz und eine Picknickinsel mit Spielplatz hinweg nach Les-Rosiers, dem Zwillingsort am anderen Ufer. Wegen seiner anmutigen, günstigen Lage inmitten interessanter Ausflugsziele ist Gennes heute ein kleines **Touristenzentrum** mit Infrastruktur.

Am Südrand der Ortschaft (Route de Louerre) liegt das **Archäologische Museum,** das in zwei Räumen Funde aus prähistorischer und gallo-römischer Zeit präsentiert.

Eindrucksvoller sind die dazugehörigen Monumente vor den Toren der Kleinstadt: neben den Dolmen (siehe unten) vor allem das **Amphitheater,** dessen Besuch (gleich um die Ecke) im Eintrittspreis des Museums eingeschlossen ist. Die bei den Ausgrabungen entdeckten Münzen deuten darauf hin, dass die Ende des 1. Jh. errichtete Anlage noch bis Anfang des 3. Jh. genutzt wurde. Die elliptische, 39 x 44 m messende Arena war von einer etwa 3 m hohen Ringmauer umgeben, die das Publikum vor den wilden Tieren und den (zum Tode verurteilten) Gladiatoren schützte. Man sieht rundum noch eine tongefließte Abflussrinne *(euripe),* in der sich das Regenwasser sammelte. Die höchstens 5000 Zuschauer saßen nur auf der Hangseite *(cavea),* wahrscheinlich auf dem Gras, denn Sitzstufen fand man keine. Im unteren Bereich erkennt man aber drei Räume *(carcer),* die als Garderobe, Krankenzimmer oder Geräteraum dienten. Knapp darüber befanden sich die Logen *(podium)* des römischen und gallischen Adels. Auf einer Seite des Halbrunds steigt eine 47 Meter lange Stützmauer, früher vermutlich mit Skulpturen geschmückt, zum Einlass und zur Kaufladengalerie hoch (heute Aussichtsplattform). Das Mauerwerk setzt sich hier wie auch sonst schichtweise aus Ziegeln und Bruchstein zusammen.

●**Amphithéâtre gallo-romain/Musée archéologique,** Tel. 02.41.51.55.04, Öffnungszeiten: Juli–August täglich 10-12.30/15-18.30 Uhr, April–September nur Sonntag nachmittag. Eintritt: 2,60 € (1,55 €).

Anjou

●**Amphithéâtre gallo-romain/Musée archéologique,** Tel. 02.41.51.55.04, Öffnungszeiten: Juli–August täglich 10-12.30/15-18.30 Uhr, April–September nur Sonntag nachmittag. Eintritt: 2,60 € (1,55 €).

Mühlen

Auf der Straße nach Louerre, 3 km hinter Gennes, erreicht man rechts die historische Wassermühle **Moulin de la Sarré,** deren Schöpfrad noch aus dem 16. Jh. stammt. Seit vier Generationen im Besitz der Familie *Lauriou,* ist sie die letzte von neun Mühlen, die am Bach Avort Mehl mahlten.

Am anderen Loireufer, in **Les Rosiers-sur-Loire,** erhebt sich die im 17. Jh. erbaute Windmühle Les Basses Terres. Über dem schlanken Tuffsteinkegel dreht sich in 21 m Höhe ein so genannter Berton-Flügel.

●**Moulin de Sarré,** D 70, Tel. 02.41.51.81.32. Juli-August täglich, sonst nur am Wochenende Führungen um 15, 16 und 17 Uhr. Verkauf von Bio-Weizen, Buchweizen. Eintritt: 3,05 € (2,13 €).

●**Moulin des Basses Terres,** N 152, Tel. 02.41.51.82.93. Mitte Juni–Mitte August täglich 14-19 Uhr. Historisches Werkzeug, Eselzucht, regionale Produkte. Eintritt: 3,03 € (1,52 €).

Dolmen und Menhire in der Umgebung

Rund um Gennes stößt man auf eine Reihe megalithischer Monumente, die sich in westlicher Richtung häufen wie nirgends sonst im Anjou. Beachtlich sind in erster Linie die so genannten **Dolmen,** Hünengräber, die aus der Jungsteinzeit (4000-2000 vor Christus) stammen. Man brauchte etwa 200 Männer, ein paar Baumstämme und Seile, um die tonnenschweren Felsplatten herbeizurollen und aufzustellen. Der tischförmige Bau bildete die Grabkammer, die sodann unter einem Hügel aufgeschütteter Erde, dem Tumulus, verschwand. Es hat sicher kultische Bedeutung, dass der Eingang immer auf der Ostseite (Sonnenaufgang) liegt.

Keineswegs zufällig stehen in der Nähe oft auch **Menhire,** obeliskartig aufragende Steinsäulen, die bis in jüngste Zeit Kultplatz für abergläubische Praktiken waren (Salbung, rituelle Masturbation).

Die Mühle von Sarré

1960er Foto: mi

1976 Foto: mi

schönsten Monumente bietet sich – von Südost nach Nordwest – als Vorschlag für eine Erkundungstour (Auto oder Fahrrad) an:

●**La Madeleine.** 1,2 Kilometer hinter Gennes links von der Straße nach Doué (D 69). Einer der größten Dolmen.

●**La Pagerie.** Bei den letzten Häusern die Straße nach Louerre (D 70) rechts ab verlassen und auf dem kleinem Sträßchen noch weiter. Dolmenkoloss mit 1,5 Meter dicker Deckplatte, anjoutypischem Vorbau und Rinderkopf rechts neben dem Eingang.

●**La Tertre de Bouchet.** Auf der Straße nach Saint-Pierre-en-Vaux im Weiler Bouchet zwischen den Häusern einen steilen Pfad hoch und oben die Erdpiste 200 Meter nach rechts. 3,60 Meter hoher Dreiecksmenhir.

●**La Forêt.** Von Bouchet in nördlicher Richtung auf dem Landsträßchen 900 Meter weiter. Eleganter Dolmen mit Vorbau, innerer Trennwand und Tumulusspuren.

●**Nidevelle.** Hinter Sale Village („Schmutziges Dorf") von der D 751 links 200 m in westlicher Richtung. 5,50 Meter hoher Menhir.

●**La Butte aux Houx.** Von Le Thoureil Richtung Saint-Georges-des-Sept-Voies, nach 500 Metern beim Kreuz rechts zum Haus von Saint-Gondon, unmittelbar davor links den Pfad die Böschung hoch. Beginn einer siebenteiligen Menhirreihe.

●**La Bajoulière.** Zwischen Saint-Georges-des-Sept-Voies und Le Thoureil beim Weiler Fontaine. Restaurierter Dolmen mit Vorbau, unterteilter Grabkammer und 70-Tonnen-Dach.

Anjou

Der Dolmen La Madeleine

Praktische Hinweise

Information

- **Office de tourisme,** 49350 Gennes, Place de l'Etoile, Tel. 02.41.51.84.14.
- **Office de tourisme,** 49350 Les Rosiers-sur-Loire, Place du Mail, Tel. 02.41.51.90.22. Außerhalb der Saison in der Mairie, Tel. 02.41.51.80.04

Hotels

- **Aux Naulets d'Anjou**,** 18, rue Croix de Mission, Tel. 02.41.51.81.88, Fax 02.41.38.00.78. Logis de France, ruhige Zimmer um 45 €, auch Restaurant.
- **Au Val de Loire**,** Les Rosiers-sur-Loire, Place de l'Eglise, Tel. 02.41.51.80.30, Fax 02.41.51.95.00. Noch preisgünstigeres Logis de France.

Camping

- **Le bord de l'eau**,** D 69, Tel. 02.41.38.04.61, Fax 02.41.38.08.58, April–Mitte Oktober. Unter der Brücke, direkt am Fluss mit Schattenplätzen.
- **Val de Loire****,** Les Rosiers-sur-Loire, Rue Sainte-Baudruche, Tel. 02.41.51.94.33, Fax 02.41.51.89.13, April–September. Wesentlich besser ausgestattet (sanitäre Einrichtungen für Behinderte, Wasseranschluss für Wohnwagen, schöner Pool, Tennis, Spielsaal), aber nicht am Fluss und ohne Schatten.

Restaurants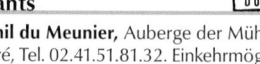

- **Le Fournil du Meunier,** Auberge der Mühle von Sarré, Tel. 02.41.51.81.32. Einkehrmöglichkeit nach der Mühlenbesichtigung, Fouaces und Forellengerichte in kleiner Gaststube und im Freien vor dem Mühlbach. Unbedingt vorbestellen.
- **Auberge Jeanne de Laval,** Les Rosiers-sur-Loire, 54, rue Nationale, Tel. 02.41.51.80.17, Fax 02.41.38.04.18. Feinschmeckerlokal mit Michelin-Stern. Die Menüs kosten ab 30 € aufwärts und bieten Foie gras in Saumurweingelee, Loirefisch in Beurre blanc, Trüffeltaube etc. Im dazugehörigen **Hotel Ducs d'Anjou***** Übernachtungsmöglichkeit in ruhigen Zimern mit Gartenblick (58-84 €).

Märkte

- Montags in Les Rosiers-sur-Loire und dienstags in Gennes

Fahrradverleih

- **Les Rosiers-sur-Loire,** 13, rue du Mail, Tel. 02.41.51.80.23.

Anreise/Weiterreise

- **Mit dem Bus:** täglich mehrfach Richtung Saumur und Angers.

Saint-Rémy-la-Varenne und die linke Uferstraße ♫ XXI/C1

Geschichte

Die fruchtbaren Ländereien des Schwemmlands *(la varenne)* waren seit 929 Kirchenbesitz. Aber erst nach der Eindeichung der Loire unter *Heinrich II. Plantagenêt* wurde die Schenkung *Fulcos I.* (genannt „der Rothaarige") zur ertragreichsten Pfründe des Anjou. Es waren Mönche der Abtei Saint-Aubin, die hier Ende des 12. Jh. ein Filialkloster errichteten, dessen sprudelnde Pacht- und Zolleinkünfte auch der Zentrale in Angers zugute kamen. Aus den Anfangsjahren der **Priorei** stammen noch Teile der romanischen Kirche (10.-14. Jh.) und das Refektorium mit seinen beachtlichen Fresken (12. Jh.). Das von einer 150-jährigen Sequoia überragte Wohnhaus des Priors (Umbau im 16. Jh.) ist eher ein Renaissancemanoir (monumentale Lukarnen, Fassadenmedaillons, Prunkkamin). Schließlich war der Prior seit Anfang des 14. Jh. ein weltlicher Adeliger, dem Angehörige des niederen Klerus als Seelsorger der Pfarrei und des benachbarten Vikariats von Saint-Mathurin zur Seite standen.

● **Prieuré,** Tel. 02.41.57.32.32, Juni–September 15-19 Uhr, Eintritt: 2,50 €.

Von Le Thoureil nach Blaison-Gohier ⇗ XXI/CD1

In **Le Thoureil** bietet sich das schönste Loire-Panorama gleich neben der Dorfkirche von der Caféterrasse, wo sich – entfernte Nachfahren der Fluss-

schiffer – junge Leute vom Segelclub treffen.

Der nächste Halt ist die **Abtei von Saint-Maur-de-Glanfeuil** mit ihrer gallo-römischen *nymphea* und einer Kapelle aus dem 13. Jh.

Saint-Rémy-la-Varenne ist eine hübsche Etappe auf der angenehm schattigen Uferstraße (D 132), die abseits der Hauptverkehrswege von Gennes Richtung Angers führt. Unzählig sind die lauschigen Plätze, an denen Angler sitzen, die stundenlang auf die Strömung, die Sandbänke, den gegenüberliegenden Deich blicken.

Hinter Saint-Rémy lohnt dann ein kleiner Abstecher über die Brücke

Der Segelhafen von Le Thoureil

198Ib Foto: mi

Anjou

nach Saint-Mathurin, bevor es auf dem linken Ufer nach **Blaison-Gohier** weitergeht. Die malerische Ortschaft wird von einer mächtigen Plantagenêt-Kirche (11. Jh.) beherrscht, die auf eine Stiftung *Fulco Nerras* zurückgeht und Saint-Aubin, dem Bischof von Angers, geweiht ist. In den ältesten der gut restaurierten Häuser wohnten einst die Chorherren und Kaplane des Kapitels, das sich in dem originell geschnitzten Chorgestühl schon einmal mit Eselsohren dargestellt fand.

Der Kirchplatz von Blaison-Gohier

Praktische Hinweise

Information

●**Syndicat d'Initiative,** 49250 Saint-Rémy-la-Varenne, Le Prieuré, Tel. 02.41.57.32.32. Außerhalb der Saison Mairie, Tel. 02.41.57.03.94.

Gästezimmer

●**Mme Pouleau**,** Saint-Rémy-la-Varenne, 26, rue de la Glycine, Tel. 02.41.57.04.22. Einzel- und Doppelzimmer.

Jugendherberge

●**Le Bois Brinçon,** Blaison-Gohier, Tel. 02.41.57.17.88. Mitten auf dem Weingut eine Gemeinschaftsunterkunft für Gruppen (30 Schlafplätze, 9 Zimmer, gut ausgestattete Küche, Terrasse). Auch Gîte d'étape des GR 3.

Restaurants

●**Le Cabernet d'Anjou,** Le Thoureil, Tel. 02.41.57.95.02. Beliebtes Bistro, in dem Ausflügler und Mitglieder der nahegelegenen Segelschule einkehren. Man sitzt mit Loireblick auf der Terrasse direkt neben der Dorfkirche.

●**La Riviera,** D 55 an der Loirebrücke, Tel. 02.41.57.02.19. Beliebte Guinguette mit schmackhaft zubereiteten Fischspezialitäten wie Friture, Aal-Rillettes, Hecht in Beurre blanc; von der Terrasse schönes Flusspanorama mit Anglern, Brücke und Deichsilhouette von Saint-Mathurin; Minigolf und Kinderspielplatz; Uferweg für Spaziergänger und Wanderer (GR 3).

●**Le Port de Vallée,** Blaison-Gohier gegenüber Ile de Blaison, Tel. 02.41.57.15.40. Typische Guinguette mit Fischspezialitäten und erhabenem Loireblick; reizvolles Einkehrziel auf einer Radtour, die ab Gennes auf der D 132 das stille linke Ufer (D 132) entlangführt.

Fest

●**Fête nautique** (Wasserfest), Le Thoureil, Mitte August.

Segeln

●**Segelclub Thoureil** (V.E.N.T.), Tel. 02.41.57.96.50, Bootsvermietung und Kurse für Anfänger wie Fortgeschrittene.

Wandern

●**GR 3** ab Loirebrücke: Spaziergang vis-à-vis von Saint-Mathurin.

●**Circuit de Saint-Rémy** (Plan im Office de tourisme): Die Rundwanderung beginnt hinter der Kirche und führt flussabwärts auf der GR3-Trasse bis zur Station de pompage, dann links durch einen Pappelwald auf die Straße nach Goyer. Nach der kleinen Brücke links, dann rechts über den Hang und nach kurzem Abstieg auf ansteigendem Weg durch den Wald gehen, so die Butte von Goyer umrunden. Auf dem Sträßchen von Chauvigné angelangt, rechts ab Richtung Chênaie (Eichenwäldchen) und zum Weiler Bourg Dion, wo es eine der schönsten Keller-

Mühlen *(moulin cavier)* der Gegend steht. Die D 55 (Richtung Saint-Rémy) bei der ersten Abzweigung links verlassen und bei Ma Campagne überqueren: Rückkehr nach Saint-Rémy.

„La Vallée" und die rechte Uferstraße ♪ XXI/CD1

La Vallée (auch La Vallée d'Anjou) nennen die Einheimischen den Überflutungsraum hinter dem Großen Deich *(La Grande Levée),* der von Bourgueil bis Les Ponts-de-Cé das rechte Loireufer säumt. Hinter dem Damm erstreckt sich das Schwemmland *(la varenne)* bis zum Authion, der als Nebenfluss nur 2-6 km entfernt den Strom der Loire begleitet – und dies über 50 km. Über Geschichte und Ökologie dieser touristisch noch ziemlich unerschlossenen Mikroregion informiert ein kleines Loiremuseum (Maison de la Loire), das in Saint-Mathurin von heimatkundlich engagierten Bewohnern eingerichtet wurde.

●**Observatoire de la Vallée d'Anjou,** Saint-Mathurin-sur-Loire, im ehemaligen Bahnhof, Tel. 02.41.57.37.55, Öffnungszeiten: Juli–August 10-12/15-18 Uhr außer montags, sonst nur am Wochenende 15-18 Uhr. Eintritt: 3,05 € (1,83 €).

Geschichte

Der kurvige Verlauf des rechten Ufers rührt von den ersten, disparaten **Faschinendämmen** her, die ab 1160 von

Anjou

200b Foto: mi

Saint Mathurin vom linken Ufer aus

Fronarbeitern zu einem zusammen-hängenden Deich verbunden wurden (Faschinen sind Reisigbündel). Gegen Erlass des Kriegsdienstes und der meisten Abgaben mussten sich die „Gäste" *(hôtes)* verpflichten, auf der neuen, immer noch sehr unzuverlässigen Anlage zu wohnen.

So entstanden eine Reihe von Pfarreien (1268 Les Rosiers, 1335 La Marsaulaie, 1406 Saint-Mathurin, 1481 La Bohalle, 1518 La Daguenière), in denen sich Fischer, Flussschiffer, Gastwirte und Handwerker niederließen.

Noch heute sieht man die Kirchen mit dem alten Ortskern hoch auf dem Deich stehen, der, sukzessive bis auf 6,80 m erhöht, zuziehenden Bauern im rückwärtigen Sumpfgebiet fruchtbares Land und Siedlungsmöglichkeiten versprach. Freilich waren sie die Hauptopfer der **Hochwasserkatastrophen,** die auch dann über sie hereinbrachen, wenn der Große Deich hielt. Denn die Wassermassen der Loire wurden regelmäßig in den flachen Authion hochgedrängt, so dass die Fluten heimtückisch von hinten kamen. Erst die 1974 fertiggestellte Pumpstation von Les-Ponts-de-Cé hat hier Abhilfe geschaffen und die Gärtner von Angers aus den Stadtrandgebieten ins „Tal" gelockt.

Kleine Rundfahrt La Ménitré – Saint-Mathurin ♫XXI/CD1

Die sehr eindrucksvolle Fahrt auf der **Dammstraße** (D 952) kann zwischen La Ménitré und Saint-Mathurin unterbrochen und um einen Abstecher ins Tal ergänzt werden.

La Ménitré liegt an der Straße nach Beaufort-en-Vallée, wo einst die Königliche Manufaktur die Leinwand herstellte, die am Port Saint-Maur, gegenüber der gleichnamigen Abtei, in Segelschiffe verladen wurde.

Am nordwestlichen Ortsausgang von La Ménitré führt der **Chemin des bas** (Tieflandweg) von Les Vendellières nach Bellenoue, vorbei an alten Bauernhäusern. Man stößt dann auf die Straße nach Mazé, die über den Authion in eine Agrargemeinde führt, die von Fremden nur wegen des nahegelegenen Schlosses Montgeoffroy durchquert wird.

Zurück zur Loire, lohnt sich ein Rundgang durch **Saint-Mathurin,** einst Flusshafen und Poststation, später Bahnhof und Kopf der wichtigen Brücke, die 1940 angesichts der vorrückenden Deutschen in die Luft gesprengt wurde. Auf dem Deich reihen sich schöne Bürgerhäuser zu einer pastellfarbenen Silhouette aneinander, die schon manchen Maler, unter ihnen *William Turner,* zu einem lichten Gemälde inspiriert hat.

Im westlichen Ortsteil **La Marsaulaie** kann man noch die alte Kapelle und einen Teil des Manoirs sehen.

Schlösser

Château de Boumois *

- **Stil:** Flamboyantgotik/Frührenaissance (15.-16. Jh.)
- **Besonderheit:** Sammlung historischer Waffen
- **Höhepunkt:** Decke des Grand Salon
- **Auskunft:** Tel. 02.41.38.43.16.
- **Öffnungszeiten:** 10-12/14-18 Uhr, Juli–15. August 10-18.30 Uhr, dienstags geschlossen.
- **Eintritt:** 6,10 €.

Château de Montgeoffroy * ♥

- **Stil:** Klassizismus (18. Jh.)
- **Besonderheit:** unverändertes Interieurs
- **Höhepunkt:** Küche mit 260 Kupferteilen
- **Auskunft:** Tel. 02.41.80.60.02
- **Öffnungszeiten:** April–Oktober 9.30-12/14.30-18.30 Uhr.
- **Eintritt:** 8,30 € (3,80-5,34 €).

Die sehenswertesten Schlösser des „Anjou-Tals" sind Château Boumois (15.-16. Jh.) und Château Montgeoffroy (18. Jh.), die bei einer Fahrt entlang der Dammstraße oder auf der obigen Rundfahrt besichtigt werden können.

Bei **Boumois** (vor Saint-Martin-de-la-Place an der Dammstr.) interessiert die Stilmischung eines noch teilweise mittelalterlich geprägten Renaissancebaus.

Montgeoffroy (bei Mazé) ist einer der letzten großen Adelssitze des Ancien Régime und – bis heute im Besitz derselben Familie – 200 Jahre unverändert geblieben. Von den Interieurs faszinieren vor allem der Große Salon, der Speisesaal und die mit 260 Kupferteilen ausgestattete Küche.

Anjou

Praktische Hinweise

Information

● **Syndicat d'Initiative,** 49250 La Ménitré, 1, rue de la Gare, Tel. 02.41.45.67.51. Außerhalb der Saison, Mairie, Tel. 02.41.45.63.63. Fahrradverleih, Anmeldung zu Bootsfahrten.
● **Office de tourisme,** 49250 Saint-Mathurin-sur-Loire, 20, rue du Roi René, Tel. 02.41.57.01.82. Außerhalb der Saison Mairie, Tel. 02.41.57.08.18.

Hotel-Restaurant

● **Au Bec Salé**,** La Ménitré, Le Port Saint-Maur, Tel. 02.41.45.63.56, Fax 02.41.45.67.88.

Schön gelegenes Logis de France, direkt an der Loire mit Blick auf die gegenüberliegende Abtei Saint-Maur, 35-42 € das Doppelzimmer. Im Restaurant Fischspezialitäten, Halbpension 38 € pro Person. Sonntagabend und montags Ruhetag.

Gästezimmer

● **Verger de la Bouquetterie,** Saint-Mathurin-sur-Loire, 118, rue du Roi René, Tel. 02.41.57.02.00, Fax 02.41.57.31.90. Auf dem Bauernhof (*Verger* = Obstplantage) 6 Chambres d'hôtes (42-49 € Doppelzimmer) mit Table d'hôte.

Camping

● **Le Port Saint-Maur**,** La Ménitré (D 952), Tel. 02.41.45.60.80, geöffnet von Mai–September. Schattig am historischen Flusshafen, an dem eine Base Nautique Kurse anbietet: Katamaran, Windsurfen, Kajak. Vom Hafen auch Bootsausflüge.

Edles Kupfer in der Küche
von Montgeoffroy

●**Levée Jeanne-de-Laval****, Saint-Mathurin-sur-Loire, Rue des Gabares, Tel. 02.41.57.30.11, Fax 02.41.57.08.18, geöffnet von Mai–September. Hinterm Deich, mit Schattenplätzen.

Märkte und Feste

●**Wochenmarkt La Ménitré,** Samstagvormittag auf dem Kirchplatz.
●**Wochenmarkt Saint-Mathurin-sur Loire,** Dienstagvormittag.
●**L'Assemblée des coiffes** (Haubenversammlung), La Ménitrée, 4. Juliwochenende.
●**Fête des pommes** (Apfelfest), Saint-Rémy-la-Varenne, 1. Oktobersonntag.
●**Fête du cheval et de la Loire,** Saint-Mathurin-de-la-Loire, 2. Juliwoche. Pferderennen mit buntem Treiben.

Reiten

●**Poney-Club de l'Etiage,** La Marsaulaie, Tel. 02.41.57.33.24.

Wandern

●10 kleine Wanderungen, Broschüre des Comité d'Expansion Loire Authion, Maison de Pays, 1, boulevard du Rempart, 49250 Beaufort-en-Vallée.

Anreise/Weiterreise

●**Mit dem Bus:** Auf dem rechten Loireufer fahren wochentags in beiden Richtungen (Saumur – Angers) Linienbusse. Haltestellen: Saint-Martin-de-la-Place, Les Rosiers-sur-Loire, La Ménitré, Saint-Mathurin, Trélazé.

Boule de fort

Über der Tür der langgestreckten Baracke hängt ein rätselhaftes Schild: *Sté* (Société, Vereinigung) steht darauf und es folgt eine Berufsbezeichnung oder der Name eines Patrons. Nur wer eingeladen und angekündigt ist, darf das Gebäude betreten und wird wie in einem Geheimbund begrüßt. Vorwiegend alte Männer, aber auch ein paar junge laufen eine Galerie entlang, tragen Kugeln. Die ganze Halle ist 20 bis 30 Meter lang, eine überdachte Bahn. Die Männer spielen Boule, aber es ist kein normales Boulespiel.

Die Bahn ist nämlich seitlich zu einer langen Wanne hochgebogen, und die eisenbeschlagenen Holzkugeln – etwa 10 cm dick und 1½ Kilo schwer – sind nicht wirklich rund, sondern unebenmäßig abgeplattet, so dass jede ihre starke (daher das Prädikat *fort*) und ihre schwache Seite hat. Deshalb rollen sie nicht gleichmäßig, sondern eiern. Wenn sie seitlich die ansteigende Fläche hochkurven, bleiben sie irgendwann stehen, wechseln die Richtung und beschreiben abwärts eine nicht weniger seltsame Bahn. Sie ist ziemlich unberechenbar, das Spiel entsprechend komplex oder lustig.

Man spielt diese Boule-Variante nur im Anjou. Dort aber ist sie überaus populär, über 300 Vereinigungen gibt es. Vielleicht stammt das Vergnügen ja aus England, denn man begegnet dort demselben Spiel auf gewölbten Rasenbahnen. Aber ist es nicht wahrscheinlicher, dass es mit den Plantagenêts aus dem Anjou auf die Insel kam? Recht plausibel scheint die Vermutung, dass die Loireschiffer auf die Variante kamen, als sie in den Schiffsbäuchen Boule spielten. Weil der Spaß so groß war, spielte man wohl auch auf den unebenen Sandbänken. Die Einheimischen erinnern sich noch an die überdachten Sandbahnen, die penibel gepflegt werden mussten und die ständige Präsenz eines „Bahnmeisters" nötigmachten. So benutzt man heute lieber Kunststoffbahnen.

An der Stirnwand der Halle befindet sich ein Tisch, daneben steht ein Kühlschrank, in dem immer Wein bereitliegt, und darüber hängt ein Regal mit den nummerierten Gläsern der Vereinsmitglieder. Nach einem besonders komischen Spielzug, wenn die Stimmung steigt und die Konzentration entsprechend nachlässt, öffnet man eine Flasche oder zwei, und hinterher ist das Spiel noch lustiger. Nicht der Mann, die Kugel soll eiern. So schmiert man sich ein Rillette-Brot, damit die dritte Flasche eine gute Grundlage hat. Beschwingt und ungeheuer ruhig steigt dann der gestärkte Mann in die Bahn, wirft, nein, rollt, nein, setzt die Kugel, die ganz langsam ihre – je nachdem – lächerliche oder geniale Girlande zieht.

Anjou

Angers – Apokalypse und Weltgesang

Überblick ♪XVIII/B2

Angers ist strenggenommen keine Loirestadt. Die schwarz-weiß-gestreifte Burg erhebt sich auf einem steilen Felsen über dem Maine-Fluss, der die Mayenne und Sarthe nördlich der Stadt vereint, um die gesammelten Wassermassen südlich von ihr in die Loire zu entlassen. Die größere und reichere Siedlung entstand auf dem linken, östlichen Maine-Ufer hinter der Festung, der auf dem rechten Ufer das ärmere La Doutre (= jenseitige Siedlung) gegenüberliegt.

Interessanterweise führen die beiden großen **Teppichzyklen** (Apokalypse, Chant du Monde) sozusagen einen Dialog über den Fluss hinweg. Sie bilden die Hauptsehenswürdigkeit, sind als mittelalterliche Darstellung des Weltendes und moderne Auseinandersetzung mit demselben Thema komplementäre Kunstwerke und sollten daher beide besichtigt werden.

Angers ist eine **Kunst- und Museumsstadt.** Neben den großartigen Wandteppichen kann man eine beachtliche Antikensammlung, zahlreiche französische Meister aus dem 18. und 19. Jh. und die äußerst eindrucksvollen Skulpturen des republikanischen Bildhauers *David d'Angers* sehen. Nicht zu vergessen sind die Beispiele schönster Plantagenêt-Gotik, die man nicht nur in Kirchen (Kathedrale, Abteikirche Saint-Serge), sondern auch im mittelalterlichen Hospital Saint-Jean antrifft. Andererseits entdeckt man auch Jugendstilhäuser und lernt jenseits der Altstadt besonders

die großzügigen Boulevards und Parkanlagen (Jardin du Mail, Jardin des
Plantes) zu schätzen, wo die Einheimischen geschäftig und vergnügt ihren
Tätigkeiten nachgehen.

Geschichte

Es bestand schon eine Siedlung der
keltischen Andecaven, als die Römer
an der Straße von Lyon in die Bretagne
ihr Juliomagus gründeten. Nachdem
die Stadt seit dem 4. Jh. Sitz eines
Bistums war, erweiterte sie ab dem
6. Jh. durch zwei Abteien, Saint-Aubin
und Saint-Serge, ihren Wirkungskreis.
Der zunehmende Reichtum animierte
im 9. Jh. die Wikinger zu wiederhol-
ten Raubzügen und einer längeren Be-
setzung, die – laut Legende – erst
durch Umleitung des Maine-Flusses
beendet werden konnte.

Der Westfrankenkönig Karl der Kahle
war später zu schwach, die Herausbil-
dung einer lokalen Feudalherrschaft zu
verhindern. So entstand die Dynastie
der **Fulcos,** die sich seit 898 Grafen von
Angers nannten und in *Fulco Nerra*
(987–1040) ihren skrupellosesten und
erfolgreichsten Kriegsherrn hatten. Er
schuf „Groß Anjou", das nach Süden in
die Saintonge und nach Westen bis
Langeais, Tours und Blois reichte und
unter den **Plantagenêts** zur Gegen-
macht der kapetingischen Krone wurde. *Geoffroi V.* (1131–1151), der einen
„Ginsterbusch" *(planta genista)* auf
dem Helm trug, annektierte die Normandie und erhob Ansprüche auf England, das mit der Heirat seines Sohns
Heinrich mit *Eleonore von Aquitanien*

tatsächlich an das Haus Anjou fiel. Seit
1154 König von England, residierte
Heinrich II. Plantagenêt (1151-1189)
meistens in Angers. Bei den abspenstig
gewordenen Söhnen, *Richard Löwenherz* und *Johann Ohneland,* fruchteten
dann die Spaltungsversuche der Kapetinger, die 1206 Angers wieder der französischen Krone angliederten.

Jetzt wurde Angers zur **Grenzfes-
tung** ausgebaut. Das Kastell der Römer und *Fulco Nerras* Donjon verschwanden im mächtigen Mauerwerk
der Burg, die *Ludwig IX.,* der Heilige, in
der erstaunlich kurzen Bauzeit von
zehn Jahren (1228-1238) errichten
ließ, um die ums Anjou erweiterte
Krondomäne gegen das unabhängige
Herzogtum Bretagne abzusichern.

1246 bekam sein Bruder *Karl* das
Anjou als Apanage, mit der er sich
nicht begnügte, denn im Auftrag des
Papstes eroberte er das Königreich
Neapel und Sizilien, das aber nach der
„sizilianischen Vesper" (6000 tote Fran-
zosen) wieder verloren ging. Der letzte
Herzog von Anjou, der schöngeistige
König René, zog sich 1475 in die Pro-
vence zurück, als *Ludwig XI.* 1475 das
Anjou ins Königreich eingliederte.

Noch einmal, zur Zeit *Ludwigs XIV.,*
war die Burg kurz in der Hand adeliger
Frondeure, die aber vor Mazarin kapi-
tulieren mussten. Die Stadt der Kleriker, Magistratsherren und Rentner war
dann eine besondere **Zielscheibe der
Jakobiner,** die ihren revolutionären
Zorn an 5 Abteien, 27 Klöstern und
fast 50 Kirchen auslassen konnten.

Die Hanffelder und Schiefergruben
der Umgebung bescherten der Stadt

Anjou

ihre **wirtschaftliche Bedeutung,** der im 19. Jh. auch der Bau der Eisenbahnlinie Rechnung trug. Damals errichteten die reich gewordenen Textilfabrikanten und Bankiers ihre Paläste an den großen Boulevards, die vor der Altstadt den funktionslos gewordenen Mauerring ablösten. Nach dem zweiten Weltkrieg führte die demographische Explosion zu einer zweiten Öffnung der von Bomben zerstörten Stadt, die sich mit ihren Gärtnereien, Industrien und Neubausiedlungen in die Peripherie ausdehnte und nun erst wirklich zu einer Loirestadt wurde.

Sehenswertes

Die fett gedruckten Zahlen in Klammern verweisen auf die Legendenpunkte des Stadtplans.

Die Burg

Château d'Angers *

- ●**Stil:** Mittelalterliche Festungsarchitektur (13.-15. Jh.)
- ●**Besonderheit:** Schwarze Burg mit Schiefer-Tuffstein-Streifen
- ●**Höhepunkt:** Teppichzyklus „Apokalypse"
- ●**Auskunft:** Tel. 02.41.87.43.47 (Saison) oder 02.41.86.81.94.
- ●**Öffnungszeiten:** März, April, Mai und Oktober täglich 10-18 Uhr, Juni–September 9.30-19 Uhr, im Winter 10-12.30/14-17 Uhr.
- ●**Eintritt:** 5,49 € (Kinder gratis)
- ●**Tipp:** Mit Infomappe oder Kopfhörer (deutschsprachig) die Apokalypse Bild für Bild wie einen Comic lesen.

Unverwechselbar sind die schwarzweiß gestreiften, aus Schiefer und Tuffstein aufgeschichteten Festungsmauern dieser ungeheuer trutzigen Burg **(22).** Sie ist eine wahre Zitadelle, die mächtigste Festung, die je ein französischer König für seine Lehensmänner errichten ließ. In ungewöhnlich kurzen Abständen säumen 17 Rundtürme einen kilometerlangen Mauerring, der nur am Steilabfall zur Maine hinab keiner weiteren Verteidigungsanlage bedurfte. Die ursprünglich mit kegelförmigen Pfefferdächern bedeckten **Türme** wurden während der Religionskriege auf Befehl *Heinrichs III.* geköpft und in Plattformen für die Artillerie umgewandelt. Gleichzeitig wurde der Burggraben noch ein Stück abgesenkt, so dass die 40 bis 50 Meter hoch aufragenden Rundtürme heute auf mächtigen Podesten stehen.

Die fünfeckige Anlage hat zwei Tore mit Zugbrücken und Fallgitter, die **Porte des Champs** im Süden und die **Porte de la Ville** im Norden. Dieses Stadttor ist heute der einzige Zugang zu dem 25.000 Quadratmeter umfassenden Areal, das bis zur Annexion der Provinz durch *Ludwig XI.* den Herzögen von Anjou als Residenz diente.

So sind die dort zu besichtigenden Bauwerke jünger als die Befestigungsgürtel. Die **Kapelle Sainte-Geneviève** und das über eine Treppe mit ihr verbundene **Logis Royal** wurden Anfang des 15. Jh. von *Herzog Ludwig II.* und seiner Gattin *Jolanda von Aragon* erbaut.

Beider Sohn *René,* Titularkönig von Sizilien, ließ der Kapelle übereck ein

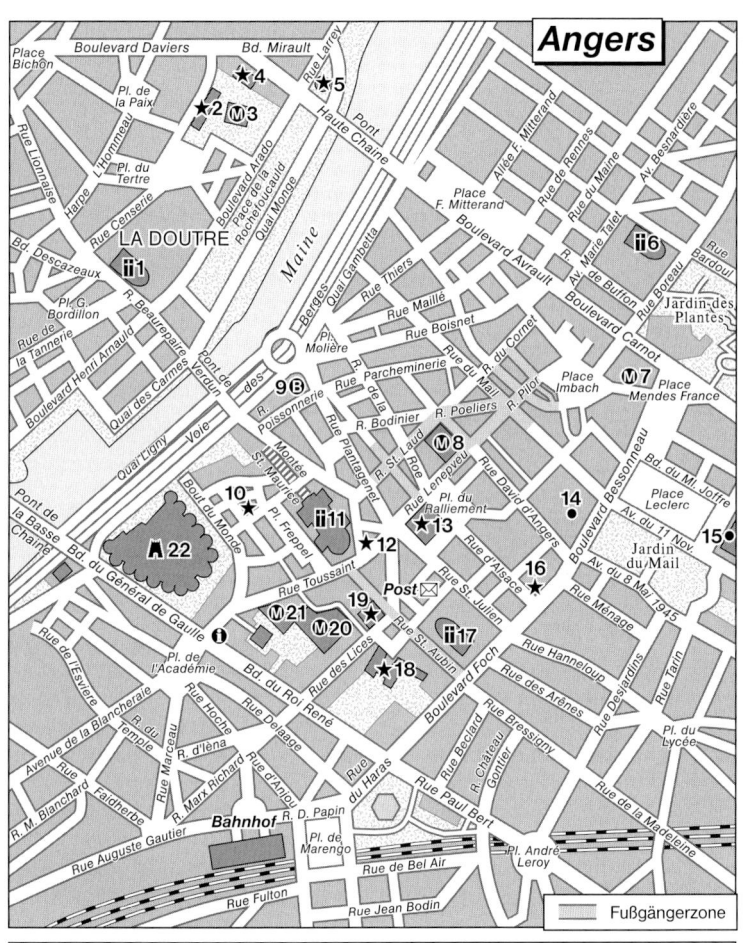

Angers

Fußgängerzone

⚑	1	La Trinité
★	2	Greniers St. Jean
Ⓜ	3	Musée Jean Lurçat (Hôpital St.-Jean)
★	4	Centre régional d'Art et Textile
★	5	Tour des Anglais
⚑	6	Église St.-Serge
Ⓜ	7	Musée d'Histoire Naturelle
Ⓜ	8	Musée Pincé
Ⓑ	9	Busbahnhof
★	10	Logis du Croissant
⚑	11	Cathédrale St.-Maurice

★	12	Maison Adam
★	13	Theater
●	14	Rathaus
★	15	Justizpalast
★	16	Maison Bleue
⚑	17	Chapelle St.-Martin
★	18	Préfecture (ehem. Abtei St.-Aubin)
★	19	Tour St.-Aubin
Ⓜ	20	Musée des Beaux-Arts
Ⓜ	21	Galerie David d'Angers
♜	22	Château d'Angers

Anjou

Die Burgtürme von Angers

Schlösschen folgen, durch dessen Portal man den eigens für die Apokalypse errichteten **Galeriebau** (1952-54) erreicht. Vor oder nach der Besichtigung dieser mit Recht berühmten Tapisserienfolge kann man vom einzig ungeköpften Turm (er trug eine Mühle!) auf die Stadt hinabblicken und eventuell im Logis Royal auch noch die großartigen Mille-fleurs-Teppiche (15. und 16. Jh.) betrachten.

Teppichzyklus I: „Apokalypse"

Dieser ursprünglich 130 m lange Teppichzyklus, vermutlich die monumentalste Tapisserie der Weltgeschichte und das schönste Beispiel mittelalterlicher Webkunst, entstand zwischen 1373 und 1380 in Pariser Werkstätten. *Ludwig I. von Anjou* hatte sich in der Bibliothek seines Bruders *Karl V.* Miniaturen besorgt, nach denen *Hennequin von Brügge,* der Hofmaler des Königs, Entwürfe anfertigte. Mit der Umsetzung war *Nicolas Bataille,* der berühmte Textilkaufmann, betraut, der den Auftrag aller Wahrscheinlichkeit nach von *Robert Poinçon* ausführen ließ.

Sein Meisterwerk hat keine linke Seite. Die farbigen Schussfäden wurden mit Hilfe von Weberschiffchen so eingefädelt, dass die senkrecht über den Webstuhl gespannten Kettfäden hinter dem gewebten Motiv verschwanden und lediglich eine gerippte Struktur hinterließen.

Kein Saal war groß genug, um die 175 Quadratmeter Webfläche zu präsentieren. Bei der Hochzeit *Ludwigs II. von Anjou* mit *Yolanda von Aragon* (1400) war der Teppichzyklus im Hof des Erzbischöflichen Palastes von Arles aufgehängt, und *Ludwig I.* hatte ihn vielleicht zur festlichen Dekoration seiner Höfe bestellt. Die meiste Zeit lag er zusammengefaltet im Teppichzimmer des Schlosses von Angers. *König René* vermachte ihn dann den Domherren, die das Erbstück an hohen Feiertagen in der Kathedrale aufhängten, bis sie das lästig gewordene Monumentalwerk 1767 – vergeblich – zum Kauf anboten. Nach der Revolution schnitt man es zu Abdeckplanen, Bettvorlegern, Decken zusammen. Ein Drittel der Fragmente blieb für immer verloren, der Rest wurde 1848 vom Chorherren *Joubert* gerettet und mühevoll restauriert.

In 84 (heute nur noch 75) Szenen zeigt der Teppichzyklus die Offenbarung (griech. *apokálypsis*) des Heiligen Johannes. Der Apostel schrieb dieses letzte, mysthischste Buch der Bibel Ende des 1. Jh. während seines Exils auf Patmos nieder. Es besteht aus Visionen, die sich um den siegreichen Endkampf des Lamms (Christus) mit dem siebenköpfigen und zehnhörnigen Drachen (Satan) drehen und die von Gott geprüften Gläubigen zur Standhaftigkeit ermahnen. So ist das Werk voller Geißeln und Katastrophen, die erst in einer anderen, neuen Welt, dem Himmlischen Jerusalem, überwunden werden. Zu den zentralen allegorischen Figuren zählt außerdem das Weib, das als Gattin des Lammes oder Hure Babylon die Vielfalt der Schöpfung darstellt. Schließlich taucht als Inbegriff des göttlichen Kosmos und Strukturprinzip der Erzählung wiederholt die Symbolzahl Sieben auf: 7 Briefe, 7 Siegel, 7 Trompeten, 7 Kelche.

Der Betrachter passiert 6 Teppiche, von denen jeder ursprünglich 14 Szenen darstellte: 7 in der oberen und 7 in der unteren Reihe. Jedem Episodenzyklus ist – unter einem gotischen Baldachin, das Buch aufgeschlagen – großformatig eine lesende Figur vorangestellt. Andererseits tritt der Verfasser *Johannes* in jeder kleinen Visionsszene als Beobachter oder gar direkt Beteiligter auf. Die Episoden erscheinen abwechselnd auf rotem oder blauem Grund, der teilweise durch pflanzliche Motive ausgeschmückt ist. Schließlich wird die doppelreihige Erzählung von zwei Bordüren eingerahmt: oben ein Streifen Himmel (Sterne, Wolken, musizierende Engel), unten ein Streifen Erde (Wiesenblumen, Hasen). Die Textpassagen, die ursprünglich unter den betreffenden Szenen eingewebt waren, sind heute auf den gegenüberliegenden Leuchttafeln nachzulesen.

Durch die Altstadt

Verlässt man die Burg wieder durch das Stadttor *(Porte de la Ville)*, so führt schräg gegenüber die kopfsteingepflasterte Rue Saint-Aignan direkt ins Kathedralenviertel. Links und rechts gibt

Anjou

es noch jene „von dösenden Katzen und Geranientöpfen bevölkerten Gassen, wo man früher gerade noch den lautlos davonschwebenden Talar eines Priesters erspähen konnte" *(Julien Gracq).*

Vorbei am **Hôtel du Croissant (10,** 15. Jh., kleines Zinnmuseum) stößt man bald auf die **Montée Saint-Maurice.** Diese lange, flach ansteigende Treppe führt sehr eindrucksvoll von den Quais der Maine zum Vorplatz der gleichnamigen Kathedrale **(11)** hinauf.

Die Kathedrale

Die um 1180 erbaute, während der Renaissance renovierte Doppelturmfassade erhebt sich in mehreren Stockwerken über einem einzigen, besonders bemerkenswerten **Portal** (12. Jh.). Am Vorbild Chartres' orientiert, zeigt es im Tympanon den Weltenrichter, von Symbolen der Evangelisten umgeben. In den vier Bogenläufen stapeln sich mit feinskulptiertem Faltenwurf und angedeuteter Körperbewegung die Engel und Greise der Apokalypse.

Das **Kirchenschiff** beeindruckt durch seine ungewöhnliche Breite (15,45 statt der üblichen 9-12 Meter). Zwischen 1148 und 1153 erbaut, ist sein Gewölbe das erste bedeutende Beispiel der so genannten Anjou- oder Plantagenêt-Gotik. Im Unterschied zu den sonst üblichen Kreuzrippengewölben kamen hier die Schlusssteine der Spitzbögen gut drei Meter über die Gurt- und Scheidbögen. Der horizontalen Dehnung des Schiffs entspricht daher in der Vertikalen eine ungeheu-

re Tiefe des Gewölbes. Beim Durchschreiten der Kathedrale kann man im Übrigen feststellen, dass der Plantagenêt-Stil in den etwas später errichteten Querschiff- und Chorkuppeln (Anfang 13. Jh.) noch an Leichtigkeit gewinnt.

Der einschiffige Innenraum wird durch **Glasfenster** erleuchtet, die aus verschiedenen Jahrhunderten stammen. Besonders die frühen Glasmalereien (12. und 13. Jh.) im Langhaus links und hinten im Chor sowie die beiden Rosen (15. Jh.) des Querhauses verdienen genaueres Studium. Ein weiteres Schmuckelement sind die Wandteppiche, die zum größten Teil aus Aubusson stammen.

●**Cathédrale Saint-Maurice,** Tel. 02.41.87.58.45, Öffnungszeiten: im Sommer 8.30-19 Uhr, im Winter 8.30-17.30 Uhr. Führungen in deutscher Sprache, Konzerte.

Links von der Kathedrale führt die Rue du Chanoine Urseau am ehemaligen Erzbischöflichen Palast (11.-19. Jh.) vorbei in die Rue de l'Oisellerie mit ihren schönen Fachwerkhäusern (Nr. 5, 7, 9). Wenn man dann rechts in die Rue Montault zum Chor der Kathedrale zurückschwenkt, fällt das fünfstöckige **Maison d'Adam (12,** Anfang 16. Jh.) mit seinem Rautenfachwerk, den vorkragenden Etagen und Holzskulpturen sofort in den Blick. Es ist das schönste der 46 Fachwerkhäuser, die von Kaufleuten, Notaren und anderen Nutznießern der spätmittelalterlichen Handelsblüte in der enger werdenden Stadt bewusst in die Höhe gezogen wurden. Unter den originellen

Schnitzfiguren fehlen allerdings Adam und Eva, die unter dem paradiesischen Apfelbäumchen wegen ihrer anstößigen Nacktheit wegretuschiert wurden.

Hier an der Place Sainte-Croix markieren Sandwich- und Getränkebuden den Beginn der **Rue Saint-Aubin** (Fußgängerzone), die mit ihren Boutiquen und Restaurants ein Kontrastprogramm zu den mittelalterlichen Sehenswürdigkeiten bildet.

Die Straße ist nach der ehemaligen **Abtei Saint-Aubin (18)** benannt, die mit ihren zahlreichen Prioreien rund um Angers zu einem Reichtum kam, der den Vergleich mit Fontevraud, dem geistlichen Zentrum des Ost-An-

jou, damals nicht scheuen musste. Schon 535 gegründet und nach einem wundertätigen Mönch benannt, expandierte die Abtei um die Jahrtausendwende durch die Förderung der Grafen von Anjou. Vom Glanz des einstigen Benediktinerklosters zeugen noch eine fein skulptierte Arkadenreihe des Kreuzgangs und das teilweise bunt bemalte Portal des Refektoriums (jeweils 12. Jh.). Heute gehören sie zu den stolz präsentierten Schmuckstücken der Departementverwaltung, die in den früheren Klostergebäuden (17. Jh.) untergebracht ist.

Man erreicht sie über die Rue Saint-Martin, die quer zur Fußgängerzone verläuft und nach der **Chapelle Saint-Martin (17,** Plantagenêt-Stil, 12. Jh.) benannt ist.

In der Galerie David d'Angers

Anjou

● **Ancienne abbaye Saint-Aubin,** Hôtel du département, Öffnungszeiten: Montag–Freitag 9-12/14-17 Uhr, an der Pforte der Präfektur anfragen.

Die 54 Meter hohe **Tour Saint-Aubin (19,** 12. Jh.) ist ein donjonartiger Glockenturm, der zur einstigen Abteikirche gehörte und zugleich der Stadtbefestigung diente.

Hinter ihm liegt die verschwiegene Place Saint-Eloi, von der ein Gässchen hinüberführt zum **Logis Barrault (20,** Musée des Beaux-Arts), dem wohl prächtigsten Stadtpalast von Angers. Ein Treppenturm mit „Palmengewölbe", die Nordgalerie und ein mächtiger Kamin im Ostflügel stammen noch von der ursprünglichen Residenz (1493) des damaligen Bürgermeisters *Olivier Barrault.* Sie wurde in den folgenden Jahrhunderten erweitert und aufgestockt, um 1801 die Kunstschätze der Stadt aufzunehmen.

Das moderne Gegenstück zu diesem konservativen Museum der Schönen Künste ist die **Galerie David d'Angers (21).** Man sieht sie vis-à-vis der gallo-römischen Umwallung, wenn man aus der Museumsgasse links in die Rue Toussaint einbiegt. Die ehemalige Abteikirche der Augustinerchorherren Toussaint (Gründung 11. Jh., Neubau um 1240, Einsturz 1810), eine nach oben offene Tuffsteinruine, wurde von *Pierre Prunet* zwischen 1981 und 1984 mit einer auf Schiefergiebeln ruhenden Glasdachkonstruktion versehen. So ist das Plantagenêt-Schiff zu einem modernen, extrem lichten Museumsbau geworden, der die pathetischen Statuen *David d'Angers* (1788-1856) zu unübertrefflicher Wirkung bringt.

Boulevards und Parkanlagen

Das moderne Zentrum von Angers liegt nordöstlich der Kathedrale unterhalb der Maison d'Adam.

Es war die **Place du Ralliement,** auf der sich ab 1791 die Jakobiner versammelten und – über einem antiken Christenfriedhof (3. Jh.) – Priester und andere Konterrevolutionäre unter die Guillotine kamen. Der im Pariser Haussmann-Stil gestaltete Platz war in der 2. Hälfte des 19. Jh. die Lieblingskulisse der Provinzbourgeoisie, die sich im Stadttheater, in den eleganten Cafés oder im Grand-Hotel (heute Kaufhaus Galeries Lafayette) tummelte.

Über die Rue Saint Julien oder die Rue d'Alsace erreicht man den **Boulevard Foch,** der wie alle anderen Boulevards über den geschleiften Stadtmauern entstand und wieder das Pariser Vorbild verrät. Während die zu den Maine-Brücken führenden Nord- und Südachsen mehr oder weniger dem Autoverkehr überlassen wurden, hat sich der Boulevard Foch am Ostrand der Altstadt zu einer Promeniermeile entwickelt.

Mit den Fassaden der Bürgerpaläste schmücken sich heute Banken und Versicherungen, Kinos und Restaurants. An der Ecke zur Rue d'Alsace steht das **Maison Bleue (16),** ein mosaikgeschmücktes Art-déco-Haus aus dem Jahr 1927.

Zwei Querstraßen weiter öffnet sich der Boulevard zum **Jardin du Mail,** einer großzügigen Gartenanlage mit Springbrunnen, Musikpavillon und platanenüberdachten Terrains für Kinder, Boulespieler und Kaffeetrinker. Die Fontäne wurde 1855 auf der Pariser Weltausstellung gezeigt und wenig später zum Prunkstück dieses Blumengartens, dessen Name *(maillets =* Holzschlegel) an ein damals noch populäres Spiel erinnert. Zusammen mit der Place Leclerc, die als Parkgelände und Marktplatz dient, bildet der Mail-Park heute ein von Rathaus (Westseite) und Justizpalast (Ostseite) flankiertes Forum.

In der Verlängerung des Boulevard Foch trifft der Boulevard Bessonneau auf die nördlichen Boulevards. Jenseits der großen Kreuzung (Place Mendès-France) liegt der **Jardin des Plantes,** ein botanischer Garten mit Kongresszentrum. Mit seinen alten Bäumen und seltenen Gewächsen, einem tiefgelegenen Teich und aufragenden Felsen ist dieser Park englisch konzipiert und insofern das Pendant zum französischen Jardin du Mail.

Der 1789 angelegte und 1901-05 neu gestaltete Landschaftsgarten liegt auf dem Gelände der im 7. Jh. gegründeten **Benediktinerabtei Saint-Serge (6),** in deren Gebäuden heute das Lycée Joachim du Bellay untergebracht ist. Sehenswert ist v. a. der 1210 erbaute Hallenchor mit seinem kunstvollen Plantagenêt-Gewölbe: sechs zierliche Säulen (33 cm Durchmesser, 8 m hoch) tragen 12 gotische Joche.

● **Eglise Saint-Serge,** Avenue Marie Talet, Tel. 02.41.43.66.76.

Der Rückweg zur Place du Ralliement führt über die Place Imbach, auf der sich bis 1896 die Markthallen befanden. Man erreicht den hinter den Boulevards liegenden Platz, wenn man an der Place Mendès-France in die kleine Rue Guitton **(Naturkundemuseum, 7)** einbiegt. Zurück zum Ausgangspunkt des Rundgangs geht es dann durch die Fußgängerzone Rue Pilori/ Rue Lenepveu **(Musée Pincé, 8).** Wegen der interessanten Bars lohnt v. a. abends ein Abstecher in die Parallelstraßen Rue des Poêliers/Rue Saint-Laud, wo zu Jugendstilzeiten (1901-02) das Café-Concert de l'Alcazar (Ecke zur Rue Claveau) der letzte Schrei war.

Stadtteil La Doutre

Auf dem jenseitigen Ufer der Maine *(d'outre Maine)* entstand im 11. Jh. ein Dorf rund um die von *Fulco Nerra* gegründete Abtei Notre-Dame-du-Ronceray. Im flussnahen Bereich ließen sich Handwerker und Kaufleute nieder, und auf den ländlichen Höhen blickten die Adelsfamilien auf den gegenüberliegenden Burgfelsen. Als zur Zeit *Ludwigs XIV.* die sozialen Gegensätze schärfer wurden, zogen die Reichen ins Saint-Aubin- und Toussaint-Viertel hinüber, und La Doutre wurde zum Armenviertel, das noch von Mauern umstellt war, als drüben schon die großen Boulevards gebaut wurden. So kann man hinter der sehenswerten Abteikirche noch auf sehr alte Häuser stoßen, teils baufällige, teils schön renovierte, reine Steinbauten oder Fachwerkhäuser, hier

Anjou

spitzgieblige Ladenfronten, dort repräsentative *hôtels* mit terrassierten Gärten.

Nahe der Haute-Chaîne-Brücke befindet sich unten am Maine-Ufer eines der letzten noch erhaltenen Hospitäler des Mittelalters, das **Hôpital Saint-Jean (3)**. 1175 vom Seneschall (Justiz- und Kriegsminister) *Heinrichs II. Plantagenêt* gegründet, war die königliche Stiftung eine Wiedergutmachung für die Ermordung des Erzbischofs *Thomas Becket* im Jahre 1170. Ohne Ansehung der Herkunft und Religion fanden hier Arme und Kranke karitative Pflege und Seelsorge. So lagen bis zu 500 Hilfsbedürftige in dem dreischiffigen Krankensaal (zwischen 1180 und 1190), der mit seinen schmucklos schlanken Säulen und dem hochgezogenen Spitzbogengewölbe (12 m) zu den schönsten Beispielen der Plantegenêt-Gotik zählt. Eine längs eingezogene Zwischenwand trennte Männer und Frauen, die von ihren oft doppelt belegten Betten aus der im Saal zelebrierten Messe folgen konnten. Der Ausgang lag ursprünglich auf der heutigen Stirnseite direkt vor dem romanischen Kreuzgang (um 1180) und der Kapelle (Anfang 13. Jh.), wobei später jene Apotheke (17. Jh.) am Weg lag, die man heute am gegenüberliegenden Eingang aufgebaut sieht. Das Hospital war bis 1854 in Betrieb.

Teppichzyklus II: Chant du Monde

Seit 1967 steht der 60 x 22,50 m große Krankensaal als ständiger Ausstellungsraum für die Teppichfolge „Chant du Monde" („Weltgesang") zur Verfügung. Sie ist das Hauptwerk **Jean Lurçats** (1892-1966), der als kubistischer Maler begann und sich später der Tapisserie zuwandte. Seit 1938 vom Apokalypse-Zyklus fasziniert, begann er unter dem Eindruck der atomaren Massenvernichtung 1957 damit, ihm eine moderne Fassung zur Seite zu stellen. Als er 1966 starb, waren von dem geplanten Monumentalwerk zwei Drittel vollendet. So umfasst der Zyklus 10 Teppiche, die gleich hoch (ca. 4,40 m) aber unterschiedlich lang (zwischen 2,26 m und 10,50 m) konzipiert sind und alle in Aubusson-Werkstätten hergestellt wurden. Die Titel lauten der Reihe nach:

- Die große Bedrohung (1957),
- Der Mensch von Hiroshima (1957),
- Der große Leichenhaufen (1959),
- Das Ende allen Lebens (1959),
- Der Mensch im Glanze des Friedens (1958),
- Wasser und Feuer (1958),
- Champagner (1959),
- Eroberung des Alls (1960),
- Die Poesie (1961),
- Ornamentos Sagrados (= altes mexikanisches Kloster, 1966).

Zeigen die Teppiche 1-4 Tod und Zerstörung, so antworten 5-10 mit einer enthusiastischen Beschwörung des Lebens. Nicht nur der extreme Kontrast zwischen katastrophischer Gegenwart und Heilsperspektive, auch die allegorisch-symbolische Struktur teilt *Lurçats* Apokalypse mit dem mittelalterlichen Vorbild. Begriffe werden durch Tiere oder Gegenstände veranschaulicht: Eule = Weisheit, Hund = Freundschaft, Taube = Frieden, Schildkröte = Geduld, Arche = Schöpfung, Vulkan = Be-

lation (7), die Weltraumfahrt (8) oder die dichterische Phantasie (9) zum Thema nimmt, immer entfaltet sich – auf schwarzem Grund – ein Feuerwerk der Farben und Formen. Charakteristisch ist dabei das Phänomen des gestauchten Wirbels, denn – so die Philosophie des Künstlers – keine Bewegung soll bruchlos, keine Richtung unverändert, keine Kurve vollkommen sein.

Nebenan kann man im **Musée de la Tapisserie contemporaine** *Lurçats* Wandteppiche mit denen anderer Zeitgenossen vergleichen oder um die Ecke im **Centre régional d'art textile (4)** jungen Kunstwebern bei der Arbeit zusehen.

Museen

Für sämtliche Museen der Stadt gibt es ein preisgünstiges Sammelbillet:

●**Musée des Beaux-Arts:** Neben mittelalterlichem Kunstgewerbe ist – altmodisch dicht gehängt – die französische Malerei des 18.-19. Jh. *(Boucher, Watteau, Fragonard, Chardin, Greuze, Ingres, Corot)* von besonderem Interesse.

10, rue du Musée (Logis Barrault), Tel. 02.41.88.64.65, Öffnungszeiten: Mitte Juni–Mitte September täglich 9-18.30 Uhr, sonst außer Montag 10-12/14-18 Uhr. Eintritt: 1,52 €.

●**Galérie David d'Angers:** Der republikanisch gesinnte Bildhauer, ein eifriger Teilnehmer der Pariser Romantikszene und enger Freund *Victor Hugos*, hat den Großteil seines heute durchaus befremdlichen Werks der Heimatstadt Angers vermacht. Sie hat die übermannsgroßen Heroenskulpturen mit Skizzenbüchern, Porträtbüsten und Bronzemedaillen zu einer Art persönlichem Pantheon zusammengestellt.

drohung, Bücher/Kreuz/Hammer und Sichel = Ideologien.

Lurçats Menschenbild lässt sich ebenso aus einer Fülle konkreter Assoziationen zusammensetzen wie seine Vorstellung von der Heimat Erde (Blätter, Sterne, Quellen und Flammen oder Fische, Blätter, Insekten und Flammen). So setzt der Künstler gegen die atomare Katastrophe seine Komposition von Zeichenatomen, seien es die natürlichen Elemente, Städtesignets oder Tierkreiszeichen.

Ob *Lurçat* die Verstrahlung (1, 3), den Aschenregen (2, 4), die Sonnenenergie (5), die Champagnerejaku-

Lurçats Teppichzyklus im Hôpital Saint-Jean

33 bis, rue Toussaint, Tel. 02.41.87.21.03, Öffnungszeiten wie Musée des Beaux-Arts. Eintritt: 1,52 €.

●**Musée Pincé:** Das schöne Renaissance-Hôtel (1530-35) birgt die reichhaltige Antikensammlung des Maler-Grafen *Turpin de Crissé*. Im Erdgeschoss sind etruskische und griechische, im 1. Stock ägyptische, im 2. Stock japanische, im 3. Stock chinesische Kunstwerke ausgestellt. Besonders sehenswert ist die japanische Abteilung mit den Holzschnittserien von *Hiroshige* und *Hokusai*.

32 bis, rue Lenepveu (Hôtel Pincé), Tel. 02.41.88.94.27, Öffnungszeiten wie Musée des Beaux-Arts. Eintritt: 1,52 €.

●**Musées Jean Lurçat et de la Tapisserie Contemporaine:** Im Hôpital Saint-Jean sind die 10 Wandteppiche des „Chant du Monde", nebenan weitere Werke *Lurçats,* aber auch Collagen und Textilkunst von *Thomas Gleb* und anderen zeitgenössischen Künstlern ausgestellt.

4, boulevard Arago, Tel. 02.41.24.18.45 und 02.41.24.18.48, Öffnungszeiten wie Musée des Beaux-Arts. Eintritt: 3,05 €.

●**Muséum d'Histoire naturelle:** Unter den Exponaten befinden sich ein Meteorit, unzählige Fossilien und 3500 ausgestopfte Vögel.

43, rue Jules-Guitton, Tel. 02.41.86.05.84, Öffnungszeiten: täglich 14-17 Uhr, Eintritt: 0,75 €.

●**Musée Européen de la Communication:** Im Osten der Stadt wurde im Schloss Pignerolle (18. Jh.) dieses moderne Museum eingerichtet, das „Vom Tam-Tam zum Satelliten" die Geschichte der Kommunikation nachzeichnet und dabei historische wie zukunftsträchtige Medien Revue passieren lässt. Besonders originell ein Saal mit über 100 Radiogeräten.

Château de Pignerolle, Saint-Barthélémy d'Anjou, Tel. 02.41.93.38.38, Öffnungszeiten: Juli–Oktober täglich 10-12.30/ 14.30-18 Uhr, April–Juni Montag Ruhetag. Eintritt: 7 € (4 €).

Praktische Hinweise

Information

●**Office de tourisme,** Place Kennedy (vor der Burg), 49051 Angers, Tel. 02.41.23.51.11, Fax 02.41.23.51.66. Kleine und große Stadtrundfahrt mit dem Touristenbähnchen (petit train).

Hotels

●**Continental****, 12-14, rue Louis de Romain, Tel. 02.41.86.94.94, Fax 02.41.86.96.60. Komfortables Stadthotel (40-49 €) unweit der Kathedrale.

●**Mail****, 8, rue des Ursules, Tel. 02.41.88.56.22, Fax 02.41.86.91.20, Sonntag Ruhetag. Charmante Zimmer (41-49 €) in altem Bürgerhaus (17. Jh.), still und zentral gelegen.

●**Saint-Julien****, 9, place du Ralliement, Tel. 02.41.88.41.62, Fax 02.41.20.95.19. Gegenüber dem Stadttheater, sehr gediegen eingerichtet, dafür relativ preisgünstig (40-46 €).

Jugendherberge

●**Auberge de Jeunesse Darwin,** Rue Darwin, Tel. 02.41.72.00.20, Fax 02.41.48.51.91, Mehrbettzimmer pro Person 10 €, Essen 7,50 €.

●**Centre d'Accueil du Lac de Maine,** 49, avenue du Lac de Maine, Tel. 02.41.22.32.10, Fax 02.41.22.32.11. Im stadtnahen Freizeitpark (siehe unter Camping), Mehrbettzimmer pro Person 10 €, Essen 7 €.

Camping

●**Lac de Maine******, 49, avenue du Lac de Maine, Tel. 02.41.73.05.03, Fax 02.41.73.02.20, geöffnet vom 10. Februar–20. Dezember. Der Richtung Bouchemaine (Buslinien 6 und 16) gelegene Freizeitpark bietet mit seinem künstlichen See (40 ha) v.a. für Wassersportler viele Möglichkeiten (Baden, Tretboot, Kanu/Kajak, Dingy-Segeln, Surfen). Auch Fahrradverleih.

Restaurants

In Angers gibt es neben Brasserien, Crêperien, Pizzerien, Snacks v.a. Chinesen, Griechen, Inder, Libanesen, Maghrebiner, Mexikaner. Hier drei typisch französische Lokale:
●**Le Petit Mâchon,** 43, rue Bressigny, Tel. 02.41.86.01.13. Wie die Schließzeiten (Samstag, Sonntag und den ganzen August) verraten, sind nicht Touristen, sondern Einheimische die Besucher dieser populären Kneipe, in der Deftiges auf den Tisch kommt: Heringsfilets, Geselchtes *(petit salé)*, Schweinsfüße – alles preisgünstig zu offenen Anjou-Weinen.
●**Pub Saint-Aubin,** 71, rue Saint-Aubin, Tel. 02.41.87.42.30. Günstig gelegene Brasserie mit frischen, abwechslungsreichen Tagesmenüs (12-23 €).
●**La Salamandre,** 1, boulevard Foch, Tel. 02.41.88.99.55, Fax 02.41.87.22.21. Im Restaurant des Hôtel d'Anjou*** (Zimmer 60-120 €) speist man edel, aber nicht überteuert (Mittagsmenü 22 €, sonst 27-37 €). Zum Renaissancedekor servieren die aufmerksamen Kellner Langustinenfrikasse, Austernsabayon, Milchlamm – dazu ein reichhaltiges Angebot an Loireweinen.

Bars

●**Rue Saint-Laud/Rue des Poêliers:** interessante Auswahl für den abendlichen Flaneur.

Spezialitäten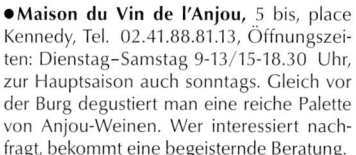

●**Maison du Vin de l'Anjou,** 5 bis, place Kennedy, Tel. 02.41.88.81.13, Öffnungszeiten: Dienstag–Samstag 9-13/15-18.30 Uhr, zur Hauptsaison auch sonntags. Gleich vor der Burg degustiert man eine reiche Palette von Anjou-Weinen. Wer interessiert nachfragt, bekommt eine begeisternde Beratung.
●**Distillerie Cointreau,** carrefour Molière/boulevard des Bretonnières (mit Buslinie 7 zur Haltestation Cointreau), Saint-Barthélémy d'Anjou, Tel. 02.41.31.50.50, Öffnungszeiten: Februar bis Dezember täglich Führungen um 10.30, 14.30 Uhr, sonntags um 15 und 16.30 Uhr. Die 1849 gegründete Brennerei produziert aus den Schalen der Bitter- und Süßorange nach altem Geheimrezept den berühmten Likör. Man erfährt im Museum von den Gründungsvätern Adolphe und Edouard-Jean, die ursprünglich aus den Antillen nach Nantes gelieferte Feinkost zu exotischen Essenzen destillierten, erlebt per Video den Welterfolg der in braune Flaschen gepackten Spirituosenkreation, sieht mit eigenen Augen 19 Kupferalambics und eine ultramoderne Abfüllanlage und darf am Ende degustieren und einkaufen. Eintritt: 5,34 € (2,59 €).

Märkte und Feste

●**Wochenmarkt,** Samstag auf der Place Leclerc.
●**Marché aux fleurs** (Blumenmarkt), Samstag auf dem Boulevard Bessonneau.
●**Marché aux puces** (Flohmarkt), Samstag auf der Place Imbach.
●**Festival d'Anjou,** jeden Juli vor historischen Kulissen (v.a. Schlössern) rund um Angers. Eines der bedeutendsten Theaterfestivals von Frankreich! Auskunft und Reservierungen: Festival d'Anjou, 64, rue Saint-Aubin, Tel. 02.41.88.14.14.

Fahrradverleih

●**Anjou Bike Center,** 2, square de la Penthière, Tel. 02.41.73.83.77.

Bootsausflüge

●Siehe Sarthe und Mayenne.

Anreise/Weiterreise

●**Mit dem Auto:** Von Le Mans A 11, von Tours N 152 und ab Saumur N 147 (Authion-Tal) oder D 952 (Dammstraße), von Doué-la-Fontaine D 761 und D 748; Richtung Château-Gontier/Laval (Mayenne-Tal) N 162, Nantes A 11 (L'Océane) oder N 23 (rechtes Loireufer), Cholet N 160.
●**Mit der Bahn:** Mit dem TGV Atlantique ab Paris (90 Min.), Schnellzüge Richtung Tours/Saumur oder Nantes.
●**Mit dem Bus:** Busbahnhof (Gare routière) an der Place de la Poissonnerie.

Anjou

Die untere Loire

Überblick

Bevor sich hinter Nantes der Mündungstrichter auf über 3 km öffnet, weitet und verengt sich die Loire in einem vielfältig verzweigten Bett, das eine Kette von Inseln bildet. Diese letzte Passage beginnt südlich von Angers, wo nach dem Authion eine ganze Reihe von Zuflüssen in den sich zusehends verbreiternden Hauptstrom einmünden. Die Maine bündelt die weitverzweigten Wasserläufe des nordwestlichen Anjou (Le Loir, Sarthe, Mayenne), um sie südlich von Angers in die Loire zu schicken. Auf derselben Höhe bereiten währenddessen drei andere Flüsse (Louet, Aubance, Layon) von Süden her den Zusammenfluss vor. Dieses weitverzweigte Netz von Wasserwegen war ökonomisch von großer Bedeutung und ermöglichte schon zu vorindustrieller Zeit, das untere Loiretal weit in das nördliche und südliche Hinterland hinein zu erschließen. Kalkdünger, Segeltuch und Schiefer ließen den Handel und mit ihm die Schifffahrt erblühen. Dabei prägte der Schiefer auch das Gesicht der Region, die man gerne das „schwarze Anjou" nennt.

Der Reisende kann feststellen, dass westlich von Trélazé (rechtes Ufer) und Saint-Jean-des-Mauvrets (linkes Ufer) die Häuser ihre Farbe wechseln und streng und düster wirken wie in der Bretagne. Interessant sind die zweifarbigen Schlösser (Le Plessis-Bourré, Le Plessis-Macé, Serrant), v. a. aber die Bergbaumuseen (Mine Bleue, Trélazé), die eindrucksvolle Einblicke

in die Arbeitswelt des Schieferkumpels *(ardoisier)* vermitteln. Wie diese Sehenswürdigkeiten gehören auch die schönsten Routen des folgenden Kapitels noch zur Umgebung von Angers, das sich als Stützpunkt für eine ganze Reihe von Ausflügen anbietet: sie führen in die Gegend zwischen Sarthe und Mayenne (Fluss- oder Radtour), ins Aubance- und Layontal (Weinroute) und an die Corniche Angevine (Auto- oder Radtour). Letztere lässt sich von Angers aus in einer Rundtour (rechtes und linkes Loireufer) erkunden oder als Etappe auf dem Weg nach Nantes einplanen. Wem es nicht auf die schnelle Städteverbindung (A 11 L'Océane oder N 23) ankommt, kann sich auf dem linken Ufer zwei, drei Tage Zeit lassen und auf halber Strecke in Saint-Florent-le-Vieil Quartier beziehen.

Schleuse bei Grez-Neuville

Anjou

2036o Foto: mi

20Mo Foto: mi

Sarthe und Mayenne   ♪XVIII/AB1-2

Die nördlichen Zuflüsse der Maine sind noch heute weitgehend schiffbar. Schon am Flusshafen von Angers liegen Ausflugsboote bereit, in **Cheffes** (Sarthe) funktionieren die Schleusen wieder, in **Grez-Neuville** (Mayenne) wird hinter der Schleuse das Treideln vorgeführt, und in **Chenillé-Changé** (Mayenne) betreibt der ehemalige Müller und Bürgermeister ein feines Restaurant mit Bootsverleih. So kann man manche Sehenswürdigkeit der folgenden Rundtour auch auf dem Wasserweg erreichen. Mit oder ohne Boot – ist das Fahrrad das geeignete Fahrzeug, um die verbindenden Landpassagen zurückzulegen.

Die Fahrt beginnt und endet, vor dem Zusammenfluss von Sarthe und Mayenne, in **Avrillé.**

● **Moulin de la Croix Cadeau,** N 162, Tel. 02.41.42.30.45, Öffnungszeiten: täglich 10-11/15-19 Uhr. Unterkellerte Mühle aus dem 18. Jh. Eintritt: 2,44 € (1,22 €).
● **Musée Régional de l'Air,** Aérodrome Avrillé, 6 bis, rue Nationale, Tel. 02.41.34.26.49, Öffnungszeiten: täglich 14-18 Uhr. Führungen gratis.

Schleusenwärter in Grez-Neuville

207lo Foto: mi

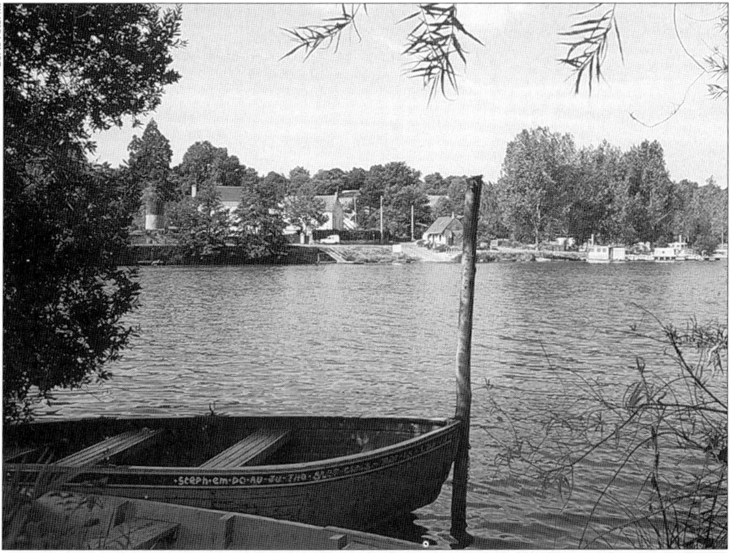

Bootsidyll an der Mayenne

Le Plessis-Bourré ⇗XVIII/B1

Château du Plessis-Bourré **

- **Stil:** Gotik (15. Jh.)
- **Besonderheit:** Wasserschloss
- **Höhepunkt:** Gardensaal
- **Auskunft:** Tel. 02.41.32.06.01
- **Öffnungszeiten:** April–Oktober außer Mittwoch und Donnerstagvormittag täglich 10-12/14-18 Uhr, im Winter nur nachmittags, Juli–August ohne Ruhetag durchgehend 10-18 Uhr.
- **Eintritt:** 6,86 € (4,75 €)

Auf der D 107 gelangt man in die Überschwemmungszone des Mündungsgebietes. Südlich von Ecueillé liegt zwischen Feld (Süden) und Wald (Norden) Le Plessis-Bourré, ein besonders schmuckes **Wasserschloss.** Sein Bauherr *Jean Bourré* war Schatzmeister *Ludwigs XI.* und in dieser Eigenschaft auch für den Bau des Königsschlosses von Langeais zuständig. Gleichzeitig errichtete er aber in der Rekordzeit von fünf Jahren (1468-1473) die eigene Residenz, für die er bezeichnenderweise nicht den lokalen Schiefer verwendete, sondern – als edelsten Baustoff – Tuffstein aus dem Saumurois herbeischaffen ließ.

Mit ihren massigen Rundtürmen, den Wehrgängen, dem befestigten Torbau samt Zugbrücke und den enorm breiten Wassergräben hat das

Schloss alle äußeren Merkmale einer mittelalterlichen Festung (altfranzösisch *plesseyz* = Pfahlwerk), die offensichtlich vor den Bretonen Sicherheit bieten sollte. Andererseits zeugen der großzügige Innenhof, die lichtspendenden Fenster und die prächtigen Innenräume von der Wertschätzung behaglichen Wohnens.

Eine Sensation war und ist der **Gardensaal** mit seiner bemalten Holzdecke. Die verschlüsselten Moralsätze und alchimistischen Symbole dienten damals einem beliebten Gesellschaftsspiel: dem geistreichen Raten.

Zwischen Châteauneuf-sur-Sarthe und Lion d'Angers ⤹XVIII/AB1

Bäuerlicher wirkt kurz vor Champigné das **Manoir La Hamonière** (15./16. Jh.).

Es ist eine mögliche Station auf dem Weg nach **Châteauneuf-sur-Sarthe,** einem verschlafenen Nest mit Schleuse und Kais, wo heute ein Flussmuseum an bewegtere Zeiten erinnert. Auf dem Rathausplatz erhebt sich, von *David d'Angers* aus Stein gemeißelt, *Robert le Fort,* der 866 heldenhaft das Leben verlor, als er die in der Kirche von Brissarthe verschanzten Normannen belagerte.

● **Maison de la Rivière,** Châteauneuf-sur-Sarthe, Tel. 02.41.33.91.64, Öffnungszeiten: Juli–August täglich 15-19 Uhr, Mai–September nur an Wochenenden. Eintritt: 3,05 €.

18 km weiter westlich liegt **Le Lion-d'Angers,** das Nachbarstädtchen am Oudon-Mayenne-Zusammenfluss. Im Mündungsdelta liegt **Isle-Briand,** das renommierte Gestüt mit einer Pferderennbahn, auf der Ende Oktober die Weltbesten um einen der begehrtesten französischen Preise *(Mondial du Lion)* kämpfen.

● **Haras national,** Parc de l'Isle Briand, Le Lion-d'Angers, Tel. 02.41.95.82.46, Öffnungszeiten: täglich 10-12/14-18 Uhr. Führungen.

Auf dem linken Ufer der Mayenne führt ein stilles Sträßchen (D 187) nach **Grez-Neuville,** das gedoppelte Dorf mit Flusshafen, Mühle, Schleuse. Vor allem Radfahrer bleiben auf dem linken Ufer (D 191), um abseits der Schnellstraße (N 162) nach Angers zurückzukehren.

Le Plassis-Macé ⤹XVIII/AB2

Château du Plessis-Macé ** ♥
● **Stil:** Gotik/Renaissance (12.-15. Jh.)
● **Besonderheit:** Schiefer-Kalktuff-Kombination
● **Höhepunkte:** Donjon-Ruine, Kapelle
● **Auskunft:** Tel. 02.41.32.67.93 (Saison) oder 02.41.81.41.18
● **Öffnungszeiten:** Juli/August 10.30-18.30 Uhr, Juni/September 10-12/14-18.30 Uhr, sonst 13.30-17.30 Uhr, Dezember–Februar und jeden Dienstag geschlossen.
● **Eintritt:** 4,42 €

Die Schiefer-Tuff-Kombination von Schloss Plessis-Macé

Anjou

Auf dem Rückweg ist Le Plessis-Macé, fast durchwegs aus graubraunem Schiefer erbaut, das lohnende Pendant zu Le Plessis-Bourré. Der Name *Macé* geht auf die Herren der mittelalterlichen Festung (12. Jh.) zurück, von der noch die Wassergräben und der Erd-

Der Wirtschaftshof von
Schloss Plessis-Macé

hügel des ersten Donjons zeugen. Er wurde im 15. Jh. durch einen komfortableren Bau ersetzt (Fenster, Kamine, Wendeltreppe), den man links vom Eingangstor in halbverfallenem Zustand sieht.

Der Kammerherr *Ludwigs XI., Louis de Beaumont,* hat sich jedoch nicht mit einem Wohnturm begnügt, sondern über den (ursprünglich 330 Meter, heute noch 260 Meter) umschließenden Festungsmauern ein elegantes **Renaissanceschloss** errichtet, das heute als gepflegter Rahmen für Konferenzen und Seminare zur Verfügung steht.

Charakteristisch ist die Kombination von Schiefer, der als Basisbaustoff, und Kalktuff, der – gut skulptierbar – als Fassadenschmuck Verwendung fand. Besonders reizvoll gelang im Winkel der Wohntrakte der reich verzierte Balkon, der links von Kragsteinen, rechts über der Tür von einem stützenden Bogen getragen wird. Im Übrigen gilt die Holztäfelung der Kapelle (10x6 Meter, spätgotischer Stil) im Anjou als wertvollste Tischlerarbeit des 15. Jh.

Abstecher nach Segré ⤢XVIII/A1

Von Lion-d'Angers kann man mit dem Schiff den Oudon hoch nach Segré fahren. Eine historische Schieferbrücke, die Kais und ein paar mittelalterliche Häuser in der Rue Pasteur machen den Charme dieser alten Grenzstadt aus, die Anfang des 20. Jh. einen heftigen Industrialisierungsschub erlebte.

Er ging vom Bergbau aus, der wenige Kilometer weiter westlich in **Noyant-la-Gravoyère** sein Zentrum hatte. Die Schieferadern sind hier in eisenhaltige Tonlager gebettet, weshalb neben Schieferbrüchen – in geringerem Ausmaß – auch Erzminen in Betrieb waren.

Mittlerweile fördert nur noch eine einzige Schachtanlage das „blaue Gold". Um der sterbenden Schiefer-Industrie ein Denkmal zu setzen, hat die Gemeinde die 1936 stillgelegte Grube

La Gatelière zur mittlerweile größten Touristenattraktion (100.000 Besucher jährlich) des Anjou umfunktioniert. Zwei blitzschnelle Aufzüge bringen die Ausflügler 130 Meter tief in die Mine Bleue hinunter. Dort fährt das Grubenbähnchen durch ein Labyrinth von Stollen in gigantische (bis zu 15.000 Quadratmeter große) Höhlensäle ein, wo ein Son-et-Lumière-Spektakel die Vergangenheit lebendig werden lässt.

●**Mine Bleue,** La Gatelière, Noyant-la-Gravoyère, Tel. 02.41.61.55.60, Öffnungszeiten: April–September täglich 10-17 Uhr, sonst 14.30 -17 Uhr. Da unter Tage nur 13°C herrschen, ist warme Kleidung angeraten. Eintritt: 11,59 € (unter 7 Jahren gratis).

Praktische Hinweise

Information
●**Office de tourisme,** Square de la Mairie, 49220 Le Lion d'Angers, Tel. 02.41.95.83.19.
●**Office de tourisme,** 3, rue du Capitaine Hautecloque, 49500 Segré, Tel. 02.41.92.86.83, Mairie: Tel. 02.41.92.17.83.

Camping
●**Camping municipal****, 1, rue du Port, Tel. 02.41.95.65.19, Fax 02.41.95.35.13, geöffnet April–September. Schattige Plätze (auch für Caravans) an der Mayenne, Baden, Tennis, Fahrradverleih.
●**Les Frênes****, Route de Château-Gontier, Le Lion d'Angers, Tel. 02.41.95.31.56, geöffnet 15. Mai–31. August. Unter Eschen in unmittelbarer Nähe der Reitschule, Kanu/Kajak-Verleih.

Chambre d'hôte/Table d'hôte
●**La Croix d'Etain,** 2, rue de l'Ecluse, Grez-Neuville, Tel. 02.41.95.68.49, Fax 02.41. 18.02.72. Der von einem Park umgebene

Anjou

Landsitz (19. Jh.) von *M. und Mme Bahaud* liegt flussnahe im Dorf, Gästezimmer 58-73 € mit Frühstück, Menü 20 €.

Restaurants

●**La Batelière**, 3, quai de l'Hirondelle, Tel. 02.41.95.30.79, Grez-Neuville. Crêperie direkt am Bootshafen.
●**La Table du Meunier**, Chenillé-Changé, Tel. 02.41.95.10.98. Romantische Wassermühle mit anspruchsvollem Restaurant (Menüs 15-40 €) und Gästezimmer (um 30 €). Ideale Raststätte für anlandende Bootsfahrer.

Reiten

●**Centre équestre La Goupilière**, Avrillé, Tel. 02.41.69.65.72.
●**Poney-club La Tinière**, Grez-Neuville, Tel. 02.41.95.26.82.
●**Centre équestre municipal**, Rue du 8 mai 1945, Segré, Tel. 02.41.92.23.09.

Kanu/Kajak

●**Club de canoë-kayak**, 2, rue Saint-Jean-Baptiste, Montreuil-Juigné, Tel. 02.41.42.92.44.

Hausboote

Die Strecken Angers-Le Mans (Sarthe) und Angers-Laval (Mayenne und Oudon) sind für Hausboote geeignet. Man kann sie für ein Wochenende, 7 oder 14 Tage mieten und bei Bedarf auch einen Abholservice in Anspruch nehmen. Zur Erkundung des Landesinneren empfiehlt es sich, Fahrräder an Bord zu nehmen.
●**Maine-Anjou-Rivières**, „Le Moulin", Chenillé-Changé, Tel. 02.41.95.10.83, Fax 02.41.95.10.52. Basen Chenillé-Changé, Châteauneuf-sur-Sarthe und Angers. Auch Fahrradverleih.
●**Anjou Plaisance**, Rue de l'Ecluse, Grez-Neuville, Tel. 02.41.95.68.95, Fax 02.41.95.68.25.
●**Pays de la Loire Réservations**, 2, rue de la Loire, Nantes, Tel. 02.40.89.89.89, Fax 02.40.89.89.85. Basen in Sablé-sur-Sarthe, Le Mans, Grez-Neuville, Chenillé-Changé, Daon.

Bootsausflüge

●**Auf der Sarthe:** Ab Angers und Châteauneuf-sur-Sarthe (2-4 Std.). Mit: Batellerie Promenades, Cheffes-sur-Sarthe, 2, rue de Beauvais, Tel. 02.41.42.12.12. Kommentierte Flussfahrten.
●**Auf der Mayenne:** Ab Angers, Grez-Neuville und Chenillé-Changé (2 Std.). Mit: L'Hirondelle, „Le Moulin", Chenillé-Changé, Tel. 02.41.95.10.83. Kommentierte Kreuzfahrt mit Treideldemonstration und Schleusenpassagen, Mittag-oder Abendessen.

Anreise/Weiterreise

●**Mit dem Bus:** Täglich Linienbusse zwischen Angers und Grez-Neuville, Le Lion-d'Angers, Segré, Noyant-la-Gravoyère.

Trélazé

 ↗ **XVIII/B2**

Die berühmtesten Schiefergruben liegen am östlichen Stadtrand von Angers in Trélazé, der einstigen „Welthauptstadt des Schiefers". Nur noch 300 Arbeiter garantieren den Betrieb der verbliebenen drei Förderanlagen, 11.000 Einwohner sind arbeitslos oder anderweitig im Umkreis der Stadt beschäftigt. So ist die Lagerstätte des qualitativ unübertroffenen, ebenso wasserundurchlässigen wie feuerfesten, granitharten und doch elastischen, auch besonders farbschönen Schiefers inzwischen vor allem industriegeschichtlich interessant.

Geschichte

Nach der Legende soll der heilige *Licinius,* einst Bischof von Angers (592-608), die Einheimischen als erster auf die Nützlichkeit des Schiefers auf-

Anjou

Schieferhalde in Trélazé

merksam gemacht haben. Im Mittelalter waren die Dächer von Angers, der „schwarzen Stadt", mit Schieferplatten bedeckt. Seit dem 12. Jh. wurde der Schiefer zum typischen Baumaterial des Loiretals, dessen Schlösser auch für die Bürger Maßstäbe setzten. Die Grundbesitzer, bis 1789 die Abteien von Angers, übertrugen die Ausbeutung der Gruben an Unternehmer, die Hauer wie Spalter in abhängig Beschäftigte verwandelten und sich 1855 zu einer kapitalstarken *Compagnie* zusammenschlossen.

Die Geschichte von Trélazé ist aber auch die der Aufstände und Streiks, die durch blanke Not (1790), republikanisches Engagement (Mariannengeheimbund 1855), die Forderung nach rechtlicher Gleichstellung mit den Kohlekumpels (1920 gewährt) und den nie endenden Kampf um bessere Arbeitsbedingungen (1948, 1955, 1968) ausgelöst wurden. Die letzten Kämpfe richteten sich gegen die Entlassungen und Stillegungen und waren die aussichtslosesten. Nachdem die Schieferförderung der Trélazé-Minen Anfang des 20. Jh. ihren Höhepunkt erreicht hatte (Beschäftigung rund 7000 Arbeiter), ging sie infolge der spanischen Konkurrenz und der wesentlich billiger produzierenden Baustoffindustrie in der zweiten Jahrhunderthälfte rapide zurück.

Hauer und Spalter – Soziale Schichtung im Schieferbergbau

Ursprünglich war die Schieferförderung eine Zusatzleistung der Bauern, die nach der Feldarbeit in 4 bis 5 Meter tiefen Gruben nach dem blauen Baustoff suchten. Der steigende und kontinuierliche Bedarf brachte dann den Berufsstand der *perreyeux* hervor. Diese „Steinbrecher" förderten den Schiefer im Tagebau, wobei die Verbesserung der Techniken mit der Arbeitsteilung Hand in Hand ging. Unten lösten die „Hauer" aus den Flözen große Blöcke, die oben von den „Spaltern" in feine Platten zerlegt wurden. Zwischen den Kumpels *d'à-bas* und denen *d'à-haut* lagen bis zu 120 Meter, und das Gestein musste zunächst auf dem Rücken von Tagelöhnern, dann durch Einsatz von Mechanik und Pferdekraft an die Oberfläche befördert werden.

Um das vorherige Abtragen des Erdreichs zu vermeiden und schnell zu den tieferliegenden Schieferschichten vorzudringen, begann man im 19. Jh. mit dem Untertagebau. Die Hauer wurden zu Bergarbeitern, und unterhalb des Schachts entstand ein immer größerer und zunehmend einsturzgefährdeter Grubenraum. So war diese Abbaumethode nicht nur katastrophenträchtig, sondern beschränkte auch die gewünschte Expansion der Fördermengen. Man stellte daher auf die sicherere und zugleich ergiebigere Blavier-Methode um. Jetzt wurde ein doppelt bis dreimal so langer Schacht (bis 300 Meter tief) ins Erdreich gebohrt, aber von unten nach oben abgebaut und die Sohle sukzessiv mit Schutt aufgefüllt.

Der räumlichen Entfernung der beiden Arbeitsbereiche entsprach eine deutliche soziale Hierarchie. Die Bergarbeiter bildeten ein schlecht bezahltes und auch schnell ruiniertes Proletariat, dessen Lebenserwartung 1931 gerade 53 Jahre betrug. Es bestand zu 20 % aus bretonischen, später spanischen und portugiesischen Gastarbeitern, die zudem ihre Frauen und Kinder als Wagenschieber zur Verfügung stellten. Die Schieferspalter waren demgegenüber eine traditionsbewusste Arbeiteraristokratie, die sich beim Steinsägen mit Holzschuhen und Mullbandagen schützte und mit durchschnittlich 58 Jahren eine höhere Lebenserwartung aufwies. Für den materialsparenden und handwerklich differenzierten Arbeitseinsatz benötigten sie eine fünfjährige Lehrzeit und waren im Übrigen so standesbewusst, dass sie ihren angesehenen Beruf vom Vater auf den Sohn vererbten.

Sehenswertes

Die engen Zeilen der Knappenhäuschen, die klapprig aufragenden Fördertürme, die silbrigblau schimmernden Schuttberge entführen in eine vergangene Industriewelt.

Das restaurierte **Knappschaftshaus** (*Maison de l'Union,* 16. Jh.) dient heute als Museum, das die Geschichte des Schieferabbaus sowohl von ihrer technischen als auch von ihrer sozialen Seite her dokumentiert. Das beachtliche Baudenkmal aus Schiefer enthält neben Werkzeugen und Arbeitskleidung einige handwerkliche Meisterstücke, darunter ein Modell der Burg von Angers.

Auf dem Gelände davor kann man zu bestimmten Zeiten ehemaligen *fendeurs* bei der Demonstration ihrer –

Knappschaftshaus in Trélazé

2116 Fotocom

Anjou

längst durch Schneidemaschinen überholten – Spalttechnik zusehen.

Geradezu romantisch ist ein Spaziergang durch die **Hügellandschaft** der alten Gruben *(vieux fonds),* die – mit Wasser gefüllt und von Buschwerk überwuchert – eine geheimnisvolle Stimmung entfalten.

●**Musée de l'Ardoise** (Schiefermuseum), 32, chemin de la Maraîchère, Tel. 02.41.69.04.71, Öffnungszeiten: Juli–Mitte September außer Montag täglich 14-18 Uhr, sonst nur sonntags. Die Ausstellung beginnt mit einer Filmvorführung in der ehemaligen Streichholzfabrik und endet im ehemaligen Knappschaftshaus. Eintritt: 5,34 € (2,29 €).

Aubance und Layon – Weinroute

Dass die Schieferböden dem Wein einen besonderen Charakter verleihen, kann man auf dem linken Ufer der Loire in zwei Seitentälern studieren. Dem Kalkplateau von Louerre entsprungen, gräbt sich die Aubance ab Brissac in das Schieferplateau ein. In dieser östlichen Randzone des schwarzen Anjou liegen über dem fortan mäandrierenden Fluss die Weinberge, die man unter der Appellation **Coteaux de l'Aubance** zusammenfasst. Die Winzer pflanzen vorwiegend Chenin blanc, der auf den wärmereflektierenden Schieferböden hervorragend ausreift, keltern neben dem halbtrockenen Weißwein aber auch einen feurigen Anjou rouge.

Etwas südlicher wechselt auch der Layon vom Muschelkalk des Saumurois auf die Schieferböden des westlichen Anjou hinüber, benutzt aber die längste Strecke über eine Spalte, die sich im Karbon (vor 350 Millionen Jahren) zwischen den Gesteinsschichten aufgetan hat. Man sieht den Unterschied zwischen oberem und unterem Layon an der Farbe der Häuser und schmeckt ihn beim vergleichenden Degustieren des Weins, der auf den südlich ausgerichteten Schieferhängen am besten gedeiht. Dieser **Coteaux du Layon** entwickelt bei später Lese Edelfäule und gehört zu Frankreichs interessantesten Süßweinen.

Brissac ⟲ XXI/C1

Château de Brissac ** ♥
●**Stil:** Gotik/Renaissance (15.-17. Jh.)
●**Besonderheit:** 7 Stockwerke
●**Höhepunkte:** Fassade, Gardensaal, Königszimmer
●**Animation:** Mini-Konzert im Belle-Epoque-Theater
●**Auskunft:** Tel. 02.41.91.22.21
●**Öffnungszeiten:** April–Oktober außer Dienstag 10-12/14.15-17.15 Uhr, Juli–15. September täglich 10-17.45 Uhr.
●**Eintritt:** 8 € (4,60 €) Führung inklusive Weinprobe.
●**Tipp:** Rotweinprämierung am letzten Märzsamstag im Gardensaal.

Das Weinstädtchen liegt am Rande der Schnellstraße von Angers nach Doué-la-Fontaine (D 748 / D 761) und hat eine **Cavier-Mühle,** schöne **Kirchenfenster** aus dem 16. Jh., vor allem aber ein imposantes Schloss zu bieten.

Mit seinen sieben Stockwerken (davon zwei Kelleretagen) und 203 Räu-

212lo Foto: mi

men zählt das **Château** zu den Giganten unter den Loireschlössern. Ungewöhnlich erscheint auch die Asymmetrie und Stilmischung der Hauptfassade, deren reich ornamentierte Renaissancepartien (Eingangspavillon, Wohntrakt) zwischen zwei pechnasenbewehrten Rundtürmen eingequetscht sind. Letztere stammen noch von der alten Burg, die *Pierre de Brézé,* ein Minister *Karls VII.* und *Ludwigs XI.,* um 1455 erbauen ließ und die während der Religionskriege schwer beschädigt wurde.

Gardensaal von Schloss Brissac

1606 begann der spätere Besitzer *Charles II. de Cossé* mit einem Neubau, der nach seinem Tod 1621 aber nicht vollendet wurde. So ist Brissac „ein halberbautes neues Schloss in einem halbzerstörten alten Schloss", wie der vorletzte Herzog treffend bemerkte.

Man wartet im Park unter prächtigen Zedern auf den Beginn der **Führung,** die in 45 Minuten eine Attraktion nach der anderen bietet: die vergoldete Decke im großen Salon, die flämischen Wandteppiche (16. Jh.) im Jagdzimmer, die bemalte Balkendecke des 32 Meter langen Gardensaals, das historische Flair des Königszimmers, ein Klavierstück im Belle-Epoque-Theater und die Weinprobe im Schlosskeller.

Anjou

Von Thouarcé (♪ XXI/C2) nach Rochefort-sur-Loire ♪ XX/B1

Südlich des Walds von Brissac erreicht man die berühmten Hanglagen von **Bonnezeaux,** wo die Windmühle La Montagne am Talabbruch steht.

Unten liegt **Thouarcé,** Etappenstation für Wanderer (GR 3d) und Radfahrer, die auf kleinen Straßen abwechselnd die Ufer und Hügel des Layon-Flusses erkunden. Es geht über Brücken, die Blicke in das alte Kanalbett gestatten, und durch Winzerdörfer, in denen Ruinen an die Vendée-Kriege erinnern.

Unterwegs gibt es manches zu besichtigen: in **Rablay-sur-Layon** ein Künstlerdorf, in **Beaulieu-sur-Layon** Kirchenfresken (12. Jh.), in **Saint-Lambert-du-Lattay** ein Weinbaumuseum und einen Naturlehrpfad, an der Pont-Barré zerklüftete Felsen und ein Pflanzenschutzgebiet (Réserve botanique), in **Saint-Aubin-de-Luigné** schließlich das hübsche Presbyterium (16. Jh.) und die bizarren Burgreste von La Haute-Guerche (13. Jh.).

Die Fahrt durchs Layon-Tal lässt sich auch sehr gut zu einer Rundtour ausgestalten, die – in der einen oder anderen Richtung – Brissac und die Corniche angevine mit einschließt.

- **Village d'Artistes** (Künstlerdorf), 3, rue du Mail, Rablay-sur-Layon, Tel. 02.41.78.61.32, nur nachmittags geöffnet. Verkaufsausstellung.
- **Musée de la Vigne et du Vin d'Anjou** (Weinbaumuseum), Place des Vignerons, Saint-Lambert-du-Lattay, Tel. 02.41.78.42.75, Öffnungszeiten: außer Montag 10-12/14.30-

18.30 Uhr, Juli–August täglich ohne Mittagspause. Fünf Ausstellungsräume über Winzerhandwerk und -kultur (Sinnsprüche, Lieder, Rezepte, Rituale), ein Lehrpfad durch den Weinberg, Degustation. Eintritt: 4,12 € (2,59 €).
- **Maison de la Nature,** Rue de la Coudraye, Saint-Lambert-du-Lattay, Tel. 02.41.78.49.93, Öffnungszeiten: wochentags 9-12/14-18 Uhr. Mit 90-minütigem Naturlehrpfad. Eintritt: 2,29 € (1,52 €).

Praktische Hinweise

Information

- **Office de tourisme,** 8, pl. de la République, 49320 Brissac-Quincé, Tel. 02.41.91.21.50, außerhalb der Saison Mairie, Tel. 02.41.91.22.13.
- **Syndicat d'Initiative,** 3, rue Saint-Vincent, 49750 Beaulieu-sur-Layon, Tel. 02.41.71.76.65.
- **Syndicat d'Initiative,** 36, rue de la Belle Angevine, 49750 Saint-Lambert-du-Lattay, Tel. 02.41.78.44.26.
- **Syndicat d'Initiative,** Mairie, 49380 Thouarcé, Tel. 02.41.54.14.36. Faltblatt über Wanderwege (Sentiers pédestres).

Chambre d'hôte/Table d'hôte

- **M. Duret***, 4, rue du Fourneau, Beaulieu-sur-Layon, Tel. 02.41.78.60.88, Fax 02.41.78.60.88. Gästezimmer auf dem Bauernhof (38 €), Abendessen möglich (15 €).

Camping

- **Le Domaine de l'Etang****,** Brissac-Quincé, Tel. 02.41.91.70.61, Fax 02.41.91.72.65, geöffnet 15. Mai–15. September. Badesee mit Booten, Schwimmlehrer, Kinderspielplatz.
- **L'Ecluse**,** Avenue des Trois Ponts, Thouarcé, Tel. 02.41.54.14.36, Fax 02.41.54.09.11, geöffnet 15. April–15. Oktober. Unter schattigen Bäumen direkt am Layon.
- **La Coudraye**,** Saint-Lambert-du-Lattay, Tel. 02.41.78.44.26, geöffnet 15. April–30. September. Schattige Uferplätze, Fahrradverleih.

Restaurants

●**La Cheval Blanc,** 3, place du Prieuré, Thouarcé, Tel. 02.41.54.04.40, Sonntag und montagabends geschlossen. In der ehemaligen Poststation bekommt man passende Gerichte zum Glas Bonnezeaux (Mittagsmenü um 12 €).
●**Auberge de la Contreche,** 2 km vor Rablay-sur-Layon (D 125), Tel. 02.41.78.48.18, Montag Ruhetag. Großzügige Menüs (18-36 €) von frischen Produkten, hausgemachte Wurstwaren, Kuchen und Marmelade, falls Sie auch übernachten und frühstücken (Zimmer um 45 €).

Wein

●**Domaine des Rochelles,** Saint-Jean-des-Mauvrets, Tel. 02.41.91.92.07, Fax 41.54.62.63. M. Lebreton produziert interessante Schiefer-Weine, unter denen der rote Anjou-Villages hervorragt.
●**Domaine Richou,** Mozé-sur-Louet, Tel. 02.41.78.72.13. Reiche Palette von Anjou-Appellationen, darunter sehr schöne Aus- und Spätlesen des „Côteaux de l'Aubance".
●**Château de Fesles,** Thouarcé, Tel. 02.41.54.14.32. Die Bonnezeaux von *Jacques Boivin* sind wegen ihrer Opulenz und ihrer Langlebigkeit berühmt.

Märkte und Feste

●**Foire aux rillauds et à la brocante** (Rillaud- und Trödelmarkt), Brissac, 1. Julisonntag.
●**Fêtes des Vins millésimés et de l'Anguille** (Wein- und Aalfest), Saint-Aubin-de-Luigné, 3. Wochenende im Juli. Anlässlich der Prämierung des besten Weins aus einem bestimmten Jahrgang gibt es ein Volksfest mit Folkloretänzen, Weinversteigerung, Aal- und Foie-gras-Verkostung, Landwirtschaftsgeräteschau.
●**Fête des Vins de Bonnezeaux,** Thouarcé, 1. Wochenende im September.

Bootsverleih

●**Saint-Aubin-de-Luigné,** Landungssteg (Embarcadère), Tel. 02.41.78.48.71, Juni–September täglich 14-19 Uhr.

Anreise/Weiterreise

●**Mit dem Bus:** Von Angers Linienbusse nach Rablay-sur-Layon (täglich außer Sonntag) sowie Beaulieu-sur-Layon, Bonnezeaux, Thouarcé (Mittwoch und Freitag), jeweils nachmittags.

Corniche Angevine

Nach der Einmündung der Maine zieht die Loire, mehrfach verzweigt, in flachem Bogen südwärts, wo sich Louet, Aubance und Layon ihrem Lauf anschmiegen. Dabei bilden die südlichen Höhen eine Barriere, die von einer kurvigen Panoramastraße gesäumt wird. Diese Corniche Angevine (D 751) bietet erhabene Ausblicke auf die Flusslandschaft mit ihren verzweigten Wasserläufen und ist daher eine Lieblingsstrecke für motorisierte Ausflügler. Stiller und naturnäher ist der flache Teerweg, der hinter Savennières beginnt und bis zur Brücke von Montjean dicht am nördlichen Ufer entlangführt. Eine ideale Radlerstrecke, von der sich die Corniche als dicht besiedelter Weinberg gut einsehen und in kurzen Abstechern (Béhuard/Rochefort, Chalonnes, Montjean) nach Belieben ansteuern lässt.

Bouchemaine (⤢XX/B1) und Les Ponts-de-Cé ⤢XXI/C1

Bouchemaine („Maine-Mündung") ist Ausgangspunkt der Radlerstrecke entlang des rechten Loireufers. Vorbei an der romanischen Kirche (11. Jh.) und der ehemaligen Sommerresidenz der

Anjou

Bischöfe (17. Jh., bei der Hängebrücke), erreicht man bei den Speichern das Mündungsmuseum und fährt dann weiter Richtung Savennières, wo eine Brücke zur Ile Béhuard und weiter nach Rochefort hinüberführt.

● **Maison de la Confluence** (Mündungshaus), 10, rue du Port Boulet, La Pointe-Bouchemaine, Tel. 02.41.77.29.29, Öffnungszeiten: wochentags 13.30-16.30 Uhr, am Wochenende 15-17.30 Uhr (im Winter geschlossen). Eintritt und Führung: 7,62 €.

Will man schon früher aufs linke Ufer, so fährt man östlich der Maine-Mündung über die Brücken von **Ponts-de-Cé,** die dank der noch weiter östlich gelegenen Autobahnbrücke inzwischen vom Fernverkehr entlastet wurde. Da sich die Loire unterhalb von Angers in mehrere Arme spaltet und als nördlichster Wasserlauf auch noch der einmündende Authion hinzukommt, waren ursprünglich vier Brücken erbaut worden, die dem drei Kilometer langen, von Wasser zerteilten Ort den Namen gaben.

Er ist heute eine im industriellen Gürtel Angers' liegende Schlafstadt, die neben ihren Treibhäusern (Orchideenzucht) auch noch ein **Haubenmuseum** (rund 500 Kopfbedeckungen nicht nur aus dem Anjou) zu bieten hat. Letzteres befindet sich im Donjon des einstigen Schlosses, das dem guten König *René* eine schöne Aussicht auf seine netzeziehenden Fischer gestattete und 1620 zum Schauplatz einer „komischen Schlacht" zwischen *Maria von Medici* und *Ludwig XIII.* wurde. Nachdem die Soldaten der Königin-

mutter der Königstruppe mit der Parole *Vive le roi!* ziemlich lasch entgegentraten, versöhnten sich Mutter und Sohn noch am selben Abend in Brissac.

● **Musée des Coiffes** (Haubenmuseum), 4, avenue Charles-de-Gaulle, Les Ponts-de-Cé, Tel. 02.41.44.68.64, außerhalb der Saison 02.41.79.75.75, Öffnungszeiten: Juli–August täglich 10-12.30/13.30-18 Uhr, sonst Sonntag (Juni/September auch Samstag) 14-18 Uhr. Eintritt: 3,04 € (1,52 €).

Béhuard   ⤴ **XX/B1**

Die Flussinsel Béhuard erreicht man über ein kleine Brücke, die zwei renommierte Weinorte, Savennières (rechtes Ufer) und Rochefort-sur-Loire (linkes Ufer), miteinander verbindet (D 106). Kraftwagen parken vor dem malerischen Weiler, dessen Häuser (15. und 16. Jh.) sich um den Kirchfelsen gruppieren. Die kleine **Kapelle,** in der man seit dem 5. Jh. für die Flussschifffahrt den göttlichen Beistand erflehte, wurde von *Ludwig XI.* nach einem glücklich überstandenen Schiffbruch zu einer Wallfahrtskirche ausgebaut.

Kapelle von Béhuard

213b Foto: mi

Savennières und Serrant ♫ XX/B1

Das winzige **Weingebiet** von Savennières besteht aus südlich ausgerichteten Steillagen, an denen die Schnellzüge Angers-Nantes vorüberrauschen. Hier wächst die *Coulée de Serrant,* einer der körperreichsten französischen Weißweine, der von einem einzigen Produzenten, *Nicolas Joly,* nach biologischen Gesichtspunkten angebaut wird.

Neben dieser Familiendomaine gibt es als zweite Attraktion die **spätkarolingische Kirche** (10. Jh.) mit ihrem Ziegelfischgrät, das noch in römischer Bautradition steht.

Château de Serrant *
- **Stil:** Renaissance (16.-18. Jh.)
- **Besonderheit:** Kalktuff-Schiefer-Kombination
- **Höhepunkt:** Bibliothek
- **Auskunft:** Tel. 02.41.39.13.01 (Saison) oder 02.41.39.12.25
- **Öffnungszeiten:** April–Mitte November außer Dienstag täglich 9.30-12/14-17.20 Uhr, Juli–August auch Dienstag.
- **Eintritt:** 8,38 € (4,57 €)

Man kann den Abstecher bis zum **Schloss Serrant** verlängern und bekommt dort eine interessante Mischung der Baustoffe geboten. Die rundum von einem Wassergraben umgebene Anlage (drei Flügel mit zwei kuppelig überdachten Rundtürmen und zwei isolierten Eckpavillons) zeigt sich zum Ehrenhof hin in weißem Tuffstein, auf der Rückfront in braunem Schiefer. Im Inneren des etappenweise erbauten Schlosses (1546-1705) kann man eine doppelläufige Renaissancetreppe, eine 12.000 Bände umfassende Bibliothek und das Marmorgrabmal des *Marquis de Vaubrun* sehen.

Von Rochefort-sur-Loire nach Chalonnes-sur-Loire ♫ XX/B1

In Rochefort gruppieren sich eine Reihe sehr alter Häuser (15.-17. Jh.) um die **Kirche Sainte-Croix,** die einst von der Abtei du Ronceray (Angers) abhing.

Wagnerwerkstatt

Holzschuhwerkstatt

Unterhalb dieses Ortskerns stößt man zwischen dem Louet und dem Hauptstrom der Loire auf die **Festungsruine,** die vor der Zerstörung acht Jahre lang (1590-98) den Ligistenbrüdern *Saint-Offrange* als Räuberhauptquartier diente. Oben an der Hauptstraße (D 751) laden die Winzer zur Degustation.

Es folgen nun die schönsten Passagen der **Corniche angevine,** die eindrucksvolle Blicke auf die immer breiter werdende Flusslandschaft ermöglicht. Bei **Haie-Longue** liefert hinter dem Flieger-Denkmal eine Orientierungstafel nähere Erläuterungen zum Panorama.

An der Mündung des Layon liegt **Chalonnes-sur-Loire,** ein kleiner Touristenort, der ein bedeutender Flusshafen war, als im Tal noch Flachs angebaut, Kalk gebrannt und sogar Kohle gefördert wurde. Heute fährt ein Aussichtsbähnchen *(petit train)* in die Weinberge, und Ausflugsboote *(vedette)* steuern flussaufwärts (Béhuard) oder flussabwärts (Montjean) an der größten Loireinsel (Ile de Chalonnes) entlang.

Doch die interessanteste Sehenswürdigkeit befindet sich landeinwärts auf dem Plateau: das Freiluftmuseum von **Saint-Laurent-de-la-Plaine.** Ein Gruppe engagierter Dorfbewohner

Anjou

hat altes Handwerkszeug und Maschinen zusammengetragen, die unter authentisch rekonstruierten Dachstühlen und in einer täuschend echten Straßenkulisse die Berufswelt der Großeltern lebendig werden lassen. Das Museum steckt v. a. auch für Kinder voller Entdeckungen. Am Eingang erhält man auch in deutscher Sprache einen hervorragenden Leitfaden, der mit aufschlussreichen Details über das 3100 Quadratmeter große Ausstellungsgelände führt. Die Stationen des Rundgangs:

Stickereien und Spitzborten (1), Hauben und Daguerreotypien (2), Kürschnergeräte (3), Bortenwebstühle mit Jacquard-Mechanik (5), Webstuhl und Wollstränge aus Aubusson (6), Goldschmiedekunst (7), Theater mit beweglicher Bühne (8), Hammerwerk (9), Töpferei (10), Holzschuhmacher (11), Ölmüller (12), Schuhmacher (13), Schmied (14), Kerzengießer (15), Büglerin (16), Weberhaus (17), Sattlerei (18), Gebälk nach Mustern des 18. Jh. (19), Alte Schule (20), Tor aus der Zeit Ludwigs XIV. (21), Bauernhofstube mit Kalkaschenboden (22), Backstube (23), Waschtag (24), Kohleförderung (25), Lehmbrennen (26), Keltern (27), Destillieren (28), Treppe im Stil des 18. Jh. (29), Dachboden (30), Schreiner und Tischler (31), Wagner (32), Küfer (33), „Schiffskiel"-Gebälk und Holzfußboden (34), Getreideanbau (35), Getreideernte (36), Mühlen (37), Bäckerei (38), Scheune (39), Wasserrad (40), Wassersägewerk (41), Papiermühle (42), Waldsäge (43).

●**Cité des Métiers de Tradition** (Museum der alten Berufe), 7, place Abbé Moreau, Saint-Laurent-de-la-Plaine, Tel. 02.41.78.24.08, Öffnungszeiten: April-September, außer Montag täglich 10-12.30/14.30-19 Uhr, im Winter nur bis 17 Uhr und am Wochenende geschlossen. Eintritt: 5,03 € (2,74 €).

Montjean-sur-Loire   ♫XX/A1

Ein weiter Blick über das Tal, die Hängebrücke und die Schieferdächer der umliegenden Dörfer bietet sich von der **Esplanade** unweit der Kirche.

Man kann sich kaum vorstellen, dass Montjean vor einem Jahrhundert nach Nantes der zweitgrößte **Loirehafen** war. Die benachbarten Kohlegruben lieferten den Brennstoff für 14 Kalköfen, die damals den Düngekalkbedarf von beinahe ganz Westfrankreich deckten. Man entdeckt noch Schifferhäuschen und frühindustrielle Relikte, wenn man die Kais ostwärts bis zur Inselbrücke (Ile de Chalonnes) vorgeht. Nähere Informationen liefert das Heimatmuseum in der alten Schmiede:

●**Ecomusée de la Loire angevine,** „La Forge", Place du Vallon, Tel. 02.41.39.08.48, Öffnungszeiten: Ostern–Allerheiligen außer Montag täglich 14.30-18.30 Uhr. Anschauliche Dokumentation der lokalen Gewerbe: Flussschifffahrt, Kalkbrennerei, Kohleabbau, Flachsanbau und Seilerei. Eintritt: 4,50 € (3 €), Aufpreis für eine Gabare-Flussschifffahrt.

Praktische Hinweise

Information

●**Office de tourisme,** 7, Grand'Cour, Tel. 02.41.78.81.70, außerhalb der Saison Mairie, Tel. 02.41.78.70.24.
●**Office de tourisme,** place de l'Hôtel de Ville, 49290 Chalonnes-sur-Loire, Tel. 02.41.78.26.21.
●**Syndicat d'Initiative,** quai des Mariniers, 49570 Montjean-sur-Loire, Tel. 02.41.39.07.10.

Hotel-Restaurant

●**Grand Hôtel,** 30, rue René Gasnier, Rochefort-sur-Loire, Tel. 02.41.78.80.46, Fax

02.41.78.83.25, sonntagabends und Mittwoch geschlossen. Logis de France mit interessanten Fischgerichten und einer umfangreichen Weinkarte. Zimmer 30-38 €, Menüs 15-30 €, Halbpension 38 €.

Camping

●**L'Ile du Château***,** Les Ponts-de-Cé, Tel. 02.41.44.62.05, Fax 02.41.44.62.05, geöffnet März–November. Beaufsichtigter Badeplatz, Kanu/Kajak, Fahrradverleih, Minigolf, Tennis.
●**Sainte-Offange***,** Route de Savennière, Rochefort-sur-Loire, Tel. 02.41.78.82.11, geöffnet Mai–September. Auf dem Weg nach Béhuard am Wasser.
●**La Bradière,** Savennières, Tel. 02.41.39.51.88, geöffnet April–September. Naturbelassenes Campen „Bienvenue à la Ferme".

Wein

●**Clos de la Coulée-de-Serrant,** Savennières, Tel. 02.41.72.22.32. „Der beste Bio-Wein der Welt", wie eine deutsche Fachzeitschrift kürzlich titelte.

Fahrradverleih

●**Cycles Cesbron,** Les Ponts-de-Cé, 2, avenue Galliéni, Tel. 02.41.44.87.44.
●**Cycle Pro Angers,** 34, route de Cholet, Mur-Erigné, Tel. 02.41.45.91.76.
●**Louet Evasion,** Le Champ du Bois, Route de Rochefort, Chalonnes-sur-Loire, Tel. 02.41.74.91.48. Auch Kanu/Kajak-Verleih.

Reiten

●**Les Augustins,** Savennières, Tel. 02.41.39.57.75.
●**Loire Layon Equestre,** 12, rue Jean Robin, Chalonnes-sur-Loire, Tel. 02.41.78.09.79.

Kanu/Kajak

●**Club nautique,** rue des Frères Gasnier, Bouchemaine, Tel. 02.41.77.22.36.
●**Amicale des anciens élèves section canoë-kayak,** Les-Ponts-de-Cé, 2, promenade d'Emstal, Tel. 02.41.44.65.15. September–Juni nur Mittwoch und Samstag nachmittags,

Juli–August Dienstag–Sonntag 10-12/14-19 Uhr.
●**Montjean nautique,** Montjean-sur-Loire, Tel. 02.41.39.07.07.

Bootsausflüge

Von Montjean-sur-Loire, Quai des Mariniers, starten:
●**Gabare „La Montjeannaise":** Fahrt auf einem historischen Flachbodenschiff, kombiniert mit Besuch des Ecomusée, 10 Passagiere, Tel. 02.41.39.08.48, Juni–September sonntags 15, 16, 17 Uhr, werktags auf Vorbestellung.
●**La Ligériade II:** Entdeckung der Flussbiotope (Sandbänke, Fauna, Flora), kommentiert von einem Berufsfischer, bis zu 75 Passagiere, Tel. 02.41.72.81.28, Juli–August mehrmals täglich.

Saint-Florent-le-Vieux ♫ XX/A1

Hinter Montjean öffnet sich das Thau-Tal, das von Zugvögeln und laichenden Flussfischen bevölkert wird, wenn es im Frühjahr teilweise unter Wasser steht. Der zur Loire hin aufgeschüttete Deich schützt vor größeren Überschwemmungen und ist eine besonders reizvolle **Panoramastraße** (D 210) direkt über dem Strom.

Am anderen Ufer beginnt ab Ingrandes die Bretagne, eine Grenze, die zu Zeiten der Salzsteuer von Schmugglern frequentiert und von Beamten des Ancien Régime entsprechend überwacht war.

Vorbei an der **Ile Batailleuse,** erreicht man kurz vor Saint-Florent-Vieil die Talbrücke, deren Tore bei Hoch-

Anjou

wasser geschlossen werden, um das rückwärtige Eindringen der Loirefluten ins Thautal zu verhindern.

Geschichte

Auf dem 45 Meter hohen Schieferhügel des Montglonne soll sich im 4. Jh. der Eremitenmönch *Florent* niedergelassen haben, um von hier aus die südliche Heide, Les Mauges, zu missionieren. Von den Bretonen und Normannen vertrieben, gründeten die Mönche des Ordens schließlich um 950 bei Saumur (Saint-Hilaire-Saint-Florent) die Mutterabtei, von der das „alte" Saint-Florent (daher der Beiname) als Priorei abhing. Rund um das Benediktinerkloster, das dank seiner Sensenschmiede das Privileg weitgehender Autonomie genoss, entstand ein kirchen- und königstreues Städtchen.

Als nach dem Beschluss der Pariser Konvention auch hier Rekruten ausgehoben werden sollten, kam es beim Losziehen am 12. März 1793 zu einem konterrevolutionären Aufstand, der schnell die ganze Gegend erfasste und unter dem Namen **Vendée-Kriege** in die französische Geschichte einging. Schon am 14. Juli hatten die Royalisten in *Cathelineau* ihren ersten Märtyrer, der – nach Kämpfen in Nantes schwer verwundet – in Saint-Florent-le-Vieil verstarb. Als die königstreue Armee nach ihrer Niederlage in Cholet am 18. Oktober in Saint-Florent über die Loire flüchtete, blieb ihr Führer *Bonchamps* sterbend in der Stadt zurück, wo er ein Rachemassaker an 5000 gefangenen Republikanern vehinderte.

Sehenswertes

Die heutige **Abteikirche** stammt größtenteils aus dem beginnenden 18. Jh., nur das südliche Seitenportal erinnert noch an den mittelalterlichen Vorgängerbau. In einer Kapelle links befindet sich das Grabmal *Bonchamps'* (1825), ein Hauptwerk des großen Bildhauers *David d'Angers*. Der Künstler, dessen Vater unter den gefangenen Republikanern war, stellte den sterbenden General als antiken Helden dar und wandelte sein revolutionäres Pathos zu einem der nationalen Versöhnung, wie man den allegorischen Sockelreliefs („Religion" und „Frankreich") entnehmen kann.

Von der Esplanade des Montglonne bietet sich ein schönes Loirepanorama. An der Westflanke des Berges erreicht man den befestigten Gutshof der Abtei, in dem heute das **Kulturzentrum Carrefour des Mauges** (mit Loire-Observatorium, „Mauges"-Vitrine und Gîte d'étape) interessante Anregungen zur Entdeckung der Region gibt.

Ost- und südwärts entdeckt man in der **Altstadt** noch alte Häuser (16.-18. Jh.) in den verwinkelten Gassen, die zum Teil bis zur Loire hinunterstechen. So erreicht man die Unterstadt, das außerhalb der Stadtmauern gelegene Hafen- und Kaufmannsviertel, wo unter dem Namen Gabelle-Turm noch heute der alte Salzspeicher steht.

●**Observatoire de la Loire,** Tel. 02.41. 72.52.37, Öffnungszeiten: Mai–September am Wochenende 14.30-19 Uhr, Juli–August auch während der Woche 10-12.30/14.30-19 Uhr.

●**Musée d'Histoire Locale et des Guerres de Vendée** (Historisches Heimatmuseum), Place J.M. Source, Tel. 02.41.72.62.32, Juli–Mitte September täglich 14.30-18.30 Uhr, sonst nur am Wochenende. In der ehemaligen Sacré-Coeur-Kapelle kombiniert dieses kleine Museum historische Dokumente (Unterwerfungserklärung der konterrevolutionären Anführer) mit bildender Kunst *(David d'Angers, Turner)*, Schiffsmodellen und ein bisschen Ornithologie. Eintritt: 2,28 € (1,22 €).

Nach Saint-Florent-le-Vieil wird die Esche zur beherrschenden Spezies der *bocage*. Man kann diese Buschlandschaft an den „Engen Wassern" des von *Julien Gracq* beschriebenen Evre erleben. Vorbei an der Schlosskapelle **La Bougeonnière** (16. Jh.) künigen die ersten Weinfelder bereits das Pays nantais an. Hier, am Rande der Mauges, wächst der Muscadet, der nur in der Diözese von Nantes angebaut wurde und noch heute eher in der Bretagne als im Anjou getrunken wird.

Champtoceaux   ⤢ **XXIII/C2**

Champtoceaux liegt 80 m hoch über der Loire, die sich noch einmal inselbildend in verschiedene Wasserläufe teilt und vor La Varenne – wie seit Roanne nicht mehr – sogar auf einen Kilometer verengt. Hinter der Kirche beginnt die Promenade du Champalud, die auf diesen sensationellen Landschaftsbalkon führt.

Praktische Hinweise

Information

●**Office de tourisme,** pl. de la Mairie, 49410 Saint-Florent-le-Vieil, Tel. 02.41.72.62.32. Der „Acoustiguide" kommentiert den Stadtrundgang.

Hotel-Restaurant

●**Hostellerie de la Gabelle,** Quai de la Loire, Tel. 02.41.72.50.19, Fax 02.41.72.54.38. Zimmer um 45 €, Menüs 12-38 €.

●**Le Champalud,** Promenade du Champalud, Champtoceaux, Tel. 02.40.83.50.09, Fax 02.40.83.53.81. In privilegierter Lage ist dieses Logis de France bekannt für seine gute Loire-Küche. Zimmer 30-42 €, Menüs 29-34 €.

Gîte d'étape

●**Ferme Abbatiale des Coteaux,** Tel. 02.41.72.52.37, Fax 02.41.72.57.64. Gemeinschaftsunterkunft mit 22 Betten, 7,50 € pro Person, im Kulturzentrum, am GR 3.

Camping

●**L'Ile Batailleuse**,** Tel. 02.40.83.45.01, geöffnet Mai–Mitte September. Unter der Brücke am Fluss gelegen.

Festival

●**Festival de Saint-Florent-le-Vieil,** Mitte Juni–Ende Juli. Ein interkulturelles Musik-, Tanz- und Theaterfestival unter dem Motto „Asien-Okzident".

Wein

●**M. Bournigault,** 22, rue Abbé-Fresneau, Ancennis, Tel. 02.40.83.09.74, Montag geschlossen. Schöne Auswahl an Muscadets.

●**Domaine du Grand Mouton,** Saint-Fiacre-sur-Maine, Tel. 02.40.54.81.92. Dass der Muscadet heute mehr ist als ein anonymer Massenwein, verdankt er Männern wie *Louis Métaireau*. Die Abfüllung *sur lie* ist notariell beglaubigt.

Anjou

Loire-mündung

222lo Foto: mi

223lo Foto: mi

Die Loire bei Champtoceaux

Ein Terrassencafé in Nantes

Ansicht eines Innenhofes

Nantes – Das Tor zur Welt

Überblick

⤴ XXII/B2-3

Knapp 60 km vom Meer entfernt, ist Nantes mit 500.000 Einwohnern die mit Abstand größte Stadt an der Loire. Zwar sind die Ozeanriesen und Werften, die Hangars und Verladekräne in den Vorhafen von Saint-Nazaire abgewandert, doch Nantes profitiert immer noch von der nahen Loiremündung, bezieht seine wirtschaftliche Bedeutung vom autonomen Hafen Nantes-Saint-Nazaire, dem viertgrößten von Frankreich.

Neben dem Handel und Schiffsbau sind jedoch die Branchen der Hochtechnologie ins Zentrum des „Technopols" gerückt, weshalb sich in Nantes die Forschungslabors, die Eliteschulen und Universitätsinstitute häufen.

Doch die Stadt erinnert sich gern an die Pionierzeit, als der Reichtum sich in Bergen von Kolonialwaren am Quai de la Fosse stapelte und an den stolzen Handels- und Reederhäusern auch städtebaulich sichtbar wurde. Leider sind selbst die Flussarme, die Nantes noch vor 70 Jahren als „Venedig des Westens" erscheinen ließen, unter dem Straßenasphalt verschwunden.

Wenn man heute im Autoverkehr stadteinwärts geschwemmt wird, findet man nicht einmal mehr ein Zentrum. Am besten parkt man den Wagen so schnell wie möglich, um erst einmal in die Trambahn umzusteigen. Zu Fuß kann man dann eine der interessantesten Städte Frankreichs entdecken. Sie hat nicht nur eine mittelalterliche Altstadt, sondern – wesentlich seltener anzutreffen – eine frühkapita-

Im Hafen von Nantes

listische Neustadt, die sich in prunkvollen Plätzen, Ladengalerien, Theaterfassaden, Museumskollektionen, phantastischen Romanen *(Jules Verne)* dokumentiert. Nur in Paris kann man die Entstehungsgeschichte „der Moderne" ähnlich anschaulich erleben und dabei so gut Essen gehen wie in Nantes. So ist die Stadt ein wichtiger Halt für jeden genießerischen Flaneur – auf dem Weg in die Bretagne oder Charente genauso wie auf dem Rückweg durch das Loiretal. Burgen, Kathedralen und Fachwerkhäuser kommen dort noch viele, aber diese altmodische Weltoffenheit, dieses Paris-Flair im kleineren Format gibt es nur hier.

Loiremündung

Geschichte

Der Ortsname leitet sich her von dem keltischen Stamm der Namneten, der den meernahen Zusammenfluss von Erdre und Loire schon besiedelt hatte, als die Römer dort ihr Condivincum gründeten. Übers Meer kamen im 5. Jh. wiederholt die Angelsachsen, im 9. und 10. Jh. dann die Wikinger in die Hauptstadt der Bretagne, die sich aber selbst der französischen Krone gegenüber als **souveränes Herzogtum** behauptete. Die Bischöfe und eine Universität trugen zu dieser Selbstständigkeit erheblich bei.

Die französischen Annektionspläne konkretisierten sich erst 1488, als die bretonische Armee in der Nähe von Saint-Malo eine schwere Niederlage erlitt und *Herzog Franz II.* daraufhin versprechen musste, seine Tochter und Erbprinzessin nicht ohne königliches Plazet zu verheiraten. *Anne de Bretagne* wurde noch im selben Jahr elfjährig Herzogin und heiratete drei Jahre später, 1491, *Karl VIII.,* den König von Frankreich, acht Jahre später, 1499, *Ludwig XII.,* seinen Nachfolger. Der berühmte **Heiratskontrakt** regelte die relative Autonomie des Herzogtums, das als Mitgift der französischen Monarchie unterstellt wurde.

Während der **Religionskriege** war Nantes unter Gouverneur *Mercoeur* auf der Seite der katholischen Liga. *Heinrich IV.* musste ihn persönlich von einer Fortsetzung der Feindseligkeiten abhalten und kam 1598 zur Unterzeichnung des Edikts von Nantes in die selbstbewusste Stadt, die fortan wirtschaftlich von sich Reden machte.

Denn die *Ville des Négriers* (Stadt der Sklavenschiffe) entwickelte sich zum Haupthafen des **Dreieckshandels** mit den amerikanischen Kolonien. Die gewieften Reeder brachten Ringe, Kupferspangen, Kristalle, Spiegel, Gewehre nach Afrika, wo sie im Tausch lebendiges „Ebenholz" – schwarze Sklaven – in die Schiffe pferchten, um diese Menschenware den Pflanzern von Martinique, San Domingo oder Guadeloupe anzubieten. Mit Baumwolle, Indigo, Kaffee, Tabak kehrten sie zurück, v.a. aber mit Rohzucker, der in den Raffinerien von Nantes (oder auch Orléans) konsumfertig gemacht wurde. Nantes war damals der bedeutendste Hafen Frankreichs, La Fosse und die Insel Feydeau blühten auf und protzten mit schamlos verdientem Wohlstand.

Das städtische Bürgertum begrüßte die **Revolution,** die etwa 13.000 Gegnern das Leben kostete. Sie wurden geköpft oder ertränkt, denn in Nantes kam neben der Guillotine ein mit Ladepforten ausgestattetes Flussschiff als Hinrichtungsmaschine zum Einsatz.

Die Abschaffung der Sklaverei war freilich ein **wirtschaftlicher Nachteil,** zu dem im 19. Jh. weitere hinzukamen: die Konkurrenz der Zuckerrübe, die Kontinentalblockade, der Bau der Eisenbahn, die Versandung der Loire. Man konzentrierte die Industrie auf Konservenfabriken und Metallverarbeitung, verlegte einen Großteil der Hafenanlagen nach Saint-Nazaire (ab 1856) und begegnete dem Absacken der Reederhäuser an den Kais durch Umleiten der Erde und Zuschütten mäandernder Flussarme (1926-38).

Im Rahmen der Reparationsleistungen führte nach dem Ersten Weltkrieg ein deutsches Unternehmen die Arbeiten aus. Als der leitende Ingenieur, *Karl Holtz,* 1940 als Feldkommandant nach Nantes zurückkehrte, wurde er von einem Résistance-Kämpfer erschossen – ein Racheakt, den die Wehrmacht mit der **Hinrichtung von 50 Bürgern** bestrafte: daher der Name des Boulevards „Cours des 50 Otages" (Allee der 50 Geiseln).

Sehenswertes

Die fett gedruckten Zahlen in Klammern verweisen auf die Legendenpunkte des Stadtplans.

Besichtigung der Altstadt

Die Burg

Château des Ducs de Bretagne **
- **Stil:** Gotik (15. Jh.)
- **Besonderheit:** Burganlage mit 7 Türmen
- **Höhepunkt:** Loggia an der Ostfassade
- **Museen:** Bretonische Volkskunde, Wirtschaftsgeschichte von Nantes
- **Auskunft:** Tel. 02.40.41.56.56
- **Öffnungszeiten:** Juli–August täglich 10-12/14-18 Uhr, sonst Dienstag und an Feiertagen geschlossen.
- **Eintritt:** 5,18 € (Hof umsonst)

Die ganze **Burganlage (10)** bildet ein unregelmäßiges Fünfeck mit sieben Türmen, das einst von Loire und Erdre umspült war. Man gelangt über eine Zugbrücke in den Hof mit dem berühmten Brunnen, dessen vergoldete Eisenformen sich im Wasser als Herzogskrone spiegelten.

Der Stammsitz der Herzöge der Bretagne war seit dem 13. Jh. befestigt und im 14. Jh. erstmals von einer Mauer umgeben, von der nur ein polygonaler Turm, der alte **Donjon,** erhalten blieb.

1466 begann *Franz II.* einen Um- und Neubau, den seine 1477 in der Tour Neuve geborene Tochter *Anne* dann nach seinem Tod zu Ende führte. Die Renovierung hatte zwei Ziele: erstens war mit der kompletten Granit- und Schieferumwallung mehr Sicherheit beabsichtigt und zweitens sollte der aus Kalkstein erbaute **Herzogspalast** wohnlicher und zugleich repräsentativer ausfallen. Hier fand 1498 die Hochzeit *Annes* mit *Ludwig XII.,* ihrem zweiten Mann und König statt.

Als 100 Jahre später *Heinrich IV.* im Schloss sein Edikt zur Religionsfreiheit unterzeichnete, war unter *Annes* Schwiegersohn König *Franz I.* das **Petit Gouvernement** hinzugekommen.

Nach dem Brand von 1670 nannte man den wiederaufgebauten Teil des Herzogspalastes über dem Eingangsgewölbe fortan **Grand Gouvernement.**

Seit dem 17. Jh. diente die Burg als **Staatsgefängnis,** dann 200 Jahre lang bis zum Ende des Ersten Weltkriegs als **Kaserne** und heute als städtisches **Museum,** in dem Ausstellungen zu historischen Themen gezeigt werden.

Loiremündung

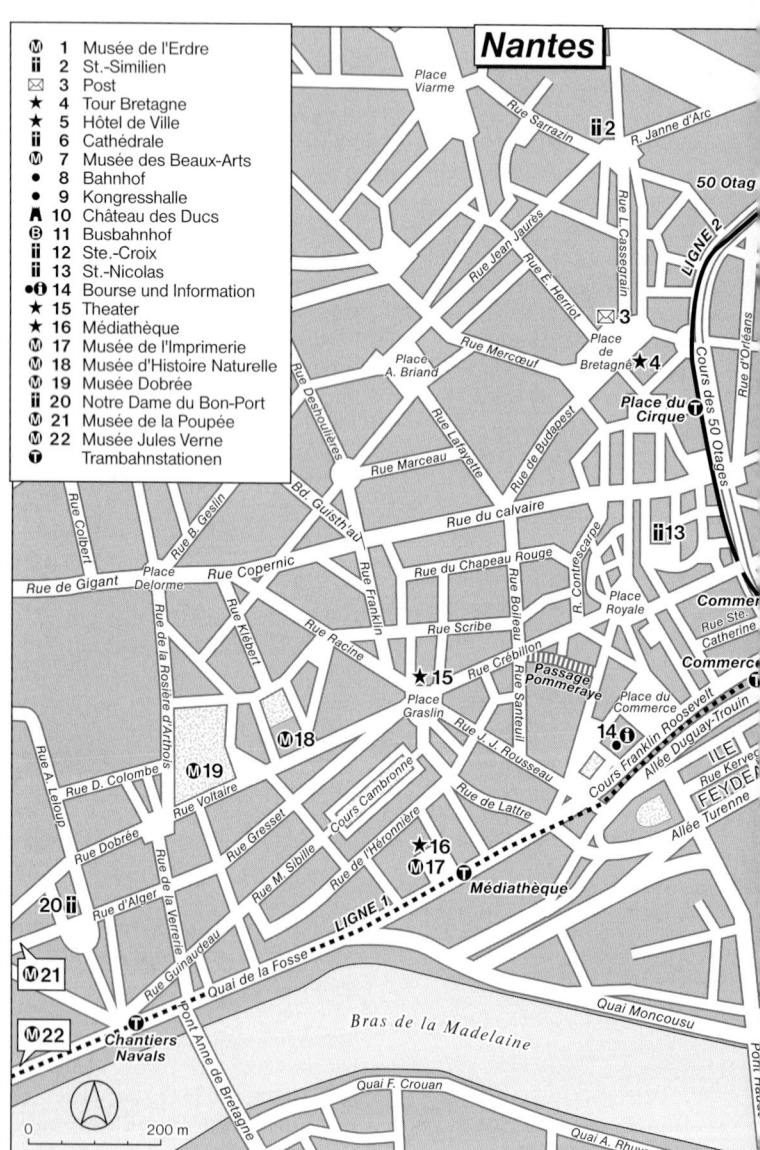

Ⓜ 1 Musée de l'Erdre
ⅱ 2 St.-Similien
✉ 3 Post
★ 4 Tour Bretagne
★ 5 Hôtel de Ville
ⅱ 6 Cathédrale
Ⓜ 7 Musée des Beaux-Arts
● 8 Bahnhof
● 9 Kongresshalle
♜ 10 Château des Ducs
Ⓑ 11 Busbahnhof
ⅱ 12 Ste.-Croix
ⅱ 13 St.-Nicolas
●ⓘ 14 Bourse und Information
★ 15 Theater
★ 16 Médiathèque
Ⓜ 17 Musée de l'Imprimerie
Ⓜ 18 Musée d'Histoire Naturelle
Ⓜ 19 Musée Dobrée
ⅱ 20 Notre Dame du Bon-Port
Ⓜ 21 Musée de la Poupée
Ⓜ 22 Musée Jules Verne
Ⓣ Trambahnstationen

Nantes

Place Viarme
Rue Sarrazin
R. Janne d'Arc
ⅱ 2
Rue L. Cassegrain
50 Otag
LIGNE 2
Rue Jean Jaurès
Rue E. Herriot
Cours des 50 Otages
Rue d'Orléans
✉ 3
Rue Mercœur
Place de Bretagne ★ 4
Place A. Briand
Rue Deshoulières
Rue Lafayette
Rue de Budapest
Place du Cirque Ⓣ
Rue Marceau
Bd. Guist'h au
Rue du calvaire
Rue Colbert
Rue B. Geslin
Rue Copernic
Rue du Chapeau Rouge
R. Contrescarpe
ⅱ 13
Place Delorme
Rue de Gigant
Rue Franklin
Rue du Chapeau Rouge
Rue Boileau
Place Royale
Commer
Rue de la Rosière d'Arthois
Rue Kléber
Rue Racine
Rue Scribe
Rue Ste. Catherine
Commerc
Rue Crébillon
Passage Pommeraye
Place du Commerce
Ⓣ
★ 15
Rue Santeuil
Place Graslin
Rue J. J. Rousseau
14 ⓘ
Cours Franklin Roosevelt
Ⓜ 18
Rue A. Leloup
Ⓜ 19
Rue D. Colombe
Allée Duguay-Trouin
ÎLE
Rue Kerver
FEYDE
Rue Dobrée
Rue Voltaire
Rue Cambronne
Rue de Lattre
Allée Turenne
Rue Gresset
Cours Cambronne
★ 16
Ⓜ 17 Ⓣ
Médiathèque
20 ⅱ
Rue d'Alger
Rue M. Sibille
Rue de l'Héronnière
LIGNE 1
Ⓜ 21
Rue de la Verrerie
Rue Guinaudeau
Quai de la Fosse
Quai Moncousu
Ⓜ 22
Ⓣ
Chantiers Navals
Pont Anne de Bretagne
Bras de la Madeleine
Port Haute
Quai F. Crouan
Quai A. Rhuys

0 —————— 200 m

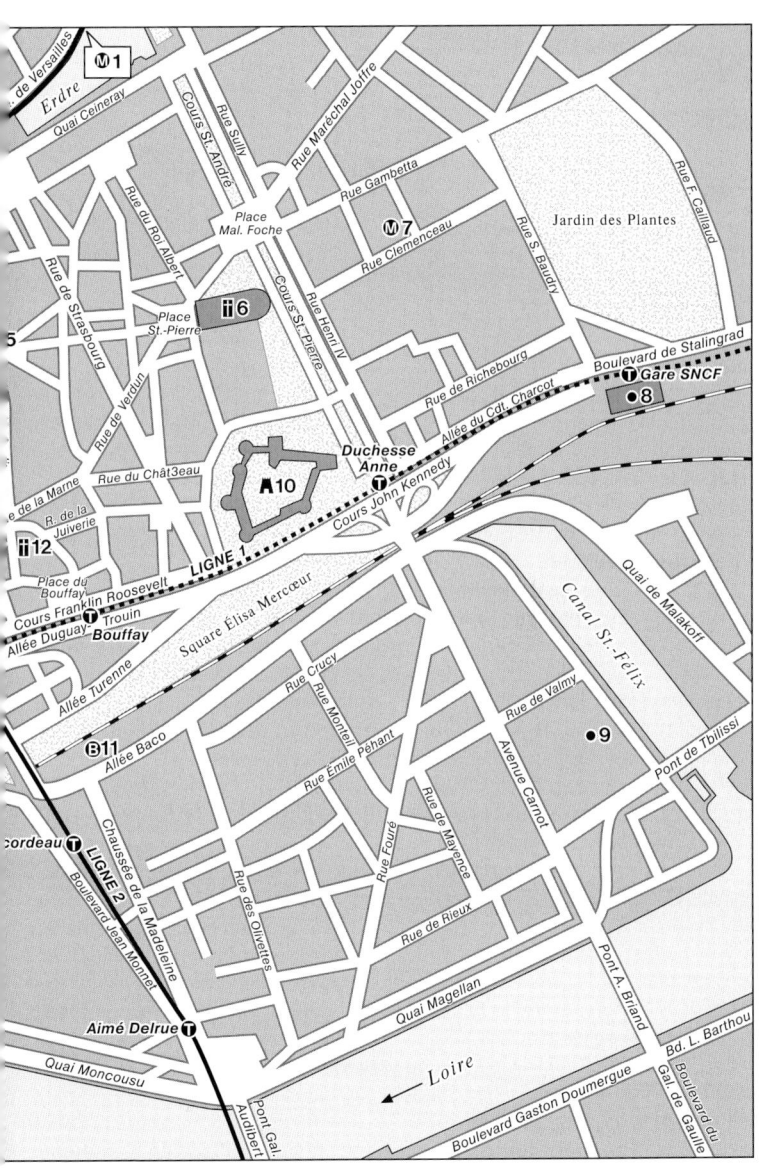

Loiremündung

● **Musée d'Art populaire régional** (Grand Gouvernement 1./2. Stock): Das Volkskundemuseum zeigt einerseits bretonische Trachten, Häuser, Möbel (19./20. Jh.), andererseits Schmiedearbeiten sowie Tonwaren (17.-19. Jh.) aus Nantes und Umgebung.

● **Musée des Salorges** (Harnachement 1. Stock): Schiffsmodelle, Navigationsgeräte und Dokumente zum Dreieckshandel vergegenwärtigen die See- und Wirtschaftsgeschichte der Stadt.

Die Kathedrale

Am Ostrand der mittelalterlichen Stadt entstand im 6. Jh. die erste Bischofskirche, die nach der Zerstörung durch die Wikinger Mitte des 11. Jh. neu aufgebaut und erst ein Jahrhundert später vollendet wurde. Von diesem romanischen Bauwerk ist heute nur noch die unterhalb des Chores gelegene **Krypta** erhalten.

Die heutige gotische **Kathedrale (6)** wurde 1434-1891 errichtet und wirkt trotz der jahrhundertelangen Bauzeit stilistisch einheitlich. Zuletzt wurde sie nach dem Brand von 1972 gründlich restauriert. Sehenswert ist im Querschiff (Südseite) das von *Anne de Bretagne* in Auftrag gegebene Grabmal für ihre Eltern *Franz II.* und *Marguerite de Foix. Michel Colombe,* damals im Loiretal der renommierteste Bildhauer, fertigte es 1502-07 im italianisierenden Renaissancestil an.

Von der Place Saint-Pierre (Vorplatz) gelangt man auf der rechten Seite der Kathedrale auf die idyllische Place de la Psalette und weiter zum Cours Saint-Pierre. Dieses hügelige Freizeitgelände liegt außerhalb der historischen Stadtmauern. Von hier ist es nicht mehr weit zum **Museum der Schönen Künste (7)** und zum **Botanischen Garten** (Jardin des Plantes), die beide mit Recht zu den Hauptsehenswürdigkeiten der Stadt zählen.

Fußgängerzone Sainte-Croix

Vom Schloss führt die Rue du Château/Rue de la Marne in die Altstadt, deren zentraler Platz nach den Geldwechslern benannt ist. An dieser Place du Change ist das **Apothekerhaus** (15.-16. Jh.) mit seinem Fachwerk, den vorspringenden Gebäudeteilen und den beiden Giebeln noch ein typisch mittelalterliches Gebäude. Man sieht davon noch weitere Exemplare, wenn man südwärts durch das „Plateau piéton Sainte-Croix" schlendert. Hauptachse der Fußgängerzone ist die Rue de la Juiverie.

Man gelangt schließlich zur **Place du Bouffay,** einst Markt-, Fest- und Hinrichtungsplatz in einem. Hier endet die Altstadt, im Mittelalter an der Umwallung, bis 1938 an den Loirekais, heute vor dem Verkehr des Cours Franklin Roosevelt.

Rundgang durch die Neustadt

Ende des 18. Jh. entstanden westlich der mittelalterlichen Altstadt neue Viertel, die in unmittelbarer Nähe des Hafens den privaten Reichtum der Handelsbourgeoisie widerspiegelten und großflächig spekulierende Immobilienfinanziers auf den Plan riefen, *Graslin* und *Pommeraye* waren die namhaftesten Vertreter.

Der Rundgang durch diese Neustadt beginnt an der **Place du Commerce,**

dem einst an einem Loirearm gelegenen Weinhafen, an dem Ende des 19. Jh. das erste Straßenbahnnetz zusammenlief. Heute ist der Platz mit seinen großflächig aufgebauten Straßencafés ein beliebter Treffpunkt für Geschäftsleute, Studenten und Touristen.

Das **Office de tourisme (14)** befindet sich auf der Westseite in der **alten**

Terrassencafé vor dem mittäglichen Ansturm

Börse. Der Bau dieses monumental, ja protzig konzipierten Palastes wurde 1790 begonnen und 1812 auf Befehl des Kaisers vollendet. Der Finanzplatz war die Seele der Hafenstadt und stand am Ostende des Quai de la Fosse, an dem die Reeder ihre Häuser stehen hatten. Diese Hafenzeile liegt auf dem Rückweg des Rundgangs, der mit einem Abstecher auf die Feydeau-Insel beginnt und dann durch die Pommeraye-Passage ins Graslin-Viertel hinaufführt.

Ile Feydeau

Südöstlich der Place du Commerce lag, von zwei Armen der Loire eingeschlossen, die Ile Feydeau. Man muss sich den Cours Franklin Roosevelt und

Loiremündung

218kb Foto: m

die Allée Turenne als Flussarme vorstellen, um das alte Stadtbild vor Augen zu haben. Mehrere Brücken führten auf die Insel, auf der seit 1740 Händler und Reeder ihre Geschäftshäuser errichteten. Sie dienten nicht nur als Wohnungen, sondern auch als Kontore und Warenlager. Der Reichtum zeigt sich im großzügigen Fassadenschmuck, den schmiedeeisernen Balustraden, den Giebeln und Skulpturen. In der Rue Kervégan kann man

Innenhof des Reederhauses

pyramidenförmige Balkonbrüstungen (Nr. 12, 14, 30) und Piraten- oder Faunenmasken (Nr. 9) sehen, am Quai Turenne (Nr. 9) einen ovalen Innenhof besichtigen.

Passage Pommeraye

Verlässt man die Place du Commerce auf der gegenüberliegenden Seite, so gelangt man in die Rue de la Fosse, die den Hafen mit der Place Royale verbindet.

Kurz vor der Place Royale liegt die berühmte Passage Pommeraye, die 1843 nach Pariser Vorbild erbaut wurde und von den glasgedeckten Passagen des 19. Jh. vielleicht die schönste ist. Zwischen der Rue de la Fosse und der Rue Santeuil hatte diese Querverbindung auf 134 Metern Länge einen Höhenunterschied von 9,40 Metern zu überwinden. Man löste das Problem durch eine dreistöckige Konstruktion mit zentraler Treppe (54 Stufen, ein Absatz). Die tiefgelegene, relativ schmucklose **Galerie de la Fosse** (früher Börsengalerie) erlaubt wie die stuckverzierte **Galerie Santeuil** (früher Postgalerie) auf der obersten Ebene ein geradliniges Flanieren.

Dazwischen liegt als Treppentrakt die **Galerie des Statues** (früher Uhrengalerie). Dieses neoklassizistische Mittelstück vereinigt alle drei Ebenen in einem weiten, lichten Interieur, das den Passanten von den Treppen in die Tiefe der Ladengalerien lockt und bei ständig wechselnder Perspektive zum Verweilen einlädt. 16 kannelierte Säulen verwandeln dieses Zwischengeschoss in eine Art Tempel, dessen Göt-

durch die Gründung einer Aktiengesellschaft möglich geworden war.

Nachdem *Louis Pommerayes* großspuriges Immobilienprojekt für alle Aktionäre mit einem finanziellen Fiasko geendet und schon in den 70er Jahren unter der Konkurrenz der aufkommenden Kaufhäuser an Glanz verloren hatte, fand die Passage als Schmuckstück der frühen Moderne im 20. Jh. neue Bewunderer unter den Surrealisten, Cineasten und Touristen – in dieser Reihenfolge.

Graslin-Viertel

Zwei Ausgänge der Passage münden in die **Rue Crébillon,** die mit ihren Luxusgeschäften zum „Crébillonnieren" verleitet. Die Flanierstraße verbindet zwei Plätze, die Ende des 18. Jh. nach Plänen des damaligen Stadtarchitekten *Mathurin Crucy* bebaut wurden und daher architektonisch geschlossene Ensembles bilden.

Unten ist die **Place Royale** mit ihrem allegorischen Springbrunnen (vier Statuen verkörpern die Loirezuflüsse Sèvre, Erdre, Cher und Loiret) ein Bindeglied zwischen der mittelalterlichen Altstadt und den neuen Vierteln.

Oben bündelt die **Place Graslin** zehn Straßen, vor denen das 1788 eingeweihte **Theater (15)** einen ausstrahlender Mittelpunkt darstellt. Gegenüber lädt die 1895 fertiggestellte **Belle-Epoque-Brasserie La Cigale** zum stilvollen Imbiss vor oder nach dem Theater ein.

In südwestlicher Richtung schließt sich auf dem Gelände des ehemaligen Kapuzinerklosters der **Cours Cam-**

ter (der Handel, die Industrie, die Landwirtschaft, die Schönen Künste, die Wissenschaften, die Marine) als allegorische Statuen jeweils vor einem Kandelaber lehnen. Die künstliche Beleuchtung (ursprünglich Gas, dann Elektrizität), die gusseisernen Balustraden und v. a. die Schaufenster mit ihren emaillierten Firmenschildern signalisierten damals die heute schon wieder altmodisch anmutende Modernität dieses Konsumtempels, der nur

Galerie des Statues

Loiremündung

Auf der Südwestseite der Cours Cambronne steigt man zum Hafen hinunter. Vorher bietet sich noch der Besuch eines der Museen (**Musée d'histoire naturelle, 18; Musée Dobrée/Musée archéologique, 19**) an, die von der Place Graslin aus über die Rue Voltaire zu erreichen sind.

Am **Quai de la Fosse** unten erinnern nur noch die Fassaden der Reederhäuser (Mitte 18. Jh.) an die glanzvolle Handelsepoche. Ein pittoresker Dreimaster, ein Museumskriegsschiff, ansonsten Angler sind hier zu finden. Zurück Richtung Place du Commerce passiert man die **Mediathek (16)**, die mit ihren postmodernen Glasdachkaskaden die historische Passagenarchitektur variiert.

Museen

●**Musée des Beaux-Arts (7,** Museum der Schönen Künste): In der Eingangshalle der nach dem Louvre vielleicht bedeutendsten Gemäldegalerie Frankreichs stehen antike und klassizistische Skulpturen.

Im **1. Stock** passiert man die frühen Italiener, die Große Galerie des 17. Jh., den Salon *La Tour* („Leierspieler" und zwei Nachtbilder), den Saal *Coypel* (Entwürfe von Wandteppichen), einen Saal mit kleinformatigen Gemälden aus dem 18. Jh. *(Watteau, Greuze),* den Großen Saal mit Bildern Ende 18./Anfang 19. Jh., den Salon *Ingres* („Madame de Senonnes" mit Landschaftsbildern von *Corot* und *Delacroix),* die Große Galerie des 19. Jh., den Salon über die Schule von Barbizon, den Salon *Courbet* („Kornsieberinnen") und die Galerie 1900.

Im **Zwischengeschoss** kann man die Entwicklung der Malerei vom 16. bis Ende des 19. Jh. anhand der kleinen und mittelgroßen Formate noch einmal Revue passieren lassen.

Im **Erdgeschoss** sind wichtige Werke des 20. Jh. versammelt, vom Impressionismus

bronne mit seinen wiederum von *Crucy* einheitlich komponierten Fassaden an. Der königliche Pachteintreiber *Graslin* hatte die an das Kloster angrenzenden Grundflächen gegen 1770 käuflich erworben und der Stadt den willkommenen Vorschlag gemacht, Nantes mit einem Neubauviertel nach Westen zu erweitern.

La Cigale, das „Schmuckkästchen der Belle-Epoque"

(Sisley, Monet) über die abstrakte Malerei *(Sonja Delaunay, Kandinskys)* bis zu den neueren Strömungen der 60er und 70er Jahre *(Tinguely, Dufrêne, Baselitz)*.

Im **Untergeschoss** sind demnächst Zeichnungen und Graphiken zu sehen.

10, rue Georges Clémenceau, Tel. 02.40.41.65.65, Öffnungszeiten: außer Dienstag und feiertags 10-18 Uhr, freitags 10-21 Uhr, sonntags 11-18 Uhr. Eintritt: 4,50 €, sonntags gratis.

● **Musée d'Histoire naturelle (18,** Naturgeschichtliches Museum): Zur Kolonialzeit blühte in Nantes ein naturkundlicher Sammlergeist, der aus Amerika und Afrika Kuriositäten zusammentrug. In der Nachfolge dieser ersten Privatsammlungen (erste Ausstellungsräume 1799) umfasst das heutige Museum eine Galerie über die Evolution der Fische, den prähistorischen Saal, die paläontologische Abteilung, den mineralogischen Saal, die allgemeine Zoologie (Insekten- und Vogelsammlung, Menschenhaut, das Vivarium, 25 Käfige).

12, rue Voltaire, Tel. 02.40.99.26.20, Öffnungszeiten: außer Montag und. Sonntagvormittag täglich 10-12/14-18 Uhr. Eintritt: 4,50 €.

● **Musée Dobrée/Musée archéologique (19):** 40 Jahre lang dauerte der Bau des neoromanischen Palastes, den der Reedersohn *Thomas Dobrée* (1810-1895) nach Plänen von *Viollet-le-Duc* für seine reichhaltige Kunstsammlung (Gemälde, Stiche, Goldschmiedekunst, Möbel, Tapisserien, chinesisches Porzellan) konzipierte. Zu den wertvollsten Exponaten zählen Werke von *Dürer* und *Rembrandt* sowie das Reliquiar, in dem das Herz der Herzogin *Anne von Bretagne* aufbewahrt wurde. In den neuen Gebäuden von 1974 hat die archäologische Gesellschaft neben ägyptischen, griechischen und etruskischen Stücken v. a. Ausgrabungsfunde aus der Umgebung zusammengestellt (Waffen und Schmuck 1800-600 v. Chr.; Keltengrab von Châtillon-sur-Indre; Schmuck, Ziegel und Wikingerwaffen aus der Merowingerzeit).

18, rue Voltaire, Tel. 02.40.71.03.50, Öffnungszeiten: Dienstag–Sonntag 10-12/ 13.30-17.30 Uhr. Eintritt: 4,50 €, sonntags gratis.

● **Musée de l'Imprimerie (17,** Druckereimuseum): In der modernen Passagenarchitektur der Mediathek findet man neben der städtischen Bibliothek und Diskothek dieses Museum mit einem Ausstellungssaal und einer Werkstatt, in der verschiedene Drucktechniken vorgeführt werden.

24, quai de la Fosse (Mediathek), Tel. 02.40.73.26.55, Öffnungszeiten: März-Juli Mo-Fr, September-Februar Di-Sa, jeweils 10-12/14-18 Uhr, im August geschlossen.

● **Musée de la Poupée et des Jouets anciens (21,** Puppen- und Spielzeugmuseum): 350 Puppen lassen Milieus und Lebensverhältnisse der Jahrhundertwende lebendig werden, außerdem altes Spielzeug und französische Kinderbücher von 1830-1930.

39, boulevard Saint-Aignan (Tramway/ Linie 1 bis Station Duchaffault), Tel. 02.40.64.14.41, Öffnungszeiten: Mitte April–Mitte September Mittwoch–Samstag 14.30-17.30 Uhr. Eintritt: 1,52 €.

● **Musée Jules Verne (22):** In einem hübschen Bürgerhaus (Ende 19. Jh.) mit Loireblick erinnern Dokumente, Modelle und Spiele an Leben und Werk des 1828 auf der Ile Feydeau geborenen Autors, den beim Anblick der im Hafen liegenden Schiffe früh das Fernweh packte. 11 Ausstellungsräume thematisieren, präsentieren und simulieren *Jules Vernes* Wohnzimmer (1), seine Luftreisen (2), den Traum der Mondfahrt (3), die exzentrischen Reisen (4), die Persönlichkeit seines Verlegers *Hetzel* (5), die Biographie des Autors (6), eine Fahrt an Bord der Nautilus (7), die Kindheitsträume des Autors (8), die Sehnsucht nach der Robinson-Insel (9), die Briefe des Autors (10) und dessen Nähe zu anderen Medien (11).

3, rue de l'Hermitage (Tramway/Linie 1 bis Station Gare Maritime, von dort 10 Min. zu Fuß am Quai E. Renaud), Tel. 02.40.69.72.52, Öffnungszeiten: außer Dienstag und Sonntagvormittag täglich 10-12/14-17 Uhr. Eintritt: 1,22 €.

● **Maison de l'Erdre (1):** Das kleine Museum über das Ökosystem des Flusses befindet sich auf der Ile de Versailles, dem Erdre-Inselchen, auf dem 1987 ein Park im japanischen Stil angelegt wurde. Mit Moosgarten, Aquarien und Kinderspielplätzen.

Loiremündung

Praktische Hinweise

Information

- **Office de tourisme,** Place du Commerce, 44000 Nantes, Tel. 02.40.20.60.00, Fax 02.40.89.11.99. Evtl. City Card und Stadtplan mit Straßenbahnlinien besorgen.

Hotels

- **Amiral**,** 26 bis, rue Scribe, Tel. 02.40.69.20.21, Fax 02.40.73.98.13. Modern-zweckmäßiges Haus einer Hotelkette, hinter der Oper, um 44-59 €.
- **Les Colonies**,** 5, rue du Chapeau-Rouge, Tel. 02.40.48.79.76, Fax 02.40.12.49.25. Gleich bei der Rue Crébillon, komfortable, nach hinten ruhige Zimmer. Um 42-50 €.
- **La Duchesse Anne**,** 3-4, place de la Duchesse-Anne, Tel. 02.40.74.30.29, Fax 02.40.74.60.20. Östlich der Burg gelegener Palast im Art-déco-Stil, relativ preisgünstig ab 44 €, geräumige Balkonzimmer 70 €.
- **Jules-Verne***,** 3, rue Couëdic, Tel. 02.40.35.74.50, Fax 02.40.20.09.35 Ganz nahe an der Place Royale und trotzdem ruhig, sehr modern eingerichtet, prima Frühstück. 65-85 €.

Jugendherberge

- **Auberge des jeunes,** Cité universitaire internationale, 2, place de la Manufacture (ab Bahnhof stadtauswärts eine Station mit Tramway/Linie 1), Tel. 02.40.29.29.20, Fax 02.40.29.23.54.

Camping

- **Petit Port****,** 21, boulevard du Petit-Port, Tel. 02.40.74.47.94. Ganzjährig geöffnet, sehr gut ausgestattet, mit Tramway/Linie 2 (Station Moronière) erreichbar.

Restaurants

- **Chez l'Huître,** rue des Petites-Ecuries, Tel. 02.51.82.02.02, Sonntag geschlossen, Montag/Mittwoch nur abends geöffnet. Kleines Eckbistro im Bouffay-Viertel, berühmt für seine Austernteller, je nach Qualität 6 Stück 4 € (Vendée) oder 13 € (Belon).
- **Lou Pescadou,** 8, allée Baco, Tel. 02.40.35.29.50. In diesem ausgezeichneten Fischlokal gibt es zum passenden Muscadet die Auswahl zwischen Barsch (bar), Lotte, Rochen (raie), Seewolf (loup de mer), Languste, Hummer etc., alles täglich frisch angeliefert. Menüs ab 15 € aufwärts.
- **Le Petit Flore,** 1, rue des Vieilles Douves, Tel. 02.40.48.24.88, Sonntag Ruhetag. Bistro in der Nähe der Place Royale, schmackhaftes Mittagsmenü 10 €, nachmittags selbstgebackene Kuchen.
- **La Cigale,** 4, place Graslin, Tel. 02.40.69.76.41. Mit ihrer Holztäfelung und dem prunkvollen Keramikdekor ist die denkmalgeschützte Brasserie ein „Schmuckkästchen der Belle Epoque" (Julien Gracq). Feine und flotte Küche, spezialisiert auf Meeresfrüchte, Menüs ab 15 €.
- **Le Chiwawa,** 6, place Eugène Livet, Tel. 02.40.69.01.65, Montag und Samstag nur abends, Sonntag geschlossen. Gepflegtes Lokal in der Nähe des Dobrée-Museums, täglich wechselnde Fischkarte, Mittagsmenü 13,26 €.
- **L'Atlantide,** 16, quai Ernest-Renaud (Tramway/Linie 1 bis Gare Maritime), Tel. 02.40.73.23.23. Das Aussichtsrestaurant im Centre des Salorges vereint modernes Design mit erhabenem Panorama und raffinierter Küche, letztere zu vergleichsweise günstigen Preisen (Mittagsmenü 21,95 €).

Bars

Zwischen 2 und 4 Uhr schließen die Bistrots, Nachtlokale erst um 5 Uhr. Die meisten Kneipen und Clubs gibt es rund um die Place Bouffay und auf der Ile Beaulieue. Hier drei klassische Adressen:

- **Café au Commerce,** 3, place du Commerce, Tel. 02.40.48.67.87. Das Belle Epoque-Café ist immer noch der naheliegendste Treffpunkt. Über der Brasserie mit ihren 400 Plätzen mittwochs bis samstags Pub mit Musik.
- **Le Menure,** 2, rue Grétry, Tel. 02.40.69.75.82, Sonntag geschlossen. In der Nähe der Place Graslin, wird Madame Hélènes populäres Lokal nachts zum Szenetreff, und der Altersdurchschnitt sinkt rapide.

●**Café le Santeuil,** 5, rue Santeuil, Tel. 02.40.69.36.89. Skurill eingerichtete (Nacht-) Bar im Graslin-Viertel.

Spezialitäten

●**Markthalle,** Tramway-Station 50 Otages. Meeresfrüchte und Fisch.
●**Confiserie Gauthier,** 9, rue de la Fosse, Tel. 02.40.48.23.19. Pralinen *(chocolats),* Mandelsplitter *(mascarons),* schokoladeüberzogene Trauben *(raisin de muscadet)* und andere Süßigkeiten.
●**Pâtisserie Jamin,** 15, rue Crébillon, Tel. 02.40.69.03.33. Torten, Gebäck, Pralinen.

Märkte und Feste

●**Marché aux Puces** (Flohmarkt), Samstagvormittag auf der Place Viarme.
●**Carnaval de Nantes,** nächtlicher Fastnachtsumzug im März.
●**Salon de Vin de Nantes** (Weinmesse), 3. Wochenende im März.
●**Rendez-vous de l'Erdre** (Straßenfest), Quai de Versailles im September.
●**Festival des Trois Continents** (Filmfestival), im November.

Bootsfahrten

●**Bâteaux Nantais,** Quai de la Motte Rouge (Tramway Linie 2), Place Waldeck-Rousseau, Tel. 02.40.14.51.14. Stimmungsvolle Kreuzfahrt auf der Erdre bis Sucé, wo sich der Fluss zum Lac de Mazerolles verbreitert. Mit dreigängigem Abendmenü etwa 45 €.
●**Ruban vert,** Ile de Versailles (Erdre) oder Parc de la Sèvre à Vertou, Tel. 02.51.81.04.24 oder 02.40.34.67.13. Elektrische Leihboote für Ausfüge auf der Erdre oder Sèvre.

Anreise/Weiterreise

●**Mit dem Flugzeug:** Aéroport Nantes-Atlantique Tel. 02.40.84.80.00. Stadteinwärts Trambahn Linie 2. Busse zum Flughafen ab Place du Commerce oder Bahnhof/Süd (Gare SNCF).
●**Mit der Bahn:** TGV Atlantique von Paris (2 Std.) oder mit Regionalzügen der Linie Tours-Angers-Nantes. Der Bahnhof/Nord (Gare SNCF), gegenüber dem Jardin des Plantes, ist Trambahnstation der Linie 1.
●**Mit dem Auto:** Von Osten (A 11, N 23, D 751) gelangt man auf den mehrspurigen Ring, den man stadtauswärts in Richtung Rennes (N 137), Saint-Nazaire (N 165 oder D 723) oder Bordeaux/La Rochelle (A 83) verlässt.
●**Mit dem Bus:** Die Departementbusse stehen am Busbahnhof (Gare routière) in der Allée Baco.

Loiremündung

Am Atlantik Überblick

Hinter Nantes öffnet sich die Loire zu einem 40 km langen **Gezeitentrichter,** der zwar noch Strom, doch schon voller Meer ist. Die Ufer entfernen sich auf 2-3 km, eine enorme Distanz, die vor Saint-Nazaire, der größten aller Loire-Brücken, ihre gigantischen Maße aufzwingt. Dann klappen die beiden Seiten auseinander, bilden Halbinseln, die links (südlich) im Kap von Gildas und rechts (nördlich) in der Landzunge von Le Croisic enden. Zerklüftete Felsen und gelbe Sandstrände – der Loirereisende ist nun wirklich in der Bretagne angekommen und genießt ihren südlichsten, mildesten Küstenabschnitt mit seinem lichten Horizont, den sonnenerfüllten Dünen, der salzhaltigen, feuchten Luft, die fast unmerklich in feinsten Nieselregen übergehen kann, den so genannten *crachat.* Täglich kommen Fische und Schalentiere frisch auf die Teller der Hafenkneipen, wo der *Muscadet* am besten schmeckt. Daneben bieten die Crêperien zum perligen *Cidre* ihre hauchdünnen *Galettes* und *Crêpes,* die einen aus Buchweizenmehl und salzig, die andern aus Weizenmehl und mit Süßem gefüllt.

Die beiden **Seebäder La Baule** und **Pornic** sind touristische Zentren, die an Sport, Kultur und Wellness alle heutigen Bedürfnisse befriedigen und daneben noch das altmodische Flair von Kurorten bieten. Man findet außerhalb auch schöne Campingplätze, einsamere Strände, sowie kilometerlange Küstenpfade. Im Hinterland sind **Salz-**

marschen zu entdecken und das **Sumpfgebiet La Brière** ist ein Geheimtipp. Der Naturfreund wird sich die Landschaft begeistert mit Flachboot und Feldstecher erschließen. Schließlich ist **Saint-Nazaire** als ehemaliger Kriegshafen und bedeutender Industriestandort (Werften, *Aérospatiale*, Raffinerie ELF) eine Art Gegenprogramm, aber durchaus einen Tagesausflug wert. So ist die Mündung der Loire nicht nur das i-Tüpfelchen am Ende einer gelungenen Reise, sondern für sich ein attraktives Urlaubsziel. Man muss sich nur entscheiden, auf welcher Halbinsel man sein Quartier aufschlagen will.

Pornic und Umgebung

Wer Nantes über die südliche Stadtautobahn verlässt, erreicht auf der Höhe des Flugplatzes das **Kreuz von Bouguenais,** wo man den Schildern nach Paimboeuf/Saint-Brévin/Saint-Père-en-Retz (D 723) oder aber Pornic (D 751) folgen muss, um auf dem linken Loire-Ufer zu bleiben. Die Strecke empfiehlt sich für Reisende, die von Champtoceaux kommend die D 751 als reizvolle Uferstraße kennengelernt haben und nach der mehrspurigen Stadtumfahrung nun möglichst zügig zum Atlantik streben. Es geht durch das **Pays de Retz,** eine flache Polderlandschaft mit einem großen Sumpfsee, dem **Lac de Grand-Lieu,** der durch den Acheneau-Fluss mit der Loiremündung in

Verbindung steht. Das berühmte Seebad liegt, gerade eine halbe Autostunde von Nantes entfernt, unterhalb der Mündung in der zurückweichenden Bucht von Bourgneuf.

Pornic, ein geschützter Fischerhafen, entstand rechts und links über einem schmalen Kanaltrichter, der bei Ebbe trocken liegt. Eine Burg, im 13./14. Jh. aus Granitsteinen errichtet, beherrscht den kleinen Stadtstrand *(plage du château).* Dieser wurde lange nur von Männern benutzt wurde, während die Frauen am gegenüberliegenden Plage de l'Anse-aux-lapins badeten. Seit Anfang des 19. Jh. entwickelte sich Pornic zu einem Kurort, der nicht nur die Geldaristokratie, sondern auch Intellektuelle und Künstler anzog. *Flaubert, Renoir* und *Lenin* verbrachten hier angenehme Sommerwochen. Die verwinkelte Altstadt befindet sich auf der Burgseite über dem Kai, wo sich heute die Bistros und Crêperien aneinanderreihen. Direkt unter der Festung führt ein Fußgängersteg vom Kai zum Stadtstrand hinüber. Darüber liegt die Promenade de la Terrasse, der mit Ulmen bepflanzte Stadtwall, von dem sich schöne Ausblicke auf die Burg und das dahinterliegende Tal öffnen.

Strände und Küstenwege

Die traditionelle Seepromenade von Pornic ist die **Corniche de la Noéveillard,** ein Panoramaweg, der vom Stadtstrand zum Yachthafen hinüberführt. Links schweift der Blick über die Bucht und ihre Felsen, rechts entdeckt

Loiremündung

man in prächtigen Gärten Villen aus der Gründerzeit (Anfang–Mitte 19. Jh.), eine schöner als die andere. Hinter dem 1971 erbauten Yachthafen liegt der feinsandige Bilderbuchstrand von Noéveillard. Wenn man weiterwandert, kommt man hinter Sainte-Marie in einer guten Stunde zum Strand von Porteau. Der Zöllnerpfad (*Sentier des douanier*) führt noch weiter die grün schimmernde Côte de Jade entlang. Die zerfranste Küstenlinie gipfelt 14 km nordwestlich von Pornic in den gischtumspülten Schieferklippen der Pointe de Saint-Gildas. Es bietet sich dort ein phantastischer Rundblick von der Insel Noirmoutier im Süden bis hinauf nach Saint-Nazaire, La Baule, Le Croisic.

Das Pendant der Corniche de Noéveillard auf der Südseite von Pornic ist die **Corniche de Gourmalon**. Die etwas jüngeren Villen entstanden hier in einem zweiten Bauboom (spätes 19. Jh.) auf geometrisch angelegtem Straßengitter. Wenn man den Hafen verlässt und das Kap von Gourmalon umrundet, sieht man die Landzunge von Noirmoutier am Horizont. Auch am südlichen Stadtrand von Pornic kann man eine Reihe von Stränden erwandern. Sie heißen **La Source, La Birochère, La Joselière, La Boutinardière**. Bis man den letzt genannten erreicht, vergehen schon circa 3 Std. Fußmarsch. Mit dem Schiff oder Auto (583 m lange Brücke) ist man etwas schneller auf der vorgelagerten Insel Noirmoutier, wo man – zwischen Dünen und Salzmarschen – am besten wandern oder aufs Rad umsteigen kann.

Praktische Hinweise

Information

● **Office de tourisme**, gare (Bahnhof), 44210 Pornic, Tel. 02.40.82.04.40. Führungen.
● **Office de tourisme**, 17, Grande-Rue, 44770 Préfailles, Tel. 02.40.21.62.22.
● **Office de tourisme**, 85330 Noirmoutier, Tel. 02.51.39.80.71. Topographischer Guide mit Inselwanderungen, Liste von Unterkunftsadressen.

Unterkunft

● **Les Primalythes**, 20, rue Jean-Courot, Tel. 02.51.74.18.33. Ruhige, charmante Gästezimmer in der Nähe des Strandes von La Source, auch Table d´hôte.
● **Les Sablons**, 13, rue des Sablons, Sainte-Marie, Tel. 02.40.82.09.14, Fax 02.40.82.04 26. Am Rand der Stadt, ruhige Zimmer 54-66 €.

Camping

● **La Madrague*****, Saint-Marie, Tel. 02.40.82.06.73. Am Zöllnerpfad nahe dem Strand von Portmain.
● **Domaine du Collet******, Les Moustiers-en-Retz, Tel. 02.40.21.40.32. 7 km südlich von Pornic, sehr gut ausgestattet.

Restaurants

● **Beau Rivage**, Plage de la Birochère, Tel. 02.40.82.03.08. Direkt am Meer gelegen, wunderbare Fischgerichte, im Bistro günstige Mittagsteller.
● **La Sarrazine**, 28, rue des Sables, Tel. 02.40.82.09.13, außer Juli–August Mo-Do geschlossen. Wohl die beste unter den zahlreichen bretonischen Crêperien.
● **La Framboiserie**, am Burgsteg. Hervorragende Erdbeerspezialitäten, auch zum Mitnehmen.

Thalassotherapie

● **Centre de thalassotherapie**, Plage de la Source, im Luxushotel Alliance, Tel. 02.40.82.21.21, Fax 02.40.82.80.89.

Saint-Nazaire

Am eindrucksvollsten nähert man sich Saint-Nazaire vom linken Loire-Ufer aus. Bei Saint-Brévin-les-Pins, dem gegenüberliegenden Kurort, führt die Schnellstraße (D 213) über die 1975 eingeweihte **Brücke,** die auf 3356 m Länge die Loiremündung überspannt. Sie erhebt sich an ihrem Scheitelpunkt 68 m über dem Wasser und schwingt in einer eleganten S-Form von Ufer zu Ufer. Das Gefälle beträgt beachtliche 5,6%, neben den Fahrbahnen verläuft eine Fahrradpiste. Bei der Abfahrt erblickt man die Hafenanlagen linker Hand vor dem offenen Meer.

Geschichte

Fahrradverleih

● **Cyclo-Jade**, 36, rue Rousse, Tel. 02.40. 82.83.40.

Anreise/Weiterreise

● Mit dem Auto: Von Nantes auf der D 751, von Saint-Nazaire auf D 213 (große Loire-Brücke).
● Mit der Bahn: Mai–September Züge ab Nantes.
● Mit dem Schiff: Tagesausflüge zur Insel Noirmoutier, je nach Seegang ab Fischerhafen (Mole) oder Yachthafen.

Fischerhafen von Le Pornic

Am Rande der Brière-Sümpfe lag in der Loire-Mündung ein Fischerhafen, den im ausgehenden Mittelalter die Herzöge der Bretagne schützten. Als Mitte des 19. Jh. der Hafen von Nantes seine Kapazitätsgrenze erreichte und die Frachtschiffe mit ihrem immer größeren Tiefgang kaum noch die Loire hinaufkamen, schlug die Stunde von Saint-Nazaire. Der Fischerhafen wurde nun zum Vorhafen der landeinwärts liegenden Handelsmetropole ausgebaut wurde. 1856 entstand das 9 ha große Bassin von Saint-Nazaire, dem 1881 das 22 ha große Bassin von Penhoët folgte. Am Rande dieser Becken schossen die Werften aus dem Boden und qualifizierte Arbeitskräfte aus der bootfahrenden Brière-Bevölkerung ließen sich im Westen der Hafen-

Loiremündung

anlagen nieder. Aber auch aus anderen Landstrichen strömten um die Jahrhundertwende Tausende in die junge, aufstrebende Industriestadt, die zu einer Hochburg der französischen Arbeiterbewegung wurde. In den Weltkriegen des 20. Jh. war der **Hafen von Saint-Nazaire** von großer strategischer Bedeutung. Im 1. Weltkrieg landeten hier die alliierten Streitkräfte. Im 2. Weltkrieg bauten die deutschen Besatzungstruppen im Bassin von Saint-Nazaire ihren wichtigsten U-Boot-Hafen. 37500 m² wurden mit Stahlbeton überdacht und boten 20 U-Booten Schutz vor Bombenangriffen. Der Bunker blieb nahezu unbeschädigt, während die Stadt zu 90% zerstört wurde. Nach 1945 errichteten die Franzosen eine neue Stadt, die möglichst schnell und billig im Schachbrettmuster angelegt wurde. Heute hat Saint-Nazaire 200.000 Einwohner.

Sehenswertes

Über die Avenue de la République (N 471) fährt man ins Stadtinnere und folgt dann den Schildern mit der Aufschrift „Ville-Port" zum Hafen. Man hält dann am großen Parkplatz vor dem **U-Boot-Bunker** (*Base de sous-marins*), der jegliche Sicht aufs Wasser versperrt. Im Inneren des 300 x 125 m großen Betonbaus befinden sich das *Office de tourisme* und der Kartenverkauf (*Billetterie*) für sämtliche Besichtigungen im Hafenbereich. Im Erdgeschoss liegen die Boxen, in denen die U-Boote der deutschen Wehrmacht mit Torpedos geladen und repariert

wurden. Ein Aufzug fährt hoch zum Dach und zur Aussichtsplattform, von der man die Hafenbecken (vorne Bassin de Saint-Nazaire, links Bassin de Penhoët) und die dahinterliegende Loiremündung (mit Brücke) überschauen kann.

Dem Bunker gegenüber befindet sich die **überdachte U-Boot-Schleuse**, in der heute die „*Espadon*" zu besichtigen ist (25 Min.). Dieses 1957 in Le Havre gebaute U-Boot der französischen Marine untertauchte als erste französische Einheit das Polareis. Oberhalb der ehemaligen U-Boot-Ausfahrt befindet sich eine weitere Aussichtsplattform. Nebenan informiert das **Ecomusée** über die Fauna der Loiremündung und die Geschichte von Saint-Nazaire (1 Std.). Die Bedeutung der Schiffsbauindustrie, im Museum v. a. historisch dokumentiert, erfährt man unmittelbar und unvergesslich bei einer Rundfahrt auf dem 126 ha großen Areal der **Chantiers de l'Atlantique** (2 Std.). Namhafte Kriegsschiffe (*Jeanne-d´Arc*) und Transatlantikliner (*Normandie*) liefen hier vom Stapel. Der größte Arbeitgeber von Saint-Nazaire, die zur Alsthom-Gruppe gehörende Werft, produziert heute vor allem Kreuzfahrtschiffe und Supertanker bis 550.000 Bruttoregistertonnen. Wer sich mehr für Flugzeugbau interessiert, kann etwas weiter südlich bei einer **Werkbesichtigung von Aérospatiale** dem Bau von Airbuskomponenten beiwohnen.

Praktische Hinweise

Information

●**Office de tourisme,** Base Sous-Marine (port), 44613 Saint-Nazaire, Tel. 02.40.22. 40.65, Fax 02.40.22.19.80. Kartenverkauf in der Billeterie nebenan Juli–August 9.30-24 Uhr, April–Juni und September–Oktober 9.30-12.30/ 13.30-18 Uhr, im Winter 10-12.30/14-18 Uhr. Dort Vorbestellung für Besichtigungen der Espadon, der Chantiers de l'Atlantique und von Aérospatiale. Im letzteren Fall ist 48 Std. vorher eine Personalausweiskopie einzureichen!
●**Office de tourisme,** place Francois Blancho, 44600 Saint-Nazaire, Tel. 02.40.22.49.58, www.mairie-saint-nazaire.fr.

Hotel-Restaurants

●**Le Bretagne****, 7, avenue de la République, Tel. 02.51.76.30.00, Fax 02.51.76.30.30. Preiswerte, ordentliche Unterkunft im Stadtzentrum und nur 300 m vom Meer entfernt. Kein Restaurant.
●**Korali****, 2, place Sémard, Tel. 02.40.01. 89.89, Fax 02.40.66.47.96. Modernes, komfortables Hotel gegenüber dem Bahnhof. Doppelzimmer 42 € aufwärts, Menüpreise um 15 €.
●**Au Bon Accueil*****, 39, rue Marceau, Tel. 02.40.22.07.05, Fax 02.40.19.01.58. Zimmer ab 52 €, gute Regionalgerichte (Meeresfrüchte, Fische), Küchenchef auch Traiteur.
●**Hôtel de la Plage****, 37, rue du Cdt Charcot, Tel. 02.40.91.99.01, Fax 02.40.91.92.00. Außerhalb der Stadt, in Saint-Marc-sur-Mer gelegenes Strandhotel. Zimmer mit Meerblick, Halbpension 42-57 € pro Person.

Jugendherberge

●**Auberge de jeunesse La Pinède,** Saint-Brévin-les-Pins, 1, allée de la Jeunesse, Tel. 02.40.27.25.27. Gegenüber von Saint-Nazaire wunderschön am Kiefernstrand gelegen und ganzjährig geöffnet.

Camping

●**Village-Club Camping L'Hermitage******, Saint-Brévin-les-Pins, Tel. 02.40.27.85.64, Fax

02.40.64.97.03. Gegenüber von Saint-Nazaire, 300 m vom Strand entfernt, auch Chalets und Wohnwagen, Gruppenunterkunft.

Imbiss

●**Le Nazaire,** 9, avenue de la Vieille Ville, Tel. 02.40.22.57.92. Crêperie gegenüber vom Hafen.

Animation

Nach Einbruch der Dunkelheit erscheinen die Hafenanlagen, von über 900 verschiedenen Lichtpunkten angestrahlt, als phantastische Szenerie. *Nuit des Docks* heißt das von Yann Kersalé programmierte Spektakel.

Wandern

●**Chemin des Douaniers:** Dieser „Zöllnerpfad" führt von der Alten Mole (Leuchtturm Villès-Martin) im Hafen immer die Küste entlang bis zum Strand von La Baule. Reizvolle Pausen an kleineren Sandbuchten, auch ideale Strecke zum Joggen!

Anreise/Weiterreise

●**Mit dem Auto:** Auf dem rechten Loire-Ufer führen die zur Autobahn ausgebauten Schnellstraßen N 165 und N 171 von Nantes nach Saint-Nazaire. Reizvoller ist die D 723, die auf dem linken Loire-Ufer über Paimboeuf führt und bei Saint-Brévin auf die von Pornic kommende D 213 trifft. Auf diesem Weg kommt man nämlich über die große Loire-Brücke.
●**Mit der Bahn:** TGV Atlantique in 2 Std. 45 Min. Paris via Nantes.

Naturpark La Brière

Nördlich von Saint-Nazaire liegt ein riesiges **Moor,** Frankreichs zweitgrößtes nach der Camargue. Der 1970 eingerichtete Naturpark umfasst 40.000 ha, ein gutes Drittel davon ist Sumpfgebiet. Wasserflächen, Schlick, Schilf und Sumpfwiesen gehen in dieser flachen, stillen Region ineinander über. Sie ist abseits der befestigten Verkehrswege nur mit Flachbooten zu durchqueren. Diese so genannten *chalands* werden mit Paddel oder Stakholz bewegt. Ein kleiner Fluss, der Brivet, speist die Brière, die von großen und kleinen Kanälen durchzogen ist. Früher drückte bei Flut das Meerwasser in die Kanäle, heute regeln Schleusen den Wasserstand. Die Brière war eine bewaldete, schon zur Jungsteinzeit besiedelte Senke, die 7000 oder 5000 v. Chr. vom Meer überflutet wurde. Da das Wasser von den Sedimentablagerungen der Loire zurückgehalten wurde, entstand oberhalb dieses Damms ein Sumpfgebiet. Das abgestorbene pflanzliche Material bildete Torf, der später als Brennstoff zur Haupterwerbsquelle der Anrainer wurde. 1461 gewährte der Herzog der Bretagne den Briérons ein ausschließliches Nutzungsrecht, das von den französischen Königen bestätigt wurde und bis heute besteht. Das Moor ist Gemeinbesitz der 21 Dorfgemeinden, die allein das Recht haben, hier Torf zu stechen, Schilfrohr zu schneiden, Blutegel zu sammeln, Fische zu angeln, Wild zu jagen und Vieh weiden zu lassen. Seit 1862 in Saint-Nazaire die erste Werft eröffnet wurde, sind die Sumpfbewohner zu Industriearbeitern geworden, die nach Feierabend jedoch nach wie vor ihren traditionellen Berufen nachgehen. Inzwischen ist der **Torfabbau** fast völlig zum Erliegen gekommen,

dafür spielt der ländliche Tourismus als Nebenerwerb jetzt die Hauptrolle.

Rundfahrt

Von der N 171 führen nordwärts in die Brière zwei Landstraßen, die sich zu einer Rundtour ausgestalten lassen. Ab Montoir-de-Bretagne kommt man auf der D 50 nach **Rosé** und **Ile de Fédrun,** den mit Recht bekanntesten Orten. Bei Chapelle-des-Marais, am Nordrand des Moors, trifft man auf die D 51, vor Saint-Lyphard auf die D 47. Sie verläuft parallel zum Weitwanderweg GR 3, vorbei an den schönen Weilern Bréca und Kerhinet. Für Auto- und Radfahrer gibt es allerdings eine erhebliche Sichtbarriere: das Röhricht, obwohl selbst eine Sehenswürdigkeit, versperrt den Blick. Man muss auf das Boot umsteigen, um die **Moorlandschaft** zu erleben und die Vielfalt der Pflanzen- und Tierwelt zu ahnen, denn hier gibt es anderswo bereits ausgestorbene Arten zu entdecken. Im Schilflabyrinth wachsen nämlich auch Binsen, Rohrkolben und Riedgräser, zwischen gelben Sumpfiris und weißen Seerosen. Enten, Blässhühner und Gänse kommen nahe ans Boot heran und sind allgegenwärtig. Unter den 39 Nistvogelarten, die Ornithologen gezählt haben, bekommt man v. a. Bachstelzen, Mönchsgrasmücken, Schilfrohrsänger, Graureiher, Kibitze, aber auch Räuber wie die Rohrweihe und den Schwarzen Milan zu Gesicht. Unter den heimischen Fischen sind v. a. Aal, Brasse, Hecht, Schleie, Rotauge und Zander zu nennen.

Rosé

Der kleine **Hafen** liegt am Brivet, auf dem früher die Lastkähne Torf nach Nantes und Vannes verschifften. Auf dem Kai liegt eine historische Schaluppe. Sie gehört zum landeskundlichen Museum, das im Haus des Schleusenwärters untergebracht ist und in vier Räumen über die Entstehung, die Ökonomie, die Fauna und Flora der Brière informiert. Über die Brücke führt ein Fußweg zum Tierpark, der in den typischen Lebensräumen des Moors (Erdhügel, Schilfrohr, Torfstiche, Sumpfwiesen) zahlreiche Vogelarten, aber auch Wasserinsekten und Frösche zeigt. Der Besucher passiert auf dem 1,5 km langen Entdeckungspfad 6 Beobachtungsposten.

●**Maison de l'Eclusier** (Haus des Schleusenwärters), Tel. 02.40.91.60.31, Juni–September tägl. 10-12.30/15-19 Uhr. Video auch in deutscher Sprache. Eintritt: 2,90 € (1,98 €), Kombiticket mit Tierpark 3,66 € (2,44 €).
●**Parc animalier** (Tierpark), Juni–Oktober 10-19 Uhr, Ferngläser auszuleihen, deutschsprachiges Begleitheft. Eintritt: 2,74 € (1,83 €).

Ile de Fédrun

Auf der Höhe von Saint-Joachim häufen sich die Inseln. Von den insgesamt sieben Erhebungen, die aus der überfluteten Felsenschüssel ragen, ist die Ile de Fédrun zweifellos die schönste. Man erreicht sie links ab von der D 50 über zwei Brücken und stellt dann das Fahrzeug auf dem Parkplatz im Ortskern ab. Typisch sind die niederen **Reetdachhäuser** mit Hintergarten und

Anschluss an den Rundum-Kanal (*curée*), in dem die Boote ankern. Die *Chaumière Briéronne* steht als charakteristisches Bauernhaus zur Besichtigung offen. Außerdem kann man im Haus der Braut (*Maison de la Mariée*) den zweitwichtigsten Exportartikel der Brière, die traditionellen, aus Orangenblüten gefertigten **Brautkronen** bewundern. Es empfiehlt sich vor allem eine Kahnfahrt, die hier mit oder ohne Führer angeboten wird.

●**Maison de la Mariée,** April und Juni–September täglich 10-12.30/14.30-18.30 Uhr, im Mai und Oktober–Dezember nur sonn- und feiertags 14.30-18.30 Uhr.

Auf der Ile de Fédrum

Loiremündung

La Chapelle-des-Marais

Am Ortseingang bietet das Haus des Holzschuhmachers *(Maison du Sabotier)* Einblicke in ein aussterbendes Handwerk. Im Rathaus *(mairie)* ist ein 7 m hoher *morta*, ein im Sumpf fossilisierter Baumstamm ausgestellt.

●**Mairie,** Mo–Mi 9–12/14–17 Uhr, Do–Sa nur vormittags.

Saint-Lyphard

Die beste Aussicht auf die Moorlandschaft hat man vom hiesigen **Kirchturm.** 135 Stufen führen zur Aussichtsplattform.

●**Clocher,** Juli–August tägl. 10–12/13.30–18.30 Uhr, Juni und September nur wochentags 10.30–12/13.30–18 Uhr, im Winter nur bis 17 Uhr. Eintritt: 1,52 € (0,91 €).

Bréca und Kerhinet

Bréca und Kerhinet sind zwei schmucke **Weiler mit Reetdachhäusern.** Bréca liegt gegenüber von Fédrun am Ende eines breiten Ost-West-Kanals, wo wiederum Kähne vermietet werden. Kerhinet liegt weiter landeinwärts. Der Ort ist ein für den Autoverkehr gesperrtes **Freilichtmuseum,** das Einblicke ins traditionelle Leben der Brière gewährt und eine permanente Ausstellung zum Thema Schilf und Reetdach zeigt. Im Sommer werden auf dem Markt typische Brière-Produkte angeboten (nur donnerstags).

Den gleichnamigen **Dolmen** findet man auf dem Weg nach Kerbourg.

●**Musée du Chaume** (Reetmuseum), Kerhinet, Tel. 02.40.66.85.01, Öffnungszeiten wie Maison de la Mariée/Fédrun.

Praktische Hinweise

Information

●**Maison du Tourisme de Brière,** 38, rue de la Brière, 44410 La Chapelle-des-Marais, Tel. 02.40.66.85.01, Fax 02.40.53.91.15.
●**Maison du Parc,** 177, Ile de Fédrun, 44720 Saint-Joachim, Tel. 02.40.91.68.68, Fax 02.40.91.60.58, www.parc-naturel-briere.fr.

Hotels und Restaurants

●**Auberge de Kerhinet****, bei Saint-Lyphard, Tel. 02.40.61.91.46, Fax 02.40.61.97.57. Hotelrestaurant in restaurierten Reetdachhäusern, Zimmer 38–45 €, gute Regionalküche.
●**Auberge du Parc,** Ile de Fédrun (Nr. 162), Tel. 02.40.88.53.01, Sonntag abend und Montag geschlossen. Feine Küche aus Moorprodukten, Menüs 23–45 €, Zimmer 53–58 €.
●**La Hutte briéronne,** Ile de Fédrun (Nr. 181), Tel. 02.40.88.43.05. Aal auf Holzkohlengrill, Hecht, Ente oder „Jägertopf" *(marmite de la Hutte).*
●**Auberge de Bréca,** Tel. 02.40.91.41.42, außer Donnerstag und Sonntag abend. Fisch- und Wildspezialitäten am Kamin eines alten Jagdhauses, Menüs 19–35 €, auch Fahrradverleih.

Camping

●**Les Brières du bourg*****, Saint-Lyphard, Tel. 02.40.91.43.13, Fax 02.40.91.43.03, April–Mitte Oktober. Schön gelegen unter Bäumen und am Wasser.

Feste

●**Aalfest,** Saint-Joachim, Ende August
●**Großes Brière-Fest,** Saint-Joachim, 13. und 15. August
●**Torffest,** Saint-Lyphard 15. August

Bootfahrten

●**Ile de Fédrun:** Gisèle Aoustin (Nr. 175) Tel. 02.40.91.61.28, André Moyon („*La trinquet-*

te" Nr. 153) Tel. 02.40.88.50.73, Jean Moyon (Nr. 224), Tel. 02.40.88.41.50, Jacky Trémodeux (Nr. 3, auch Fahrradverleih) Tel. 02.40.88.43.40.
● **Bréca**: Bernard et Claudette Deniaud Tel. 02 40 91 33 97, Yannick Thual („*Les Calèches briéronnes*", Crêperie und Kutschenfahrten) Tel. 02.40.91.32.02.

Anreise/Weiterreise

● **Mit dem Auto**: Von der N 171 (Saint-Nazaire) über Montoir-de-Bretagne auf die D 50 oder von der N 165 (Nantes - Vannes) über La Chapelle-des-Marais auf der D 50 / D 51, über die D 51 / D 47 weiter nach Guérande oder La Baule.
● **Mit dem Bus**: Wochentags Linienbusse zwischen Saint-Nazaire, Saint-Malo-de-Guersac (Rosé), Saint-Joachim und La Chapelle-des-Marais. Auskunft unter Tel. 02.40.00.75.75.

La Baule und Umgebung

Westlich von Saint-Nazaire bildet angeschwemmter Flusssand **einen der schönsten Strände Europas.** Niemand denkt mehr an die Loire, wenn er in der weiten, von Inselchen durchsetzten Bucht das 9 km lange Band aus feinstem, goldgelbem Sand erblickt. Wenn das Meer sich zurückzieht, gibt es eine enorme Spielfläche frei, auf der sich die Badenden zu Hunderten tummeln, ohne dass es eng wird. Oberhalb schlendern die Spaziergänger die ewiglange Strandpromenade entlang, begleitet von den kaum schnelleren, Parkplatz suchenden Wagen. Der Boulevard ist gesäumt von den Betonfassaden der Ho-

tel- und Appartementburgen, die die Sommerfrischen des alten Seebads regelrecht vom Meer abriegeln. Die charmanten, sehenswerten Villen aus der zweiten Hälfte des 19. Jh. stehen in den hinteren Straßen unter hohen Kiefern, die seit 1840 zur Befestigung der Wanderdünen gepflanzt wurden. Erst 1879 entstanden die ersten Villen der Pariser, die nach dem Eisenbahnanschluss hier einen der jüngsten und attraktivsten Ferienorte der Bretagne aus dem Boden stampften. Der Bahnhof ist inzwischen als *monument historique* eingestuft.

Von Pornichet bis Le Croisic

Östlich von La Baule ist Le Pornichet der unbekanntere, auch **stillere Badeort,** dessen Boulevardkulisse übrigens hier und da noch eine schmucke Villenarchitektur aufweist. Inzwischen mit La Baule zusammengewachsen, geht Pornichet jedoch nicht auf im „Nizza des Nordens". Es hat seinen Bahnhof, sein Kasino, sein Thermalbad, seine Pferderennbahn und wirkt eine Spur weniger mondän.

Auf der gegenüberliegenden Seite liegt hinter dem Yachthafen von La Baule Le Pouliguen, ein etwas **familiärerer Kurort mit Fischerbooten,** Kinderkarussel, Einkaufsgalerie, Waldpark. In der Westverlängerung von La Baule markiert es den Endpunkt der **Côte d'Amour,** dieser großartigen Spielfläche aus feinstem Sand, denn hinter dem buchtschließenden Kap folgt nun ein wilderer Küstenabschnitt.

Loiremündung

Er reicht von der Pointe de Penchâteau bis Le Croisic und heißt **Côte Sauvage.** Schroffe Felsen, fabelhafte Grotten und kleine Sandstrände wechseln einander ab. Am Horizont erkennt man bei schönem Wetter die Inseln Noirmoutier und Belle Ile, ein phantastisches Panorama, das sich vom 60 m hohen **Kirchturm von Batz-sur-Mer** besonders eindrucksvoll darbietet. Auf der rückwärtigen Seite schweift der Blick über die Salzmarschen, die 2000 ha der Halbinsel mit einem Gitternetz von Salinen überziehen. Beim Strand von Saint-Michel führt übrigens links ein schöner Küstenpfad zum **Menhir von Pierre-Longue** und zu bizarren Felsformationen.

Le Croisic liegt vor der Spitze der Halbinsel an den Binnenseen *Grand Traict* und *Petit Traict.* Diese Restflächen des früheren Golfs füllen sich nur noch bei Flut und sind ein für die **Austern- und Muschelzucht** besonders geeignetes **Meerwasserreservoir** der landeinwärts anschließenden Salzmarschen. Der geschützte Fischereihafen, durch drei Inselchen in verschiedene Becken unterteilt, ist ein Zentrum des Handels mit Schalentieren, die in der neuen Auktionshalle (*La nouvelle criée*) feilgeboten werden. Auf den Kais rundum erinnern schmucke, teilweise vorkragende Häuser (17. Jh.) an die Zeit der Reeder und Korsaren. Der Mont-Esprit, ein aus dem Ballast der Salzfrachter aufgeschütteter Hügel, bietet eine schöne Aussicht auf die Sümpfe, die Stadt und das Meer. Die Strände, Port-Lin im Süden und Saint-Goustan im Norden, liegen etwa einen Kilometer außerhalb der Stadt.

Praktische Hinweise

Museen

●**Musée des Marais Salants** (Salzmarschenmuseum), Batz-sur-Mer, Tel. 02.40.23.82.79, Juni–September 10-12/15-19 Uhr. Modelle, Geräte, Trachten, Möbel und Faiencen informieren über die Salzgewinnung und das Leben der Salzbauern (*paludiers*).
●**Musée de la Poche/Le Grand Blockhaus,** Batz-sur-Mer, Tel. 02.40.23.88.29, April–Oktober 10-19 Uhr. Einer der größten Bunker des Atlantikwalls erinnert heute an die Zeit der deutschen Besatzung.
●**Océarium,** Le Croisic, Tel. 02.40.23.02.44, Juni–August 10-19 Uhr, sonst 10-12/14-

Der Strand von Le Pornichet

18 Uhr. Sternförmiges Atlantikobservatorium mit großem Glastunnel, 32 Becken, Videovorführungen, Restaurant und Verkaufsräumen.

●**Musée Naval (Seefahrtsmuseum)**, im Hôtel d'Aiguillon, Le Croisic, Mai–September außer Di und So tägl. 10-12/14-18 Uhr. Schiffsmodelle, Geschütze, Sextanten usw.

●**Maison des Paludiers** (Haus der Salzarbeiter), Saillé, Mai–Oktober 10-12.30/14-19 Uhr, Eintritt 2,90 € (1,52 €). Kleines Museum in der historischen Kapelle (14. Jh.) von Saillé, dem Hauptort der Salzgewinnung. Im Sommer auch Besichtigung der Saline.

Information

●**Office de tourisme**, 8, place de la Victoire, 44504 La Baule, Tel. 02.40.24.34.44, Fax 02.40.11.08.10.

●**Office de tourisme**, 3, boulevard de la République (beim Markt), 44380 Pornichet, Tel. 02.40.61.33.33. In der Hauptsaison gegenüber vom Bahnhof. Tel. 02.40.61.08.92.

●**Office de tourisme**, place du 18 juin 1940, 44490 Le Croisic, Tel. 02.40.23.00.70.

Hotels

Aus der Vielzahl von Hotels hier einige der preiswerteren.

In La Baule:

●**Hostellerie du Bois,** 65, avenue Lajarrige, Tel. 02.40.60.24.78, Fax 02.40.42.05.88. Kurhotel im Stil der 20er Jahre, moderner Komfort, elegante Zimmer um 65 €.

●**Marini,** 22 avenue Clemenceau, Tel. 02.40.60.23.29, Fax 02.40.11.16.98. Kleines, lärmisoliertes Hotel mit Zimmern unter 60 €.

●**La Palmeraie,** 7, allée des Cormorans, Tel. 02 40 60 24 41, Fax 02 40 42 73 71. Meernahe und ruhig, geschmackvoll möblierte Zimmer um 73 €.

In Pornichet:

●**Ibis,** 66, boulevard Océanides, Tel. 02.51.73.13.13, Tel. 02.40.61.74.74. Direkter Zugang zum Thalassotherapiezentrum, Zimmer 83-89 €.

●**Régent,** 150, boulevard des Océanides, Tel. 02.40.61.05.68, Fax 02.40.61.25.53. Kleines Hotel aus den 20er Jahren, modernisierte Zimmer 48-70 €.

In Le Croisic:

●**Castel Moor,** avenue Castouillet, Tel. 02.40.23.24.18, Fax 02.40.62.98.90. Moderne Villa mit ruhigen Zimmern, z. T. Meerblick, 48-65 €.

●**Estacade,** 4, quai du Lénigo, Tel. 02.40.23.03.77, Fax 02.40.23.24.32. Preisgünstiges Familienhotel am Hafen.

Camping

●**La Roseraie****, 20, avenue Jean Sohier, Tel. 02.40.60.46.66, Fax 02.40.60.11.84, April–September. Chalets, geheiztes Schwimmbad, Fahrradverleih.

●**La Govelle***, Batz-sur-Mer, Tel. 02.40.23.91.63, April–September. Strandnah, Fahrradverleih.

●**L'Océan***, Le Croisic, Tel. 02.40.23.07.69, Fax 02.40.15.70.63, April–September. Strandnah.

Restaurants

●**La Brigantine,** Hafen von Pornichet, Tel. 02.40.61.03.58. Crêpes ab 6,50 €, aber auch Menüs.

●**Eden Beach,** Promenade Benoit, Tel. 02.40.11.46.16. Feine Fische und Meeresfrüchte.

●**Le Rossini,** 13, avenue des Evens, Tel. 02.40.60.25.81, Sonntag abend geschl. Elegantes Gourmetlokal mit Menüs ab 25 €.

Anreise/Weiterreise

●**Mit dem Auto:** Über N 171 oder D 92 von Saint-Nazaire nach La Baule, über N 171 oder D 45 (Côte Sauvage) weiter nach Le Croisic.

●**Mit der Bahn:** Von und nach Saint-Nazaire/Nantes regelmäßige Zugverbindung mit Halt in La Baule Escoublac, La Baule-Les Pins, Kervalet, Le Croisic. Während der Hauptsaison täglich dreimal TGV nach Paris (3 Std.).

●**Mit dem Bus:** Ab dem Busbahnhof (Gare routière) an der Place de la Victoire Linienbusse nach Le Croisic, Guérande, La Turballe. Täglich Expressbus nach Paris, Entdeckungsrundfahrt auf der Halbinsel Guérande.

●**Mit dem Schiff:** Ab Le Croisic zu Inseln Belle-Ile, Houat und Hoedic.

Anhang

225lo Foto: mi

226lo Foto: mi

Landszenen auf flandrischen Gobelins
im Schloss Ussé

Karikaturen in der Caverne Sculpté
bei Doué-la-Fontaine

Die Pagode von Chanteloup

Literaturhinweise

Sachbücher

● *Boddaert, Alexis:* **La Loire déchirée.** Le dernier fleuve libre d'Europe va-t-il être dompté ou défiguré. Tours 1990. Journalistische Aufarbeitung der Kontroverse zwischen Flussbauern und Naturschützern, mit Dokumenten im Anhang.

● *Chamigneulle, Bernard:* **Loire-Schlösser.** München 1966. Der ebenso kenntnisreiche wie blumig formulierte Kunstreiseführer des ehemaligen Konservators ist immer noch die schönste Gesamtdarstellung der Loire-Schlösser. Im Übrigen eine Zitatenfundgrube für literarisch Interessierte.

● *Commynes, Philippe de:* **Mémoires sur Louis XI.** Paris 1979. Die Memoiren des königlichen, vormals burgundischen Ratgebers schildern detailliert und kühl die Arbeit und Leistung des Monarchen, über den sonst vorwiegend Klischees zirkulieren.

● *Corillon, R.:* **Flore et végétation de la vallée de la Loire.** Paris 1981-83. Grundlegende Darstellung der regionalen Flora.

● *Fraysse, Jeanne:* **Les troglodytes en Anjou à travers les âges.** 3 Bände. Gennes 1963, 1977, 1984.

● *Fraysse Jeanne/Camille:* **Vie quotidienne au temps de la marine de Loire.** Cholet 1972. Die profunden Aufzeichnungen der beiden Ethnologen, die mit ihren Forschungsarbeiten über die Höhlenbewohner und Loireschiffer als Pioniere der Anjou-Volkskunde gelten.

● *Gregor von Tours:* **Zehn Bücher Geschichte.** Darmstadt 1967. Die mittelalterliche „Geschichte der Franken" ist das Dokument der französischen Frühgeschichte.

● *Mollat, Michel:* **Der königliche Kaufmann Jacques Coeur oder der Geist des Unternehmertums.** München 1991. Eine wirtschaftshistorische Studie, die den Beginn der Loiremonarchie ungeschminkt und äußerst spannend von der Geldseite her betrachtet.

● *Pernoud, Régine:* **Königin der Troubadoure – Eleonore von Aquitanien.** München 1979.

● *Pernoud, Régine:* **J'ai nom Jeanne la Pucelle.** Evreux 1994. Die Gründerin des Centre Jeanne d'Arc in Orléans ist eine international anerkannte Mediävistin, die gut schreiben kann.

● *Prinz, Wolfram/Kecks, Roland:* **Das französische Schloss der Renaissance. Form und Bedeutung der Architektur.** Berlin 1985. Grundlegendes Werk zum Verständnis der französischen Schlossarchitektur.

● *Proust, Jean-Claude/Lorain, Jean-Marie:* **Découverte géologique de la Région Centre.** Orléans 1989. Ebenso anschauliche wie knappe Einführung in die geologischen Besonderheit der mittleren Loire.

Belletristik

Unabhängig von den Sachbüchern, die oft gute Französischkenntnisse voraussetzen, können wir eine Reihe belletristischer Werke empfehlen, die schön auf die Reise einstimmen und alle in deutscher Übersetzung vorliegen:

● *Alain-Fournier:* **Der Große Meaulnes.** Stuttgart 1994, Reclam. Ein Jugendlicher verlässt die Dorfschule und wird Zeuge eines mysteriösen Maskenfestes auf einem unbekannten Schloss. Der 1913 erschienene Roman, das einzig größere Werk des jung im Ersten Weltkrieg gefallenen Autors, vermittelt eine sehr eigentümliche Berry- und Solognestimmung.

● *Balzac, Honoré de:* **Eugénie Grandet.** Frankfurt a. M. 1988, Insel-Taschenbuch. **Die Frau von dreißig Jahren.** Frankfurt a. M. 1980, Insel-Taschenbuch. **Die Lilie im Tal.** Frankfurt a. M. 1996, Insel. Die Romane spielen in Saumur, Vouvray bzw. im Indre-Tal und leben von der intimen Orts- und Menschenkenntnis des in Tours geborenen Jahrhundertschriftstellers (1799-1850).

● *Gracq, Julien:* **Die engen Wasser.** Frankfurt a. M. 1985, Bibliothek Suhrkamp. **Die Form einer Stadt.** Graz-Wien 1989, Droschl-Verlag. Der noch heute in Saint-Florent-le-Vieil lebende Schriftsteller hat das benachbarte

Anhang

Evre-Tal und die nahegelegene Großstadt Nantes ebenso präzise wie poetisch beschrieben.

●*Mann, Heinrich:* **Die Jugend des Königs Henri Quatre/Die Vollendung des Königs Henri Quatre.** 2 Bände. Frankfurt a. M. 1991, Fischer Taschenbuch. Im französischen Exil entstandener Geschichtsroman, der mit deutscher Gründlichkeit Stoffmassen bewältigt und manche Leserin für den ungewöhnlichen König schwärmen lässt.

●*Rabelais, François:* **Gargantua.** Stuttgart 1992, Reclam. Ein Spitzenwerk der Weltliteratur, urkomisch und gekonnt ins Deutsche übersetzt.

●*Rouaud, Jean:* **Die Felder der Ehre.** München 1993, Piper. Der bei Nantes geborene Autor erzählt brillant-humorvoll von der Geschichte seiner Familie und beschreibt dabei stimmungsvoll den Nieselregen im Mündungsgebiet der Loire.

●*Villon, François:* **Sämtliche Werke.** Französisch und Deutsch. München 1992, dtv. Die Gedichte IX-XII und der Anfang des Testaments stehen in Zusammenhang mit Villons Haft in Meung-sur-Loire.

●*Yourcenar, Marguerite:* **Chenonceaux. Schloss der Frauen.** München 1993, Hanser. Ein dünnes Bändchen mit 6 flüssig geschriebenen Porträts.

Jugendbuch

●*Linder, Leo:* **Das stürmische Mädchen. Die Abenteuer der Jeanne d'Arc.** München 2001, Elefantenpress. Der erste Jugendroman über Jeanne d'Arc bringt 11-15-jährigen das erstaunlichste Mädchen der Weltgeschichte besonders nahe. 23 flott erzählte Kapitel, ein Personenregister mit Aussprachhilfen und eine historische Frankreichkarte.

HILFE!

Dieses Reisehandbuch ist gespickt mit unzähligen Adressen, Preisen, Tipps und Infos. Nur vor Ort kann überprüft werden, was noch stimmt, was sich verändert hat, ob Preise gestiegen oder gefallen sind, ob ein Hotel, ein Restaurant immer noch empfehlenswert ist oder nicht mehr, ob ein Ziel noch oder jetzt erreichbar ist, ob es eine lohnende Alternative gibt usw.

Unsere Autoren sind zwar stetig unterwegs und versuchen, alle zwei Jahre eine komplette Aktualisierung zu erstellen, aber auf die Mithilfe von Reisenden können sie nicht verzichten.

Darum: Schreiben Sie uns, was sich geändert hat, was besser sein könnte, was gestrichen bzw. ergänzt werden soll. Nur so bleibt dieses Buch immer aktuell und zuverlässig. Wenn sich die Infos direkt auf das Buch beziehen, würde die Seitenangabe uns die Arbeit sehr erleichtern. Gut verwertbare Informationen belohnt der Verlag mit einem Sprechführer Ihrer Wahl aus der über 120 Bände umfassenden Reihe „Kauderwelsch" (siehe unten).

Bitte schreiben Sie an:

REISE KNOW-HOW Verlag Peter Rump GmbH, Osnabrücker Str. 79 D-33649 Bielefeld, oder per e-mail an: info@reise-know-how.de

Danke!

Kauderwelsch-Sprechführer –
sprechen und verstehen rund um den Globus

Afrikaans ● Albanisch ● Amerikanisch - *American Slang, More American Slang* ● Amharisch ● Arabisch - Hocharabisch, für Ägypten, Algerien, Golfstaaten, Irak, Jemen, Marokko, Palästina-Syrien, Sudan, Tunesien ● Armenisch ● *Bairisch* ● Baskisch ● Bengali ● *Berlinerisch* ● Brasilianisch ● Bulgarisch ● Balinesisch* ● Burmesisch ● Cebuano ● Chinesisch ● Dänisch ● *Deutsch - Allemand, Duits, German, Nemjetzkii, Tedesco* ● *Elsässisch* ● Englisch - *British Slang, Australian Slang, Canadian Slang, Neuseeland Slang*, für Australien ● Esperanto ● Estnisch ● Finnisch ● Französisch - für Frankreich, für Restaurant & Supermarkt, für den Senegal, für Tunesien, *Französisch Slang, Franko-Kanadisch* ● Galicisch ● Georgisch ● Griechisch ● Guarani ● Hausa ● Hebräisch ● Hieroglyphisch ● Hindi ● Indonesisch ● Irisch-Gälisch ● Isländisch ● Italienisch - *Italienisch-Slang*, für Opernfans, kulinarisch* ● Japanisch ● Javanisch ● Jiddisch ● Kantonesisch ● Kasachisch ● Katalanisch ● Khmer ● Kisuaheli ● Kinyarwanda ● *Kölsch* ● Koreanisch ● Kroatisch ● Kurdisch ● Laotisch ● Lettisch ● Lëtzebuergesch ● Lingala ● Litauisch ● Madagassisch ● Makedonisch ● Malaiisch ● Mallorquinisch ● Maltesisch ● Mandinka ● Mongolisch ● Nepali ● Niederländisch ● Norwegisch ● Paschto ● Patois ● Persisch ● Pidgin-English ● *Plattdüütsch* ● Polnisch ● Portugiesisch ● Quechua ● *Ruhrdeutsch* ● Rumänisch ● Russisch ● *Sächsisch* ● *Schwäbisch* ● Schwedisch ● *Schwiizertüütsch* ● *Scots* ● Serbisch ● Singhalesisch ● Sizilianisch ● Slowakisch ● Slowenisch ● Spanisch - *Spanisch Slang*, für Lateinamerika, für Argentinien, für Chile, für Costa Rica, für Cuba, für die Dominikanische Republik, für Ecuador, für Guatemala, für Honduras, für Mexiko, für Nicaragua, für Panama, für Peru, für Venezuela, kulinarisch* ● Tagalog ● Tamil ● Tatarisch* ● Thai ● Tibetisch ● Tschechisch ● Türkisch ● Ukrainisch ● Ungarisch ● Urdu ● Usbekisch ● Vietnamesisch ● Weißrussisch ● *Wienerisch* ● Wolof
(* erscheint 2002)

Register

Anhang

Anhang

Kartenverzeichnis

Die Autoren

Alo Miller, geb. 1950, studierte Germanistik, Geschichte und Sozialkunde und arbeitet heute als Lehrerin an einer Münchner Schule für Schwerhörige. Nikolaus Miller, geb. 1949, studierte Germanistik und Romanistik und unterrichtet an einem Gymnasium in Augsburg. Im Rahmen der Städtepartnerschaft Augsburg-Bourges organisierte er seit 1981 den Schüleraustausch mit zahlreichen Begegnungen und Exkursionen im Loiretal. Er veröffentlichte nach seiner Dissertation weitere literaturwissenschaftliche Aufsätze und arbeitete an einem Französischlehrbuch mit. 1990/91 waren die Autoren als Austauschlehrer auf dem französischen Überseedepartement Réunion (Indischer Ozean) tätig. Sie leben in München und schrieben gemeinsam Reiseführer über Réunion, Guadeloupe/Martinique sowie einen Wanderführer Korsika. 1993 wurde ihr Sohn Jakob geboren. Er war an sämtlichen Recherchereisen im Loiretal beteiligt.

Östliches Orléanais

Montargis

Farbkarten-Atlas

0   10 km

A

B

Canal d'Orléans

Vimory
Lombreuil
Thimory
St. Hilaire-s.-Puiseaux
la Commodité
Montcresson
Oussoy-en-Gâtinais
Solferre
A77
N7
la Cour-Marigny
Lorris
Montbouy
la Chapelle-s.-Aveyron
D37
Montereau
Varennes-Changy
Nogent-s.-Vernisson
Vernisson
Canal de Briare
D93
D56
le Moulinet-s.-Solin
Geneviève-des-Bois
Châtillon-Coligny
★ Carrefour de la Résistance
Langesse
les Choux
les Bézards
Boismorand
Dammarie-s.-Loing
Forêt d'Orléans
Ouzouer-s.-Loire
GR 3
Dampierre-en-Burly
D56
D42
Adon
D43
D93
D90
D952
D44
D940
la Bussière
Rogny-les-7-Écluses
● AKW
Lion-en-Sullias
Gien
Escrignelles
D45
Port Chevron
St. Gondon
D951
Loire
D622
N7
D122
Ouzouer-s.-Trézée
Breteau
Canal de Briare
St. Florent
Poully-lez-Gien
D952
D47
D956
St. Brisson-s.-Loire
Briare
GR 3
Dammarie-en-Puisaye
D45
Pont-Canal ★
Coullons
D940
D53
D52
A77
Batilly-en-Puisaye
GR 3
D51
Châtillon-s.-Loire
D50
D51
Autry-le-Châtel
Ousson-s.-Loire
N7
D52
Chanoy
Bonny-s.-Loire
D53
D50
D951
Argent-s.-Sauldre
D8
D30
Cernoy-en-Berry
D49
Beaulieu
Canal latéral
Blancafort
A
D926
B
Neuvy-s.-Loire
IX

Angers
Nantes
Tours
Saumur
Orléans
Blois
Gien
Bourges

1

2

3

Orléanais und Sologne

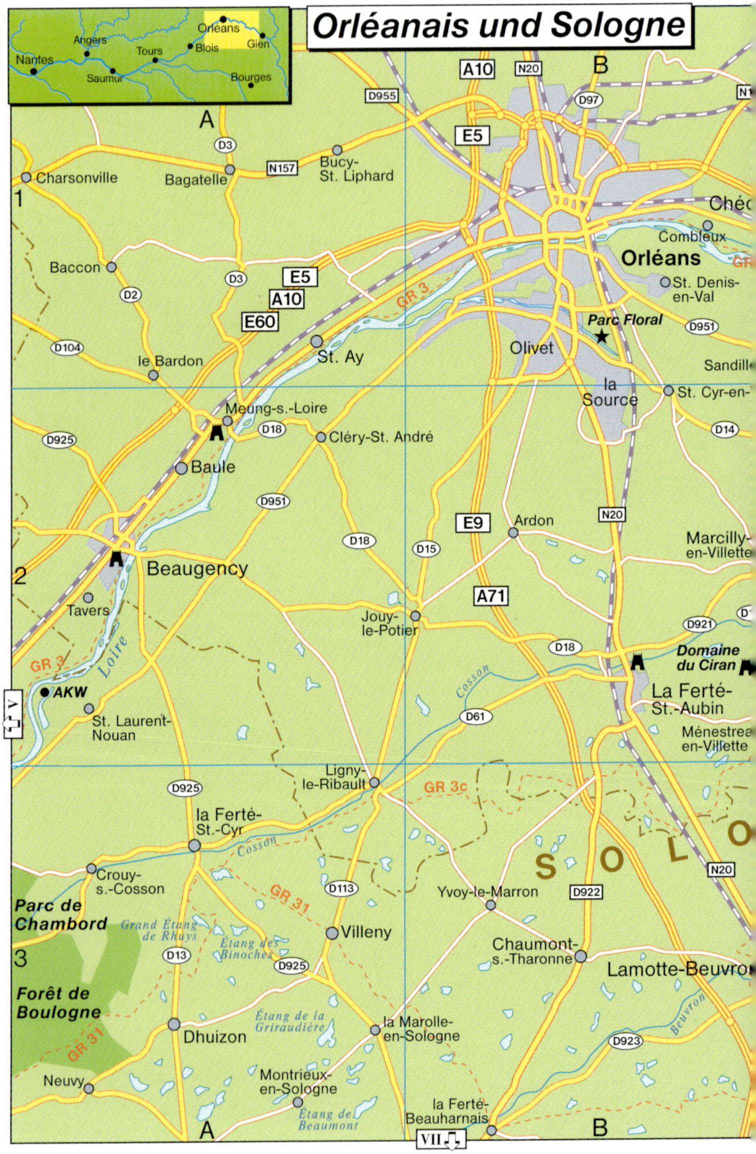

Orléans
Angers · Tours · Blois · Gien
Nantes · Saumur · Bourges

A10 · **N20** · B

D955

E5

A

D3 · **N157** · Bucy-St. Liphard

D97 · N1

1 · Charsonville · Bagatelle

Combleux

Baccon · **E5** · **A10** · **E60**

Orléans

St. Denis-en-Val

D2 · D3 · GR 3

Ché

D104 · le Bardon · St. Ay

Parc Floral ★ · **D951**

Olivet · Sandill

la Source · St. Cyr-en-

Meung-s.-Loire · D18 · Cléry-St. André

D925

D14

Baule

D951

D18 · D15 · **E9** · Ardon · **N20**

Marcilly-en-Villette

2 · Beaugency

A71

Tavers · Jouy-le-Potier

D921 · D

GR 3 · Loire · D18 · **Domaine du Ciran**

● AKW · St. Laurent-Nouan

La Ferté-St.-Aubin

Ménestrea en-Villette

Cosson

D61

Ligny-le-Ribault

GR 3c

D925 · la Ferté-St.-Cyr

Crouy-s.-Cosson · Cosson · GR 31 · D113

Yvoy-le-Marron · **D922** · **N20**

Parc de Chambord

3 · **Forêt de Boulogne**

Grand Étang de Rhuys · Étang des Binoches · Villeny

Chaumont-s.-Tharonne

Lamotte-Beuvro

S O L O

D13 · **D925**

Étang de la Griraudière

la Marolle-en-Sologne

D923

Beuvron

Neuvy · Dhuizon

Montrieux-en-Sologne

la Ferté-Beauharnais

Étang de Beaumont

A · **VII** · **B**

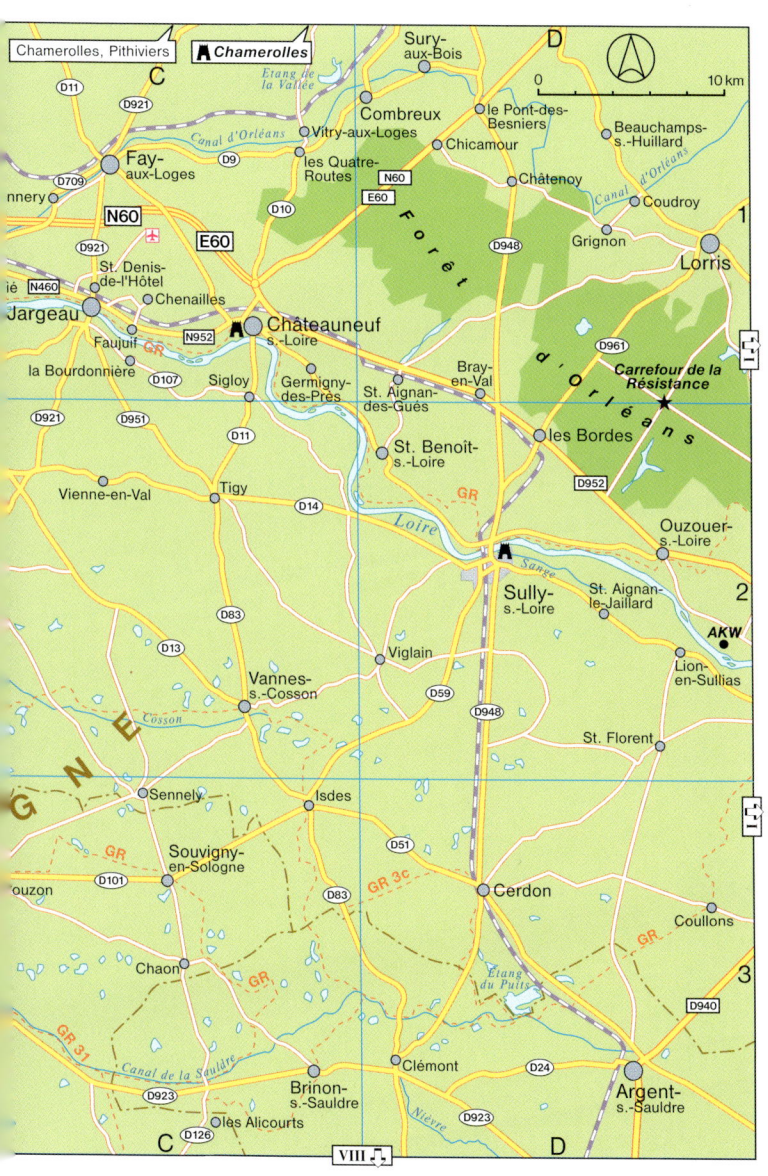

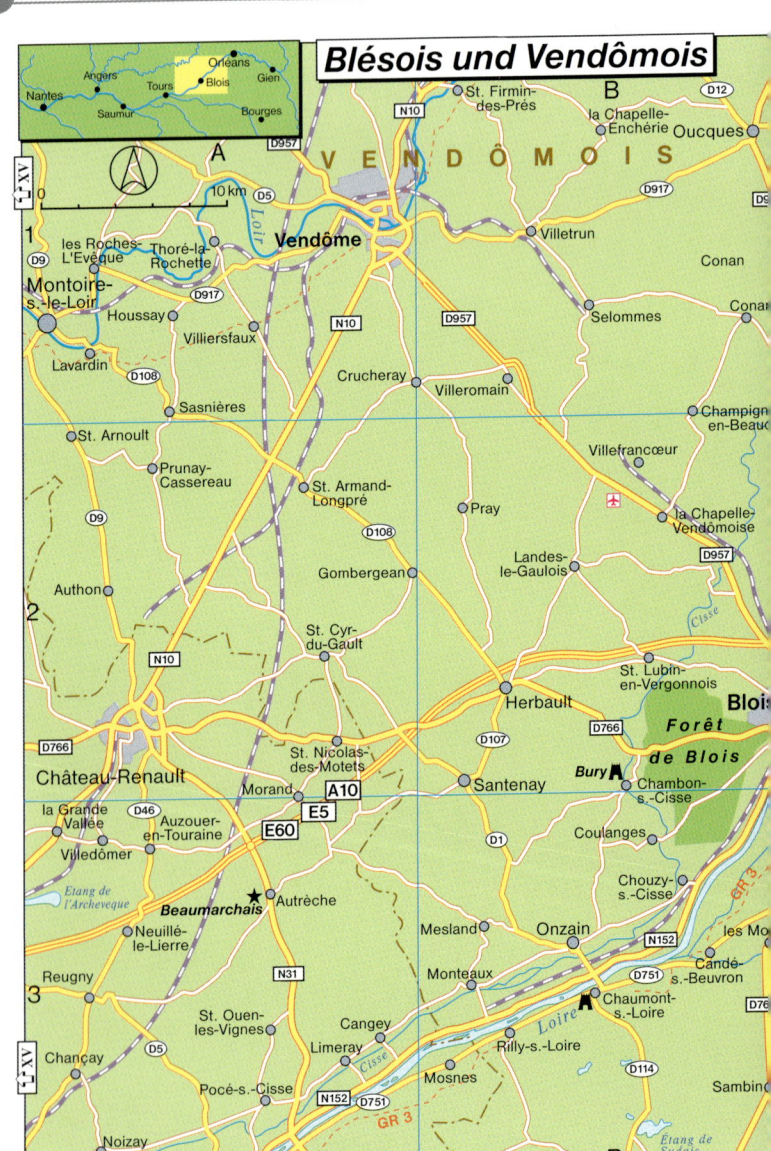

Blésois und Vendômois

Waterkant

D1910 33

1750

D1911

Trekkopje

Arandis

Rössing

Namib

Nonidas

Plotzkasbaken

Area

Rock Bay

Swakopmund

Walvisbaai

Pelican Point

C34 21

31 B2 2 hours

D1986 15

D1983

Dorobbank

D1984 33

C14 37

D1982 616 18

Hotsa

Tumas

Onanres

Swakop

Namib-Naukluft Park

C28

C28

D1998 26

46

D1991

D199 10

344

D190 7

PERMIT REQ

PERMIT REQUIRED 39

Welwitschia Moon Landscape

Rössing Uranium Mine 16

B2 16

PERMIT REQUIRED

Ausschnitt **Namibia** 1:1.250.000

Exakte Höhenlinien + farbige Höhenschichten

GPS-taugliches Gradnetz + UTM-Koordinaten am Kartenrand ab 1:300.000

Klassifiziertes Straßennetz

Besondere Sehenswürdigkeiten

Entfernungsangaben

Herausragende Orientierungspunkte

Campingplätze

REISE KNOW-HOW

WORLD MAPPING PROJECT ™

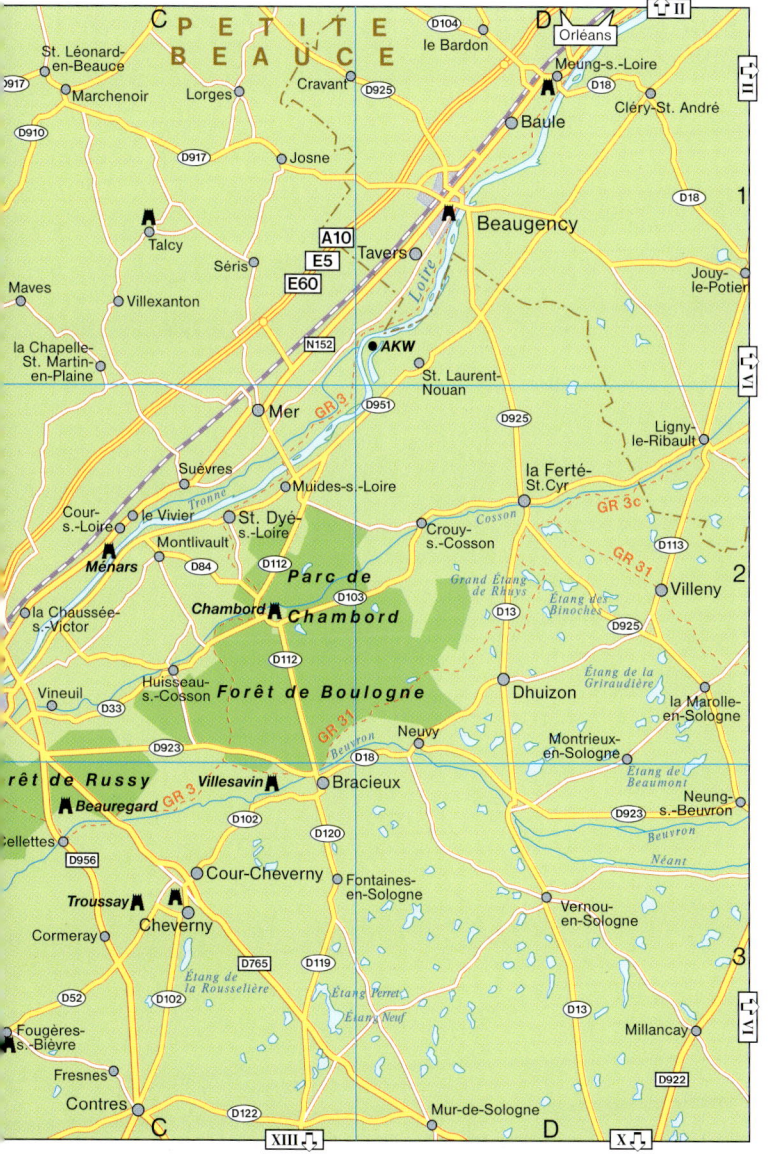

Sologne und südliches Blésois

Champigny-en-Beauce
la Chapelle-St. Martin-en-Plaine
St. Laurent-Nouan
Villefrancœur
Mer
GR 3
D951
A10
E5
E60
la Chapelle-Vendômoise
Suèvres
Crouy-s. Cosson
Landes-le-Gaulois
St. Dyé-s.-Loire
Montlivault
D957
Ménars
D84
Parc de
D112
St. Lubin-en-Vergnois
la Chaussée-s.-Victor
Chambord Chambord
D103
D112
Blois
Vineuil
Huisseau-s.-Cosson
Forêt de Boulogne
D766
Forêt
Cosson
D33
D923
Neuvy
GR 31
D18
de Blois
Chambon-s.-Cisse
Forêt de Russy
Villesavin
Bracieux
Coulanges
GR 3
Beauregard
Beuvron
D102
D120
Cellettes
Cheverny
Cour-Cheverny
Fontaines-en-Sologne
Onzain
N152
les Montils
D956
Troussay
Courmemi
D751
Cande-s.-Beuvron
Cormeray
D765
D119
Chaumont-s.-Loire
D764
Étang de la Rousselière
Étang Perret
Courmemin
Étang Neuf
D114
D52
D102
Fougères-s.-Bièvre
Sambin
Fresnes
Étang de Sudais
Contres
D122
Mur-de-Sologne
Pontlevoy
D30
Soings-en-Sologne
Thenay
Lassay-s.-Crois
Choussy
Couddes
Rougeou
Moulin
Montrichard
D176
Monthou-s.-Cher
D675
Chémery
D119
Gy-en-Sologne
Cher
N76
E604
Thésée
D956
St. Romain-s.-Cher
D764

Nantes   Angers   Tours   Saumur   Orléans   Blois   Gien   Bourges

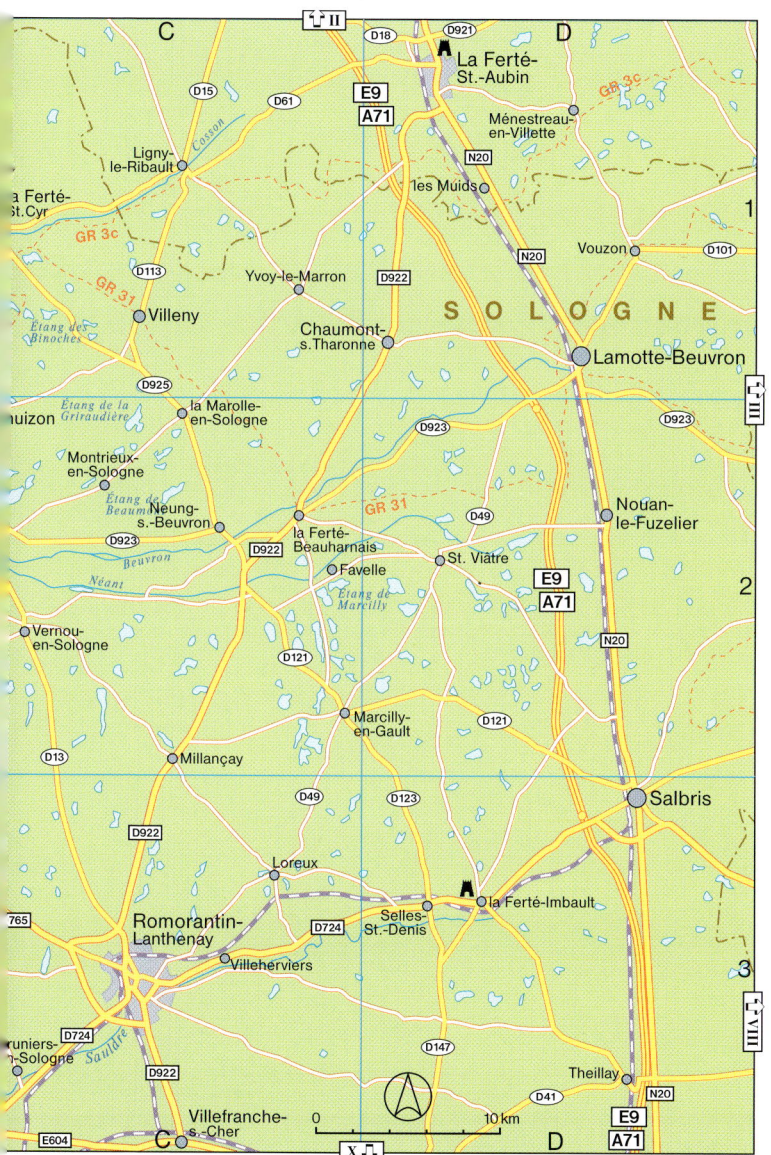

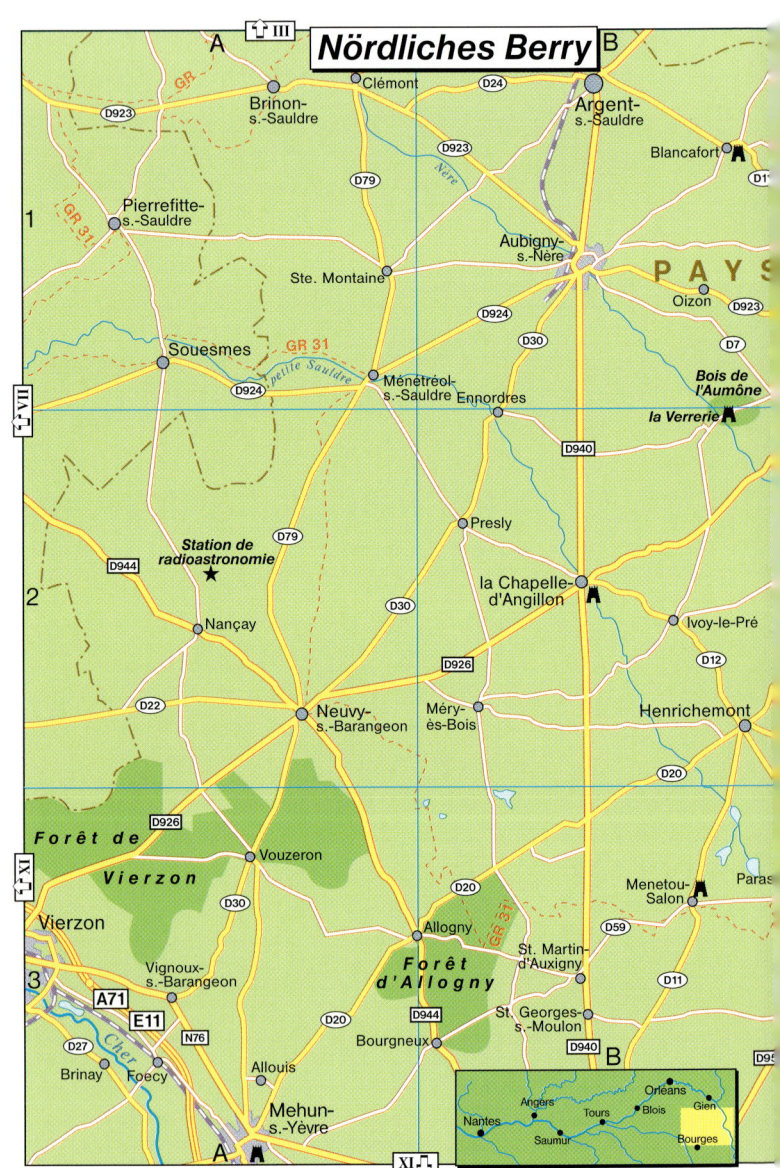

Nördliches Berry

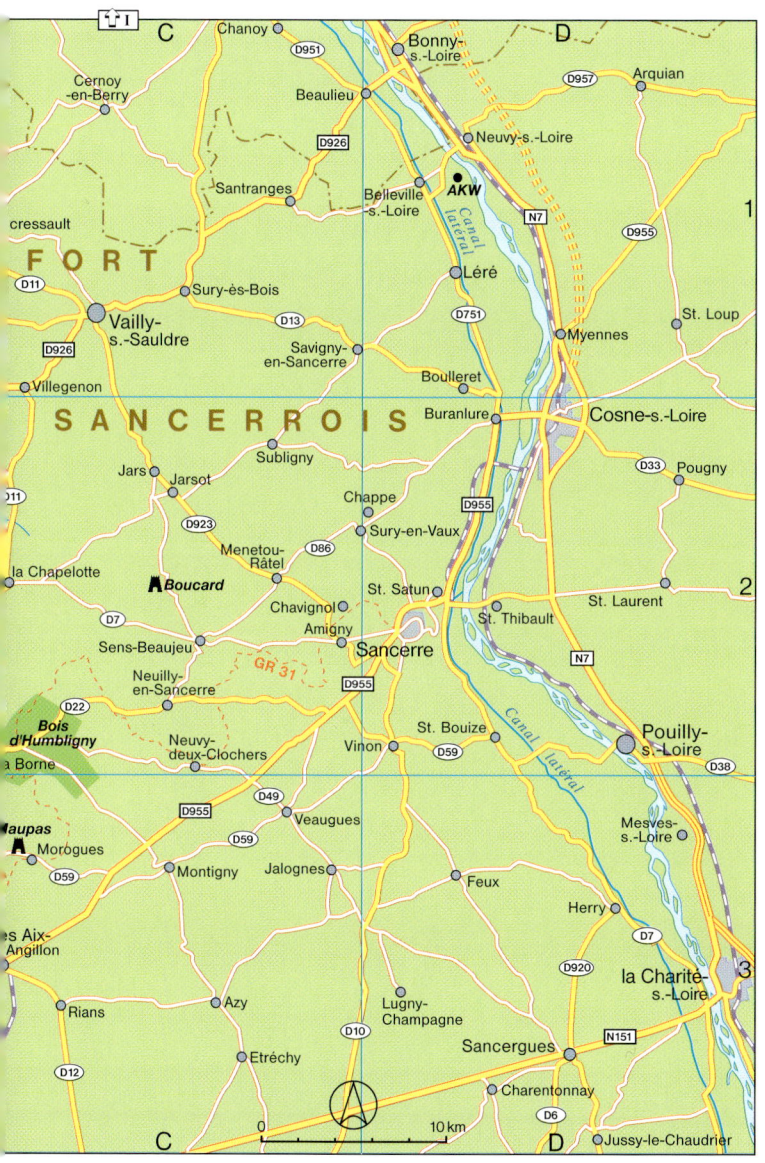

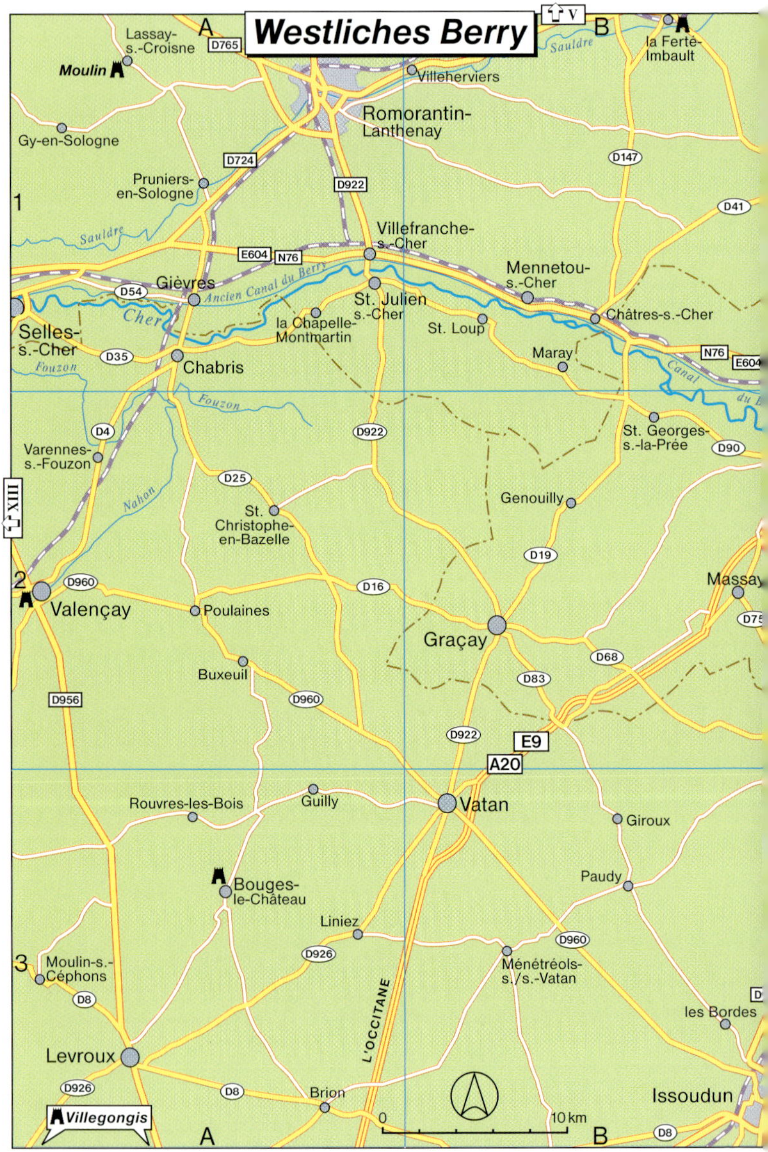

Westliches Berry

Lassay-s.-Croisne

D765

Moulin

Gy-en-Sologne

Villeherviers

Romorantin-Lanthenay

Sauldre

la Ferté-Imbault

D147

D724

Pruniers-en-Sologne

D922

D41

Sauldre

E604 N76

Villefranche-s.-Cher

Mennetou-s.-Cher

Châtres-s.-Cher

D54 Gièvres

Ancien Canal du Berry

St. Julien s.-Cher

St. Loup

N76 E604

Cher

la Chapelle-Montmartin

Selles-s.-Cher

D35

Fouzon

Chabris

Maray

Canal du B

D4

Varennes-s.-Fouzon

Fouzon

D922

St. Georges-s.-la-Prée

D90

Nahon

D25

St. Christophe-en-Bazelle

Genouilly

D19

D960

D16

Massay

Valençay

Poulaines

Graçay

D75

D68

Buxeuil

D960

D83

D956

D922

E9

A20

Rouvres-les-Bois

Guilly

Vatan

Giroux

Bouges-le-Château

Paudy

Liniez

D960

Moulin-s.-Céphons

D926

Ménétréols-s./s.-Vatan

les Bordes

D8

L'OCCITANE

Levroux

Villegongis

D926

D8

Brion

0   10 km

Issoudun

D8

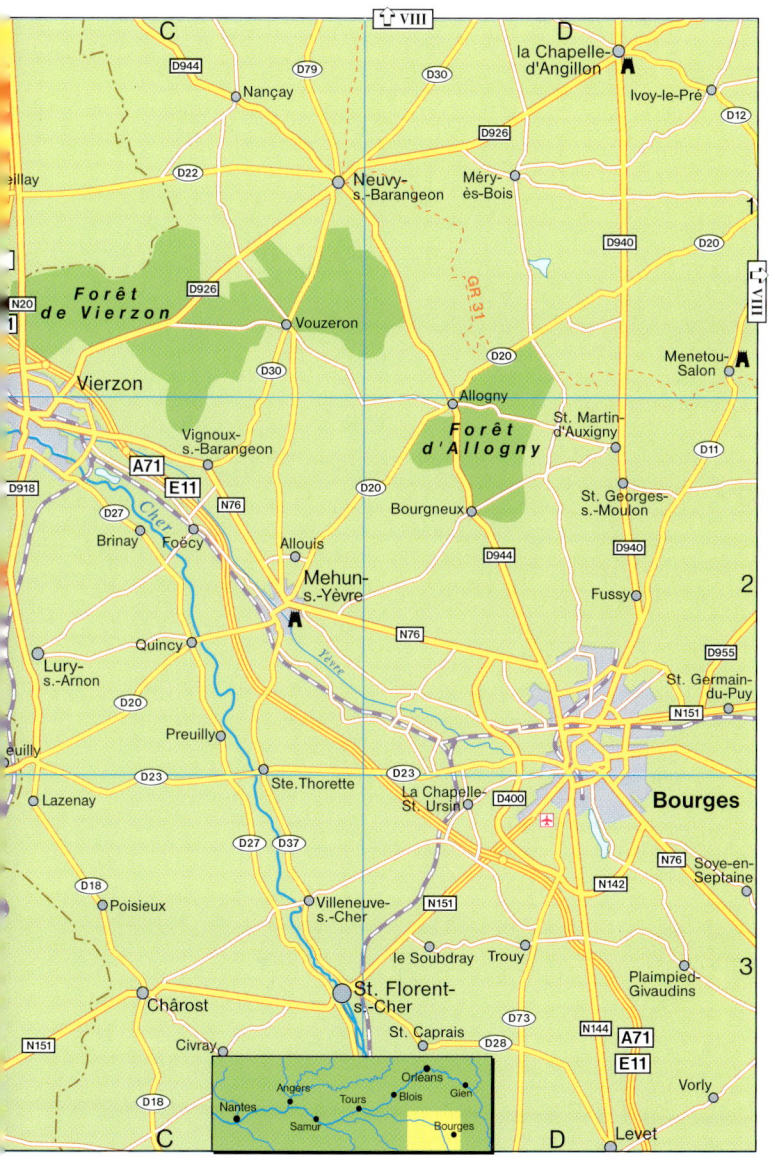

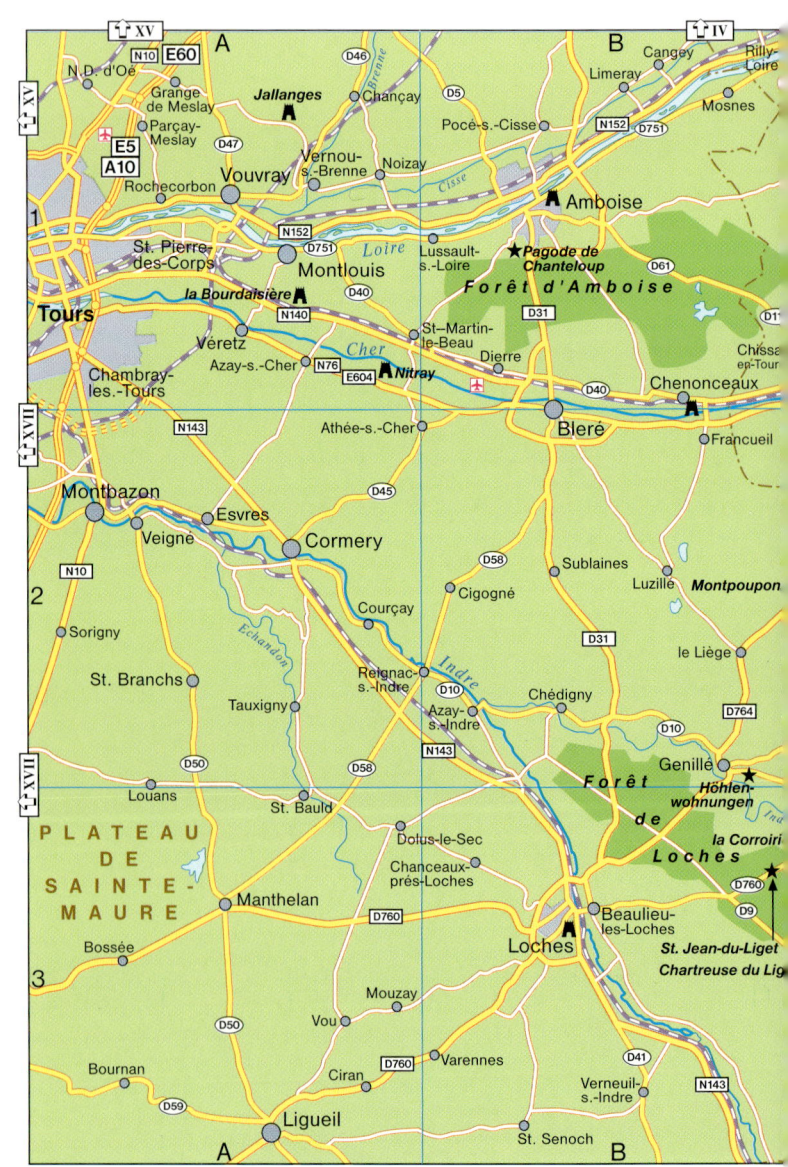

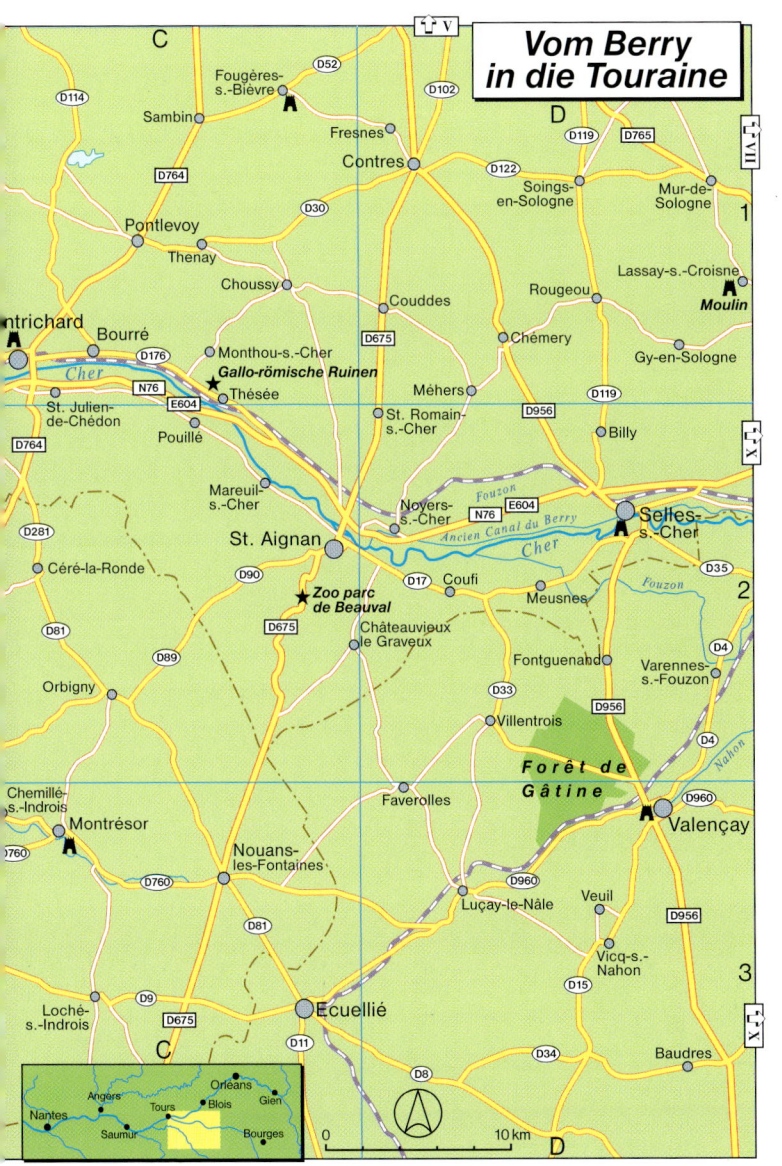

Vom Berry in die Touraine

Farbkarten-Atlas

0   10 km

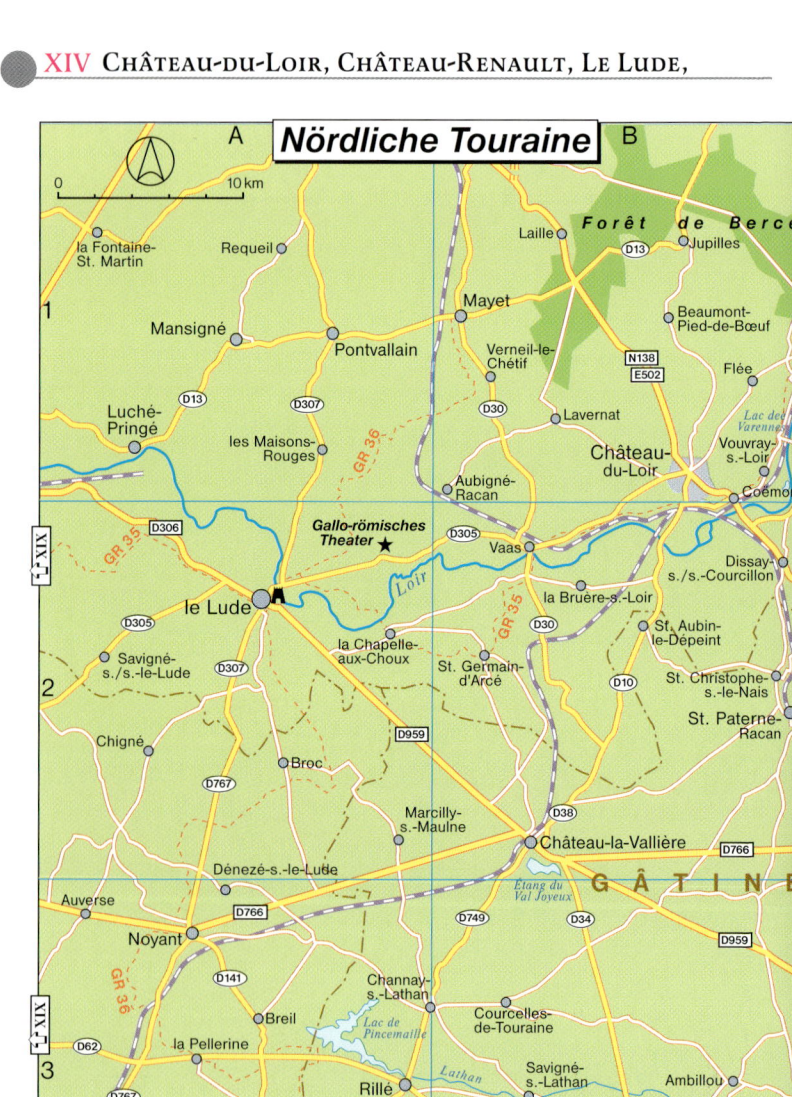

Nördliche Touraine

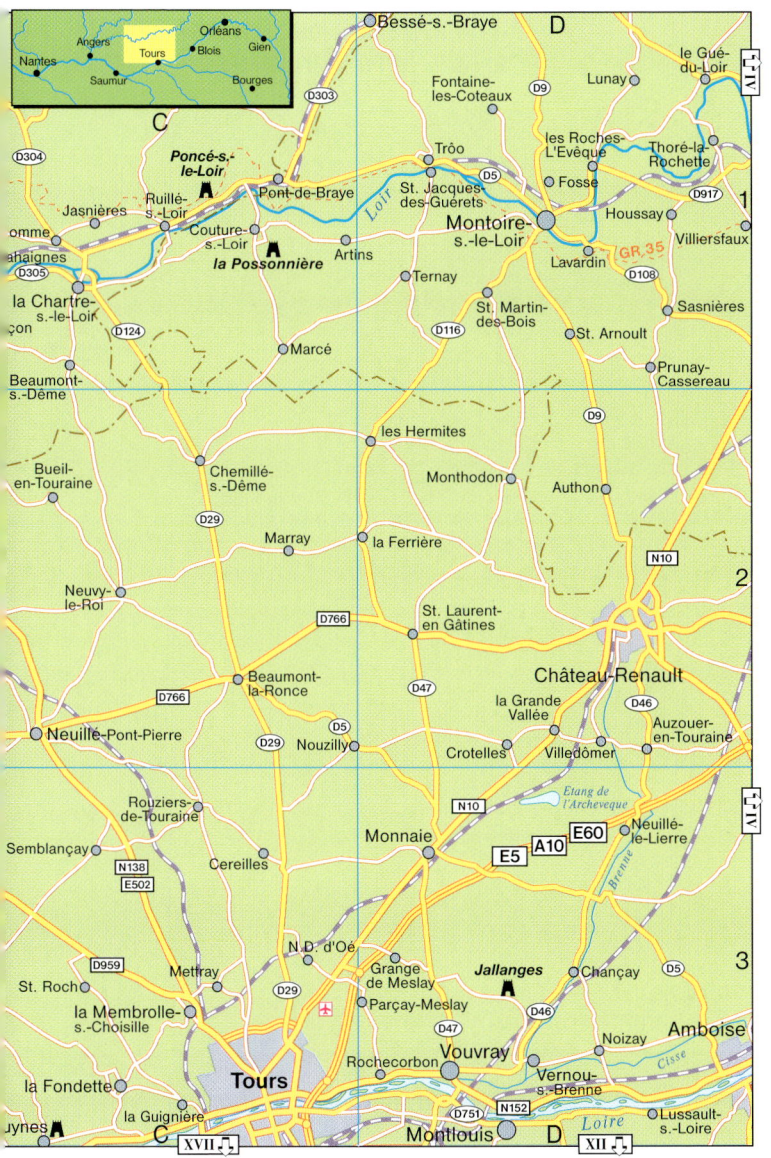

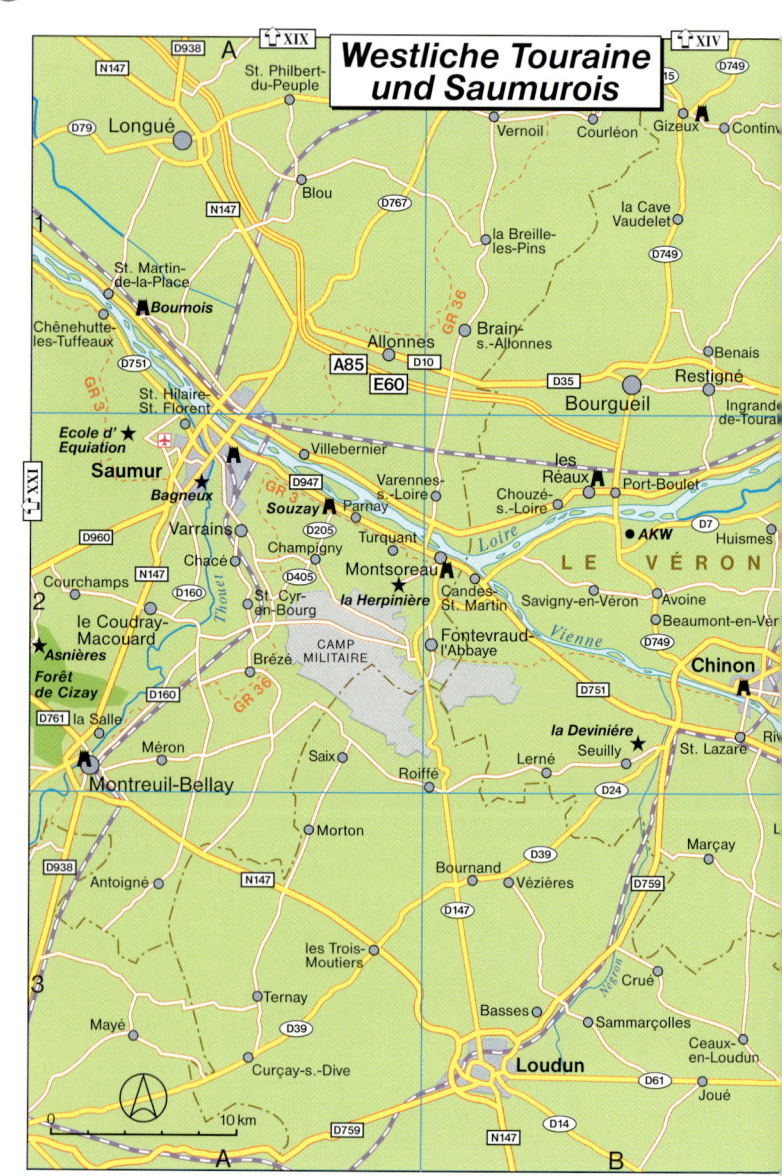

Westliche Touraine und Saumurois

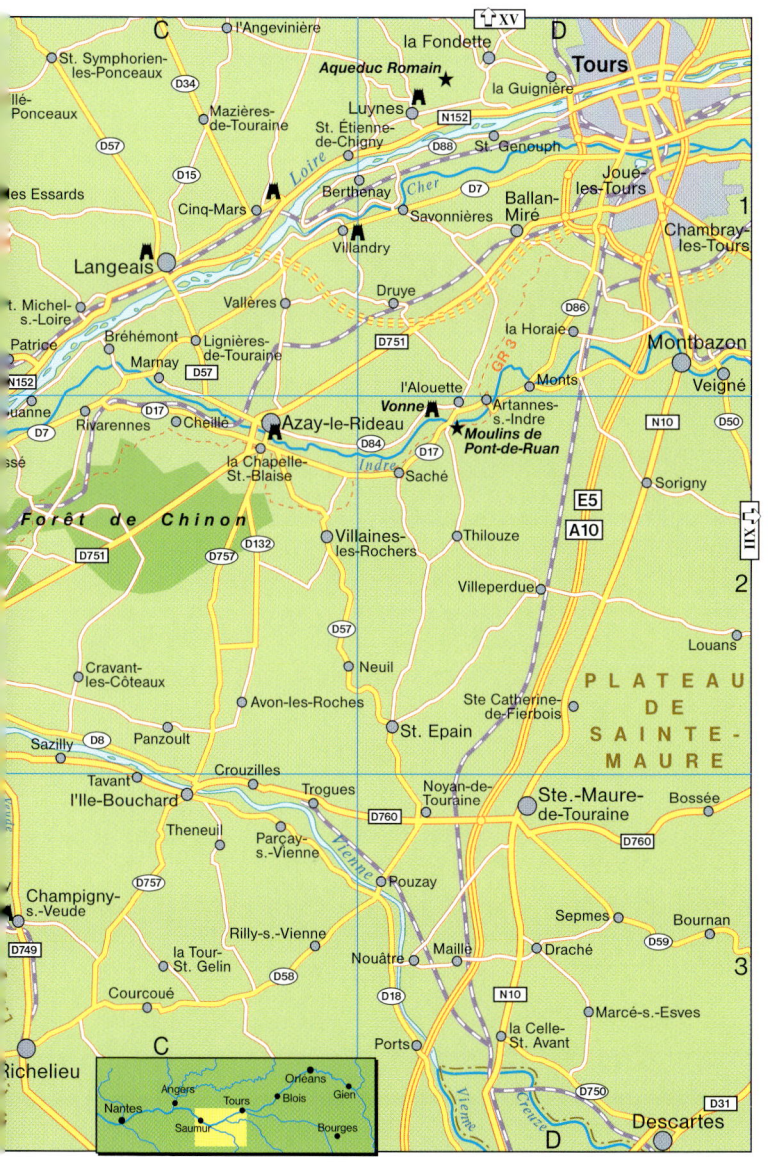

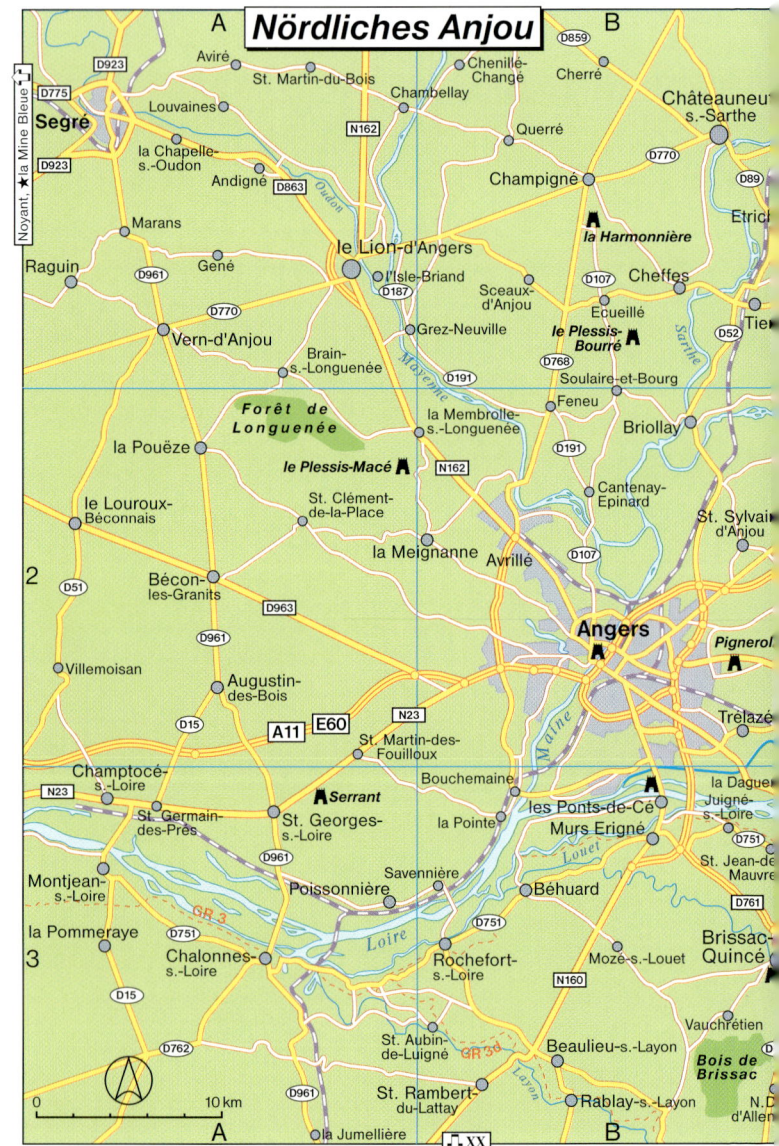

Nördliches Anjou

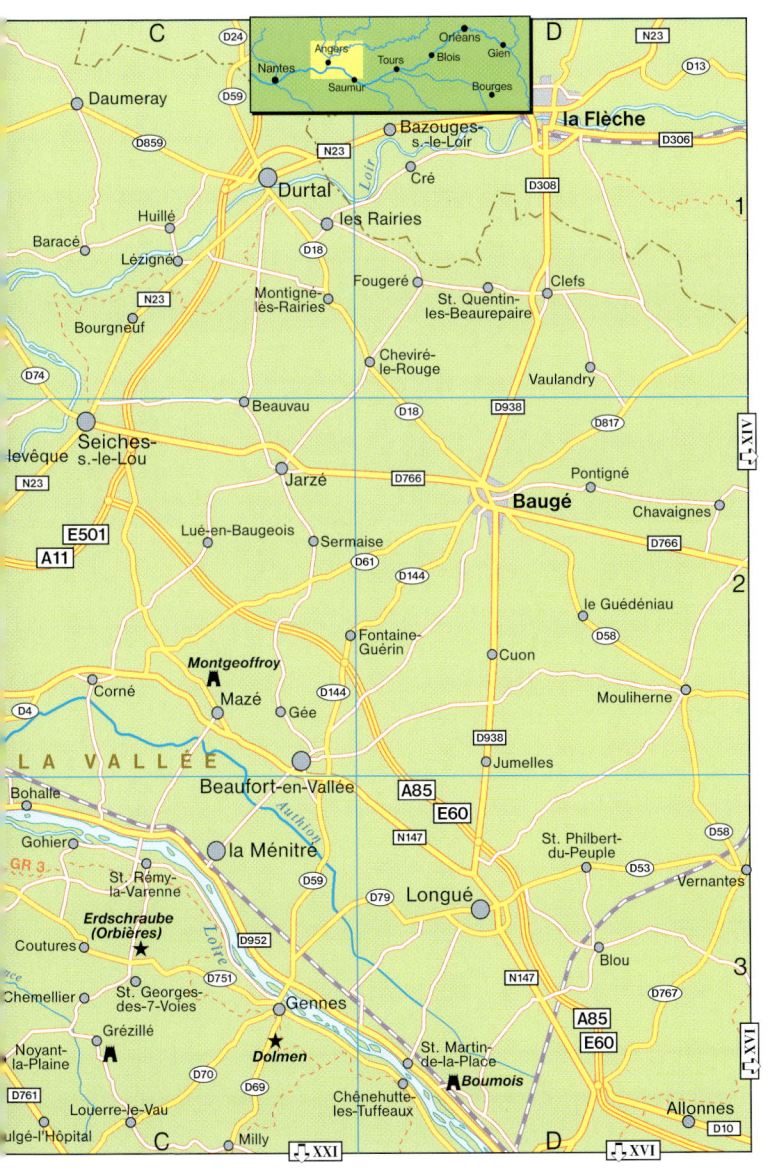

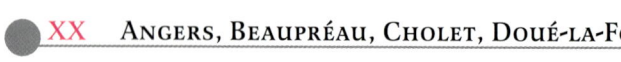

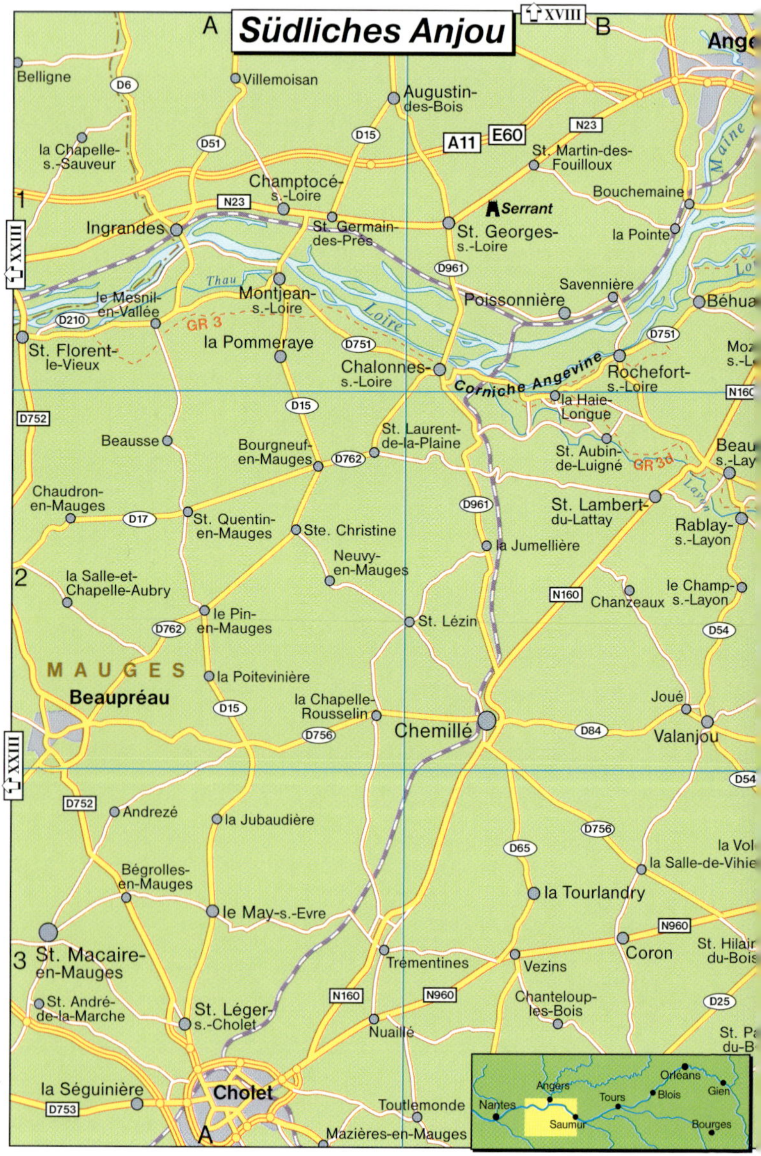
Südliches Anjou
XVIII
XXIII
A
B
1
2
3
Belligne
Villemoisan
Augustin-des-Bois
la Chapelle-s.-Sauveur
Champtocé-s.-Loire
St. Martin-des-Fouilloux
Bouchemaine
Serrant
Ingrandes
St. Germain-des-Prés
St. Georges-s.-Loire
la Pointe
Savennière
Béhua
le Mesnil-en-Vallée
Montjean-s.-Loire
Poissonnière
Thau
Loire
Maine
GR 3
St. Florent-le-Vieux
la Pommeraye
Chalonnes-s.-Loire
Corniche Angevine
Rochefort-s.-Loire
la Haie-Longue
Beausse
Bourgneuf-en-Mauges
St. Laurent-de-la-Plaine
St. Aubin-de-Luigné
GR 3d
Chaudron-en-Mauges
St. Quentin-en-Mauges
Ste. Christine
St. Lambert-du-Lattay
Rablay-s.-Layon
Layon
la Jumellière
Neuvy-en-Mauges
la Salle-et-Chapelle-Aubry
le Pin-en-Mauges
St. Lézin
Chanzeaux
le Champ-s.-Layon
MAUGES
Beaupréau
la Poitevinière
la Chapelle-Rousselin
Chemillé
Joué
Valanjou
Andrezé
la Jubaudière
la Salle-de-Vihie
Bégrolles-en-Mauges
la Tourlandry
le May-s.-Evre
St. Macaire-en-Mauges
Trementines
Vezins
Coron
St. André-de-la-Marche
St. Léger-s.-Cholet
Nuaillé
Chanteloup-les-Bois
la Séguinière
Cholet
Toutlemonde
Mazières-en-Mauges
A11
E60
N23
N160
N960
D6
D15
D17
D25
D51
D54
D65
D84
D210
D751
D752
D753
D756
D762
D961
Nantes
Angers
Saumur
Tours
Blois
Orléans
Gien
Bourges

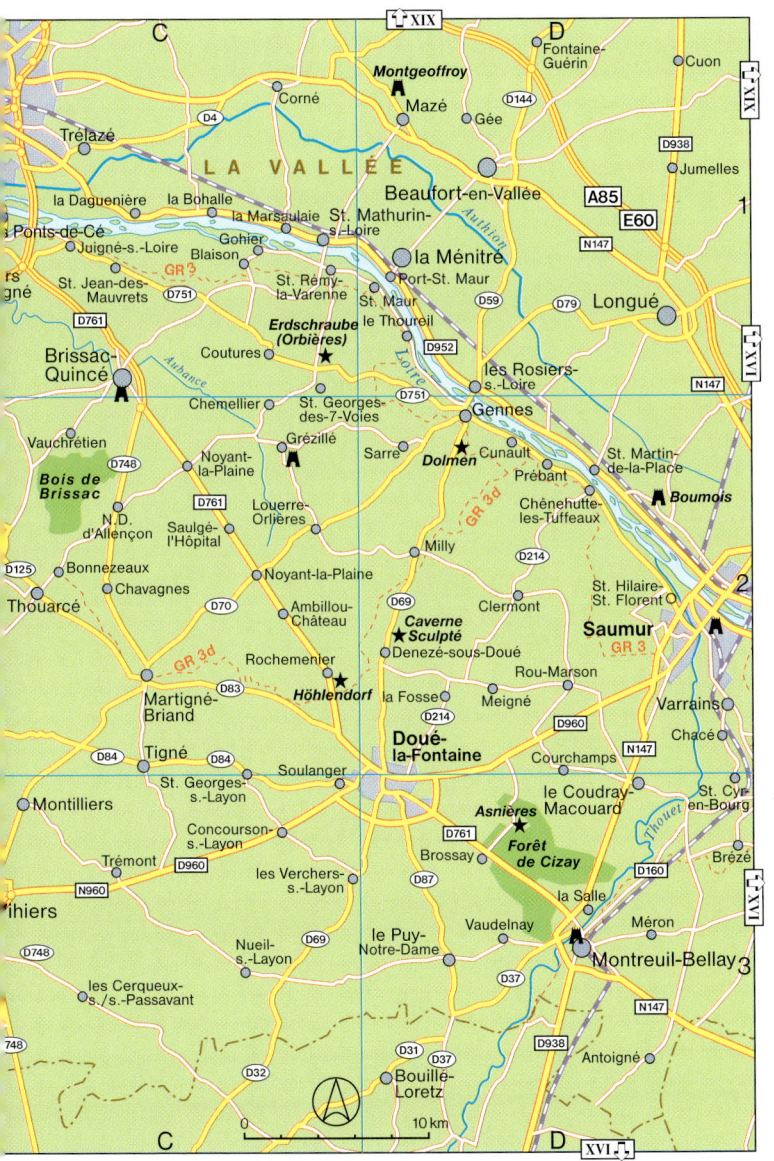

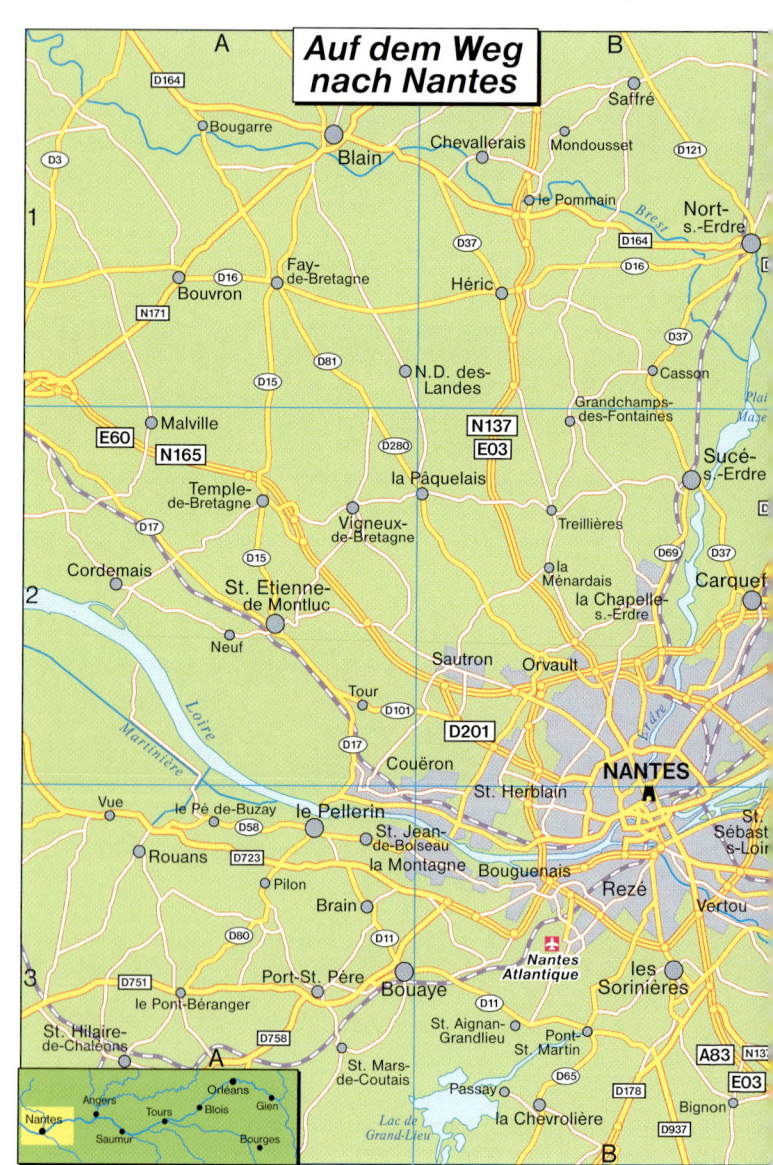

Auf dem Weg nach Nantes

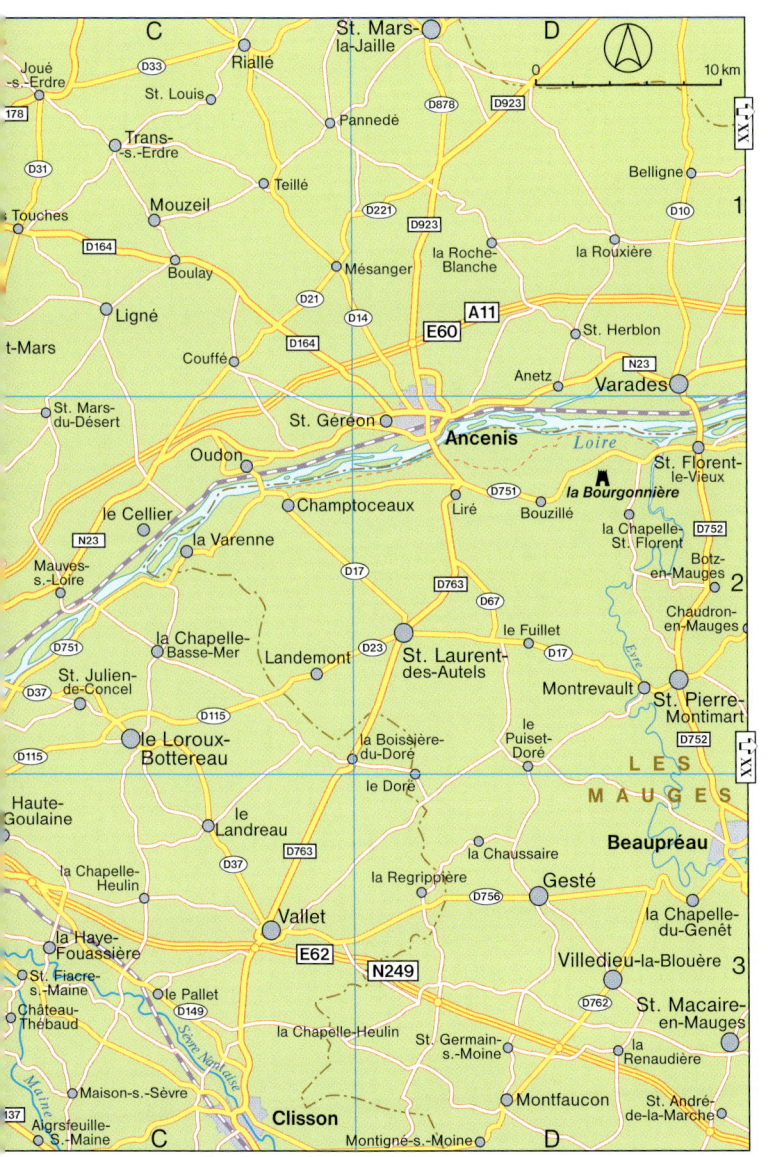